# 自由的窄廊

STATES, SOCIETIES,
AND THE FATE OF LIBERTY

# *The Narrow Corridor*

DARON ACEMOGLU & JAMES A. ROBINSON
戴倫・艾塞默魯、詹姆斯・羅賓森　劉道捷——譯

# 各界好評推薦

強大國家機器如何能與公民自由共存？這是人類政治史上最大的難題。因為人類社會在過去一萬年來的發展趨勢，就是從小部落變成強大、足以讓數百萬人社會維持運轉的中央集權國家。這本偉大的書為這一根本難題提供了答案。您會發現它讀來發人深省，令人愉悅。

——賈德・戴蒙（Jared Diamond），《槍炮、病菌與鋼鐵》作者，普立茲獎得主

我們應如何看待當前民主國家面臨的挑戰？這本精彩、及時的書提供了一個簡單且強大的理論框架，評估各種不同的國家治理方式。本書的分析提醒我們必須保持警覺，維持國家與社會之間的適當平衡——也就是維持在「自由的窄廊」裡——避免陷入無政府狀態或獨裁統治。

——本特・荷姆斯壯（Bengt Holmstrom），二〇一六年諾貝爾經濟學獎得主

自由得來不易。有許多人仍受政府效率低下之苦，被困在社會規範和傳統的籠子裡。其他人則被專制的巨靈制服。在這本深具原創性且令人愉悅的曠世巨作中，兩位作者帶我們穿越時空、穿越文明。這

是一項只有他們才能達成的非凡成就，註定能再次締造《為什麼國家失敗》的出色表現。

——尚．梯若爾（Jean Tirole），二〇一四年諾貝爾經濟學獎得主

《自由的窄廊》帶我們踏上穿越大陸和人類歷史的迷人旅程，找到自由的關鍵要素。在眼下這個時刻，沒有比這更重要的發現，也沒有比它更重要的書。

——喬治．艾克洛夫（George Akerlof），二〇〇一年諾貝爾經濟學獎得主

又一本出色、有見地的書，兩位作者指出成功維持一個民主國家的重要與艱難。書中例證與分析族繁不及備載，讀來十分愉快。

——彼得．戴蒙（Peter Diamond），二〇一〇年諾貝爾經濟學獎得主

兩位世界上最優秀的社會科學家合寫的權威之作，有著無數真知灼見與值得學習之處，這是一本真正的大師傑作。本書透過豐富的歷史資料，研究國家與社會之間的微妙平衡，得出了一個令人毛骨悚然的結論，每位會思考的人都應該意識到：自由既罕見又脆弱，艱難地在暴政和無政府狀態之間撐出空隙。

——喬爾．莫基爾（Joel Mokyr），西北大學經濟系教授，《富裕的槓桿》作者

《國家為什麼會失敗》一書出版時，許多人仍然認為美國是廣納性制度的主要典範——該國保障財產權和法治，實現了民主和富足。今天，美國收入分配的扭曲程度不亞於任何財閥當政的社會，代表性

政治體制在一位煽動者的攻擊下似乎異常脆弱。《自由的窄廊》自創了術語「紅皇后效應」，用來代指為維護開放政治體制而進行的從不停歇的鬥爭。公民社會必須以最快的速度跟上獨裁領袖的步伐，並遏制他們的專制傾向。

——丹尼・羅德里克（Dani Rodrik），哈佛大學甘迺迪政府學院政治經濟學教授，《全球化矛盾》作者

兩位作者列舉了不同文明的成功或失敗案例，分析國家與社會之間的關鍵平衡，十分過癮。《自由的窄廊》註定是一本具有里程碑意義的書，替任何認真的政策制定者、學者或公民描繪了自由的未來。

——艾瑞克・布林優夫森（Erik Brynjolfsson），麻省理工管理學院教授，《第二次機器時代》作者

並不是沒有國家壓迫就叫做自由，這是本書最關鍵、最正確的洞見。這本新書比前作更具原創性、更刺激，不只關注制度，更著眼於國家究竟如何運作。

——馬丁・沃夫（Martin Wolf），《金融時報》（*The Financial Times*）首席經濟評論家

兩位作者問出了最根本的問題：如何解釋民主與專制的興衰？他們提供了一個充滿挑釁的框架來分析我們當前的民主危機，理解追求民主和自由的願望在當今面臨著什麼樣的危險。

——《華盛頓郵報》（*The Washington Post*）

本書的挑釁論點在直覺上是成立的，是一部獲益無窮的作品。

——《科克斯評論》（*Kirkus Reviews, starred review*）星級評論

本書分析指出，自由是國家與社會不斷平衡的結果。如果英國（乃至美國）正在失去這樣的平衡，我們所享有的自由會不會開倒車？這是一本重要且令人不安的作品，在這動盪不安的時代讀來宛如警醒。

——《觀察者雜誌》（*The Spectator*）

野心驚人之作，旨在解釋自由為何並不總是存在於世上每個角落。

——《新聞週刊》（*Newsweek*）

必讀之作。

——《圖書館學報》（*Library Journal, starred review*）星級評論

社會需要國家，國家也需要社會。兩位作者將豐富的全球史細節應用到一個簡單的分析框架中，針對當前的極權主義和無政府社會這兩個互相對立的風潮，提出了強有力的反駁論據。

——保羅·克里爾爵士（Sir Paul Collier），《外交雜誌》譽為全球頂尖思想家，前世界銀行發展研究組主任

出色且具有洞見，對當前世局再合適不過的一本書。全世界的國家正在為政府與社會之間的緊張局勢而一籌莫展，不分左派右派的民粹主義都只提出輕率且危險的答案。相比之下，本書的兩位作者證明，只有結合能幹的國家機器與強大的公民社會——缺一不可，才能走進自由的窄廊。這是通往繁榮的正途，但正如本書所說的，「絕非易事」。

——麥可·巴柏爵士（Sir Michael Barber），英國教育學家，《如何管理政府》作者

《自由的窄廊》奠基於二十年比較研究的成果。雖然兩位作者都是經濟學家，但這本書並未充斥著經濟學術語或大量數字，而是和前作《國家為什麼會失敗》一樣好讀。他們偏好制度分析，比較富裕民主國家和絕大多數貧困充斥的絕望國家之異同。他們有幸生長在前者，擁有充滿自信的社會與高效率的國家機器。自由就像希臘神話中的九頭蛇，在對抗單頭的專制巨靈時，沒有失敗的空間。

——保羅．卡特里奇（Paul Cartledge），劍橋大學現代史教授，《劍橋插圖古希臘史》主編

雄心勃勃且發人深省，本書分析了當今許多關鍵主題，並將它們與世界上許多不同地方的歷史證據巧妙地聯結在一起。

——高盛集團首席經濟師吉姆．奧尼爾（Jim O'Neill），「金磚四國」一詞的發明者

目次

# 推薦序

朱敬一　中央研究院院士、特聘研究員

自從賈德．戴蒙（Jared Diamond）《槍炮、病菌與鋼鐵》（*Guns, Germs, and Steel*）一書之後，坊間有不少人嘗試撰寫「大歷史」的類似分析。當年，賈德．戴蒙觀察幾億年來的地理環境，加上他的演化生物學知識，推論出物種遷徙、病菌傳播、圈養畜牧、移民分佈的可預期模式，驗之於最近五百年的人類歷史，頗有說服力。由於他的分析涵蓋範圍極廣且時間極長，所以稱之為「大歷史」。

另外，英國籍的歷史學家伊安．摩里士（Ian Morris）二〇一〇年寫了《西方憑什麼》（*Why the West Rules - For Now*）一書，也算是另一種大歷史。摩里士比較幾千年來東、西方文化與社會制度的發展，據此推論為什麼航海發現新大陸與工業革命都發生在歐洲，又為什麼西方能在最近五百年主宰世界秩序；這也是一種「分析幾百年大問題」的大歷史著作。哈佛大學語言學教授史迪芬．平克（Steven Pinker）最近寫了《當下的啟蒙》（*Enlightenment Now*）一書，記述中世紀啟蒙運動以來的種種人類成就，從民主法治到抗生素與量子力學，儼然也涵括了幾世紀一整箱的人類文明；這也是一個文明演進的大歷史。

《自由的窄廊》（*The Narrow Corridor*）一書是另外一種大歷史。此書想要解釋「民主自由」是如何產生的？孕育民主自由的土壤環境是什麼？民主自由為什麼在某些國家能生根、在其他國家又不行？這種跨文化的政治體制發展史，時間縱向數千年，地理橫向跨越北美、南美、非洲、西歐、中國、北歐、中東等地，當然也是不折不扣的大歷史分析。

然而大歷史分析畢竟是不容易的。也因為不容易，過去數十年也就只有《槍炮、病菌與鋼鐵》一本廣受好評的作品，得到普立茲獎；其他幾本書即使有些正面書評，但都稱不上是鉅作，頂多是力作（tour de force）。我自己也寫過《西方憑什麼》以及《當下的啟蒙》的書評，欽佩之餘還是有些保留。

所謂大歷史，當然就是要在時間軸線或地理軸線或是跨領域理論軸線廣闊延伸。賈德．戴蒙的書與其說是大歷史，不如說是「大地理」、「大生物演化學」；他把地表特徵、動物遷徙、馴養畜牧、寄生蟲、傳染病等，對照地理特徵研究得清清楚楚，細緻串連。然後，他才能發驚人之論，寫下具有絕對說服力的作品。但是，生物演化或地理變遷是冷冰冰的事實，少有前因後果的隱密、也沒有人云亦云的猜測、更沒有眾說紛紜的莫衷一是。是以大地理學好寫、大生物演化論也早就由達爾文一鎚定音，但是關於民主演變的大制度論、關於文明演進的大啟蒙論、關於現代史的大環境決定論，還真不容易形成一套令大家服氣的論述。

戴倫．艾塞默魯（Daron Acemoglu）與詹姆斯．羅賓森（James A. Robinson）都是赫赫有名的經濟學者、政治學者，著作等身，論述質量絕佳。由他們共同撰寫關於「民主自由」的大歷史論，恐怕是地表上能夠找到的最佳人選了。如果他們處理不了這個議題，我懷疑當今學界還有誰能處理。此外，民主自由涉及政治，而政治又涉及最醜陋最會勾心鬥角的政客，實在是詭譎多變又細緻陰柔的課題，幾乎需要有相當的文化社會背景，才可能進入狀況。作者之一的羅賓森長年研究拉丁美洲、非洲，已經是極為博學廣泛了。艾塞默魯則是經濟成長理論的權威，對於過去數十年各國政經多所涉獵。這樣的黃金組合，他們的論述是什麼呢？

艾塞默魯與羅賓森認為，民主是在一條「窄廊」中孕育出來的。既為「窄廊」，表示進入廊道不容易、進去之後也有極大的機率震盪溢出，因此民主自由多少有「路徑依循」（path-dependent）的偶然性與不可測性，甚至也不穩定。艾塞默魯與羅賓森指出，廊道之所以窄，是因為一邊有基於私慾亟思擴權的政治菁英，而另一邊則是抑挫政治巨靈的社會力量，但是這股力量卻又始也疏、動也緩，未必是政治巨靈的對手。更嚴重的是，就算社會力量發動了，抑制菁英了，也要抑制得恰到好處，稍有不慎又會落入另一種政府效能不彰的困境。要提升人民生活水準，我們既需要有效能政府的服務，也需要抑制其政治脫軌的社會機制。兩者之間過猶不及，所以廊道極為狹窄。

前述「理論」有沒有道理呢？我認為很有道理。但是要成為大歷史論述，就要把這一套理論拿到現實世界做檢驗。歐洲、亞洲、非洲、美洲；中國、印度、菲律賓、美國；古代、近代、現代……這樣的檢驗工程何其困難！以我這樣一個熟讀中國歷史、臺灣歷史的人來說，若要我爬梳這些地方的巨靈政治勢力與社會約制，我都會覺得力有未逮。我也做過三年駐外大使，與各國外交官討論聊天上百次，對世界各地有些瞭解。但是即使如此，要討論古今中外政治制度的大歷史，大部分時間我也只能瞠目結舌，插不上話。兩位作者學識遠勝於我，但是除非他們智商是我智商的平方，否則這樣的研究工作也是極為艱鉅的。

至少對於中國政治體制的分析，我認為艾塞默魯與羅賓森的分析還有補充的空間。兩位作者認為，中國歷史幾千年來在法家與儒家之間擺盪，我覺得太過簡化了。儒家，誰說不是一種「以禮義束框架，協助君主控制臣民」的法家？儒家、法家，有分得那麼清楚嗎？法家也許像是霍布斯所說的巨靈，但是若說儒家是約制巨靈的社會力，我認為還需要輔助論述。許多人都說，政治菁英其實是儒、法交互為用的，沒有誰制約誰的問題。

此外，書中也提到中國共產黨與蘇聯，分析這兩個地方為什麼無法產生民主自由體制。我自己的想法是：共產黨與共產主義是最近一個世紀的「異形」怪獸。它是工業革命後資本主義怪獸所反彈出來的變種，既有集中財產的強制，又加上變種孕育時期法西斯主義的污染，遂形成人類歷史上獨一無二的，以集體主義為名的集權控制體系。時至今日，全世界控制思想最嚴重、封鎖網路最嚴重、濫用暴力最嚴重、洗腦民眾最嚴重的政府，一是中國二是北韓。如果硬要用「窄廊」框架分析中國與北韓，就像分析「狂犬病為什麼會咬人」一樣，我總覺得辛苦了一點。

如前所述，我基本上是同意兩位作者的「窄廊說」的，也認他們的理論是坊間「民主起源論」最精彩的一說。但是大歷史不容易研究，制度大歷史更是涉及複雜的文化社會背景。我們讀這本書，既要欣賞其大框架，也要仔細觀照其與現實現象的對比；既要學習也要思考。這樣，你才能體會「學而不思則罔，思而不學則殆」的道理。讀書求知能否使自己成長，恐怕也是在一條「窄廊」中掙扎的過程。

導讀

# 自由之路為何如履薄冰？笨蛋，關鍵在社會！

林明仁／臺灣大學經濟學系特聘教授

（二〇一八年十二月，作者之一的羅賓森教授於臺大經濟系孫震講座中就《自由的窄廊》一書未完成書稿發表演說，本導讀有多處取材自當天講座內容，特此說明。）

政治與經濟的自由，是人類意識形態史上面貌最多變、也最複雜一種發明。對自由，人們的情感總是愛恨交織。在歷史上的任何時間點，我們總是能找到一群自由的死忠支持者，願意為它拋頭顱灑熱血。但同時也一定有同等的「黑暗力量」，喜愛秩序遠勝於人們的自由選擇。即便到了現代，這兩股力量的較勁也時有勝負：一九九二年法蘭西斯．福山在他的大作《歷史之終結與最後一人》中，霸氣宣稱自由民主與市場經濟，是人類意識形態演化的最終勝利者。當時的樂觀氛圍，即便在三十年後仍令人記憶猶新。不過後續的發展卻與他的預期大相逕庭：民粹主義、宗教與種族衝突、被利益團體把持的民主政治、金融危機的發生、不平等的增加、民主政治的無效率，以及中國的崛起等，都削弱了人們對民主制度的信心。即便是福山自己，也在其後續的《政治秩序的起源》和《政治秩序與政治衰敗》中，提出了國家能力、法治與民主問責制三要素間的平衡，才是自由能否持續的重中之重。

誠然，自由的成功並不容易。有些社會沒有可運作的國家機器來維持法律與秩序；有些社會雖然有強大國家機器確保秩序，但卻是以奪走人民自由作為代價。而這類社會對人們思想自由與經濟自由的限制，並不下於無政府的社會。在政治哲學的討論中，政治與問責制度的設計、法治的強化，都是重點。但社會在此中扮演什麼角色？卻是較少被提及的。正是在這樣的智識氛圍下，艾塞默魯（Daron Acemoglu）與羅賓森（James A. Robinson）兩位作者挺身而出，從社會與國家的互動和平衡出發，試圖為自由的支持者指出一條明路。這個觀點，也與他們的前一本巨著《國家為麼會失敗》相呼應：當提到廣納性的政治體制時，決定什麼該被包容，要包容到什麼程度，就也必定牽涉到社會的角色及其如何與國家權力互動的過程。

## 自由為何重要？

本書先從愛爾蘭政治哲學家菲利浦·佩蒂特（Philip Pettit）的想法出發：一個人要活得有尊嚴，要有免於被支配、恐懼、不安全、不安定的自由。但問題來了：人要如何取得自由？最有名的觀點便是霍布斯的「國家巨靈」（Leviathan）說，是巨靈使得人們擁有免於「孤獨、貧困、難受、殘酷、匱乏」的自由。但這樣的說法，馬上就衍生出下一個問題：國家雖然可以協助人們取得自由，但國家也可能剝奪人們的自由，乃至支配其人民。書中的一個例子是《墓碑》裡的張福洪，完美示範了國家是如何剝奪人民的自由。《墓碑》是中國知名記者楊繼繩調查中國一九五八至一九六二年大饑荒的作品，楊是新華社高級記者，在一九九二年開始享受中國國務院特殊津貼。《墓碑》這本書的貢獻在於，即便在中國的政治環境裡，他仍然由中共內部明確指出，中國大饑荒明明白白是由國家所造成的人禍，而非單純由天災造成。書中所提的張福洪，是河南省光山縣的縣委書記處書記。一九五九年為了解決饑荒蔓延的問題，光山縣的縣委書記馬龍山，曾派張福洪搞「包產到戶」。但在一九五九年七月的廬山會議，當中國國防部長兼國務院副總理彭懷德向毛澤東批評「大躍進」有浮報等問題時，毛澤東卻反過來發動了對彭懷德的批判，最終以彭為首的一群人遭到批鬥，其結果就是全國性的「反右傾運動」。「包產到戶」被評為「右傾」，而馬龍山為了自保，便率先批評張福洪，將他給鬥死了。簡單來說，整個大饑荒是國家（獨裁者毛澤東）不受控，反過來剝奪人民生命與自由的結果。而這樣的下場，即便你是執行原來獨裁者命令的公務人員，也無法倖免。

## 只有制衡不夠：吉爾迦美什難題

那要如何控制巨靈？一個通論便是英國哲學家約翰・洛克與美國先賢詹姆斯・麥迪遜的解方：權力制衡（Checks and balances）。但本書最大的貢獻之一，便是指出光有制衡並不夠。換句話說，制衡是政治穩定的必要但非充要條件。沒有制衡不行，但只有制衡也遠遠不夠。

本書用了吉爾迦美什（Gilgamesh）的史詩來說明這個論點。《吉爾迦美什史詩》是人類是上最早的文學作品，據信成於公元前二七〇〇年左右。據其所載，吉爾迦美什是美索不達米亞地區「烏魯克」（Uruk）的國王，該城在西元前三〇〇〇年有高達五萬到八萬的居民，應為當時世上最大的城市，且甚為富裕。這位國王雖然相貌堂堂且力大無窮（可說是史上第一高富帥，在時下動漫電玩文化中也常以此一特質現身），卻甚為暴虐，不但強搶人妻少女，也奴役人民（頗類似中國歷史上的商紂王）。使用歷史上第一篇文字記載作為政府的原型描述，是一個相當聰明的寫作手法：運用吉爾迦美什雖然打敗怪獸卻也強佔民女的故事，來隱喻政府會做好事，也會做壞事。這讓人民對政府的感覺陷入愛恨兩難。

烏魯克市民對這件事的解方為何？他們選擇向蘇美神明中最大尾的眾神之父阿努（Anu）求救，阿努便想出了世上第一套的權力制衡：他複製了一個吉爾迦美什，喚名恩其都（Enkidu），讓他們互相牽制。起初恩其都的確達成任務，但是兩人在大戰一場後，卻英雄惜英雄成為好友，他們「互相擁吻，像兄弟一樣手牽著手，並肩走在一起，變成真正的朋友。」權力制衡反而導致兩個英雄合作。雖說史詩後來提到吉爾迦美什在恩其都死亡後，開始思考永生與救贖等議題，但這個故事對政治制度設計者的含義是很清楚的：找一個力量相當的人來制衡，這個機制並無法避免勾結。其實亞當·斯密在《國富論》中也有類似的觀察：「同行人士很少碰面。但他們一但碰面，要嘛就是串通起來對付公眾，要不就是巧立名目來漲價。」

## 天助自助者：社會力量的必要

烏魯克（Uruk）這座城市少了什麼？兩位作者認為這座城市少了「社會」。如前所述，烏魯克市民在面臨如何控制政府時，選擇的方案是向天神求助、找來打手，而非動員自己的社會力量，與政府直球對決。歷史上「社會」在歐洲的國家建構跟形成自由的過程中，扮演不可或缺的角色；但在目前政治經濟學跟政治哲學上，卻較少被探討，這也是本書的另一個貢獻。

舉例來說，塔西佗（Tacitus）在西元九八年時觀察到了日耳曼蠻族有「大會」（Assembly）的傳統，即是原始的民主選舉（共議）制度，另外如英國的大憲章或北歐的制度，也有類似的功能。而透過查爾斯．提利（Charles Tilly）的作品，兩位作者也提到了英國的發展過程中，國家跟社會是互相掙扎的，國家貫穿社會，社會限制國家，在矛盾中不斷的競爭與互助的結果，則是人民的福祉的提升。

亞洲讀者或者會問：為什麼社會的重要性會被提出來討論？這或許與歐洲的歷史有關。在千餘年的歷史中，歐洲國家經常處於與他國從事直接軍事、經濟、與技術競爭的狀態。君主就跟現代公司的CEO一樣，時時刻刻都在接受考驗，能力不足立刻被幹掉或架空的領導者也不少。尤有甚者，不同的政治體制如城邦國家，或國家內的諸侯、行會（Guild）、商會組織再加上教會，都對資源分配有相當程度的影響。在任何一個時間點，國內與國際間都有相當數目的政治玩家（political players），因此很多時候，國家並不是一切，君主也必須經常與社會其他力量競爭或妥協，而人民的確也看到了這些競爭的好處（或壞處？），而更願意參與不同的社會力量動員，這也形成了社會參與的正式與非正式性的制度基礎。

但亞洲社會經歷的似乎是不那麼一樣的過程。舉例來說，福山在追溯世界政治制度起源時，就強調作為一個擁有官僚體制及科舉制度的中央極權政體，中國的「現代國家」的特質，比歐洲早出現了一千八百年，使中國人一直都很傾向國家主義。有人認為這與中國特殊的河道氾濫頻繁情況，導致在早期就需要就強而有力的政府有關。而這樣的路徑依賴（path dependence），也使中國人傾向強調國家與秩序的重要性，而非社會的自主動員。這當然是一個程度的問題，不過亞洲讀者在閱讀本書時，或許因此會需要比較多的智識想像也不一定。

## 受制約的巨靈與持續的競爭紅皇后效應

行文至此，讀者應該可以猜到，本書的重點即在國家與社會的競合關係。簡而言之，歐洲的巨靈的發展，就是國家跟社會互相競爭的結果，作者將此一動態過程稱之為紅皇后效應：巨靈想要壓制社會，社會也會反過來想辦法約束巨靈。理想的情況是，在彼此勢均力敵的情況下，雙方都變強了，但是並不是所有的發展都是朝這方向進行的。現實世界中，國家壓制社會，或社會太強導致國家無法形成，這兩種反例都經常發生。

「國強民弱」的中國，是書中國家壓制社會的「專制巨靈」（Despotic Leviathan）代表。早期如荀子便提到「水能載舟、亦能覆舟」的模式，但是嬴政卻透過商鞅得到了新模式「國強民弱」的理論基礎。商鞅在《商君書．弱民篇》的開頭便提到：民弱國強，民強國弱，故有道之國，務在弱民。樸則強，淫則弱；弱則軌，淫則越志；弱則有用，越志則強。故曰：「以強去強者弱，以弱去強者強。」這便是貫穿《商君書》的想法。在法家作品裡，弱民是商鞅特別突出的一環，在〈畫策篇〉便提到：「昔之能制天下者，必先制其民者也；能勝強敵者，必先勝其民者也。」因為在商鞅的眼光裡，國家機器的終極目標是：「聖王者，不貴義而貴法；法必明，令必行，則已矣。」諷刺的是，毛澤東在給郭沫若的詩也曾經提到「百代猶行秦法政」，而作者也認為這套弱民思想依然普及在中國，並在書中舉了中國這套「社會信用制度」來闡明中國式的專制巨靈，對其有諸多批判。

與中國相反的，是受制於「社會規範牢籠」（Cage of Norm）[1]而沒有辦法建立國家的蒂夫族（Tiv）。分布在奈及利亞的蒂夫族是很特別的族群，因為在二十世紀之前，他們並未產生酋長制度。原因是他們的社會習俗將「有權力」跟「邪惡巫術」兩件事綁在一起，所以對於任何一點國家機器都有很大的恐懼。在這樣的社會裡，無法發展出國家，也沒有辦法受益於巨靈帶來的秩序跟好處。受制規範牢籠的社會將會是一個四分五裂的社會，缺少巨靈提供公共財維持秩序（書中舉了一個黎巴嫩政府連垃圾都沒法收的例子），社會福祉自然無法提升。之所以產生這個結果，是因為許多社會害怕「滑波問題」（slippery slope problem），也就是一旦創造了巨靈，巨靈就會如滾雪球般的愈來愈失控，所以不如一開始就不要創造他。

## 一圖以蔽之

一言以蔽之，只有社會跟國家互相激勵、競爭的國家，才有辦法達到足夠高的國家實力跟社會實力，而國家／社會不平衡的時候，反而會有發展上愈來愈退化的傾向。但是要維持國家與社會平衡的增長並不容易，一但一方實力超越另一方太多，發展就會失衡，這也是作者將這塊狹長區域稱作「窄廊」的原因。這個概念可以以下兩個圖來說明，雖然有點抽象，但其結果是有數理基礎支持的。

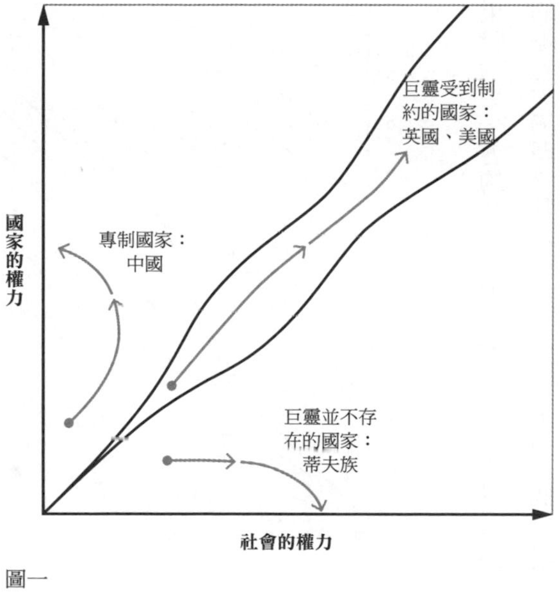


圖一

1 此名詞靈感應該是來自於馬克思・韋伯的「鐵牢籠」（Iron Cage）概念。

圖一出自本書，圖二則來自兩位作者在二〇一七年美國全國經濟研究所（NBER）的研究論文底稿〈脆弱國家、專制國家與廣納國家的形成〉（The Emergence of Weak, Despotic and Inclusive States），此一相態圖可說是圖一的模擬結果。作者在這篇文章推導了一個總體模型，使用《荷馬史詩》等例子作為佐證，也做了很多動態模擬（simulation of dynamics），而這些動態模擬的結果，就累積成了這本書主要論述的內容。以下說明這個總體模型的模擬結果。

假設國家（或是菁英）跟社會（或是非菁英的民眾）互相投資自己的勢力（也就是國家持續投資國家實力，而社會提升社會實力），當有一方的投資結果勝過另一方的時候，則該方獲勝。所以這個模型本質是兩股勢力的總體投資競賽，這是一個相當簡單的總體經濟理論基本模型。此模型的一個重要意涵是，只有在國家跟社會的參數都保持在一定的範圍內，而且彼此沒有遠遠壓制對方的時候，動態均衡才會是「受制約的巨靈」（Shackled Leviathan）。此時在動態上，兩個數值（國家實力跟社會實力）才會內生自動成長到高點。如果有一方遠勝另一方，則此一動態過程到最後，國家實力跟社會實力都無法突破一定的門檻，甚至還會退化。

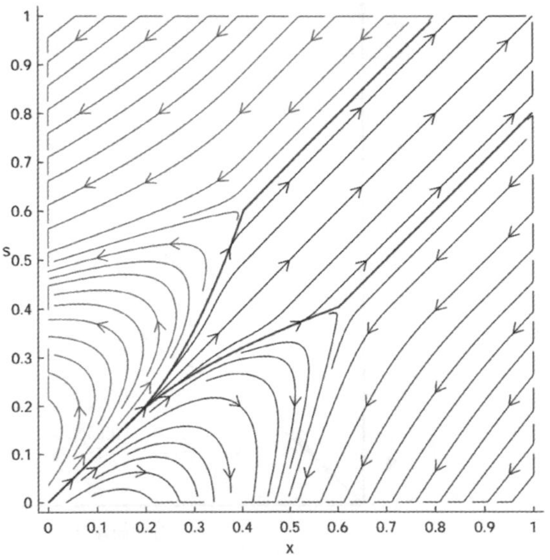

圖二

圖二是該篇論文展示數值分析的結果。圖中X軸是社會實力，S軸（Y軸）是國家實力，從動態

模擬的箭頭的方向可知：只有「國強又民強」的巨靈，才能一口氣衝向右上角（X＝〇．九，S＝〇．九，如現在英美等國的情況）。舉例來說，如果是如大清帝國這種國強而民弱的例子，S＝〇．四，X＝〇．二，此時順著箭頭方向的動態結果，不但能到達的S不會太高（可能是小於〇．五），更糟的是這是以X變小作為代價。換句話說，專制國家以為可以以壓制社會作為代價讓國家變強，但最後的結果不但是社會變弱，國家實力也無法提升。要達到像英美等國國家與社會皆強的總體實力，除了政府強外，社會也不能太弱，才有辦法透過紅皇后效應讓國家跟社會互相激勵，在中間的窄廊地帶往前進，成為真正的強國。這也是羅賓森在二〇一八年在臺大孫震講座中特別強調的：「商鞅是錯的，民弱則國無法強。」

## 我們可以怎麼做？

北歐經驗經常在討論理想的治理形態中出現。向丹麥學習（Getting to Demark）這個比喻指的就是一個國家轉大人，邁向繁榮、穩定、法治的過程，北歐諸國國家治理的能力與社會參與的能量的確也經常讓人感到驚豔。某種程度上來說，這些國家可能是作者心中在窄廊優雅前進最好的例子。

但是要如何做到？簡單的答案是：「很難。」複雜一點的答案，就是貫穿整本書的重要概念：「國家跟社會的平衡。」然而，這個平衡跟國家的文化、制度、經濟機會、甚至運氣都有很大的關係。國家不必然會走向受制約的巨靈，已經朝向這個方向的，也不能保證不會走回頭路。舉例來說，許多東歐國家在一九九〇年代開始民主化，但現在看起來這條路走得相當顛簸，俄國就更不用說了。即便在民主已經發展相當長一段時間的國家，有掠奪傾向的菁英也無不虎視眈眈想要掌握國家權力，進而讓巨靈為己所用。作者們也以目前美國民主的進程，包括川普主義以及資本主義對自由的影響來論證這些說法。換句話說，渴望權力的菁英，仍舊是「受制約巨靈」的最大威脅。

歷史經驗告訴我們，雖然人們通常會因為渴望秩序、害怕社會混亂而支持專制，但專制的巨靈一但崩潰，就會有很大的機會進入無政府狀態，伊朗或大躍進時代的中國，都是很好的例子。此時社會發展大幅倒退，之前累積的國家與社會實力毀於一旦。若該國原來就有非常大規範牢籠的情況（如印度），民主的影響也不見得能發揮。最後，現在幸運落在窄廊的國家，也沒有任何理論基礎支持它們會一直留在窄廊裡。

有人認為歷史的偶然，在是否留在窄廊這過程中扮演重要角色。但是兩位作者拒絕接受這這個傾向歷史決定論的說法。「歷史會有影響」不代表「歷史就是命定」。只要公民社會願意積極參與，動員自己挺身而出，負起制約巨靈的角色，就能讓政府回應社會的意志，增加該國留在窄廊的機會。最後，也容我做點概念上的補充修正：在書中，國家與社會是似乎是兩個不同的群體。但如果國家機器中除了權力菁英之外，的所有公僕，在認知層次上都是先認同自己是公民社會的一分子，再來才是代表國家機器執行公權力的公僕，那領導菁英要把持巨靈或國家機器，困難度就會大上很多。

臺灣可以從本書得到什麼啟示呢？許多人可能會覺得臺灣吵吵鬧鬧，沒有秩序，比不過對岸中國有強大的國家讓經濟發展，但我的看法卻是完全不同：從美麗島到野百合，從國會全面改選到總統直選，從紅衫軍到太陽花，再到韓流崛起，臺灣在過去三十年內經歷了許多次的大型社會運動。在這些運動中，各方的衝突並不算小，而過程也對當時參與的各方人馬，留下了不可磨滅的歷史印記。但是就在同一個時期，我們也經歷過了七次總統直選、九次國會改選、三次政黨輪替，更遑論大大小小不知多少次的地方政府輪替。但我們若仔細想想，這些運動，是否都在後來為我們帶來了更多的制度改變？不論是讓政府官員與民代更具代表性與正當性，讓權力集中所帶來的貪污腐敗問題更被突顯，甚或是對少數族群帶來巨大影響政策的正當性等。而這些矛盾，也都在政府做出某些程度的反應或讓步，與後續的各個層級公職人員選舉的結果（某種程度上也就是對這些衝突的公民複決）中，獲得某種程度的緩解，讓我們更往廣納型制度的方向前進。

如果讀者認為一個臺灣人提出這樣的觀點沒有說服力，那我們可以來聽聽大師本人怎麼說。羅賓森在二〇一八年底應臺大經濟系之邀來首次來臺訪問，並發表了四場公開演說。他在接受《今周刊》的專訪中就強調，他到過全世界一百多個國家訪問講學，「在廣納型制度的配方中特別重要的積極投資教育、鼓勵創新、具活力的經濟環境、可接受的貧富差距、特別是民主制度，臺灣完成的事情，真的很不容易！」他也以太陽花運動為例，認為它「不但沒有演變成無法收拾的動亂」，反而讓各個社會與政治勢力達成了某種程度的共識。我認為臺灣其他的社會衝突，也都有這樣的結果。羅賓森強調，從《國家為什麼會失敗》這本書的理論架構來看，臺灣絕對不會是一個失敗的國家。我想若從《自由的窄廊》這本書的思路來說，他應該也會同意臺灣是世界上還在窄廊中掙扎的少數國家之一吧！

整體來說，本書在這個架構之下，提供了非常多涵蓋不同國家與時間的歷史資料作為佐證。如果要說有什麼缺點，可能就是提供了太多的歷史細節，如果不是已經相當博學且閱讀細心的讀者，可能不大容易完全掌握。另外有些評論也認為作者的國家／社會競合模型，要解釋所有的歷史事實還是有點太過包羅萬象，有太多例外會需要解釋。而社會如何與政府互動的理論建構與解釋，也還有可以再補充的地方。但平心而論，作者們不應該因為他們沒有達到無人能及的高標準而受到批評。畢竟《自由的窄廊》與《國家為什麼會失敗》這兩本書，在自由民主正處於過去五十年來遭受最多質疑的年代，仍然是鼓勵我們思考如何對抗極權、捍衛自由最有力的兩本經典之一。就讓我以羅賓森在討論此議題時，最愛引用的美國開國元勛富蘭克林的名言，作為此一導讀的結語：「我們若不團結，必然各無死所。」（We must, indeed, all hang together, or most assuredly, we shall all hang separately.）

導讀

# 如果富裕的條件是自由，自由的條件是什麼？

陳嘉銘　中研院人文社會科學研究中心副研究員

為什麼有些國家富裕起來，有些國家卻持續停留在貧窮？

這是這本書的作者戴倫．艾塞默魯和詹姆斯．羅賓森在他們上一本知名著作《國家為什麼會失敗：權力、富裕與貧困的根源》試圖解答的問題。透過大量歷史個案佐證，他們指出只有政治權利廣泛分配的政治制度，政府必須回應人民的需求，才能帶來具有廣泛機會和誘因的「廣納性經濟制度」。後者才能塑造創新的誘因，特別是提供創造性毀滅的環境和誘因，如此才能確保經濟的持續成長。換句話說，經濟問題的關鍵在政治，政治自由才是富裕國家的條件。

這個自由與富強合一的論點引起了廣泛的迴響。在二〇〇七年金融危機之後，西方自由民主體制陷入泥沼、失去自信。兩位作者迎擊了看來銳不可當的中國模式。中國在5G網路建置上領先美國，而且在電商、超級電腦、大數據、人工智慧、基因科技和太空產業都有驚人進展。但是作者們認為中國政府或許可以採納一些廣納性的經濟制度，鼓勵相當程度的創新，可是中國榨取式的政治制度，最終不會允許經濟行動者大量個人實驗、打破常規、不受控制、紊亂、不服從、經歷失敗等的創造性毀滅過程帶來的創新。

讓我們先回到手上這本書，稍後再來討論這個問題。

如果政治自由是富裕的條件，那自由的條件是什麼？

兩位作者在這本書更進一步地探索自由的條件——其實根據上一本書，自由的條件也就是富裕的條件。和上一本書一樣，我們非常過癮地讀到從中東、大洋洲、非洲、拉丁美洲、亞洲到歐美，從古希臘到當代的廣泛個案。書中的主要模型是這樣：自由必須要仰賴高強的國家能力，可是同時也要仰賴強健的社會動員力量制約國家能力。我們可能以為公民社會才是自由的基石，但他們主張不是社會力量確保了自由，而是國家與社會力量的均衡確保了自由。

沒有強大的國家有兩種後果，一是落入十七世紀英國哲學家霍布斯（Thomas Hobbes）描繪的人人相互為戰的戰爭狀態，二是「規範牢籠」掌握一切的社會。兩者都沒有自由。只有國家才能結束戰爭狀態或者掃除規範。可是有了強大國家，也有可能走向專制，這時只有強大的社會動員力量才能有效制約國家。在國家力量和社會力量均衡的社會，國家和社會之間既鬥爭、合作又競爭——兩位作者用了「紅皇后效應」這個奇特的詞彙形容這個同步關係。因為社會信賴國家，所以允許國家發展出更高強的能力。反之，專制國家不受社會信任，國家能力無法有效發展。

作者們將國家和社會力量均衡的自由狀態形容為一個窄廊。一個社會的出發點，例如國家或社會力量愈弱，距離窄廊愈遠，就愈難進入窄廊。而且每個社會的條件以及國際的政治經濟關係都會影響窄廊的大小，窄廊愈小也愈難進入。在窄廊中的國家也有可能被震出窄廊。他們在書中提出了幾種進入窄廊的方法，也解釋了當代民粹主義如何可能將民主國家震出窄廊。最後他們倡議以人權為共同基礎的社會動員，維持國家和社會力量的均衡，以確保自由和富裕，避免專制的興起。簡言之，有人權信念才有政治自由，也才有富裕的國家。

這本書最引人矚目的論點是強調國家高強能力的重要性。不可諱言，當代的經濟學、政治學、社會學、人類學、比較文學等學科普遍不信任國家或低估國家的自主能力。傳統經濟學希望限縮國家能力在保障財產權、供應公共財和確保自由競爭市場。政治哲學中的主流自由主義也限縮國家能力在保障基本自由權、多元主義和維持財富的分配正義。雖然兩位作者引用了霍布斯的論點，指出國家對終止戰爭狀態的必要性，但是他們期待的國家能力，其實遠比霍布斯設想的國家更強大。霍布斯的巨靈專注在安全問題，為了安全可以介入所有社會領域和動員所有社會力量，但是除了安全之外，它的職能遠不如當代國家。對作者來說，當代國家需要「激發經濟活動」（作者用語）、協助技術創新、提供各種公共基礎建設和服務，以及提供福利國家的各種政策。

兩位作者對國家需要高強能力最有說服力的論證，其實不是國家巨靈提供安全保障或者掃除規範，雖然這兩者或許都很重要。當代國家需要高強能力的真正原因，在於當代國家面對高度複雜和依賴的經濟和社會狀況，面臨難以預測的風險，背負高度複雜的職能。如何發展出能因應當代情境的能力高明國家？兩位作者的另一個精彩論點就變成必要：社會必須要信任國家，和國家合作，國家才能發展出高強能力。

他們舉出的兩個例子有力地說明他們的主張。

第一，中國的國家能力看似高強，但是能力卻不如美國和斯堪地那維亞半島的國家。以國家提供教育體系的能力為例，在中國社會要進入每一層級的好學校、受到老師關愛，都需要送禮。打擊貪腐需要社會合作，人民信任國家，願意去舉報，但是這些合作在專制體制不會發生。再以國家瞭解社會經濟狀況的能力為例，因為社會不信任國家，企業躲在非正式部門、尋求自保，個人對國家隱匿消息、官員編造數據以求升官發財，這導致了中國國家缺乏能力瞭解經濟狀況。國家能力需要社會合作，社會不信任國家，國家能力的發展就遇到瓶頸。

第二，在一九三〇年經濟大蕭條時期的瑞典，社會民主黨和農業黨結合成新聯盟，贏得大選，組成政府，他們訴求國家應該同時支持成長和平等，奠定「統合主義」的治理模式。政府、各產業和工會代表共同協商產業和勞動政策，推出一連串提高工人福利和積極促進勞工市場的政策，並且訂定同一產業所有企業適用的薪資水準。這個政策既創造了比較高的工資，也提供了企業投資、創新和整頓的誘因。對作者們來說，瑞典的做法，比開國以來一直陷在懷疑國家、要求公私合營模式的美國高明許多。他們認為問題的關鍵不在國家擴大能力，而在這個能力由誰監督和控制，以及這個能力該如何使用。因為產業和工會的參與，所以瑞典人民相信自己能有效制約國家能力的擴大，而且因為政府直接管制勞動市場，減少了政府需要透過徵稅，重分配資本家和企業手中資源的財政職能。

但是社會如何能信任國家，允許國家發展出高明的能力？作者們的另一個精彩論點也很關鍵，他們認為體制內的公平選舉和政黨政治不夠，社會需要有足夠的社會動員能力去制約國家，才能信任國家。他們認為美國因為社會長期不信任國家，國家受限於公私合營模式，導致了美國國家只好避開人民監督，發展嚴密的情報和國家安全系統監視人民，這導致了人民更不相信國家。

我們可以觀察到這個制約和信任的機制，和作者們倡議的自由觀念有密切關係。雖然他們一開始引用的是英國自由主義哲學家洛克（John Locke）對自由的看法。洛克的觀點是典型的消極自由理念：自由就是個人不受政府干涉，按照自己的意志安排自己的人身和財產的自由。但是他們接下來立即引用了當代共和主義哲學家菲利浦．佩蒂特（Philip Pettit）的觀點：自由根本上不是「不受干涉的自由」

（freedom as non-interference），而是「不受宰制的自由」（freedom as non-domination）。人們真正要的不是不受干涉，而是不受恣意的干涉（也就是不受宰制的自由）。就洛克的不受干涉的自由來說，政治安排的關鍵在阻止國家干涉人民的自由。可是就佩蒂特的不受恣意干涉的自由來說，國家常常需要積極干涉人民的自由，例如提供經濟權的保障，才能阻止人民的自由被政府或者私人團體恣意干涉。這導致了佩蒂特的共和主義比傳統自由主義者更能相信和接受政府擴大職能。只要人民能夠平等控制政府，政府擴大職能反而能防止自由被恣意干涉。兩位作者在最後一章也提到，沒有國家提供的經濟和社會安全的人權保障，員工仍然活在雇主的宰制中而沒有自由。敏銳的讀者會發現，兩位作者相信國家能力的擴大，和他們相信共和主義式的自由有關。

不過，我們要進一步追問，以人權為基礎的社會動員就足以制約國家，讓社會信任國家嗎？首先，社會是否信任國家或許也和政治文化有關。在東亞有儒家傳統的社會，和西方社會相比，都相對比較信任國家，擁抱像全民健保的制度，即使這些社會還沒發展出很強的制約國家的社會能力。而有很強社會動員能力的社會，也未必會信任國家。社會如何信任國家，顯然是一個更複雜的問題。

此外，在當代的資本主義型態中，極端高收入的經濟菁英逐漸成為一個和社會隔離的群體，他們相信自己靠著卓越的科技和金融知識，擁有自己的財富地位，而且企圖藉由控制政府延續自己的階級地位。他們是全球化和技術高度進展的最大受益者，而其他廣泛的中低階白領和工人階級的薪資數十年來卻都停滯不前。作者們注意到，這會導致人民對現存政治建制不滿，對國家失去信任，被民粹主義領袖吸引，最後走向專制。

這裡作者們的主張浮現了最尖銳的矛盾。他們第一本書的核心論證是，自由社會創造財富的根源在允許創造性的毀滅，也就是說真正創造財富的正是那些不受控制、混亂、勇於夢想、實驗和失敗的經濟菁英，也就是像臉書的馬克・祖克伯和亞馬遜的傑佛瑞・貝佐斯這些人。但是今天恰恰也是這群人和他們雇用的高收入菁英，和社會隔離，想要掌握政府權力，永續他們的階級利益。作者們希望人民能夠發展社會能力，制約國家，這意味著我們需要透過國家，制約這些試圖控制國家的經濟菁英。但是如果他們是社會財富的根源，社會高度依賴他們，社會又怎麼可能發展出有效的機制制約他們？作者們的分析，一直把社會和政治菁英相對立，但是他們忽略了經濟菁英的關鍵腳色。他們既不屬於國家力量，也不屬於社會力量，他們在哪裡？

讓我們在這裡回到作者們第一本書的論證。「只有自由，社會才能富強、進步」，這個自由與富強合一的論點並不嶄新。這是十九世紀初以來主流自由主義哲學家的主張。十九世紀英國哲學家約翰・彌爾（John Stuart Mill）和法國思想家托克維爾（Tocqueville）都抱持這個看法。他們有強烈的歐洲文明優越論的色彩，認為非歐洲文明因為沒有自由，所以社會發展停滯、落後，無法大量累積財富。

為了檢驗這個自由富強合一論，我們要先釐清一件歷史事實。在工業革命之前，是中國和中東而非歐洲從經濟和技術上主導了世界；歐亞文明高度相通，而且步調接近。真正導致西方國家富裕起飛的因素是十九世紀初的工業資本主義。問題是工業資本主義只能發生在歐洲嗎？依照艾塞默魯和羅賓森的觀點，他們會回答：因為歐洲有自由制度與允許廣納的經濟制度，所以工業資本主義只能發生在歐洲。可是真是如此嗎？

「工業資本主義為何發生在歐洲而沒有發生在中國？」這個問題晚近有極為精彩的辯論。讓我們來看彭慕蘭和趙鼎新的對立主張。彭慕蘭（Kenneth Pomeranz）在他的加州學派扛鼎之作《大分流：現代世界經濟的形成，中國與歐洲為何走上不同道路？》中指出，英格蘭和中國江南在十八世紀中葉以前處於同一發展水平，生活水準、商業化程度，農業、勞力分工、和人均壽命等方面都存在著驚人的相似性。

工業資本主義發生在英格蘭是因為兩個偶然因素：英格蘭的煤礦在地理位置上非常接近工業發達地區，以及英格蘭能夠取得來自海外殖民地的大量資源，而中國沒有這些條件。因此工業資本主義發生在歐洲是偶然，而非必然。

芝加哥大學社會系教授趙鼎新在他的《儒法國家：一個解釋中國歷史的新理論》（*The Confucian-Legalist State: A New Theory of Chinese History*）一書中批評，彭慕蘭沒有注意到中國和歐洲深層的政治社會結構差異。他同意英格蘭和中國江南在十九世紀的相似性，他認為中國多數朝代的中期都曾有過上百年商業繁榮的治世。可是因為儒法的政治統治結構，中國的菁英關係穩定，商業階級始終被打壓，沒有自主力量，因此沒有工業資本主義的發展條件。反觀歐洲近代，羅馬天主教會和多國競爭的體系，導致歐洲菁英不斷爭奪支配權，無法建立穩定關係，軍事和經濟激烈競爭，導致工具理性被高度重視以及資產階級的興起。資產階級擁有自己的政治力量、軍事武力和意識形態，君主也和他們密切合作。他們推動的意識形態，解放了以私人利益為導向的工具理性的正當性。在工業社會出現之前，追求私利的經濟活動因為具有分散性和流動性，因此總是被政治力量和道德力量打壓。可是因為歐洲資產階級擁有的優勢力量，這是第一次在人類歷史中，個人和團體被鼓勵充分發揮追求私利的工具理性。這提供了工業資本主義發生的必要條件，因此工業資本主義發生在歐洲並非偶然。

不管是彭慕蘭或趙鼎新，他們都同意在工業資本主義發生之前，歐亞經濟文明的相似性，中國曾經有數次上百年的朝代中期的商業繁榮治世。顯然除非艾塞默魯和羅賓森將富裕限定在工業資本主義式的富裕，否則政治自由似乎不是繁榮的必要條件。而且如果問題只是工業資本主義第一次發生的條件，顯然政治自由也不是必要條件，根據趙鼎新，歐洲菁英關係不穩定產生的獨立強大的商人階級、以及他們擁有肯定以私利為導向的工具理性的意識形態才是必要條件。

因此或許艾塞默魯和羅賓森需要再進一步限定他們的問題：如果我們都已經進入工業資本主義社會，社會如何維持創新的動能？工業資本主義以盈利為目的，使用節約勞動力的機器的私人企業是生產的主要模式。因此技術創新是推動工業資本主義累積財富的主要動能。這也是為何作者們的主張看起來有說服力：具備創造性毀滅能力的經濟菁英是技術創新和財富的根源。

可是不受宰制的自由是這些經濟菁英崛起的必要條件嗎？

當我們的分析納入了經濟菁英階級，艾塞默魯和羅賓森的分析就產生了巨大的變化。資本主義歷經各種階段的變化，其中經濟菁英階級一直扮演關鍵腳色。他們和自由制度的關係，有時候親和、有時候競爭、對抗。他們持續和國家合作，但是國家有時也必須和他們對抗，以免他們完全宰制國家，形成另一種專制。「不受宰制的自由」和「渴求創造性毀滅的經濟菁英」，常常有高度緊張關係。經濟菁英在高壓、殘酷、開放的市場競爭中實驗、失敗和再起，他們對員工、對手和民主政治有高度宰制的慾望。他們崇慕的自由是實驗、混亂、抗拒規則、破壞規則和創新的自由。和這種創造性毀滅自由最相合的，是政府低度管制的洛克式不受干預的自由，而不是人人有不受（私人企業）宰制的自由。不受宰制的自由的條件，需要國家去限制這些經濟菁英和他們的企業，可是依據作者們的理論，這樣也就限制了創造財富的條件。魚和熊掌顯然不像作者們想像這麼容易兼得。

如果我們加入這些變數，作者們的模型其實幫助我們指向一個更完整、複雜的模型：國家能力、經濟菁英階級、社會動員力量、社會信任國家、不受宰制的自由、財富。每個因素都和其他因素有著對抗和合作的雙重關係。作者們非常精闢地釐清了其中幾個因素的對抗和合作的雙重關係，幫助我們更瞭解我們的世界，這裡非常推薦讀者們這本書。

# 序言

## 自由

本書要探討自由、探討人類社會爭取自由成敗得失的歷程和原因，也要檢討隨之而來的後果，尤其是對繁榮造成的影響。我們遵循英國哲學家約翰・洛克（John Locke）所定義的自由，他主張：

如果人可以十分自在、隨心所欲地安排自己的行動、處分自己的財產和人員……不必請准或仰人鼻息，就是擁有自由。

這樣的自由是所有人類的基本渴望，洛克強調：

任何人都不應該傷害他人的生命、健康、自由或財產。

但顯然自由在歷史上很罕見，今天也一樣。每年中東、非洲、亞洲和中美洲都有數百萬人出生入死、逃離家園，不是為了追求更高的所得，或更好的生活，而是為了設法保護自己和家人，免於暴力與恐懼。

哲學家提過的自由定義很多，但洛克承認，最基本水準的自由，起碼必須是人民能夠免於暴力、恐嚇和其他貶損行為之害，人民必須能夠自由選擇自己的生活，能夠在不受不合理懲罰或嚴厲社會制裁的威脅下，過著自己選擇的生活。

## 罪行深重

二〇一一年一月，敘利亞大馬士革舊城的哈里卡（Hareeqa）市場裡，爆發一場自發性的示威，抗議總統巴哈爾．阿塞德（Basharal Assad）的專制暴政。不久之後，有些學童在南部城市達拉（Daraa）的牆壁上，塗寫「人民渴望政府垮臺」的文字，遭到逮捕和刑求。群眾聚集，要求釋放孩童，結果有兩個人遭到警察殺害，從而引爆大規模的示威遊行。抗議風潮迅速蔓延全國，證明確實有很多人希望政府垮臺，內戰旋即爆發。國家、軍隊和保安部隊不出所料，在全國大部分地區消失無蹤。敘利亞人沒有爭取到自由，反而換來內戰和失控的暴力。

該國首要港都拉塔基亞（Latakia）的媒體組織者亞當，深思隨著內戰而來的一切狀況後表示：

> 我們以為自己會得到禮物，實際得到的卻是世界上所有的深重罪惡。

敘利亞第一大城阿勒波（Aleppo）的劇作家胡賽因（Husayn）總結說：

> 我們從來沒有預料到這些黑暗團體會進入敘利亞——他們現在宰制一切。

最重要的黑暗團體是所謂的伊斯蘭國，這個團體原名伊拉克沙姆伊斯蘭國（Islamic State of Iraq and al-Sham, ISIS），旨在創建「伊斯蘭王國」。二〇一四年，伊斯蘭國奪得敘利亞城市拉卡（Raqqa）的控制權，還越過邊界，奪取伊拉克城市法魯加（Falluja）、拉瑪迪（Ramadi）和歷史名城摩蘇爾（Mosul），控制摩蘇爾一百五十萬的人口。伊斯蘭國就和許多武裝團體一樣，以難以想像的殘酷方式，填補敘利亞和伊拉克政府崩潰後留下的國家機器真空。毒打、斬首和殘害變成家常便飯。敘利亞自由軍戰士阿布·費拉斯（Abu Firas）這樣形容敘利亞的「新常態」：

> 我好久沒聽過誰自然死亡了。一開始，有一、兩個人遭到殺害，然後是二十個人，再過來是五十個人，然後死人變成常態。如果我們死了五十個人，我們會想：「感謝真主，只死了五十個人！」我現在只要沒有炸彈或子彈的聲音就睡不著覺，感覺好像少了什麼東西。

出身阿勒波的物理治療師阿敏回憶說：

其中一個人打電話給女朋友，說：「甜心，我手機剩下的時間不多，我會用阿敏的電話回電給你。」過了一會兒，她打來問他的消息。我告訴她，他已經遭到殺害，她痛哭失聲。我朋友問：「你為什麼要告訴她？」我說：「因為事情就是這樣，這是常態，他死了。」……我打開電話，看著我的聯絡人，只剩下一、兩個人還活著。別人告訴我們：「如果有人死掉，別刪除他的號碼，只要把他的名字改成烈士。」……因此我打開聯絡人時，上面全都是烈士、烈士、烈士。

敘利亞國家機器崩潰，創造了龐大的人道災難。戰前大約一千八百萬的人口中，估計有多達五十萬人喪生，超過六百萬人在國內流離失所，還有五百萬人逃到國外，變成難民。

## 吉爾迦美什難題

敘利亞國家機器崩潰引發的苦難不足為奇，哲學家和社會學家長久以來都認為，人們需要國家來解決衝突、執行法律和防堵暴力。如同洛克所言：

> 沒有法律就沒有自由。

但是，敘利亞人開始抗議後，曾經從阿塞德的專制政權手中，爭取到一些自由。媒體組織者亞當懊惱地回憶說：

諷刺的是，我們出門示威，目的是要掃除貪腐、邪惡和殘害人民的罪行，結果反而傷害了更多的人。

像亞當這樣的敘利亞人要應付的問題，在人類社會中極為常見。這也是蘇美人（Sumerian）泥板紀錄中的主題，這些泥板已有四千二百年歷史，是現存世界最古老文本，記載《吉爾迦美什史詩》（*Epic of Gilgamesh*）。吉爾迦美什是烏魯克（Uruk）國王，烏魯克可能是世界上的第一座城市，座落在現代伊拉克南部已經乾涸的幼發拉底河河道上。這首史詩告訴我們，吉爾迦美什創建了一座壯麗的城市，市內商業繁盛發展，居民獲得眾多的公共服務：

看那城牆在陽光下像黃銅一樣閃閃發光。爬上石階……走在烏魯克城牆上，沿著道路環城一圈，檢閱城市壯闊的基礎與磚石結構後，會感嘆這座城市建築極為精美，會觀賞圈在城內的土地、光彩煥發的宮殿和神廟、商店和市場、屋宇、公共廣場。

但是，這首史詩也點出了一個問題：

有誰像吉爾迦美什一樣？……他掌控這座城市，在市內傲然高視闊步，像野牛一樣踐踏市民，隨心所欲，胡作非為，從父親身邊奪走兒子，加以殘害，從母親身邊搶走女兒，加以摧殘……沒有人敢反對他。

吉爾迦美什已經失控，有點像敘利亞的阿塞德。人民絕望之餘，「哀告上天」，懇求蘇美人萬神殿中的主神兼天空之神阿努（Anu）：

> 天父，吉爾迦美什……
> 已經逾越一切界線，人民
> 在暴政下受苦受難
> ……你的國王應該這樣統治嗎？
> 牧羊人應該殘害自己的羊群嗎？

阿努聽到後，要求創造之母阿魯魯（Aruru）為吉爾迦美什創造一個分身、作為吉爾迦美什的第二個自我，這個人的力量、勇氣、暴烈心性和吉爾迦美什完全相同。也就是創造一位新英雄，讓兩個人充分制衡，以便烏魯克獲得和平。

因此，阿努為我們所說的「吉爾迦美什難題」，提出了解決之道：控制國家的權威和力量，以便人民得到德政，而不是暴政。阿努的方法是分身靈式的解決之道，類似今天所說的「制衡之道」。吉爾迦美什的分身是恩奇都（Enkidu），他會把吉爾迦美什圍堵起來。美國政府制度創建人之一的詹姆斯·麥迪遜（James Madison）應該會同意這種做法，他在四千年後主張，設計憲法時必須「用野心反制野心」。

吉爾迦美什準備強姦一位新娘時，首次跟自己的分身爆發衝突。恩奇都擋住門口，兩人打起架來，最後，吉爾迦美什雖然打贏，卻已經喪失無與倫比的專制權力。這就是播在烏魯克的自由種子嗎？

可惜不是，空降的制衡通常行不通，在烏魯克一樣行不通。不久之後，吉爾迦美什和恩奇都開始串通合謀，這首史詩有著如下的記述：

> 他們互相擁吻，像兄弟一樣手牽著手，並肩走在一起，變成真正的朋友。

他們後來串通起來，共謀殺死黎巴嫩雪松大森林的守衛怪獸洪巴巴（Humbaba）。當神明派遣天堂公牛來懲罰他們時，他們又合力殺死公牛，自由的展望跟著制衡一起消失無蹤。

如果以分身靈和制衡原則限制國家都無法獲致自由，那自由到底來自何方？不是來自阿塞德的政權，顯然也不是來自敘利亞國家崩潰後出現的無政府狀態中。

我們的答案很簡單：自由需要國家和法律，卻不是由國家或控制國家的菁英賜予，而是由一般人和社會爭取來的。社會需要控制國家，以便國家保護和增進人民的自由，而非像二〇一一年前阿塞德在敘利亞那樣摧殘自由。自由需要一個可以動員人民參與政治，提供必要保護、可以用選票把政府趕下臺的社會。自由起源於國家和社會之間的微妙權力均衡中。

## 通往自由的狹窄走廊

我會在本書裡，主張如果自由要勃然興起，國家和社會都必須很強大。強大的國家才能控制暴力、執行法律和提供攸關人民生活的公共服務，以便賦予人民力量，做出希望追求的抉擇。強大的國家需要強大、流動的社會來控制和約束。單靠分身靈解決之道的制衡不能解決吉爾迦美什難題，因為在社會沒有警覺的狀況下，憲法和保證的價值不比書寫這些文字的羊皮紙高出很多。

在專制國家打造的恐懼和鎮壓，以及暴力橫行、無法無天狀態這兩種情勢傾軋下，出現了一條通往自由的狹窄通道。社會與國家就是在這條走廊上，彼此制衡。這種制衡並不是靠某個革命時刻成就，而是兩者之間日復一日地持續鬥爭。這種鬥爭會帶來好處，國家和社會在這條走廊上，不僅互相競爭，也相互合作，這種合作會提高國家供應社會所需的能力，也會壯大監督這種能力的社會動員力量。

為什麼是一條走廊，而非一扇大門呢？因為達成自由是一種過程：你必須走過廊道上的漫漫長路，才能制服暴力、制定和執行法律，國家機器才能開始為公民提供服務。這種是國家及其菁英必須學習的過程，學會跟社會施加在他們身上的枷鎖和平共存，社會的不同部門必須學會互相合作、無視彼此之間的歧異。

這條走廊會顯得狹窄，是因為這絕非易事，你要怎麼抑制擁有龐大官僚體系、強大軍隊和可以自由決定法律內容的國家機器？當人民要求國家在複雜的世界上承擔更多責任之際，你怎麼能夠確保國家機器會維持接受控制的馴服態勢？你要怎麼在差異和分歧撕裂社會之際，保持社會一起合作，而不自相對立？你要怎麼防止這一切變成零和競爭？這一切一點都不容易，難怪這條走廊會顯得相當狹窄，難怪不論社會踏進或離開這條通道，都會引發深遠的影響。

所有這些事情都是你無法策畫的。當國家及其菁英太強大有力，社會卻溫馴服從的時候，為什麼領導階層要把權利和自由賜予人民？如果他們真的這樣做，你相信他們會信守諾言嗎？

我們可以從吉爾迦美什時代到今天的婦女解放歷史中，看出自由的起源。社會怎麼從這首史詩所說「每個女孩的處女膜……都屬於他」的狀況，進步到擁有女權呢？（噢，無論如何，有些地方確實享有女權。）女權有可能由男性施捨嗎？例如，阿拉伯聯合大公國在二〇一五年，由大公國副總統兼總理，也是杜拜統治者的穆罕默德（Mohammed bin Rashid Al Maktoum）設立性別平衡委員會，每年都以「最支持性別平衡的政府實體」、「最支持性別平衡的聯邦當局」和「最佳性別平衡行動計畫」等名目頒發性別平衡獎。二〇一八年，穆罕默德頒發的獎項有一個共同的地方，就是全都頒給男性！大公國這種解決之道的問題是，這種做法是由穆罕默德策動，強加在社會上，沒有社會的參與。

相形之下，英國女權運動的歷史就比較成功，英國的女權不是由別人施捨，而是爭取來的。當時的婦女推動「婦女參政」的社會運動，倡議團體是從一九〇三年成立、只限女性參加的英國婦女社會政治聯盟中分出來的，成立宗旨是爭取婦女選舉權。她們沒有等待男性頒給她們「最佳性別平衡行動計畫」獎，而是動員起來，從事直接行動，發揮公民不服從精神，炸毀當時擔任財政大臣、後來出任首相的勞合·喬治（David Lloyd George）的避暑別墅，還把自己用鎖鏈綁在英國國會外面的欄杆上。她們拒絕納稅，又在被判決入獄後，發動絕食抗議，遭到獄方強迫餵食。

艾蜜莉·大衛森（Emily Davison）是婦女參政運動的重要成員。一九一三年六月四日，她在著名的葉森賽馬場中，闖進賽道，跑到英國國王喬治五世所擁有的賽馬安默（Anmer）前方。根據若干報導，她手持紫、白、綠三色爭取選舉權的旗子，被安默撞倒，如書中所附相片所示，並被摔倒的馬兒給壓在身上。四天後，她因為傷重不治身亡；五年後，婦女可以在英國國會議員選舉中投票。英國女性不是靠（男性）領袖寬宏大量的施捨，才得到權利，得到權利是她們發揮組織和爭權力量的結果。

婦女解放運動的故事並非獨一無二的特例。自由與否，幾乎總是取決於社會的動員力量，以及社會和國家及其菁英達成權力均衡的能力。

# 1 歷史如何終結？

## 無政府狀態山雨欲來？

一九八九年，法蘭西斯・福山預測「歷史的終結」，所有國家會趨向美國式的政治和經濟制度，形成他所謂的「經濟與政治自由主義定於一尊」。僅僅五年後，羅伯・柯普蘭（Robert Kaplar）就在論著《無政府狀態山雨欲來》（*Coming Anarchy*）中，描繪出截然不同的未來景象。為了說明無政府狀態這種無法無天、暴力橫行的混亂本質，他深感必須從西非開始說起：

西非已經成為〔無政府狀態〕的象徵……疾病、人口過剩、犯罪橫行、資源稀少、難民逃離、國家機器日益朽壞，私人軍隊、保全公司、國際毒品卡特爾[1]各自為政的現象，透過西非角度，最能明顯地展現出來。西非為討論起來極為不愉快、很快就會衝擊我們文明的這個問題，提供了適當的簡介，因此為了重塑未來幾十年的政治景象，我發現我必須從西非開始談起。

二〇一八年，尤瓦爾．哈拉瑞（Yuval Noah Harari）在文章〈為什麼科技對暴政有利〉（Why Technology Favors Tyranny）中預測未來時，認定人工智慧的進步，預示「數位獨裁政權」會興起，政府會擁有監視和控制能力，甚至會主導我們的互動、通訊和思考。

因此，歷史仍然可能結束，只是結束的方式和福山所想像的大不相同。但究竟會怎麼樣結束呢？是福山預見的民主制度贏得勝利，還是無政府狀態或數位獨裁政權獲勝？中國國家機器加強控制網際網路、媒體和人民生活，可能顯示我們正朝數位獨裁政權的方向前進；同時，中東和非洲最近的歷史提醒我們，無政府狀態的前景並非遙不可及。

但是，我們需要一個有系統的方法來思考這一切；我們不妨遵循柯普蘭的建議，從非洲開始思考。

## 第十五條國家

如果你沿著西非海岸向東航行，到幾內亞灣後轉為向南走，航向中非，經過赤道幾內亞、加彭和布拉薩市剛果的黑角市（Pointe-Noire），你會抵達進入剛果民主共和國入口的剛果河口。人們經常認為，這個國家是無政府狀態的縮影。剛果人有一個笑話，說這個國家一九六〇年從比利時手中，爭取到獨立後，一共制定了六部憲法，六部憲法都有相同的憲法第十五條。十九世紀法國總理夏爾．莫里斯．德塔列朗（Charles-Maurice Talleyrand）說過，憲法應該「簡短而含混」。第十五條符合他的名言，簡短而含混，只表示「要自求多福」（Debrouillez-vous）。

一般認為，憲法是說明公民和國家責任、義務和權利的文件，國家理當解決公民之間的衝突，保護公民，提供教育、健保和基礎建設等個人無法自行適當提供的重要公共服務。憲法理當不該要人民自求多福。

提到「憲法第十五條」只是笑話，剛果憲法中沒有這一條；但是，這個笑話很適合，因為剛果人至少從一九六〇年獨立以來，一直都在自求多福（獨立以前的情況甚至更糟）。他們的國家一再疏於做好該做的事：國家機器在龐大的國土上消失無蹤，全國大部分地方的法院、道路、診所和學校破敗不堪，謀殺、竊盜、勒索和恐嚇屢見不鮮。一九九八年至二〇〇三年間，剛果爆發非洲大戰[2]，大部分剛果人已經苦不堪言的生活，變成了名副其實的地獄。喪生的人可能多達五百萬人，死因包括謀殺、病死與餓死。

即使在承平時期，剛果國家機器也疏於維護真正的憲法條文。憲法第十六條規定：

> 所有人民在尊重法律、公共秩序、他人權利和公共道德下，擁有生命、人身安全和自由發展個性的權利。

但是，在剛果東部的基伍（Kivu）地區，大部分土地仍然由叛亂團體和軍閥割據，他們在掠奪剛果的礦物財富的同時，還肆行搶掠、騷擾和謀殺平民。

真正的剛果憲法第十五條到底說什麼？這一條開宗明義就說：「政府官署必須負責消除性暴

---

1【編註】卡特爾（cartel）在此指壟斷利益的集團。
2【編註】指第二次剛果戰爭（Second Congo War），涉及超過九個非洲國家，是非洲現代史上規模最大的戰爭。

力……。」但是，二〇一〇年時，聯合國一位官員說，該國是「世界強暴之都」。剛果人民孤立無助，只能自求多福。

## 任人宰割之旅

「自求多福」這句格言不僅適用於剛果人。如果你沿著幾內亞灣返航，你會抵達拉哥斯。這是奈及利亞的商業首都，也是柯普蘭認為最能用「前途暗淡」四個字來形容的都市。柯普蘭描述這個城市「犯罪、污染和過度擁擠的程度，到了象徵第三世界都市功能障礙集大成的地步」。

柯普蘭寫道，一九九四年的奈及利亞由軍方統治，薩尼·阿巴查（Sani Abacha）將軍擔任總統。阿巴查不覺得自己的責任是公允地解決衝突或保護國民，卻把重點放在屠殺反對派和侵奪國家的天然財富上，估計他盜竊的財富起碼有三十五億美元，而且可能還更多。

前一年，諾貝爾文學獎得主、奈及利亞作家渥雷·索因卡（Wole Soyinka）要從鄰國貝南（參見地圖一）首都柯多努，走陸路穿越兩國邊界回拉哥斯。他回憶說：「接近奈及利亞和柯多努邊界時，第一眼就可以看出整個情況，我們走了好幾英里，越過長長一排停在路邊、一直排到邊界的汽車，這些車子不是無法穿越邊界，就是不願意穿越。」嘗試越境的人「一小時內就折返，不是車子受損，就是口袋空空，因為他們被迫繳交買路錢，卻連第一個路障都還沒有走到」。

索因卡沒有被嚇倒。他越境進入奈及利亞，想找人載他到首都去，得到的回答卻是：「索因卡爺，拉哥斯不好哦。」一位計程車司機用包著繃帶的手，指著自己包著繃帶的頭部，敘述自己得到的待遇。他說自己雖然全速倒車，還是有一幫嗜血的幫派分子追著他打。

> 爺……我已經倒車退後了，亂賊還是打破我的擋風玻璃，上帝救我……拉哥斯現在一片混亂。

最後，索因卡找到一部計程車，載他到拉哥斯，不過這位不情不願的司機表示：「路況很差——差，非常差。」然後就像索因卡說的那樣：「開始了我有生以來最可怕的旅程。」索因卡繼續說道：

> 路障用空汽油桶、廢輪胎和輪轂、販賣亭、木塊、樹幹和巨石搭成……路障由兼差流氓接管……有些路障有規定費率，你繳了錢，就可以通行，但也只能安全通行到下一個障礙為止。有時候，通行費是從你的車裡，吸

地圖一　西非：歷史上的阿散蒂王國、約魯巴蘭、蒂夫蘭和索因卡從柯多努回到拉哥斯的路線。

出一加侖多的汽油，然後就放你過去——直到下一個路障又被攔下來為止……有些車子顯然有遭到飛彈、棍棒、甚至拳頭撞擊的痕跡，有些車子可能像直接從電影《侏羅紀公園》場景開過來一樣——有人發誓說，板金上有不正常的齒痕。

他接近拉哥斯時，情況變得更糟糕。

進入拉哥斯市中心的路程通常要花兩小時，現在已經過五小時了，我們才走了五十公里。我愈來愈急，我們愈接近拉哥斯，空氣中的緊張氣氛變得很明顯，路障變得愈常見；毀損的車子也一樣常見，最可怕的東西是屍體。

屍體在拉哥斯並不罕見。有一位高級警官失蹤時，警方曾在一座橋下的水裡，尋找他的屍體。六小時後，警方停止搜尋：他們共找到二十三具屍體，沒有一具是他們要找的人。

奈及利亞軍隊擄掠國家時，拉哥斯人必須很努力地自求多福。整個城市犯罪橫行，國際機場功能失常極為嚴重，以至於許多國家禁止本國航空公司飛往拉哥斯。叫做「地區男孩」的幫派劫掠商家，逼勒金錢，甚至殺害商人。這些地區男孩不是唯一必須避開的危險人物。街上除了屍體之外，還堆滿垃圾和老鼠。一九九九年時，英國廣播公司一位記者曾經批評說：「……這個城市……在垃圾山中。」市內沒有公共供應的電力和自來水，要獲得照明，你必須自己購買發電機，或是使用蠟燭。

拉哥斯人不只過著惡夢般的生活，住在老鼠肆虐、街上滿布垃圾、人行道會看到屍體的地方，他們還一直活在持續的恐懼當中。跟地區男孩一起住在拉哥斯市中心並不好玩，即使他們決定今天放過你，明天也可能再找上門——尤其是如果你居然膽大包天，批評他們在城市裡的所作所為，或是不肯表現出他們要求的恭順之心的話，更是如此。這種恐懼、不安全和不確定，可能會像實際的暴力那樣，讓你身心耗弱不堪。借用政治哲學家菲立普．佩蒂特（Philip Pettit）的說法，因為這樣會讓你落入任人「宰割」的處境中。

佩蒂特在大作《共和主義：自由與政府理論》（*Republicanism: A Theory of Freedom and Government*）中，主張滿足、體面生活的基本原則是不受到宰割——免於宰割、恐懼和極端不安全的自由。根據佩蒂特的說法，我們不能接受下述這種生活：

> 必須活在別人的擺布之下，活在容易受他人強加的某種惡意迫害的情況中。

下述情況就是受到這種宰割的例子：

> 妻子發現自己處在丈夫可以任意毆打、卻毫無補救之道的處境中；員工處在不敢對雇主抱怨，又可能受到雇主……一系列凌虐危害的狀況中；債務人處於必須仰賴金主或銀行職員鼻息，以免變成赤貧階級，被徹底毀滅。

佩蒂特承認：暴力或凌虐的威脅，可能和真正的暴力或凌虐一樣糟糕。不錯，你可以靠著遵循別人的願望或命令來避免暴力，但代價是得做你不想做的事情，而且每天都要受到這種威脅影響（經濟學家會說，暴力可能是「偏離均衡路徑」（Off the Equilibriwn path），但這並不表示這種事情不會影響你的行為，或產生跟承受實際暴力幾乎一樣惡劣的後果。）佩蒂特說，這種人：

活在別人的陰影中，即使別人沒有舉起手來對付他們，情況還是一樣。他們活在不確定別人會有什麼反應的氛圍中，必須睜大眼睛，保持警覺，注意別人的情緒……不能正視別人的眼睛，甚至會被迫搖尾乞憐、諂媚拍馬或奉承別人，以便討好自己。

不是只有蠻力或暴力威脅會導致宰割，脅迫、習俗等社會力量造成的任何不平等權力關係，都會創造宰割，因為這樣等於屈從於武斷的影響；受制於別人可能反覆無常的意願，或可能的獨特判斷。我們把洛克的主張更細緻化，把「自由」定義為不受宰制，因為受人宰制者不能自由選擇。自由，或佩蒂特說的「不受宰割」，表示從這種從屬地位、從這種依賴中解放出來，這需要你跟同胞們能夠達成共識，共同認知你們都沒有強制干預對方的權力。

重要的是，自由不但要求你擁有選擇行動自由的抽象觀念，還要求你擁有行使這種自由的能力。如果有一個人、團體或組織能夠脅迫、威脅或運用社會關係的力量讓你屈服，行使自由的這種能力就不存在；在衝突要靠實際暴力或威脅解決時，這種能力不會存在。但同樣地，若解決衝突要靠根深柢固的習俗強加不平等權力關係時，這種能力也不存在。自由要蓬勃發展，就必須終結宰制，無論來源為何。

自由在拉哥斯根本不存在。每當衝突發生時，武裝比較優良、比較強大的一方總是處在有利的位置；暴力、竊盜、謀殺和宰割的現象處處可見，每一個轉角的基礎建設都在崩壞。無政府狀態並非「山雨欲來」，無政府狀態早已降臨。

## 戰爭狀態和國家巨靈

對過著安全、舒適生活的大部分人來說，一九九〇年代的拉哥斯似乎是個失常的地方；其實不然。人類存在的大部分時間裡，不安全和宰割一直都是生活中的現實。有史以來的大部分時間裡，甚至在大約一萬年前農業和定居生活出現後，人類還是活在「無國家」的社會中。其中若干社會類似倖存在亞馬遜和非洲偏遠地區的採獵團體（有時候也叫做「小規模社會」），但是像普什圖族（Pashtuns）這樣的種族團體，規模卻大得多。普什圖族人口大約有五千萬人，占據阿富汗南部和東部，以及巴基斯坦東北部大部分地區，以農耕和畜牧為生。考古人類學證據顯示，許多這種社會都沒有發展前景，過著比一九九〇年代拉哥斯居民日常生活還痛苦的日子。

最有力的歷史證據出自戰爭與謀殺的死亡數據，這些數據是考古學家根據毀損骨骸估計出來的；若干人類學家曾經親眼觀察過倖存的無國家社會。一九七八年，人類學家卡洛・安柏（Carol Ember）有系統地記錄採獵社會中非常高的戰爭比率——這一點衝擊她們這一行所抱持「野蠻人很和平」的印象。她發現她研究的社會中經常有戰爭，其中三分之二的社會每兩年至少要打一次仗，只有十分之一的社會沒有戰爭。史蒂芬・平克（Steven Pinker）根據勞倫斯・吉立（Lawrence Keeley）的研究，編纂了過去二百年人類學家所研究二十七個無國家社會的證據，估計暴力造成的死亡率超過十萬分之五百——比率是目前美國的一百倍（每十萬人有五人遭到殺害），更是挪威的一千倍以上（每十萬人約有〇・五個人遭到殺害）。前現代社會的考古證據也符合這種暴力水準。

我們應該理解這些數字的意義。以每十萬人有超過五百人或千分之五遭到殺害來說，這種社會的一般居民在五十年內，遭到殺害的可能性大約為百分之二十五。也就是說，你認識的人在他們五十年壽命期間，大約有四分之一會遭到暴力殺害。我們很難想像這種赤裸裸社會暴力所暗示的不可預測性和恐懼。

雖然這些死亡和屠殺，大都是對立部落或團體之間的交戰所造成，但暴力無休無止的原因不僅在於戰爭和團體之間的衝突。以新幾內亞的蓋布希族（Gebusi）為例，他們的謀殺率甚至更高。該族在與外界接觸之前的一九四〇年代至一九五〇年代期間，每十萬人中就有將近七百人是遭到謀殺而死亡，大部分還是發生於一般承平時期（如果每年有將近百分之一人口遭到謀殺可以說是承平的話）！原因似乎跟他們相信每起死亡案例（甚至包括非暴力死亡）都是巫術作祟有關，這種信仰導致人們競相獵巫，引發更多謀殺行為。

無國家社會的生活之所以很危險，不僅因為謀殺盛行，無國家社會的人平均壽命也很短，介於二十一歲至三十七歲之間。在二百年前我們祖先身上，類似壽命短促的現象也不罕見，因此我們很多祖先就像拉哥斯居民那樣，過的日子類似著名政治哲學家湯瑪斯．霍布斯（Thomas Hobbes）在巨作《巨靈論》（*Leviathan*）中的描述：

> 持續的恐懼、橫死的危險；男人的生活孤獨、貧困、難受、殘酷、匱乏。

霍布斯寫書時，正值一六四〇年代英國內戰期間：另一個可怕的時代。上文是他對文明喪失的「戰爭狀態」（Warre）的描述，柯普蘭把這種狀態叫做「人人互相為戰的無政府狀態」，也就是所有人對抗所有人的狀態。

霍布斯對戰爭狀態的精彩描述，清楚說明了為什麼活在這種狀態中比在荒野中生活還糟糕。霍布斯先對人性做了若干基本假設，主張衝突在人類的任何互動中都很常見：「如果兩個人都想要同一樣東西，且彼此不能共享，他們就會變成敵人；而且……彼此會努力毀滅或制服對方。」無法解決這種衝突的世界不會讓人快樂，因為：

從此以後，侵略者將不再害怕其他人一己之力；因為如果有人種植、耕作或據有一個方便的位置，可以想像其他人很可能會聯合起來，不但奪取他的勞動成果，還要剝奪他的生命或自由。

值得注意的是，霍布斯也預示了佩蒂特所說的宰割觀點，指出光是暴力的「威脅」本身就可能有害。即使你能夠藉著天黑後留在家裡、減少自身行動和外界互動，以避免實際的暴力，但你仍受到暴力威脅的影響。根據霍布斯的說法，戰爭狀態「並不是指實際戰鬥，而是人人都知道彼此有發動戰爭和衝突的傾向」。因此，戰爭狀態的展望對人民生活會有極大的影響，霍布斯舉例：「旅行時，人們會準備武器，會設法在良好的護衛陪伴下前進，睡覺時會鎖門，即使是待在自己家裡時，也會鎖好櫃子。」索因卡對這一切都很熟悉，他在拉哥斯時，如果沒有把格洛克手槍佩在身側，以求自保，就絕對不會到任何地方去。

霍布斯也承認人類想要一些基本的生活福利和經濟機會。他寫道：「促使人類傾向和平的熱情包括對死亡的恐懼；渴望得到寬裕生活所必需的財產；以及希望藉著勞動獲得這些東西。」但是，在戰爭狀態下，這些東西不會自然出現，實際上，戰爭狀態反而會摧毀經濟誘因。

在這種情況下，生產勞動毫無地位，因為勞動的成果不確定，因此土地上沒有種植，海上沒有航行，沒有辦法利用可能經由海運進口的商品；沒有寬敞的建築，沒有力量很大、可以搬運或移除這種東西的工具，沒有跟地球表面有關的知識。

人民自然會尋找脫離無政府狀態的方法，設法替「自己強加限制」，促使「自己脫離戰爭狀態的悲慘境遇，這種狀態是人類發揮熱情天性必然得到的結果」。霍布斯提出戰爭狀態的觀念時，已經預期到可能出現這種情形。霍布斯認為會出現戰爭狀態，起因是「人類生活中缺少一個讓眾人都敬畏的共同權力」。霍布斯把這種共同權力，稱為「偉大的巨靈」（Leviathan）[3]，又叫「共同體」（Common-Wealth）或「國家」（State）；霍布斯把這三個名詞交互使用[4]。因此，解決戰爭狀態的方法，是創造某種剛果人、奈及利亞人或無政府、無國家社會成員所缺少的中央集權權威。霍布斯利用聖經《約伯記》中描述的大海怪利維坦的形象，強調這種國家需要很大的權力，他這本大作的封面圖附在本書相片集裡，上面有一隻利維坦的蝕刻圖像，還附了約伯所說的一句話：

在地上沒有像他造的那樣，無所懼怕。（《約伯記》四十一章二十四節[5]）

的確如此。

霍布斯知道最強而有力的巨靈一定令人害怕，但是只怕一種力量，勝過每一種力量都怕。國家巨靈會阻止人人互相為戰，確保人民不會「摧毀或制服彼此」，會清運垃圾，掃除地區男孩，供應電力。

聽起來很好，但是你要怎麼做，才能形成國家巨靈？霍布斯提出了兩種方法，他把第一種方法稱為「根據制度建立的共同體……即群眾同意、互相立約」，創造這種國家，並把權力和權威授予國家，或是如同他所言：「每一個人的意志都屈從他的意志，每一個人的判斷都屈從他的判斷。」這一來，某種宏大的社會契約（霍布斯所說的「立約」）會同意創造一個巨靈國家；不過，在拉哥斯做這樣的安排很難。霍布斯把第二種方法叫做「根據併吞形成的共同體」，也就是「用武力併吞」。因為霍布斯承認，在戰爭狀態下，某個人可能脫穎而出，「制服敵人、使敵人屈從他的意志」。重點是兩種方法的「權利和主權發揮的影響都相同」。然而，霍布斯認為，不管社會怎麼形成國家巨靈，結果都會結束戰爭狀態。

這種討論聽起來可能讓人驚訝，但霍布斯透過討論君主、貴族或民主三種治理制度的方式，顯露他的邏輯思考方式。他認為這三種決策機構大不相同：「這三種共同體的差別不在於權力的不同，而在於方便性的不同。」總之，霍布斯認為君主制度可能比較方便，而且擁有實際優勢，但重點在於不論國家巨靈如何管理，都會做該做的事情：結束戰爭狀態，消除「持續的恐懼和橫死的危險」，保證男人的生活（希望女人也一樣）不再「孤獨、貧困、難受、殘酷、匱乏」。霍布斯認為，本質上，任何國家的目的都是「維護和平與正義」，而且這正是「建立共同體的目的」。因此，強權，或任何大到足以具有壓倒性的力量，不論從何而出，就是公理。

霍布斯的傑作對現代社會科學影響之大，非筆墨所能形容。當我們在構思國家和憲法的理論時，

3【編註】又譯「利維坦」。
4【編註】本書中偶爾也會交互使用「巨靈」、「國家」與「國家機器」這些名詞。
5【編註】此句出自《拉丁通俗譯本》版《約伯記》四十一章二十四節；但在今天較常見的英語修訂版聖經中，應為四十一章三十三節。此處使用繁體中文和合本翻譯。

會遵循霍布斯的思路，從國家和憲法會解決什麼問題、如何約束行為、如何重新分配社會的權力開始著手。我們不在神授的律法中，而是在人類的基本動機和如何塑造這種動機中，尋找社會如何運作的線索。但是，霍布斯對我們今天如何看待國家的方式影響還更深遠。我們尊敬國家及其代表，無論其為君主、貴族或民主制度。即使在軍事政變或內戰後，新政府的代表搭著公務飛機，在聯合國中就座，國際社會仍然期望他們執行法律、解決衝突和保護公民，並賦予他們官方般的尊重。就像霍布斯所設想的那樣，無論統治者的權力從何而來，都象徵國家巨靈，擁有合法性。

霍布斯說對了，避免戰爭狀態的確是人類的急切要務；他也正確地預測到，一旦國家形成，開始獨占暴力手段、開始執法，殺戮和謀殺就會減少——國家巨靈會控制「人人互相為戰」的戰爭狀態。在今天的西北歐國家中，謀殺率只有十萬分之一不到，公共服務有效率、有效能、供應又充足，人民的自由接近人類有史以來最高的程度。

但霍布斯也有很多地方沒有說對。例如，事實證明，無國家社會相當善於控制暴力和壓制衝突，但我們很快會看到，這種社會並不能帶來多少自由。霍布斯另一個錯誤，是他對國家會帶來自由的看法太樂觀。的確如此，霍布斯搞錯了一個關鍵（我們或許可以補充說，國際社會也錯了）：那就是強權並非公理，而且確實無法帶來自由。在國家的統治枷鎖下，生活也可能變得難受、殘酷、匱乏。

我們從最後一點開始談起。

## 震懾與敬畏

不是奈及利亞國家機器不想阻止拉哥斯的無政府狀態，也不是剛果民主共和國國家機器認定不執法、讓叛軍殺戮百姓最好，實際情形是這兩個國家缺少做好這些事情的能力。國家的能力就是達成國家目標的能力，這些目標經常包括執法、解決衝突、規範經濟活動並開徵稅賦、提供基礎建設和其他公共服務；也可能包括發動戰爭。國家的能力一部分取決於體制的組織方式，但更重要的是取決於國家的官僚體系。你需要官僚和國家雇用的人員在場，以便他們實施國家的計畫，你需要這些官僚擁有執行任務的手段和動機。第一個提出這種願景的人是德國社會學家馬克斯・韋伯（Max Weber），他從組成十九世紀和二十世紀德國國家機器骨幹的普魯士官僚身上，得到啟發。

* * *

一九三八年，德國官僚碰到一個問題。執政的國家社會主義德國工人黨（納粹黨）決定，要把德國最近兼併的奧地利境內的所有猶太人驅逐出境；但是，官僚瓶頸迅速出現。事情必須妥善辦好，好讓每一位猶太人收到一套文件和證件，以便遣送出境，做這些事情要耗費非常多的時間。納粹黨親衛隊（準軍事組織）負責猶太人事務的帝國保安總局第四分局B處第四科科長阿道夫・艾希曼（Adolf Eichmann），提出了世界銀行現在稱為「一站式」服務的構想，發展出一種生產線式的系統，整合所有相關部門，包括財政部、所得稅稅務人員、警察和猶太人領袖。艾希曼也派遣猶太人事務官員到國外，向猶太人組織募款，好讓猶太人購買移民所需的簽證。漢娜・鄂蘭（Hannah Arendt）在大作《平凡的邪惡：艾希曼耶路撒冷大審紀實》（*Eichmann in Jerusalem*）中寫道：

> 你把一位猶太人從一棟建築物的一端放進去時，他仍然擁有一些財產、工廠、商店或銀行帳戶，他在裡面從一個櫃檯走到另一個櫃檯，從一間辦公室走到另一間辦公室，再從另一端出來時，已經

變成身無分文的人，沒有任何權利，只有一本護照，護照上面寫著：「你必須在兩週內離開這個國家，否則就要進集中營。」

因為一站式作業的結果，有四萬五千名猶太人，在八個月內被迫離開奧地利，艾希曼晉升為親衛隊上級突擊隊大隊領袖（中校），成為「最後解決方案」的運輸協調官，參與解決很多類似的官僚瓶頸，促成後來的猶太人大屠殺。

這是運作順利、力量強大、能力高強國家機器的例子，是官僚式的國家巨靈；但是，國家沒有運用這種能力解決衝突，或結束戰爭狀態，反而用來騷擾、剝削猶太人，然後再加以謀殺。德意志第三帝國建立在普魯士官僚體系和專業軍事傳統上，確實是符合霍布斯定義中的國家巨靈。至少一大部分德國人像霍布斯所希望的那樣：「每一個人的意志都屈從他的意志，每一個人的判斷都屈從他的判斷。」的確如此，德國哲學家馬丁．海德格（Martin Heidegger）告訴學生：「元首一個人是德國現在和未來的現實與法律。」德國國家機器不僅在希特勒的支持者心中引發敬畏，也在人民心中引發敬畏，沒有多少人願意違抗國家或違反國家法律。

在納粹衝鋒隊（Sturmabteilung，準軍事組織褐衫軍，親衛隊前身）、親衛隊和蓋世太保巡行街頭之際，德國人冒著冷汗度過黑夜，等待強力的叩門聲和軍靴踩在起居室的足聲，等著被人帶到某個地下室審訊，或是徵調到幾乎必死無疑的東線戰場。德國國家巨靈的可怕程度，遠遠超過奈及利亞或剛果的無政府狀態；德國人的確有充分理由害怕，因為德國國家巨靈監禁、刑求、殺害數量驚人的德國人，包括社會民主黨人士、共產黨人、政治反對者與耶和華見證會（Jehovah's Witnesses）的信徒。德國國家機器謀殺了六百萬猶太人，其中很多人還是德國公民；另外，還殺害了二十萬羅姆人[6]，根據某些估計，德國在波蘭和俄羅斯謀殺的斯拉夫人超過一千萬人。

在希特勒的統治下，德國人和德國占領區的公民不是承受霍布斯說的「戰爭狀態」，而是國家對抗公民的戰爭，是宰割和謀殺，不是霍布斯所希望國家巨靈所做的事情。

## 利用勞改實施再教育

對全能國家的恐懼不限於納粹德國這種令人憎惡的特例，實際情形更加常見。一九五〇年代，中國仍然是很多歐洲左派人士心中的寵兒，毛澤東思想是法國咖啡館的熱門話題，《毛語錄》是時尚書店的首選書籍。畢竟中國共產黨解除了日本殖民主義和西方帝國主義的枷鎖，正忙著在廢墟中，建立起有能力的國家和社會主義社會。

一九五九年十一月十一日，河南光山縣共黨書記張富洪遭到攻擊。一位名叫馬龍山的男子帶頭，開始用腳踢張富洪，其他人跟著拳打腳踢，把張富洪打到流血，頭髮也遭到成片拔下，制服被人撕成碎布條。張富洪傷勢嚴重，但勉強還能走路。到十一月十五日，張富洪遭到進一步攻擊，變成只能躺在地上，任人拳打腳踢，剩下的頭髮也被人拔光。等到他被人拖回家時，他已經喪失對自己身體功能的控制，不能吃喝。隔天他再度遭到攻擊，他要水喝，卻遭到拒絕。到十一月十九日，他終於撒手人寰。

楊繼繩在大作《墓碑》一書裡，描繪了這種悲慘景象。他回憶那一年稍早的時候，朋友因為他父親

---

6【編註】又稱吉普賽人，發源自印度北部、後在世界各地流亡的民族。

餓到撐不下去，緊急把他從寄讀的學校叫回家。他回到灣裡的老家時，注意到：

家門前的榆樹沒有皮，白花花的，底下的根也刨光了，剩下一個凌亂的土坑。池塘乾了，鄰居說是為了撈蚌放乾的。蚌有股難聞的腥味，過去是不吃的。沒有狗叫，沒有雞跑……灣裡一片死寂。走進家門，真是家徒四壁，沒有一粒糧食，沒有一點能吃的東西，水缸裡連水也沒有……父親半躺在床上，兩眼深陷無神，臉上沒有一點肌肉，皺紋寬闊而鬆弛……我用帶回的米煮成稀飯……但他已經不能下咽，三天以後就與世長辭。

楊繼繩的父親死於一九五〇年代末期發生的中國大饑荒中，當時餓死的人數可能達到四千五百萬。楊繼繩繼續說明：

死亡前的飢餓比死亡更恐怖。玉米心吃光了，野菜吃光了，樹皮吃光了，鳥糞、老鼠、棉絮都用來填肚子。在挖觀音土的地方，饑民們一邊挖，一邊大把大把地往自己嘴裡塞著觀音土。死人的屍體，外來的饑民，甚至自己的親人，都成了充飢的食品。

同類相食很普遍。

中國人在這段期間裡，經歷了一場夢魘，但是就像第三帝國那樣，夢魘的起因不是沒有國家巨靈，夢魘是國家機器規劃和執行的。張富洪是被共產黨同志打死的，馬龍山是縣黨委書記，張富洪涉嫌的罪名是「右傾」，是「壞分子」，意思是他試圖針對饑荒惡化推動某種解決方案。連提到中國的饑荒，都可能同僚被人貼上「否定大豐收」的罪名，遭到美其名為「鬥爭」、實際上是打死的懲罰。

一九五九年九月至一九六〇年六月期間，在同縣份[7]的槐店人民公社裡，有一萬二千一百三十四人，也就是三分之一的人口死亡，大部分人都是餓死的，但並非全部都死於饑餓；有三千五百二十八人曾經遭到共產黨幹部毆打，其中六百三十六人死亡，一百四十一人永久殘廢，十四人自殺。

槐店會有這麼多人死亡，原因很簡單。一九五九年秋季，槐店人民公社的穀物收成有五百九十五萬五千公斤，產量不算特別低落，但共產黨已經決定要向農民分配採購六百萬公斤，因此槐店的所有穀物收成全都送去城市和共黨手裡，農民得吃樹皮和軟體動物，因此餓死。

這些經驗是「大躍進」的一部分。大躍進是毛澤東一九五八年發動的「現代化」計畫，目標是要利用中國國家機器的能力，戲劇化地把中國從農業社會，蛻變為都市化和工業化的現代社會。這種計畫需要對農民課徵重稅，以便補貼工業和機器的投資。結果不僅造成人道慘劇，也是全部由國家巨靈規劃和實施的大規模經濟悲劇。楊繼繩在這本令人難過的書中，用精妙的文字，說明「擁有權力剝奪個人所有一切事物」的國家巨靈，如何推行這些措施，例如徵收槐店人民公社的全部穀物生產，以及如何利用「鬥爭」和暴力，執行這些措施。其中一個手段是把烹飪和進食集中化，變成國家機器經營的「公共食堂」，以便「剝奪凡是已經證實是不服從分子的食物」。因此，「村民失去掌控自己生存的控制權」。凡是反對這種制度的人都會遭到「鎮壓」，結果把每一個人都變成「暴君或奴隸」，為了保命，人們必須讓別人「踐踏自己最珍視的東西，奉承他們總是最鄙視的東西」，藉著發揮「高明的迎合和欺騙」，

7【編註】河南光山縣。

展現對這種制度的忠心不二——根本就是純粹且徹底的任人宰割。

霍布斯認為，「人類生活中缺少一個讓眾人都敬畏的共同權力」時，生活會變得「孤獨、貧困、難受、殘酷、匱乏」。但是，楊繼繩的描述顯示，雖然所有人都「畢恭畢敬地站在毛澤東前面」，結果對大部分人來說，卻是創造、而非消除了難受、殘酷和物質匱乏的生活。

共產黨創造的另一個統治工具是「勞改再教育」制度，採用這種詞彙的第一份文件是一九五五年發布的〈關於展開鬥爭肅清暗藏的反革命分子的指示〉。到了隔年，勞改制度已經誕生，勞改營已經在全國各地設立。這些勞改營把各種「鬥爭」形式改得「盡善盡美」，例如被判三年勞改的羅洪山回憶說：

> 我們每天早上四、五點起床，六點半上工……一直勞動到晚上七、八點，到天太黑，看不到時才停止工作，我們其實沒有時間觀念。毒打是家常便飯，有些拘留人犯被毒打到死。我知道第一工作中隊有七、八個勞改犯被打死，這還不算因為受不了毒打而上吊或自殺的人……他們用鐵棒、木棍、十字鎬柄、皮帶……打斷了我六、七根肋骨，今天，我從頭到腳還布滿傷疤……各式各樣的刑求——「坐飛機」、「騎機車」……「半夜腳尖站立」（這些都是處罰的名稱）——是家常便飯。他們會叫我們吃大便、喝尿，說這樣是吃油條和喝葡萄酒，他們真的是喪心病狂。

羅洪山不是在大躍進時期被捕，而是在二〇〇一年三月被捕，這時中國已經成為國際社會上備受尊敬的一員和經濟強國。事實上，勞改制度是在一九七九年後，在改革開放總工程師鄧小平手裡擴大實施的。這位開創過去四十年經濟成長傳奇的人認為，勞改是他的「經濟改革」計畫有用的輔助措施。二〇一二年時，中國大約設有三百五十座勞改營，扣留十六萬勞改犯。人民可能不經任何司法程序，就被關進勞改營最高達四年之久。勞改營只是中國綿密「古拉格群島」[8]中的一環，由散布中國鄉間的拘留中心和各種非法「黑牢」構成，再輔以近年擴大實施、快速成長的「社區矯正」制度。到二〇一四年五月為止，正在接受這個制度「矯正」的人數高達七十萬九千人。

鬥爭還在持續。二〇一三年十月，中國國家主席習近平決定歌頌「楓橋經驗」，敦促共產黨幹部學習這個榜樣。楓橋經驗指的是浙江省的楓橋區在一九六三年，推動毛澤東的「四清」政治運動。該運動實際上沒有逮捕任何人，而是誘導大家公審、舉報、協助「再教育」鄰居，這種運動是文化大革命的前奏，數十萬、甚至可能有數百萬無辜的中國人會在這場大革命中，遭到殺害（正確的數字還不知道，也未見披露）。

中國的國家巨靈就像第三帝國的國家巨靈一樣，有能力解決衝突、完成任務，卻不用自己的能力促進自由，而是用來推動赤裸裸的鎮壓和宰割。國家結束了戰爭狀態，卻代之以另一個不同的夢魘。

## 巨靈的兩面性格

霍布斯論點中的第一個問題是：認定巨靈只有一張臉孔。但實際上，國家機器是兩面人，其中一張臉孔像霍布斯所想像的那樣，會防止戰爭狀態、保護子民、公平的解決衝突、提供公共服務、便利設施和經濟機會，奠定經濟繁榮的基礎。另一張臉孔卻顯得專制而可怕：會逼使公民沉默無聲，不為人民願

8 【編註】《古拉格群島》是前蘇聯作家亞歷山大・索忍尼辛的名著，他把蘇聯比喻成海洋，其上滿是名為古拉格（也就是監獄與集中營）的島嶼。

望所動，宰割、拘禁、摧殘、殺害人民，偷竊人民的勞動成果，或協助其他人這樣做。

有些社會，像第三帝國統治下的德國，或共產黨統治下的中國，會顯現出國家巨靈的可怕臉孔。人們遭到宰割，但這次卻是落在控制國家權力的國家機器手裡。我們稱這種社會是生活在「專制巨靈」（Despotic Leviathan）底下。「專制巨靈」的明確特性不是鎮壓和殺害公民，而是不提供任何方法，讓社會和一般人在國家權力和職能的運用上擁有發言權。說中國是專制國家，不是因為中國把公民送進勞改營，而是因為中國可以用專制、不受社會約束、也不必向社會負責的方式，把人民送進勞改營。

因此，我們現在又回到序言中談到的吉爾迦美什難題上，「專制巨靈」創造了強大的國家機器，然後用這種機器宰割社會，偶爾還加上赤裸裸的鎮壓。我們有什麼別的選擇嗎？在回答這個問題前，我們先要回到霍布斯論說中的另一個問題，就是他認為無國家狀態代表暴力的假設。

## 規範形成的牢籠

人類歷史中雖然充滿戰爭狀態的例子，卻有很多生活在「巨靈並不存在」（Absent Leviathan）的無國家社會努力想控制暴力。從剛果雨林的恩布提（Mbuti）小黑人到西非的幾個大型農業社會，如現代迦納和象牙海岸的阿坎人（Akan）都是例子。一八五〇年代派駐迦納的英國行政長官布洛迪・柯魯克山（Brodie Cruickshank）在報告中指出：

> 這個國家的道路和大街在商品運輸安全上，在不受任何形式干擾上，足以媲美歐洲最文明國家最多人走的道路。

就像霍布斯所預期的那樣，消除戰爭狀態能促使商業蓬勃發展。柯魯克山指出：「若干樂觀交易商的事業心引領著他們，踏遍各個角落，每個村莊都用掛在房子牆壁上、或纏在市場中樹木上的曼徹斯特棉布和中國絲綢，作為裝飾，吸引村民的注意力，激發他們的欲求。」

這個社會必須有能力解決衝突和確保某種程度的公義，才能出現這麼活躍發展的商業。的確如此，就像十九世紀末葉法國商人約瑟夫．馬利．薄納（Joseph-Marie Bonnat）所說的：

> 在小村莊裡，每天的頭幾個小時都用在公義的行使上。

阿坎人怎麼行使公義？他們利用經過世世代代演變出來的社會規範，如習俗、傳統儀式和人們可以接受和期望的行為形態。

薄納描述人們如何集會，如何進行諮商。長老由「不工作的村民陪同，走到樹蔭最濃的樹下坐定，奴隸拿著主人等一下要坐的椅子，跟在主人後面。大部分居民會過去聽取辯論，支持一位訴訟當事人。爭端大都以友善的方式處理，有罪的人要付出代價，代價通常包括分給到場民眾喝的棕櫚酒。如果爭端嚴重，懲罰會包括一隻綿羊，也會包括特定數量的金砂」。

社區聽取爭辯，再利用社區的規範，決定誰是有罪的一方，然後，同樣的規範確保停止犯罪、繳清罰款或進行另一種形式的賠償。雖然霍布斯認為，全能的國家巨靈是正義的源頭，但是阿坎人的社會和大部分社會相比，差別並沒有那麼大。社會規範負責決定其他人眼中的對錯，決定哪些行為應該避免和阻止，決定個人和家庭何時要遭到排斥，以及何時會切斷對別人的支持。規範在結合眾人，協調眾人的行動上，也扮演至為重要的角色，這樣人們就可以對其他社區，或對自己社區裡犯下重大罪行的人動用武力。

雖然社會規範在「專制巨靈」的支持下，扮演重要的角色（如果所有德國人都認為第三帝國缺少合法性，不再跟他們合作，甚至有組織地反抗第三帝國，請問第三帝國可能繼續生存嗎？）但在國家巨靈並不存在的情況下，規範卻更是至關緊要，因為規範是這種社會避免戰爭狀態的唯一依靠。

然而，自由的問題具有多重面向，當相同的社會規範演變成能夠協調行動、解決衝突、創造對公義的共識時，也同時創造了一個與專制不同、宰割力量卻不見得比較小的牢籠，罩在人民身上。這種情形雖然在每一個社會都會發生，但在沒有中央集權、完全依賴規範的社會裡，這種牢籠會變得更緊迫、更容易讓人窒息。

我們可以藉著英國官員羅伯·雷崔瑞（Robert Rattray）的紀錄，瞭解規範牢籠如何出現、如何限制自由。一九二四年，雷崔瑞出任阿散蒂人類學部門的首任主管。阿散蒂是最大的阿坎人族群之一，也是今天的迦納、當時是英國黃金海岸殖民地的一部分。他的任務是負責研究阿散蒂的社會、政治和宗教，他轉譯了一句阿散蒂的諺語：

> 脫離雞群的雞會被老鷹抓走。

雷崔瑞認為，這句諺語掌握了阿散蒂社會組織的精義，也就是這個社會是靠極度的不安全感和潛在的暴力塑造出來的。雖然阿散蒂最後發展成前殖民時代非洲最強大的國家之一，國家的基礎卻建立在中央政治權威出現前的基本社會結構上。沒有有效的國家機器，你怎麼能夠避開「老鷹」？發展可以降低暴力風險和規範執行者曝險程度的規範，可以提供若干保護，以免受到老鷹侵害，但同時該規範也會把牢籠加在人民身上；你必須放棄自由，和其他雞隻站在一起。

即使在無國家社會裡，還是會有一些人的影響力比別人大，比較富有、關係比較好，也比較有權威。如果是在非洲，這種人通常都是酋長，或者偶爾是一個親屬團體中最年長的長老。如果你想避開老鷹，你需要他們的保護，需要眾人的防護，因此你會附屬在親屬或血緣團體中。作為提供保護的回報，你必須接受他們的宰制。這就成為社會現狀，銘記在阿坎人的規範中。就像雷崔瑞說的那樣，你接受了「自願為奴」的狀態。

> 從很基本的字面意義來說，自願為奴的狀況是每一位阿散蒂人的遺產，實際上構成他的社會系統的根本基礎。在西非，沒有主人的男女，就是在冒著風險，把「自己的自由」變成更極端的非自願束縛。

雷崔瑞所說的「更極端的」非自願束縛，指的就是奴役。因此，如果你設法解脫自願為奴的鎖鏈，你最可能的下場是被老鷹抓住。在這個例子裡，就是被奴隸販子抓住，遭到賣身為奴。

事實上，非洲很多社會都盛行著不同團體試圖要捕捉別人，再把別人當奴隸賣掉的做法；而這也導致這些社會處於戰爭狀態中。很多鮮明的紀錄描述非洲人淪落為奴的經驗，例如傳教士杜果．康寶（Dugald Campbell）就會把奴隸果伊（Goi）的故事翻譯成英文。故事發生在十九世紀快要結束時，果伊住在今天剛果民主共和國南部魯巴族酋長紀奎華（Chikwiva）統領的土地上，他幼時喪父，跟媽媽、妹妹和弟弟相依為命。有一天：

一個交戰團體出現，口中殺聲連連。他們從小路上衝進來，攻擊這個村莊，殺害了幾位婦女，抓住年輕女性，也追逐、抓捕我們男孩，再把我們綁在一起，驅趕到首都，賣給奴隸商人。然後，這些人口販子把木製腳鐐釘在我們的腳上。

果伊從那裡被人帶到海岸，「於是，我被人從家裡和媽媽身邊拖走，此後再也沒有見到媽媽。我們被人趕著，沿著『紅色道路』，走到海邊」。這條路會變成紅色，是因為有太多的血流在路上。這時，果伊已經因為挨餓和不斷的暴力，變得瘦弱不堪，幾乎毫無價值了。

我瘦成只是皮包骨的影子，無法行動，被人載著，到四處的村莊兜售。沒有人願意拿一隻山羊或一隻母雞來換我……最後，一位名叫「莫納」的傳教士，替我付了一條價值大約五便士的彩色手帕。我自由了，無論如何，他們就是這樣告訴我，但是我不相信，因為我不瞭解自由的意義，認為我現在是白人的奴隸。我不想要自由，因為我只會再度被人抓去賣掉。

奴隸販子和規範牢籠的威脅加在一起，產生了一種不自由的光譜。光譜的一端是果伊經歷過的極端奴役，另一端是為了逃避老鷹而必須接受的義務與責任：這表示你屬於某個親屬團體或社會，受到保護，但不會讓你免於遭受宰割。如果你是女性，你可能在婚姻的交易中被賣掉，換取聘金——這還不提在通常由酋長、長老和男性主宰的父權社會中，很多婦女比較常遭遇到的欺壓和侵害。

在不自由的光譜中，有很多不同類型的關係。我們可以從另一則康寶撰寫的布萬尼夸（Bwanikwa）

故事中，看到另一種宰割關係。布萬尼夸也是魯巴族人，父親娶了十二個老婆，大老婆是本地重要酋長卡屯巴（Katumba）的女兒。布萬尼夸回憶道：

大老婆剛剛去世。根據魯巴族的習俗，他（她爸爸）被課處死亡罰款，必須繳納三名奴隸的錢，作為妻子死亡的補償……我父親只能籌到兩名奴隸的罰金。

他必須把四個女兒中的一個交出去，湊出第三名奴隸，於是他選中了我……他把我交給我的主人。我們要分別時，他對我的主人說：「請好好對待我的小女兒，不要把她賣給別人，我會來把她贖回去。」因為我父親無法把我贖回去，我就淪為奴隸了。

布萬尼夸的地位好比典質或擔保品，這是非洲另一種常見的欺壓關係。把人送去當擔保品，表示是為了特定目的，把他們交給另一個人，這樣做經常是為了清償貸款、債務或義務。但是，布萬尼夸的情形是因為她爸爸找不到第三名奴隸，如果他能夠找到奴隸，就可以把布萬尼夸贖回去。典質的人跟奴隸不同，不能自動賣掉，而且預期這種狀況只會短暫維持。但是，就像布萬尼夸所遭遇的那樣，典質也可能與奴隸制度相結合。一八〇五和一八〇六年至獅子山遊覽的史畢爾斯伯里（F. B. Spilsbury）解釋說：

如果國王或任何人到工廠、奴隸船去，購買他當時無法付款的東西，他會把妻子、姐妹或孩子送去當典押品，在他們的脖子上放一條帳目；這個小孩就置身奴隸中，直到被贖回或再被交換為止。

監護是另一種與此類似的狀況。有人會把自己的子女送給比較有勢力的家庭，讓子女以被監護人的身分，由這種家庭撫養長大。這是維護子女安全的一種方法，但是他們知道，這樣做經常代表永久性地分離，甚至代表讓子女淪落到受制於監護人的困境中。

這些故事顯示，人經常被當成物品一樣典質和成為擔保品，這種人最後經常淪落到遭受宰割的命運。你必須服從酋長、長老或監護人——如果你是女性，你必須服從丈夫，你必須嚴格遵守你所屬社會的習俗。如果你回想一下，佩蒂特對任人宰割的定義是：「活在別人的陰影中……必須睜大眼睛，保持警覺，注意別人的情緒」——你就知道這種形容非常貼切。

這種從屬社會地位怎麼出現的？怎麼被「正當化」的？

答案還是規範作祟。這種關係是從社會接受的習俗中演變出來，還得到什麼事情才正確合宜的信念支持。人可以典當，被監護人必須放棄自由，妻子必須服從丈夫，大家必須謹守既定的社會角色。為什麼？因為所有的人都期望他們這樣做。但是，從更深入的層面來看，這些規範並不完全這麼武斷。雖然規範不是出自任何人的選擇，而是從實際做法和共同信念中，慢慢演變出來的，要是規範在社會上，或是對社會上的有些人，也能扮演某種有用的角色，就比較可能被大家廣為接受。阿坎人社會同意限制本身自由的規範、同意其中隱含的不平等權力關係，是因為規範會降低他們受到戰爭狀態侵害的風險：如果你出典或受一位重要人士監護，老鷹比較不可能惹你，也比較不可能抓你去當奴隸。雷崔瑞寫下了另一句阿散蒂諺語，以更簡要的方式總結了他們的狀況：「如果你沒有主人，野獸會把你抓走。」

自由人是老鷹眼中的小雞、野獸眼中的獵物，因此安於自願為奴、放棄自由比較好。

* * *

規範牢籠不只跟防止戰爭狀態有關，一旦傳統和習俗變得極為根深柢固，就會開始管制人民生活中的方方面面。這時情勢就會不可避免地，開始有利於在社會上擁有比較大話語權的人，其他人會遭到犧牲。即使規範要經過很多個世紀的演變，還是要由比較有勢力的人解釋和執行。這些有權勢者為什麼不該把局面扳向對自己有利的方向？或再略微鞏固自己在社區或家庭中的權力呢？

除了一些母系社會外，非洲很多無國家社會的規範都創造出階級制度：男性位在最高階，女性落入底層階級。這種情形在中東和亞洲若干地方殘存的習俗中，表現得更明顯，例如我們前面提過的普什圖族就是這樣。普什圖人的生活由祖傳的習俗嚴格規範，這種法律和治理制度稱為「普什圖法則」（Pashtunwali），大力強調慷慨和好客，卻也創造出一種令人窒息的規範牢籠。其中一種最常見的普什圖法則彙編就開宗明義地指出：

> 普什圖人相信並按照……以眼還眼、以牙還牙和以血還血的原則行事。普什圖人會不計代價或後果，堅持以侮辱打消侮辱，並以適當的行動，打消恥辱，證明自己的榮譽。

戰爭狀態總是蠢蠢欲動，即使普什圖人有很多意在防止這種狀態的慷慨和好客舉措，情形還是一樣。可以預測的是，這種情形會影響每一個人的自由，特別是婦女。普什圖的規範不但要女性服從父親、兄弟和丈夫，也限制她們的各種行為。成年女性不能工作，大部分時間都待在屋裡，要出門的話，必須從頭到腳，用稱「布爾卡」（burka）的罩袍完全包裹住，還必須有一位男性親戚陪同。普什圖人對婚外情的懲罰十分嚴厲，對婦女的欺壓是規範牢籠所創造不自由的另一個面向。

## 超越霍布斯

總之，我們看到了跟霍布斯所描繪情況大不相同的景象。缺少國家巨靈的社會，問題不僅止於暴力失控、「人人互相為戰」。規範牢籠一樣重要，這種牢籠創造了一套僵化的期望，也創造了一整套不公平的社會關係，由此產生的不同宰割形式壓力不會比較輕。

集權式的強大國家或許可以幫助我們得到自由吧？但是，我們已經看到這種國家可能施行暴政、鎮壓公民、踐踏自由，而非促進自由。

我們是否注定要在兩種宰割之間做選擇呢？是否不陷入戰爭狀態，就得陷入規範牢籠，或是困在專制國家的枷鎖中呢？自由雖然不會憑空出現，而且人類歷史上要得到自由並不容易，但人們還是有追求自由的空間，這一點極度取決於國家和國家制度的出現。但是，這些制度和霍布斯所想的大不相同，不是無所不能、不受約束的大海怪，而是受制約束縛的國家巨靈。我們需要能夠執行法律、控制暴力、解決衝突、提供公共服務的國家。但是，這個國家需要受到自信堅定、條理井然社會的馴服和控制。

## 制服德州佬

美國懷俄明州是由一八六二年的《太平洋鐵路法》的產物，該法要求興建連接美國東部和西部的鐵路。聯合太平洋鐵路要由密蘇里河向西鋪築，連接從加州沙加緬度向東鋪築的中央太平洋鐵路。一八六七年，太平洋鐵路蓋到達科他領土[9]中一個縣的地方（後來成為懷俄明州）。一八六七年七月，拓荒者已經抵達這裡。聯合太平洋鐵路公司總工程師葛倫威爾・道奇（Grenville M. Dodge）將軍，開始在將來會變成州首府的夏安（Cheyenne），測量要建立城鎮的土地。這個城鎮有四平方英里大，街區、街道和巷子的安排井然有序。道奇完成測量後三天，因為政府鼓勵興建這條鐵路而得到撥發極大片土地的聯合太平洋鐵路公司，就開始出售這些土地。第一塊土地以一百五十美元的價格賣出。八月七日，雖然夏安大致上是由帳篷構成的城市，群眾仍然在本地一家商店裡集會，選擇一個委員會負責撰寫城市章程。九月十九日，這個城鎮的第一家報紙、叫做《夏安領袖報》的雙日刊小報創刊。十二月，這份報紙建議讀者夜間要帶槍自保，因為夏安「經常發生勒殺搶劫案」。隔年的十月十三日，該報總編輯聲稱：

> 手槍的數目幾乎跟男人一樣多，大家不再認為奪走別人性命是天大的事。

夏安當時只能依靠義警，解決這個美國邊疆常見的問題。一八六八年一月，三個男人因為竊盜案被捕後，獲得交保釋放。隔天早上，大家發現他們被人跟一張告示牌綁在一起，告示牌上寫著：「偷竊九百美元……找回五百美元……下一個案子會升到樹上。謹防治安委員會。」隔天，義警抓到三個「惡棍」，並且把他們吊死。

農村養牛地區的情況更糟糕。就像一八七九年伊利諾州伊凡斯頓市（Evanston）的愛德華·史密斯（Edward W. Smith）告訴美國公地委員會的那樣：「離開定居地後，長槍是唯一的法律。」隨著牛群散開，牧場場主和農場場主之間的衝突增加，牧人的反應引發了「強森郡的牧區之戰」。一八九二年四月

9【編註】一八六一年至一八八九年間存在於美國境內尚未成為聯邦州份的領地，範圍包括今天的南達科他州、北達科他州全境，以及蒙大拿州和懷俄明州的部分地區。

五日，一列有六節車廂的火車，從夏安向北疾駛，車上載了二十五名德州槍手，以及加入這群德州佬的二十四名本地人，這群人有一份他們打算殺害的「七十人死亡名單」。

我們沒有一八九〇年代夏安地區的謀殺比率資訊，但加州班頓（Benton）礦業城鎮的資料顯示，當地謀害致死率曾經高達每十萬人中，就有二萬四千人遇害，比率高得不可思議！比較接近的謀殺比率，應該是加州淘金潮時期的每十萬人中、有八十三人遭到殺害，或懷特・厄普（Wyatt Earp）時代，道奇市每十萬人有一百人遇害的比率。

這裡的狀況看來就跟索因卡打算回拉哥斯時，身上需要隨時備便格洛克手槍一樣糟糕，但是懷俄明州的情勢演變大不相同（實際變化也跟柯普蘭預期中的拉哥斯相當不同，第十四章會說明這一點）。無政府狀態、恐懼和暴力受到控制，懷俄明州民不再活在任人宰割的威脅中。事實上，那批德州佬很快就躲進當地的牧區裡，遭到預先得知他們要來的水牛鎮執法人員包圍。包圍三天後，威廉・哈里遜總統派騎兵隊前來，把所有德州佬和共犯上銬帶走。今天懷俄明州大致上享受免於恐懼、暴力和任人宰割的自由，在美國各州中，兇殺比率堪稱最低，每十萬人中，大約只有一・九個人遇害。

懷俄明州民在幫助人民打破規範牢籠方面，也有相當優異的紀錄。以欺壓女性這件事為例，即使在最糟糕的時期，懷俄明州婦女都沒有像阿富汗和巴基斯坦普什圖地區的婦女，或像非洲很多地方的婦女那樣，面對同樣的限制。但是，十九世紀上半葉時，她們和世界上所有地方的婦女一樣，擁有的權力很有限，在公共事務上毫無發言權；而且，一則因為她們在婚姻中的地位不平等，二則因為受制於社會中的規範和習俗，不得不忍受加在她們身上的無數行為限制。這種情形從婦女獲得投票權後開始改變，世界上第一個給予女性投票權的地方就是懷俄明州，時間是一八六九年，因此懷俄明州贏得「平等州」的綽號。懷俄明州並不是因為習俗和規範對婦女特別有利，才能辦到這一點。懷俄明州州議會選擇授予女性投票權，一是希望懷俄明州更能吸引婦女移民到這個新成立的州；二是想確保懷俄明州擁有足夠的選民，符合法定設州的最低人口要求；原因之三則是一旦連當地非裔美國人都能獲得完整公民權和投票權，那麼人們就更不能接受婦女被排除在此一權利之外。為什麼國家一旦能夠約束惡棍、執行法律，規範牢籠往往就會分崩離析呢？我們會在下一章裡探究這件事的諸多成因。

## 受制約的巨靈

那個控制懷俄明州戰爭狀態、打破懷俄明州規範牢籠的國家巨靈，並不同於我們此前討論的兩種巨靈。除了非常早期外，這個國家巨靈一直都存在，它擁有約束德州惡棍的能力。從十九世紀起該巨靈的能力已經大為擴大，現在可以公平地解決各種衝突，執行一套複雜的法律，提供公民需要和愛用的公共服務。這個國家巨靈擁有龐大、有效率的官僚體系（卻經常過於膨脹和缺乏效能），還有本國公民能夠勝任什麼任務的極大量資訊；這個國家巨靈擁有世界最強大的軍力。但它卻沒有動用這種軍力和資訊，鎮壓和剝削自己的公民（至少大致上如此）。這個國家巨靈回應公民的願望和需要，也可以進行干預，以便為每一個人放寬規範牢籠，尤其是替最弱勢的公民。這個國家巨靈創造了自由。

這個國家不僅受到美國憲法約束，也受注重提升公民權利的《權利法案》約束，所以要對社會負責。但更重要的是，如果國家逾越了界線，會受到願意請願、示威、甚至起義的人民約束。這個國家的總統和立法機構是民選的，如果社會不喜歡他們的所作所為，經常會把他們趕下臺；這個國家的官僚體系要接受評鑑和監督，因此即便官僚體系勢力龐大，卻必須保持警覺，跟願意參與政治和爭取權力的社會和平共存，聽取社會的心聲。我們稱這種國家是「受制約的巨靈」（Shackled Leviathan）。這隻巨靈像德州槍手遭到國家巨靈制服、以免他們傷害一般公民那樣，本身也會遭到平民百姓、規範和制度約束，簡單地說，就是會遭到社會制服。

這個受制約的巨靈並非就沒有兩面性了。巨靈還是具有兩面性格，身上的鎮壓和宰割ＤＮＡ（去氧核糖核酸）跟專制國家巨靈一樣多，但是重重束縛使這個巨靈無法展露它可怕的一面。這些束縛從何而來？為什麼只有若干社會設法發展這些制約的力量？這正是本書的主題。

## 多元化，而非歷史的終結

在人類歷史上，自由一直是很罕見的東西。很多社會沒有發展出任何中央集權，無法執行法律、和平解決衝突和保護弱者免受強者侵害，卻經常在人民身上添加規範牢籠，對自由造成同樣可怕的影響。而在有國家巨靈現身的地方，自由也幾乎都沒有改善，因為國家巨靈雖然會執行法律、維持若干領域的和平，卻經常實施專制、對社會所需求無動於衷，幾乎不曾進一步擴大公民的自由。只有受到制約的國家，才會用自己的力量來保護自由。受到制約的國家還有另一個不同的地方，就是會創造普遍的經濟機會和誘因，促進持續提高的經濟繁榮。但是，這種受到制約的國家巨靈一直到歷史的晚期才上場，而且崛起的過程爭議滿滿。

歷史如何終結？對於這個問題的答案，我們現在已能看到一點眉目了。歷史的終點並非自由主義定於一尊，也不是無政府狀態會失控地蔓延到全世界，更不是世界上所有國家都會屈服於獨裁統治——不論是數位獨裁或老式獨裁。這些可能性全都存在，這種多元化才是常態。即便如此，我們仍然存有一線希望，因為人類有能力藉由放寬規範牢籠，建構「受制約的國家」，以便解決衝突，避免專制，促進自由。事實上，歷史上人類的許多進步，都取決於社會有沒有建立這種國家的能力。但是，要建立、捍衛，乃至於控制這個國家巨靈需要動用很多心力，更是個永不止息、經常充滿危險與不確定性的過程。

## 本書的內容大綱

本章介紹了「巨靈並不存在」、「專制巨靈」和「受制約的巨靈」這三種國家有什麼不同。下一章要說明我們的核心理論，也就是國家社會關係長期演變的理論。我們會解釋為什麼人們經常會抗拒強大國家的出現（因為害怕這種國家的專制暴政），以及社會如何用自己的規範，減緩在阿散蒂國所見戰爭狀態的可能性，並用來對抗和控制國家的權力。我們強調受制約的國家巨靈如何在狹窄走廊中出現，在社會和國家之間，創造了權力均衡；我們要用希臘城邦雅典早期的歷史，以及美國建立共和制度的例子，說明這種可能性。我們也從理論中提出若干涵義，強調不同的歷史因素如何造成巨靈並不存在、專制巨靈和受制約的巨靈這三種結果。我們的理論會進一步證明，真正能發展出最高明、最深厚國家能力的，並非專制國家，而是巨靈受到制約的國家。

第三章要解釋為什麼「巨靈並不存在」的國家可能不穩定。在面對某些人渴望重新塑造社會、積聚更大政經勢力的「權力意志」時，巨靈並不存在的國家會向政治階級低頭。對自由來說，從無國家巨靈轉型到有國家巨靈是件好壞參半的事情。一方面，轉型會帶來秩序，而且可能放寬社會規範的牢籠（特別是彼此利益相同時）。但另一方面，轉型往往會引進不受約束的專制暴政。

第四章要檢視巨靈並不存在的國家和專制國家對公民社經生活的影響，說明為什麼專制國家比較容易出現經濟繁榮，霍布斯式的無政府狀態或狹隘的規範牢籠社會則比較難締造經濟繁榮。但是，我們也將看到，專制國家只能創造比較有限，而且充斥著不平等現象的繁榮。

第五章要比較巨靈並不存在的國家、專制國家與受制約的巨靈國家，比較三種國家的經濟運作。我們會發現，巨靈受制約的國家會創造大不相同的經濟誘因和機會，容許範圍更大的實驗精神和社會流動性。本章會把重點放在義大利城邦和美洲薩波特克人古文明，以便傳達這些理念，也強調巨靈受制約的國家，並非只是歐洲獨有的現象。儘管如此，我們仍必須要問，為什麼巨靈受制約的國家大部分都出現在歐洲？

第六章要解釋為什麼好幾個歐洲國家會致力建立社會普遍參與、但國家仍然受到制約的社會。我們主張：引導歐洲大部分地區走向自由窄廊的因素，大都出現在西羅馬帝國崩潰後、日耳曼部落（尤其是法蘭克人）侵入西羅馬帝國的中世紀期間。我們認為，日耳曼部落由下而上的參與制度和規範，跟羅馬帝國集中化的官僚與司法傳統結合，在國家與社會之間，形成了獨一無二的權力均衡，促使受制約國家的崛起。與此大不相同的國家，出現在沒有羅馬傳統或日耳曼部落政治制度的其他歐洲地區（如冰島或拜占庭），這突顯了這種結合的重要性。接著，我們要追蹤受制約國家在自由之路上的發展。我們會發現這條路一點也不平坦，有些國家因此曾掉出自由的走廊。

第七章比較歐洲經驗和中國歷史。雖然兩地在歷史上有很多相似之處，但由於中國很早就發展出強大的國家機器，導致社會流動性和政治參與遭到徹底消除。也由於中國社會缺乏反制的力量，使中國緊緊遵循專制國家的路線發展。我們會探查這種國家與社會關係對古代中國和現代中國的經濟影響，也會探討中國未來是否可能出現受制約的國家。

第八章要移到印度。印度和中國不同，印度有著民眾參與和追究責任的長久歷史，但自由在印度扎根的情況並沒有比較成功。我們認為，這和印度擁有一項強而有力的規範牢籠有關，也就是種姓制度。

種姓制度不但抑制自由，還使社會不可能有效地跟國家爭權和監督國家。種姓制度也產生了一個彼此自相對抗的破碎社會，國家缺少能力、不能負責；因為破碎的社會既不流動，也沒有力量。

第九章要重新談回歐洲經驗，但這次是要把重點放在歐洲內部的差異，找到為什麼有的歐洲國家能夠踏入自由窄廊、堅持不懈，有的歐洲國家卻沒有辦法的原因。我們在回答這個問題的過程中，發展出本書的另一個核心理念：結構性因素會影響國家與社會的關係本質。我們會強調經濟狀況、人口危機與戰爭等各種結構性因素，對國家和社會經濟發展的影響，取決於國家與社會之間是如何平衡。我們會探討瑞士和普魯士，探討何以最初十分相似、面對類似國際問題的兩國，只有瑞士發展出受制約的國家巨靈，普魯士卻淪落到由專制巨靈宰制的原因。為了要說明這個核心理念，我們還會拿兩國和蒙特內哥羅做比較，後者的國家巨靈在解決衝突與推動經濟活動上，都沒有發揮多少作用。我們也要用同樣的理念，解釋哥斯大黎加和瓜地馬拉在面對十九世紀的經濟全球化時，為什麼會走向完全不同的發展道路，以及何以蘇聯解體會帶來眾多不同的政治歧路。

第十章要回頭談美國的國家巨靈。我們要強調的是，美國雖然建立了一個受制約的國家，卻是以浮士德式的交易為基礎——聯邦黨人接受了一部弱化聯邦國家機器的憲法，以便安撫擔心專制威脅的社會、討好擔心喪失奴隸和資產的南方奴隸主。這種妥協發揮作用，因此美國現在仍然在自由窄廊裡。但是，美國國家機器的發展並不平衡，即使美國已經變成名副其實的國際大海怪，但在若干重要領域上的能力仍然有限：最好的例子就是美國沒有能力或意願保護自己的公民免受暴力侵害。這種不平衡發展也導致美國在建構經濟政策、確保人民能夠從經濟成長中公平獲益的紀錄上，表現毀譽參半。我們將會看到，國家機器如果發展的不均衡，將會導致社會權力與能力的扭曲發展。更矛盾的是，此等不均衡還替國家在若干領域（如國家安全）上，創造了不受監督又不負責任的發展空間。

第十一章主張，即便很多開發中國家的國家機器表現很像專制巨靈，卻缺少專制巨靈的能力。我們會解釋這些宛如「紙老虎」般的「紙糊國家」是如何形成的，以及它們為何如此無心致力建立國家能力。我們認為最主要的原因是：它們害怕動員社會會削弱控制社會的力量。這種紙糊國家的起源之一是殖民列強的間接統治，這些強權設立了貌似現代化的行政結構，同時授予本地菁英以幾乎沒有限制、也沒有社會參與的方式來遂行統治。

第十二章要把焦點轉向中東。中東各國的建國先賢經常放寬規範牢籠，因為這些規範會限制他們重塑社會的能力，但這也可能讓專制國家巨靈找到可乘之機，強化、甚至重新塑造這些規範牢籠，以利於統治。我們會解釋這種傾向如何成為中東政治、歷史和社會的特徵，如何成為對準暴君有吸引力的策略，以及這種發展路線如何影響自由，造成更多暴力和不穩定。

第十三章要探討的是，當社會與國家的競爭變成求生存的「零和遊戲」，變成雙方都在努力削弱和摧毀對方，此時原本受到制約的國家巨靈便可能會失控。這種結果特別容易出現在國家機器不能公正地解決衝突，公眾群體因此對之喪失信心的時候。我們會檢視德國威瑪共和（Weimar Republic）、一九七〇年代智利民主制度和義大利人民公社的崩潰，透過這三個例子來說明這種現象，並指出是哪些結構性因素促成零和競爭的出現。最後，我們會把這些結構性因素跟現代民粹運動的崛起連結在一起。

第十四章要討論社會如何進入自由的窄廊，以及是否可以採用什麼方法，促進社會採取這種行動。我們要強調好幾個重要的結構性因素，探討哪些方式可能拓寬這條走廊，從而讓其變得更容易進入。我們會解釋「廣泛結盟」在這種轉型中的功用，也會討論幾個成功和失敗的轉型案例。

第十五章要檢視國家在自由窄廊內所面臨的挑戰。我們主張在世界變化之際，國家機器必須擴大與承擔新的責任，但這同時也會要求社會變得更有能力、更有警覺心，否則就有可能快速掉出自由的窄廊。為了讓國家機器在獲得更大能力的同時，能夠維持受制約的狀態，社會有必要組成新的聯盟——我們可以借鏡瑞典應付經濟大蕭條的經驗，參考瑞典當時如何催生出社會民主制度來回應社會經濟的緊急狀態。我們今天要面對的情勢與此相似，我們要面對不平等、失業、經濟成長緩慢，以及繁複的安全威脅等很多新挑戰，我們需要國家機器培養出額外的能力，肩負新的責任；然而，前提是我們找到新的方法，能夠同時制約國家機器與動員社會，來保障我們的自由。

# 2 紅皇后

## 忒修斯的六大事蹟

西元前大約一千二百年，主導希臘世界過去一千年的青銅時代文明開始解體，取而代之的是所謂的希臘黑暗時代。青銅時代的希臘社會由集中住在宮殿裡的酋長或國王，利用稱為「線性文字B」（Linear B）書寫系統的官僚體系統治、徵稅和管制經濟活動。到了黑暗時代，這一切完全消失無蹤，這個新時代的亂象是雅典神話中統治者忒修斯（Theseus）傳奇的主題，把他的功績寫得最好的人是希臘學者布魯塔克（Plutarch）。布魯塔克一生的大部分時間裡，都擔任德爾菲神諭兩位掌理祭司中的一位。

忒修斯是雅典國王艾格斯（Aegeus）的私生子，在伯羅奔尼撒（Peloponnese）半島東北部的特洛曾（Troezen）長大。為了爭取合法的王位，他必須從陸路或海路回到雅典，他選擇了陸路；但是，布魯塔克指出：

> 走陸路去雅典很難，因為沿路一點都不平靜，盜匪或歹徒充斥。

忒修斯一路上必須和眾多盜匪打鬥。他遇到的第一個匪徒是佩里弗特斯（Periphetes），佩里弗特斯手持青銅棍，擋住通往雅典的路，搶劫、殺害路過的人。布魯塔克記述忒修斯怎麼樣跟佩里弗特斯格鬥，並且用佩里弗特斯自己的青銅棍對付佩里弗特斯。接著忒修斯設法避開了其他難纏的問題，包括被「扳樹賊」辛尼斯（Sinis the Pityokamptes）綁在兩棵松樹之間、遭到巨大的野豬克羅米翁牝豬（Crommyonian Sow）啃咬。他被豬從懸崖上拋落海中，然後在格鬥中殺死這隻野豬。最後，他還打敗惡名昭彰、砍斷別人四肢、好讓屍體尺寸適於鋪床的「鐵床匪」普洛克魯斯特斯（Procrustes the Stretcher）。[1]忒修斯在雅典爭取王位的過程，生動地說明當時希臘無法無天、沒有任何國家機構維持秩序的亂象。下面是布魯塔克對這件事的描述：

> 因此，忒修斯……繼續責罰惡徒，用以暴制暴的方式，對付用暴力欺凌別人的人，藉著讓他們自作自受來伸張正義。

因此，忒修斯的策略非常像「以眼還眼，以牙還牙」。雅典人活在印度聖雄甘地所謂的「以眼還眼會讓全世界盲目」的狀況下。然而，雅典的王權並沒有延續很久，到黑暗時代結束時，雅典改由一群代表富裕家族的執政官或首席行政官統治。這些菁英無休無止地爭權奪利，偶爾會引發政變，西元前六三二年庫倫（Cylon）的政變就是例子。菁英體認到自己需要發展更有秩序的方法，以便應付市內的衝突，但是這樣做是緩慢、具有潛在危險和意外曲折的過程。

庫倫政變十年後的西元前六二一年，雅典人任命名叫杜雷科（Draco）的立法官員，負責開始第一次立法。立法進度這麼慢，跟青銅器時期希臘的線性B文字在黑暗時代失傳，有很大的關係；希臘人必須借用腓尼基文字，重新創造出完全不同的文字。希臘哲學家亞里斯多德在大作《雅典憲法》中，把杜雷科制定的法律叫做「憲法」，這些法律由一系列成文法構成，現在只有一項法律還倖存至今。我們確實知道犯法的懲罰通常都是處以極刑〔英文的「極其殘酷」（draconian）就是出自杜雷科的名字〕。杜雷科所制定法律的僅存片段跟殺人有關，顯示這些法律跟今天我們所說的憲法大不相同，主因是這些法律要處理的是無法無天、血腥世仇和暴力的地方性社會問題。殘存的片段指出：

> 如果有人非預謀殺人，應受流放之刑，如果其中有父親、兄弟或兒子，有關各方應予和解，或以反對者的意見為準。如果不存在這種關係，則至多達到堂表甥姪關係或堂表兄弟關係的所有各方，都願意達成和解，否則應以反對者的意見為準……
>
> 殺人犯罪刑之宣告，應由堂表甥姪關係或堂表兄弟關係人在集會中為之；起訴應由堂表兄弟及其子與姻親兄弟、姻親父輩與氏族成員聯合為之。

這項法律的倖存片段涉及非自願殺人，凡是犯了這種罪的人應該予以流放，等待正義伸張。如果遇

1 【編註】除了擊敗佩里弗特斯、扳樹賊、野豬、鐵床匪，忒修斯還打敗了哥林多匪徒斯喀戎（Sciron）、厄琉西斯的殘暴國王刻耳庫翁（Cercyon）。這幾件事合稱「忒修斯的六大事蹟」。

害者大家族親屬一致同意和解，案子會就此結案，但如親屬不同意和解，則大家族必須「聯合起訴」殺人犯。法條中所稱的「氏族」是指大家族團體，然而我們將會看到，氏族的影響力很快就會消失。

這一切類似我們在巨靈不存在國家的其他社會中所見景象。事實上，杜雷科的法律和沒有中央權威社會的其他非正式法律彙編、如阿爾巴尼亞的《卡農法典》（*Kanun*）之間，有很多類似的地方。《卡農法典》是萊克・杜卡季尼（Leke Dukagjini）在十五世紀時，搜集阿爾巴尼亞山區規範行為的準則，編纂而成的法典（一直到二十世紀初期，才寫成文字版本）。阿爾巴尼亞沒有中央集權的國家機器，因此規則和規範像杜雷科的殺人法一樣，由大家族和部族負責執法。《卡農法典》在報復違法行為時，十分重視血腥世仇，這一點在處理由血腥世仇開啟的謀殺案法規第一條中，清清楚楚地表現出來：

> 伏擊涉及在阿爾巴尼亞山區或平原的隱密處設伏，等待血腥世仇中的敵人或有意殺害的人（攔截、伏擊或為某人設置陷阱）。

這是《卡農法典》中「血仇由手指引發」的初始原則，意思是：

> 根據阿爾巴尼亞山區古老的《卡農法典》，只有謀殺犯引發的血腥世仇，也就是扣扳機開槍，或用其他武器對付另一個人的人，才是引發血腥世仇的人。

後來的《卡農法典》版本把血腥世仇的範圍擴大到兇手家族中的所有男性，甚至包括兇案發生後二十四小時內還在襁褓中的嬰兒、堂表兄弟和近親姪。這一來，罪責就擴張到大範圍的親屬中。至於意外殺人的案子，《卡農法典》規定：「在這種兇殺案中，兇手必須離開，躲藏到事態釐清為止。」這種情形正如杜雷科的法律一樣，不同的地方只是到了二十世紀，才終於有人試著寫下、釐清、管理阿爾巴尼亞的這些規範。

## 梭倫的枷鎖

杜雷科制定法律後不到三十年，雅典人便開始建立受制約的國家機器。控制菁英之間日常衝突和權力鬥爭的問題仍然存在，現在又增加了菁英和公民之間，為社會該走什麼方向而引發的衝突。亞里斯多德大約在杜雷科活著的時代說過：「上層階級和公民之間，有很長期的不和諧。」用布魯塔克的話來說則是：

> 雅典有著長期的政治紛爭，住在國內不同地形的人民，組成很多不同的政黨。山丘黨是最民主的政黨，平原黨是最堅持寡頭主義的政黨，海岸黨贊成混合的中庸制度。

基本上，歧見在於菁英和平民對於權力均衡的看法不同，以及大家應該用民主的方式，控制國家機器，還是該用寡頭的方式（意思是由少數最富裕、最有權勢的家族）控制。出身貿易商兼備受尊敬的軍事指揮官梭倫（Solon），在決定雅典人的路線時，扮演了決定性的角色。

西元前五九四年，梭倫獲得推舉出任執政官，任期一年。如同布魯塔克所言：「富人因為他很富有，覺得可以接受他，窮人是因為他很正直而接受他。」過去執政官的職位一向由菁英壟斷，但是梭倫可能是利用民眾的壓力，出任這個職位，因為這時菁英和公民之間的鬥爭變得對公民有利。事實證明，他是相當強力推動改革的人，他改造雅典的制度，以便限制菁英和國家機器管制公民的權力，同時提高國家解決衝突的能力。他在倖存作品的斷簡殘編中指出，他設計制度時，意在創造富人和窮人之間的權力均衡：

> 我儘量授予人民足夠的特權，既不減少也不超過他們應得的本分。對於有權有勢、令人羨慕的富人，我刻意不傷害他們。我對雙方高舉著自己強而有力的盾牌，不容許任何一方獲得不公平的勝利。

梭倫的改革意圖強化人民對抗菁英的力量，同時確保菁英的利益不會遭到激烈的威脅，他透過一系列措施，達成了前半部分的目標。

梭倫出任執政官時，雅典的基本政治機構由兩個議會構成，一個是向所有男性公民開放的人民議會（Ekklesia），一個是主要行政與司法機構的戰神山議事會（Areopagus），後者由過去的執政官組成，受到菁英控制。這段期間裡，很多雅典人變窮，淪落到充當奴工償還債務或變成奴隸、喪失公民權的困境。亞里斯多德指出：「在梭倫執政前，所有貸款都是以債務人人身作為擔保。」這是雅典版的規範牢籠，人民因此困在永遠負債、充當不自由典當品的困境中。梭倫知道要追求雅典的政治平衡，必須有一般公民參與政治，但是在一般公民淪落為奴，而且一定會失去公民身分時，這件事一定會變成不可能的任務。借用亞里斯多德的話來說，這樣等於是「大批百姓……幾乎都沒有參與政府的任何層面」。因此，為了確保民眾能夠加強參與政治，梭倫取消所有以服勞役償還債務的契約，還通過法律，禁止用個人人身作為擔保的貸款方式。他也明訂奴役雅典人的做法是非法行為，也禁止把人當成典質品。梭倫一舉之間，把雅典人從這一部分的規範牢籠中解救出來。

但是，人民在經濟上屈從於菁英時，禁止服勞役償還債務的做法還不夠。要把雅典人變成更活躍的公民，以便獲得更多的自由，必須賦予他們更大的自由。因此，梭倫設法改善一般人獲得經濟機會的途徑，推動土地改革，拔除田地的界碑，這些界碑上記錄的是，佃農的義務是繳納農產品的六分之一。梭倫拔除界碑後，實際上是從地主手中解放佃農，把土地交到佃農手中，也把環繞雅典的阿提卡（Attica）地區，變成小農的國度。梭倫還取消阿提卡地區的遷徙限制，這些措施大大擴充了可以參與人民議會的公民人數，一舉重新調整現有的權力均衡。

梭倫也修改執政官的遴選程序，並把執政官人數增為九人，原因之一是為了改善參與。但是，他也要讓菁英滿意，因此，他根據人民從土地得到的所得，把人口分為四個階級，只有最上層兩個階級的男性可以成為執政官（從雅典四種傳統「部落」提名的名單中抽籤遴選）。執政官無法連任，任期一年，任期結束後，仍然可以在戰神山議事會中服務，因此菁英可以繼續控制執政官署和戰神山議事會。但是，現在有明確的規則，向更廣大的（菁英）社會次級團體，開放戰神山議事會的席位，幫助平衡不同的利益團體。梭倫也創設了一個由四百位成員組成的眾議會（Boule），作為主要的執行議事會議，他還把戰神山議事會的角色，重新界定為大致上承擔司法方面的責任。新的眾議會跟執政官一樣，雅典傳統四大部落在眾議會中的代表權完全平等分配。

梭倫建立了菁英和公民之間的權力均衡後，開始進行國家機器的建設，其中最重要的步驟是司法改革。梭倫首先廢除杜雷科的所有法律，只留下其中一項。他頒布的法律大不相同，有一個斷簡殘編記錄了杜雷科所制定跟殺人有關的法律，說明刻寫官員從王者執政官和議會祕書手中，接到法律後，要把法條刻寫在石碑上，再放到拱廊前面，司庫官員要依法訂定契約，財政官員要負責付款。

即使在梭倫所保留的一項杜雷科法律中，梭倫還是把王者執政官的角色，換成司庫官員和財政官員。王者執政官是荷馬史詩《伊里亞德》和《奧德賽》中的典型用字，意思類似「偉人」，是黑暗時代酋長中的一種。根據《奧德賽》史詩中的記述，特洛伊戰爭結束後，在海上航行十年才回到故鄉的希臘英雄奧德賽，就是王者執政官。另一方面，司庫官員和財政官員是民政官或國家官員。因此，梭倫推出了激烈的改革，用官僚化的國家機構來執行法律。

梭倫改革最明顯的特徵是：梭倫愈強化雅典平民的政治力量，他就能更進一步建立國家制度；而這些制度愈成形，他也愈能深入地建立人民對制度的控制。於是，當人民議會被重新賦予權力，它就有著更廣泛的人民參與。為了達成這個目標，他的改革不只是增加各種議會與政治體制中的代表性，也帶來制度和規範的變革；例如，中止人身的典質，改變了社會的本質，使社會更能集體行動，控制菁英與國家。

亞里斯多德認為，梭倫的改革中，最重要的特點是賦權給雅典平民。亞里斯多德特別指出中止人身典質的做法，改善了解決衝突和利用司法的途徑，他寫道：

> 這三點似乎是梭倫的憲法中對人民最有利的特色：第一點最重要，就是禁止以人身作為貸款的擔保品；第二是遭到冤枉的人自願尋求司法救濟的可能性；第三是人們所說訴諸法院的做法特別能夠強化人民的力量。

亞里斯多德在這些文字中，強調「法律之前存在著某種形式的平等」，強調法律適用於每一個人，公民可以求助於法院，尋求正義。雖然眾議會的代表性和戰神山議事會的席次把最窮的人排除在外，但任何人都可以提起訴訟，而且同樣的法律一體適用菁英和一般公民。

梭倫在推動人民以制度化的方式控制國家機器時，採用過一個有趣的方法，就是利用《侮慢法》（Hubris Law）。殘存的片段法條指出：

> 如果任何人侮慢小孩、男人或女人（雇主犯了侮慢罪也一樣），不論遭到侮慢的人是自由人還是奴隸，或是任何人對上述任何人，做了任何不法行為，都會創造侮慢罪的公訴。

因此，這項法律為了因應意在羞辱和恐嚇的侮慢行為，創造了侮慢公訴罪。值得注意的是，人民可能因為侮慢同樣受到保護的奴隸遭到起訴，而且偶爾還有累犯遭到處決。《侮慢法》因此讓雅典人不但可以控制國家和菁英，也可以享有解脫權貴宰割的自由。

梭倫藉著禁止服勞役償還債務、取消不自由的人身典質地位，同時開始推動破壞菁英對一般公民的宰割，為實施民主政治做好準備。但是，這時雅典菁英擁有的權力大增，他們已經變得遠比過去富有。倘若國家能力增加時，沒有一併賦權給社會，那就只是在賦予富人額外的鎮壓和控制工具，反而有可能增加他們的政治主導力量。因此，加強一般公民對抗菁英的能力至為重要，這就是藉著編纂《侮慢法》，把現有規範法制化，所達成的目標。

梭倫的《侮慢法》勾勒了自由窄廊的樣貌——要創造自由，就必須在配合現有規範、並以之為基礎推動制度改革，以及同時修改、甚至廢除抑制自由的規範之間，求得微妙的平衡。這確實不容易達成，但梭倫的改革在這兩方面都頗有進展。在杜雷科制定法律之前，規範人民生活的法規都不是成文法，都是由家族和親屬團體執法，最常利用的手段是放逐和排除政治參與。梭倫設法編修和強化這些規範，制定出《侮慢法》，但同時也在修法的過程中改變這些規範，大大降低侮慢行為在雅典社會中的接受度。我們會看到很多例子，顯示制度變化和規範之間複雜的互動，以及兩者之間如果無法達成適度平衡時，可能會傷害自由的展望。梭倫在這方面達成了適度的平衡。

## 紅皇后效應

梭倫一方面限制菁英對國家機器的控制、限制菁英對一般公民的宰割，另一方面卻提高國家的能力，這種做法並不是什麼古代文明的特例，而是制約國家巨靈的精義。只有社會樂於和國家巨靈合作時，國家機器才能建立更強大的能力，但是這種合作需要人民相信自己可以控制這頭怪獸。梭倫贏得了這種信任。

但是，自由和國家的終極能力，不僅取決於信任和合作，也取決於國家和社會之間的權力均衡。如果國家和菁英變得太強大，最後就會形成「專制巨靈」的國家；如果國家和菁英落在後面，結果就會變成「巨靈並不存在」的國家。因此，我們需要國家和社會同時並進，彼此都得不到優勢。這種情形就像是路易斯・卡洛爾（Lewis Carroll）在《愛麗絲鏡中奇遇》（*Alice Through the Looking Glass*）中描述的紅皇后效應。在這本小說中，愛麗絲遇見紅心皇后後，兩人一起賽跑。「愛麗絲事後回想時，根本不大記得她們是怎麼開始比賽的」，但是她注意到，即使她們拚命地跑，「她們四周的樹木和其他東西，似乎根本都沒有改變過位置；不管她們跑得多快，她們似乎從來沒有超越過任何東西」。最後，紅皇后叫暫停。

愛麗絲十分驚訝地看著四周，說：「為什麼我真的覺得我們一直都在這棵樹下！一切都跟原來一模一樣！」

「當然是這樣啦，」紅皇后說：「你們會怎麼說呢？」

「噢，在我們的國家裡，」愛麗絲氣喘吁吁地說：「如果你像我們剛才那樣，跑得很快、很久的話，你通常會看到別的東西。」

「像有點慢吞吞的國家！」皇后說。「噢，在這裡的話，你拚命快跑，目的是為留在原地。」

「紅皇后效應」（Red Queen Effect）是指你為了維持原有的地位，而必須不斷地向前跑；就像國家和社會跑得很快，目的是為了兩者之間的平衡。在卡洛爾的小說中，所有的奔跑全都是白費功夫，但在社會和國家巨靈的鬥爭中並非如此。如果社會鬆懈下來，跑得不夠快，不能跟國家的成長並駕齊驅，受制約的國家可能會快速變成專制國家。我們需要社會的競爭，以便保持國家巨靈受到約束。國家愈強大、愈能幹，社會就必須變得愈強大、愈警覺。我們也需要國家巨靈繼續奔跑，在面對艱難的新挑戰時，壯大自己的能力，同時維持自主性，因為這樣不但攸關解決爭端和公正無私地執法，也攸關打破規範的牢籠。這一切聽來都相當雜亂無章（所有這一切奔跑！）我們會發現，情形經常就是這樣：雖然雜亂無章，我們卻必須依賴紅皇后效應，促進人類的進步和自由。但是，紅皇后本人會在社會與國家的權力均衡中，在其中一方忽而超前、忽而落後之際，製造很多的波動起伏。

梭倫設法激發紅皇后效應的方式，說明了這些範圍比較廣大的問題，他的改革不但為民眾的政治參與，奠定了制度化的基礎，也協助放寬直接限制自由，又在自由窄廊上防止必要政治參與的規範牢籠。

雅典人的牢籠不像其他社會的牢籠——例如本章即將談到的蒂夫族（Tiv）社會牢籠那麼令人窒息，卻仍然沉重到足以阻擋紅皇后的去路。梭倫藉著打破牢籠的這個部分，開啟了社會的根本變化，也建立了一種與眾不同的政治形態，能夠支持受到制約的新興國家巨靈發展。

## 必要時如何自我放逐？

梭倫只當了一年的執政官（這一年也太忙！）然後就自我流放十年，以免玩弄自己制定的法律。他認為他制定的法律應該會維持一百年不變，但實際結果卻相當不同。菁英和社會之間的競爭一再出現。

梭倫曾經試圖把雅典變成較有能力的國家，把對民眾的控制制度化，同時讓菁英過得很快樂，或是夠快樂。但是，多快樂才是夠快樂呢？雅典很快地就爆發衝突，隨之而來的是實際上是獨裁者的一系列暴君，這些暴君有時候用武力掌權，有時候靠著人民的支持掌權。但是，梭倫的改革很得民心，也具有合法性，因此所有雅典人，連急於變成暴君的人，至少都必須向這些改革致敬，而且這個過程經常深化了改革。

梭倫之後的第一位暴君是庇西特拉圖（Peisistratos），他的著名事蹟是善於用狡滑的方式，推翻雅典的政治制度。有一次，他故意傷害自己，欺騙公民讓他接受武裝保鑣的保護，然後他卻用武裝保鑣來控制雅典人。另一次是他被廢黜後，和一位裝扮成雅典娜女神的端莊女性，一起駕著馬車，回到雅典，愚弄人民，讓人民認為他是雅典娜女神親自挑選，以便統治雅典的人。然而，庇西特拉圖一旦掌權，並沒有完全否定梭倫的遺澤，反而是繼續提高國家的能力，推動雅典的重大建設，推出一系列的措施，把雅典和周遭的阿提卡地區整合起來。這些創新包括設置鄉村巡迴法官、興建以雅典為中心的道路系統，開創結合雅典和鄉村神殿與泛雅典娜節的遊行隊伍。這些宗教節日直接起源於梭倫的若干其他措施，因為梭倫曾經試圖限制菁英私人的節日，主張推廣比較具有社會性的公共節日。庇西特拉圖也是第一個鑄造雅典錢幣的人。

這是行動積極的紅皇后，梭倫熱心開創這種動力十足的行動路線後，庇西特拉圖跟著遵照辦理，不管過程中出現的狂野轉折。暴君崛起掌權後，會讓國家機器和菁英得到優勢，卻不能宰制社會和人民，而且他們也要爭取人民的支持。庇西特拉圖的王位由兒子西庇亞斯（Hippias）和西巴祝斯（Hipparchus）繼承，然後由對手城邦國家斯巴達支持的伊薩哥拉斯（Isagoras）接任，但是人民終於還是出手還擊。西元前五〇八年，大規模的人民起義把克里斯提尼（Cleisthenes）推上當權的地位。克里斯提尼再度以強化國家和社會為目標，推動改革；但是，他更進一步，推展八十多年前梭倫試圖達成的三個目標——強化社會對抗菁英的力量、增加國家的能力，以及放寬規範的牢籠。

我們先從國家建設開始說起。克里斯提尼發展出一種精心設計的財政制度，對外國人居民課徵人頭稅；對富人直接課稅，使富人必須繳納節日費用或裝備戰船的費用；同時開徵海關通關費用和規費，尤其是在皮雷埃夫斯（Piraeus）港課徵，同時也對阿提卡的銀礦課稅。克里斯提尼擔任執政官期間，國家開始提供一系列的公共服務，不僅提供安全維護和鑄幣服務，還提供城牆、道路、橋樑、監獄、孤兒與殘障救濟等基礎建設。同樣值得注意的是，某種國家官僚體系開始出現，亞里斯多德宣稱，在亞里斯底德（Aristides）治理的西元前四八〇年至四七〇年間，有七百人在阿提卡為國家工作，有七百人在國外為國服務；另外，碼頭上有五百名警衛，雅典衛城有五十名警衛。

這個國家由人民控制的程度，也比梭倫所建立的國家更加深入。克里斯提尼為了實現民主控制國家的目標，知道自己必須進一步削弱規範的牢籠，並擺脫以部落為基礎的政治權力形式。因此，他採取大膽行動，廢除了組成梭倫所創眾議會四百位成員的四個部落，改由五百位議員組成新眾議會。新議員從十個以雅典英雄命名的新部落中抽籤選出，每個部落在眾議會中各有五十位代表，每個部落再分為三個比較小的單位，叫做「三分之一部落」（trittyes），每一個「三分之一部落」再細分為區域性政治單位，稱為「民區」（demes）。整個阿提卡地區，一共散布了一百三十九個民區（如地圖二所示）。在建國過程中，區域性單位的創設，本身就是重要的一步，幾乎完全抹煞了過去以親屬為基礎建立的身分識別遺跡。亞里斯多德總結這種改革的影響後，指出克里斯提尼「把住在每一個區的人變成同區區民，因此他們對他說話時，不再用父親的姓名，而是用自己的區名，揭露

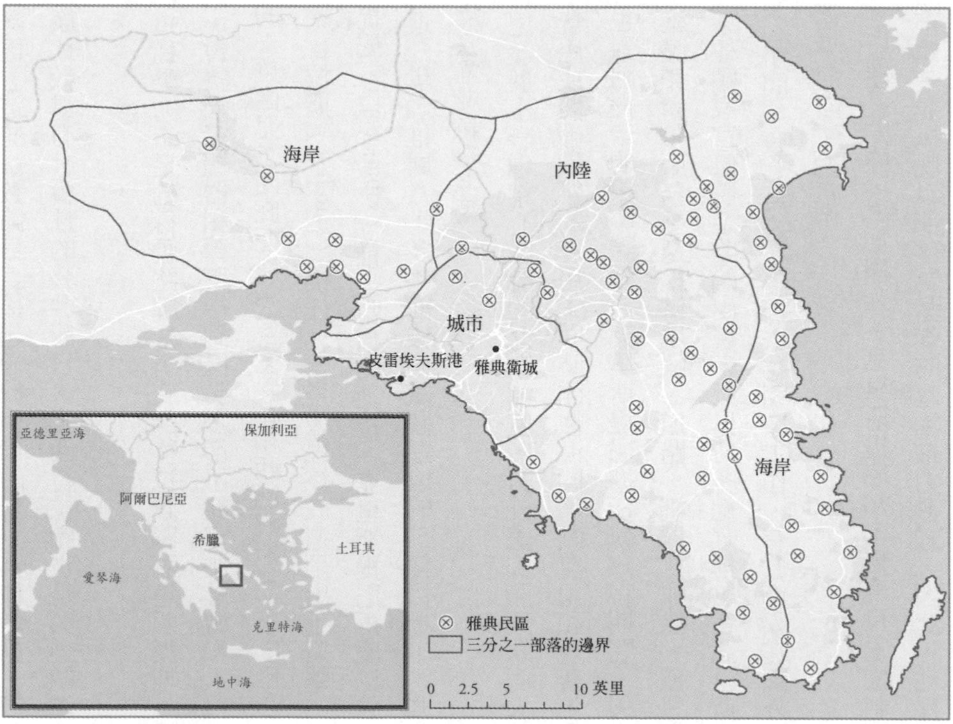


地圖二　雅典分區地圖。

自己的新公民身分」。

克里斯提尼為了在政治上，進一步強化雅典公民對抗菁英的力量，也取消了從梭倫時代就有的機構成員階級限制，眾議會的席次現在向所有年逾三十歲的男性公民開放，而且因為眾議員任期只有一年、一生至多以兩任為限，大部分雅典男性一生中，都可能在某一段時間裡，擔任眾議員。眾議會議長則是隨機選任，任期為二十四小時，讓大部分雅典公民在某個時間點上，能夠擔負重責大任。亞里斯多德總結這一切後表示：

> 人民已經控制了政務。

眾議會有權管理支出，雅典設有一系列行政官員委員會，負責執行政策。雖然這些委員會是靠抽籤選出，而且只服務一年，卻有充當國家公職人員的專業奴隸協助。

克里斯提尼追隨梭倫的腳步，繼續以有助於強化雅典公民政治力量的現有規範為基礎，推動現有規範的制度化，同時也跟規範牢籠搏鬥。最值得注意的是，他把流放制度正式化，以便限制有權有勢的個人宰制政治。根據這項新法，群眾集會每年可以投票決定是否放逐某人，如果至少有六千人投票，而且至少半數以上的票數贊成放逐，那麼每位公民必須把希望放逐者的名字，寫在一片陶片上（ostrakon，這個字也是《陶片放逐法》（Ostracism）的起源），名字在最多陶片上出現的人會遭到流放——逐出雅典十年。亞里斯多德指出，這項法律「是由懷疑當權派的人通過」。這項法律和梭倫的《侮慢法》一樣，是用來改造社會規範、懲戒菁英的工具。連地米斯托克利（Themistocles）這位當時最有權勢、主導雅典人在薩拉米斯（Salamis）之戰中打敗波斯人的天才，都在西元前四七六年左右遭到流放；因為人們開始擔心他權勢過大，而且他把斯巴達而非波斯視為雅典真正敵人的打算，也讓雅典人擔心（寫了地米斯托克利名字的陶片，請參見書中照片插頁）。《陶片放逐法》用的次數不多，實施這種制度的一百八十年裡，只有十五個人遭到流放，但光是放逐的威脅本身，即為公民用來規範菁英的有力方法。

根據亞里斯多德的說法，雅典憲法的演變並未止於克里斯提尼。克里斯提尼制定的憲法原本是雅典人十一次立憲中的第六次（還記得紅皇后效應可能變得雜亂無章嗎？）在這個過程中，雅典同時朝向加強公民權力和國家力量的方向穩定前進。紅皇后的性質名副其實，沒有一次不出現曠日持久的鬥爭，菁英和社會總是背道而馳。

這段期間裡，雅典人逐漸（在頻繁的拉鋸中）建立了世界上第一個受到公民有效控制、能力高強、受到制約的強大國家巨靈。雅典人的這番成就要歸功於紅皇后效應：國家不能宰制社會，但是社會同樣不能宰制國家；一方的進展會遭到另一方的抗拒和創新，社會的制約使國家能夠把職權範圍和能力，擴展到新的領域中。社會的合作也使國家在人民的控制下，同時得以強化自己的能力。在所有這一切情況中，紅皇后侵蝕規範牢籠的方式至關緊要。社會要約束國家巨靈，就必須合作，形成集體組織，參與政治；如果社會分成被典質的人、主人、氏族、部落或親屬團體，這一切會變得很難做到。梭倫和克里斯提尼的改革逐漸消除了這些互相競爭的身分，創造了人們擴大合作的空間。我們在受到制約國家巨靈的創造中，會一再看到這種特徵。

## 失蹤的權利

前一章談到美國國家巨靈怎樣受到約束的故事中，有很多地方跟雅典類似。人們普遍認為，由華盛頓、詹姆斯・麥迪遜（James Madison）和亞歷山大・漢彌爾頓（Alexander Hamilton）等建國先賢創制的美國憲法是高明的制度設計，引進了制衡的機制，又賜予未來世代自由的大禮。這種說法雖然有幾分道理，卻只說對了一半事實。真正重要的關鍵是人民得到權力的加持，以及這種情形如何限制和修正美國的制度，釋出強而有力的紅皇后效應。

我們先談權利的問題，我們的權利能夠得到保護，要歸功於開國先賢和他們制定的憲法，對不對？答案是有對有錯。這個新國家採用的第一部法律，是一七七七年至一七七八年間制定的《邦聯條例》（*Articles of Confederation*），而取代《邦聯條例》的新憲法《美利堅合眾國憲法》的確揭櫫若干基本權利；但是，一七八七年夏季在費城制定的這份備受讚揚的文件中，卻不包含這些基本權利。美國開國先賢心不在焉，忽視了一整套範圍廣大、我們今天視為對美國的制度和社會很重要的基本權利。這些權利後來以《權利法案》（*Bill of Rights*）的形式，出現在憲法中，一共包括十二條美國憲法的修正案，其中十條修正案是由第一屆國會通過，並經過各州州議會批准，包括《權利法案》第四條[2]的條文：

> 人人具有保障人身、住所、文件及財物的安全，不受無理之搜索和拘捕的權利；此項權利，不得侵犯。除非依照合理根據，加上宣誓或代誓宣言保證，並具體說明搜查地點和扣押的人或物，否則一概不得頒發搜捕狀。[2]

2 【編註】原文誤植為第六條。

第六條[3]則說明：

在一切刑事訴訟中，被告享有下列權利：由犯罪行為發生地的州和地區的公正陪審團予以迅速而公開的審判，該地區應事先已由法律確定；得知被控告的性質和理由；同原告證人對質；以強制程序取得對其有利的證人；並取得律師幫助為其辯護。

所有這些權利似乎都相當基本，開國先賢怎麼可能忽略呢？原因相當簡單，也有助於我們瞭解美國國家巨靈所受束縛的起源，以及何以這些束縛並非自動或輕易出現的原因。

以聯邦黨人著稱的麥迪遜、漢彌爾頓及其盟友，希望強化人民的權利，不希望換掉《邦聯條例》。他們起草的美國憲法，意在控制他們認為各州議會所採用、具有顛覆性危險的政策類型，例如州議會可以自行印製鈔券、對交易課稅、豁免債務、拒絕支應國債等政策。更糟的是，當時也有相當多失序和民眾動員現象，所有階層人民都意識到，他們可以自我治理、組織、抗議和當選立法議員，推動自己的利益。在這種情況下，憲法的設計意在同時處理兩個明顯的問題。第一個問題是建立聯邦制國家，以便在各州之間，協調法律、國防和經濟政策。第二個問題是：怎麼把獨立戰爭釋出的強大民主本能精靈，關回神燈裡。憲法應該藉著集中政治權力、讓中央政府主管財政政策、控制擾擾攘攘的民粹政治，也控制各州的自主權，以便成就這兩個目標。

聯邦黨人就是我們所說的「建國元勛」。霍布斯考慮到透過兩種途徑，建立國家巨靈，一是立約，二是併吞。但在實務上，負責帶頭進行建國過程的人，經常是梭倫、克里斯提尼或聯邦黨人建立原始國家，或提高新締造國家權力的建國者個人或團體。他們有決心，有計畫，希望創建一個集中權力的權威。聯邦黨人的願景是建立一個霍布斯應該會讚賞（但《邦聯條例》不容許）的國家巨靈。聯邦黨人也很清楚我們所說的吉爾迦美什難題，知道賦予聯邦制國家太多權力會有風險，其中一種風險可能是國家會開始把社會當成獵物，顯露自己的猙獰面目。麥迪遜在跟漢彌爾頓和約翰·傑伊（John Jay）合寫，意在敦促眾人，批准美國憲法的一系列稱為《聯邦黨人文獻》的小冊子中，寫了一段名言：

> 建立由人管理人的政府時，大問題在於你必須先讓政府有能力控制被統治者，然後再迫使政府控制自己。

雖然麥迪遜的聲明中，今天最受關注的部分是政府需要控制自己，他最初所強調政府「控制被統治者」至為重要的說法，卻突顯聯邦黨人的第二個目標——需要限制一般人的政治參與。當時很多讀者看出這一點，深感震驚，尤其是因為在費城制定的文件中，缺少人民權利的明確聲明。他們的看法確實有理，就像麥迪遜在一七八七年起草憲法後不久、寫給傑佛遜的私函中說的那樣：

> 在某些情況下，備受譴責的暴政銘言「分而治之」，是依據公正原則治理共和國唯一的政策。

分而治之是控制民主制度的策略。麥迪遜強調：「有必要……擴大一般政府權限和更有效地限制州

3【編註】原文誤植為第八條。

政府的必要性。」「一般政府」指的是聯邦政府，聯邦政府可以藉著間接選舉參議員和總統的手段，變得比較不民主。「更有效地限制州政府」的需要，起源於一七八〇年代的社會動亂，包括農民和債務人的造反和起義。麥迪遜認為，這些動盪可能危害美國獨立的整個計畫。事實上，聯邦黨人贊成憲法的重要原因之一，是憲法可以提供聯邦政府稅收，以便部署常備軍，這樣應該會像憲法序文中說的那樣，促成「國內平靖」。事實上，美國憲法獲得批准後，華盛頓總統麾下利用聯邦資金成立的陸軍，第一項行動就是從首都向西進軍，敉平一場稱為「威士忌造反」的抗稅起義。

麥迪遜和聯邦黨人的建國大計造成美國社會嚴重離心離德，人們害怕在沒有《權利法案》的保護下，比較強大的國家和控制國家的政客可能為所欲為。即使是美國，國家巨靈猙獰的臉孔還是環伺在側，好幾個州因為個人權利得不到明確的保護，拒絕批准憲法。麥迪遜本人被迫承認需要《權利法案》，以便說服自己的維吉尼亞州議會批准憲法。他後來以支持《權利法案》的政見，競選國會議員席次，並且在一七八九年八月的國會中，以需要《權利法案》「安撫民心」為由，為《權利法案》的需要辯護（但是，我們在本章稍後和第十章裡，會再度看到還有具有惡意的其他因素，而且麥迪遜及其盟友為了讓南方菁英接受憲法，最後支持奴隸制度，確保《權利法案》既不保護奴隸，也不能用來防止州政府胡作非為）。

從《邦聯條例》過渡到《美利堅合眾國憲法》的過程中，揭露了建立受到制約國家巨靈所必需的重要因素。首先，社會上必須有一群像我們的建國先賢那樣的個人或團體，致力爭取建立強大的國家機器，以便中止「人人互相為戰的」戰爭狀態，協助解決社會上的衝突，保護人民不受宰割，提供公共服務（可能也要略微照顧自己的利益）。這種建國先賢團體的角色很重要，也就是說，他們的遠見、形成正確聯盟以便支持聯邦制國家的能力，以及本身的純粹力量很重要。聯邦黨人在建立聯邦制的美國方面，扮演了這種角色，他們知道國家機器攸關新國家的安全、統一和經濟成就，應該有一個力量更大、具有課稅、獨占鈔票發行權、能夠制定聯邦貿易政策的中央政府，因此打算建立一個名副其實的國家巨靈。此外，聯邦黨人具有足夠的力量，可以嘗試推動這種建立國家政府的計畫；他們是地位崇高的政治人物，擁有相當高的權威，也從跟華盛頓和備受尊敬的獨立戰爭領袖的結盟中，獲得力量，也十分善於透過媒體和精彩的《聯邦黨人文獻》政論小冊子，影響輿論。

受到制約國家巨靈的第二根支柱是社會動員，社會動員甚至更重要，因為社會動員正是紅皇后效應的本質。我們所說的社會動員，意思是整個社會（尤其是非菁英）參與政治；這種參與可能用非制度化和制度化兩種形式表現，前者如造反、抗議、請願和透過集會結社或媒體，對菁英施加普遍的壓力，後者包括選舉和議會。非制度化和制度化力量是共生共榮的力量。

專制起源於社會無力影響國家的政策和行動。雖然憲法可能規定民主選舉或協商，然而除非社會動員起來，積極參與政治，否則規定並不足以使國家巨靈起而反應、負起責任和受到制約。因此，憲法的影響力取決於人民在必要時，是否有能力以制度化的手段捍衛憲法，要求憲法賦予人民的權利。憲法的規定進而影響這兩件事，因為憲法把更大的可預測性和一致性，賦予社會力量，也賦予社會持續參與政治的權利。

社會力量的基礎來自人民是否有能力，解決本身的「集體行動」問題，以便參與政治、阻止社會所反對的變化，並把本身的願望施加在重大的社會與政治決定上。集體行動問題指的是即使把一群人組織起來，參與政治行動，可能對這一群人有利，卻可能碰到群體中每位成員「搭便車」，自行其是，不付出必要的努力，保護群體利益，甚至對現狀可能一無所知的問題。非制度化發揮力量的手段會無法預測，是因為這種手段不能提供可靠的方法，解決集體行動的問題；制度化的力量卻可能比較系統化、比較可以預測。因此，憲法可以讓社會用比較一致的方式，發揮其權力。美國憲法起草前的歲月裡，社會上同時擁有「制度化」與「非制度化」兩種權力來源是十分重要的因素。

美國社會的非制度化權力基礎，植根於殖民地和英國作戰期間的民眾抗爭。傑佛遜在一七八七年寫作下述文字時，掌握了這種動員力量的精髓：

> 天幸我們二十年來，居然只發生一件叛亂案……如果統治者沒有每隔一陣子，就得到警告，知道人民保留了反抗精神，有哪一個國家可以維護本身的自由？讓人民揭竿而起吧。

因為《邦聯條例》的關係，美國社會也擁有制度化的手段，可以藉著拒絕在州議會中批准憲法的方式，阻止聯邦黨人建立國家機器的計畫。這些制度性的限制不僅止於此，因為根據憲法，立法機關還會繼續針對行政部門和聯邦權力，施加有力的限制。

在人民對英國政策不滿所引發的獨立戰爭中，民眾動員和社會組織良好的程度，曾經發揮過最重要的功能。半世紀後，法國年輕知識分子亞歷西．托克維爾（Alexis de Tocqueville）遊歷美國時，注意到美國社會的這兩種特性。他在巨作《民主在美國》（*Democracy in America*）中指出：

> 世界上沒有一個國家在運用集會結社的原則上，比美國成功，或比美國更捨得應用在極多的不同目標上。

事實上，美國是「善於合眾的人組成的國家」，讓托克維爾驚異的是，「居民極為善於……提倡讓多數人一起努力、自願追求的共同目標」。這種強而有力的民眾動員傳統賦予美國社會權力，因而在美國應該建立什麼樣的國家巨靈上，擁有發言權。雖然漢彌爾頓、麥迪遜和他們的盟友希望建立比較專制的國家，社會卻不願聽從，迫使聯邦黨人推出《權利法案》，以及約束聯邦黨人權力的其他束縛，好讓「意志必須屈從」國家巨靈的人，接受他們的建國方略。然而，民眾對這一切並不是太熱心，漢彌爾頓才指責這種「過度的民主」，提出總統和參議員終身職的建議。這一點可以理解，因為聯邦黨人認為自己可以控制國家巨靈。

社會動員這重要的第二支支柱，不但在一開始時阻止美國國家機器走上專制之路，還催生權力均衡，確保長久之後，即使國家的權力日益強大，仍然會受到約束（我們稍後會看到，這些約束在某些方面可能過於成功，反而限制了未來二百年裡國家機器的能力，在為所有公民提供保護和機會平等方面，尤其如此）。一七八九年時，美國國家機器的權力小得多，和現代美國政府相比，幾乎只是粗具雛形罷了。官僚體系的規模很小，只提供少數公共服務，甚至不曾夢想管理獨占事業，或提供社會安全網，也沒有把所有公民一視同仁、平等對待，奴隸和婦女當然更是等而下之了。因此，放鬆當時加諸很多美國人身上的規範牢籠，一定不是國家機器的當務之急。能夠提供這些東西是紅皇后造成的影響，如果當時整個美國社會能夠針對國家的應有作為，設法訂定牢不可破的限制，我們應該不會得到國家現在提供的很多好處（當然也不會遭受其中若干不妥協之害）。相反地，過去二百三十年裡，美國國家機器的確有所演進，能力和在社會中扮演的角色也改變了。在這個過程中，國家變得更善於因應公民的期望和需要。國家機器能夠這樣成長，是因為它有腳鐐綁住，這表示社會能夠以有點小心翼翼的態度，相信即使國家的權力進一步增進，也不會變成完全不負責任，不會展現猙獰面目。國家機器受到約束的本質也表示，社會可以考慮跟國家合作。十八世紀結束時，美國社會在沒有得到保證的情況下，同樣不完全信任麥迪遜和漢彌爾頓。社會通常不會完全信任致力提高國家能力和影響力的人，社會只有在自己控制國家的能力提高時，才會讓國家這樣做。

十九世紀美國國家與社會關係的後續發展，和我們在雅典的例子中看到的一樣，表現出同樣混亂和無法預測的紅皇后特徵。隨著中央政府變得愈來愈強大、愈來愈介入人民的生活，社會會設法重申自己的控制權，會加強動員；而菁英和國家機構又會起而反應，設法奪回控制權。雖然我們可以在美國政治的很多層面上，看到這種動態關係，但其所導致的最大隱憂還是北方和南方各州為了奴隸制度而激發的緊張。這種緊張迫使建國先賢在憲法中，達成很多令人厭惡的妥協，最後在十九世紀時，引發美國最致命的衝突。在一八六一年林肯總統就任後，南方七州（當時美國有三十四州）宣布脫離美國，組成美利堅邦聯；政府不承認這種分裂，北方的合眾國和南方的邦聯之間，因而在一八六一年四月十二日爆發內戰。四年戰爭期間，南方大部分運輸系統、基礎建設和經濟遭到摧毀，死亡人數多達七十五萬人。戰爭結束導致權力均衡嚴重不利於菁英，尤其是嚴重不利於南方菁英，因為奴隸（根據憲法第十三條修正案）得到解放，奴隸的民權（根據憲法第十四條修正案）獲得承認，投票權（根據憲法第十五條修正案）獲得承認。但是，內戰所導致的一系列反應並非結束於此，而是延續到一八七七年的「重建時期」。得到解放的自由奴隸在此期間被賦予政治權利，並得以被納入政治經濟體系中（他們熱情參與，大量投票，獲得當選，進入立法機構）。但在北方軍隊離開南方後的「國家救贖時期」[4]中，他們的公民權再度遭到剝奪，再度困在低薪的農業中，受到一整套正式和非正式欺壓行徑的煎熬，包括遭到本地執法官員和三K黨徒的謀殺和私刑對付。一直要到一九五〇年代中期爆發民權運動後，鐘擺再度擺盪到對南方社會菁英不利，對最弱勢的民眾有利（就美國的自由演變而言，我們根本離歷史的終結還遠得很）。

雖然通說是美國憲法保護了人民權利，但是對大部分美國人來說，這些權利得到保護的過程並沒有通說描繪的那麼美好。我們能夠得到這些權利，社會動員的功勞，絕不亞於一七八七年在費城草擬的那份文件，這種情形正好符合紅皇后的本性。

## 酋長？酋長是什麼？

因此，紅皇后效應並不美好，我們在本書後面會發現，所有與紅皇后賽跑的過程都充滿了危險；但是，這種效應發揮作用時，卻會為雅典人和美國人所享有的那種自由，創造出條件。但話說回來，為什麼很多社會還是處在巨靈並不存在國家的狀況中？為什麼他們不試著創造中央權威，再加以約束？為什麼不讓紅皇后效應釋放出來？

社會學家通常會把無法建立中央權威這件事，跟缺少值得建立國家機器的若干重要條件，如相當高的人口密度、已經成形的農業或貿易等條件，串在一起。也有人認為，有些社會缺少必要的建國知識，根據這種看法，建立國家機構主要是一種「工程」問題，要引進正確的知識技能和制度性藍圖。雖然這些因素在某些情況下，都發揮了影響，另一個因素卻經常要加重要：這個因素就是避免國家巨靈猙獰面目的意

4【編註】「國家重建時期」（Reconstruction）指的是美國在南北戰爭結束後，聯邦政府在一八六五年至一八七七年期間試圖處理原先南方邦聯各州遺留的政治、社會與種族問題。然而這些措施引發了南方各州激烈的反彈。共和黨政府最終妥協，同意將聯邦軍隊自南方撤出，並放任南方各州推翻先前保障民權的舉措，此即「國家救贖時期」（Redemption）。在國家救贖時期，南方各州重新實施種族隔離，黑人政治與公民權利再次遭到削減與打壓，針對黑人的私刑亦層出不窮。

願。如果你害怕國家巨靈，你會阻止別人積聚權力，建立推動國家機器所需的社會與政治階級。

我們可以在奈及利亞的歷史中，清楚看出這種恐懼阻止國家巨靈崛起的例子，離開拉哥斯和沿海潟湖後，你會進入約魯巴人（Yoruba）的故鄉約魯巴蘭。沿著Ａ１號公路北上，首先會抵達伊巴丹。然後，如果你轉向東，沿著Ａ１２２號公路走，你會經過約魯巴酋長傳統的聖靈故鄉伊費。接著，再沿著Ａ１２３號公路走，會到達洛克賈（參閱前一章的地圖一）。洛克賈位在尼日河和貝努埃河匯流處，是一九一四年奈及利亞成為英國殖民地後，盧吉爵士（Frederick Lugard）選擇的第一個首都。據說盧吉的準夫人芙洛拉．蕭（Flora Shaw）就是在這個地方，為未來的這個國家創造了奈及利亞的國名。從這裡繼續向東走，Ａ２３３號公路會走在貝努埃河的下方，等你到達貝努埃河邊的馬庫爾迪時，你已經深入蒂夫蘭地區了。

蒂夫族是根據親屬關係組織成的種族，英國人把奈及利亞整併成殖民地時，蒂夫族是一支沒有國家的民族，卻形成條理分明的團體，擁有明確劃分、不斷擴張的龐大領土，也擁有不同的語言、文化和歷史。我們對蒂夫族相當瞭解，要歸功於人類學家保羅和蘿拉．布哈南（Paul and Laura Bohannan）夫婦，他們從一九四〇年代中期開始研究蒂夫族。他們和其他人的紀錄清楚顯示，蒂夫族和雅典人一樣，有著相同的問題：擔心有權有勢的個人變成擁有太大的主導力量，因而控制所有的其他人。這是蒂夫族社會關切的重大問題，但蒂夫族處理這個問題的方法大不相同。蒂夫族利用社會規範來處理這個問題，規範也促使他們懷疑權力，樂於採取行動，對抗有意建立權勢的人。然後這些規範會阻止政治階級的出現。因此，雖然蒂夫族確實有酋長，但對其他人而言，這些酋長幾乎沒有什麼不受挑戰的權威，他們的主要角色是調解和仲裁，以便解決衝突，以及支持我們在前一章所見阿散蒂長老所支持的那種合作，統治者或大人物沒有機會建立夠多的權威，不能用自己的意志凌駕他人。

要瞭解蒂夫族怎麼抑制政治階級，我們必須回頭談談盧吉爵士。盧吉希望稱為「間接統治」、由本地貴族和土著政治權威協助治理殖民地的方法更趨完美。但是，在沒有半個這種權威的國家裡，你要怎麼用這種方法治國呢？盧吉要求土著帶他去見酋長時，蒂夫族的回答是：「酋長？酋長是什麼？」從一八九〇年代起，隨著英國的權威擴大，間接統治制度已經在奈及利亞南部地區開始發展，英國官員在這裡創造出「委任酋長」，這個名稱的由來是英國人頒發委任狀，給他們任命為酋長的有權有勢土著家族。一九一四年後，盧吉希望推動更有野心的規劃，主張：「如果酋長不存在……在像伊格博斯族（Igbos）或蒂夫族等組織非常寬鬆的社會裡，要進步的第一個條件，是在進步酋長底下，創造具有某種規模的單位。」

什麼人才是「進步酋長」呢？必須先由盧吉和殖民官員決定。盧吉希望進步酋長執行命令、徵稅、安排勞工在蒂夫蘭鋪設道路和鐵路。如果蒂夫族沒有真正的酋長，他就要創造出酋長來。因此，他在一九一四年後，就在蒂夫族中，推行一種新版的委任酋長制度。

但是，蒂夫族不信這一套。他們對盧吉的計畫不大滿意，麻煩很快就開始醞釀。一九一九年，問題在附近的伊格博蘭（Igboland）爆發，伊格博蘭是另一個無國家社會，也是伊格博斯族「組織鬆散」的社會。到一九三九年夏季，蒂夫蘭的社會和經濟行動都停頓下來，問題出在一種稱為「粘布亞」（Nyambua）的邪教，這種邪教可以視為蒂夫族報復已經升為男爵、現在在英格蘭享受平和退休歲月的盧吉，也是蒂夫族對他所創設委任酋長的報復。這個邪教的首領是名叫柯克瓦（Kokwa）的男子，他會出售符咒，保護信徒不受姆巴薩夫（mbatsav）或「巫師」侵害。姆巴薩夫的字源是「薩夫」（tsav），在蒂夫族語言中，薩夫的意義是「力量」，尤其是加諸別人身上的力量。薩夫是長在人類心臟背後的東西，可以在人死後用切開胸膛的方式檢查出來。如果你有薩夫，你可以讓別人做你想做的事情，用偶像殺害別人。重要的是，雖然有些人天生就具有薩夫，但透過吃人肉的方式，也可以增加薩夫。就像保羅・布哈南說的那樣：

> 吃人肉會讓薩夫長大，當然也會讓力量成長，因此最有權有勢的人，不管他們多麼受人尊敬或愛戴，你永遠都不能完全信任他們，他們是薩夫人——誰知道會怎麼樣呢？

擁有薩夫的人屬於一種叫姆巴薩夫的組織。姆巴薩夫有兩種意義，一是有權有勢者的複數型，二是像我們所看到的一樣，是一群巫師。這些巫師可能從事盜墓、吃屍體等窮凶極惡的活動。這個字詞的雙重意義很有趣，想像一下，如果英文中的「政客們」（politicians）同時表示「競選或控制民選政府職位的人」，以及「為達成窮凶極惡目的而組成的巫師團體」（這種構想好像不錯）。

加入「粘布亞」教派的人會獲得一根皮革製的手杖，還會得到一支蒼蠅拍，蒼蠅拍會讓人聞出靠著吃人肉而變成的薩夫。本書相片集插頁中，有一張保羅・布哈南拍攝的蒂夫族占卜師拿著蒼蠅拍的照片。一九三九年時，蒼蠅拍指著被指控為巫師的委任酋長，這種指控剝奪了委任酋長從英國人手中得到的任何權威和權力。這是蒂夫族反擊英國人嗎？答案是半對半錯，看得更深層一點的話，你可以看出，這種運動不僅反英，還反權威。就像蒂夫族長老阿奇佳（Akiga）告訴當時殖民官員盧伯・伊斯特（Rupert East）的話那樣：

> 土地因為（薩夫幹下）這麼多毫無意義的謀殺而敗壞時，蒂夫族都會採取強力措施，以便克服姆巴薩夫。這種大型運動從遠祖時代到現代這麼長的時間裡，一直都在發生……

事實上，像「粘布亞」這樣的宗教教派，是一整套規範的一部分，發展這種規範，目的是要保護蒂夫族的現狀，也就是要防止任何人變得太有權有勢。一九三〇年代時，委任酋長的權勢已經大到了有危險的程度，但是過去其他人也同樣變成太有權勢。布哈南指出：

得到太多權力的人……會因為遭到巫師的指控而削弱……「粘布亞」是一套正常系列運動的一種，蒂夫族對權力的不信任會引發政治運動，因此可以維護範圍比較大、以部族世系和平等原則為基礎的政治制度。

這段文字中，真正重要，而且會讓人聯想到雅典人對侮慢的觀點，想到雅典人用陶片放逐有權有勢個人做法的地方，是「對權力的不信任」。到目前為止，我們談論的是權力或國家機器的能力，但是國家機器本身受到一群代理人控制，代理人包括可以叫做「政治菁英」的統治者、政治人物、官僚體系和在政治上有影響力的其他人。如果沒有政治階級，沒有什麼政治菁英、統治者或建國元勛，把權力加諸別人身上、下命令、決定爭執中各方誰對誰錯的話，你會無法建立國家巨靈。對權力的不信任孕育出對政治階級的恐懼，蒂夫族的規範不僅管制和控制衝突，也嚴格限制社會與政治階級，因為限制政治階級表示限制國家的權力，包括巫術的指控在內的若干規範，同時打斷了建國之路。

## 滑溜的斜坡

蒂夫族社會害怕國家巨靈的猙獰面目，擔心國家巨靈誕生後形成的宰割能力；蒂夫族也有防止政治階級出現的強力規範，因此蒂夫族最後安然地處在巨靈並不存在國家的狀態中。但令人費解的是，如果社會這麼強而有力，國家和菁英這麼脆弱無力，為什麼蒂夫族會害怕國家巨靈？為什麼他們不能啟動紅皇后效應，受惠於催生受制約國家的那股變革動力？為什麼他們不能像梭倫、克里斯提尼，和希臘其他制度創新能人，或像美國建國先賢一樣，發展出同樣控制政治階級的解決之道？

答案跟防止政治階級出現的規範本質有關，卻也突顯要創造便於建立受到制約國家巨靈的條件很難，而且不同形態的社會力量有其限制在。蒂夫族規範的基礎不是建立在一般的社會動員，以及政治權力的制度化形式上，而是依賴不容易「升級」的儀式、巫術和反對階級的一般信念；不是社會中某一個團體壯大到足以威加海內時，可以動用的那種制度和規範。因此，蒂夫族有能力摘除政治不平等的芽苞，在建國開始後，卻不見得有能力控制這種過程。對蒂夫族而言，這種情況使任何建國企圖變得有點像是滑溜的斜坡（下文簡稱「滑坡」），你一旦走上這條路，就可能往下滑，落在你不想去的地方。

要更瞭解這一點，比較一下蒂夫族跟雅典人和美國人從事建國工程時，用來控制政治階級的社會工具，會很有用。

美國人至少有兩種有力的工具，可以用來對抗過度熱心的國家巨靈。首先，美國人擁有控制國家巨靈的制度化力量；因為州議會很有影響力，不能輕易地置之不理，聯邦政府又會受到選舉和司法的控制。其次是美國社會的動員方式的確跟蒂夫族社會不同，美國人在很多方面，是小農社會，不但能夠培養經濟抱負，也能夠培養政治志向。美國擁有很多規範，使美國人不願意接受專制的權威，而且（像英國人所發現的那樣）準備發動叛亂；因此，即使美國人擔心中央集權的國家機器，可能獲得的權力比十年前所認定的適度權力大很多時，美國人仍然認為，自己可以阻止國家變成專制國家。

雅典人擁有同樣的武器，而且能夠用來達成同樣的效果。雅典社會走出黑暗時代時，變成有意控制菁英及其特權宰割的社會；雅典的經濟結構便於進行社會動員，在梭倫推動改革後，雅典和北美的十三個殖民地一樣，已經變成小農社會，擁有這種社會所能產生的動員力量。重要的是，這時的希臘社會因為軍事科技的改變，也變得比較有自信。青銅時代武器選用的金屬是青銅，到了西元前八世紀，鐵取代了青銅。青銅武器很昂貴，因此自然由菁英獨占；反之，鐵製武器便宜得多。用人類學家戈登・齊爾德（Gordon Childe）的話來說：「推動了戰爭的民主化。」尤其是催生了著名的重裝希臘公民士兵。這些重裝士兵不但可以跟其他城邦和波斯人作戰，也可以對抗過度熱心的菁英，因此權力均衡進一步傾向對雅典社會有利，對菁英不利。所有這些動員，都在梭倫、克里斯提尼和他們之後的領袖推動下，變成制度化，使菁英更難篡奪權力，更難快速重拾主導地位。因此，雅典人雖然和蒂夫族一樣，擔心菁英變得太強大、太有主宰力量，卻相信自己可以靠著流放法、鐵製盔甲和議會，控制菁英。他們的想法並沒有完全錯誤。

蒂夫族的情形卻不是這樣。蒂夫族社會的權力來自直接反對任何政治階級的規範，這種規範是維護無國家現狀的有力方法，因為這種規範有助於解決集體行動問題，引領人民組織起來，減少有意成為擁有過大主宰權力的個體人數。然而，這種規範不適於組織集體行動，達成諸如在國家巨靈蠢蠢欲動時，立刻加以束縛的其他目的。箇中原因之一是蒂夫族和很多其他無國家社會一樣，是由一系列家族世系集合組成的更大部族。雅典人雖然確實有氏族，卻比較具有流動性，比較不以強力的宗族關係為基礎，而且克里斯提尼嚴重削弱了這種關係在政治中的角色。相形之下，蒂夫族社會最低階的集合是稱為「塔爾」（tar）的大家族社區，要是有什麼人能夠在塔爾中擁有權威，這個人一定是男性長老。這種社會是根據親屬關係垂直組成的社會，成員在生活中的角色受到嚴密管制和規範，很少有機會自由集會結社、組織和加入任何協會團體，以便動員和監督政治權力。此外，一旦階級出現、受到尊敬，相信任何不平等都起源於巫術的信仰一定會開始崩潰；親屬關係無法提供平臺，讓社會可以考慮和參與集體決策。

更糟糕的是，在以親屬關係為基礎的社會中，政治階級更可能變成某個部族宰制其他人，為最後會鎮壓所有反對力量的國家巨靈奠定基礎。這種情況確實是一種滑坡，因此對蒂夫族而言，保持巨靈並不存在國家的狀況反而比較好。

## 難分難解

歷史上和現存的很多無國家社會就像蒂夫族，不但在沒有國家或沒有什麼政治階級的狀態下生活，還用他們能夠掌握的工具，努力防止階級出現，這些工具通常和巫術一樣，是經過很多世代演化的規範和信仰。但是，這種例子跟現代社會有關嗎？今天存在的所有一百九十五個國家，都有國家機器和法律，也有法院和維安部隊執法，無國家社會構成的巨靈並不存在的國家，跟這些國家之間，具有任何關係嗎？答案是肯定的。雖然國家確實存在，卻可能極為軟弱無力，以致大片國土處在等於無國家社會的狀態中，像蒂夫族一樣，由類似的規範管理，或是經常像巴布亞新幾內亞的蓋布希族那樣，淪落在暴力橫行的狀態中。更驚人的是，雖然某些國家擁有現代面向，卻一直避不建立基本制度，在各方面都像是巨靈並不存在的國家，只差名義上不是；而且這些國家會這樣做，原因跟蒂夫族一樣，是因為害怕那種滑坡。現代國家中的黎巴嫩就是一個例子。

美國憲法規定：眾議院中的代表人數應該跟每一州的人口數字成比例。為了判定各州的人口數字，憲法獲得批准後的三年內，全國必須進行人口普查；此後每隔十年，必須重新普查一次。一七九〇年，美國進行第一次人口普查，此後每隔十年，都持續不懈地重新普查。有很多理由顯示人口普查是好主意，除了是立法機構中代表權公平分配的基礎外，也會協助政府，知道人民現居地、出生地、生活狀況、教育程度，所得或財富可能有多少。對國家而言，要提供服務、要徵收歲入和稅負時，這些資料很重要。照政治學家詹姆斯．史考特（James Scott）的說法，人口普查會協助國家「瞭解」社會，會提供資訊，讓國家瞭解、管制社會，對社會課稅，而且在必要時，脅迫社會。這些活動對國家的生存和運作似乎極為重要，以至於每一個國家應該都希望瞭解社會，人民應該也希望獲得若干程度的瞭解，否則人民會得不到任何服務或適當的代表。現在你應該可以看出這段話中的問題了，如果社會不信任國家的話，應該怎麼辦？如果社會擔心國家濫用這種瞭解，應該怎麼辦？如果社會害怕前面提到的滑坡，又該怎麼辦？這些正是黎巴嫩人擔心的問題。

第一次世界大戰前，黎巴嫩是奧圖曼帝國的一部分，然後短暫地變成法國的殖民地，到一九四三年獨立為止。獨立以後，黎巴嫩從來沒有做過人口普查。雖然一九三二年曾經辦理過人口普查，而且這次普查成為一九四三年立國規約的基礎，但是此後就再也沒有做過人口普查。一九三二年的人口普查發現，基督徒占人口的百分之五十一，略微超過由什葉派、遜尼派和德魯茲派社區構成的穆斯林人口（參見地圖三）。立國規約承認這種結構，並且以之為依據，在不同族群之間分權。例如，總統總是由宗主派基督徒擔任，總理一定是遜尼派穆斯林，國會議長一定是什葉派穆斯林。除了不同族群之間的分權，副議長和副總理總是由希臘正教基督徒擔任，參謀總長一定是德魯茲派穆斯林；國會的代表權也凍結為基督徒六、穆斯林五的比率。在這種比率之下，不同社區再根據他們在一九三二年人口普查中的人口比率，分配代表席次。

可以想見，這份立國規約造成虛弱到令人不敢相信的國家，國家的權力沒有掌握在國家機器手中，反而像你所預期的巨靈並不存在的國家那樣，落入個別社群手中。醫療保健或電力等公共服務不是由國家提供，反而是由社群提供。國家機器也不管制暴力或執法，什葉派穆斯林組成的真主黨（Hezbollah）擁有自己的私人武力，貝卡山谷裡的很多武裝部族也一樣。每個社群都有自己的電視臺和足球隊：例如貝魯特的阿爾阿赫德球隊（Al-Ahed）是什葉派穆斯林的足球隊，阿爾安薩爾隊（Al-Ansar）是遜尼派的足球隊，薩法運動俱樂部（Safa Sporting Club）是德魯茲派穆斯林的球會，貝魯特競技隊（Racing Beirut）屬於希臘正教基督徒，智慧隊

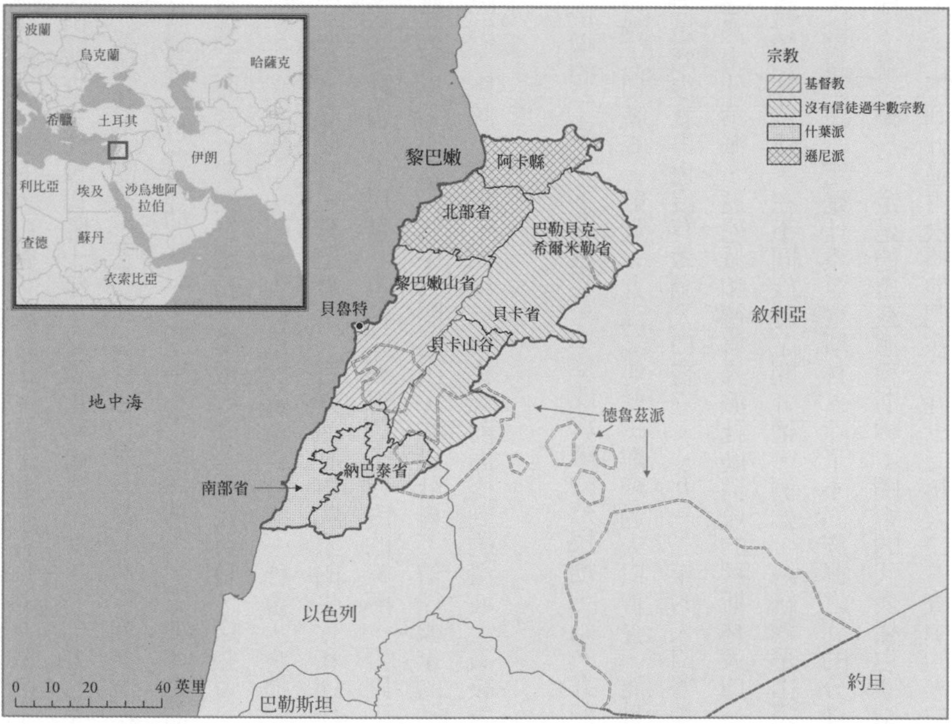


地圖三　黎巴嫩分區圖。

（Hikmeh）屬於宗主派基督徒。

黎巴嫩人這樣極度分權，造成每個社群都在監視其他社群的行動，每個群體都可以否決任何人希望做到的事情，導致政府陷入可怕的僵局。這造成明顯的影響，例如無法做成決策——這點對公共服務很重要。二〇一五年七月，設在納阿美（Naameh）的黎巴嫩主要垃圾掩埋場關閉，政府無計可施，垃圾開始在首都貝魯特街頭堆積。政府沒有迅速行動，反而毫無作為，垃圾繼續堆積。本書相片集插頁中，就有一張貝魯特垃圾堆積如山的景象。

事實上，無所事事是黎巴嫩政府的常態；國會已經有將近十年，沒有針對預算做過表決了，放任內閣自行編製預算。二〇一三年，總理納吉布．米卡提（Najib Mikati）辭職後，政客們花了一年時間，才同意新政府的成立。凡事都不急，從二〇〇九年六月國會選舉到二〇一四年期間——垃圾掩埋場逐漸滿溢，一百二十八位國會議員一共開議二十一次，等於一年有四個會期；但二〇一三年內，國會只開議兩次，只通過兩項法律，其中一項是把議員任期再延長十八個月，好讓他們自己繼續掌權。他們年復一年地運用這種策略，到二〇一八年五月，才終於舉辦新的選舉。就在這段時間裡，黎巴嫩面臨最大的生存威脅，因為鄰國敘利亞內戰造成巨量難民，其中有一百萬難民湧入黎巴嫩，數量多到幾乎等於黎巴嫩人口的百分之二十。然而，當選四年任期的國會遲遲不採取行動，因應國家面對的重大問題，最後「尸位素餐」九年之久。尸位素餐當然是指相對來說。國會設法通過二〇一八年計畫舉辦選舉的法律後，媒體為了紀念這件大事，舉辦了推特（tweet）最佳評論比賽，有一則參賽的投稿寫道：「讚！各位先生，你們完成了一小時就能做好的任務，現在可以恢復永久的假期了。」垃圾的處理一點也不急。

這種情況極度惡化後，人民開始組織起來抗議。一個自稱「你臭斃了」（YouStink）運動的團體出現，利用垃圾問題為引子，呼籲推動更深層的制度改革。但是，在黎巴嫩，「懷疑」是蔚然成風的常態。任何組織一出現，立刻會遭到懷疑，說他們是其他社群意圖增加權力所操弄的工具。這個運動組織在二〇一五年八月二十五日，在臉書上貼出一段文字，絕望地表示：

> 從「你臭斃了」運動開始以來，我們一直努力對加諸於這個運動的指責保持緘默……我們的運動從開始以來，一直被指責為是「未來運動黨」（Al-Mustaqbal）[5]的黨人，致力反對基督徒的權利〔自由愛國運動黨（Tayyar）網站這樣譴責我們〕。然後又被人指責為「三月八日聯盟」的同黨，致力反對「未來運動」組織〔環境部長馬奇努克（El-Machnouk）和政府這樣指責〕。至於這個運動的成員本身，一直被人指責為收受賄賂，是瓦立德．瓊卜拉特（Walid Jumblat，德魯茲派領袖）、外國大使館、阿邁勒運動黨（Amal Movement）和真主黨的同夥……沒有一個人能夠免於這些指控，從過去到現在，這些指控的目的，一直都是扭曲、駁斥我們找出能超越黨派的解決方案的理念。

這篇貼文說明了我們在巨靈並不存在的國家經常看到的景象，就是自相分裂、無法集體行動的社會。事實上，這種社會深深懷疑任何人或任何團體試圖影響政治。

國會「尸位素餐」的表現反映所有社群都不希望國會有所行動的事實，如同出身黎巴嫩中部的基督徒國會議員賈山．穆海柏（Ghassan Moukheiber）所言：

> 他們不喜歡國會等機構太常開會，跟他們競相治理這個國家。

黎巴嫩國家機器這麼疲弱無力，不是因為人民無法發展正確的建國知識與技能；事實上，黎巴嫩擁有中東教育程度最高的人民，以及相當現代化的大學體系，很多黎巴嫩人留學世界上最優秀的學術機構，黎巴嫩人並非不知道怎麼建立能力高強的國家。國家會這麼柔弱無力，反而是因為所有社群都害怕前文中所說的滑坡，因而刻意設計成這麼柔弱無力。國會議員知道他們不該有太多作為，這麼說來，還有什麼誘因能夠鼓勵他們多所表現呢？他們能夠投票贊成延後選舉，是因為沒有人真的在乎誰當選。這種情形偶爾會和垃圾問題一樣，嚴重影響社會，但即便如此還是很難改變現狀。沒有人希望把權力授予國會，大家都不信任國會，也不喜歡活躍的社會運動。你永遠不知道自己可以信任誰。

黎巴嫩不是無國家社會，而是有六百萬人口的現代國家，擁有聯合國的席位，在世界各國都派有大使。但是，也和蒂夫族一樣，權力旁落在別的地方。黎巴嫩是個巨靈並不存在的國家。

一九七五年至一九八九年間，黎巴嫩不同社群之間，因為從約旦湧入的巴勒斯坦難民造成國內情勢不穩，爆發惡性內戰。一九八九年的「塔亦夫協定」（Taif Agreement）結束了內戰，也稍稍調整了原來的立國規約，把國會中基督徒和穆斯林的代表權劃分為五十比五十，並增加什葉派的代表權，卻也削弱了總統的職權。

劃分為五十比五十，是否優於一九四三年立國規約採用的六比五呢？很可能如此。但是，沒有人真的知道不同社群的人口數字，也沒有人想知道。社會希望自己害怕遭到別人掌控的國家繼續不瞭解這個社會。為了避免這種可能性，社會力求確保國家巨靈繼續昏睡、垃圾繼續堆積。

---

5【編註】黎巴嫩當時最大在野黨，支持者多為遜尼派穆斯林。該黨成為「三月十四日聯盟」的主要成員，反對強大鄰國敘利亞，並與執政的「三月八日聯盟」對抗，後者受到自由愛國運動、阿邁勒運動黨與真主黨的支持，立場親敘利亞。兩個聯盟皆成立於二〇〇五年。

# 狹窄的自由走廊

本書探討的主題是自由。自由取決於不同形態的國家巨靈及其如何演變——社會是否安於沒有一個有效率的國家，或締造專制國家，還是設法打造權力均衡，催生受到制約的國家巨靈和日漸繁榮發展的自由。

霍布斯想像中的景象是社會要屈從國家的意志，大部分社會科學和現代世界秩序都把這一點視為理所當然，我們的理論和這種看法正好相反。我們的基本論點是：國家巨靈並非總是受到熱烈歡迎，至少建立國家機器的歷程相當崎嶇不平。社會抗拒國家機器優勢成功的例子很多，蒂夫族過去就是這樣做，今天黎巴嫩人仍然這樣做，抗拒的結果是不自由。

抗拒失敗後，結果可能出現專制巨靈國家，外貌很像霍布斯所想像的大海怪。但是，雖然這種國家能夠防止「難受、殘酷、匱乏」的戰爭狀態，卻不見得能夠讓其子民過上比巨靈並不存在國家富足多少的生活。人民也沒有真正屈從國家的意志——只是像東歐人民在柏林圍牆崩潰前，在街道上唱著〈國際歌〉，實際上並沒有屈從前蘇聯的意志那樣，這種情形對公民多少會產生不同的影響，但其中仍然沒有自由。

國家的權力均衡、社會有能力控制國家時，另一種大不相同且受到制約的國家巨靈會出現，這種國家可以公平地解決衝突、提供公共服務和經濟機會，防止宰割，奠定自由的根本基礎。這是人民認為

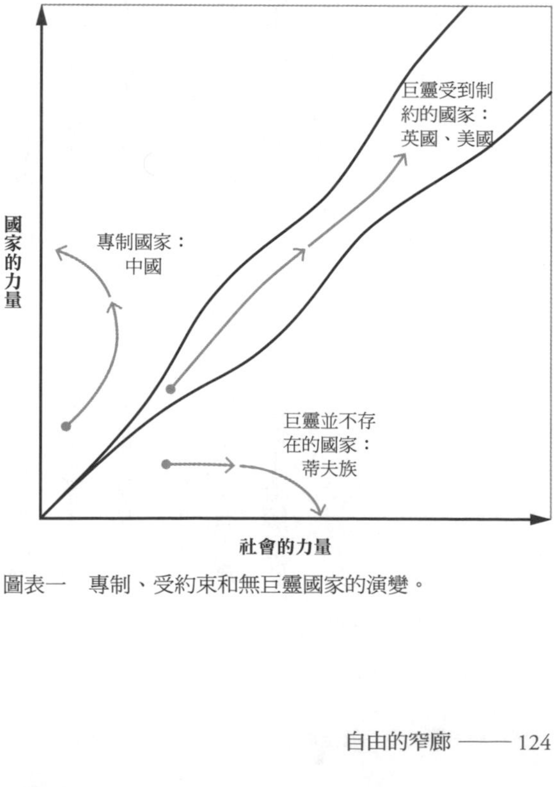


圖表一　專制、受約束和無巨靈國家的演變。

自己可以控制、信任、合作和提高能力的國家巨靈，也是會打破嚴密管制人民行為的眾多規範牢籠、增進人民自由的國家巨靈。但是基本上，這不是霍布斯式的國家巨靈，這種國家明確的特徵是擁有各種制約：這種國家不像霍布斯式的海怪，並沒有宰割社會；國家試圖影響政治決策時，也沒有忽視或壓制人民心聲，這種國家的地位並非高於社會，而是和社會平起平坐。

圖表一摘要說明這些理念，以及我們理論中影響不同形態國家演變的力量。為了專注其中的主要輪廓，我們會把一切簡化成兩個變數：第一個變數是社會規範、做法和制度的力量有多大，尤其是在集體行動、協調行動和限制政治階級方面的力量，到底有多強大。因此，顯示在橫軸上的這個變數包括社會的一般動員，制度性力量，以及像蒂夫族那樣，透過規範控制階級的能力。第二個變數是國家的力量，這個變數顯示在縱軸上，同樣結合好幾個層面，包括政治與經濟菁英的權力，以及國家機構的能力與權限。忽略社會中的衝突當然是重大的簡化，忽略菁英之間以及菁英和國家機構之間的衝突也一樣。然而，這種簡化讓我們能夠強調幾個重要因素，以及強調我們理論中嶄新的意義。我們會在後文中，超越這些簡化，討論沒有簡化時出現的更精彩畫面。

大多數前現代政體從一開始，都出現在靠近左下方的地方，是沒有強大國家機器或社會的政體，從左下方開始的箭頭描繪國家、社會和兩者之間關係不同的長期發展路線。圖表中顯示的一條典型路線，近似我們針對蒂夫族或黎巴嫩的探討，從社會比國家有力量、能夠阻礙強而有力中央國家機構出現的地點開始，這樣會造成國家巨靈大致上並不存在的狀況。原因在於一開始時，跟社會中反對政治階級的規範相比，國家和菁英的力量顯得太弱。對滑坡的恐懼表示，如果社會有機會，會設法削弱菁英的權力，削弱政治階級，因此類似國家機器的實體權力會進一步削弱，巨靈並不存在的國家地位會開始變得更鞏固。社會的權力比國家大，也說明了為什麼在這種狀況中，規範牢籠的力量會這麼大的原因，因為這時沒有制度化的方法，解決和管制衝突；規範承擔了各式各樣的功能。但是，這個過程也創造了本身特有的社會不公，以及扼殺個人的各式各樣限制。

另一方面，我們從近似跟中國有關、情勢有利於出現專制巨靈國家的最初討論中，可以看到一個箭頭，從國家和菁英權力高於社會力量的初步水準上，開始沿著較高的國家權力水準前進。同時，社會發現自己無法跟國家齊頭並進時，原本擁有的權力會遭到侵蝕，在專制國家致力削弱社會，以免自己受到束縛時，這種趨勢會更形惡化。久而久之，專制國家的權力會大到壓倒柔弱的社會，權力均衡的變化最後會導致國家巨靈愈來愈不容易約束。

但是，這張圖表也顯示，我們可以同時建立能力一樣高強的國家和社會，我們會在狹窄走廊的中央，看到這種情形，也看到受到制約的國家巨靈。正是在這條走廊上，紅皇后效應才會發動，國家和社會之間的鬥爭會使雙方力量強化，在像奇蹟出現般的狀況中，協助維持雙方之間的平衡。

事實上，紅皇后——國家和社會之間的競爭——不僅促使雙方能力增強，也重新調整制度的本質，促使國家巨靈對公民更加負責，更善於回應。同時國家也改變了人民的生活，不僅因為消除了國家和菁英對人民的宰割，也是因為國家巨靈放寬規範牢籠、甚至打破這種牢籠，增進個人的自由，強化了人民參與政治的效率。因此，不受政治、經濟和社會宰制妨礙的真正自由，只有在這條走廊上，才能出現和演進。在這條走廊之外，自由會因為巨靈並不存在或變成專制怪獸的緣故，受到抑制。

但是，有一點很重要，就是我們必須認識紅皇后效應的危險本質。在雙方所有的反應和逆反應中，一方可能超前，把雙方都猛然拉扯到走廊之外。紅皇后效應也需要國家和社會之間的競爭，以及菁英和非菁英之間的競爭，不完全是零和遊戲，雙方不能都試圖互相摧毀和互相驅逐。因此，在所有的競爭中，重要的是必須有一些妥協的空間，有一些「每個反應之後一定會有逆反應」的諒解。我們會在第十三章裡，看到兩極化偶爾可能把紅皇后效應變成零和遊戲，造成競爭陷入失控的可能性大為增加。

這張圖表中另一個值得注意的特點，是左下角國家和社會都很虛弱的地方，不會有自由窄廊存在，這點代表我們針對蒂夫族所做的討論中，有一個重要的面向需要說明。請回想一下，一旦政治階級出現，蒂夫族沒有規範和制度可以加以控制，這是他們這麼急於撲滅任何政治階級跡象於未然的原因；他們不是在國家巨靈受到制約，以及國家巨靈並不存在的兩種狀況中抉擇，不是在專制和沒有國家之間抉擇。這種通性適用在國家和社會都很虛弱無力的很多地方，突顯出除非鬥爭的雙方都建立起一些基本能力，也建立一些推動權力均衡的基本制度性先決條件，否則誰也無法踏上自由之路。

## 實際經驗勝過道聽塗說

理論如果能夠針對世情，提供新的思考方式，就是最有用的理論。我們現在要考慮一下剛剛所提到理論中的一些見地與涵義。我們在第一章裡，開宗明義就問道，我們的世界要走向何方，走向田園美景般所向無敵的西方民主制度嗎？走向無政府狀態嗎？還是走向數位獨裁政權？從我們的理論來看，上述每一種情境看來都像圖表一中所說路線中的一種。但是，我們的理論已經釐清現狀，指出我們不應該假設所有國家會走上同一條路。我們不該預期萬法歸一，應該預期世事多變。此外，我們也不能預期國家會以無縫接軌的方式，從一條路線轉型到另一條路線上：人世間有很多「路徑依賴」（path dependence）[6]的狀況，

6【編註】：路徑依賴（英語：Path dependence）是指給定條件下人們的決策選擇受制於其過去的決策，即使過去的境況可能已經過時。

一旦你走上專制國家之路，控制國家體制的國家機器和菁英會變得愈來愈強大，意在制衡國家的社會和規範會愈變愈虛弱。以中國來說，很多決策官員和評論家持續預測，隨著中國愈來愈富有、愈來愈融入全球經濟秩序，中國會變得愈來愈像西方民主國家。但是，隨著時間過去，圖表一中的專制國家路徑並沒有靠向自由窄廊。我們會在第七章裡，看到中國國家機器主宰社會的悠久歷史，以及領導人和菁英採取特定行動，削弱社會，使社會不能挑戰和約束國家機器，從而再造社會遭到國家宰割的歷史事實。這種歷史使中國要轉型與進入這條走廊，變得困難許多。

歷史雖然重要，但過去如此，不代表未來仍會如此，這點帶出我們理論中第二個重要的涵義。世界上有很多機構——意思是領袖、菁英和政治企業家的行動可能促成集體行動，形成新聯盟，重新塑造社會的軌跡。這是路徑依賴和一種路徑偶爾過渡成另一種路徑的現象、會同時並存的原因。這種並存狀況特別適用於走在這條窄廊上的社會，因為國家和社會之間的平衡相當脆弱，如果社會不再保持警覺，或國家讓自己的能力萎縮，這種平衡就很容易遭到破壞。

第三種涵義跟自由的本質有關。在我們的理論中，自由出現的過程，和西方制度或憲法設計出現的過程截然不同。人們在想像中，強調西方制度或憲法設計的優點和力爭上游的景象，自由卻是從一種不能輕易設計的混亂過程中出現的。自由不能事先設計，自由的命運不能靠著巧妙的制衡制度確保，自由必須依靠社會的動員、警覺和自信心，才會運作成功。我們需要紅皇后效應，需要國家與社會不斷地互相平衡！

請回想序言中吉爾迦美什的故事。神藉著創造吉爾迦美什的分身恩吉都，希望用制衡之道約束吉爾迦美什的策略，在烏魯克城並沒有成功；若把這種策略用在其他地方，甚至像在美國那樣，把制衡納入憲法，以致後來經常有人強調這是美國人自由支柱的做法，還是一樣沒有成功。一七八七年，麥迪遜和盟友前往費城，提出後來變成美國憲法基礎的「維吉尼亞方案」，掌握了制憲會議的議程；但是，結果這個新國家的制度結構還是跟維吉尼亞方案不同，因為社會（或社會的一部分）不完全信任聯邦黨人，希望為自己的自由，爭取更大的保障。結果麥迪遜必須勉為其難地承認《權利法案》。因為有社會堅定地參與，才確保了人民的權利在美國建國之初得到保障。

我們理論中的第四點涵義是：要進入這條走廊有很多門徑，而且走廊中有相當多各式各樣的社會。想想看，國家要踏進這條走廊居然有這麼多方法。事實上，為自由創造條件是一種多面向的過程，涉及衝突和暴力的控制、規範牢籠的破壞，以及國家制度權力與專制的約束。這是為什麼國家一踏進這條走廊，不會立刻獲得自由，一定要經過長時間的醞釀，自由才會出現的原因。有些國家會在走廊裡蹉跎很久，無法完全控制暴力；有些國家在放寬規範牢籠方面，只能創造有限的進步；而其他國家則還在努力對抗專制、讓國家機器聽社會的話。決定社會如何踏進這條走廊的歷史條件和聯盟，也會決定社會在這條走廊中會做出哪些影響重大且長期的妥協。

美國憲法恰能說明了這一點。為了促請各州批准憲法，《權利法案》不是唯一必須做出的讓步；在南方菁英拚命保護奴隸制度和本身財產的情況下，州權問題變成了試金石，因此建國先賢同意《權利法案》只適用於聯邦立法，不適用於各州的立法，這個「原則」開啟了各州盡其所能地踐踏人權——尤其是踐踏美國黑人人權的濫觴。先賢把這種嚴重侵犯一大部分人口自由權的行為入憲，方法是在憲法條文中，同意在決定各州在國會的代表權時，把奴隸當成五分之三個自由人計算。歧視不僅深入憲法的結構之中，也根深柢固地融入美國很多地區的各種規範裡。美國踏進這條走廊和在其中移動的方式，表示聯邦政府不打算削弱這些規範，也不打算削弱這些規範在南方的制度性基礎。因此，嚴重歧視和宰割美國黑人的行為，在一八六五年南北戰爭終結奴隸制度後，還一直長久延續。

這種歧視性規範表現在很多令人髮指的事情上，其中一種表現方式是「日落城市」的存在。這種城市是太陽下山後，不准黑人停留的地點（偶爾也包括墨西哥人和猶太人）。美國是汽車國度，眾人在「六十六號公路」找樂子、過生活，但並非每一個人都能夠快意奔馳。一九三〇年時，六十六號公路穿行的八十九個縣份中，有四十四個縣份有「日落城市」。如果你想吃東西，或可能想上廁所，卻碰到只准白人進入的城市，請問你怎麼辦？連可口可樂販賣機上，都貼有「只限白人顧客」的文字，想像一下黑人司機的困窘。情況糟糕之至，以至於一九三六年時紐約市哈林區的非裔美國人郵政員工維特・葛林（Victor Green）覺得，必須出版《給黑人駕駛的綠皮書》（*Negro Motorist Green-Book*），提供黑人駕駛人詳細指引，讓他們知道天黑後何處去，或知道去哪裡上廁所（最後一版在一九六六年出版）。因此，美國的經驗顯示，社會踏進這條走廊的方式具有深遠的影響。我們會在第十章裡，看出影響所及不只限於自由的程度，也及於很多政策和社會選擇。

我們理論的第五個涵義跟國家能力的發展有關，且說來令人驚訝。圖表一自由窄廊內的箭頭指向的國家能力發展程度，高於在專制國家中的發展，因為國家和社會之間的競爭，會為比較強大的國家能力提供支持。這種觀念跟社會科學和政策辯論中接受的很多論點背道而馳，跟強人領袖很重要的論點更是大相逕庭；這些論點都認為，要建立國家的能力，必須徹底掌控安全與強大的武裝力量。很多人就是根據這種信念，主張中國可能是其他開發中國家（甚至可能是已開發國家）的模範，因為中國的國家機器能力這麼高強，原因之一是沒有人挑戰共產黨的宰制。但是，你更深入觀察時，會發現中國的國家巨靈雖然專制，擁有的能力卻不如美國或斯堪地那維亞半島國家，原因是中國沒有強而有力的社會可以逼迫國家、跟國家合作或跟國家的權力競爭。沒有這種國家和社會之間的權力均衡時，紅皇后效應不會發揮作用，結果是產生能力比較差的國家巨靈。

要看出中國國家能力的成長性，你不必看得太深入，只需要看看教育體系。教育是很多國家重大施政中的重中之重，不僅因為受過教育的勞動力、會促使國家的發展比較成功，也是因為教育是把正確信念灌輸給公民的有效方法。因此，你會期望擁有強大能力的國家，應該能夠提供容易負擔的優質英才教育，動員公務員致力追求這種目標；但是，實情卻大不相同。在中國的教育體系中，一切都可以出售，包括靠近黑板的前排座位和班長的位置。

趙華到北京一所小學替女兒註冊時，碰到區教育委員會的幾位官員，他們手中有一份名單，上面列出每個家庭必須繳交多少錢。這些官員並不經常出現在學校裡，但趙華卻必須在銀行裡存入四千八百美元進去，女兒才可以註冊。中小學教育是免費的，因此這些「費用」是非法的。從二〇〇五年起，政府已經下令禁止過五次（既然要禁五次，其中代表的意義就很明顯）。在北京的另一所菁英中學裡，家長每捐獻四千八百美元，學生的成績就會額外多得一分。如果你希望把小孩弄進頂尖的學校，例如跟北京著名的人民大學附屬中學，送紅包的金額可能高達十三萬美元。老師也期望收禮——禮物愈多愈好。中國的新聞媒體報導指出，老師現在期望收的禮物包括設計師手錶、昂貴的高級茶葉、禮券，甚至是度假假期；比較積極的老師還歡迎附屬於銀行帳戶、全年可以補錢進去的轉帳卡。北京一位女企業家接受《紐約時報》專訪時說：「如果你不像其他家長那樣送好禮，你怕老師會比較不注意你的小孩。」

公務員怎麼可以這麼貪贓枉法？中國難道不是世界第一個用人唯賢的官僚制國家嗎？答案既是肯定的，也是否定的。我們在第七章裡會發現，中國擁有歷史悠久的複雜、能幹官僚體系，但是貪腐橫行、用人唯親和買官鬻爵的歷史一樣悠長；這種歷史一直延續到今天。二〇〇五年內，一項針對三千六百七十一位共黨官員的訪調發現，高達三分之二的官員認為，獲得政府職位最重要的標準，是「政治忠誠」而非才能。一旦你聚攏親信，你就可以開始左右企業人士和公民，也可以藉著賣官創造聽話的下屬。政治學家貝敏新（Minxin Pei）分析二〇〇一年至二〇一三年間，共黨官員涉貪定罪的五十個案例後，發現每一位官員平均賣了四十一個官位。底層賣官者包括安徽省五河縣的領導層張貴義和徐舍新，張貴義賣了十一個官位，平均價格為一萬二千元人民幣，折合美金的話，只有一千五百美元。徐舍新賣了五十八個職位。但是，在食物鏈比較上方，例如縣級單位，賣官所得高得多，有些官員在賣一個官位時，每個官位設法收取六萬美元。在貝敏新的研究裡，貪官靠著賣官，平均賺到十七萬美元。

張貴義和徐舍新只是小角色。鐵道部長劉志軍二〇一一年遭到逮捕時，罪名是名下擁有三百五十棟公寓、現金超過一億美元。主因是中國的高鐵系統為貪污提供了無與倫比的良機，但是中國經濟擴張的其他絕大多數層面也一樣。劉志軍雖然垮臺了，其他人大都安然無恙。二〇一二年內，中國一千位最富有的富人中，有一百六十位是中共全國人民代表大會的代表，他們的財產淨值為二千二百一十億美元，大約是美國政府三權分立部門中六百六十位頂尖高官財產的二十倍，但是美國的人均所得是中國的七倍左右。所有這一切應該都不完全會令人驚訝，控制貪腐，不論是官僚體系還是教育體系中的貪腐，都需要社會的合作。國家機器需要信任人民會如實舉報，人民對國家機構的信任，必須到達願意冒著生命危險去舉報的程度；在專制國家巨靈的嚴厲凝視下，這種情形不會出現。

你可能認為，這點主要是貪腐問題，中國會不會是在國家機器能力高超的情況下，容忍貪腐呢？這種解釋不但牴觸中國國家持續打貪（卻只有少少成就）的企圖，也牴觸即使在貪腐之外，中國的國家機器難以勝任國家日常功能。就像我們討論黎巴嫩時說的那樣，讓社會瞭解國家機器似乎是任何自尊自重國家的首要任務，讓社會瞭解經濟狀況更是首要中的首要。的確如此，如果共產黨要證明自己宰制中國具有十足的理由，那麼，利用經濟成長來證明應該是其中關鍵。因此，對共黨而言，瞭解和精確衡量經濟活動一定是重點目標。但是，這種瞭解就像控制貪腐一樣，需要社會的合作；社會不合作時，問題就油然而生：企業會不會躲在非正式、沒有登記的部門中，尋求自保呢？個人會不會對自己不信任的國家隱匿消息呢？官僚會不會編造數據，以求升官發財呢？所有這三個問題的答案都是肯定的，在中國尤其如此。這點似乎是大家不相信中國國民所得統計的原因，連現任總理李克強在二〇〇七年升任總理前不久，都還形容中國的國民所得數字是「編造出來、不能相信」的東西，他建議避開官方的統計資料，注意電力消耗量、鐵路貨運量和銀行放款，說這些資料更能衡量經濟狀況。既然如此，中國國家機器要說明經濟狀況的能力就不堪聞問了。

## 制約國家巨靈之道：信任與查證

受到制約的國家巨靈聽來正是人們夢想中可以信任的國家，但如果這種國家真的是受到制約的國家巨靈，這種信任必須有所限制。畢竟不論國家巨靈是否受約束，都仍具有兩面性格，專制已嵌入他們的DNA。

這表示要跟國家巨靈和平共存是一件很難的事情，尤其是因為久而久之，國家巨靈會有日漸強大的自然傾向。國家巨靈本身不是行為者，我們談到國家巨靈時，通常指的是控制國家的政治菁英，如統治者、政客或領袖，偶爾也指對國家有不成比例影響力的經濟菁英。這些菁英中的大部分人，以及為國家工作的很多人，都有意從擴大國家權力中得到好處。想一想孜孜不倦工作，為你提供公共服務或管制經濟活動，以免你受到獨占事業宰割，或受到掠奪式貸款做法侵害的官僚，他們為什麼不希望自己的權力和權威擴大？想一想指揮國家巨靈的政治人物，他們為什麼不希望自己的海怪變得更能幹、更有宰割能力？此外，我們的生活變得愈複雜，愈需要解決衝突、管制、公共服務、自由得到保護，但是國家巨靈變得愈能幹，就愈難控制，因此社會——指平民、所有人民和我們的組織和結社——也必須變得更強而有力，才能控制國家巨靈，這正是紅皇后效應發揮作用的情況。

但是，紅皇后效應的涵義還不僅止於此。我們已經看到，國家跟有力的社會合作時，能力可以大為提高，一旦國家巨靈受到約束，社會可能選擇交給國家一條長長的鍊子，讓國家可以延伸其影響力，以便利用自己的能力，追求公民希望和需要的東西。這種做法是「信任與查核」的策略——信任國家獲得更多的權力，同時增加你自己對國家的控制權。這種做法奏效，像美國和西歐那樣產生若干效果時，國家和社會都能持續不斷地變得愈來愈有力，會以平衡的方式擴大，彼此都不會宰割對方。這樣良好平衡發生作用時，受到制約的國家巨靈不但會終結戰爭狀態，而且會變成推動政治與社會發展的工具，讓民眾參與、制度和國家能力都蓬勃發展，同時破除規範的牢籠，促成經濟繁榮。這個目標只有在我們設法約束國家巨靈，只有在我們成功防止混亂的紅皇后效應失控時，才能達成。這可不是件輕鬆簡單的差事。

在我們開始討論受到制約的國家巨靈前，重要的是要先瞭解國家機器出現的過程和原因，瞭解國家如何處理社會上的衝突，以及如何在巨靈並不存在的國家裡，改變社會的經濟狀況。這幾點正是下一章要處理的事情。

# 3 權力意志

## 先知崛起

西元五七〇年左右，穆罕默德誕生在一個商人家庭中。他由叔叔撫養，成長於當時活力十足的貿易中心麥加——這個城市的起源似乎跟天房（Kaaba）有關。天房是一塊厚重的黑色四方體花崗岩，在伊斯蘭教出現前，是供奉當地神祇的聖地，後來變成伊斯蘭教最聖潔的聖殿。信徒每年都會來麥加朝聖，而他們停留此地的期間就成了從事商業活動的大好良機。麥加新興的貿易社群很快就四處擴散，到達阿拉伯半島和大馬士革、拜占庭與波斯帝國廣大疆域之間。

但是，落腳在麥加和北邊四百公里（二五〇英里）之遙的隔壁城市麥地那（參閱地圖四）的居民，都是新近開始過定居生活的沙漠遊牧民族。他們的社會沒有國家機器和中央權威，就像許多沒有國家的社會一樣，根據「部族」這樣的親屬團體組織而成。穆罕默德的部族屬於古萊希（Quraysh）部落中的哈希姆（Hashim）部族。要適應圍繞著天房而建立的城市新生活並不容易，各個部族習慣於驅趕駱駝和羊群，橫越幾百公里的廣大沙漠，彼此可能為了如何利用水源、優良牧場，或為了無數的日常利益衝突，發生爭執。在過去，這些爭執通常都用遊牧部落的規範和傳統解決；解決不了時，尤其是發生不同團體之間的爭執時，彼此可以在人煙稀少的半島上各奔前程。如果這種策略不能解決紛爭時，就會變成報復和長期爭執，基本原則是以牙還牙，但在某些情況下，會演變成以一百頭駱駝來消解仇怨。

在天房四周的生活比較複雜，不僅因為不同部族定居在城市裡，比較經常引發各式各樣的衝突而已；從朝聖之旅而來的新經濟機會，以及後續擴大的交易會培養個人主義，產生新

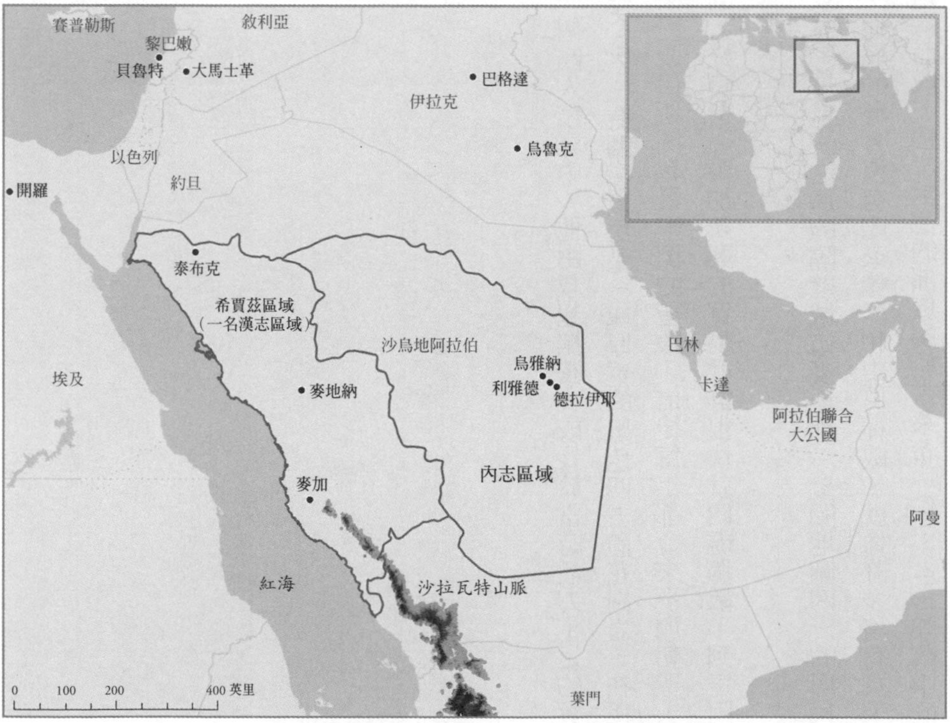

地圖四　阿拉伯半島：伊斯蘭教與沙烏地國家的起源，以及歷史古城烏魯克。

的衝突，同時也會開始略微放寬規範牢籠，侵蝕先前主導沙漠生活的團結和社群之間的緊密關係。

先知穆罕默德就是誕生在這種社會環境中。穆罕默德大約四十歲時，開始看到異象，得到後來他認定是來自天使加百列的啟示，這些啟示後來成為穆斯林聖書《古蘭經》的開端。《古蘭經》以格言的形式，勸誡人們承認以阿拉為唯一真主的新一神教。這些啟示不僅是提倡一種新宗教，還提倡一種新的社群，以及超越哈希姆等部族的新規範，還批評很多個人主義新行為和注重賺錢的功利心態。

穆罕默德開始傳播這種新宗教，勸說別人對這位新的真神效忠，最先皈依者是他的妻子赫蒂徹（Khadija）和親朋好友。到西元六一三年，他開始在麥加擴大布道；然而，並非每個人都歡迎他這樣做，從事貿易的其他部族不滿他攻擊他們的行為和宗教信仰，也擔心他要在當時沒有中央政府的麥加，爭取政治權力。他的信徒逐漸成長，情勢也變得愈來愈緊張。到西元六二二年，穆罕默德和一群信徒逃到麥地那，這就是著名的「遷徙」（Hegira）。

遷徙不完全是由麥加對穆罕默德的敵意升高促成，也由前來麥加、請求穆罕默德到麥地那幫忙解決問題的公民促成。麥地那和麥加一樣，正在經歷定居新生活的痛苦；但是，麥地那和麥加不同，不是貿易中心，而是善於從事高生產力農業的綠洲。綠洲的不同部分由奧斯（Aws）和卡茲拉吉（Khazraj）兩大部落的不同部族定居。此外，還有三個猶太部族，各個部族都建造小型的碉堡，作為據點，彼此之間的衝突無休無止。衝突到六一八年至達高峰，爆發白德爾（Bu’ath）之戰，日子開始變得很像戰爭狀態。

有些麥地那人認為穆罕默德是中立的局外人，擁有創立新宗教的權威，可以調解紛爭，為麥地那帶來和平和秩序。六二二年六月，七十五位麥地那人前往麥加，請穆罕默德遷居麥地那，並保證他們會保護他和這個新宗教。穆罕默德同意了，他和麥地那人之間的協議記錄在《麥地那憲章》中，憲章內宣稱：「你們之間凡是有歧異之處，都要提交真主和穆罕默德。」實際上，穆罕默德即將在個人和部族之間的紛爭中，出任法官。但是，如果他沒有權力執行他的法律、不能讓別人聽命行事，他該怎麼辦？然而，《麥地那憲章》中提到真主，就清楚表示穆罕默德不僅以個人身分前來麥地那而已，他也是以先知的身分前來，憲章的一部分是麥地那人必須接受他的教誨和啟示。實際上，《麥地那憲章》開宗明義就表示：

> 奉至仁至慈的真主之名！
>
> 這是先知穆罕默德和古萊希與雅士里布（Yathrib，麥地那原名）穆斯林及其追隨、附屬和共同奮戰者之間的約定，他們是與眾不同的單一社群。

這樣應該向麥地那人（雅士里布人）發出信號，知道自己從新憲章的談判中，得到的東西可能超過自己的想望。新憲章不只是把穆罕默德變成判官，也承認一種新社會——新社會不是以親屬和部族關係為基礎，而是以區域和一位先知初生的中央權威為基礎，從此結束了沒有國家的狀態。

穆罕默德起初並沒有任何官銜或執行權，但他很快地就從這個毫不起眼的平臺，開始迅速行動。他的方法從上述憲章開端文字「共同奮鬥」的說法中，應該已經表示得很清楚，否則為什麼需要共同奮鬥。到遷徙一年後的六二三年，穆罕默德和他從麥加帶來、號稱「徙士」的信徒，開始針對麥加的貿易商隊發動劫掠。在阿拉伯的部落中，從事這種劫掠，沒有什麼不尋常的地方；但是，現在劫掠具有了新含義，不再是一個部落劫掠另一個部落，而是穆斯林劫掠不信伊斯蘭教的人了。到六二四年，劫掠隊員不僅包括徙士，也包括皈依伊斯蘭教、通稱「輔士」的麥地那人。到這一年的三月，徙士和輔士同心協力，在巴德爾之役中，擊敗了麥加派出的大軍。

巴德爾之役和後續的烏胡德之役提高了穆罕默德的聲望，也強化了他對麥地那的控制，他開始消除對他不忠的部族，尤其是猶太人部族，也開始利用自己的宗教權威，改革當地社會，改變婚姻和繼承做法。

穆罕默德應邀來解決爭執時，別人可能只賦予他有限的權力，但他開始建立一個既有部族幾乎毫無控制能力的新國家。久而久之，他的權力成長。原因之一是沙漠中的遊牧部落聽到他的成就，前來麥地那，對他宣誓效忠。另一個原因是徒士執行劫掠會有好處，好處之一是得到戰利品，其中的五分之一會交給穆罕默德。穆罕默德也規定：徒士要捐獻（實際上是納稅）給「真主的社群」；此外，他還對猶太人和基督徒開徵保護費。穆罕默德的權勢和財富日增，從他派往不同戰役的馬匹數目，可以清楚看出來：他在六二四年的巴德爾之役時，只擁有兩匹馬，到六三〇年，他可以派一萬匹馬上戰場。

西元六二八年，穆罕默德利用他日增的權威，領導一大群徒士和輔士組成的大隊，聲稱要到麥加進行朝聖之旅。可以想見，麥加人在焦急之餘，強迫他們停在麥加之外，跟他們談出隔年麥加人會撤出麥加，好讓穆罕默德和信徒來朝聖的協議。雙方談判協議時，穆罕默德把所有信眾聚集在一棵金合歡樹下，要他們向他宣誓效忠。這項誓約叫做「利達旺誓約」（Pledge of Good Pleasure，又譯「喜悅誓約」），把穆罕默德在麥地那建國的過程，再向前推進一步。就像霍布斯所想像的那樣，國家巨靈需要人民屈從於國家意志，麥地那人就是這麼做，同意接受穆罕默德的命令。雖然他還沒有正式的立法或行政機構，其實他已經是新國家的統治者。

西元六三〇年，就在他去世前兩年發生了一件事，頗能突顯穆罕默德的絕大權威。穆罕默德決心擴大他的國家版圖，讓更多人皈依這個新宗教。為了達成目標，他決定派兵對付北方的泰布克（Tabuk），而且堅持麥地那的所有穆斯林，把這次劫掠當成宗教義務一樣參與其事。他現在是總司令了。

＊＊＊

穆罕默德創建新伊斯蘭國家的故事，涵蓋了本章裡一些重要的意旨。在他以先知身分出現前，阿拉伯沒有真正的國家，只有部落；連麥加和麥地那等比較都市化的地區，其實都沒有中央集權式的政府。這樣會產生很多問題，尤其是暴力和安全感匱乏。部落住在廣大無垠的阿拉伯沙漠上時，空間很大，足夠容納所有部落；但是，住在擁擠的麥地那綠洲裡，或是住在麥加神聖的天房四周時，居民必須想出方法，共同生活在一起。創設比較集中式的權威是明顯的解決之道，但要怎麼做才能達成目標，又不把控制權交給另一個部族或部落呢？

然後，穆罕默德和他得自天使加百列的啟示出現。麥地那人看出他的教誨是解決他們困境的好方法，因此請他來解決部族和部落之間的衝突；他成功地帶來和平，大大造福住在麥地那的人民。不只如此，雖然一開始時，穆罕默德和徒士的人數可能相當少，卻在人們開始加入、同意為他們的財務奉獻後，人數不斷成長，變得更有權勢，也變得更加富有：阿拉伯的政治階級就此誕生。到西元六二八年，信徒對穆罕默德發下「利達旺誓約」後，穆罕默德在麥地那的權威已經屹立不搖。兩年後，他下令整個綠洲的人民北伐，攻擊泰布克。

麥地那人在八年內進展神速，同意加入一個比較集中式的權威，以便解決本身的衝突；但是，他們這樣做時，也開始了形成國家的過程，走上滑溜的斜坡，此後一直沒有離開這條坡道過。穆罕默德當時是在推動一項建國方略，目標之一是把權威集中在自己和信徒手中；與此同時，他不但改革衝突解決之道，也改革整個社會組織、規範和習俗。穆罕默德的成就非凡，不到十年，就替一個強大的伊斯蘭國度，一個巨型泛中東帝國和一個燦爛新文明打下基礎。

## 你有什麼優勢？

伊斯蘭教的誕生是人類學家所說「初發性國家形成」（pristine state formation）的例子，意思是政治階級和某種中央權威憑空建立起來。這個名詞也說明與此有關的關鍵問題和困難。

最重要的問題是我們在前一章強調過的滑坡。在很多無國家社會裡，中央權威不容易出現，原因是這些社會不但已經發展出控制衝突的規範和做法，也可以防止任何人變得太強大。一旦個人或團體設法增加權力到足以裁決衝突，提供安全保障，對抗重大威脅時，就會難以阻止他們獲得更多權力、開始命令別人在生活的每一方面該怎麼做。這就是麥地那發生的事情。麥地那人認為，自己可以建立制度，革除沒有國家的一些弊病，卻不全盤屈服於國家或魅力十足強大領袖的權威。麥地那人失敗了，好幾個一開始沒有中央權威的其他社會同樣失敗了，從滑溜的斜坡滑下去，滑向深具宰割力量的國家巨靈。

因此，為什麼這種社會發展出來的規範和其他控制機制，有時候會無法控制建國元勛呢？首先，其中有著德國哲學家尼采所說的「權力意志」——男性（偶爾也會有女性）和團體即使面對規範的反對，還是渴望提高自己駕馭別人的權力和權威。因此，即使在看來最和諧的無國家社會裡，也會有希望獲得更多權力、財富和駕馭別人能力的個人新貴，也會有希望得到更多權力的個人和團體，因為他們有著把社會改造成不同模樣的願景。很多新貴會遭到既有的規範和社會上其他人的行動阻止，無法達成目標，不過還是有一些人會成功

一心想建國的人如果擁有某種「優勢」，比較可能達成心願，削弱意在限制他們的規範力量。優勢是某些特別的東西，使他們可能可以克服擋在路上的障礙。穆罕默德的優勢來自宗教，他擁有宗教上的意識形態，讓他在解決衝突方面，掌握合法的權威；也讓他對信徒有很大的影響力，可以據以建立新的

社群。這種宗教意識形態一旦釋出，會產生無可阻擋、創建權威更集中體制的動力。

另一個有力的優勢是組織能力，這種能力出自領袖善於建立新聯盟或更有效的組織，發揮很大的統率能力或軍力；這種可能性表現在南部非洲祖魯國的建國上，我們接下來就要探討這件事。本章稍後一點才要討論的是科技優勢的可能性，夏威夷國王卡美哈梅哈（Kamehameha）就是利用槍械、依賴敵人無法取得的軍事科技優勢，成功推動建國計畫的範例。所有這些例子中，個人魅力和其他諸如來自血統、過去的模範或英勇行為，或單純的個性力量等合法性來源，也都會有幫助。

最後，穆罕默德崛起的例子顯示，很多初發性國家形成的一個重要特徵是政治階級出現後的社會重組。我們在前一章裡已經看到，沒有中央權威的社會在組織時，通常是以管制和控制衝突的繁複規範為依據——其實是以管制和控制人民生活中每一個層面的規範圍依據。一旦國家形成的程序開始推動，推動建國的人會有摧毀這些規範的誘因，或至少會有改造規範，使之為本身目標服務的誘因。他們這樣做，不見得是因為他們希望放寬規範牢籠、釋出自由，而是因為約束和限制政治階級的規範，妨礙他們獲取更大的權力。以穆罕默德的例子來說，重要的目標是取代麥地那和麥加盛行的親屬關係，穆罕默德能夠做好這件事，是因為他的宗教教義把一個新的社群，提升到親屬關係之上。至於我們在後文中會看到的祖魯酋長夏卡（Shaka），他的目標是取代巫醫的權威。

## 牛角攻勢

英國軍官赫瑞斯．史密斯．杜利恩（Horace Smith-Dorrien）在回憶錄中，回想起一八七九年一月二十二日的下述場景：

早上十二點左右，大量祖魯人……現身，抱著絕大的勇氣，越過山丘，下到平原上，我們的槍炮相當忙碌地發射了好一陣子……很難看出確實的狀況，但戰火猛烈，現在祖魯人顯然重兵雲集，因為從平原對面一直延伸到東南方（即展開鉗形攻勢），都可以看到他們的蹤影，顯然他們打算攻擊營地的右後方。

史密斯・杜利恩是祖魯蘭（Zululand）遠征軍成員，配屬切姆斯福德爵士腓特烈・泰思哲（Frederic Thesiger, 2nd Baron Chelmsford）的麾下。祖魯蘭現在是南非夸祖魯納塔爾省（KwaZulu- Natal）的一部分（參見地圖五）。切姆斯福德的部隊是以消滅獨立的祖魯王國、擴張大英帝國殖民地為目標的先鋒。當時祖魯王國由國王塞奇瓦約（Cetshwayo）統治，他對英國侵略的反應很單純，他告訴手下軍隊：

緩慢進軍，拂曉攻擊，吃光紅衣士兵[1]。

一月二十二日這天，祖魯戰士就是這樣做。切姆斯福德犯了分散兵力的錯誤，把大部屬於第二十四步兵團的大約一千三百位士兵，和兩座大炮，部署在伊散德爾瓦納（Isandlwana）岩石腳下。英軍過度自信卻準備不足，要面對由兩萬名祖魯戰士組成的軍隊，而且這支軍隊過去六十年裡，占領和鞏固了非洲

1 【編註】十七世紀至十九世紀期間，多數英軍士兵皆身著紅衣，故時常以「紅衣士兵」代指英軍。

南部一個土地非常廣大的國家。祖魯國大到已經衝擊整個非南地區，影響及於今天的波札那、賴索托、莫三比克、史瓦濟蘭、尚比亞和辛巴威（參見地圖五）。

史密斯・杜利恩的紀錄如下：

> 祖魯陣線的推進……構成一幅絕妙的圖景，一排又一排士兵以略微散開的方式，一個跟著一個，一面前進，一面開火，因為有一些人擁有槍械，而且全都把槍端在身體前面。當時顯然離我們的前線只有一英里的火箭炮正在發射，然後又突然停止發射。不久之後，我們看到鄧福德上校的殘部大都騎著巴蘇圖馬，急馳回到我們位置的右側。實際戰況如何，我想我們永遠都沒法弄清

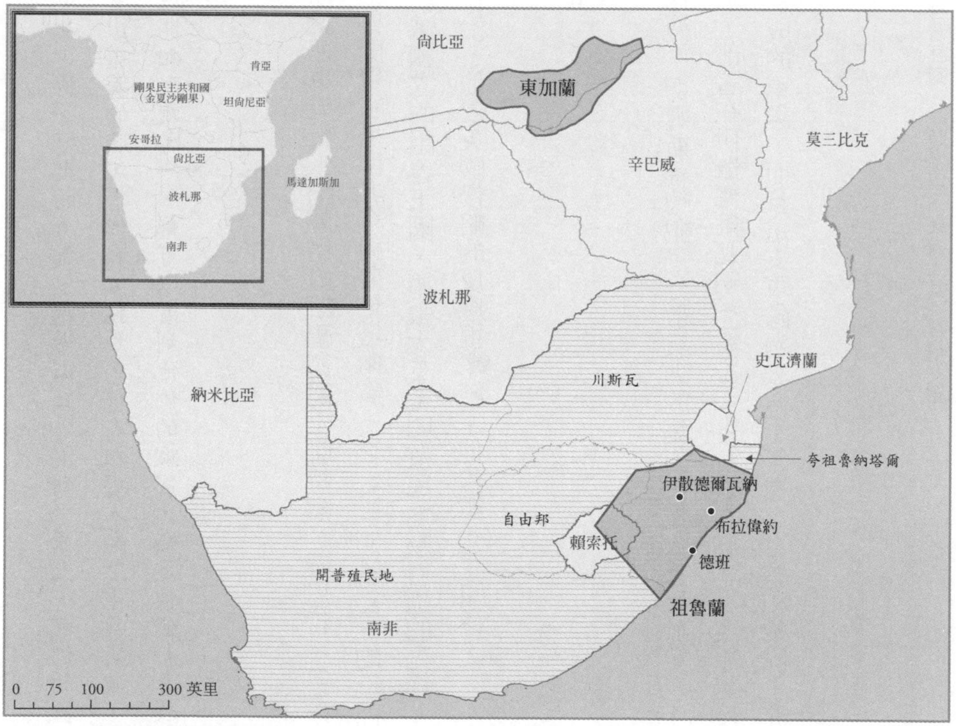


地圖五　非洲南部：祖魯、東加和南非殖民地四省疆域。

楚了。戰場上深溝密布，縱橫交錯，羅素和他的火箭炮排身陷其中，沒有一個人能夠逃出生天，說明真相。我後來聽說，英勇指揮的鄧福德其實已撤回營地，卻當場奮戰倒地。

到這一天結束時，英軍全軍覆滅。史密斯．杜利恩因為身穿深藍色軍官制服，得以倖免：祖魯士兵被告知不要殺死穿黑衣的人，因為他們是平民，可能是傳教士。另外只有少數幾個人活下來，敘述和見證英國人在非洲殖民軍事史上遭遇最大慘敗的事蹟。

＊＊＊

史密斯．杜利恩顯然在祖魯軍隊進軍之際，相當冷靜地觀察他們，見證了為祖魯王國大力加持的戰術創新「牛角攻勢」。牛角攻勢是祖魯王國建國英雄夏卡．祖魯（Shaka Zulu）創造的戰鬥隊形，把兵力在戰場上分為四個主要部分：水牛的胸部位在中央，胸部的後面是腰部，兩支牛角分居兩側，包圍敵軍。史密斯．杜利恩也看到夏卡的另一些創新付諸實行──包括夏卡接受傳統儀式聚會、並加以軍事化的紀律部隊，以及夏卡用來取代過去首選武器木柄鏢槍的刺刀式短矛（iklwa）。

## 無法無天的大壞蛋

夏卡大約出生在一七八七年，是當時祖魯酋長的私生子。當時祖魯族在散布南非南部的原住民中，自成部落。夏卡的媽媽因為私下生子的關係，變得有點像棄婦，托庇在鄰族穆提特瓦族（Mthethwa）之下。一八〇〇年，穆提特瓦族出了一位新酋長，名叫丁吉斯瓦約（Dingiswayo），丁吉斯瓦約替將來夏卡會推動的一些改革打下基礎，也成功展開軍事和領土擴張，征服包括祖魯部落在內的大約三十個鄰近部落。年輕的夏卡應穆提特瓦族軍隊的召喚從軍，成為穆提特瓦族最有效能的戰士，很快就以勇敢和不擇手段聞名。丁吉斯瓦約努力表現寬宏大量的樣子，對待遭到他擊敗的敵人；夏卡卻不是這樣，夏卡通常贊成全部殺光，他的行為讓他贏得「無法無天大壞蛋」的綽號。夏卡在軍中出身行伍，一路扶搖直上，升任陸軍司令。到一八一六年，夏卡的父親去世，夏卡在丁吉斯瓦約的全力協助下，成為祖魯人的新酋長。

夏卡立刻著手改造祖魯族和他所征服部落的社會。他首先召集所有成年男子，把他們分為四個團，形成他第一個牛角戰鬥隊形中的胸部、腰部和雙角。當時很可能大約只有四百個男性報到，他開始訓練他們使用他請鐵匠打造的刺刀式短矛，以及一種新式的戰鬥盾牌，他也下令眾人丟掉拖鞋，改用赤腳走路，以便加速行動。等到他的第一支嚴肅認真的武力做好行動準備後，他開始征服附近地區。首先遭到攻擊的是宜容格尼（eLangeni）部落，宜容格尼部落迅即投降，被納入他的統治。接著，他攻擊布特雷齊（Butelezi）部落，遭遇反抗，這個部落因此遭到殺戮。一年之內，夏卡的軍隊增加到兩千人。隔年丁吉斯瓦約遭到殺害，夏卡自立為穆提特瓦國王，一個又一個部落屈服於他殘忍無情的戰術，被納入不斷擴大的祖魯王國中，就像一段口述歷史說的那樣：

> 布特雷齊、昆格比聯合（amaQungebe）、因布延尼（Imbuyeni）、庫努聯合（amaCunu）、馬約拉（Majola）、蘇魯（Xulu）、西卡堪（Sikakane）都是相當貼近祖魯族的部落……夏卡攻擊且殺光這些部落，他乘著黑夜發動劫掠。離夏卡比較遠的部落有穆巴塔聯合（amaMbata）、加薩（Gasa）、庫馬洛（Kumalo）、何路比（Hlubi）、夸比（Qwabe）、杜比（Dube）、容格尼

（Langeni）、譚布（Tembu）、朱恩古（Zungu）和馬科巴（Makoba）等部落。

在不同的情況下，「殺光」的意義不同，以布特雷齊族為例，殺光似乎就是描述字面上所說的意義；但說到其他部落時，就是指徹底併入正在擴大的祖魯王國，還有一些部落距離祖魯國比較遠，但自稱是祖魯族的藩屬，會以獻納牛隻和年輕婦女的方式「納稅」。到一八一九年，夏卡已經把祖魯的疆土，從大約一百平方英里，擴大為一萬一千五百平方英里，軍隊員額擴增為兩萬人。

夏卡在布拉瓦約（Bulawayo）建立新都（參見地圖五）。一八二四年，一個英國貿易商團從現在叫做德班（Durban）、當時叫做納塔爾港的地方出發，前去訪問時，對新都有過第一手的描述。一位名叫亨利．傅林（Henry Flynn）的英國貿易商留下了下列文字紀錄：

> 我們一進入龐大的養牛農莊，發現自己走近大約八萬個身穿戰袍的原住民……然後夏卡舉起手中的權杖，向右和向左點擊，而且從眾酋長中彈跳出來以後，整個群眾脫離原來所在的位置，形成若干團隊，一部分團隊衝向河流和四周的山丘，剩下的群眾整隊形成一個圓圈，跟身處群眾當中的夏卡一起跳舞。這種景象令人興奮莫名，讓我們驚訝，因為我們想不到一個被人稱為「野蠻」的國家，居然可能這麼有紀律。然後，少女團隊在女性長官率領下，進入場地中央，每一個小組的人數約為八千到一萬人，每一個人手上拿著一根小棍棒，加入跳舞陣容，整場舞蹈大約持續了兩小時。

夏卡也開始改變既有的規範，他的國家不再以親屬關係和部族為基礎，而是以兩個軸心為基礎，軸心之一是年齡。在非洲和很多其他地方，男孩和女孩成年時，都要透過祕密儀式的成年禮來進入社會。

這個過程通常伴隨割禮和疤痕紋身，涉及在野外停留很長一段期間，接受各種磨難考驗。在非洲某些社會中，這種加入儀式已經變得極為制度化，以至於一群男孩、甚至偶爾會把一群女孩納入，引進稱為「年齡層群組」（或「年齡層級」）的團體中，成為終身成員。

在東非的很多地區裡，群眾組織變成不是以親屬關係或國家為依據，而是以這種年齡層級系列為基礎。隨著成員的年齡成長，這種層級會承擔不同的功能。例如，年輕男性會變成戰士，保護人民或牛群；年齡更為成長時，新的群體會出現，他們會過渡到婚姻和從事務農等經濟活動。在南非的祖魯族和其他相關族群中，這種社會結構已經出現，只是還處在很原始的形態。夏卡接受這些形態，予以軍事化，把年齡群組變成軍事梯隊，讓他們一起住在不同的營房裡。他也開始徵募他所征服部落的年輕人，這些梯隊提供了打破家庭關係，把人民融入新國家的方法。在創造祖魯的新身分時，年齡群組的角色由稱為「蘆葦舞」（Umkosi）的豐年祭典中的對話揭露出來，這時是容許任何人問酋長任何問題的時刻。一位莽撞的年輕士兵問夏卡：「為什麼提拔別人到祖魯人的頭上去呢？」據說夏卡反駁說：「凡是加入祖魯軍隊的人就變成祖魯人，此後他的升遷完全看功績，跟他的出身來歷無關。」

另一個新軸心是地理因素。夏卡把領土分成很多縣，不是留任現有的酋長，聲明他們現在要由他任意發落，不然就是任命部隊中忠誠的士兵擔任縣長。

夏卡透過年齡與地理這兩個軸心，把很多權力集中在自己的手裡。過去蘆葦舞豐年祭是在一個地區中普遍舉行，典禮由個別酋長主持，現在只有夏卡可以主持年度豐年祭。他也創設中央式的法院，雖然酋長可以仲裁紛爭，解決本地的問題，人們最後還是可以向布拉瓦約的夏卡上訴。

夏卡維持這種制度的主要方法是納貢，以及把納貢再分配給支持者。他征服或壓制附近的人民後，會強迫他們繳交巨量牛隻和婦女，再把牛隻賜予手下各梯隊，獎勵他們的服役；婦女也一樣，根據年齡，組成梯隊，然後隔離開來。除非獲得他的允許，否則不得跟男性結婚或發生性關係。

這個國家當然跟現代國家不同，還沒有官僚化。夏卡雖然有顧問，卻是靠軍隊和他任命的酋長來治國，而且因為沒有文字，法律和規則都是靠口頭來傳遞。然而，無論是否官僚化，夏卡要推動建國方略，都必須打破禁止政治階級和夏卡的權威出現的規範牢籠。這些規範中的支柱之一，像第二章談到的蒂夫族規範一樣，是繁複的超自然信仰，人們經常以此來壓制個人的龐大權力慾。

夏卡成為祖魯族酋長後不久，就必須在一次著名的事件中，處理一些凶兆，包括一隻蒼鷺飛過夏卡的大茅屋、一隻豪豬闖進這棟大茅屋、一隻烏鴉停在籬笆上，開始說人話。出現這些凶兆後，必須召集一群巫醫來作法，巫醫由名叫諾貝拉（Nobela）的女性率領。諾貝拉表示，必須用巫醫攜帶的牛羚尾巴擊打，才能辨認「巫師」的身分，這跟蒂夫族的蒼蠅拍沒有太大的不同，兩者類似的地方還不只這些。祖魯人排起隊來，諾貝拉和其他巫醫開始「聞嗅」帶來凶兆的巫師。她們看上了有錢人：其中一位是靠著節儉致富；另一位是把牛糞放在自己的田裡當肥料，種出遠比鄰人還多收成而致富；還有一位是高明的牲口培育專家，靠著挑選最優良的牛隻，花費極多精神照顧自己的牲口，因此牲口的數目驚人增長，從而發了大財。但是，扳倒富人還不夠，諾貝拉也盯上有權有勢的政治人物，開始「嗅聞」夏卡信任的兩位副手穆德拉卡（Mdlaka）和穆戈波濟（Mgobozi）。夏卡預料到這件事，告訴兩位助手站在自己身邊，如果遭到巫師的指控，就申請庇護。照目擊者的記述：

> 巫醫發出桀桀怪笑，聲音好似惡魔一般的土狼。五個人全都同時跳起來，諾貝拉猶如閃電一般，飛快地用牛羚尾巴左右擊打，跳過穆德拉卡和穆戈波濟的肩膀。她的兩位親密助手也敲打她面前的男子，高高地躍起，從他的頭上跳過去。

然而，夏卡可不想忍受這種事情，畢竟他才是祖魯蘭最有權勢的人，他打算發揮自己赤裸裸的「權力意志」；否則他可能是下一個被巫醫「聞」出來的人。他庇護穆德拉卡和穆戈波濟，並且指控諾貝拉誣告他的兩位副手為巫師，裁決兩位巫醫必須以死亡作為補償。他下令巫醫拋擲神聖的骨頭，判明應該選擇哪兩位巫醫；結果眾巫醫大為驚恐，籲請夏卡保護她們。他同意諾貝拉的條件，就是她們「不能再騙我，否則將來會找不到半個庇護所」。從那天起，任何「嗅聞」都必須經過夏卡的證實。他破除了巫醫的權力，也放逐了所有的祈雨法師，這些全都是創建國家的一部分，凡是妨礙他的所有規範牢籠都必須被破除。

祖魯族的人口最能說明夏卡所創建制度的悠長壽命。一八一六年，祖魯族從大概可能有二千人的部族開始，到今天的南非（五千七百萬人口中），有一千萬至一千一百萬人自認是祖魯族，祖魯族也是夸祖魯納塔爾省的主要種族。「祖魯族」原本是一個男人的後裔，現在卻是包括幾百萬在遺傳上、跟原始祖魯人完全無關的龐大社會。

## 紅嘴槍

幾千、幾萬年來，人類從亞洲散布到一大片玻里尼西亞群島上，其中夏威夷群島最後遭到殖民，時間大約是西元八百年前後。雖然所有玻里尼西亞群島開始時，都具有相同的文化、宗教、語言、科技和政經制度，卻因為不同的創新出現和運用而逐漸分化。人類學家和歷史民族學家重建的古老玻里尼西亞社會，和我們所看到夏卡崛起前以親屬關係為基礎的祖魯社會，在形態上沒有太大的不同，都是根據親屬關係組織的小型酋長社會，而且整套社會規範像平常一樣，依據管理衝突和阻止有意出頭的強人崛起而演變。

到一七七八年一月，詹姆斯．庫克（James Cook）船長以第一個外人身分，偶然發現夏威夷群島時，這個傳統的制度在當地已經開始崩潰。該島已經超越初發性國家形成階段，變成由三個具備國家雛形的政權互相競爭。雖然土地不是以私有財產的形式持有，使用和控制權歸屬於親屬團體和家族，酋長卻已經聲明擁有所有的土地。種植芋頭和西米主食的人民能夠使用土地，完全是因為酋長把土地交給他們，換取他們的貢獻和勞動服務。最早接受西方教育、早在十九世紀初就識字的夏威夷裔歷史學家大衛．馬洛（David Malo）記錄道：

> 老百姓屈從於酋長，被迫承擔重責大任，擔負重擔、受到欺壓，有些人甚至因此死亡。人民活在無奈忍受、向酋長低頭，希望得到酋長青睞的情況中……然而，酋長全家和從人的食衣住和很多其他的東西，卻要仰賴老百姓供應；酋長出門征戰時，有些百姓也要協同出征……土地上的所有勞動都由老百姓（*makaainana*）承擔；但是，他們從土地裡生產的所有收成，都屬於酋長；把人從土地上驅逐和剝奪人民所有財產的權力，都掌握在酋長手中。

馬洛筆下的「*makaainana*」就是社會上絕大多數的老百姓。

當時夏威夷的三個雛形國家分別位在歐胡島、茂伊島和卡拉尼歐普巫（Kalaniʻōpuʻu）酋長統治的夏威夷「大島」（參見地圖六）。庫克第一次先到訪歐胡島的考艾（Kauaʻi）地區，那一年稍後，他率領「發現號」和「決心號」兩艘船，回到夏威夷，從事更多的探險和測繪。他在茂伊島登陸，然後向東進發，會晤當時正在為茂伊島控制權開戰的卡拉尼歐普巫。卡拉尼歐普巫帶著姪兒兼手下部隊指揮官卡美哈梅哈（Kamehameha），登上庫克的座艦。然後庫克揚帆航行，前往夏威夷，碇泊在夏威夷島西側。卡拉尼歐普巫和卡美哈梅哈再度來訪，初次見識槍械的神奇威力。本書相片集插頁中，複製了一張利用當時畫作製作的雕刻圖，畫作是陪伴庫克船長遠航的藝術家約翰·韋伯（John Webber）所畫，畫中呈現卡拉尼歐普巫光臨庫克座艦的情景。槍械是在二月十四日展示，當時庫克已經因為率領岸勤隊，設法找回前一天夜裡他旗艦上失竊的一艘小型快船時，遭到殺害。

「發現號」和「決心號」離開後，年老的卡拉尼歐普巫決定把王國傳給某一個兒子，卻讓卡美哈梅哈主管敬拜戰神的重要職務。兩個年輕人很快就失和，一七八二年就在戰場上相見，結果卡美哈梅哈獲得勝利。在

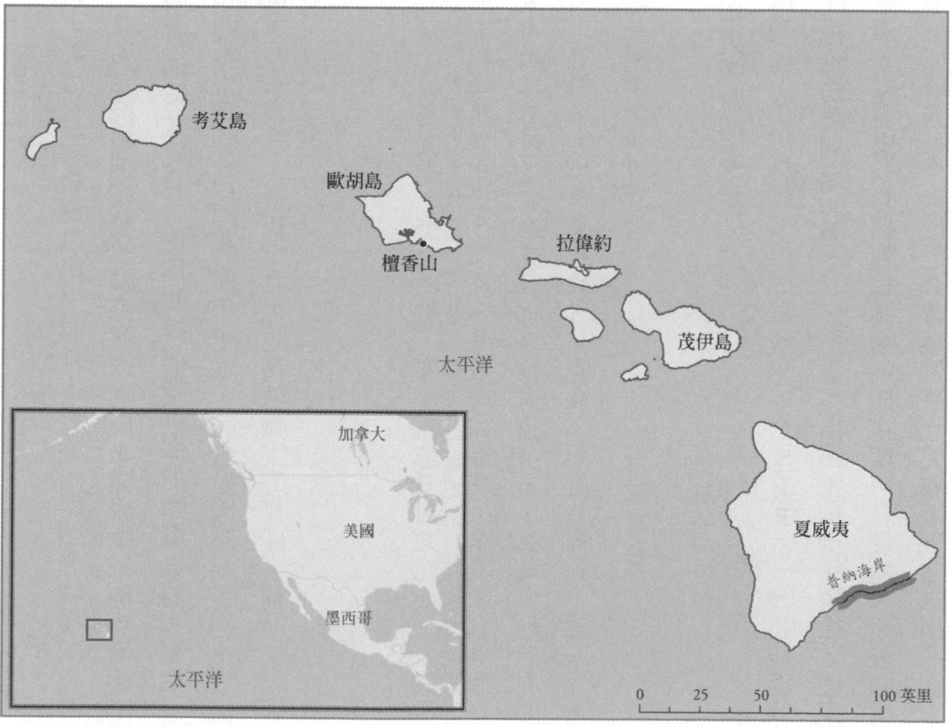


地圖六　夏威夷群島與普拿海岸。

接下來的繼位之爭中，卡拉尼歐普巫的一位兄弟自立為夏威夷東方的獨立政體，同時卡拉尼歐普巫的另一個兒子宣布南部獨立，現在情勢變成三方角逐大島控制權。

最後結果要取決於卡美哈梅哈獲得的一項優勢，他見過火器武器的威力，從這時候起，夏威夷所有酋長都努力透過貿易，取得這種武器。但是，擁有這種武器是一回事，會不會使用卻是另一回事。卡美哈梅哈率先得到艾沙克．戴維斯（Isaac Davis）的協助，戴維斯是雙桅縱帆船「公平美國人號」（Fair American）上的水手。他在一七九〇年初，坐著這艘船，抵達夏威夷訪問，卻在因風向而停航於夏威夷西岸外海期間，而遭到懷恨前一艘船的當地酋長襲擊，只有戴維斯僥倖存活，被人送交給卡美哈梅哈保護。同時，另一艘叫做「艾麗諾號」（Eleanor）的船舶，在庫克船長死亡的地點下錨，水手長是另一位名叫約翰．楊恩（John Young）的美國人，他上岸後，也遭到卡美哈梅哈的人馬扣留。戴維斯和楊恩都得到王室級的貴賓待遇，成為備受信任的顧問。更要緊的是，他們知道怎麼維護和使用火槍。卡美哈梅哈現在掌握了優勢。

得到戴維斯和楊恩幫助負責軍火事務後，卡美哈梅哈侵入茂伊島，然後成功抵抗好幾次針對夏威夷大島的攻擊。在攻守過程中，他贏得了一次史稱「紅嘴槍」的著名大捷。本地人會把新的火器叫做「紅嘴槍」，是因為火槍發射時槍口會冒火、噴煙，令人害怕。卡美哈梅哈迅速在夏威夷建立無可挑戰的控制權後，隨即花了幾年時間，鞏固自己的統治，發展這個新國家的制度。一七九五年，他跟戴維斯和楊恩率領巨型艦隊，征服茂伊島，最後還奪占歐胡島。夏威夷群島最西端的考艾島，靠著狂風巨浪的庇佑，卡美哈梅哈軍隊中又爆發疫病而暫緩進攻，因而沒有遭到攻占，但最後還是在一八一〇年屈服。卡美哈梅哈完成夏威夷有史以來的第一次統一大業，然後就努力創建新的政治制度，統治這個由距離遙遠島嶼構成的大國。他替每一座島任命行政長官，而且任命楊恩擔任大島長官。

## 打破禁忌

穆罕默德和夏卡都必須打破社會中的部分規範牢籠，因為很多規範限制政治權威的形成和運用。例如，穆罕默德要對抗以親屬為基礎的關係，夏卡要改變親屬關係和超自然信仰，以便削弱來自對立權力的競爭，卡美哈梅哈和親信同樣必須打破妨礙他們行事的規範。

「禁忌」（*tapu*）是玻里尼西亞社會規範中的核心，是庫克船長首次記錄後，才出現在英文中的字彙（taboo）。「禁忌」是整個玻里尼西亞群島通行的制度，夏威夷自然也不例外。「禁忌」表示受到禁止、不准接觸的東西，借用夏威夷第一位偉大的現代民族誌學家愛德華・韓迪（Edward Handy）的說法，在玻里尼西亞：

> 「禁忌」這個字彙的基本意義主要是當成形容詞，表示對身體有危險，因此必須受到限制、禁止、隔離、避免，原因包括（甲）神聖，因此為了替本身著想，必須跟平凡和墮落的人分開；（乙）墮落，因而對平凡和神聖的人有危險，因此為了這兩種人的好，必須跟他們隔絕。

基本上，禁忌表示禁止或限制，這種禁限在玻里尼西亞社會中隨處可見，極為重要，因為禁忌應該會保護神力，神力是超自然力量在人類世界上的體現。根據韓迪的說法：

> 神力展現在人身、權力、力量、聲望、名譽、技術、動態人格、智慧、事物、器物、「運氣」上面，也就是說，表現在成就上。

但確切地說，你要怎麼保護神力呢？「吃東西的禁忌」在很多禁忌中很明顯，這方面的禁忌規定男女不能一起吃東西，他們的食物必須用不同的鍋煮，女性禁吃某些食物（如豬肉、幾種魚和香蕉）。不只是吃東西受到控制，服裝和生活中的很多層面也一樣。最著名的是「匍匐禁忌」，規定酋長一到場，平民必須立刻脫掉上身的衣服，俯臥在地上。十九世紀的夏威夷歷史學家凱佩利諾（Kepelino）記道：

> 至於對酋長的匍匐禁忌，在酋長希望前進時，傳呼官會走在前面，宣布酋長到場的禁忌：「禁忌！臥倒！」然後每個人俯臥在酋長經過的路上，跟在酋長後面的禁忌酋長們，全都穿戴極為華美的羽毛斗篷和頭盔。

就像前面討論規範牢籠時說的那樣，盛行的規範不見得會平等對待每一個人，因為在玻里尼西亞社會中，有一部分規範會受現有的權力關係影響，酋長的神力比平民更多，因此所有的人都要匍匐在地。正是酋長的這種力量，使得這種禁忌的名稱在夏威夷從「tapu」被改成了「kapu」。酋長不但要保護神祇及其神力，也被人認為是神的直接後代。禁忌就是要把這種宰割力量變得神聖而不可侵犯。神力的來源跟蒂夫族的「薩夫」相去不遠，請記住，薩夫像神力一樣，有助於解釋生活中不同的結果——解釋為什麼有些人比別人成功，或是為什麼會有不同的行為。但是，就薩夫而言，他們可能是天生才華橫溢，或純粹因為他們是巫師；然而，在神力的情況下，成功則是出於神祇的選擇。雖然有這種重大差異，整個禁忌制度卻仍然受到無數管制和限制束縛，菁英能夠做的事情受到限制。政治階級雖然已經開始在夏威夷發展起來，但仍和卡美哈梅哈接下來要推行的變革有很大的差異。

卡美哈梅哈統治時期，開始削弱限制政治階級的社會規範。他任命兒子利霍利霍（Liholiho）為繼承人。一八一九年，利霍利霍在父親去世後，加冕為卡美哈梅哈二世，接管這個新近創立的夏威夷王國。他決心廢除禁忌制度，他覺得信心十足，認為自己可以完成過去酋長無法完成的事功。他想要廢除男女不得一起進食的禁令，於是在他加冕為王後，迅即安排一場飲宴。根據當時人的回憶：

賓客坐定、開始進食後，國王在各桌之間繞行了兩、三回，好像是要看看每桌傳來的菜色如何。然後，突然間，除了事前祕密說好的人之外，他在毫無預警的情況下，在女性餐桌的空位上停下來，開始大吃大喝，但仍明顯能看出他十分不安。這個行動讓賓客大吃一驚，紛紛拍手大叫：「自由進食吧（Ai Noa），進食的禁忌被打破了。」

## 麻煩的日子

到目前為止，我們都把重點放在過去沒有政治階級，或政治階級幾乎不存在的地方，「權力意志」如何破解人民對政治階級的抗拒。不過，可能推動社會沿著滑坡前進的狀況，並不限於久遠的過去，我們也能在類似一九九〇年代初期喬治亞等當代的國家制度存在、卻無法控制社會力量的地方，看到權力意志發揮的影響。

一九八〇年代晚期，前蘇聯崩潰，包括愛沙尼亞、拉脫維亞、立陶宛和喬治亞等構成前蘇聯的許多共和國，都在推動獨立。一九九〇年，喬治亞舉行第一次真正的多黨自由選舉，一個稱為「自由喬治亞圓桌」的聯盟跟喬治亞共產黨競選，獲得三分之二的選票。一九九一年五月，喬治亞宣布獨立、脫離前蘇聯。圓桌聯盟領袖茲維亞德・加姆薩胡爾季阿（Zviad Gamsakhurdia）得到百分之八十五的選票，當選總統，接管這個四分五裂、願景分歧、對於國家應該怎麼治理毫無真正共識的國家。國內許多少數族群擔心遭到喬治亞民族宰割，開始討論脫離。到一九九二年一月，加薩胡爾季阿總統逃離喬治亞，首都提弗利斯大致上落入兩位軍閥手中，一位是準軍事組織武裝部隊（Mkhedrioni）領袖賈巴・依奧塞里安尼（Dzhaba Ioseliani），一位是國民防衛隊（National Guard）領袖田吉茲・基多瓦尼（Tengiz Kitovani）。有一段時間裡，光是在提弗利斯，就有多達十二個其他民兵和武裝團體（名稱多采多姿，例如叫做「白鷹」或「森林兄弟會」）。這時喬治亞徒有國家之名（噢，多少有吧），但情勢卻跟戰爭狀態相去不遠。

這時，曾經遭到加薩胡爾季阿趕下臺的前總理田吉茲・塞古拉（Tengiz Segura）設法恢復原職；逃離首都的加薩胡爾季阿為與之對抗，遂組織了另一個武裝團體，人們根據他的名字，稱呼這個團體為「茲維亞德軍」（Zviadists）。喬治亞由於缺乏有效的國家機器，首都經歷了一波暴力、搶劫、犯罪和強姦潮，國家也失去對南部奧塞提亞（Ossetia）和阿布哈茲（Abkhazia）地區的控制權，因為這兩個地區都宣布獨立。而至於阿札爾（Adjara）和薩姆茨赫—札瓦赫季（Samtskhe- Javaketi）等省份，則保持徹底自治的狀態。內戰就此爆發，喬治亞人管這段期間叫「麻煩的日子」。

到一九九三年春季，各路軍閥試圖設法控制混亂失序，依奧塞里安尼和基多瓦尼開始掌握喬治亞殘留的國家機器。然而，衝突仍頻繁爆發，恢復秩序的努力毫無進展。同樣重要的是，他們需要一個備受尊敬的人物，面對國際社會，以便得到合法性、取得外國的援助和資源。結果他們想到推出愛德華・謝瓦納茲（Eduard Shevardnadze）出任總統的計畫。謝瓦納茲是喬治亞國民，曾經擔任戈巴契夫的外交部長六年，到一九九〇年十二月才辭職。一九九二年，謝瓦納茲已經當上喬治亞國會議長，憑著他廣闊的人脈和極為豐富的國際經驗，他應該是這個新國家的理想代表人物。眾軍閥的想法很單純，由謝瓦納茲出任國家元首，他們則在幕後操縱。於是他們推舉謝瓦納茲擔任國務會議臨時主席。國務會議起初只是根據共識決、由四個人組成的單位，四個人當中包括依奧塞里安尼和基多瓦尼，因此他們對謝瓦納茲的作為擁有否決權。謝瓦納茲任命基多瓦尼擔任國防部長、依奧塞里安尼出任在軍中享有極大自主權的緊急反應部隊的指揮官，依奧塞里安尼的一位親信擔任內政部長。謝瓦納茲經常和這些人一起在公共場合出現。但接著，滑溜的斜坡出現。

根據創設國務會議的法規，如果三分之二現有國務委員的支持，國務會議容許新委員加入。謝瓦納茲開始主張擴大國務會議，這是個看來相當無害的建議；很快地，國務會議就變成規模大很多，由軍閥和政治菁英組成，同時謝瓦納茲認為比較容易管理的機構。然後他開始從民兵組織中拔擢個人，擔任國家機器中的職位，以便把他們效忠的對象，從基多瓦尼和依奧塞里安尼轉向他自己。他創設權限和轄區重疊的新軍事單位，包括邊境警衛隊、「特殊」緊急反應部隊、國庫券救難部隊、政府衛隊、內政部內部部隊、特殊阿爾發單位和由美國中央情報局訓練的總統衛隊。到一九九五年，內政部擁有三萬名員額，很多人都出身原來的民兵。隨著過去的民兵成員獲得全權，可以從事非正式的課稅和榨取賄賂的任務，數量驚人的貪腐和有罪卻不罰案例跟著出現。

別人請謝瓦納茲出面，希望靠著他的名聲，促使喬治亞受到國際尊敬，吸引源源不絕的援助和協助，結果援助確實透過謝瓦納茲源源而來。當初軍閥起用他時希望他能做到的事情，恰好強化了謝瓦納茲的權力。要真正受到尊敬，你必須推動市場經濟，這表示民營化和管制。這一切都是謝瓦納茲可以操縱，以便獎勵手下日漸壯大忠貞幹部的事情。事實上，謝瓦納茲所做的事情是極為複雜、涉及極大利益的「分而治之」策略。到一九九四年九月，他的權力已經大到可以動用武裝部隊，逮捕基多瓦尼。隔年，他讓武裝部隊起而對付他們自己的領袖依奧塞里安尼。謝瓦納茲終於能夠利用暗殺他失敗的企圖作為藉口，通過新憲法，鞏固他原來大致上屬於非正式的權力。喬治亞的國家機器重新出現，原來指望控制這個過程的軍閥遭到掃地出門。

## 為什麼你不能制約權力意志

我們已經看到，前面談的幾個例子，清除規範的權力意志目的都是為了要壓制國家巨靈。穆罕默德和謝瓦納茲都是以外人的身分受邀，解決固有的衝突，結果他們在這個角色上表現傑出，帶來更好的秩序與和平，更堅定地解決紛爭。卻也比初期盟友期望的更加難以控制。夏卡成功利用接任祖魯酋長的機會，創建更壯盛的軍隊，擴大國家的權力和自己的權威，與此同時削弱意在限制這種建國做法的規範。卡美哈梅哈設法利用火藥科技，令對手臣服，建立夏威夷島前所未見的統一強國。

上述案例中，沒有一個成功轉型為受到制約的國家巨靈。國家巨靈原本不存在的無數其他社會，在政治階級出現後，能夠轉型為受制約國家巨靈的例子非常少。打破規範牢籠的時候也未能創造自由，只是把產生更多政治階級的障礙消除掉而已。第二章中談到的雅典黑暗時代當然是例外，當時雅典設法建立了國家機器的能力，能夠解決衝突、控制紛爭、提供公共服務，同時又能夠提高社會對國家的控制，改造過去的規範。那麼，為什麼其他社會不能創造同樣的成就？答案跟社會開始建國過程時的規範和制度性質有關。在很多案例中，無國家社會會屈服於擁有優勢的魅力型領袖的權力意志。這激勵了很多這種領袖，造成他們的動機不是創造受制約的國家巨靈、促進自由，或矯正菁英和公民之間的權力失衡，而是增加自己的權力和對社會的主宰。從這個角度來看，雅典的梭倫可說是例外中的例外，因為他上臺後，抑制了富有家族和菁英過高的影響力，為國家巨靈加上鐐銬。其他建國者們並非如此。

或許更基本的原因是：梭倫時代的雅典社會能夠與眾不同，是因為雅典已經發展出一些正式的制度，可以規範政治權力的分配和解決衝突。這種制度雖然不完美，卻為梭倫和後來的克里斯提尼等人提供了基礎，以便加強民眾的政治參與、強化現有抑制社會與政治階級的規範。他們何以能夠制定侮慢法和放逐法、防止有權有勢的個人變得過於自大（同時也可以削弱現有的、阻止受制約國家巨靈發展的規範），原因就在這裡。蒂夫族、麥地那和麥加、祖魯族，或卡美哈梅哈時代的夏威夷，都沒有這種制度。相反地，他們為了對抗受到制約的國家巨靈，防止可能的強人掌權，採用巫術、親屬關係或禁忌制度等繁複規範，來管制衝突、抑制政治階級。然而，一旦權力意志突破這種規範，可以有效制衡新興國家權力的規範就所剩無幾。就像我們所看到的那樣，建國者們也會迅速行動，配合自己的目的，改造規範。我們回頭看看第二章的圖表一，總結我們的觀念架構，就可以看出這種情況符合左下方開始時的狀況——國家和社會都相當虛弱無力。一旦建國程序啟動，能夠抑制這種過程的規範和社會制度又不存在，自由窄廊就不會出現。因此，社會在面對權力意志時無路可走，只能向專制國家進發。

其實，這並非全然都是壞事，在我們探討的某些案例中，有抱負的國家巨靈會改善衝突的解決之道、帶來秩序，有時候甚至會摧毀規範牢籠中最有害的部分；不過，這樣也會創造更多的階級，可能改用新形成專制國家的宰割力量，取代國家社會關係中的恐懼和暴力。專制國家的經濟影響也不一定不好。我們會在下一章研究無巨靈國家的經濟本質和規範牢籠，比較這種經濟狀況和新興專制經濟體的差異。我們將看到專制國家也會改善資源的分配，促成原始的經濟成長形態。

# 4 走廊外的經濟學

## 穀倉裡的鬼魂

一九七二年，人類學家伊莉莎白・柯爾森（Elizabeth Colson）正在格溫貝東加人（Gwembe Tonga）中進行田野調查。格溫貝東加人住在東非尚比亞南部，在英國人征服這個區域前，一直是屬於無國家狀態（參見前一章的地圖五）。她在一座農場裡搜集資訊時，一位婦女走進來，向住在農場裡的家庭主婦索取糧食。兩位婦女屬於同一個部族，住所卻距離很遠，彼此不大熟悉。這位家庭主婦聽到請求後，走去穀倉，把客人的籃子裝到滿出來，客人滿意地離開了。

在沒有國家機器的社會中，部族、親屬或其他形態的團體之間，這樣慷慨地分享食物很常見。大部分人類學家和很多經濟學家把這種事，解釋為代表根深柢固的習俗和互惠合作的規範。這樣做也有一種清楚的經濟邏輯：今天你幫忙同一部族的人，明天你有需要時，他們會幫忙你。柯爾森最初正是這樣解釋這種彷彿炫耀式的慷慨。

一直到後來，柯爾森看到村裡的一位年輕人，收到家裡一封令人不安的信後，才知道實際情況大不相同。她在田野調查筆記中寫道：「某一天晚上，他的穀倉透出燈光，他的妻子和弟弟後來發現鬼在穀物上撒尿的證據。東加人認為只有巫師派出的鬼，才會做這種事情。」巫師的目標可能是要殺死這個男人和他家人，男主人感嘆地說：「我前一年早出晚歸、耕種大片土地的野心，現在收穫的卻是仇恨。」在場的那位家庭主婦立刻瞭解怎麼回事，柯爾森繼續記道：「她認為一定有人來過他們的農場，看過所有穀倉。她還問男主人，是否記得有人曾經站在穀倉前面凝視，或是索取食物，或對食物說過什麼話。」這位家庭主婦的結論是：

> 拒絕他們並不安全。你看到我送穀子給那天來的那位婦女，她索討穀子時，我怎麼可能拒絕？她可能什麼事情都沒有做，但是我無法分辨，我唯一該做的事情就是贈予。

不贈予會有招來巫術和暴力對付的風險。促使她贈予的原因，不是某種樂善好施的抽象觀念，而是恐懼，是如果她違反規範，會遭到報復和暴力對待的恐懼。

這種威脅在東加社會很流行，甚至表現在部族結構上。例如，附近的高原東加人有十四個部族，每個部族都有「圖騰」，象徵不該吃掉的動物。貝延巴（Bayamba）部族的圖騰是土狼、犀牛、豬、螞蟻和魚，表示該部族成員不能吃這些動物；巴騰達（Batenda）部族的圖騰則是大象、綿羊和海馬。其他禁止食用的動物包括班沙卡部族（Bansaka）禁吃豹子，巴夫姆部族（Bafumu）禁吃青蛙，班坦加部（Bantanga）禁吃白禿鷹。根據東加人的傳說，這些食物禁忌的來源是很久以前，有些群體的人吃豹子，其他群體的人嫉妒他們有這麼豐盛的食物，並且詛咒他們，害他們後來對這種特定食物過敏。受到詛咒的人後代就變成了這個特定部族。

因此，東加人會出現和遵守好客與慷慨的規範，倒不完全是因為道德上的強制規定，或是因為人們看出其中會產生經濟利益，而是因為大家害怕暴力和巫術，更不用說還害怕社會的排斥，也害怕施加在背離規範的人身上、暴力程度比較低的其他報復。他們活在沒有國家的社會中，因此沒有警察或政府官員，可以保護他們或解決糾紛。他們依靠社會規範來防止和遏止衝突，才免於暴力肆虐。賓客光臨，家庭主婦慷慨招待，以避免任何可能的衝突。

## 產業沒有地位

霍布斯認為，沒有中央權威的社會將會處在戰爭狀態的不利狀況中。他也像我們在第一章中看到的一樣，預期戰爭狀態會摧毀經濟誘因，他寫道：「在這種情況下，產業會沒有地位，因為其中沒有成果。」用現代經濟學的語言來說，衝突和不確定性表示，個人的投資成果不會獲得穩固的私有財產權，人們生產、搜集、捕獵的成果也是如此。這種情況會阻撓經濟活動。

為了瞭解戰爭狀態對經濟的影響，我們要回頭談談剛果民主共和國。我們在第一章開始時，提到這個國家的東部，尤其是南基伍省和北基伍省（合稱基伍地區（Kivus））受到多種民兵組織和武裝團體的侵擾。事實上，基伍地區的戰爭狀態似乎像霍布斯經常暗示的那樣，不僅存在於個人與個人之間而已，也存在於不同團體之間。其中一個團體叫做「剛果民主聯盟—戈馬派」（RCD-Goma），這個團體的基地設在戈馬市，是從剛果民主聯盟分裂出來的一個支派，起源可以追溯到第一次與第二次剛果戰爭（偶爾有人把發生在一九九六年至二〇〇三年之間的這場戰爭，叫做「非洲大戰」）。和平協定最後簽署時，剛果民主聯盟─戈馬派和很多其他派系繼續交戰，並且用恐怖手段對付當地居民。二〇〇四年十二月，戈馬派中的多個單位前進北基伍省的尼亞比安杜市（Nyabiondo），該市由稱為「馬伊馬伊派」（Mai-Mai）的另一個民兵組織保護。十二月十九日，戈馬派發動攻擊，被捕的馬伊馬伊派戰士被人綁起來，活生生燒死。起初平民的傷亡人數很低，因為居民利用清晨霧色的掩護，設法逃到田野和森林中，但戈馬派卻搜捕他們，幾天之內，就有一百九十一位平民，遭到冷血殘殺。只有十五歲的威利告訴國際特赦組織的一位研究員說：

> 士兵坐車和徒步進來屠殺、搶掠，有的穿著制服，有的穿著便服……民眾直接逃進森林裡。我跟媽媽、鄰居和其他親戚，跟著一群十五歲的人一起逃。士兵發現我們，叫我們躺在地上，用槍托打我們，地方上的領袖巴洛奇跟我們在一起，士兵過來把他帶走，我看到了這一幕。然後，過了一星期後，到了十二月二十五日，我看到了他的屍體，他的頭部吃了一顆子彈；他被人綁著，被人鞭打過，屍體躺在地上。

才八歲的小女孩就遭到強姦。最後有二萬五千人流離失所，他們的財產遭到摧毀，屋子被燒成平地。尼亞比安杜遭到有系統的掠奪，連屋頂上的瓦片都被偷走。

這就是「戰爭狀態」，明顯具有令人痛苦的人道影響。經濟影響同樣明確，基伍地區的經濟遭到摧毀，剛果的其他大部分地區也一樣，其結果就是赤貧。剛果的人均所得大約為四百美元，大約只有一九六〇年獨立時的百分之四十，不到美國人均所得水準的百分之一，是世界上最貧窮的國家之一。剛果人平均壽命大約比美國少二十歲。以剛果民主共和國的情況來說，霍布斯說對了。男人的生活「孤獨、貧困、難受、殘酷、匱乏」，女人更慘。

但是，東加人看來一點也不像基伍地區的人，或霍布斯所描繪的那種沒有國家、互相交戰的人；他們具有支持合作、好客和慷慨的規範，比較像可以支持我們是「互相合作物種」說法的那種社會。但就像我們在第一章看到的那樣，人民也為這種狀況支付代價，經常被固鎖在規範牢籠裡。我們現在知道牢籠不但限制他們的選擇，也會限制他們的經濟生活。

對於努力工作、卻因為別人嫉妒自己的成功，看到自己的穀倉遭到鬼魂或巫術攻擊的人來說，情況很清楚。這種社會規範對經濟誘因的不利影響，不僅止於害怕遭到於這種攻擊而已，也會妨礙財產權，即使這種妨礙不如霍布斯所預期、會侵害無國家社會的經濟那麼明顯，仍然會有所妨礙。例如，假設你投資增產，在擁有安全財產權的情況下，你會享受你所生產的較大產出，你也可以隨心所欲地支配你的產出，如果你確實樂善好施，這就是報酬的一部分。但是，在東加社會中，你會像很多由規範牢籠所塑造的其他經濟體那樣，你交出產出，不是因為你喜歡這樣做，而是因為你害怕社會的報復，甚至擔心暴力的報復；你擔心如果自己牴觸規範，你就可能受害。這表示你在實際上並沒有可靠的財產權，因為你創造的額外所得會被人拿走，即使拿走的行為是以樂善好施的習俗來表現，情況還是一樣，結果跟霍布斯的說法幾乎沒有什麼不同：「產業沒有地位。」

這造成一個明顯的結果，就是讓東加社會長年處在挨餓狀態。飢餓和乞討持續存在，柯爾森指出人民多麼瀕臨這種險境：

家庭糧食供應告罄或即將竭盡時，他們首先會設法從住在附近的親戚朋友處，取得食物；並把孩子和殘障的家人送到還有食物供應地區的親戚那裡。男性會外出工作，好把比較多的食物，留給必須留在家裡的人，但是想到自己會有東西吃、留在家裡的人卻會挨餓，讓他們根本高興不起來。本地供應告罄時，人們會走很遠的路，去向住在遠處的親戚求助，他們經常會去高原東加人住的地方，那裡的人看到他們時，不會比看到一群蝗蟲來定居還高興多少。

經濟學之父亞當·斯密強調人類有「交易、易貨和交換」的傾向。在東加，乞討比交易、易貨和交換盛行。柯爾森指出：「谷地沒有中間商或市場推動內部交易，也沒有人們普遍接受的交易媒介。」某些形式的交易的確存在，但是：

> 大部分是義務性的交易，隨著交易雙方之間既有的制度性關係而來：一方有權接受，另一方有權給予。

社會因此困在自給自足的農業中，容易受到各式各樣的經濟衰退和困境傷害，科技落伍，又停滯不前。殖民前的東加社會沒有利用輪子，不論製陶還是運輸都是。農業是這個地區的經濟支柱，但生產力低落，原因不是土地不肥沃，而是耕作時採用木棍鬆土，而不是用犁犁田。

我們已經看到，東加規範牢籠的起源跟霍布斯的說法無關。這種規範會在很多地方發展，原因之一是平等主義具有明確的政治邏輯，平等主義的規範會維持現狀；當這種規範虛弱無力或不存在時，階級就會出現，滑坡跟著出現，結束沒有國家的狀態。因此，倖存的無國家社會通常都是平等主義規範強而有力、根深柢固的地方。這些規範也有助於控制衝突，如果衝突有爆發成暴力和爭執的風險，人們最好遵循慎重編定的經濟規章。新的經濟活動、新機會和新的不平等會帶來新的衝突，是現有規範非常難以處理的東西，人們最好不要冒險進入戰爭狀態中，最好留在現狀中。

## 鳥籠經濟

蒂夫族想必非常熟悉這種情況。讀者可以回想一下第二章，蒂夫族發展出一套規範，確保自己永遠不會走上滑坡。凡是想增加權力、開始對別人發號施令者都會遭到施展巫術的指控，被打回原形。實際上，他們的規範和創造的牢籠，在經濟上也有同樣的效果，有效形成一種「鳥籠」經濟。

蒂夫族是以親屬和血統關係為基礎的社會。我們已經看到，蒂夫族語言中，描述單一祖先後代所占領領土的字是「塔爾」（tar）。在一塊「塔爾」裡，發揮傳統蒂夫族社會僅存的極少權力的人是各位長老，他們分配足夠的土地，給這塊「塔爾」裡的人民，好讓他們剛好維持家人溫飽。人類學家布哈南夫婦指出，如果一個男人「想種出比妻子兒女所需還多很多的山藥，以便出售，得到比住這一區的其他人還多的錢和物品，那他可能會遭到排擠」。

蒂夫社會裡沒有可供買賣勞動力的市場，也沒有土地或資本市場。家人的勞動或「塔爾」是唯一能夠用來生產農產品的工具，男人和女人都要耕種，但彼此只能種植特定的作物，只有女人可以種山藥這種主食，丈夫必須提供妻子土地，卻不能自動宣稱擁有妻子所生產的東西，這些農產品有一些市場，但布哈南夫婦指出：

> 或許蒂夫族市場最特別的地方，是受到極為嚴格的限制，幾乎沒有顯示要侵入其他社會制度的傾

向。

的確如此，蒂夫族沒有自由市場，他們的市場都關在牢籠裡——不是為了促進交易，而是為了避免滑坡。

這一點最明顯的例子，可能是跟商品交換受到嚴格限制有關的觀念，他們的經濟體分成不同的領域，你可以在一個領域中交易，卻不能在另一個領域中交易，最有彈性的市場是食物和日常用品市場，交易標的包括雞、山羊、綿羊、家庭用品，和其他手工藝品（臼、磨石、葫蘆、罐子和籃子）用來生產上述任何產品的原料也會包括在內，這些東西都在定期開放的本地市場中銷售，價格具有彈性，可以討價還價。這種市場的交易已經適應貨幣的供應，卻跟聲望市場完全不同，聲望商品不能在市場上交易，聲望商品包括牛、馬、一種稱為「圖根杜」（tugundu）的特殊類型白布、藥品、法術用品和銅棒。以前奴隸也列在這一類的商品中，這種領域裡不利用貨幣，不同的商品之間，卻有等價關係，例如，歷史上，奴隸的價格是用牛隻和銅棒計算，牛隻的價格是用銅棒和圖根杜白布的價格計算。

我們在第二章裡看到的蒂夫族長老阿奇佳，提到有一些特殊方法，可以交易各種聲望商品：「你可以用一塊圖根杜白布，買一支鐵棒，當年五塊圖根杜白布等於一頭公牛，一頭母牛等於十塊圖根杜白布，一支銅棒的價值大約等於一塊圖根杜白布；因此，五支銅棒的價值等於一頭公牛。」

從物品多少有點像在現代式交易所中交易的角度來看，蒂夫族的交易條件十分嚴格，而且固定不變，雖然這些聲望商品或許可以用這種方式交易，卻不表示這種產品可以買賣，或者如同布哈南夫婦所言：「蒂夫族不會在市場上購買母牛或馬匹。」

這樣的話，你要怎麼得到聲望商品呢？從謀生用品跨進聲望商品，是布哈南夫婦所說的「轉換」

過程。蒂夫族認為，獲得謀生用品可能是勤奮工作的成果，聲望商品卻不是這樣，獲得聲望商品「不僅需要勤奮工作而已，還需要『強大的心意』」。有人必須把現有聲望商品脫手，因此樂於向下轉換時，向上轉換才可能出現。但是，「他們會設法阻止某一個人從事轉換」，因為這種人「是大家既害怕又尊敬的人，如果他夠堅強，能夠抗拒親屬的過分要求……大家怕他可能是特別邪惡又能力高強的人（薩夫）」。

我們又碰到薩夫，又回到薩夫上了！蒂夫族的規範拘限了經濟，消除了要素市場，還把血統變成主要的生產代理人，得到的好處是在不同的親屬團體之間獲得平衡，避免了滑坡，使現狀變得更能持久。

蒂夫族的鳥籠經濟像東加人強制性的慷慨一樣，產生了明顯的不利影響，市場攸關經濟組織的效能和繁榮，蒂夫族卻不容許市場發揮作用，就交易發生時的狀況而言，相對價格經常是固定的，蒂夫族得到的結果跟東加人一樣，都是赤貧。蒂夫族的社會制度幾乎不曾為資本的累積，創造過任何激勵誘因，只有鬆土棍和食品加工器材等簡單工具是例外。事實上，連儲蓄都可能導致個人遭到具有不當薩夫精神的指控，害怕受到懲罰的心理使累積財富變得太危險，因此，英國人征服蒂夫蘭時，蒂夫族的所得勉強可以維持生計，平均壽命大約為三十歲。

## 赫勒敦和專制週期

我們針對東加人和蒂夫族的討論顯示，霍布斯就無國家狀態對經濟影響的分析並不完全正確。即使剛果的蒂夫族提醒我們，有很多沒有中央權威的社會深陷在這種衝突中，但這些社會並沒有陷入持續不斷的暴力，或是陷入摧毀所有經濟誘因的衝突中。同時霍布斯的結論並非完全錯誤，因為這些社會為了控制衝突所塑造的規範，最後會創造出高度扭曲的誘因。

霍布斯說過：就經濟誘因而言，專制國家會比較好，因為專制國家會帶來安全、可預測性和秩序，這種說法正確嗎？答案也是部分正確——只有部分正確而已。專制國家對經濟發展是一把雙面刃，若要瞭解這一點，最好要先看偉大阿拉伯學者伊本・赫勒敦（Ibn Khaldun）的著作。赫勒敦一三三二年生於突尼斯，先祖可以透過葉門，追溯到穆罕默德時代的貴族。赫勒敦的一生多采多姿，包括曾經和帖木兒汗國開國大汗帖木兒見面。他最著名的學術著作《世界通史》（*Kitab al Ibar*），其中的第一卷《歷史緒論》（*Muqaddimah*）在瞭解專制國家對經濟的影響方面，特別有用。

《歷史緒論》富含創意，除了追蹤阿拉伯半島出現一個國家對經濟的影響之外，也根據他認定的社會兩大根本衝突，提出政治制度動態理論：第一種衝突是沙漠遊牧生活和久坐不動都市化社會之間的衝突，第二種是統治者和被統治者之間的衝突。赫勒敦主張在第一種衝突中，因為沙漠嚴酷與邊緣生活特性所創造社會形態的緣故，導致情勢對沙漠人民有利，他們的社會具有他所說的「阿拉伯部族主義」（asabiyyah）特徵，意思是社會團結或族群意識。現在人們對部族主義的觀念應該已經很熟悉，部族主義應該是無國家社會規範牢籠的一部分，但赫勒敦對這些規範提出了新的角度。從我們到目前為止的看法來說，部族主義是協助遊牧社會管制衝突、維護政治平等的東西，赫勒敦卻指出，部族主義也使這種社會非常善於征服鄰近的定居人民。

我們在前一章裡，看到伊斯蘭教在穆罕默德努力建國時，提供了很大的優勢，穆罕默德在這種過程中仰賴的貝多因人（Bedouin）部落，具有濃厚的部族主義，讓他和信徒在擴張伊斯蘭帝國為巨大帝國時，掌握到第二種優勢。根據赫勒敦的說法，這種優勢不但是靠沙漠的經濟艱困創造出來的，也是靠深厚親屬關係在艱困沙漠環境中促發的互助精神創造出來。沙漠總是註定會征服久坐不動的世界，建立新的國家和王朝。

然而，赫勒敦認為，雖然部族主義幫助沙漠居民征服「文明世界」，執掌大權，這種權威固有的力量勢必將導致部族主義崩壞，最後造成貝多因人等族群建立的國家崩潰；然後，整個循環會重新開始，從沙漠出身的新族群會取代崩潰中的國家。下文是赫勒敦的說法：

一個王朝的生命存續期間通常不超過三代，第一代保留沙漠的特質、沙漠的韌性和沙漠的殘忍無情……他們繼續維護族群意識的力量……第二代從沙漠的態度變成久坐不動的文化……從每一個人共享榮耀的狀態，變成一個人把所有榮光包攬在自己身上的狀態……人民習於卑下和服從……第三代……已經完全忘記沙漠生活時期……喪失族群意識，因為他們受到武力宰割……有人來要脅他們時，他們無法把他擊退。

赫勒敦的分析也深入說明了統治者和被統治者之間的衝突角色，從沙漠出來後，「一個人把所有榮光包攬在自己身上」，同時大部分人民「變成習於卑下和服從」。他估計新王朝的壽命大約有一百二十年。

＊＊＊

我們在更詳細研究這些政治動態及其經濟影響前，值得重拾前一章中中斷的歷史，探查穆罕默德經濟擴張發生的事情。一開始時，穆罕默德率先推動的阿拉伯征服行動，由四位號稱哈里發的領袖繼續維持，他們的權威來自跟穆罕默德的密切關係，四位哈里發是阿布．巴克爾（Abu Bakr）、歐瑪爾．賓．

哈塔卜（Umar）、奧斯曼·賓·阿凡（Uthman）和穆罕默德的姪兒兼女婿、西元六六一年遭到暗殺的阿里（Ali）。阿里遭到暗殺時，正好這個新出現國家應該如何治理的爭論期間結束。奧斯曼曾經設法大力提高中央對這個新國家的控制，卻遭到叛變的士兵殺害；阿里的繼承遭到奧斯曼的姪兒、敘利亞總督穆阿維亞一世（Muawiya）的質疑，這件事引發冗長的內戰，到阿里死亡、穆阿維亞一世接任哈里發時，內戰才結束。穆阿維亞一世建立了伍麥亞王朝（Umayyad），統治了將近一百年，才由根據穆罕默德叔叔阿巴斯（Abbas）名字命名的阿拔斯王朝（Abbasid）取代。到伍麥亞王朝的統治出現時，伊朗、伊拉克、敘利亞和埃及已經遭到征服，北非的兼併已經大力展開，到西元七一一年，終於完成併吞事功。到八世紀中葉，西班牙大部分領土遭到征服，亞洲內陸的大片「內亞」領土也併入這個帝國。

伍麥亞王朝在征服的土地上，開始把阿拉伯戰士階級的統治，加在他們取代的拜占庭帝國（統治的敘利亞、巴勒斯坦、以色列、埃及）以及薩珊王朝〔（Sassanid）治下的伊拉克和伊朗〕的舊制度上，一直到西元六八五年，阿卜杜勒·馬利克（Abd al-Malik）哈里發掌權後，伍麥亞王朝才開始以新首都大馬士革為基礎，建立比較明顯的國家結構。但是，伍麥亞王朝從來不曾能夠建構真正有效的中央集權式國家，繼承他們的阿拔斯王朝也一樣，雖然他們的軍隊極其有效率，占領了廣大的疆域，但要把占領區變成真正的政府制度，獲得占領區人民的效忠，卻難得多。伍麥亞王朝和阿拔斯王朝最後都必須愈來愈依賴當地菁英，統治他們帝國轄下的省份、課稅和維持秩序。為了買通這些菁英的支持，他們採用「包稅」制度，把課稅的權利用一定的金額售出，一旦你取得由大馬士革授予，以及後來阿拔斯王朝掌權後由巴格達授予的課稅權，你就拿到了一張空白支票，可以對本地社區隨心所欲地愛課多少、就課多少稅，這種做法看來就是採用懲罰性高稅率的起因，也是菁英搜刮土地的法門，因為納稅人如果無法繳納他們所課的高額稅負，菁英就會沒收他們的土地。這種帝國的政治結構最後會自取滅亡，本地菁英要求取得世襲總督的頭銜，可以召募私人武力，以便維持秩序，巴格達很快地就無法控制他們，帝國開始分崩離析，終於在西元九四五年瓦解。

赫勒敦對這種事情一點也不覺得驚訝，堅決相信權力意志的他指出：

人類的每一個社會組織，都需要有人，擔任限制性的影響力量和仲裁人，以便阻止成員互相爭鬥，這種人必須在族群意識上，擁有高於其他人的權威，否則他發揮限制性影響力的權力不可能落實。

一旦這種人像穆罕默德在麥地那的情況那樣得到承認，就會變成領袖，「領導代表成為酋長，大家服從這種領袖，但他沒有權力強迫別人接受他的裁決」。但是，赫勒敦深知光是領袖的存在，可能推動社會快速的沿著滑坡移動。事實上，「分享族群意識的個人升到酋長的高階，能夠要求大家服從，然後發現通往權威和動用武力的大門洞開時，他一定會踏上這條路」。因此，因為族群意識並非平等的賦予所有人民，族群意識通常會無可阻擋地導向王者的權威，「意思就是變成利用武力統治的權威和權力」。

然而，新王朝的統治者一旦掌權，「就不需要太多的族群意識來維持權力，服從政府會變成不能改變或反對的天啟」。因此，赫勒敦根據他的三代理論，認為一個王朝的統治者會開始遠離幫助他掌權的人，開始跟帝國內部的新團體建立關係。這是你一旦征服新領土、創立帝國時固有的一部分歷程，這些土地已經占領，而且經常受到當地菁英和貴族控制，因此新王朝必須跟他們達成某種協議，得到他們的效忠，否則就會面臨不斷的叛亂。隨著這個王朝的性質改變，部族主義遭到侵蝕，專制開始出現，或者用赫勒敦的話來說：「阿拉伯族群意識消失，阿拉伯種族毀滅，阿拉伯主義遭到完全摧毀後，哈里發國喪失了自己的身分認同，政府的形式仍然維持純粹且徹底的王權。」這種事情的後果也很單純：

> 宗教的限制性影響力削弱後，需要政府和團體的限制性影響力……王權需要威權和武力……因此統治者的決定通常會背離正確的道路，對他所控制人民的世俗事務會具有毀滅性，因為他通常會迫使人民超越本身的能力，執行他的意圖和設計……不服從會自行表現出來，造成麻煩和流血。

赫勒敦的話暗示創造新王朝會具有某些經濟意義，初期王朝籠罩在族群意識和「宗教限制性影響力」下，繁榮還有可能出現，但到了「王權」鞏固後，經濟政策應該會「對人民的世俗事務具有毀滅性」。赫勒敦貴不過三代的理論對經濟的影響，表現最清楚的地方，莫過於他對下一節我們著墨的稅收。

## 赫勒敦發現拉弗爾曲線

> 大家應該知道的是，王朝開始時，課稅會從少少的估價中，徵得大筆稅收，王朝結束時，會從大筆的估價中，徵得少少的稅收。

赫勒敦以這種說法，預測到一九八〇年代初期美國總統雷根發布的雷根經濟學。雷根經濟學的基礎之一最先是在華盛頓兩大洲餐廳（Two Continents Restaurant）的一張餐巾紙上，由經濟學家亞瑟．拉弗爾（Arthur Laffer）畫出來的。拉弗爾試圖向共和黨政治新星唐納．倫斯斐（Donald Rumsfeld）、狄克．錢尼（Dick Cheney）和新聞記者裘德．萬尼斯基（Jude Wanniski），解釋他心目中的財政政策基本原則，即稅率和稅收金額會呈現小丘狀，稅率低落時，提高稅率通常會使稅收增加；原因很簡單，就是政府從每一個人所得中拿走的比率比較高。然而，稅率升到太高時，就會扼殺大家努力工作、付出辛勞和投資的誘因，因為所有這些行動創造的利得，都會被政府拿走。因此，稅率高到嚇人時，不但經濟活動會開始降低，連稅收也會開始減少；從稅率接近百分之百的極端例子中，可以清楚地看出這種情形。因此，政府拿走一切，幾乎沒有留下什麼創造所得的誘因；這時雖然稅率非常高，卻不會有任何稅收。萬尼斯基把這種小丘狀的關係命名為「拉弗爾曲線」（Laffer curve），紀念畫出這種曲線的拉弗爾。倫斯斐和錢尼從中得到令人興奮的啟示：你可以降低稅率，同時可以增加稅收，因為大家會對較低稅率創造的比較有力誘因起反應——不久之後，這種有史以來最強大的雙贏狀況，就納入雷根總統的經濟政策中。

無庸置疑的是，雷根出任美國總統時，實質稅率跟百分之百相去相當遠，在這種情況下，減稅是否真的能夠增加稅收，的確值得懷疑。

赫勒敦對中東所創立經濟的分析，立足在比較堅實的實證基礎上。他的拉弗爾曲線概念是以「貴不過三代的理論」為基礎，跟拉弗爾對倫斯斐和錢尼解釋的略有不同。首先，新王朝開始時，仍然保有部族主義，「只課徵宗教法律規定的租稅，如慈善稅、土地稅和人頭稅」。這樣對經濟有好處，因為「加在臣民身上的稅收估價和稅課低落時，臣民就有精力和意願做事，文化企業會成長和增加……文化企業成長時……個人稅務估價增加之和的稅收就會增加。」

赫勒敦指出，低稅負會刺激他稱之為「文化企業」的經濟活動，會像拉弗爾曲線所顯示的一樣，帶來豐厚的稅收。證據顯示，阿拉伯征服後，正好就是出現這種情形，伍麥亞王朝為廣大地區帶來相同的語言、宗教和政府制度，實施從穆罕默德教誨傳承而來的共同司法制度。這種超大國家為經濟帶來的最明顯、最重要影響是交易和商業活動增加，穆罕默德畢竟是貿易商出身。地理學家穆卡達西（al-Muqaddasi）編輯了一份十世紀時，巴格達和今天伊朗東北部呼羅珊—河中地區（Khorasan-Transoxania）之間的貿易商品清單，這張清單開頭就是「十一種不同品項的衣服和成衣，包括面紗和頭巾，全都用昂貴的布料製成，偶爾是絲製品，偶爾是平紋布製品，加上手鐲、高級紗線織成的頭巾、內沙布爾（Naysabur）的鐵，以及較低品質的布料、織錦、塔夫綢、葡萄乾、糖漿、鋼鐵、開心果和赫拉特（Harat）的糕點」，產品列了非常多頁，一直列到「銀飾彩色紡織物（simgun）、撒馬爾罕的產品、大型銅製器皿、藝術高腳杯、營帳、馬鐙、韁繩頭和皮帶。這種貿易伴隨著大量旅行，其中最強而有力的形像可能是每年一次的麥加朝聖，朝聖把幾十萬信徒從帝國各處聚集在一起，不但為宗教事功帶來新機會，也為貿易帶來新商機。

伊斯蘭帝國崛起在經濟上帶來好處的另一個證據是農業革命，這件事多少是貿易勃興、創造了比既有市場大很多的空前龐大市場帶來的結果。阿拉伯征服促使各種作物，傳播到帝國全境過去從來沒有種植過的地方，這些作物包括稻米、高粱、硬麥、甘蔗、棉花、西瓜、茄子、菠菜、朝鮮薊、酸橙、檸檬、萊姆、香蕉、大蕉、芒果和椰子樹。這些作物中，有很多種是熱帶原生種，不容易在現在比較涼爽的地方栽種，需要針對農業，進行大規模的改組。過去作物是在冬季種植、春季收成，炎熱的夏季就休耕，但新作物來自熱帶地區，夏季會蓬勃生長，因此生產需要改革和強化。阿拉伯征服中東前，拜占庭帝國的做法是兩年種地一次，現在一年兩作，例如，在夏季種植高粱、棉花或稻米後，冬季種植冬麥。所有這些創新都記錄在阿拉伯農業手冊中，有助於把最好的做法傳播到帝國全境。

這種集約化生產也需要肥料和灌溉，阿拉伯人占領的地區已經設有各種形態的灌溉設施，但拜占庭和波斯薩珊帝國的設施經常已經處在朽壞的前期狀態中，阿拉伯人修復這些設施，還興建極多新的公共基礎建設，包括新型的水庫、利用地下水、把地下水送到遠處的地下運河，以及把河流、運河、水井和蓄水池中的水揚升出來的各種輪子，這種基礎建設投資不是以新科技為基礎，卻涉及採用和運用現有的科技知識，因而大大提高了經濟產能。

在興建和維護這些創新灌溉系統上，從穆罕默德政治領導中蛻變出來的哈里發國扮演了決定性的角色，也鼓勵民間個人投入輔助性的投資，這種現象不只是基於哈里發國的政治相當穩定，也是因為麥地那是個綠洲，穆罕默德身為紛爭的仲裁者，必須處理跟水和灌溉有關的衝突，還描畫了一系列的先例，形成促進投資法律制度的基礎。特別重要的是，這些裁決把水權授予個人，而不是授予集體的部落和部族。直接鼓勵生產的其他法律，包括把初次開墾土地的所有權，完全授予私人，還把這種土地的稅負限制為土地產出的十分之一。

但是，隨著這種土地的稅收增加，這些早期的好處很快就消失一空，赫勒敦的確很清楚這種早期的經濟優勢不可能維持下去。

> 王朝繼續掌權，統治者不斷繼承下去時，貝多因人適度和克制的特性消失，王室權威的暴虐和久坐不動文化……出現……對臣民、農業勞工、農民和其他納稅人課徵的個人稅負與估價提高……開始在城門門口，對商業物品課徵關稅……最後，稅負重擔壓在臣民頭上，負擔變得過重……結果臣民對從事文化企業的興趣消失，因為他們比較支出、所得和獲利的稅負後，發現自己幾乎無利可圖，因而喪失所有希望，因此很多人拒絕從事所有文化行動，結果導致整體稅收下降。

稅收降低後，「統治者必須發明新的稅目，對所有商業課稅、對市場中實現的價格課徵一定的稅額，也在城門門口，對各種進口商品課稅……商業衰退……情勢變得愈來愈惡化，到王朝解體為止。在阿拔斯王朝和法提瑪（Ubaydid-Fatimid）王朝（法提瑪王朝是第三個哈里發王朝，名稱源於穆罕默德的女兒法提瑪，從十世紀初期至十二世紀末期統治北非）。

現有的證據支持赫勒敦的說法。雖然從阿拉伯人征服後，土地稅稅率似乎持續不斷地提高，稅收卻減少，以伊拉克的土地稅收為例，從阿拉伯人征服後的一千二百八十萬迪納（dinar），下降到伍麥亞王朝結束時的八百三十萬迪納，到八一九年，更降為五百萬迪納，到八七〇年，更是降到只略高於三百萬迪納，埃及和美索不達米亞的資料也一樣。

常見的反應是統治者「自己可能從事商業和農業，希望提高（自己的）收入」。但是，赫勒敦認為，這樣可能對社會上的人造成非常大的傷害，因為「比人民有錢得多的統治者與民爭利時，幾乎沒有半個百姓能夠再取得他想要的東西，每個人都會擔心、都會不高興。此外，統治者可以占有大部分的農產品，以及他想要的商品供應……他可以運用武力，或以最便宜的價格購買。此外，可能沒有人敢跟他競標，因此他可以強迫賣方降價。」另一方面，統治者出價時，會強迫每一個人都付出高價，來自統治者的競爭會造成「農民放棄農業、商人停業」的狀況。

隨著伍麥亞王朝和阿拔斯王朝的國家解體，包稅制的衝擊顯現，加上兩個王朝無力建構有效的官僚管理，也導致基礎建設惡化，農民受到本地菁英的宰割，導致投資減少。事實上，一般農民看不出如何維持生計，因而似乎持續不斷地拋棄土地，搬遷到城鎮地區，菁英涉入經濟，的確造成了赫勒敦所看出來的衝擊。

赫勒敦明確指出，他的理論解釋了阿拔斯王朝崩潰的原因：

> 到默達西姆（Mutasim）和他兒子瓦提克（Wathiq）統治時，阿拉伯人的族群意識已經遭到摧毀，因此他們後來靠著波斯人、土耳其人、代蘭姆人（Daylam）、塞爾柱人（Saljuq）和其他附庸民族的協助，設法維持對政府的控制。然後波斯人（非阿拉伯人）和附庸民族在帝國疆域的省份中得勢，王朝的影響力式微，以至於令不出都城巴格達地區。

## 專制成長的兩面特質

專制國家形成會對經濟造成什麼影響？赫勒敦的理論對此解釋得非常清楚——不是因為赫勒敦假設惡和善相隨出現的循環形態是某種「歷史法則」，而是因為赫勒敦強調：在專制主義式的經濟體中，善與惡總是會具體表現出來。

國家在增進秩序、安全和和平方面，可以提供很多好處，可以執行法律、為經濟交易過程中一定會出現的衝突，帶來明確性和可預測性，協助市場和貿易擴張。國家和控制國家的建國者們可能發現，執行財產權可能對他們自己有利，原因就像拉弗爾曲線一樣：沒有財產權、國家的政策沒有可預測性的話，就像每一個人都要面對百分之百的稅率，沒有生產、工作、貿易和投資的誘因一樣——結果就是國家幾乎沒有什麼稅收，這樣不是什麼理想狀況。因此，最好把稅負壓低，那麼在這種情況下，經濟活動可能勃興，為社會和專制國家帶來所有好處。同樣的邏輯強調建國者們為什麼可能發現：提供公共服務、基礎建設，甚至提供教育，以便提高生產力和經濟活動，對他們自己有利。

所有這一切都暗示專制國家可能比戰爭狀態或規範牢籠，更善於創造比較好的經濟機會和誘因，專制國家甚至可能組織社會、建構法律、從事投資，直接刺激經濟成長，這種情況是我們所說「專制式成長」的本質。

伊斯蘭國的歷史清楚說明這種成長形態。和先前主導麥地那的部族交戰不休相比，穆罕默德解決紛爭、執行他所制定法律的能力，刺激了經濟活動。麥地那人的財產權得到更穩固的保障，因為穆罕默德的國家防止紛爭升高，而且他統一阿拉伯部落後，互相襲擊嘎然而止，同樣的因素也促進了貿易。就像我們剛剛看到的那樣，這個雛形國家推動新的公共基礎建設投資，包括興建水庫、地下運河和其他灌溉設施，農業生產力因而大幅提高，一切的一切，都和穆罕默德來到麥地那之前不可同日而語。

但是，專制式成長和國家巨靈一樣，也具有兩面性格，赫勒敦也非常清楚這一點，知道專制國家因為少了人民的控制，也沒有負責機制，註定會把愈來愈多的權力集中在自己手裡。權力愈多，壟斷的經濟利益愈大，國家原本應該保護的財產權，受到侵害的可能性大增；國家在不知不覺中，沿著拉弗爾曲線，落入稅率和徵收風險極高，不但陷入公民生活開始受到侵害、連國家稅收都會開始受損的狀態中。赫勒敦其實看到了這個階段，看到國家不可避免地開始和社會為敵的階段，這樣不但表示專制式成長的果實最後會乾枯，而且預期面目猙獰的國家，甚至更早就會開始侵害自己所創造的好處。赫勒敦用詩歌般的文字表示，這樣代表：

好比蠶兒吐絲一般，
再在絲中吐盡結繭。

專制式成長會受到限制的第二個原因同樣重要。我們在前一本書《國家為什麼會失敗》裡強調，經濟成長不但需要穩固的財產權、貿易和投資，但更重要的是，需要創新和持續提升的生產力。在專制國家的嚴厲監視下，要引進這些東西會困難得多。創新需要創意，創意需要自由——個人要無畏無懼、勇於實驗，根據自己的構想，擘畫前途，不顧別人的喜惡。在專制制度下，這種事情很難長久維持。當一個群體宰制社會上的其他人時，機會之窗不會對每一個人開放；在沒有自由的社會裡，也不會太能容忍不同的路線和實驗。

的確如此，我們在上一本書裡，主張跟我們現在所說專制式成長類似的「榨取式成長」有其限制，而且很不可能成為長期持續繁榮的基礎。我們用好幾個例子，說明榨取式成長受到限制的這種性質。最淺顯的例子是前蘇聯成長奇蹟的興衰，前蘇聯可以組織經濟，傾注資源和巨額投資在製造業中，然後再傾注在太空競賽和軍事科技中，卻無法創造足夠的創新和生產力改善，避免經濟陷入停滯和隨後的崩潰。這個例子強調在統治者既不受制度約束，社會也不覺得支持經濟成長對自己有利時，榨取式成長會有什麼結果。就算這真的達成經濟成長，統治者也會無法推動或下令創新，也無法確保機會能夠普遍的分配，以便善盡利用人民的創意。專制國家地區的專制式成長也是這樣，缺少了人民的控制、社會的積極參與或真正的自由。

## 碎槳法

卡美哈梅哈統一夏威夷群島時，十分清楚專制式成長對建國者們的好處，他完成最後征服後，通過的第一項法律就是《碎槳法》（Law of the Splintered Paddle），該法規定：

全國人民啊，敬天法祖；
尊敬所有人的權利，無論尊卑；
確保老弱婦孺安睡路旁，無虞受到傷害。
不服從此法者受死無礙。

這項法律在夏威夷歷史上極為重要，以至於納入一九七八年的州憲第九條第十款中，條款中規定：

公共安全——卡美哈梅哈一世頒布的《碎槳法》中、老弱婦孺安睡路旁無虞受到傷害的條文，是本州關心公共安全獨一無二的鮮明象徵。
本州必定會保障人民人身與財產免於犯罪侵害。

該法的初衷意在指出，這個新州絕不容忍對人身與財產的無端攻擊，該法名稱起源於卡美哈梅哈身為年輕戰士時發生的一件事：當時他參與劫掠夏威夷島東南部的普納海岸（參見前一章的地圖六），決定攻擊若干漁民，奪取他們的漁獲。卡美哈梅哈從獨木舟跳上岸時，腳陷在岩漿形成的裂縫中。一位漁民勇氣十足，跑過來用船槳打他，一打之下，船槳破裂。這項法律的名稱顯示，卡美哈梅哈後來知道，他們的攻擊不對，他要藉著這項法律，表明他希望消除這種行為的心願。

他不僅擔心夏威夷原住民人身和財產遭到無端攻擊，還擔心外國人也遭到攻擊；他知道他新統一的島嶼帝國能否繁榮發展，關鍵在於跟外在世界增進商業關係。在夏威夷群島統一期間，夏威夷和外國船舶之間發展出積極的補給品貿易關係，但這種貿易持續受到敵對行為威脅。夏威夷人特別喜歡偷竊外國船舶的船錨，我們在前一章裡，看到導致庫克船長喪生的連鎖事件，開端就是庫克旗艦上的小艇失竊。早在一七九三年，卡美哈梅哈就對探險家喬治・溫哥華（George Vancouver）率領、來到夏威夷群島的遠征船隊成員貝爾先生宣布：

> 他最莊嚴的決心——就是他絕對不會騷擾或打擾來到基亞拉凱庫亞（Kealakekua）的最脆弱船舶，反之，他要盡其所能，讓他們的停留舒適愉快。

卡美哈梅哈很注重這件事，也關心如何刺激專制式的成長，他很快地就設法克服了來到夏威夷群島外國貿易商的沉默不語。潛在的經濟利益十分龐大，卡美哈梅哈巧妙地加以利用，推出新的禁忌法規，阻止平民和外國人交易；他藉此獨占對外貿易，極為成功地壟斷市場，以至於能夠選擇跟外國人貿易的條件，為外國人需要的船舶補給品訂定高價，從中獲得豐厚利潤；但他很快地就知道檀香木的出口利潤更高。一八一二年，他跟波士頓的船長文希普（Winship）兄弟和戴維斯（W. H. Davis）簽訂合約，根據這個合約，他獨占了夏威夷檀香木的出口；這項合約有效期間為十年，卡美哈梅哈個人取得所有利潤的四分之一。赫勒敦應該會指出，這種安排不會帶來長期繁榮。事實上也是這樣，而且後續發展恰恰符合赫勒敦應有的預測。

## 進入內陸的鯊魚

最偉大的夏威夷歷史學家是瑞典人亞伯拉罕・傅南德（Abraham Fornander），他在一八三八年來到夏威夷群島，學會當地語言，娶了一位夏威夷女性，培養出對夏威夷社會的熱愛。一八八七年他去世後，手稿終於在一九二〇年代，由主教博物館出版。傅南德寫過下面這首讚頌：

> 我的酋長是進入內陸的鯊魚，
> 牠強壯到可以吞下所有土地；
> 酋長是一隻魚腮鮮紅的鯊魚，
> 喉嚨可以順利吞下這個島嶼。

這篇讚頌把（卡美哈梅哈之前的）酋長，比喻為「進入內陸的鯊魚」，是個具有掠奪性的恰當比喻。

卡美哈梅哈創建的夏威夷國就像其他專制式成長的例子，很快就遵循過去酋長的樣子，變身進入內陸的鯊魚。另一位出身夏威夷、變成自己所屬社會第一代歷史學家的薩姆爾・卡瑪考（Samuel Kamakau）總結說明了這個過程，他和馬洛一樣，親眼見證了自己所記錄的很多事件，或是親訪曾經目睹這些事件的人，他的描述提到卡美哈梅哈建國帶來的好處，卻也直言不諱其中的重大缺點：

> 整個國家從一位領袖建立的一統政府中得到好處，但卡美哈梅哈統領的大部分酋長和地主都欺壓

良民，奪取人民的土地，因而迫使原來擁有土地的人民變成奴隸……所有土地不分大小，都遭到課稅，而且因為地主和對地主進獻的人很多，遭到課稅的土地不斷增加……國家的統一帶來過高的稅負……「連最小塊的土地都要納稅」是大家熟悉的說法。

鯊魚或鯊魚群——因為卡美哈梅哈和他的繼承人轄下的眾多酋長迅速採取行動——的進逼，在一八四六年所寫、留存到現在的一套文件中，有著鮮明的描述。當時卡美哈梅哈三世國王打算推動地權合理化和重分配，由一位夏威夷人和兩位外國人組成的三人委員會，建立了推動財產權正式化的一套「原則」；這些原則指出：「代表政府的國王過去是土地的唯一擁有者……現在必須仍然如此認定。」我們已經知道，在西方的文字意義中，國王當然並未「擁有」土地，然而，這份文件仍然指出：

> 卡美哈梅哈一世征服所有島嶼時，遵循先祖的範例，把土地分配給主要戰士酋長，卻保留一部分在手裡，讓自己的近侍或僕人種植或管理。每位主要酋長再把自己的土地分給下級酋長或屬下，由他們繼續一再分配，經過四、五、六手分配後，從國王分到最下級的佃農手中，大家認定這些人全都擁有土地或其上農作的權利。
>
> 所有的人……不只積欠國王土地稅，必須繳納國王隨心所欲徵收的這種稅，從最高階以下的所有人，也必須服他隨意要求的勞役。大家除了繳納年度稅負外，也必須繳納積欠國王的一部分土地生產的作物，而且隨時必須服從效忠。

上文中的措詞很重要，現在不僅平民百姓要完稅、勞動，「最高階以下的所有人」，每一個人都必須這麼做。同樣值得注意的是，文中提到「必須服他隨意要求的勞役」，國王的土地上大量利用強迫勞工。經常跟夏威夷群島互動的俄羅斯美國公司（Russian-American Company）員工謝模林（F. I. Shemelin）寫道：「他不只不付他們任何勞動薪酬，甚至還拒絕供養他們。」卡瑪考記錄說，檀香木伐木工人甚至淪落到吃「草根樹皮」。

一八二〇年代卡美哈梅哈去世後，檀香木需求擴大，強迫勞動變得特別重要，檀香木通常長在離農田很遠的地方，長在比較山區地帶的山坡上，國王和酋長開始組織幾百、甚至幾千人的強迫勞工伐木隊伍，花上好多星期的時間，去尋找、砍伐、運輸檀香木到海邊。英國傳教士邰爾曼（Tyerman）和班奈特（Bennet）見過兩千人抬著檀香木，送到夏威夷凱魯亞（Kailua）王家倉庫去的景象，他們既沒有薪資，也沒有飲食，反而必須吃地上長的東西維生。強迫勞動和流離失所迅速造成農業產出劇烈減少，導致近乎持續性的饑荒狀態。當時一位到訪的遊客記錄說，這個島上糧食這麼稀少，原因在於人民過去幾個月裡，一直都在從事砍伐檀香木的工作，當然荒廢了土地的耕種。

有人特別清楚地記錄歐胡島北部一位柯克斯（Cox）酋長的行為，一八二〇年代初期，他針對該島北部安娜呼盧（Anahulu）河谷四周高地的檀香木，發動長期掠奪的行動。貿易商吉伯特・麥西森（Gilbert Mathison）親眼看到這種行動的規模，也記下其中強迫勞動的程度，他寫道：

> 柯克斯下令幾百個治下百姓，在約定的一天裡，聚集在森林中，砍伐檀香木，所有的人都聽命行事，只有一個人愚蠢和固執地拒絕聽命，到了那一天，他的房子因此遭到縱火，燒成平地；但是，他仍然拒絕前往，下一個程序是沒收他的財產，把他的妻子和家人掃地出門。

麥西森針對柯克斯治理自己領土的說明，顯示卡美哈梅哈的國家在他去世後，變成極度壓榨人民。例如，有一位獲得柯克斯贈予土地的美國水手表示，他害怕對他的土地進行任何改善，因為這樣可能會吸引柯克斯的注意，把一切占為己有。一八二四年，一位本地人告訴傳教士詹姆斯·艾利（James Ely）：

> 我們灰心絕望，毫無勞動誘因，但很多事情阻止我們勞動，如果我們勤勞努力，酋長會標定我們，我們得到的財產會被酋長們奪走。如果我們飼養豬隻、羊群或家禽，酋長們會隨心所欲地載走。如果我們出售農產品，酋長們會拿走我們收到的金錢和財產。我們愈勤勞努力，遭到的壓迫愈重。

到一八二〇年代末期，因為砍伐檀香木的強迫勞動服務更趨密集，國王要求的勞動日數從每週一天，增加到每週三天。到一八三〇年代，檀香木森林已經砍伐殆盡，但現在國王和酋長開始把強迫勞工用在農業上。傳教士威廉·羅伯茲（William Roberts）估計，除了所有規定的勞動服務外，一般農民要把自己所有產出的三分之二之多，貢獻給國王和不同的酋長。一八四八年，這種榨取式制度攀升到最高峰時，卡美哈梅哈三世國王提出「大土改」政策（Great Mahele），決定激烈改革我們在上文中提到的土地分配。這個政策實施後，結果夏威夷群島有百分之二十四的土地，變成國王的私有財產，另外有百分之三十六的土地落入政府手中——事實上還是落入國王手中。此外，還有百分之三十九的土地，落入二百五十二位酋長手裡，留下不到百分之一的土地，分給其他人民。

這時鯊魚十分深入內陸，吞噬了所有的土地。

## 吞噬其他人的鳥類

祖魯國對經濟也有類似的影響，一八二〇年代內，後來變成夸祖魯納塔爾省的地區裡，很多小酋長領地依賴玉米、小米和放牧為生，這裡的貿易量一直都不大，國際奴隸買賣從來沒有滲透到南非的這個地方。家族和亞系和非洲殖民前的大部分社會一樣，有權耕種，也有權在某些地區放牧，乳牛和作物都由家族私人擁有。雖然祖魯經濟在很多方面，跟采采蠅肆虐、乳牛非常稀少的蒂夫蘭經濟不同，證據卻顯示，祖魯經濟同樣是關在牢籠裡；例如，乳牛是一種聲望商品，只能在非常特別的不尋常情況下出售。

夏卡在建國過程中，改革經濟，打破妨礙經濟的部分規範牢籠。他宣布所有土地都屬於他，跟最初的現狀截然不同。有一段口述歷史說道：

> 祖魯蘭的土地屬於統一全境的夏卡，夏卡可能喜歡一個人，然後在征服某位酋長的領土後，會說這個人可以去他（夏卡）指示的地方蓋房子。過去土地通常是由夏卡賜予，他可能會准許某個人，占據當時可能有別人居住的地方。

不只是土地屬於夏卡，牛群也屬於夏卡。但是，這時的經濟仍然相當單純，幾乎沒有什麼製造業，不過夏卡壟斷了武器的生產，尤其是獨占矛和盾的製造，再發給部隊使用。人類學家梅克斯・葛拉克曼（Max Gluckman）強調在這種社會中、不平等彰顯出來的程度可能相當有限時指出：

一位祖魯酋長吃得下的玉米粥就是這麼多而已。

夏卡建國時，不平等程度同時巨幅增加，夏卡自己、他的親戚和構成皇家家族的祖魯核心部族成員是主要的受益者，即使夏卡只能吃得下這麼多玉米粥而已，他還是可以、而且確實完全獨占權力，建立宰割別人、不容挑戰的權威。他不僅設法主張土地和牛隻的財產權而已，還利用他對婦女和婚姻的控制，發揮控制社會的力量。他也獨占跟歐洲人之間欣欣向榮的貿易，並確保和住在海岸的歐洲人之間的所有貿易，都由他經手，還壟斷賣給歐洲人的寶貴象牙供應。

但是，夏卡的統治並未止於肆意壓榨。一旦創建祖魯國的戰火平息，夏卡也像卡美哈梅哈那樣，制定司法制度，把解決衝突的機制集中到中央，幫助人民，同時也改善經濟誘因。口述歷史指出，丁吉斯瓦約最初的領土擴張計畫能夠加速完成，是因為人們希望阻止小型部族和酋長之間持續不斷的戰鬥和衝突。事實上，一旦這些地方納入夏卡的國家，相當良好的秩序就出現，夏卡統治下的和平的確保護了人民，讓他們免於四周酋長領地劫掠和攻擊的威脅。王國境內的犯罪似乎也大為降低，因為夏卡嚴懲犯罪行為，夏卡崛起前相當常見的偷牛案件大抵都消失了。

祖魯蘭建立秩序後，正如同本書所提到的其他例子一樣，孕育了專制式的成長，多少造福了社會，卻也大大地造福夏卡和他的手下。

## 玫瑰革命中的經濟學

在喬治亞共產政權崩潰後百無禁忌的歲月裡，運輸服務的民間部門出現發財機遇，蘇式計程小巴的榮景就是例子，和過去嚴格管制的制度相比，這種計程車式的小型公車非常具有彈性和吸引力，但我們在第三章中探討過的謝瓦納茲政府，很快就證明他們也可以肯定無疑的加以管制。

所有蘇式小巴司機每天都必須身體檢查，確保他們沒有喝酒、沒有高血壓，如果一位司機沒有展示健康證明，駕照可能遭到撤銷。到謝瓦納茲當政時，很可能有數百、甚至幾千輛蘇式小巴，在首都提弗利斯載客，謝瓦納茲的政府不僅在計程小巴司機的管理上注重細節，也決定所有街道上的路邊攤商必須符合特別的建築設計，這些攤商必須像蘇式小巴司機一樣，一年要換證兩次。這些規定只是冰山的一角，像加油站也必須設在離街道一定的距離之外。

謝瓦納茲的國家一定累積了相當高明的能力，足以推動這些措施——從某個角度來看，的確是這樣，但從文字的明顯意義來看，卻不是這樣。事實上，這些規定和幾千種類似的管制，從來就不打算實施，沒有人真的期望蘇式小巴司機每天去身體檢查，他們也沒有這樣做。但是，喬治亞政府藉著制定這種規則，立刻創造了起訴整個蘇式小巴司機隊伍的藉口，計程車司機為了避免遭殃，就必須賄賂，小攤商也是這樣，加油站也一樣。

謝瓦納茲政府藉著赤裸裸的行動，從喬治亞人身上榨取資源和賄賂的做法，跟赫勒敦所說貴不過三代的理論有一點不同的地方，赫勒敦預測專制主義起先會促進若干成長，然後會加強榨取，這種形態符合哈里發國、夏威夷、甚至符合祖魯蘭發生的事情，謝瓦納茲的國家機器跳過第一步，立刻跳進偷竊的階段，為什麼會這樣？

要回答這個問題，我們首先必須承認蘇式小巴司機的處理，是一種比較有系統政策（如果可以這樣說的話）的一部分，這種政策不是由經濟學主導，而是由政治邏輯主導，就是創造經濟混亂，以便繼續掌權。

謝瓦納茲會這樣做，主要原因是跟本章和前一章談到的建國英豪相比，謝瓦納茲的地位脆弱得多，即使在他智勝眾軍閥後，還是要面對喬治亞國內強大的地區勢力，他不是建立能力高強國家的豪傑，而是靠著財富（或至少可以說是配合賄賂）的吸引，安撫強大的權力團體，奮力爬上權力頂峰的。在開發中國家裡，貪腐很常見，因此蘇式小巴司機賄賂國家官員並沒有那麼不尋常，但喬治亞發生的事情跟這種貪腐有點不同。謝瓦納茲制定的制度註定要讓駕駛違法犯紀，同時提供警察可以輕易達成的目標，謝瓦納茲把違法變成無可避免的事情，也創造了鼓勵貪腐的制度。

這樣做的主因是為了要控制已經變成違法常業犯的社會，你今天可以藉著賄賂，避免法律的執行，但國家隨時可以咬住你。不過，這種陰謀也控制了另一個潛在的有力團體，也就是控制了國家官員——接受賄賂是違法行為，因此如果國家有意，也一樣隨時可以咬住這些官員。

謝瓦納茲把我們可以稱之為「低度貪腐」的做法，和同樣如同迷宮般的「高度貪腐」的制度結合起來。高階菁英、國會議員和高級文官都陷入類似的陰謀中，因為他們卻也從謝瓦納茲的政權中，分得一杯羹，因為謝瓦納茲跟他們分享流入政府的所得——這些所得大部分來自國際捐贈者。但是，前提是謝瓦納茲要繼續掌權，他們才能享受這些所得，因此他們必須把馬匹繫在謝瓦納茲的馬車上。謝瓦納茲利用很多種方法，做到這一點，而且他要感謝喬治亞的共產黨歷史，讓他擁有龐大的優勢：喬治亞政府擁有整個經濟體的大部分生產部門。雖然過去推動過象徵性的民營化計畫，但在謝瓦納茲上臺前，民營化並未真正開始。因此，謝瓦納茲把全副精神，放在俄羅斯式的民營化計畫上——廉價出售經過選擇的資產，給有權有勢的人或他希望吸納的人（我們在第九章裡，會看到俄羅斯怎麼推動這種民營化）。為了敲定交易，他經常任命這些人，擔任主管他們所擁有企業的部會首長。他用這種方法，創造了一系列的獨占事業。就像底層的管制是他的政治策略的一環，高層的做法也是其中一環。因此，舉例來說，政府通過一項法律，規定每一輛汽車都必須攜帶特定款式的滅火器，這種滅火器卻是由內政部長的親戚獨家進口。

謝瓦納茲的家人也湊上一腳。當大部分人口苦於一再停電之際，總統家人擁有的兩家產業公司卻兼營副業，銷售政府所發的電力，每年賺到大約三千萬美元的穩當利潤。政府訂定很多進出口規定，所以走私利潤非常豐厚，規模十分龐大。國會一個委員會計算，二〇〇三年內，國內消費的九成麵粉、四成汽油和四成香菸，都靠走私進口。這種情形造成金額龐大的賄賂流量，但是因為菁英、許多政府官員參與這種非法貿易，因此在政府想要追究時，也提供國家足量的軍火去追查，就像交通警察針對蘇式小巴司機進行健康檢查一樣，這種策略的整體目標就是鼓勵非法。

有一個指標可以顯示內閣部長職位拿來當成吸收工具的程度，就是一直到二〇〇三年，謝瓦納茲掌權八年後，才終於任命自己所屬政黨的成員，擔任部長，這位名叫米哈伊爾·薩卡希維利（Mikheil Saakashvili）出任司法部長的人很重要，他拒絕謝瓦納茲的吸收，很快就遭到撤職，後來卻變成二〇〇三年十一月玫瑰革命的領袖之一，這場革命迫使謝瓦納茲黯然下臺。

謝瓦納茲確實對經濟造成了不利的影響，原因不僅在於所有獨占事業和管制條規，有害市場創造生產活動誘因和機會的能力，也因為謝瓦納茲管理一切時，發揮極大的自由裁量和難以預測的精神；這種經濟混亂的目的是要讓每個人慌慌張張，你今天可能是擁有相當大獨占權的部長，明天謝瓦納茲可能改變主意，奪走一切，這樣做的目的是要讓大家極為依賴總統，變成徹底效忠。這種做法極為有效，以至於謝瓦納茲整整掌握大權十年之久。但是，其中的模稜兩可和難以預測對投資極為不利，直接的結果是連專制式的經濟成長，都沒有在喬治亞出現。

謝瓦納茲迅速發展完成的政治策略並非喬治亞特有的異常現象，我們已經看到，專制主義表示抹煞和排除社會參與政治、社會和經濟決策，從而使專制權力得以發揮。然而，這樣不見得表示暴君可以安穩在位，因為其他人可能受誘惑，想要到掌控強大卻不受限制國家的政經利益，暴君碰到失去權力的威脅時，可能推動經濟重整；重整的目的不是為了追求效率，而是為了吸收有心的競爭對手，排除無心競爭的人。這就是謝瓦納茲在這麼短的時間內創造的重大成就。

因此，我們在謝瓦納茲的例子裡，看到了專制式成長中最糟糕的一面。然而，重要的是，我們必須瞭解這件事和其他例子之間的共通關係。專制式成長會這麼脆弱，原因之一是這種成長只對統治者和他的黨羽有利，因此進展有限。喬治亞的問題是從一開始，成長就不是謝瓦納茲的優先目標，他太重視削弱社會、創造貪腐、收買喬治亞的權貴，所有這一切都註定對繁榮會有不利影響。

## 鳥籠經濟與專制經濟

自由窄廊之外的經濟表現的確參差不齊。如果你活在沒有國家的社會中，情況會很可怕；你可能像霍布斯所預測的那樣，碰到「人人互相為戰」、衝突無休無止的局面，經濟誘因很少，勤奮「毫無用武之地」。如果你的社會致力動用規範和習俗，來壓制衝突、遏止暴力，那麼通常會創造出受到規範限制的鳥籠經濟，充滿完全無助於消除貧窮的扭曲經濟誘因。

霍布斯認為，專制主義或許可以改善這種結果。比起戰爭狀態或鳥籠經濟，專制國家據有明顯的優勢：國家雖然專制，卻可以防止戰鬥，解決衝突，實施有助於經濟交易的法律，從事公共基礎建設投資，協助激發經濟活動，甚至可以藉著放寬以規範為基礎的經濟活動限制，造福整體經濟。伊斯蘭王國證明國家可以藉著建立秩序，推動或鼓勵加強生產力的投資，把驚人的經濟潛力釋放出來，創造最好的專制式成長。但是，專制國家天生就比較脆弱、天生就受到限制，像赫勒敦所預測的那樣；專制國家本質脆弱，是因為國家會持續受到誘惑，希望從社會上榨取更多收入，希望壟斷更多有價值的資源，希望更肆無忌憚地行事。專制國家比較脆弱還有另一個原因，就是可能有像謝瓦納茲那樣的人，利用國家權力，創造極為沒有效率的制度，以便避免或削弱別人對暴君地位的挑戰。專制國家也會比較容易受到限制，是因為專制國家對經濟的持續成長，只能提供有限的支持，無法激發和培養社會中最有生產力的一面，也就是無法促進社會自由運作，為經濟活動創造無限的機會與誘因，激發投資、實驗與創新。這一切都必須等到自由和受到制約的國家巨靈興起。

# 5 善政的譬喻

## 田野廣場的壁畫

當你踏進西恩納（Siena）市中心著名的貝殼形田野廣場時，會看到市政廳高高聳立在眼前，這棟市政廳從一二九七年開始興建，是西恩納市政府所在地。市政府由九人執政團組成，是西恩納的最高權力機構。九人執政團在市政廳的「九人執政團會議室」（Sala dei Nove），這個房間只有面對廣場的一側開有窗戶，另外三面牆都畫了精美非凡的壁畫。壁畫是由九人執政團委託安布羅吉歐·羅倫采蒂（Ambrogio Lorenzetti），在一三三八年二月至一三三九年五月間繪成。如果你背對著光線，映入眼簾的第一幅畫，是《良善政府的譬喻》（參見書中相片集插頁）。

這幅繁複的藝術傑作中，最先吸引你注意的是坐著的人，他看來似乎是統治者或國王，他身邊圍繞著代表不同基本美德的藝術化象徵，包括左邊的勇敢、明智與和平，以及右邊的節制、正義和寬宏。那麼，這個人是公正、寬宏的統治者嗎？看來很奇怪的是，《良善政府的譬喻》壁畫中，居然畫了一位統治者。因為一三三八年時，西恩納並沒有統治者，而且九人執政團無疑一定不會贊成這個人的存在。要解開這個謎團，可以注意看看穿著西恩納代表色——黑白兩色——衣服的人，這個人顯然才是西恩納的統治者，他的腳下還有西恩納的另一個象徵——狼和雙胞胎，這個象徵是借用創建羅馬的神祕雙胞胎羅穆勒斯（Romulus）和瑞穆斯（Remus）在嬰兒時期，是由野狼奶大的意象。此外，抬頭看時，你會看到統治者的頭上，有C.S.C.V.四個字母的縮寫，代表拉丁文的Commune Senarum Civitas Virginis，意思是「西恩納是聖母之城」，代表西恩納人在一二六〇年的蒙塔佩爾蒂（Montaperti）戰役中，擊敗佛羅倫斯人之前，奉聖母馬利亞為保護神的事蹟。這位統治者其實就是西恩納的代表人。

我們在這幅壁畫中，可以看到跟「權力意志」及其結果大不相同的東西，統治者放在背景中，代表社會的城市站上前臺。西恩納人也藉著對「良善政府」的強調，表示他們承認這種形式的組織具有特殊意義。西恩納和同期間整個義大利興起的城市，有一個特別的地方，就是他們的自由程度大為提高，這一點支持一種大不相同、擁有無限誘因與機會、可以為繁榮鋪下坦途的經濟體。

* * *

第九世紀末葉至第十世紀之間，城市的觀念似乎逐漸在義大利出現，起因是整個義大利北部的公民，開始挑戰和推翻統治階層的主教、神職權威和領主（參見地圖七），用自己創造的各種共和自治政府起而代之。我們看不到這種早期歲月的全貌，只能看到若干片段；例如，西元八九一年時，我們看到摩德納（Modena）「聚眾反對」主教的紀錄。同一個十年裡，我們聽說杜林發生類似的事情，到九二四年，克雷莫納（Cremona）重演同樣的戲碼。到了九九七年，特里維索（Treviso）主教行動時，必須「得到所有領導人、法官和特里維索全體人民的同意。一〇三八年，布雷西亞（Brescia）主教對一百五十四位有名字的人，以及對「住在布雷西亞的其他自由人」讓步。這些事例的證據主要都是教會方面的證據，原因很可能是教會比較善於維護紀錄，這時，俗世的權威幾乎也一定遭到挑戰。

這種新形式的政府有一個明顯的特徵，就是民選的資政治理本城的時間有一定期限。一〇八五時，比薩有十二位由民眾大會選舉的資政。我們知道，西恩納的資政在稍微晚一點時就任，時間是一一二五年。在這段期間裡，自治城市在整個義大利北部和中部出現，米蘭在一〇九七年出現，熱那亞在一〇九九年出現，帕維亞（Pavia）在一一一二年出現，柏加摩（Bergamo）在一一一七年出現，波隆

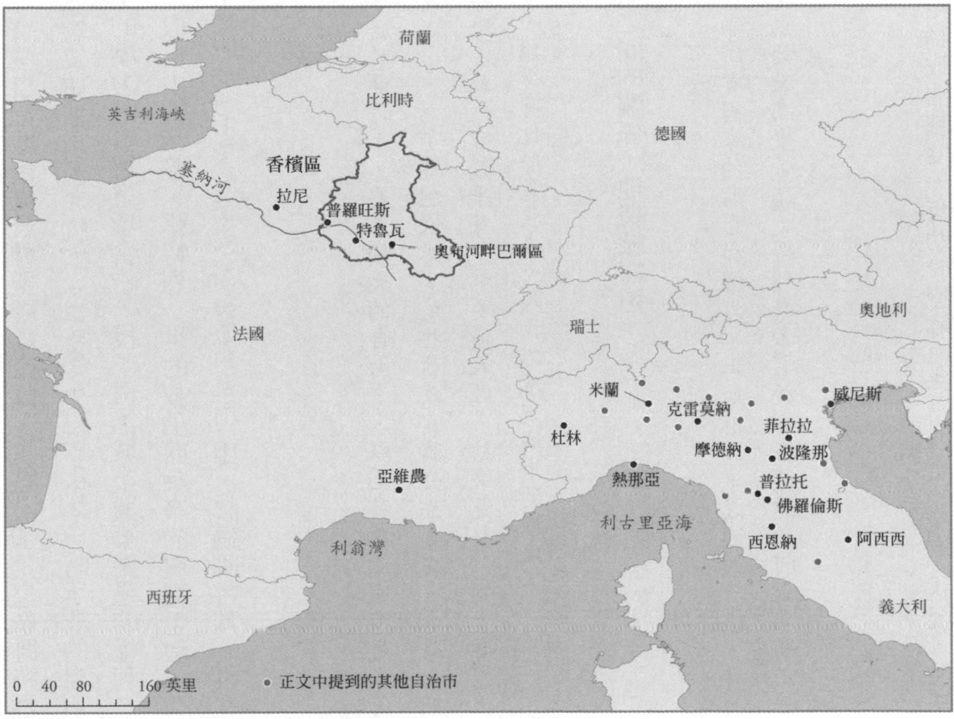


地圖七　義大利自治市與香檳交易會。

那（Bologna）在一一二三年出現。名義上，這些自治城市屬於神聖羅馬帝國，實際上卻是皇帝腓特烈一世（Frederick Barbarossa）在一一八三年、簽署《康斯坦茨和約》（Peace of Constance）時承認的自治城市。腓特烈一世甚至可能是屈服於不可避免的壓力，簽署這項合約，授予自治城市興築堡壘的權利，他自己對這件事不大滿意，卻瞭解自治城市爭取自由的涵義。腓特烈一世的叔伯弗萊辛的奧圖主教（Otto of Freising），在所撰的《皇帝腓特烈一世史蹟》（*Deeds of Frederick Barbarossa*）中，談過腓特烈一世在應付眾多自治城市時碰到的困難，認為：

> 他們在自己城市的治理……在公共事務的運作上，要求極大的自由……以至於各個城市是靠著執政團的意志治理，而非依賴統治者的意志……為了壓制傲慢，這些執政官諸公都是從……每一個階級中甄選，為免他們惑於權力，逾越界限，執政官幾乎每年都要換人做。結果是整個領土實際上都由各個城市分據……在所有周遭領土中，難得有什麼貴族或大人物不承認城市的權威。

奧圖主教也瞭解政治自主和自治市繁榮之間的關係，他繼續寫道：

> 這樣促使這些城市，創造出遠超過世界所有國家的財富和權力。正如前文中說過的一樣，這些城市不但得到本身特有的勤奮之助，也受惠於天高皇帝遠，得到皇帝習於留在遠遠的阿爾卑斯山脈另一端的好處。

詳細檢討九人執政團時代西恩納的共和制政治制度，有助於瞭解自治市政府的運作狀況。最基本的政治機構，是所有成年男性公民參加的人民會議，雖然到了羅倫采蒂的時代，人民會議已經萎縮，卻仍然揭櫫在西恩納的憲法中，而且似乎在特定場合、例如新的首席執政長官（Podesta）就任時，還會集會。到十四世紀中葉，人民會議的角色已經由敲鐘召集的「鐘聲議會」取代，鐘聲議會由西恩納的三個行政區各選舉一百位、合計三百位任期一年的男性公民組成，選舉人團包括九人執政團、首席執政長官、包括內務大臣（Chamberlain）在內的國家其他執政官員、四位稱為「供應官」的主要財政官員，以及國家任命的法官。首席執政長官和九人執政團，以及代表特殊利益團體，尤其是強勢商人公會和舊貴族家族的其他小型諮議團體，負責執行政府的主要功能。

首席執政長官的官銜出自拉丁文的權力（potestas），在義大利大部分自治市很常見，是一種有趣的制度。首席執政長官必須由出身西恩納以外地方的人擔任，以便在西恩納的不同家族和派系之間保持獨立。首席執政長官的職責包括司法功能，以及召集和主持鐘聲議會，但他並非獨自履行職責，因此必須召募他所需要的其他官員。以一二九五年的伯納・戴維拉諾（Bernard de Verano）為例，就是從自己所屬的省份，帶了七位法官、三位騎士、兩位公證人、六位仕紳和六十位警察上任。他最初獲選時，任期為六個月，但是到了一三四〇年代，任期延長為一年，任期屆滿後，不能連任。下一任首席執政長官由九人執政團提名四位候選人，交給一個委員會選擇，委員會的成員包括九人執政團，以及專為這項選舉而選任的六十位男性、商人公會出身的諮議和騎士。

首席執政長官不得收受公民的禮物，甚至不能跟公民一起吃飯，不能旅行到離開本市超過一天行程的地方。每位首席執政長官都必須輪流住在三個行政區中的一個，任期結束時，必須留在西恩納兩星期，等待西恩納針對他在職期間的作為進行調查，這種調查經常對首席執政長官科處巨額罰款。

九人執政團的制度不斷變化，我們現在認得的形式是在一二九二年以後才出現。一二三六年至一二七一年間，出現過「二十四人執政團」，然後又出現「三十六人執政團」。十三世紀期間，西恩納人也試過十五人、九人、十八人和六人的執政團，這些數字總是必須能夠用三除盡，因為每一個行政區都必須擁有平等的代表權。

委託羅倫采蒂繪製壁畫的九人執政團是在一次會議中選出，與會人士包括前任九人執政團、首席執政長官、商人公會諮議和人民首長（這是原意要代表人民的另一個執行職位）。九人執政團成員的任期為兩個月，任期屆滿後，一定要經過二十個月後，才能再度出任。

九人執政團宣誓就職的誓詞可以總結他們的職責，他們必須宣誓保持西恩納自治市的「良好和平與和諧」，這一點聽來非常像自由的一個重要特點，包括免於遭到國家制度宰制的自由。事實上，誓詞相當具體地承認，約束九人執政團代表的國家巨靈權力，對維護這種自由至關緊要。九人執政團必須確保：

> 法律與正義必須由你的行政主管或官員，一視同仁地施行和適用在受你和手下管轄的公民身上，而且每一位提出這種要求的人，都必須遵守你所治理城市的法規條例。

但不只如此，九人執政團也要負責經濟發展，這樣有點像他們在宣誓時，已經預料到我們會討論受到制約的國家，必須承擔開啟經濟繁榮的責任那樣。

> 你必須為西恩納市帶來增加和成長，必須守護西恩納。

跟義大利北部和中部的另外幾十個自治市相比，西恩納沒有什麼特別的地方，特別的地方在於藉著他們擁有的美麗壁畫，極為有力地說明他們試圖透過制度達成的目標。當時西恩納由九人執政團主政，但是同時期類似西恩納的某些城市，民眾創建自治市的初始衝動，已經屈服在寡頭制度之下，富有的家族扮演過度重要的角色。至於其他城市，則有比較強勢的民眾議會，扮演有效制衡的角色，對抗這些寡頭利益團體。然而，幾乎所有這些城市都擁有類似西恩納的關鍵特徵，都是共和國城市，由權力受到嚴格限制的民選執政官或行政長官治理；人民議會和其他會議等代議團體，扮演制約的角色，制約國家及類似九人執政團等執行官員的權力；這些團體不對任何貴族或教會權威負責，是自治實體，在對抗新出現的國家權力時，得到善於站定腳跟的強大社會支持。這種特性讓旅行家圖德拉的班傑明（Benjamin of Tudela）在一一六五年前後，旅行路過熱那亞、魯卡（Lucca）和比薩時讚嘆不已。他指出：

> 他們既沒有國王，也沒有王子治理他們，只靠自己任命的法官治理。

你在《良善政府的譬喻》壁畫中，看到的就是這種景象。我們曾經指出，畫中右邊的統治者由六種美德環繞。有趣的是，左邊最遠處的美德是「和平」，正好放在壁畫的正中央。哲學家昆丁．史金納（Quentin Skinner）討論這幅壁畫時表示，和平是「我們日常生活的核心」。和平的左邊坐著另一位重要人物「正義」，你可以看出來，是因為她手中拿著天平，天平上垂下一條雙股的繩索，然後繩索傳過二十四位曾經擔任西恩納執政官的人物，傳到壁畫的另一邊，接上統治者。繩索是由稱為「和諧」的坐姿女性，交給這二十四位賢人。「和諧」的大腿上，放著一具木匠用的刨子，刨子是用來刨平粗糙的邊緣，產生平滑的表面，可能意味著「法治」——西恩納的法律理當一視同仁，適用每一個人的事實。

重要的是，代表社會的二十四位賢人拿著繩索，而非被繩索綁住，這樣似乎表示統治權是由社會授予，而非獲得統治社會的授權。值得注意的是，雙股繩索延伸到壁畫另一邊的統治者時，是在統治者的手腕上打結——代表國家巨靈受到發自正義的繩索綁縛。

事實上，西恩納人有各式各樣的「繩索」可以控制九人執政團。除了非常有限的兩個月任期外，還有一位人稱「太上市長」（maggior sindaco），和首席執政長官一樣，總是出身西恩納以外地方的官員，可以反對擬議中的任何憲法修改；要通過太上市長反對的措施，需要至少二百位議員的法定人數出席、得到其中四分之三絕對多數的議員贊成。

西恩納不只是靠法律和制度，保護自己不受九人執政團和其他有力政治人士的傷害，也動用到規範。例如，各城市從雅典人推出的《侮慢法》中，學到教訓，會為過於自大的政客，加上以文字表示、會遺臭萬年的「臭名」。以一一四一年至一一八〇年間，在米蘭擔任過十四次執政官的米蘭人吉拉多·卡加匹士德（Girardo Cagapisto）為例，他的姓氏中冠上了表示「狗屎」的caga（卡加）或caca（卡卡）的字頭，Cagapisto的意思是「狗屎義大利麵醬」。姓氏中冠上「狗屎」的其他政客包括葛萊格里歐·卡卡伊納卡（Gregorio Cacainarca）和古格里艾摩·卡卡伊納卡（Guglielmo Cacainarca）兩兄弟，他們的姓表示「盒子裡的狗屎」。同樣地，一一四〇年至一一四四年擔任執政官的安德里科·卡加伊諾沙（Arderico Cagainosa）的姓，翻譯出來的意思是「拉在你褲子裡的狗屎」。其他著名政治家族的姓氏包括卡卡殷巴西利卡（Cacainbasilica），意思是「教會裡的狗屎」；卡卡拉納（Cacarana）表示「拉出青蛙狗屎」；卡加倫蒂（Cagalenti）代表「慢慢拉屎」，甚至還有表示「毒屎」的卡加杜西奇（Cagatosici）。你變得太有權勢或行為不當，名字就有冠上「狗屎」的風險。

這幅壁畫還有一些值得注意的其他特點。在統治者腳下略微偏右的地方，有兩位穿著盔甲的跪姿貴族，代表自治市的權威超過也必須受到「正義」約束的貴族。兩位貴族後面是一群執矛的士兵，可能代表一三〇二年時，由九人執政團招募，用來平靖西恩納鄉間的特別部隊。

這一切聽來非常像（因為有「和平」，因而）免於恐懼的自由，（因為有「正義」，因而）免於暴力的自由，以及（因為國家和菁英受到法律和人民的委任約束，因而）免於遭到宰割的自由。牆壁下方繪製的文字說出了同樣的意思：

無論此一聖德（正義）統治何方，
都會誘引很多人民團結；
這些人為了這種目的聚會，
為其主人承擔公益；
他們為了治理他的國家，選擇
絕不讓他的眼睛移開
侍立他身旁眾多美德臉龐上的光輝
因此，他獲得勝利，獲得
土地的租稅、貢品與主權；
因此戰爭止息，
帶來的內政成果
有用、必要而愉悅。

這份聲明的文字編排具有重大意義，公益和這個自治市結合在一起，因為統治者受到正義的束縛，而且事實上，正是公民把正義和統治綁在一起，自治市的政治形式因此是為公益服務。這幅壁畫因此承認，正是自治市受到社會的統治，才使自治市能夠為公益服務。

## 良善政府的影響

我們在第二章裡強調過，強大的政府不但能夠提供保護，對抗暴力和宰割，也能夠提供公共服務，我們在西恩納看到了這種重要的角色，首席執政長官帶來的人手到西恩納來執行法律、解決衝突、提供公證和其他商業服務。此外，記錄西恩納市一二五七年上半年支出的文書提到，市內大約有八百六十個職務，是由西恩納人擔任，其中包括一百七十一位守夜人，一百一十四位收取通行費和關稅的官員，一百零三位各區的地方行政官員和九十位負責核課租稅的官員。我們也發現度量衡監察員、穀物和鹽務監察員、典獄官員、劊子手、喇叭手、維護公共建築的泥水匠和噴泉監督官員。另外也有六位「好心人」，負責監督客棧、防止咒罵，還有六個人負責不讓野驢、野豬和痲瘋病人進入市內。西恩納禁止人民在街上紡羊毛，還頒布一堆別的規定，包括城牆內的任何新建築，都需要取得都市計畫上的許可，連要用的磚塊和磁磚規格都必須一致。我們發現，這種職官和法規也擴散到其他自治市。

這些自治市也變得非常善於徵稅，畢竟，總是要有人支付所有官員的薪水嘛。自治市也利用稅收，提供公共服務，像度量衡標準化等服務，就列在上述行政職務清單中。此外，還有很多其他服務，如消防、穩定的鑄幣與貨幣體系、道路橋樑的興築與維修，也涵蓋在內。一二九二年，西恩納增設了一位「道路法官」，隨後又很快地增加三名一般道路委員作為輔助官員。為了確保人民可以安心上路旅行，西恩納還任命一名「公路清道夫」，但這個職位很快就無疾而終，因為九人執政團創設了複雜得多的制度，提供鄉間的秩序。為了保障西恩納商人到處經商時的財產權和個人權利，西恩納還組成「報復組織」，針對犯了侵害西恩納人、但屬於其他政體的商人和公民，進行報復。

這段期間裡，西恩納的這些公共服務和對自由的支持，在義大利北部和中部以外的任何地方，都無與倫比，但西恩納的國家機器不僅提倡這些東西，還提供廣泛的誘因和經濟機會。要看出這一點，你得把眼睛轉向九人執政團會議室右邊的牆壁，羅倫采蒂在上面繪製了另一幅巨大的壁畫，名為《良善政府的譬喻》（也請參見相片集插頁）。這幅壁畫描繪城市和鄉間生活的全景，左邊是人們熙來攘往的城市，前景中有一群婦女正在跳舞，但壁畫中最吸引人的是蓬勃的經濟活動，舞者的右邊有一位店家，正在跟一位牽著馬轡的男性，為一些鞋子討價還價。兩人的右邊有一位教士正在布道，還有一位婦女在攤子上擺放橄欖油罐或葡萄酒，準備販賣，一個男人牽著一匹擔了柴火的驢子走過去，其他人正在紡輪上紡織、照顧羊群。還有兩名女性，一位提著籃子，另一位帶著一隻鳥，很可能是要上市場去。最後，在遠處的背景中，有兩匹馬馱著貨物走過，壁畫頂端有一名建築工人，正在指向天際線的精美塔樓上忙著施工。

壁畫的右半部把重點放在良善政府在鄉間的影響，我們再度看到受到制約的國家巨靈創造的自由，對鄉村經濟的明顯影響，在描繪鄉村景象的上方，代表保安的人物拿著一張羊皮紙卷，上面的文字直接把繁榮和自由連結在一起：

> 無畏無懼，人人自由行走，
> 每個人忙於工作和播種，

女神會把這種自治市，
置於統治之下，
因為她移除了所有的威權罪行。

這幅壁畫描繪的景象和這些情緒十分吻合。我們在前景中，可以看到農夫正在豐收的麥田前面努力工作，一隊狩獵隊伍從鋪平的馬路上走出城門，另一端的商人正帶著貨物和豬隻，準備去販賣。背景處的其他人正在播種、收成和脫殼，一切的一切都在照顧良好的田野和屋宇間，呈現和平、繁榮的景象。

其中的訊息很清楚：經濟繁榮是良善政府眾多好處中的一種，這一點是否正確？或者只是羅倫采蒂編造出來的東西？自治市政府和經濟發展之間真的有關係嗎？

## 聖法蘭西斯如何得名

中世紀最著名聖徒阿西西的聖法蘭西斯（Saint Francis of Assisi，又譯聖方濟）的一生，為這個問題提供了一部分答案。法蘭西斯以熱愛動物和自然聞名，留給後世的聖誕節基督誕生景象，是基督崇拜中最偉大的意象之一。他名號中的「阿西西」源自他誕生的義大利中部自治市，出生年可能是一一八二年。法蘭西斯的名字卻讓人有點困惑，他出生時，取名喬凡尼·伯多祿·伯納多內（Giovanni di Pietro di Bernardone），這麼說來，法蘭西斯的名字到底從何而來？

法蘭西斯的父親叫伯多祿·伯納多內，是個生意興隆的絲綢商人，兒子出生時，他正在法國做生意。他太太是出身法國普羅旺斯的庇卡·戴布勒蒙（Pica de Bourlemont），她丈夫回到阿西西時，開始叫兒子法蘭西斯可（Francesco，法國人的意思），這點可能代表他對法國的熱愛。

這份熱愛似乎跟他在法國的生意有關。法蘭西斯誕生前才八年的一一七四年，很多義大利商人第一次到法國北部，參加「香檳交易會」（參見地圖七）。香檳交易會每年舉辦六次，輪流在香檳縣的奧布河畔巴爾（Bar-sur-Aube）、拉格尼、普羅萬（Provins）和特魯瓦四個城鎮舉行，每次會期通常是六星期，然後休息，讓商人前往下一個城鎮，香檳交易會因此變成幾乎全年開放的市集。

香檳區有好幾個特點，因此善於吸引交易。特點之一是地點適中，變成能夠吸引法國全境的商人來這裡聚集，然後開始吸引法蘭德斯和低地國家繁榮發展城市的商人。香檳區最重要的優勢來自極度便於貿易的經濟制度，例如歷代香檳伯爵看到好東西時，都能辨認出來。一一四八年時，有一位委瑞萊（Vezelay）的匯兌商前往普羅萬的交易會時，在路上遭到搶劫；提波伯爵二世（Count Thibault II）致函法國攝政王，要求賠償這位匯兌商，他寫道：「我絕不容許發生這種肆無忌憚的傷害，這種事件的嚴重性，絕不亞於毀掉我的交易會。」提波伯爵喜歡這個交易會，是因為可以抽稅，沒有商人，就沒有稅收。到一一七〇年代，本地的幾位伯爵開始任命特別的「交易會監察官」，賦予他們維持交易會秩序、管制和司法權限，創造出很有吸引力的制度環境。可能就是這種創新，吸引包括伯納多內在內的義大利商人，冒險翻越阿爾卑斯山脈，前來參加交易會。但是，並非只有幾位伯爵參與其事，香檳區的普羅萬、奧布河畔巴爾和特魯瓦因為是自治市，都有特權，可以在交易會期間，開設市立法院，依法執行合約、調解交易糾紛。起初的制度創新注重提供基本的秩序與安全，以及解決紛爭等司法服務，隨著義大利人加強參與交易會，這些創新一路傳播到義大利。一二四二年至一二四三年間，一群義大利商人在前往香檳交易會的路上，遭到皮亞琴察（Piacenza）地方的人綁架和搶劫，香檳伯爵自然不樂見此事，就致函皮亞琴察當局，威脅要禁止皮亞琴察的所有商人，參與香檳區的交易，除非受害者得到應有的賠償。

秩序和紛爭的問題解決後，地方當局變得更有雄心壯志，開始改善道路，並在塞納河和特魯瓦之間，興建一條運河。

香檳交易會是中世紀所謂的商業革命中最著名的例子之一，義大利自治市處在這場革命的中心並非巧合，自治市的政府制度創造了法律和經濟制度，促使貿易和經濟活動起飛，扭轉了五世紀末葉西羅馬帝國滅亡以來、經貿活動式微的局面。義大利高高地處在從這種繁榮發展中受惠的地位，義大利的東方和南方，是供應香料和很多奢侈品的拜占庭帝國，以及我們在第四章中看到的穆斯林新國家；義大利的北邊是英格蘭和法蘭德斯，英格蘭生產最高品質的羊毛產品，法蘭德斯生產最受歡迎的紡織品。龐大的交易系統已經燦然大備；毛料和布匹交換奢侈品和香料的交易盛行。十二世紀中葉由諾曼人國王統治的義大利南部和西班牙也據有優越地位，卻沒有自治市政府，因此都不能像義大利北部和中部的自治市一樣，承接這種貿易，這點和自治市提倡推展貿易所需的制度大有關係。

我們看看極為攸關貿易的金融創新，就知道這點十分明白。義大利自治城市在這方面領導群倫，義大利人散布歐洲全境後，在所有從事貿易的地方設立據點，更重要的是，他們發明的匯票變成了安排中世紀商業的主要方法。想像一位佛羅倫斯布匹製造商希望購買英格蘭諾福克的高品質羊毛，他可以帶著幾袋義大利的達克特金幣（ducat）前往英格蘭，到倫敦找到什麼人，把達克特金幣換成英鎊，購買羊毛，再運回義大利。反之，他也可以利用匯票。在標準的術語中，匯票涉及四方面：一是匯款人——這裡的匯款人是布匹廠商；二是開票人，即匯款人在佛羅倫斯的銀行；三是受票人，即佛羅倫斯銀行的英格蘭聯行；四是受款人，即布匹廠商希望購買羊毛的倫敦羊毛商人。匯款人會把達克特金幣交給佛羅倫斯的開票人，購買匯票，然後把匯票寄給受款人；受款人可以拿著匯票，換得英鎊，然後把羊毛運往佛羅倫斯。匯票上會註明在佛羅倫斯用達克特購買的匯票，在倫敦要支付多少英鎊。

佛羅倫斯這家銀行甚至不必在倫敦設有分行，只需要能夠跟承作這種業務的另一家銀行打交道。國際銀行和匯票出現，大大促進了國際交易。匯票是一筆暗示性的貸款，布匹廠商必須等待一段時間，才能拿到羊毛；實際上，他等於是借錢給倫敦的羊毛商人，借錢給別人必須靠著「利息」的支付，得到補償，即使這種補償並非總是叫做「利息」，即使補償是透過不同的匯率來支付；例如，布匹廠商希望在佛羅倫斯，以付出一千達克特的匯率，購買價值一百英鎊的倫敦羊毛，然後在倫敦以較低的匯率，把匯票換成英鎊，這樣的補償仍然是利息。善於創新的義大利人很快地又創造了一種新的信用工具，叫做「虛式匯票」（dry exchange），這種匯票跟貨物的運送毫不相關，而且適用的不同匯率會事先註明。

「虛式匯票」的觀念聽來沒有不好，卻很先進，因為大家認為借錢收利息是放高利貸，是中世紀規範、習俗和歐洲人信仰中勸阻、甚至禁止的多種經濟活動中的一種。耶穌在《路加福音》中說過：「借錢給人，也不期望收回。」因此，教會教義把貸款收取利息視為罪惡的高利貸，這是有效金融體系發展的主要問題。有些人擁有資本和財富，有些人沒有，這種事情很自然，但這些人可能很有構想或投資機會，有效的金融體系應該讓有錢的人，提供信用貸款給有好構想的人；利息是鼓勵這種交易能夠發生的報酬，是補償借方放棄其他機會，甘冒無法收回借款風險的利益。以放款生息是罪惡為名，阻止貸款付息的想法會妨礙金融體系的發展。義大利商業革命的一環是利用虛式匯票等創新，促成貸款和信用，卻無須冒著遭到譴責為罪惡和放高利貸的風險。教會仍然認為這樣是罪惡和放高利貸，但這種創新讓規範牢籠中的重要層面得以放寬，開啟了投資和商業得以重大發展的坦途。隨著自由窄廊中的生活變化，和社會與經濟自由有關的限制也變得愈來愈難以維持，不僅善於創新的義大利人想要繞過規範牢籠，連教會也開始略微放寬規範牢籠。例如，聖阿奎那（Saint Thomas Aquinas）就容許債務人在某些情況下，支付「補償」給債權人，事後證明這是以彈性支付利息的好理由。規範牢籠的鬆綁也成為義大利人在全歐洲扮演金融仲介、獲得相對經濟優勢的重要來源，義大利自治城市的制度環境攸關這一切發展，其他地方卻不是這麼歡迎同樣的行動。例如，一三九四年時，亞拉岡（Aragon）國王就發出威脅，說要把巴塞隆納的所有義大利商人，以從事高利貸為由，交付審判。

義大利人在其他創新上也領先群倫，他們發明了商業保險，讓第三方承擔貿易風險；他們也發展出很多促進貿易的不同合約形式，其中一種是稱為「康曼達」（commenda）的兩人暫時性隱形合夥，其中一人負責為貿易任務提供資金，另一人從事貿易任務，任務結束後，兩位夥伴才分配收益。康曼達是規避高利貸法的另一個方法。義大利人也發明了股份公司前身的長期性組織形態，容許不積極參與實際業務的人提供資本，然後以股息的方式，賺取投資報酬。同樣重要的是，義大利人開始強調界定財產權的書面法律文件、同時開始重用公證人；一二八〇年代時，米蘭或波隆那等都市裡，每一千個居民中，就有二十五位公證人。

所有貿易都需要先進的會計做法，推動會計革命的人是比薩居民李奧納多·費坡納契（Leonardo Fibonacci）並非巧合。一二〇二年，費坡納契採用阿拉伯數字系統，徹底改革會計做法，使財務計算變得更加簡易。到十四世紀中葉，複式簿記首次在義大利出現。

商業革命在重大經濟成長的配合之下，也刺激了金融部門以外的創新。雖然我們沒有足夠的證據，編製這段歷史期間的國民所得帳，卻可以拿都市化的程度——住在五千人以上都市的人口比率——代表經濟的發展程度；在商業革命開始時的西元八百年，西歐的都市化比率為百分之三；到一三〇〇年，已經倍增為百分之六。深入參與這場革命的地方上升速度快得多，同一期間裡，整個義大利的都市化比率從百分之四，上升到百分之十四，但其中包括沒有經歷商業和自治市繁榮發展的義大利南部；毫無疑問的是，義大利北部的都市化速度更高，一般估計，托斯卡尼的都市化程度約為百分之二十五。諸如法蘭德斯和低地國家等地方，到一三〇〇年時，都市化比率已經從大約百分之三，升到百分之十二；到一四〇〇年，更升到高達百分之二十三之多。

在廣大歐洲的背景下，觀察自治市都市的相對人口規模，更能透徹瞭解這些自治市的動能。一〇五〇年時，只有佛羅倫斯一個自治市的人口，剛剛達到一萬五千人，是歐洲第三十大都市；到一二〇〇年，佛羅倫斯的人口增加了四倍，達到六萬人；另外，波隆那、克雷莫納、菲拉拉、熱那亞、帕維亞和威尼斯也加入這張都市清單中。到一三三〇年，歐洲三十大城市中，整整有三分之一是義大利的自治市，其中人口最多的自治市是威尼斯，人口達到十一萬人；其次是熱那亞和米蘭，兩個城市的人口都是十萬人；這時，西恩納的人口為五萬人。只有巴黎和高度都市化的穆斯林西班牙的首都格瑞那達（Granada），人口數超過威尼斯、熱那亞和米蘭。

從勞動力的教育與技術水準這個經濟活動的重要投入因素中，也可以看出經濟發展的另一個徵象。這段期間裡，義大利北部的這種水準似乎急劇升高。例如，喬凡尼・衛拉尼（Giovanni Villari）撰寫的佛羅倫斯十四世紀歷史《新編年史》（*New Chronicles*）中，估計十四世紀初期，佛羅倫斯大約有八千到一萬名學童，正在接受小學教育，另有五百到六百名學生正在接受較高等的教育，還有一千到二千名學生，正在上意在傳授商業技巧的學校。如果這是典型的狀況，那麼這段期間裡，多達一半的佛羅倫斯人口，可能都上過某種形式的正式學校。一四二七年的《佛羅倫斯地籍登記》（*Florentine Catasto*）是人口普查報告，報告中指出，十分之七的男性能夠讀寫；以這段期間而言，是高得驚人的數字。 五八七年威尼斯所做的一項估計指出，有百分之三十三的男童識字。

從書籍印製資料，也可以看出識字率和經濟發展的普及。九世紀時，西歐印製的二十萬二千本書籍中，只有百分之十由義大利印製；到了十四世紀，義大利已經變成西歐最大的書籍生產國，在歐洲二百七十四萬七千本書的印書總量中，占到百分之三十二。義大利的大學數量也超過西歐所有地方，十四世紀時，歐洲所有大學中，有百分之三十九的大學，設在義大利。

我們發現這段期間裡的科技也普遍改善，其中有些科技攸關商業革命，隨著船尾舵普及而來的船舶設計就是例子（以前的船舶因為靠著羅馬時代以來就有的船槳操縱，效率差得多）。最先在義大利生產的東西也包括第一副眼鏡、設在盧卡的第一座機械化絲綢紡織廠，以及喬凡尼・東迪（Giovanni de Dondi）在一三六〇年代製造的機械鐘，不過從他的記載中可以清楚看出，這些鐘這時已經存在相當長的一段時間了。

## 加納利群島的第一隻貓

自治城市的驚人成就之一是很高的社會流動性，法蘭西斯科・達蒂尼（Francesco di Marco Datini）是一個著名的例子，從他的故鄉托斯卡尼的普拉托（Prato）自治市傳出來的故事，說明了他如何創造第一次的商業成就。

傳說指出，托斯卡尼貿易商冒險航行到遙遠島嶼的時代裡，有一位普拉托的商人來到人稱「加納利島」（Canary Isle）的遙遠海島；島上的國王邀請他共進晚餐。

這位商人看到餐桌上鋪著餐巾，每張餐巾旁放了一支像他手臂一樣長的棍棒，他想不出這種棍棒有什麼用途。但是，他一坐定，食物送上來後，食物的氣味吸引來一大群老鼠，客人如果想吃東西，一定得拿起棍子，把老鼠趕走……晚上他回到船上。隔天，他再去王宮時，就在袖子裡藏了一隻母貓。食物端上來時，老鼠也成群出現；這位商人把貓從袖子裡放出來，貓很快地就捕殺二十五至三十隻老鼠，其他老鼠則逃之夭夭。

「這是神獸！」國王喊道。這位商人回答說：「陛下，你的招待盛情之至，我只能獻給你這隻貓作為報答。」國王感激地接受這份禮物，但在這位商人離開這座島嶼前，國王再度邀他進宮，還送他價值四千盾（scudio）大銀幣的珠寶。隔年，他帶著一隻公貓重返該島，另外獲得六千盾銀幣的報酬。普拉托的這位商人滿載而歸，變成有錢人，他的名字就叫做達蒂尼。

達蒂尼致富的故事很可能不大正確，事實上，現存的紀錄中，沒有他到過加納利群島的記載。我們知道的是，他很可能是在一三三五年出生，父親是貧窮的客棧老闆，他才十三歲時，黑死病（鼠疫）侵襲義大利，造成他父母和兩位手足去世，只有他和史帝芬諾倖存下來，繼承的財產不多，包括一棟房子、一小塊地和四十七個佛羅林（florin）金幣。

他父親去世一年後，他搬到佛羅倫斯，跟著一位商店老闆當學徒，開始聽到法國南部富庶城市亞維農的故事。一三〇九年至一三七六年年間，因為繼承糾紛的關係，教宗住在亞維農，而非羅馬，教廷的存在創造了活力十足的市場，讓義大利貿易商得以大發利市。亞維農的義大利區裡，住了大約六百個義大利家族，他們主導了大部分奢侈品交易和銀行業務。達蒂尼過了十五歲生日後，很快地把他在普拉托的小塊土地賣掉，籌到一些資金，搬去亞維農。到一三六一年，他二十六歲時，我們發現他跟另兩位托斯卡尼人托洛・貝爾托（Toro di Berto）和尼科洛・伯納多（Niccolò di Bernardo）合夥，初期以買賣盔甲為主業，而且似乎跟當地互相衝突的雙方，都做成不少生意；例如，他的帳簿記載：他在一三六八年時，賣給法國軍事指揮官伯納・蓋克蘭（Bernard du Guesclin）一筆價值六十四利弗爾銀幣（livre）的武器；同年裡，他也賣出大量武器；給努力自保、防禦蓋克蘭攻擊的豐泰（Fontes）自治市。在此之前的一三六三年，達蒂尼花了九百四十一個佛羅林金幣，外加三百佛羅林金幣，購買「顧客的商譽」，開設自己的第一家店鋪。一三六七年，他和貝爾托的合夥契約重新續約，兩人各拿出二千五百佛羅林金幣的資本，他們現在擁有三家店鋪了。到了一三七六年，他開始交易食鹽，也開始投入貨幣匯兌業務，而且開始經營銀器和藝術品貿易。他也開了一家酒館和一家布店，而且開始派遣員工，前往那不勒斯等更遙遠的地方從事貿易。這時他在亞維農的主要店面裡，擺滿了佛羅倫斯的白銀腰帶和黃金婚戒、皮革、卡塔隆尼亞的鞍具和驢子的輓具，全義大利來的居家用品、熱那亞的亞麻布、克雷莫納的綿和亞麻混紡布料、盧卡的特殊布料猩紅森達德絹綢（scarlet zendado）。這時，他在佛羅倫斯的商店已經變成業務興隆的製造中心，放了白色、藍色和未染色的毛料、縫紉線、絲織窗簾、窗簾環、桌布、餐巾和大浴巾，還有手繪的金庫，以及作為新娘嫁妝一部分的珠寶盒。

一三八二年，他從亞維農回到義大利，在普拉托和佛羅倫斯設立實業企業，並在比薩、熱那亞、巴塞隆納、瓦倫西亞、馬約卡島（Majorca）和伊維薩島（Ibiza）設立分支機構，還在這些不同的商業基地之間，販運羅馬尼亞和黑海的鐵、鉛、鋁、奴隸和香料，南安普頓（Southampton）和倫敦的英國羊毛、薩丁尼亞和西西里的小麥、突尼斯和科多瓦（Córdoba）的皮革、威尼斯的絲綢、馬拉加（Málaga）的葡萄乾和無花果、瓦倫西亞的杏仁果和椰棗、馬賽的蘋果和沙丁魚、加埃塔（Gaeta）的橄欖油、伊維薩島的食鹽、馬約卡島的西班牙羊毛和卡塔隆尼亞的柳橙、橄欖油和葡萄酒。他的商業文件用的文字包括拉丁文、法文、義大利文、英文、佛萊明文、卡塔隆尼亞文、普羅旺斯文、希臘文、阿拉伯文和希伯來文。他不只經營貿易，也在佛羅倫斯開設一家布料廠，買進英國和西班牙羊毛，出口布匹成品。

達蒂尼是在毫無背景、關係或資本，又沒有關係、獨占的優勢或政府的協助，只靠著義大利自治城市創造的廣泛制度性背景支持下白手起家，賺到大錢。

很多受惠於菁英主導舊秩序的人，當然會沮喪地看待這些新發展，達蒂尼恰恰代表他們害怕的那種向上升的社會流動性，這點正是腓特烈一世皇帝的叔叔奧圖主教寫到熱那亞人時，所抱怨的事情：

他們不憚於把騎士的腰帶或優秀的等級，頒給地位卑下的年輕人，甚至授予從事比較尊榮工作的其他人避之如鼠疫的低下技術工人。

令奧圖主教不滿的是，階級和維護階級制度的規範遭到了侵蝕。然而，經濟發展正是有賴這種規範的鬆綁，因為規範會阻擋諸如達蒂尼這樣有才的「無名小卒」平步青雲，而創新卻極度依賴這樣的人才獲得重用，也極度依賴眾人容許很多無名小卒規劃自己前途、實驗自己的理念。

這段期間裡，達蒂尼的事蹟不是唯一著名的向上流動故事，一三六九年比薩市的一項計算顯示，一百零六家利用比薩港的佛羅倫斯公司中，有五十一家屬於「新人」擁有的企業，其中芬夏爾（Finchale）的戈德里克（Godric，後來變成聖戈德里克）的公司，是非義大利企業的例子。戈德里克大約在一〇六五年前後，出生在諾福克沃爾波（Walpole）的窮苦農人家庭中。替他作傳的杜倫人雷吉爾（Reginald of Durham）告訴我們：「他的父親叫艾里瓦德（Ailward），媽媽叫愛德文納（Edwenna），都屬於財富無幾、地位卑下的階級。」戈德里克決定對抗出身財富無幾、地位卑下的諾福克人必須務農的宿命，決定要當商人。因為沒有資本，他得從底層努力向上爬，因此他開始學習充當「走販」之道，也就是充當叫賣小販之道，「開始過著走販的生活方式，先學習怎麼靠著金額很小、價格很低的交易賺錢，而且他從很年輕的時候，就立定志向，要靠著買賣較高價的商品，增加獲利，逐步向前推進」。雷吉納告訴我們，聖戈德里克逐漸積聚到足夠的資金，可以大事拓展業務時，「就開始推動更大膽的路線，經常經由海路，前往鄰近的外國領土，因此經常在蘇格蘭和英國之間來回航行，交易很多潛水用品，還在這些職業中，學到很多俗世間的智慧……最後，他的極度勤勞和愛心，為他帶來豐富的世俗利益」。經過十六年成功的貿易和商業活動後，戈德里克決定散盡家財，成為修士。

我們回頭看阿西西時，會注意到聖法蘭西斯的父親雖然在法國經商成功，卻幾乎可以確定還是出身卑微的人，他在後來的日子裡，要求他所創立的方濟會弟兄，藉著叫他「毫無價值農工」的方式羞辱他，他對這種稱呼會回答說：「對，伯納多內的兒子就是要聽到這樣的稱呼。」看來他父親伯納多內非常可能的是像達蒂尼和戈德里克一樣，在鄉下出生，而且出身卑微，卻能夠先在阿西西，再在法國，賺到大錢。

## 自由窄廊中的經濟發展

比起我們在前一章中所看到的無國家社會與專制國家經濟，我們在中世紀末期的義大利自治城市中，看到的是大不相同的東西，我們看到這些自治城邦，不但讓公民享受更大的安全與自由，不但提供公共服務、不鎮壓和霸凌人民，還提供由受制約國家巨靈所創造完全不同的整套經濟機會和誘因。

繁榮和經濟成長起源於一些基本原則，包括激勵人民投資、實驗和創新的誘因，如果沒有國家機器，這種誘因大致都不會存在，原因不是沒有裁決紛爭的法律，發生衝突時，財產權會得不到保護，就是因為填補無國家真空的規範會扭曲經濟誘因、阻撓經濟活動——以免經濟機會破壞這種社會的本質，因此，任何投資果實都可能遭到偷竊、浪費或分散。專制國家可能強制推行財產權，保護人民的投資，卻經常對課徵高昂稅負，或對獨占資源、留供自己利用的興趣更大，因此在專制國家統治下，經濟誘因經常只比沒有國家的社會稍好一些。

繁榮和經濟成長不僅取決於財產權的安全，也極度依賴普遍的經濟機會；我們偶爾會把這種事情視為理所當然，但實際上並非如此，而且這樣一向不是經濟自然運作的方式，前一章已經討論過這一點。在巨靈並不存在的國家裡，規範牢籠經常表示每一個人的經濟機會都受到限制；在專制國家中，統治者和手下的財產權可能得到保障（其實是受到過度保障，因為他們在任何爭執中，都是獲勝的一方），平民卻並非如此。經濟機會的分配這麼不平等，也不足以支撐經濟繁榮，你需要經濟機會普遍而平等地散布在社會中，這樣擁有優異創新構想或寶貴投資理念的人，才會有機會把自己的想法付諸實施，這是自由的各種面向中，偶爾遭到大家忽視的一個重要層面。請回想一下，宰割可能出自某些人施加在別人身上的壓倒性經濟權力，或是來自規範所施加令人窒息的限制。因此，在經濟領域中，需要用白由敉平競爭場所，消除這些限制，這正是我們在義大利自治城市中看到的社會流動性，無數像達蒂尼和聖法蘭西斯父親那樣的人，從這些機會和機會所創造的自由中，從事投資、建立企業、實驗新構想、推動創新和從「卑微地位」中奮發向上，成為富商。這種由下而上的實驗帶來的社會流動性，就是自由呈現在經濟方面的成果。

這些機會和誘因也需要靠公平的制度支撐，才能解決衝突、執行法律（或像《良善政府的譬喻》中所強調的那樣，推行正義），這樣從而需要國家機器和政治菁英的權力，不會大到可以干預司法，也不打算把情勢扭轉到對他們有利的一面（壁畫中的繩索）。我們在這裡可以看到，受制約的國家巨靈在奠定經濟繁榮的基礎上，扮演了另一種重要的角色，如果國家巨靈沒有受到制約，我們怎麼能夠確保法律會適用在國家機器和政治上的有力人士？所謂的「法治」，也取決於巨靈腳踝上是否銬有腳鐐，這些鐐鑄不只來自憲法和誓言，也像西恩納的壁畫所強調的那樣，植根於社會所抓住的繩索。

一般說來，連創造無限機會、誘因和公平解決衝突的承諾都不夠，如果缺少重要的基礎建設，或是只有少數人，能夠獲得在事業或工作上力爭上游所需的知識技能，那麼機會的分布仍然不平等。因此，公共服務至為重要，原因不只是公共服務可以改善公民生活，讓公民可以利用更好的道路、運河、學校，從管制中受惠，也因為這些東西會支撐無限的機會。這就是義大利自治城市所創造的成就，在為他們有能力建立受到制約的國家巨靈；這就是《良善政府的譬喻》極為妥善解釋的東西。

* * *

熟悉我們舊作《國家為什麼會失敗》的讀者，會看出我們剛剛描述的事情跟本書發展的觀念架構之間，有著極為類似的地方（至少我們沒有完全背離先前的想法）。我們在舊作中提到，如果制度能夠提供無限的機會和誘因，讓人民從事投資、創新和提高生產力，就是「具有廣納性的經濟制度」。我們也強調，只有在能夠防止一小撮人獨占政治權力，又能提高國家執法能力的「廣納性政治制度」支持下，這種經濟制度才能長久存在。我們強調新的創新、科技和組織在維持經濟成長上雖然不可或缺，卻可能破壞既有的秩序（我們稱之為政治上的創造性破壞），因而經常遭到人們排斥。要防止某些有權有勢的人阻礙新科技，從而扼殺經濟發展，最好的保證是確保無論何人何事都沒有足夠的權力，不能這樣做。

從這種角度來看，我們在這裡擴大我們的觀念架構時，是以《國家為什麼會失敗》為基礎。受到制約的國家巨靈，不只是達成廣納性經濟制度所需廣納性政治制度的結果，也極為依賴紅皇后效應，也就是極為依賴社會應付、約束和抑制國家機器與政治菁英的能力。這點突顯了規範的核心角色，亦即規範協助社會推動組織、參與政治，在必要時，協助社會，推動反抗國家機器和菁英的叛亂。但不只制約很重要，同樣重要的是，國家機器必須能夠執法、解決衝突、提供公共服務、支持能夠創造經濟機會和誘因的經濟制度，因此，只要社會控制國家的能力足以跟國家的能力匹敵時，這兩種能力就同樣不可或缺。這裡的另一個新因素是我們強調規範牢籠的鬆綁，這一點起源於我們前一章所說：以規範、傳統和習俗為基礎的限制，可能抑制經濟誘因與機會，需要鬆綁，以便促進經濟發展。這種情形多少可能自然發生，因為人們會設法迴避規範，而且限制最嚴格的規範會失去重要性，但我們在第二章裡討論希臘的狀況時說過，受到制約的國家巨靈會強力促進鬆綁，這種情形突顯國家能力的另一個重要角色，就是鬆綁規範牢籠，為自由創造條件，同時移除不利社會參與政治的妨礙。重要的是，即使規範的其他部分（尤其是社會採取行動、對抗菁英時，跟社會的組織和意願有關的規範）能夠約束國家巨靈，這種情形還是會發生。這種說法重申了我們在第二章雅典人的例子中所見，國家能力和規範的互動有很多面向。

## 惡劣政府的影響

考慮完九人執政團會議室兩面的涵義後，我們要轉向左邊，研究最後一幅壁畫——我們看到的是《惡劣政府的譬喻》，畫中描述的是惡劣政府對經濟的影響。

這幅壁畫的保存不如另外兩幅，但其中的訊息很清楚。主導畫面的是長了獠牙和長角的人物，名字叫做「暴政」（或我們所說的「專制統治」），我們可以看到，在他腳下的是遭到綑綁的「正義」，圍繞他四周的不是寬宏和堅毅等美德，而是虛榮、背叛、殘忍、詐欺和騷亂。左邊遠處可以看到「戰爭」高舉著利劍，「戰爭」旁邊的人代表「分裂」，「分裂」不是拿著刨刀，而是拿著木匠用鋸開東西的鋸子，顯示，撕裂社會、引發戰爭的是分裂。壁畫的背景鮮明地掌握了「暴政」對經濟的影響，背景左邊的城市荒涼殘破，地上散布著一堆堆的岩石，房屋失修，牆壁和陽臺上有不少破洞，有人正在殺人，沒有貿易與商業。鄉下的荒涼和貧窮也清楚可見，突顯了惡劣政府對農村的影響，一支軍隊在廢耕的農田裡大步前進，房屋遭到燒燬，樹木正在枯萎。我們看到的是專制國家對經濟影響的戲劇性描述，也看到對惡劣政府意有所指的苛責。

## 玉米餅的發明經過

受到制約的國家巨靈不僅止於在歐洲創造經濟機會和誘因，另一個歷史例證大約在西元五五百年前，出現在古代墨西哥的瓦哈卡山谷（Valley of Oaxaca）。要瞭解瓦哈卡當時的情況，我們得從墨西哥今天的主食玉米餅開始說起。

人類馴化玉米是美洲長期經濟發展史上的重要時刻，時間大約是西元前五千年或更早。吃玉米的方式很多，你可以烤玉米，再吃玉米棒上的玉米仁，今天墨西哥任何城市的街道上，幾乎都會供應這種美食。你也可以磨碎玉米，吃玉米粥，或是像瓦哈卡大約在西元前五百年時出現的方法那樣，把玉米變成玉米餅。要做玉米餅，你必須把玉米仁磨成玉米粉，再跟水和鹽混在一起，在稱為「comal」的墨西哥式圓形陶瓷烤盤上煎熟，本書相片集插頁中展示了一些現代的圓形烤盤。我們知道玉米餅是在西元前大約五百年時發明的，是因為考古學家發現，第一個圓形陶瓷烤盤那時在瓦哈卡山谷出現。

比起單純拿玉米棒去烤，把玉米變成玉米餅需要花費更多功夫，但卻有著便利運送的好處；製作玉米餅時，只需要保留玉米棒可以吃的部分，丟棄其他部分。為什麼突然之間，我們後來叫做「薩波特克人」（Zapotec）的瓦哈卡谷居民，需要運輸玉米？

答案跟這個山谷的政治史有關。西元一千年前，這個山谷的總人口大約為二千人，而且第一個真正的都會區就在這裡，聖何塞莫戈特（San José Mogote）的人口很可能已經達到一千人，卻迅速面臨比較新的都會區，尤其是東邊附屬這個山谷的特拉科魯拉（Tlacolula）地區的雅貴伊地方（Yeguih），以及南邊附屬瓦耶格蘭德（Valle Grande）地區的聖馬丁蒂爾卡赫特（San Martín Tilcajete）的競爭。有些考古學家確定這三個地方是互相競爭的酋長邦，彼此之間卻有很多的共同文化，都運用閃電、地震和美洲豹人之神（were-jaguar）的象徵，都說我們現在叫做「薩波特克語」的一種衍生語言。薩波特克語似乎源出墨西哥中部主要語言納瓦特爾語（Nahuatl），名稱出自水果馬米果（sapote），意思是「馬米果產地的居民」。現代都市瓦哈卡所在的這三個都會中心之間的土地，當時似乎是無主之地，聳立著比谷地高出四百公尺的阿爾班山（Monte Albán）。

阿爾班山是相當荒涼的地方，沒有天然水源，距離山谷中最好的可耕地很遠，西元前五百年時，似乎是沒有人住的地方。不久之後，聖何塞莫戈特、雅貴伊和聖馬丁蒂爾卡赫特三個社區合力，在山上建立城市，人口迅速達到七千人，成為一個新國家的首都；新國家則是透過一系列定居地和行政中心的整合，統一整個山谷而成。大部分建築物都是在考古學家所說的「阿爾班山一期早期」的早年建成，現在都埋在後來所建的建築物底下；不過，考古挖掘證據清楚顯示，有三個不同的移民區圍繞著城市最初的中央廣場，似乎可以解釋為三個不同社區的人民，移居到不同的移民區。在挖掘水槽留住雨水前的過去期間裡，定居地需要的所有用水，都必須靠人力馱運上山，玉米也一樣，這時就是玉米餅出現的時間。山坡上雖然開闢了一些梯田，卻不足以種植夠七千人吃的食物，更不夠一期晚期移居阿爾班山的一萬七千人食用，因此，食物像飲水一樣，必須辛苦運上山丘，玉米餅搬運起來比較輕鬆。

聖何塞莫戈特、雅貴伊和聖馬丁蒂爾卡赫特公民合創阿爾班山國，是我們在第三章討論過原始國家形成、創設過去所不存在國家的另一個例子。這種情形跟夏卡在祖魯蘭建國的情況不同，跟古老埃及文明在尼羅河谷出現後的建國情況也不同，不是由一位魅力領袖或有力政治菁英團體主宰社會上的其他人，反而明顯地類似雅典或美國的立國，也就是社會已經很強大，能夠限制國家機器和菁英的作為。例如，你可以回想一下，在費城制憲會議和憲法獲得批准後，美國聯邦政府必須決定首都設在哪裡的問題。起初，美國國會在紐約集會，但北方和南方各州之間，為了永久首都所在地的問題，展開競爭，眾人討論過很多選擇——紐約客希望首都留在紐約，南方人希望首都比較接近南方，第一任總統華盛頓贊成折衷，把首都設在波多馬克河畔、離他在上游住所佛蒙山莊（Mount Vernon）不遠的中立地區。一七九〇年，在麥迪遜、漢彌爾頓和傑佛遜等人折衝下，各方達成如華盛頓所願的協議。南方各州一直阻攔一項立法，不讓新創的聯邦政府接管和清償各州積欠的債務，漢彌爾頓卻認為，要建立擁有中央財政制度和有能力舉債的新國家，這一點是關鍵問題。為了交換把首都設在波多馬克河畔由華盛頓所指定地點的協議，南方各州同意聯邦政府接管各州債務，然後首都華盛頓哥倫比亞特區（Washington, D.C.），才在南北兩大對立團體之間妥協的未開發中立地區動工興建。

阿爾班山國所發生的事情，有很多地方可能跟美國的經驗類似，只是我們沒有文字紀錄的歷史可以證明。聖何塞莫戈特、雅貴伊和聖馬丁蒂爾卡赫特的公民，或至少這些地方的菁英，就像麥迪遜和漢彌爾頓那樣，可能體認到創設比較有效率的中央集權國家機器的好處。考古紀錄確實顯示這種事情，創立阿爾班山國後，我們發現衝突的程度降低、燒燬的屋子減少，物體或其他材料表面燒焦污跡的證據也減少。證據顯示，這段建國期間也造成貿易明顯擴張。瓦耶格蘭德地區的一處考古遺址中，有一個長五十五公尺、寬三十八公尺的開放式大型無障礙平臺，平臺四周用大塊岩石圍著，卻不是寺廟，但殘存專業化生產的證據，包括燒壞的陶器、集中在一起的燧石和石英岩碎片、一座石英礦、磨損方式顯示是用來研磨或敲擊的岩石，一支用來造紙的樹皮攪拌拍打棒。事實上，這座平臺幾乎可以確定是市場。

因此，是什麼樣的政治制度，促使阿爾班山國獲得更高水準的和平和經濟專業化？我們通常從考古紀錄、掌權國王的名字和圖像、充滿寶物的墳墓等等，得知早已消失邦國的政治制度；然而，在薩波特克人的遺址中，我們卻看不到這些東西，我們不知道早期的國王是什麼人，甚至不知道他們是否有國王或王朝；如果他們有這種制度，我們也不知道國王或王朝的名字，遺址中沒有精美的墳墓、雕刻或宮殿，似乎沒有權力個人化的跡象。阿爾班山國成立後，薩波特克的科吉科（Cojico）宗教扮演核心的角色。科吉科在薩波特克語言中的意思是「閃電雲雨」，但這個意象並沒有由任何個人掌握或吸收，他們沒有「神王」，在哥倫布發現新大陸前的墨西哥，這種情形不是太不尋常的事情。墨西哥市東北方的特奧蒂瓦坎（Teotihuacán）是個大都市，全盛時期有二十萬人口，同樣沒有能夠指出名字的國王、王家墳墓或宮殿，壁畫中描繪的人看來像菁英時，臉上總是戴著面具。特奧蒂瓦坎並不炫耀權力，看來就像有什麼法律或規範，反對統治者和菁英的宰制——就像國家巨靈受到嚴密拘管一樣。雖然我們不完全知道阿爾班山國或特奧蒂瓦坎設立過什麼樣的政府，卻知道白人征服美洲時，墨西哥有很多國家由議會集體治理，特拉斯卡拉國（Tlaxcalan）就是紀錄很清楚的例子；這個國家在哥倫布發現新大陸前就已經存在，從十四世紀中期開始立國，到西班牙人征服美洲後才滅亡；他們曾經建立過由人民參與式的複雜共和制度，考古證據顯示，薩波特克人可能也是用類似的方式統治。因此，我們可以合理地假設，阿爾班山國的國家機器受到類似的制約。

我們也觀察到，阿爾班山國的制度安排對經濟產生了深遠的良好影響，我們已經指出，這些制度似乎可以促進和平、振興市場，而且證據顯示，貿易也出現重大成長。和前一個時期相比，人們不再興建大型食物儲藏坑，理由可能是可以方便地在市場上買到食物，比較不再那麼需要儲藏。我們也看到房屋的建築品質明顯改善，西元五百年前，房子通常是用抹灰籬笆牆壁蓋的，只有少數房子是石材和泥磚建築；西元前五百年後，後者變成了標準建築。更戲劇化的是，國家成立後，我們看到人口大幅增加；我們已經知道，大約西元前一千年時，整個山谷大約住了二千人，然後停滯在這個水準上，到早期一期為止；阿爾班山國成立後，人口增為七千人，整個山谷的人口似乎已經增加到一萬四千人；後來阿爾班山國的人口增為一萬七千人，整個山谷的人口增加到五萬人以上。雖然阿爾班山國的人口快速增加，聖何塞莫戈特、雅貴伊和聖馬丁蒂爾卡赫特的人口卻似乎不見減少，因此，雖然某些人可能從這些地方，搬遷到阿爾班山國，這些地方的人口卻迅速獲得補充，首都一定也從鄉村人口遷居都會區的趨勢中，得到好處。而且人民的生育率，以及谷外人民移入新國家的潮流，很可能也明顯提高。其他經濟變化包括陶器產量增加、新式陶器的推出、農業行動明顯密集化、栽培面積擴大、灌溉投資第一次出現，所有證據都指向農業生產力和消費增加。

* * *

我們在這一章裡，看到跟權力意志創造的國家大不相同的國家，這種國家當然也和看來虛弱、基本上沒有政治階級的無國家社會大不相同。我們也像第二章中所預測的那樣，看到這種受到制約的早期國家，創造了更多的自由水準，帶來截然不同的經濟機會和誘因，釋出追求繁榮的強大力量。

但是，這種大不相同的國家與社會關係形態從何而來？下一章就要探討這個問題。

# 6 歐洲剪刀

## 歐洲移入自由之路

歐洲是發展出可長可久的受制約國家巨靈，塑造世界近代歷史的例子，西歐和北歐尤其如此。馬其頓帝國擴張之際，雅典受到制約的國家巨靈崩潰；同樣地，西班牙人征服美洲後，薩波特克人的國家也退出自由窄廊，從瓦哈卡山谷中消失無蹤。正如我們所見，歐洲發展出受到社會約制、卻又能力高強的國家，是一個漸進而又痛苦的歷史進程。歐洲的自由、政治與經濟隨著此一進程開始改變，只是當時的人還看不出來。此一進程的開展，最終會帶來自由、改變國家制度的性質，迎來人類史上前所未見的繁榮時期。我們要問，為什麼這一切會在歐洲出現？

答案並不明顯。你回顧歷史，看不出歐洲崛起有什麼明顯的原因。農業並非起源於歐洲，而是先後起源於中東、肥腴月彎和中國；農業在東地中海地區確立不移超過五千年後，才透過中東人民的殖民行動，傳播到歐洲；大約在西元前四千年前後，傳播到英國。同樣地，最早的城鎮不是在歐洲出現，而是在現代伊拉克的底格里斯河和幼發拉底河（兩河流域）出現。我們已經看到，吉爾迦美什難題首先是在烏魯克出現，而不是在英國的阿克斯橋（Uxbridge）出現。對所有的古代大帝國來說，西歐和北歐頂多只是邊緣地區。羅馬人以地中海為中心，締造了複雜的文明，對大部分的西歐和北歐卻興趣缺缺，只有在對抗日耳曼部落時，曾經突入他們視為野蠻人地域、現在屬於德國的某些地區〔不過羅馬人的確征服了現代法國所在的高盧地區（Gaul）和一部分的英國〕。我們一直到非常晚近的歷史中，才看到歐洲踏上世界舞臺。

然而，就像我們在前一章裡所討論的那樣，到了十一世紀，歐洲部分地區已經發展出共和制政府，而且出現規模龐大的經濟榮景。歐洲怎麼走到這一步？這種政府、社會和經濟革命怎麼出現，怎麼為十八、十九世紀期間前所未見的自由崛起、驚人科技和經濟進步鋪平坦途的呢？歐洲到底有什麼優勢？

答案在於一千五百年前發生的一系列獨一無二的歷史事件，在中央權威和平民男性〔可惜不包括女性〕的權力之間，創造了意外的平衡，這種平衡促使歐洲踏上自由之路，在國家和社會的無情競爭過程中，推動紅皇后效應。這種平衡是兩大事件造成的結果：一是五世紀末期，歐洲遭到以民主方式組織、注重人民會議和共識決規範的部落社會接管；二是吸收了羅馬帝國和基督教會留下來的國家制度和政治階級關鍵要素。即使西羅馬帝國在五世紀末葉滅亡，這些遺澤的集中化影響仍然長久綿延。我們可以把這兩大因素視為剪刀的雙臂，單靠任何一隻剪臂都不能把西歐推上新的道路，但把這把歐洲剪刀的雙臂鉸接在一起，就會為受到制約國家巨靈的崛起、為從中釋出的經濟誘因和機會鋪下坦途。

## 議會政治和長髮國王

為了略微瞭解歐洲怎麼設法創造所有這些成就，我們要看辛克馬（Hincmar）怎麼描述西元八八二年舉行的一次會議。辛克馬是法國蘭斯（Rheims）的大主教，他寫了一本書叫做《論宮廷治理之道》（*On the Governance of the Palace*），是特地為西法蘭克（West Francia）國王卡洛曼二世（Carloman II）登基而寫的。法蘭克王國當初是由日耳曼部落創立，卡洛曼二世加冕為王時，王國已經四分五裂。法蘭克人過去曾經跟羅馬人作戰，偶爾也曾經並肩作戰，歷時將近兩個世紀，是西羅馬帝國崩潰的受惠民族之一，在西羅馬帝國滅亡後的歐洲政治發展上，扮演過決定性的角色。

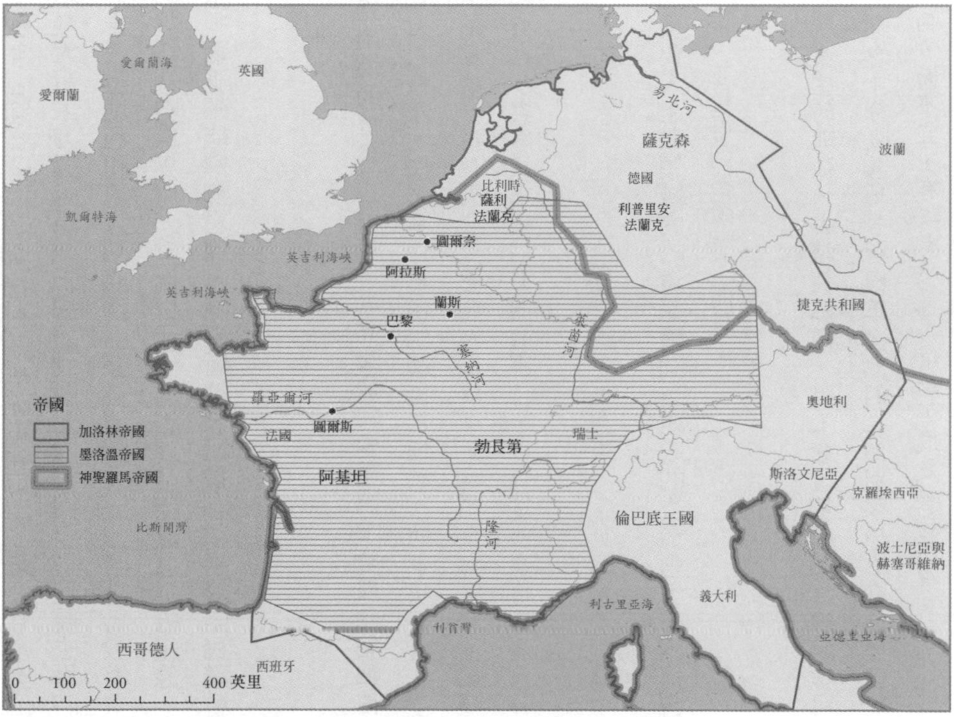

地圖八　法蘭克人的帝國：加洛林帝國、墨洛溫帝國與神聖羅馬帝國疆域。

卡洛曼二世系出加洛林王朝（Carolingian dynasty），加洛林王朝是八世紀初期，由鐵錘查理（Charles Martel）創立，後來他的孫子查理曼大帝大力擴張這個王國。到西元八一四年查理曼去世時，已經統一法蘭西、比利時、荷蘭、德國、瑞士、奧地利和義大利北部（參見地圖八）。辛克馬教導卡洛曼二世統治國家的方式，詳細敘述查理曼同時代人阿德拉德（Adalhardus）對查理曼治國之道的紀錄，以及他所目睹的王國運作狀態。值得注意的是，國王不能肆無忌憚、隨心所欲，而是必須根據人民議會的意願，遂行統治。辛克馬指出：

> 當時遵循每一年召開全民議會不超過兩次的習俗，第一次大會要決定當年剩下時間裡整個國土的狀態，除了同時侵害整個國家的最重大危機外，任何事件都不能改變已經確立的事項。所有重要人物，不論是神職人員還是一般信徒，都會參加這種大會。重要人士與會是為了參與審議，比較低階的人參加，是為了聽取決定，他們偶爾也參與審議跟他們有關的事情，確認這些事情不是出於脅迫，而是經過他們的瞭解和同意。

參與第二種會議的人比較普遍，但由「重要人士和領域內的資深顧問」組成的委員會，在兩種會議中，都扮演重要的角色，「會對國王提出問題，並且得到答覆」，而且：

> 國王經常會像退出委員會的與會人士所希望的那樣，去請教他們。國王會儘量滿足他們的時間要求，長時間跟他們聚在一起，然後，他們會十分友善地告訴國王，他們在個別事項上有什麼發現。他們會坦率陳述他們所討論事項的正反兩方面事宜，有沒有歧見、爭論，或友善的競爭。

例如，「參與委員會」的法蘭克人菁英「希望提出問題時……也可以召喚外人」，國王會利用這種機會，「垂詢來自國境各地的人，以便瞭解他們是否帶來值得考慮的資訊」。的確如此，每位與會人士來參加會議前，「不但會向自己人，也會向陌生人、敵人或朋友，搜集跟任何重要事務有關的資訊」。

辛克馬描述的是日耳曼部落議會政治的精髓，是一種非常特別的參與式政府。查理曼和後來的卡洛曼二世必須遵守這些會議的規則，徵詢（男性）社會各界駁雜的期望，為他們的決定爭取某種程度的共識。出席這種會議的人數顯然會有限制，但查理曼會派出使者，向比較低階的會議，說明有關的發現，以便整個王國都得到照會。這種參與是歐洲之剪的第一隻剪臂。

這種會議起源於法蘭克人的組織方式，最好的說明出自塔西佗（Tacitus）西元九十八年的大作《日耳曼尼亞誌》（*Germania*）。塔西佗是羅馬政治家、公務員和歷史家，他的大作反映了羅馬人對日耳曼人的好奇心。羅馬人曾經慘敗在日耳曼人手下很多次，而且日耳曼人的習俗和制度跟羅馬人極為不同。為了滿足這種好奇心，塔西佗針對日耳曼人的組織和文化，寫出了幾乎等於民族誌般的詳細紀錄。他用下述文字，描述日耳曼人的政治制度：

> 小事只需要由眾酋長之間爭辯即可，大事需要整個社區辯論，但即使平民做出決定，主題還是需要經過眾多酋長事前考慮……議會也有權聽審刑事訴訟，尤其是可能涉及死刑風險的案件……相同的會議選出的各種官員中，有一種是負責在各區和鄉村執法的地方治安官，每位地方治安官都有一百位從人民中選出的評估員協助，充當他的顧問，也加重他所決定事項的權威。

你立刻看出辛克馬的描述澄清了兩種議會相似的地方，一種是政治菁英開會，決定重大議程，另一種是大眾參與的會議。兩種會議都有其他任務，例如致贈年輕男子盾牌和矛，從而公開讓他們變成公民。以他們的領袖而言，

> 他們選擇自己的國王時，是根據他們的尊貴出身，選擇指揮官時，是根據他們的勇武。連國王都沒有絕對或專斷的權力。

凱撒征服高盧時，曾經短暫地渡過萊茵河，他也觀察到，日耳曼人會在戰爭期間開會，選舉領袖，但承平時期卻沒有領袖，只有權力有限的酋長。沒有國王的現象讓若干作家大為困擾，六世紀末葉「都爾的額我略」（Gregory of Tours）撰寫的《法蘭克民族史》（*History of the Franks*），是我們獲得法蘭克人起源和政治發展資訊的主要來源；他引用一本早已佚失書籍中蘇爾比修斯（Sulpicius）說的話，提到「法蘭克人的王者領袖」，但隨即生氣地補充說：「他說『國王』或王者領袖時，我們不確定他們到底是不是國王，或者只是發揮國王的功能。」讓他更惱怒的是，最後蘇爾比修斯看來像在談論法蘭克人的一位國王時，「他卻忘了告訴我們他的名字」。真是的！

塔西佗雖然沒有明說，但是後來變成法蘭克人的人民卻繼承了民眾議會，把這種制度當成自己的政治組織核心。我們在二五〇年至二七五年間，初次聽到他們的名字，當時他們跟阿勒曼尼人和其他日耳曼部落，劫掠羅馬的高盧省，法蘭克人似乎是布魯克特里人（Bructeri）、安普希瓦里人（Ampsivarii）、沙馬維人（Chamavi）、沙圖亞里人（Chattuari）等日耳曼人混合之後建立或創造的集體認同，沒有什麼考古證據能夠說明他們的起源，但是，我們從羅馬的資料來源，可以知道他們在四世紀時，定居在萊

茵河四周，在五世紀初期，曾經為羅馬人作戰（參見地圖八）。西元四百年至五百年間，羅馬在下萊茵的軍事前線崩潰，這片領土改由法蘭克人占領。到五世紀中葉，他們已經向西擴散到遠達法國的阿拉斯（Arras）和圖爾奈，卻仍然分別組織成不同的王國。四五〇年至四八〇年間，以圖爾奈為根據地的王國力量和影響力增加，先由克洛迪奧（Chlodio）統治，然後改由他的兒子墨洛維克（Merovech）統治，墨洛維克建立的墨洛溫（Merovingian）王朝，延續了將近三百年。克洛迪奧和墨洛維克都是帶點神話性質的人。事實上，寓言指出，克洛迪奧的妻子去游泳時，碰到牛頭魚身的海怪奎諾陶（Quinotaur），因而懷了墨洛維克，這種寓言為這個王朝帶來了超自然的正當性。到了墨洛維克的孫子克洛維（Clovis）統治時，法蘭克人在歷史上的焦點變得比較清晰，克洛維是在四八一年登上王座，是法蘭克國的真正開國君王，還大力開疆拓土，到五一一年他去世時，他的王國幾乎已經統一法蘭西全境。

法蘭克王重視頭髮，對長髮十分執著。對男孩來說，留長髮是成年男性的象徵，重要到人們認為未經男孩父母同意，就剪掉男孩的長髮，等於犯了殺害這個男孩的罪。額我略記錄了一個例子，顯示：

> 席爾德貝爾特（Childebert）和洛塔爾（Lothar）派阿卡迪奧斯（Arcadius）去見王后……一手拿著一把剪刀，另一手拿著一把出鞘的劍，阿卡迪奧斯走到王后前面，準備把剪刀和劍都交給王后時說：「仁慈的王后，你的公子、我們的主人，徵詢你對眾王子應該如何處理的意見，你希望他們剪短頭髮活著？還是希望看到他們被殺？……她回答說：「如果他們不能登上寶座，我寧可看到他們死掉，也不願看到他們剪成短髮。」

這些長髮國王和他們有力又有自信的社會，是把墨洛溫、加洛林王朝和其他相關歐洲社會推進自由窄廊的第一隻剪臂，另一隻剪臂來自羅馬帝國。

## 另一隻剪臂

羅馬共和國是在西元前五〇九年，國王盧修斯·蘇佩布（Lucius Tarquinius Superbus）遭到推翻後建立，到西元前二世紀，羅馬共和國必須應付富人、貴族家族，和數量日增羅馬公民之間的嚴重衝突。事實上，西元前四十九年，凱撒宣布自己是獨裁者時，羅馬共和國已經土崩瓦解，但繼承共和國的羅馬帝國要到西元前二十七年、一系列的內戰結束，屋大維（Octavian）登基為「奧古斯都」（Augustus）時才成形。

這時，羅馬在制度化國家方面，幾乎還毫無蹤影。過去羅馬由元老院和軍方統治，在菁英的奴隸和家僕之上，只有少數官僚，雖然從奧古斯都時開始，比較有系統的中央政府出現，目的之一是為了餵養羅馬居民、供應軍隊，但一直到三世紀下半葉，羅馬帝國才發展出真正的官僚化政府。羅馬帝國晚期，中央政府至少雇用了三萬一千個全職有薪公務員，但這個數字可能嚴重低估，因為其中不包括市政官員，我們也沒有這方面的精確資訊。政府的基本單位是省，西元三〇五年，戴克里先（Diocletian）的統治結束時，羅馬帝國一共有一百一十四個省，每個省由省長統治，他們的主要責任是徵稅和司法，他們通常會得到大約一百名公務員襄助。省再串聯起來，變成「省區」（diocese）這個較大單位，由羅馬官員都督（vicarius）治理，省區之上有四個大行政區（praetorian prefect），第一個行政區設在高盧（包括不列顛和西班牙），第二個行政區設在義大利（也包括非洲和巴爾幹半島西部），第三個行政區設在伊利里庫姆（Illyricum），轄下包括希臘、克里特島和巴爾幹半島其餘部分，第四個行政區設在東方的拜占庭。這些大行政區擁有非常大量的職員，公務員的數目多達兩千人，雖然公務員的錄用不是根據考試，但到了羅馬帝國晚期，皇帝狄奧多西（Theodosius）在四三八年編修、查士丁尼（Justinian）皇帝在五二九年編修的偉大羅馬晚期法典中，都提到根據能力和資歷晉升的原則。

約翰・利多斯（利迪安，John Lydus, "Lydian"）留下的紀錄中，有我們所能看到有關這種官僚體系如何運作最好的說明，利迪安出身目前是土耳其阿拉塞席爾市（Ala ehir）、當時叫做費拉德菲亞（Philadelphia）地方的利迪亞（Lydia），錄用他當公務員的人是費拉德菲亞大行政區同鄉人左提克斯（Zoticus）；東方行政區分為兩大主要部門，一個是行政和司法部門，另一個是財政部門。利迪安分派到前一個部門，他的大作《論羅馬國地方行政長官職務》（On the Magistracies of the Roman State）列出這個部門高級官員的職稱：首長（princeps officii）、副首長（cornicularius）、助理（adiutor）、書記長（commentariensis）、書記官（abactis）、幕僚長（cura epistularum）和資深官員（regendarius）。事實上，在後來由查士丁尼法典修正的一項三八四年的法律中，說明當時的官僚體系模式包括四百四十三個職位，再依據資歷，分為十八類。

判決書記官（Scrinium exceptorum）包括：

一位二等官階長官，是整個體系（schola）中的最高階長官。

一位三等官階長官，是整個摘錄部門的行政首長。

兩位官員管轄二百個三等和四等官員。

一位首長管轄一百個手下的器械部門。

兩位祕書處官員。

三十六位摘錄員構成第一級職員。

利迪安就這樣繼續描述另外十九類官員。他從五一一年起進入官場，最初的官職是中階書記官。

正如利迪安所說，這種官僚體系依據一套複雜的「習俗、形式和語言」運作，成員穿著起源於軍隊制服的「獨特官服」，要負責處理法規、程序和「註冊、權狀和稅捐」。利迪安也熱心地指出，官僚體系具有團隊精神，還有跟「平民百姓」不同的認同。語言文字特別重要，只有跟皇帝關係最密切的宮廷官僚，可以使用「上天賜予的文字」；這是一種限制使用的特殊文字，採用這種文字的目的是防止造假，因為這種文字極為難以偽造。利迪安詳細敘述人民必須遵守的各種官僚程序，例如，所有呈交大行政區長官法庭的東西，都必須摘述兩次，一次是祕書處官員摘述，另一次由最高階的司法官員人員長（personalium）摘述，利迪安肯定這種程序攸關政府的順利運作，例如可以防止詐欺和滅失，他指出：「我自己對這種事記得清清楚楚，雖然舉行過聽證會，卻找不到跟這個案子有關的交易，但人稱『人員長』的長官到庭後，案子就得以重新審查。」

利迪安描述的是規則明確、在複雜的法律體系中運作的複雜官僚體系，這種體系當然不能免於個人的影響，而且不完全依照規則的規定運作。利迪安自己就不完全是靠能力得到工作，而是靠費拉德菲亞同鄉左提克斯的提攜。此外，很多高級職位會保留給菁英，尤其是出身元老院階級的人，而且其中確實有貪腐的情事存在。雖然有這些問題，但羅馬人至少創設了一個有著複雜結構和領土組織的官僚化國家。這種世俗制度和教會的階級並行不悖，教會在法蘭克人跟羅馬互動時，已經和政治制度融合在一起。

## 結合兩隻剪臂

法蘭克人的早期歷史中，充滿了努力結合日耳曼部落由下而上的政治傳統、和羅馬人國家制度的辛苦奮鬥。克洛維登基時，還不確定這兩隻剪臂是否能夠鉸合在一起。

要把穩定的政治階級加在法蘭克人身上是一大挑戰，額我略回想起克洛維在一次劫掠後，對一口大水壺容器十分動容，就問手下：「我雄壯威武的掠奪高手啊，我請你們考慮一下，讓我超出應得的份額，把這個水壺送給我。」他一位手下的答覆是抽出斧頭，把容器砍成兩半，然後大聲宣稱：「你只能得到這個戰利品應得的部分！」克洛維最後報復了這位士兵。但是，這件事突顯這支戰鬥部隊公平、沒有階級的精神，這是法蘭克人議會政治的基礎之一，也是中央集權化的重大妨礙。

法蘭克人建國過程中的一個重大步驟，是征服羅馬最後一個次級省份蘇瓦松省（Soissons），克洛維接收羅馬人的制度，而且似乎還聘用羅馬人的官員。接著，克洛維採取高明的行動，藉著改信基督教，把兩隻剪臂鉸合在一起；他不僅自己改宗，還帶著他的軍隊一起改信基督教。從那天起，克洛維可以訴諸教會的階級，施用在墨洛溫王朝中，然後他巡行宣稱自己為皇帝，照額我略的描述，在都爾舉行的加冕典禮場景非常羅馬化：

> 他穿著紫袍，披著軍用披風，在聖馬丁教堂為自己戴上王冠，再騎著自己的馬出去，親手向到場的人民大灑金幣和銀幣……從那天起，大家都叫他領袖或奧古斯都。

日耳曼部隊領袖不會穿紫袍，也不會自稱奧古斯都，但克洛維就是這樣做，這一來，就把議會和日耳曼部落由下而上規範構成的剪臂，跟羅馬中央化國家機器模式構成的剪臂，結合為一，形成一加一大於二的東西。克洛維從羅馬和基督教會得到的官僚組織藍圖，融入日耳曼部落截然不同的政治與規範，這種結合把墨洛溫王朝送上自由窄廊的入口。

除了穿紫袍外，羅馬的遺澤也表現在羅馬時代基本行政單位——城市和周遭地區——的存續上，統治城市的墨洛溫王朝高官叫做「comes」，字面意思是夥伴，但經常翻譯成「子爵」（count）。這個職位採自羅馬時代晚期的市伴（comites civitatis），職責似乎也是緊密模仿羅馬的市伴，必須解決法律糾紛、執行法律、指揮軍事單位。「夥伴」管轄的次級官員叫做「百夫長」（centenarii），這個名稱也是起源於羅馬時代；百夫長管理的單位叫做「百戶」，百戶的起源可能是由一群日耳曼戰士構成、自行選擇領袖的日耳曼軍隊，但就像羅馬的領土制度一樣，當選的戰士領袖變成法蘭克人國家的官員。

克洛維出任皇帝後採取多種決定性的行動，其中一種行動是頒布新法典《薩利克法》（Salic Law），本書的相片集插頁中，刊有一張墨洛溫時代倖存下來的法典照片。克洛維是薩利法蘭克人（Salian Franks），跟東邊很遠處的利普里安法蘭克人（Ripuarian）差異很大。薩利法把現有管制無國家法蘭克人行為的規範正式化，這些規範包括管制世仇的複雜法規，克洛維希望把這些規定法制化，最後把這些規定納入他新創立的中央化國家控制中。從這一點來看，薩利法的第一條意義重大，條文指出：「如果有人依據國王的法律，獲召參加「事情」（Thing），卻沒有到場，須罰款六百第納流斯（denarius），也就是十五索利都斯（solidius）。此處的「事情」是古體文字的「議會」。克洛維要做的第一件事是確保人們出席。就法律的制定而言，有一個倖存的序言說得特別清楚：

在天神的幫助下，法蘭克人和他們的貴族同感欣喜，同意應該禁止所有的爭吵升高，以便維持他們之間對和平的熱切之情……因此，四名男性從眾人當中獲選，脫穎而出。他們的名字是威索加斯（Wisogast）、阿羅加斯（Arogast）、薩里加斯（Salegast）和威多加斯（Widogast），他們出身萊茵河以外的凡人世界（Bothem）、尊神世界（Salehem）和畜生世界（Widohem）[1]。他們同來參加三種法律會議，慎重討論起源和案例，對每個案子做出如下判決。

因此，薩利克法雖然是由克洛維推出，卻不是他強加在社會之上，甚至不是由他制定，而是由四位立法尊者和三種立法議會制定。

威索加斯、阿羅加斯、薩里加斯和威多加斯四位立法尊者必須處理所有的常見問題，包括經常性的「爭吵」，因此，《薩利克法》〈第十七章有關傷害專章〉規定：

一、凡是意圖殺害別人未遂者，處以罰款二千五百第納流斯。
二、凡是意圖以毒箭射擊別人，毒箭擦身而過，事證俱全者，處以罰款二千五百第納流斯。
三、凡是攻擊別人頭部，導致腦部露出、腦部上方三支骨頭突出者，處以罰款一千二百第納流斯。
四、但如傷口介於肋骨之間或在胃部之內，以致傷口外露，及於內臟，處以罰款一千二百第納流斯。

1【譯註】法蘭克人有三個世界：人道、神道、畜道。四名男性應指神人。

五、任何人攻擊他人，以致血液流到地上，而且事證俱全者，處以罰款六百第納流斯。

六、但如自由人以拳頭攻擊另一自由人，未至流血者，每一拳——至多三拳——處以罰款一百二十第納流斯。

此一法典也涵蓋跟仇怨有關，尤其是跟侮辱有關的其他領域，因此，罵別人是狐狸或兔子的誹謗是違法行為。法典也規範法蘭克人和羅馬人之間的關係，卻清楚顯示誰才是老大，例如，〈第十四章有關攻擊與搶劫專章〉規定：

一、任何人如攻擊與搶劫自由人，而且事證俱全者，處以罰款二千五百第納流斯或六十三索利都斯。

二、如羅馬人搶劫薩利法蘭克人，判決如上法。

三、但如薩利法蘭克人搶劫羅馬人，處以罰款三十五索利都斯。

顯然羅馬人搶劫法蘭克人的遭遇比法蘭克人搶劫羅馬人糟糕，羅馬人和法蘭克人待遇不同，顯示法蘭克人雖然有法律，卻沒有「法律之前人人平等」的觀念和做法，法律並非一視同仁地對待每一個人。在受到制約國家巨靈統治下，這種至關緊要的法律特性要等紅皇后開始運作後，才會慢慢出現。

薩利克法不像羅馬法，比較像古代雅典先由杜雷科開始、然後梭倫繼起，把現有規範編纂、規範和強化的做法，但在這種過程中，法律也把衝突的解決，納入國家的職權範圍中。到了六世紀末年，立法決定性的轉為更偏向羅馬法，納入狄奧多西法典的要素。薩利克法為羅馬國家結構跟法蘭克人的規範與政治制度融合為一，踏出了另一步。

到了查理曼統治時，薩利克法制定方式的重要性就顯而易見。查理曼藉著在西元八百年聖誕節那天，在羅馬自行加冕為皇帝，把自己跟羅馬的關係，推升到最高峰。但是，查理曼在處理自己和法蘭克人民的關係時，做法卻不像羅馬皇帝。限制克洛維統治的相同議會、習俗和期望，也拘限住查理曼。七八九年在雷根斯堡（Regensburg）發布的兩份皇家敕令指出，國家的代理人濫用權力，國王收到的民怨顯示，「他們的法律沒有維持好」；這句話中強調「他們的法律」至關緊要，顯示法律是人民的法律，不是國王的法律，國王的職責是執法。事實上，「如果子爵或外官或任何人做了這種事，就要向國王報告，因為國王希望用最圓滿的方式，改正這種事情」；這裡的外官指「派到外面」、負責各省和中央宮廷聯絡的皇家代理人。

自由方面的表現如何？雖然克洛維和查理曼領導的國家已經進入自由窄廊，我們在他們的帝國裡，卻沒有看到很多自由勃興的跡象。這段時間是動盪不安的歲月，很少人覺得自己有點安全、能夠免於暴力侵害。克洛維的手下是戰士，在法蘭克人當中，軍事方面的規範強而有力，從議會致贈年輕法蘭克人矛與盾，作為賦予公民身分的事實中，可以看出來。法蘭克人也仍然牢牢受到規範牢籠、習俗、傳統和實際做法的綑綁，所有人的經濟和社會行為因此受到嚴格限制，尤其是因為法蘭克人社會中，還有很多宗教和文化上的禁忌，以及清楚的社會階級制度，男人和女人可以自願獻身為奴，跟我們在第一章中看到的非洲社會沒有兩樣，但在梭倫的改革後，在希臘社會中已經消失的奴隸制度，在法蘭克人社會中仍然很常見。司法過程中，利用刑求取得自白的現象是家常便飯。像我們摘述的薩利克法法條中所見的一樣，結仇打鬥也仍然很流行。然而，這些社會在自由窄廊中立足後，還是會啟動逐漸改變所有這一切的過程。

## 不聯合的王國

法蘭克人設法統一西歐之際，英法海峽方面卻出現一個非常不統一的王國。西羅馬帝國在不列顛崩潰得最徹底，貨幣、文字和車輪消失無蹤，城市遭到廢棄。原本是羅馬人主要都會中心的約克城（York）在五世紀時，恢復為一片沼澤地。這段期間裡的考古證據顯示，這裡有著活在高草和蘆葦中的甲蟲化石，我們也發現了接管約克城的田鼠、水鼠、類似老鼠的鼩鼱和沫蟬的遺跡。這些鳥獸蟲魚不是我們所僅見新來後到的東西，從歐洲大陸，尤其是從日耳曼和斯堪地那維亞半島南部的居民，也移入英倫三島，他們就是八世紀歷史學家聖比德（Venerable Bedeas）所說的「盎格魯人、撒克遜人和朱特人」移民，他們和羅馬帝國轄下不列顛地方的倖存者，以及來自愛爾蘭和蘇格蘭的凱爾特族等地方其他移民，在這裡形成不穩定、又互相競爭的眾多政體，其中很多政體今天變成只是英國郡縣的名稱，肯特郡就是一個例子。然而，這些政體逐漸合併，到七九六年，麥西亞王國（Mercia）的奧法王（Offa）去世時，只有四個政體還存在，包括南部的威塞克斯（Wessex）、東部的東盎格利亞（East Anglia）、橫跨中部的麥西亞，北部則是諾桑比亞（Northumbria）（參見地圖九）。

西元八七一年，二十二歲的艾佛瑞（Alfred）大帝繼承兄長埃塞爾雷德（Aethelred），即位為威塞克斯國王，他的繼承很可能得到盎格魯撒克遜議會的同意。根據艾恩撒姆（Eynsham）地方艾弗利克（Ælfric）修道院長的說法：

> 任何人不能自行加冕為王，但可以選擇他們中意的人為王；然而，他被人奉為神聖的國王後，他就可以宰制人民。

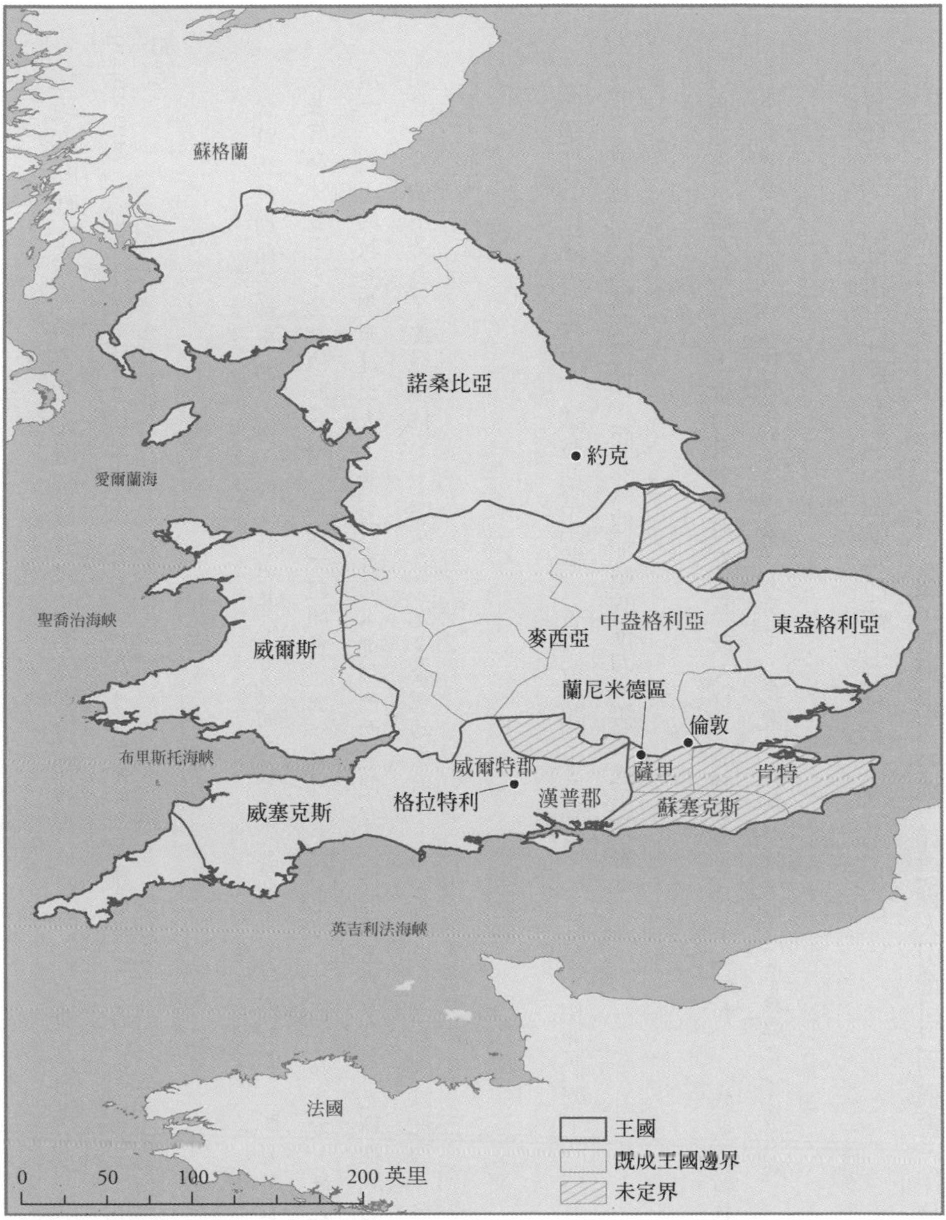


地圖九　不聯合的不列顛：九世紀期間的眾王國。

這段期間裡，對盎格魯撒克遜議會最好的描述出自蘭姆齊（Ramsey）地方的修士伯費爾特（Byrhtferth），他用下述文字，描述九七三年艾德加國王（Edgar，又稱和平王）在巴斯（Bath）的第二次加冕：

> 當時這段期間是神聖的季節，大主教與其他著名的主教、光榮的男女修道院長、所有郡長、地方長官和法官……全都依照習俗，聚在一起開會。從「太陽升起的東方、從西方和北方、從大海之濱」，國王的敕令都布達出去，要求所有的人都到他面前開會。他的國土轄下這群光輝燦爛的群眾開會，目的不是為了要罷黜他……而是為了完全合理的原因……就是尊貴的主教應該祝福、祝禱、祝聖，奉他為聖王。

這份絕佳的紀錄清楚指出，議會通常由負責各郡行政的王室高官——郡長，和他們轄下的地方長官等人構成，擁有可以罷黜艾德加、而非為他加冕的權力。接著國王宣誓：

> 我首先承諾我轄下的上帝的教會和所有基督教人口，隨時都會保持真正的和平。我也承諾我會禁止所有階層人民的竊盜和所有形態的惡行；第三，我做所有判斷時，會以正義與寬容為依歸。

宣誓後不久，鄧斯坦（Dunstan）主教就為他戴上王冠。

王冠是不列顛從日耳曼引進的羅馬王權象徵，但更重要的是，薩克森人引進自己的議會，作為盎格魯撒克遜議會的基礎。聖比德在大作《英吉利教會史》（*Ecclesiastical History of the English People*）中指出：

古薩克森沒有國王，而是由幾位領主管理國家，戰爭迫在眉睫時，這些領主會公正無私的抽籤，聽從中籤的人指揮，所有的人在戰爭期間都服從他，但戰爭一結束，這些領主會恢復平等地位。

除了這些直接影響外，盎格魯撒克遜領袖會到歐洲遊歷，隨意借用他們碰到的制度模式，艾佛瑞大帝甚至有一位加洛林王朝的顧問，名叫聖伯廷的葛林柏德（Grimbald of Saint-Bertin）。蘭姆齊的伯費爾特提到，九六五年舉行的另一次議會，除了「所有重要的領袖、傑出的郡長、所有自治鎮、城鎮和領地有權有勢的大鄉紳外，還有無數的民眾」參加。

艾佛瑞大帝登基為王時非常忙碌，根據他主持編修的《盎格魯撒克遜編年史》（*Anglo-saxon Chronicle*），不列顛群島從八六五年起，就被這本編年史中所說的「異教徒大軍」占領，這支軍隊以丹麥人為主，是斯堪地那維亞半島人組成的龐大武力，他們不只是來劫掠，還征服了這個島嶼。他們在不列顛四個王國之間橫衝直撞時，艾佛瑞大帝的軍隊已經跟他們交戰過很多次，遭到一系列的挫敗，艾佛瑞大帝可能被迫賠款，才能讓丹麥人離開。到八七八年，四個王國中的三個已經遭到丹麥人征服，剩下威塞克斯一國岌岌可危。然而，到了這一年夏天，艾佛瑞大帝重整部隊，在現在叫做威爾特郡（Wiltshire）的艾德靈頓（Edlington）之戰中（參見地圖九），重重挫敗丹麥王古思倫（Guthrum）指揮的半數異教徒大軍，促成威塞克斯和古思倫簽訂和約，造成丹麥人退回丹麥法（Danelaw）疆域（即實施丹麥人法律的領土），大致上就是退回過去東盎格利亞、諾桑比亞兩個王國和麥西亞王國東部。相對的和平讓艾佛瑞大帝可以整頓自己的王國，推動稅務與軍事合理化，在建國過程中再向前推進一步。他的繼承人兒子「長者愛德華」和三個孫子埃塞爾雷德、艾德蒙和埃德雷德（Eadred）逐漸征服這個斯堪地那維亞人的王國，埃德雷德最後在九五四年，把約克的最後一個斯堪地那維亞國王血斧艾力克（Eric Bloodaxe）趕走，統一英格蘭。

我們從這個時期開始，擁有議會性質與行動的詳細證據。我們發現威塞克斯在九九二年，對丹麥人發動軍事遠征，後來由「國王和他手下的所有議員」，負責跟丹麥人簽訂條約。《盎格魯撒克遜編年史》中，記錄了「國王召集所有議員開會」後，討論防禦措施。但是，盎格魯撒克遜議會不僅討論防禦和軍事事務，也負責立法。埃塞爾雷德國王統治時期留下的主要法律文件指出：「所有這一切都是在格拉特利（Grately）召開的議會大會中商定，大主教伍夫海姆（Wulfhelm）和所有貴族與議員，都出席埃塞爾雷德國王召集的會議。」現存八九九年至一〇二二年間的二十二項法律中，有十九項包括類似的條文。雖然伯費爾特說「無數的民眾」與會，但實際情形就像法蘭克人的王國那樣，能夠參加這種會議的人相當少。然而，盎格魯撒克遜人就像弗朗西亞那樣，有系統地致力於擴大諮詢和傳播決策。我們知道艾德加王統治期間，「撰寫很多跟這件事有關的文件，送去給埃塞爾菲爾（Ælfhere）郡長和埃塞爾外因（Æthelwine）郡長，由他們向各方發送，好讓窮人和富人都知道這種措施」。這些議會和他們協助制定和立法的法律，構成了自由窄廊的兩大重要制度特點，即英國國會和國王須受法律拘束觀念的基礎。

艾佛瑞國王的法條讓人想起杜雷科所制定法律殘存的片段，也想起克洛維的薩利克法。一方面，這些法條代表從沒有國家的社會轉型為國家權威集中化的狀態，衝突和爭執不再靠著復仇解決。另一方面，這也表示要運用和強化既有的規範，而不是予以否定。因此這些法條花了相當多的時間，把懲罰制度化，以便阻止仇怨爆發和升高。這些法條開宗明義就指出：

然後，身為西薩克森人艾佛瑞國王的我，把這些法條示知我所有的議員，他們再度動用盎格魯撒克遜議會的角色，宣稱法條得到所有人的批准。

這些法律中的核心觀念是撫卹金。撫卹金假設一個人如果遭到殺害，生命應該值多少錢，償付撫卹金的目的是停止結仇。例如，第十條規定：「任何人跟撫卹金為一千二百先令的他人妻子睡覺，必須賠償丈夫一百二十先令；跟撫卹金為六百先令的他人妻子睡覺，仍然必須賠償丈夫一百先令；跟平民的妻子睡覺，必須賠償四十先令。」因此，像郡長這樣地位較高的人，撫卹金就比較高，而且這種地位會影響其他違法行為的處理。就像阿爾巴尼亞的《卡農法典》一樣，如果有人在以仇怨為基礎的社會中受到冤屈，他的親戚必須負責報仇，冤屈則是集體責任。第三十條規定：「凡是沒有父系親戚的人在打鬥中殺人，如果他有母系親戚，母系親戚必須賠償三分之一的撫卹金，他的同夥必須賠償三分之一，他個人必須負責剩下的三分之一。」

其他法條概述了怎麼不靠結仇，處理特定的衝突。

我們進一步宣布，如果有人的領主遭到攻擊，他可以代表自己的領主戰鬥，不必為仇殺負責。

而且：

如果有人發現，有人跟自己結婚的妻子閉門共處，或是睡在同一張毯子下，他可以打鬥，不必為仇殺負責。

這些法規也為身體不同部位、手指、腳趾、眼睛、下巴的傷損和喪失，推出詳細的罰款規定。

但是，艾佛瑞國王的法條跟《卡農法典》的類似之處，反而沒有兩者之間的差異那麼大。艾佛瑞國王不僅把現有解決紛爭的規範條文化和合理化，也把這些法規，納入新出現國家的權威之下管理（請回想一下，阿爾巴尼亞的《卡農法典》沒有寫成文字，甚至到二十世紀初期才記錄下來）。這種情形具有重大意義，其中原因至少有兩個：第一，這些法規強調這種仇怨跟沒有國家權威之環境中的仇怨不同，也強調開啟由國家管理解決衝突程序的先河。一旦國王的法律主張各種衝突如何如何解決，下一步就是國家開始負責解決，這一點正是艾佛瑞國王之後終於發生的事情。第二，法律再度提醒我們，身為領袖的艾佛瑞受到現有制度和規範的約束，而不大像是他把自己的法律強加在社會上，因為他一直跟社會和議會合作，致力於把現有的規範合理化。這一點在艾德加國王在巴斯的加冕典禮上，承諾要根據正義和寬容做出判斷的誓詞中，說明得很清楚，這項誓詞也形成現代英國加冕典禮的基礎。在艾佛瑞死後的英格蘭重要時刻上，尤其是在「無準備者埃塞爾雷德國王」（Athelred the Unready）、克努特大帝（Cnut）和「懺悔者愛德華國王」（Edward the Confessor）統治期間，這一點更是清楚可見。埃塞爾雷德在軍事上，多次慘敗在丹麥人手中，還逃到法國的諾曼地避難；後代所記得的關於他的事蹟，無非是「所有議員都在英格蘭」，跟他談好（回國恢復王位）的條件，以及涉及他的法律改革和行為，顯然都要由議會負責推行。

英國歷史學家法蘭克．史丹頓（Frank Stenton）爵士指出，這是具有「重大憲政意義」的時刻，「因為這是英國國王和臣子之間，第一份有紀錄可查的協議」。但這樣做其實是延續了盎格魯撒克遜和日耳曼的政治規範，而非是與過去斷絕。事實上，一〇一六年，盎格魯撒克遜議會接受丹麥國王克努特

（Cnut）大帝為國王時，也跟他達成了類似的憲政協議。一〇四一年，也流亡在外的愛德華從諾曼地回國，「全英國的大鄉紳」到他登陸的漢普郡海岸的赫斯特岬（Hurst Head）接他時，就曾經告訴他，他必須發誓維持克努特的法律，他們才能接受他為王。

## 一〇六六年的一切

一〇六六年，「征服者」威廉（William the Conqueror）和他的諾曼軍隊入侵，在蘇塞克斯（Sussex）的哈斯丁斯（Hastings）之戰中，徹底擊敗英軍，殺死英軍領袖哈羅德·高文森（Harold Godwinson）。威廉廢除盎格魯撒克遜的貴族制度，推行已故法國加洛林王朝國王創造的封建制度；為了消除異議，他宣稱自己是英格蘭的合法國王，因為據說懺悔者愛德華在流亡諾曼地期間，指定他為繼承人。我們在書中的相片集插頁中，我們放了一張貝葉掛毯（Bayeux Tapestry）上的一個場景；貝葉掛毯是由諾曼宮廷的婦女編織，用來慶祝一〇六六年的作品，掛毯上的某一段織的是愛德華把王國贈與威廉的場景。因此，威廉最早的行動包括重新確認愛德華的法規；但是這樣做時，也重申了征服者威廉來到英國前就已經存在的枷鎖，確保了兩個政權的延續性。

封建秩序是由法國的諾曼人先採用，再由威廉出口到英格蘭的制度，是查理曼死後法蘭克人的國家分崩離析的結果；中央的國家機器在面對地方領主的勢力時，遭到削弱，以一系列階級關係為基礎的新國家結構出現。所有的土地至少在原則上，屬於國王擁有，國王再以采邑的形式，分封給封臣，換取他們的「諮詢議會和援助」，尤其是軍事上的援助。一〇八六年，威廉進行全國土地大普查，登錄他新疆域資產的時候，英格蘭共有八百四十六位「首要租戶」，都是威廉的一等封臣，這些人再進行所謂的

「分封」，把土地賜給較低階的封臣，形成階層性的「諮詢和援助」關係。因此，如果威廉需要軍事服役的援助，或可能需要金援時，他首先會找他的首要租戶，再由首要租戶去找他們分封的人，這樣一路找下去。封建組織會強化菁英，尤其是會強化貴族，削弱平民參與政治的能力。例如，反對懺悔者愛德華從法國回國此等公開反對國王的事情，現在就變成不可能，因為這樣做會構成背棄封建誓言。這樣或許會變成踏出自由窄廊的問題吧？但是，在議會基礎根深柢固的情況下，沒有人能夠輕易地拋棄社會的政治參與。

在提供「諮詢和援助」的要求下，議會的影響力很快地就重新創造出來。英格蘭的議會像日耳曼的議會政治那樣，涉及國王和僧俗兩界主要菁英之間，以及在若干大為擴大的解釋下，涵蓋社會各界的會議。此外，封臣提供議會的義務變成跟提供建議的權利之間，沒有太大的差別；根據威廉掌權前批准的舊政府制度下，動用這種權利時，尤其如此。自由人獲得徵詢的潛在權利也仍然存在，到一一五四年，征服者威廉的曾孫亨利二世登基、開始統治時，很多因素匯合在一起，使議會在制約新出現的國家機器上，變得更有力，在約束國家和法律制度的互動方式上，尤其如此。

法律從威廉統治初始就處於轉型期，克洛維和艾佛瑞的法律有一個值得注意的特點，就是規定犯過者要賠償受害者，而非受到國家的懲罰，遭到徒刑判決或對國家繳交罰金。在艾佛瑞制定的法律中，如果你擊打別人的耳朵，你必須繳納三十先令的罰金（「如果造成聽力喪失」，要繳納六十先令）。但是，這筆錢不是你繳納給國家的罰金，而是賠償耳朵遭到你擊打的人。威廉統治英格蘭時，曾經推動罰款要繳給國家運動。最著名的例子是無頭殺人罪的罰款，就是在諾曼人遭到殺害，社區交不出罪犯時，整個社區（通常是一個「百戶」或村莊）會遭到罰款。十家聯保是一種相關的制度，十家聯保是由十或十二位男性組成並宣誓要維持法律的團體，他們必須負責抓捕和提交團體中的任何一位犯罪行為人。如果犯罪行為發生在特定社區，又沒有抓到犯人，那麼整個社區可能遭到罰款。這種制度經常叫做「十家聯保」，參與聯保的人實際上會變成地方上的執法人員。

責任和懲罰集體化的概念很可能出自報仇的規矩，這種規矩認定一群通常是親屬的人，要負責為含冤者受屈報仇雪恨。但是，把責任放在親屬團體上，和放在以地理為基礎的鄉村社區上，兩者之間有著非常大的差別；碰到這種事情在規範牢籠上的涵義時，尤其如此。事實上，威廉取消了報仇的合法權利，還進一步設法阻止親屬團體和部族自行伸張正義，從事仇殺行為。後果之一是親屬關係的解體。法國研究封建制度的歷史學家馬克・布羅克（Marc Bloch）指出，在這段期間：

> 不久以前，親屬關係還很龐大，後來慢慢由非常像我們今天小家庭的團體所取代。

這點開始表現在取名字的做法上；諾曼人時代初期，人們可能只有一個單名，而且名字經常和比較廣大的親屬團體或部族有關；到了十二世紀，人們開始加上某個姓氏，這種事起初只是個人的決定，似乎起源於貴族階級，再蔓延到社會上。非貴族者經常取跟匠師職業有關的姓氏，如史密斯（Smith，即鐵匠）、貝克（Baker，即麵包師）或庫柏（Cooper，即箍桶匠），以便反映他們的職業。布羅克強調國家在這種過程中的角色時表示：

> 今天男性常見的姓經常沒有團結的意味，不是依據親屬關係的精神創造出來的，而是依據最根本反對這種精神的主權國家制度創造出來的。

國家重新界定社會的本質，在這樣的過程中，慢慢化解了對行為、義務和社會階級的重重限制。法律的性質換了一種跟亨利二世統治時截然不同的新面貌，亨利二世的前任史蒂芬統治期間，英格蘭一直受困於繼承糾紛和內戰，亨利需要重建國家，希望收復蘇格蘭、威爾斯、尤其是法國的失土。此外，他希望協助維持在聖地建立的十字軍國家。這些事情在在都需要錢，於是到了一一六六年，他對營業收入和動產課稅。到當時為止，國王都靠自己土地上的收入、封建稅費，和司法行動規費過日子。新稅項具有爭議性，亨利是在大主教、主教和他的法國封地裡的大亨會議中，「得到議會和所有人的同意下」開徵新稅。像這樣對每一個人課稅一事，亨利需要得到社會的同意。

亨利開始加稅之際，也實施了一系列的司法改革，大大提高了皇家政府在司法制度方面的權力。最著名的做法是，大約在一一七六年前後創設巡迴法庭的制度；這種制度的做法是派出擁有廣泛授權的皇家巡迴法官，巡迴國內，判決不同形態的案件。但是，亨利的改革也引發了「紅皇后效應」：社會開始用新的方式，參與衝突的解決，因為法官現在必須創設一種叫做「巡迴審判」的法院，召集十二位「守法的人」幫忙。一一六六年的《克拉倫登詔令》（Assize of Clarendon）已經預測到這種事，這項法令規定：

> 每個郡和每個百戶進行審訊時，都必須透過百戶中十二位比較守法的人，並透過每個村莊中四位比較守法的人進行，他們必須宣誓自己會說出真相，無論他們的百戶或村莊裡，是否有人遭到指控或明顯涉嫌強盜、兇手或小偷，或是遭到搶劫、謀殺或盜竊。

這一點在建立陪審團制度上具有重大意義，即使這種做法大致上在有「十家聯保」制度中早已經出現若干端倪，還是一樣重要。這件事之所以值得注意還有一個原因，就是強調判定罪名時，必須依靠證據的搜集。巡迴審判尚未賦予「陪審團」宣布有罪或無罪的權力，只是要陪審團提供資訊，判決權還要期諸來日。

由「同儕陪審團」審判的觀念，後來成為新出現英格蘭「民法」的關鍵部分；跟亨利二世改革有關的另一個主要部分，是法律由法官制定的觀念。法官裁決案了時，必須解釋現有的法律，然而，既有的法律卻含含糊糊，又經常海闊天空，沒有什麼限制。法官的裁決為法律應該如何解釋，定出了前例，這些案例本身變成了新法律的基礎。這種自主權的出現後來演變成英格蘭的一種法律專業，他們的裁決加在一起後，變成了英國民法；這一點在解決衝突新方法的發展上，是另一個重要的步驟，確保統治者不能把武斷的法律，強加在社會頭上，因為透過法律專業運作的規範會約束統治者。紅皇后現在開始行動，產生更大的影響。其中一個影響是法律專業的權威升高，就是往法律之前人人平等踏出重要的一步；也表示法律可以適用於每一個人，甚至適用於國王。另一個影響在於，這賦予法律專業有權做出鬆動規範牢籠的判決，對抗最具限制性也最不符合法律精神的慣習。如同我們接下來所見，這種力量在封建制度的瓦解過程中，將會最明顯地展現出來。

「法律之前人人平等」的想法打進了人民心裡的現象，於亨利二世的巡迴法官理察・費茲尼格爾（Richard FitzNigel）在一一八〇年的大作《關於英國財政的對話》（*Dialogue Concerning the Exchequer*）中，清楚地顯現出來：

> 森林自有法律，據說森林的法律不是以本國的民法為基礎，而是以國王武斷的敕令為基礎；因此，符合森林法的東西，不能稱為絕對「公正」，只能稱為根據森林法而來的「公正」。

國王可以制定法律，但這種法律只是「武斷」的法律，而非「公正的」法律！

我們退後一步，就可以看出這些措施——從貴族控制的地方法院中，奪走司法權威，就是一個例子——在強化中央政府、犧牲社會上，扮演了決定性的角色。然而，這種中央化的過程仍然有兩種重大的限制：第一種限制是亨利二世的改革應到規範約束，民法主張地方社區法官的決定——不管統治者喜不喜歡，會為未來的決定創造判例；如此一來，可確保法律的實施不會過於背離通行的規範。第二，法院把國家意志強加在社會上的能力予以嚴重限制；例如，所有司法訴訟和起訴都由平民發動，巡迴法院的法官沒有獨立調查權，必須等待人民提出案子，因此公正的要求至為重要。

社會協助把能力更高強的國家召喚出來的事實，並沒有使國家變得比較不真實。執法能力的提高（社會在此時經常扮演重要角色）、各種公共服務的增加，以及國家官僚體系的能力提高，都突顯了在自由窄廊中建立國家的性質。最後一點從英國御前大臣祕書用來封緘信函的封蠟數量增加中，可以看出來。御前大臣祕書是御前大臣的個人幕僚，御前大臣是國王最重要的顧問之一，也是「掌璽大臣」。一二二〇年代末期至一二六〇年代末期之間，每週信函封蠟的用量從三．六磅，增加到三一．九磅，增加了十倍，反映需要封緘的信函增加十倍，代表需要記錄的國家事務大幅擴張，國家的能力也突飛猛進。

## 大憲章象徵紅皇后效應發揮作用

社會對國家強化權力的反彈，在亨利二世的中央集權改革，以及他兒子約翰王在一一九九年登基後，仍然持續。一群貴族認為約翰王在稅收方面需索無度，又試圖掙脫法律和規範的拘限，因此起而叛變，攻陷倫敦。約翰王在一二一五年六月十日這天，和叛軍在倫敦西邊不遠處泰晤士河上的蘭尼米德（Runnymede）展開和談。和談的地點很重要，蘭尼米德的地名似乎起源於盎格魯撒克遜文字中的runieg（意思是例行會議）和mede（草地）。事實上，蘭尼米德是艾佛瑞王統治期間，盎格魯撒克遜議會開會地點中的一個。貴族在這次會議中，提出了後來被稱為《貴族章程》（*Articles of the Barons*）的文件；接下來的十天裡，貴族和約翰王持續為《大憲章》（*Magna Carta*）進行談判。

變成英格蘭政治制度基礎的《大憲章》有很多重點，包括教會的角色、控制威爾斯王和蘇格蘭王所需的人質，以及約翰王在法國的官員（憲章堅持應該開革他們）。但是，關鍵條款放在未經同意不得課稅，以及如何用法律與制度約束國王的問題上。重要的是，雖然《大憲章》可能是由某些反叛的貴族談判出來的，其實卻是國王對「我們王國中的所有自由人」讓步，而且可以召請「這塊土地上的整個社區」都執行這個協議章程。至於課稅和約翰王徵收的「非法」規費問題，章程協議的第十二條寫道：

> 朕除下列三項稅金外，不得徵收代役稅（scutage）或貢金，惟全國公意所許可者，不在此限。

「代役稅」是封臣為了豁免服兵役而繳交給國王的稅金，「貢金」包括封臣積欠領主的其他封建費用。但是，這份憲章不僅止於限制封臣必須交給國王的「貢金」，第十五條還規定：「朕不得准許任何貴族嗣後徵收自由民任何貢金。惟……不在此限。為以上目的所徵貢金之定額，務求適當。」更令人驚駭的是，這份憲章也保護非自由人，也就是農奴或隸農；下一條規定：

對於凡服務於騎士采地或其他自由保有地之人，不得強其服額外之役務。

這表示農奴受到保護，可以豁免於增加勞務。此外，在司法罰款上，農奴犯罪者，應同樣科以罰金，惟不得沒收其「農具」。農奴也受到直接保護，得豁免於皇家官員的強制行為；因為有一段條文[2]規定：「凡監軍保安官或其他執行吏，不得強取任何人之五穀或其他動產，惟各該官吏即刻出資購買或依出售者之意准其延期付款時，不在此限。」條文中的「任何人」一詞意義重大。

《大憲章》處處設法維持人民參與法律的實施，維持即使不完美卻普遍的法律之前人人平等精神。第二十條指出，「上述之罰金，除有鄰居正直之人宣誓證明外」，否則不得科處罰金。第十八條規定：

陪審裁判……除在土地所在地之郡法院外，不得舉行之。每郡應由朕遣派法官二人，每年四次，如朕不在國內，則由大法官代派，會同每郡所推舉之騎士四人，於郡法院指定之日及地點舉行前項審判。

第三十八條聲明：「凡執行吏嗣後如未經提出可靠之證據，不得單憑本人之主張將任何人置之於法。」接下來的一條規定：

凡自由民除經其貴族依法判決或遵照內國法律之規定外，不得加以扣留、監禁、沒收其財產、褫奪其法律保護權或加以放逐、傷害、搜索或逮捕。

《大憲章》令人注目的最後一部分是設立機制，確保所有條文能夠實施。《大憲章》要求創設由二十五位貴族構成的委員會，如果其中四位知悉國王或其官員違反任何條款，得以用任何可能方式，「與全國人民以其權力對朕施抑制與壓迫（即奪取朕之城堡、土地與財產）」。每一個人都可以參與行動，因為條文進一步指出：「英國任何人民願與諸男爵取一致行動時，應宣誓服從上述二十五名男爵之命令，並盡其權力與彼等共同施壓制。」

這種監督機制從來沒有建立過，而且約翰王和眾多貴族旋即開戰。然而，《大憲章》作為若干至為重要政治原則聲明的力量，卻由後續的國王和後來叫做「大理事會」（Great Council）的議會繼續重申。到一二二五年，大理事會訂定的稅項獲得「大主教、主教、大修道院長、小修道院長、伯爵、貴族、騎士、自由租戶和全國每一個人」的承認。重要的是，稅項不但得到一般菁英的同意，也得到「騎士和自由人」的同意。此外，權貴和騎士「代表自己和手下農奴」做出決定，顯示比較廣大社區代表性的觀念出現。到一二五四年，這種代表性進一步擴大，每一個郡第一次各自選出兩位騎士，創設一種制度，一直沿用到一九一八年《人民代表法》立法為止。英國「國會」（parliament）這個詞似乎是從一二三六年十一月開始，首次用在一件司法案件中，當時一件訴訟要延後到一二三七年一月英國國會下次會議後才處理。一二六四年，由反叛的西蒙．德孟福爾（Simon de Montfort）召集未經國王許可的國會集會期間，每個郡會首次有兩位自由人獲得召喚，參加國會會議。雖然德孟福爾遭到擊敗，他所創始的結構卻變成標準，騎士和自由人開始被人稱為「下議員」（Commons），這個名字的字根和我們在前一章裡看到的

2【編註】指第二十八條。

「自治市」（commune）相同。

就在這段期間裡，騎士和自由人也開始以選舉產生，而非由國王的郡縣司法長官任命；到十四世紀中期，下議院和上議院分別開會，象徵決定英國民主制度的兩院制就此開張。

在英國國會的演進中，紅皇后的痕跡無所不在：雖然英國國會起初起源於盎格魯撒克遜人帶到英格蘭的人民會議，現在卻變成更有權力的機構；雖然英國像歐洲其他地方一樣，讓國王和菁英專制主義可以發揚光大的封建主義興起，國會制度卻繼續勃興。更值得注意的是，這一切跟國家能力的成長同時發生，證據可以見諸於國家在制定和執行法律上的角色大為擴大，以及國家的行政結構改組和官僚體系足跡的增加上——封緘信函用蠟大增，就是這種事實的徵象。十四世紀的國會當然不是我們今天所瞭解的民主制度（即使不談國會只限男性參與的事實，情形還是一樣）。即使是到了一二九〇年代後，國會議員開始從選舉中產生，這個機構的成員仍然只限於相當富裕的成年男性，繼續代表社會上比較權貴的部門。總之，這段期間裡的社會進一步動員和權力的制度化支持我們的下列解釋：也就是英格蘭已經踏入自由窄廊，向著國家和社會能力擴大的道路前進，只是偶爾會出現重大的起伏。而且，這種權力均衡的基礎與其說是根基於國會，不如說是植根於社會的建構方式中，植根於社會在法律的實施、公共服務的提供和改革的發動中所扮演的重要角色上。

要看出最重要的一種變化，可以注意我們所引用《大憲章》條文中的「騎士」和「隸農」（villeins）這兩個字。封建社會是相當僵化和具有高度階級化的社會，你若不是負責打仗或禱告，就是得負責做工。負責做工的人——農奴或隸農——確確實實地困在最下層的世襲奴隸制度中。我們可以從隸農這個字的現代版本「惡人」（villain），看出當時人對隸農的態度。實際上，這個字表示他們和後代被綁在特定領主的土地上，受到各式各樣的社會和經濟限制和罰款的拘限。在十四世紀的英格蘭，這些限制和罰款包括「婚嫁費」（merchet）——這表示農奴未經領主允許不能結婚；農奴通常必須繳交一筆錢，才能換到領主的允准。另一種罰款叫做「碾磨稅」（millsuit），是因為農奴所種小麥必須在領主的磨坊碾磨收取的費用。「地租」（Tallage）則是比較臨時性的費用，是定期向耕作領主土地的佃農收取的費用。沒有土地的農奴則會被要求繳交人頭稅（chevage），未能豁免剝削。

最沉重的打擊可能是農奴必須全年無休，在領主的土地上免費提供勞務。到了十四世紀下半葉，扼殺農奴自由的這種封建制度關係開始崩潰，原因是一三四七年至一三五二年間，歐洲爆發慘烈的黑死病；這種災難性的鼠疫傳開後，至少屠滅了歐洲三分之一的人口，人口崩盤造成勞工嚴重短缺和農村社會普遍解體。農奴開始拒絕承擔勞務，拒絕服從整個封建規律，拒絕在領主的磨坊中碾磨自己的小麥，不再請求領主准許他們結婚；法院則拒絕執行舊有的法規。突顯國家在修改和塑造規範上重要角色的是，農奴現在可以訴諸於亨利二世建立的新法院和法官制度。領主被迫提供新形態的土地租約，到一四〇〇年，新租約已經取代大部分以農奴制為基礎的世襲階級制的舊租約，封建秩序的規範牢籠開始一點、一點地土崩瓦解。

## 《喧囂的蜂群》

一七〇五年，英荷裔哲學家伯納德・曼德維爾（Bernard de Mandeville）出版詩作《喧囂的蜂群》（*Grumbling Hive*），把英國社會比擬為蜜蜂群體，指出人們活在「奢侈和閒適」中，社會和國家之間形成平衡。

他們不是暴君的奴隸，
也不受瘋狂的民主制度統治；
只是因為不會犯錯的國王
權力受到法律限制。

只是蜜蜂卻不滿意，雖然「沒有一種蜜蜂擁有比較好的政府」；同樣正確的是，也沒有一種蜜蜂會「比較浮躁不安或比較不心滿意足」。但是，為什麼這個社會會「擾攘不安」？我們可以看看威爾特郡燕田村（Swallowfield）這個著名的例子：一五九六年十二月，這個村子的一些居民聚在一起，制定一種小小的憲法；這部小憲法由二十六種不同的決議構成，第二十五項決議規定「整個群體承諾每個月要開會一次」，以便建立含有清楚儀典的定期會議。第一項決議指出：

首先大家同意，每一個人都可以在我們的會議上，先後安靜地發言，任何人不得打斷他人的言詞。每一個人發言時，重要性和層級都好比王子，因此每一個人的判斷和理由的深度，都可以獲得考慮。

要尊重別人，不能打斷別人說話，這樣才能考慮每一個人的判斷深度。第十一項決議規定，會議必須保持適當的紙本文字紀錄。有什麼實質決議嗎？事實上，這些決議是管制輕罪的習慣法，就像第二十五項所決議那樣，是為了要處理「恣意妄為和惡劣行徑」，包括：偷雞摸狗、惡意造謠生非、偷竊木材、驕傲、異議和傲慢（第十八項決議）；不服從和擾亂和平（第十五項決議）；私通與私生（第八和第十三項決議）；即與式婚姻（第二十項決議）；窩藏犯人（第二十一項決議）；褻瀆安息日（第二十二和第二十四項決議）；以及酗酒（第二十三項決議）。

從這些決議可以清楚看出，燕田村居民認為，他們的村子是自治社區，如果他們等得夠久，或許在起訴和懲罰方面，可以得到中央政府的協助。即使在亨利二世巨幅擴張國家的能力後，大部分的國家活動仍然是由地方社區自行構思和實施。例如，雖然每一個「百戶」有一、兩位警察，而且每一個村莊通常會有一位小警察，但他們都必須是萬事通，小警察要負責控制任何騷亂，執行大多數類型的經濟、社會和軍事法規與義務，必須徵收地方稅，維修道路橋樑、參加每季一次的會議和每年兩次的巡迴審判。現存的法律紀錄顯示，在逮捕罪犯和把罪犯送交執法官員方面，依賴個人和社區的程度有多大。

以十七世紀初期蘇塞克斯（Sussex）朋赫斯特（Penhurst）地方的喬治・文恩（George Wenham）的案子為例：某天早上他醒來後，發現屋旁豬圈裡有一隻豬不見了，他開始搜尋附近地區，在離家半英里處，發現有一個地方，最近被人用來屠宰過，地上有血跡，樹籬上有被人拋棄的內臟，地上有一些馬蹄印。文恩跟著馬蹄印和血滴走，天黑時，他被迫停下腳步，蹤跡通向約翰・馬威克（John Marwick）的房子。這時，文恩去找本地小警察，請他搜查馬威克的屋子。雖然執法官員最後參與其事，指認罪犯的外勤工作，甚至逮捕罪犯的工作，經常都要由受害者自行負責。如果人們決定不執法，正義之輪就會陷入停頓狀態。

回到燕田村，我們要問：寫就這些決議的是什麼人？他們並非關係密切的親屬（英格蘭的親屬團體早就不扮演這種角色了）。他們不是本地菁英或神職人員，村子裡有兩位大地主，一位是薩姆爾・布雷克豪斯（Samuel Blackhouse），一位是約翰・菲立普斯（John Phipps），但兩人都沒有來開會，本地牧師也沒有與會。起草燕田村憲法的人，反而是英國歷史學家所說的「中等人民」，就像一一六六年的《克拉倫登詔令》所說「每個村莊中比較守法的人」，這些人沒有一個擁有足夠的所得，沒有列在一五九四年議會所編燕田村報稅表上的十一位納稅人名單裡。就算是在十六世紀晚期，推動地方性國家機器運作者，就是這些人，他們在本地擔任陪審員、教會執事、窮人監督官等地方官員，也擔任新設的地方警察。

公民參與這麼熱絡，並沒有逃過湯瑪斯·史密斯（Thomas Smith）爵士這樣的當代人的注意。史密斯是學者、外交官和英國國會議員，一五八三年，他在燕田村制定憲法前不久，出版了《論英倫共和國》（*De Republica Anglorum: The Maner of Governement or Policie of the Realme of England*），成為伊莉莎白女王時代最著名的政治分析作品；他指出：「我們英格蘭通常把人民分成四種：紳士、公民或自治市民、自耕農工匠和勞工。」第四種人由「按日計酬工人、貧窮農民、沒有自由土地的『小販』（yea merchant）或零售商、長租農戶、裁縫、鞋匠、木匠、磚匠、石匠等等所有工匠……而且他們在村子裡，通常會擔任教會執事、啤酒檢查官、多次出任比較常接觸公民的警察職務。」連勞工都在地方政府的運作上，扮演多方面的角色；自耕農也一樣，在「判決執行、矯正違約、公職的選舉……以及制定法律」方面，「都負有責任」。史密斯談到人民執行司法時表示：「每一個英國人都是都是抓賊的警佐。」

這個例子和很多其他例子都顯示，就像紅皇后效應所暗示的那樣，英國國家機器底層的參與規模十分驚人，參與和代表性不只表現在英國國會中，也透過很多管道，表現在所有階層中。有人估計，一七〇〇年的任何時候，英格蘭可能都有五萬個教區官員，大約占所有成年男性的百分之五。因為官員經常輪調，官員的實際數目一定更多。到一八〇〇年時，官員的數目很可能有十萬人。

人民普遍參與國家機器的運作具有重大影響，政策如果不符合地方人民的需求，中央政府和國家菁英會很難推動下去。事實上，早期的現代國家不能完全忽略既有的規範，因為國家的合法性起源於國家宣稱可以推行法治、改善社會福利，連國家做這些事情的能力，都要取決於一般人的合作。如同雅典人的情況那樣，我們在自由窄廊中，可以看到法律和規範之間的多層次關係：一方面，規範會動員社會，限制國家的作為，也限制建國的過程可以前進到什麼程度。另一方面，國家權力的集中化，加上新的法律，會逐漸一點一滴地放寬規範牢籠的某些部分；法院和法律專業的力量和影響成長，削弱封建秩序、封建社會階級及其解決衝突的角色時，更是如此。

最後，地方社區不僅決定是否推行國家的政策，還率先推動國家政策。二十世紀初期以前，英國為赤貧窮苦人民所設的社會安全網由多項《濟貧法》構成，這種法律最初是在一五九七年立法；但是，早在該法制定前，地方就有很多類似的先期行動；例如，諾維奇（Norwich）在一五四九年立法，約克（York）在一五五〇年立法，接著劍橋、柯爾切斯特（Colchester）和伊普斯維奇（Ipswich）在一五五六年至一五五七年間立法。《濟貧法》不是伊莉莎白女王或她的顧問發想出來的，而是由地方率先推動，國家才接手，然後才推展到全國。還有很多其他的例子，顯示國家其實是追隨地方的領導；例如，一五五五年的一項法律規定，教區要負責任命測量人員，負責協調地方道路的修補，但至少早在一五五一年，切斯特（Chester）就有測量人員的記載了。

這麼說來，為什麼人民還會抱怨？因為人民雖然已經置身自由窄廊，卻還要求更多、期望國家提供更多東西。同時，人民還要跟國家競爭，爭奪權威、爭奪國家的權力。

## 國會紛紛出現

我們在本章裡說的事情不僅僅只在英國發生，也在整個歐洲出現。英國在政治上有一些小小的差別，盎格魯撒克遜議會和後來的英國國會之間的延續性，就是一個例子；國會代表依據地域性安排的方式，以及進一步強化議會權力的各種事件，如在國王繼承人的合法化方面，扮演重要角色，又是另一些例子。但是，歐洲其他地方跟英國並沒有這麼大的不同，而且也經歷過日耳曼式議會政治和羅馬國家制度的融合（我們在第九章裡會更清楚地看到，其中有很多有趣的差異，也可以用我們的理論來解釋）。

回頭看《大憲章》，是瞭解這一點的方法。《大憲章》有多獨特？答案是一點也不獨特。到了一三五六年，在後來分別劃歸荷蘭和比利時的布拉班特（Brabant）地區，某種形式的國會從新公爵「歡樂訪問」（joyous entry）宣誓遵守和實施的憲章中，衍生出來；新公爵在誓詞中，表明交戰、課稅和貨幣的鑄造和貶值，必須得到議會的同意。我們在整個歐洲，都可以發現類似的文件和「歡樂訪問」，包括：一二〇五年，亞拉岡（Aragon）國王彼得一世對卡塔隆尼亞（Catalonia）宣誓時頒發的憲章；一二二二年，匈牙利的安德魯二世宣誓時所發的「金璽詔書」（Golden Bull）；以及一二二〇年，日耳曼的腓特烈二世所發的憲章。這些統治者的第一次正式訪問全都聚集在很多相同的問題上，尤其是確保統治者在加稅前，必須徵詢公民的意見，得到公民同意的問題上。

歐洲各地並非只有很多種「大憲章」而已，每個地方也都有國會。國會首先在西班牙出現，時間是一一八八年，稱為「李昂的國會」（Cortes of Leon）；接著，散布到由亞拉岡、卡塔隆尼亞和瓦倫西亞（Valencia）合併而成的亞拉岡王國（Crown of Aragon），這三國全都有自己的國會。類似英國國會的議會後來也在伊比利亞半島的納瓦拉（Navarre）和葡萄牙王國發展出來；法國的全國性議會「國民議會」的發展雖然比較慢，地區性的議會卻蓬勃發展；在更東邊的瑞士，鄉村省份擁有自己的議會，後來在一二二一年合併為瑞士聯邦。北邊組成神聖羅馬帝國的日耳曼公國，通常都設有議會，西邊則是後來變成比利時和尼德蘭的法蘭德斯、荷蘭和布拉班特，這三個地方也都設有活躍的議會。再往北過去，丹麥從一二八二年起，就開始有國會；瑞典是從十五世紀中期起，開始設立國會；這兩國，和荷蘭的西菲士蘭（West Friesland）及奧地利的提洛爾（Tyrol），也都把代表權賦予農民。蘇格蘭從十三世紀起設有國會，波蘭當時稱為「眾議院」（Sejm）的國會也一直延續到今天。

北義大利在前一章所見的自治市結構下，當然有自己版本的憲章和國會，這些國會也是從議會中衍生出來。事實上，北義大利是羅馬帝國國家制度和傳統議會政治完美的融合場所，議會政治先由另一個日耳曼部落倫巴底人（Lombard）引進，後來由加洛林王朝再度引進。這一點，其實讓義大利北部和南部有所不同——義大利南部沒有議會的歷史。義大利北部和南部到現在雖已發展出憲章和國會，但也沒有經歷過自由的勃興。

我們環顧中世紀和現代初期的歐洲大陸時，不僅可以看到「歡樂訪問」和國會的發展，也可以看到同樣活躍的自治市管理本身的事務，從事和持續嘗試影響和塑造比較集中式的政治制度。日耳曼人的領土黑森邦是擁有十分明確紀錄的例子；黑森邦統治者會召集一種名為「公會」（diet）的議會，這種議會由貴族和菁英組成，卻也包括各城鎮的代表，是批准徵稅要求的論壇。黑森邦的議會和英國的國會不同，前者沒有起草立法案的權限，卻透過搜集民怨以呈交黑森邦統治者的過程，發揮相當大的影響力。這跟泛歐洲向統治者「請願」這種比較常見、在英國特別盛行的方法有關。到十六世紀結束時，黑森邦每年收到一千件請願案；到了十八世紀末期，每年收到的請願案增加到四千件。顯然民怨和議會的做法對黑森邦的立法和政策，產生了很大的影響力。很多公侯教旨的序言中，都承認地方提案的角色，記錄政策的推動力量出自議會。例如：一七三一年的紀錄提到，至少有十五項不同的議會提案，是政府推行政策的動力；一七六四年至一七六七年間的紀錄中則提到，實際上叫做「出自下層的提議」，影響了十一稅、釀酒、課稅、都會管轄權和火險等事項。這些提議也涉及要求民法法條涵蓋黑森邦全邦的請求，以及一七三一年、一七五四年和一七六四年提議改善教育的建議，還有一七三一年和一七六四年提議推展製造業的建議。議會也呼籲推動更「開放的政府」，包括所有現行法令、法院判決和議會決議事項的發布。

出自議會的請願不僅處理都會居民和菁英的問題，我們也看到，有的請願和最沉重的稅負——主要由農民負擔的「貢獻稅」（Kontribution）有關，有的請願跟鹿群和其他野獸所造成損害有關。跟土地法干擾傳統繼承習俗有關的請願持續不斷，最後統治者大發慈悲，廢止土地法。黑森邦的經驗不是特例，我們在下奧地利、荷恩洛赫（Hohenlohe）和符騰堡（Wurttemburg）等地，也都看到了類似的事情。

中世紀歐洲《大憲章》、國會和民眾參與政治紛紛崛起、蔚為潮流的驚人現象背後，是紅皇后和她所激發強化社會和國家能力的激勵力量。事實上，不僅英格蘭的信函封蠟用量增加，整個西歐國家全都變得愈來愈官僚化和集中化。

社會的反應不僅止於要求擁有代表權，還用很多其他方式組織起來，包括像義大利那樣，形成自治市等組織方式。此外，很多種「同盟」也出現，形成宣稱擁有自己的權威，對抗統治者，並設法左右統治者政策的聯盟。像著名的漢撒同盟（Hanseatic League），就是一二四〇年代後，由波羅的海沿岸的城邦開始合併後組成的聯盟。另一個萊茵同盟（Rhenish League）在一二五四年成立，成員超過一百個，包括城鎮、教會，甚至還包括王子，所有成員都是在神聖羅馬帝國的國境內。西班牙則有各種「兄弟會」，例如卡斯提爾（Castile）、萊昂（Leon）和一二八二年為了反對卡斯提爾國王阿隆索十世（Alonso X）而成立的總兄弟會（Hermandad General）。

但是，自由窄廊中的日子從來不都不平靜，國家的需求和社會的反應之間，也不容易達成和平的平衡。十四世紀國家擴大權威的後果之一是一波波的人民起義，人民起義反抗納稅、反抗他們認定的政府濫權。一三二三年至一三二八年間的法蘭德斯（Flemish）起義，是對政府重新開徵「運輸稅」的反應；一三五八年法國北部的札克雷起義（Jacquerie），部分原因是反應一三四〇年代至一三五〇年代的加稅；一三六〇年代至一三八〇年代之間，震驚法國南部朗格多克省（Languedoc）和圖欽納（Tuchinat）起義也是這樣；一三八一年英國的農民起義是對政府從一三七七年起，開徵一系列新的人頭稅，加上領主試圖維持封建限制而激起的反應。有趣的是，這些起義的目標都對準諸如巴黎或倫敦等他們試圖影響的政治中心，這點是因為人民覺得自己是政治社群的一分子，即使他們不喜歡這個社群的運作方式；仍然如此，他們起義是為了影響政治，改善事情的運作方式。

## 從集會到冰島議會：自由窄廊以外的歐洲

受到制約的國家巨靈是否在歐洲各地都開始出現了呢？答案是否定的。原因很簡單，國家和社會之間的必要權力均衡並非處處可見；像冰島這樣的地方不在羅馬制度的範圍之內，因此大有可能留在國家巨靈並不存在的地方。

冰島原本是沒有人跡的地方，大約在九世紀時，才有從挪威揚帆而至的維京人定居。我們對於這麼早期的一切所知，都是從一代代口耳相傳，到十三、十四世紀才寫成文字的著名英雄故事而來。考古和語言研究顯示，從西元前三千年冰河期開始結束後，斯堪地那維亞半島和日耳曼北部出現好多波說印歐語系的移民，從這些移民中分出的印歐日耳曼語分支，包括日耳曼語和所有斯堪地那維亞語言（芬蘭語除外）。塔西佗描述的政治制度可能不單是日耳曼部落的特徵，還可能是斯堪地那維亞人民的特徵；瑞典較南部地區叫做約塔蘭（Götaland）的事實，顯示這個地區的定居者和另一個日耳曼主要部落哥德人（Goth）之間，可能有著密切的文化關係。斯堪地那維亞人通常裝扮成維京人或古代挪威人（Norseman），他們逐漸納入歷史紀錄時，政治組織類似凱撒和塔西佗所描述的早期日耳曼部落，他們會召集議會，所有的自由人都會參加，但他們並沒有統一為國家，他們的酋長的權力很有限。

冰島的第一批定居者也有著類似的制度：首先，冰島可能分成五十至六十位酋長，到西元九百年，他們會定期召開會議。到九三〇年，整個冰島在雷克雅未克東邊不遠處、現在是國家公園的辛格韋德利（Thingvellir），召開冰島議會（Althing），與會的酋長雖然同意建立冰島議會的制度，卻沒有同意創設國家，他們沒有成立具有中央化權威的機構，只有建立「法律說明人」（law speaker）辦公室，每年必須負責朗讀三分之一的法律（他的任期為三年）。不過，到一一一七年法律用文字寫定後，「法律說明人」這種官署就變成比較不重要了；然後，冰島議會僅剩下承擔法律上的功能罷了。在後來的冰島自由邦期間，冰島沒有中央化的權威，獨立的酋長各自為戰，互相兼併，最後創造了一群負責「領域」的地域領主。冰島議會並沒有像英格蘭和西歐議會那樣，逐漸演變和強化，反而日漸削弱，失去選擇酋長的能力。沒有國家巨靈存在的冰島，因此變成以無休無止的爭鬥聞名於世。

冰島具有日耳曼式的鐐銬，卻沒有羅馬式的官僚體系和集中式的制度。冰島的早期歷史顯示，冰島不具備直接走進自由窄廊的因素。冰島確實不是無國家社會深思熟慮後的自然結果，也不是日耳曼部落文化和習俗帶來的直接結果，不管有沒有議會，只有剪刀的一隻剪臂的確不夠。

## 中世紀的美元：拜占庭國家巨靈

西羅馬帝國在五世紀時殞落，東羅馬或拜占庭帝國卻繼續存活了十個世紀，而且偶爾還好生興旺。到五世紀時，拜占庭已經表現出幾乎所有的羅馬制度，因此這個強大的帝國已經忠實地體現歐洲之剪的一隻剪臂。事實上，我們對羅馬帝國晚期官僚體系的說明，出自拜占庭官員利多斯的著作。國力的指標之一是維持穩定而廣泛流通的貨幣，如同查士丁尼皇帝同時代的科斯馬斯·印第科普爾斯茨（Cosmas Indicopleustes）所言：「從天涯到海角，地球上的每一個地方都接受」拜占庭的金幣諾迷斯瑪錢（nomisma），「所有王國的所有人民都欣賞這種錢，因為沒有一個王國擁有堪與比擬的通貨」。經濟史學家羅伯·羅培茲（Robert Lopez）把這種錢稱之為「中世紀的美元」。

西羅馬帝國滅亡後，拜占庭面臨更多的挑戰，五四一年至五四二年爆發查士丁尼大瘟疫時，尤其如此。大瘟疫摧殘人口，七世紀阿拉伯征服期間，又喪失半數領土，然而，拜占庭國家機器仍然維持凝聚力，查士丁尼甚至在瘟疫為害時，仍然維持財政體系的運作。用歷史學家普羅科匹爾斯（Procopius）的話來說：

> 瘟疫席捲整個已知世界，尤其是羅馬帝國時，大多數農業社區遭到摧毀，留下一片荒涼景象，查士丁尼對備受摧殘的有產階級自由人沒有顯示一絲憐憫，即使是這種時候，他仍然不忘課徵年度稅款，不只課徵每一個人查定的稅額，還要課徵個人已故鄰居應納的稅額。

拜占庭繼承羅馬的財政制度後，比墨洛溫或加洛林王朝更忠實地執行；克洛維無法課徵土地稅，拜占庭皇帝卻有辦法課徵，他們甚至擁有農村地籍圖，每隔三十年查價和更新一次，年度稅率大約訂為土地價值的二十四分之一。拜占庭還有其他稅項，包括動物稅，甚至還有蜜蜂稅；西元六六〇年代，還開徵戶稅。此外，也有各式各樣修橋鋪路、加強防禦工事的強迫勞役。

國家不僅對財富或生產課稅，國家本身就是生產者。八世紀時，國家是帝國境內最大的地主，行銷各種農產品，還擁有礦山、採石場、織染廠和武器廠。國家也管理經濟體系。八世紀時，拜占庭有一張任何人都不得出口的「禁止出口產品」清單，清單上所列商品包括穀類、鹽類、葡萄酒、橄欖油、魚露、貴金屬和鐵、武器、高級絲等戰略商品。國家會提供食物，甚至設法管制君士坦丁堡的利潤。

這一切說明：拜占庭帝國是能力高強的國家，其能力遠遠超過西方的墨洛溫或加洛林王朝，但它本身卻完全缺乏剪刀的另一隻剪臂——也就是沒有日耳曼部落的參與式政治，沒有議會，沒有制度化的代表性，因此也沒有後來的《大憲章》或國會。

拜占庭因此為我們提供了歐洲式專制國家演變的完美範例。事實上，國家權力集中化的特性讓阿歷克塞一世（Alexios Komnenos）在一〇八一年接管國家，創造出宰割拜占庭帝國的科穆寧（Komnenos）皇朝。阿歷克塞一世把國家收歸他的家族所私有，甚至重整榮譽和頭銜制度，以便制度可以適用於他的家族，而非普遍適用。他用國家的力量，恐嚇敵人，控制教會階級。這時這個國家的能力確實已經開始衰退，諾迷斯瑪錢這時的黃金成色只有百分之三十。阿歷克塞一世其實埋下了導致國家最後滅亡的種子。一〇八二年，他賜給威尼斯人第一項商業特權；一〇九五年，他設法利用第一次十字軍東征，作為奪回喪失給安納托利亞（Anatolia）塞爾柱（Seljuk）土耳其人失土的手段；到一二〇四年，第四次十字軍東征洗劫拜占庭，從此拜占庭帝國走上永遠無法復原的不歸路。

## 在自由窄廊中前進

在英格蘭都鐸（Tudor）王朝末期的燕田村，前文描述過的國家和社會之間的關係並沒有靜止不動；

事實上，紅皇后效應暗示：燕田村光是為了維持現狀，就必須繼續奔跑，發展更大的組織能力，設法跟國家猙獰的臉孔，保持一定的距離。十七世紀的斯圖亞特王朝試圖主張「君權神授」時，社會並沒有俯首聽命，到了緊要關頭，衝突出現，英格蘭內戰爆發，英王查理一世在一六四九年遭到處死，一六八八年的光榮革命則推翻了詹姆斯二世。

十七世紀絕對不是我們能夠跟自由聯想在一起的時代，我們在前文中已經看到，霍布斯因為英格蘭內戰引發的混亂和屠殺，被迫轉而求助於無所不能的國家巨靈。但是，在這個世紀裡，英國社會在自由窄廊中的旅程，最後確保自由的先決條件安全無虞，而且紅皇后再度從中發揮作用。光榮革命帶來眾多政治制度的改革，最重要的改革是確認國會的主權，國會取代了國王，變成無可挑戰的行政權威。這樣不是結束，因為國會大致是由希望控制社會的菁英組成，一六八八年後，他們掌握到控制社會的新工具，因為他們迅速提升國家的能力。最值得注意的是，貨物稅制度創造出的財政機關，滲透了英格蘭社會每一個角落。在英格蘭鄉下，稅務官這樣的專業國家官員原本難得一見，現在突然間變得隨處可見，讓地方上的人倍感威脅。社會為了維持自己的地位，被迫「提高賭注」，查爾斯・堤利（Charles Tilly）在大作《英國近百年民眾抗爭》（*Popular Contention in Great Britain, 1758-1834*）中，就是研究社會的因應之道。

堤利對他所說「民眾抗爭」方式的質變深感興趣，換句話說，他對民眾組織起來、試圖影響政府方式的變化深感興趣。他指出，十八世紀中期，抗爭跟「本地人和本地問題有關，而非關乎全國性的計畫和政黨」，但是到一七五八年至一八三三年間，新的訴求形式在英國形成……大眾政治在全國性的水準上占有一席之地。」

這段期間裡，全新的集體行動形式出現，他所強調的其中一種「公開集會」，已經變成「某種示威……變成公眾協調一致，向當權派公開表達支持特定訴求的方式。召集集會的經常是特定目的的協會、社團或俱樂部。此外，集會經常涉及全國性議題，而且無疑包括政府和國會正要決定的議題」。他指出：

民眾做出集體訴求的方法……經過深刻的轉變：愈來愈涉及民眾和國家機器代理人之間經過協調的大規模互動，以及直接的接觸。

推動這一切的力量，是英國在光榮革命後，加緊建立國家機器的過程。堤利認為，「國家機器的規模」和「份量」都已經增加，而且在這種過程中，攸關政府歲入、歲出和人事問題的每一個決定——在政治決定的領域中——所占的空間愈來愈大，這些變化促使民眾轉向推動規模龐大、涵蓋全國範圍的集體行動。

特別重要的是，民眾不再關注狹隘的問題，因為「國家機器的擴張，逼迫民眾把鬥爭從十分依賴贊助的地方舞臺，轉移到在全國性的舞臺上，進行自主性的訴求」。一六八八年後，國家能力的持續擴張和表現提高了英國人民的興趣。堤利指出：

國會和國家官員……對民眾的命運日益重要，產生了威脅和機會，這種威脅和機會進而刺激利益團體嘗試新的攻守之道，例如以結社對抗結社，爭取選民的力量，向中央政府直接訴求。民眾跟主管機關、敵人和盟友經過漫長、艱苦的互動後，塑造出根據自己的利益共同行動的新方法，迫使和他們對話的人改變提出和因應訴求的方式。總而言之，民眾跟當權派的鬥爭促使英國的權力結構出現重大變化。

國家機器的擴張激起社會的反應，正如紅皇后效應所顯示的那樣，這些反應進而回饋到建立國家機器的過程中，國家機器為了因應這種新出現的抗爭，終於從十八世紀末期開始剷除貪腐。

紅皇后效應在民眾抗爭推動下加速展開後，引發了十九世紀的一系列重大制度改革。《一八三二年改革法》把擁有選舉權成年男性的比率，從百分之八，提高到百分之十六，而且把代表權從鄉下地區和沒有代表性的「沒落自治城鎮」，重新分配給人口大得多的工業城市。這個過程一直持續到制定《一八六七年改革法》和《一八八四年改革法》為止，這時選民大約已經占到成年男性人口的百分之六十。一九一八年，英國採行自由窄廊中的另一套重要步驟：所有年齡超過二十一歲的成年男性都獲得投票權（女性後來才得到政治權利，我們接下來就會談這一點）。所有這些重大改革，都是為了因應社會的組織和要求。例如，普選權、選區平等、年度國會集會等要求，發給國會議員薪給，以便一般人也可以擔任國會議員的要求，則是十九世紀中葉憲章運動的核心訴求。

社會對抗菁英的制度化力量增強，國家的能力也隨之增強，只是現在變成從極度配合社會要求的方向來加強。一系列改革中的第一項是在一八三三年制定《聖赫倫那法》（Saint Helena Act），把東印度公司納入政府行政結構中。一八五四年的諾斯科——崔威廉報告（Northcote- Trevelyan Report）從《聖赫倫那法》的做法談起，建議以考選菁英的方式，建立專業文官制度。雖然這份報告遭到多方反對，接下來的二十年裡，其中的主要建議卻逐漸實施，最後促成英國建立公務員考選的競爭制度。同時，國家也向著提供廣泛公共服務的方向前進，包括提供從一八九一年起實際上免費的大眾學校教育，以及健保和全部用再分配稅支應的失業保險和退休金。這最後造成一九四二年的《貝佛里奇報告》（Beveridge Report）

的發表和實施，這一點要在第十五章中討論。

## 有待打破的下一個牢籠

踏進自由窄廊無法一舉結束暴力和仇怨，同樣也無法在突然之間，打破眾多規範牢籠。自由的演進是曠日持久的過程，對婦女之類一直遭到有系統地歧視、社會和經濟行為一直受到嚴苛限制的群體尤其如此。

一八三〇年代內，卡洛林·謝立丹（Caroline Sheridan）經歷了所有這一切實際狀況。她一八〇八年出生，一八二七年嫁給律師喬治·諾頓（George Norton），因此冠上夫姓，變成卡洛林·諾頓。她是才華橫溢的作家兼詩人，卻也是其丈夫經常暴力施虐的對象。到了一八三六年，她終於決定離開他。然而，根據英國的法律，她幾乎沒有什麼權利——她的寫作所得歸屬丈夫，她的財產是丈夫的財產。一六三二年的《女性權益決議法律》彙編（*Laws Resolutions of Womens Rights*）說得很露骨：

> 丈夫所有的一切都是他自己的，妻子所有的一切都是丈夫的。

她對這兩種東西都沒有任何權利。著名的英國法律學者威廉·布雷克史東（William Blackstone）在一七六五年出版的傑作《英國法律評論》（*Commentaries on the Laws of England*）中，摘要說明了英國民法的狀況：

> 婚姻使丈夫和妻子在法律上變成一個人：也就是說，在婚姻存續期間，女性的存在或法律上的存在進入暫停狀態。

一切都由丈夫控制，「她做的所有事情，都要托庇於他的卵翼、保護和庇蔭之下」。

一八三八年，卡洛林寫了一本題為《嬰兒監護法迫使母子分離之思考》（*Separation of Mother and Child by the Laws of Custody of Infants Considered*）的小冊子，指出根據英國法律，父親可以把子女交給陌生人，母親對這種事卻無可奈何。她這起戲劇性且聳動的案子，有助於促使英國國會通過一八三九年的《嬰兒與嬰兒監護法》（Infant and Custody of Infants Act），讓做媽媽的婦女對七歲以下的子女得到一點發言權。卡洛林沒有就此罷休，一八五四年，她發表了《英國婦女法律》（*English Laws for Women*），精闢地描述法律現狀的不公正和偽善。一年後，她發表〈致女王的一封信：暢論大法官柯蘭渥斯的婚姻與離婚法〉（Letter to the Queen on Lord Chancellor Cranworth's Marriage and Divorce Bill），她在文中指出：

> 英國已婚婦女在法律上並不存在：她的生命遭到丈夫的生命吸收，多年的分居或拋棄不能改變這種地位……法律虛構的情勢主張她必須跟丈夫合為「一個人」，即使她可能從來沒有看過他或聽過他的消息，仍然如此。
>
> 她沒有財產……她的財產都是他的財產……
>
> 英國的妻子在法律上，甚至對自己的衣服或飾品都沒有主張的權利；她丈夫如果高興，可以把這些東西拿去出售，雖然這些東西可能是親友的贈予，或是婚前所購。
>
> 英國妻子不能預立遺囑……

英國妻子不能合法地索求自己賺到的錢，不論是體力勞動的工資，或是知識工作的報酬，不論是為馬鈴薯除草，還是經營學校，她的薪資都是丈夫的……

英國妻子不能離開丈夫的房子，他不但可以控告她，要求「恢復婚姻權利」，還有權進入她可能尋求庇護、而且像法律術語所說「窩藏她」的任何親友房舍，把她強行帶走，不論有無警察的協助。

一八五七年，國會制定《婚姻案件法》（Matrimonial Causes Act），確定女性可以訴請離婚的理由；一八七〇年，《已婚婦女財產法》（Married Women's Property Act）立法完成。

卡洛林和其他人開始帶動眾人，把焦點放在英國法律根本的歧視性質；其實一七九二年時，瑪麗・沃斯通克拉夫特（Mary Wollstonecraft）就在大作《為女權辯護》（*Vindication of the Rights of Woman*）中，清楚指出這一點。沃斯通克拉夫特在這本強而有力的書籍中指出，女性被人「當成一種附屬生物對待，不是人類物種的一分子」。她書中的大部分內容都在呼籲女性採取行動，主張自己的個性，拋棄綁住她們的枷鎖。她繼續寫道：「有人為了替男性的暴虐解釋或找藉口，提出很多巧妙的論證，希望證明兩性在學習美德時，應該以學到非常不同的性格為目標……他們要我們只當溫柔、馴服畜生的建議，是多麼嚴重地侮辱我們。」

沃斯通克拉夫特清楚地討論到，這種歧視植根於規範、習俗和法律。她指出，男性對女性的宰制和這些「表面上服從、一絲不苟的注意一種幼稚的禮儀」，妨礙了女性的發展。她強力拒絕這些東西，宣稱：

大家一貫推崇溫柔、順從和西班牙獵犬般的可人……是女性至高無上的美德……

我喜愛男性當我的同伴，但不喜歡他確實擁有或篡奪而來的王權，加諸於我身，除非原因是個人的理性值得我尊敬，而且即使是這樣，也是屈從於理性，而不是屈從於男性。

女性追求自由的大業，後來獲得深具影響力的英國哲學家約翰．史都華．彌爾（John Stuart Mill）的支持。彌爾在一八六九年的大作《婦女的屈從》（*Subjection of Women*）中，強力呼籲在法律、經濟和政治生活中，賦予女性徹底的平等。彌爾回應沃斯通克拉夫特的呼喚，把婦女的屈從比喻為奴隸制度，指出：「以婦女而言，每一位屬於屈從階級的婦女個體，都處於揉合賄賂和恐嚇的長期狀態中……所有婦女從最幼年時，就被人教育成相信自己的理想性格正好跟男性的性格相反，沒有自我意志，不是用自我控制來管制自己，而是必須屈從、屈服於別人的控制。」彌爾也很清楚，必須破除屈從源頭所在的規範，因此他特別主張：

人類不再天生就該受到自己的出生地位所限制，不該被無情的枷鎖固鎖在自己誕生的地方，而是應該應用自己的才能，利用這麼有利的機運提供的能力，達成他們可能最想達成的目標。

他繼續指出：

我們不應該……因為註定生為女孩而非男孩，就和註定生為黑人而非白人，或是註定生為平民而非貴族一樣，就以之決定整個人生的個人地位……因此女性在社會上的附屬地位，是現代社會制度中突出的孤立事實，是唯一違反社會基本法的事實。

簡單地說，壓迫女性嚴重侵犯自由。

卡洛林的勝利和彌爾等人的支持象徵規範的根本變化，但女性仍然沒有投票權和政治代表權，在經濟上仍然受到嚴重歧視。這種情形從一九一八年開始改變，年齡超過三十歲的女性從這一年起，開始有投票權；到一九二八年，所有成年女性終於都獲得選舉權。這些政治成果就像我們在序言中所看到的那樣，是爭取女性選舉權人士經過激烈動員和抗議後產生的結果。可想而知，規範和經濟關係的變革落實的較慢，一九七〇年的《同工同酬法》確立了職場性別平等的法律原則，是這方面重要的一步，但在英國和其他地方，女性的經濟機會和薪酬平等，仍然是有待努力推動、追求進步的工作。書中相片集插頁中有一張女性舉著胸罩的照片，已經變成一九六〇年代女性解放運動的象徵性行動。

## 工業革命的源起

五、六世紀之間，受到制約的國家巨靈開始出現；這種現象是一種政治和社會革命，即使革命踏著漸進式、甚至猶豫不決的腳步前進，實際上仍然如此。從十八世紀中期開始的英國工業革命，是這種革命在經濟方面的一脈分支，因為就像我們在上一章所看到的義大利自治城市那樣，工業革命會誕生，是靠著受制約國家巨靈創造的自由、機會和誘因的催生，以至於短短幾十年內，一些重要的產業中出現科技和生產組織的重大轉變。領導群倫的是紡織業，紡紗業中出現一系列的創新突破：例如，推動生產力革命的水力紡紗、珍妮紡紗機和騾子；梭織也出現類似的創新，例如推出飛梭和各種動力織機。沒有生命的創新動力形式同樣造成重大轉變，首先出現的是湯瑪斯·紐科門（Thomas Newcomen）的大氣引擎，接著是瓦特的蒸汽機。蒸汽機可以抽出礦坑中的積水，不但使礦業的生產力大為提高，也改變了運輸和冶金。運輸業的版圖會重新配置，有兩個原因：一是十九世紀出現的蒸汽火車，二是一系列的運河和新道路從十七世紀末期起，開始連結主要城市。很多其他產業，包括工具機和農業，也出現革命性的變化，原因是比較低廉、比較高品質的鋼鐵推出；這種鋼鐵能夠生產出來，要歸功於生鐵的熔冶和製造時，用焦炭取代木炭，然後改用貝塞麥（Bessemer）製程生產鋼鐵。

英國社會在自由窄廊中的進步，已經為發生工業革命的條件做好準備。中世紀結束後，歐洲經濟活動的重心開始向北移動，移到荷蘭和英格蘭；這種現象跟美洲的發現關係密切，跟發現美洲創造的新經濟機會對國家和社會之間競爭造成的衝擊，也有密切的關係。比較善於利用這種機會強化國家和社會的國家，能夠先在制度上、然後在經濟上向前進。英格蘭既有的權力均衡對社會有利，因此十六世紀都鐸（Tudor）王朝時期的國家無法壟斷貿易通路，人民普遍參與對美洲的貿易，創造出一種充滿活力和自信的新商業利益階級，這些新團體敵視斯圖亞特王朝君主加強宰制經濟與社會生活的企圖，很快地就跟王室爆發長期衝突，他們的要求不只集中在加強利用國王盟友霸占的機會，也注重可以進一步強化自己、削弱菁英階級的更廣泛制度變革。

一六八八年的光榮革命是王室和新團體鬥爭的結果，這場革命的全面影響包括國會變成英國的主要執行機構，英國社會的大多數人得到更多的經濟機會和誘因，以及紅皇后效應獲得重新激發，社會的動員變得更為深入，社會的權力靠著立法程序的制度化，變得更為穩固，國家的能力也同時提高。同樣重要的是司法領域的變革，一六四二年的獨占法創造了專利制度，引發了決定工業革命的創新浪潮。到了一六四〇年代的英國內戰期間，國內的獨占事業徹底崩潰，促成經濟機會的分配大為擴大。光榮革命最後確立了司法獨立，一七〇一年制定的和解法意義重大，促使英國更進一步走向法律之前人人平等、法律和合約必須公正執行、財產權獲得保障的境界。國家機器不僅移除經濟活動的妨礙，還開始提供重要的公共服務，積極鼓勵和協助產業（以這一點來說，國家沒有侵犯他人自由的問題；例如，國家支持英國的奴隸販子，也從中受惠，英國的航海法禁止外國船隻載運貨物到英國或英國殖民地，有助於英國商人和製造業壟斷貿易）。

所有的經濟與社會變革釋出了巨量的實驗和創新能量，成千上萬的各界人士開始推動自己的構想、開拓自己的前途，以便改善科技、解決現在的問題、創業和賺錢。重要的是，這種實驗不但分散實施，而且也不受政治權威的限制，因此不同的人可以採用不同的方法，以便得到更好的創新，汲取別人失敗的教訓，獲得成功；更重要的可能是過程中會形成新問題和新構想，我們可以在蒸汽機之類工業革命的一些代表性科技上，看出這種實驗的意義。諸如羅伯・波義爾（Robert Boyle）、丹尼斯・帕潘（Denis Papin）、湯瑪斯・薩伏依（Thomas Savory）、紐科門、約翰・史密頓（John Smeaton）和瓦特等發明家或企業家，都用不同的方法，處理利用蒸汽動力的問題，實驗自己的方法，藉著這種累積過程，創造出效能和力量都高出很多的蒸汽機。

實驗會有眾多錯誤的開始和不同方法的性質，以及實驗在創新突破中扮演關鍵角色這兩點，或許在設法為船舶在海上找出經度的探索中，可以說明得最清楚——緯度可以依據星星計算出來，要計算經度卻難得多，船舶經常在海上迷航，迷航造成的問題在一七〇七年十月突然變得極為明顯，因為這個月裡，有五艘英國戰艦從直布羅陀回航，其中四艘因為算錯經度，沉沒在夕利群島（Isles of Scilly）的礁岩上，造成二千名水兵溺死。一七一四年，英國政府設立經度委員會，提供一系列的獎金，鼓勵人們提出這個問題的方案。

人們已經知道，其中一種解決方案是在船上放兩座時鐘，其中一座按照格林威治時間定時，另外一座可以在每天下午，依據海上的太陽重新定時，這樣就會知道格林威治時間和船舶當時所在位置時間的差異，再利用這種時間差，計算經度。問題是時鐘並不精確，時鐘依靠的鐘擺在海上會極度不正常，製造鐘擺所用的金屬在不同氣候狀況中會膨脹或收縮。偉大的物理學家牛頓獲得政府的委任，負責向政府提出計算經度的建議；他十分執著地認為，要靠天文學和星星的位置來解決這個問題，雖然他原則上同意利用時鐘的解決之道可行，到了海中實際上卻行不通，因為會碰到船舶運動、冷熱、乾濕和重力的差異問題，這樣的鐘表還沒有製造出來，而且極可能永遠也做不出來。

人們試過各式各樣所有想得出來的解決之道，有些解決方法非常瘋狂：伽利略本人就發明過一種面罩，叫做「塞拉通」（celatone），意在藉著觀測木星，利用木星衛星日蝕的時間，計算經度（書中照片集插頁中，有這種機器的重建圖）。另一個提案要動用到受傷的狗和一種叫做「同情粉」的神祕物質，據說如果把同情粉灑在受傷的人或動物身上，就會有遠距治癒的能力；重要的是，這種治療和疼痛有關，其中的構想是把一隻狗放在船上，每天到了倫敦時間上午時，有人會把這種粉末灑在包過那隻狗的繃帶上，那隻狗就會吠叫，顯示這時是倫敦的正午時分（聽來像完全瘋了，除非你想到牛頓本人是煉金術士，花了大半輩子的時間，想把「賤金屬」煉成黃金，那你就會見怪不怪了）。另一個想法涉及在開放水域中，繫泊大量船隻，然後在適當時間，發射巨型火炮，這樣其他船舶聽到時，就可以知道時間。

最後，沒有受過教育的木匠約翰．哈里森（John Harrison）終於找出突破之道。哈里森出身英格蘭北部亨伯河畔的巴羅地方（Barrow upon Humber），他解決了牛頓描述的所有問題。他擺脫鐘擺，停止使用會熱脹冷縮的潤滑油，轉而依靠一種稱為「癒創木」（lignum vitae）的熱帶硬木，它會自行釋出油脂。為了解決金屬熱脹冷縮的問題，他把銅條和鋼條排列在一起，以便兩種金屬互相抵消脹縮。他並沒有立刻達到目標，而是經過三十年、製作出一系列原型後，才在一七六一年，做出他稱為H4的經度儀。他在研發過程中，創造了很多十分重要的創新；例如，他首次採用滾珠軸承，今天大部分的機器仍然採用這種科技來降低旋轉時的摩擦力。威廉．賀加斯（William Hogarth）在一系列取名《浪子歷程》（*Rake's Progress*）的畫作中，諷刺追尋經度測量方法的沉迷，以及從中產生的所有瘋狂想法，系列畫作中的最後作品取名《瘋人院》，刻畫倫敦精神病院中住滿為了追尋經度計算方法而發瘋的人。

所有這一切熱絡的實驗產生的後果是社會流動性提高，出身卑微的人靠著努力功成名就，還賺到財富。看看理察．阿克萊特（Richard Arkwright）的例子：阿克萊特發明水力紡紗機，還於一七七一年，在德比郡（Derbyshire）的克羅姆福德（Cromford），創設可以說是世界第一座的現代工廠。阿克萊特是家中七個子女中的幼子，父親是裁縫，窮到不能送他去上學，但阿克萊特最後獲封爵士，晉身英國社會的上流階級。我們也可以看看瓦特的例子：發明蒸汽機的瓦特出身蘇格蘭中產階級家庭，他去世不到十年後的一八一九年，雕像就供奉在西敏寺，供人瞻仰（西敏寺中也有一塊木匠哈里森的紀念碑）。西敏寺是存放很多英國君主、女王和名人墳墓的地方，率先在十八世紀和十九世紀初期，推動英國廢除奴隸貿易的威廉．威爾伯福斯（William Wilberforce），也是長眠在這裡的名人之一。沒有什麼規範牢籠，能夠妨礙成功人士的實驗或能力。

工業革命會從英國開始發動，原因和中世紀義大利自治城市開始支持創新和經濟成長相同，都是受到制約的國家巨靈在自由窄廊中蓬勃發展，為人民帶來更多的自由和經濟機會。英國的國家機器靠著紅皇后力量的推動而變得更有效率，也建立了更強大的能力，卻沒有擺脫掉枷鎖。加強受到制約國家機器的能力有助於推展自由，而非妨礙自由，英國在這方面領先歐洲其他地方。然而，本章也說明歐洲很多其他社會在自由窄廊中前進，只是每個地方都出現自己特有的起伏、碰到許多限制。法國、比利時、荷蘭和日耳曼的國家機器都變成受到更多的限制，獲得更強大的能力，同時人民的自由、經濟機會和誘因也獲得改善，工業化也擴展到這些地方。

## 為什麼是在歐洲發生？

歐洲歷史當然很豐富、很複雜、很多元化，我們在這一章裡無法給一個公正地評斷。我們的重點反而是放在提供不同的解釋，說明我們的觀念架構如何針對這種歷史、針對過去一千五百年歐洲所出現不同類型的制度、不同政治和社會做法的起源。

很多理論認為，早在中世紀以前，歐洲就有很多與眾不同的特點——例如猶太／基督教文化、獨特的地理狀況、隨人解釋的歐洲式價值觀，促使歐洲後來出現必不可免的政治發展和經濟升級現象。我們的看法跟這些理論截然不同。

早期歐洲歷史中，沒有一樣獨一無二的地方，可以據以預測受到制約的國家巨靈將來會在歐洲崛起，唯一的例外是歐洲有幸出現權力均衡的觀念；這種觀念是由歐洲之剪的兩隻剪臂創造出來的——其中一隻剪臂是從羅馬帝國承襲而來的國家制度，另一隻剪臂是日耳曼部落的參與規範與制度。任何一隻剪臂都不足以促使受到制約的國家巨靈崛起：像拜占庭帝國那樣，只有第一隻剪臂存在時，崛起的通常是專制國家；像冰島這樣，只有第二隻剪臂存在時，政治發展和建立國家機器的進程幾乎就不會有什麼進展。在情勢不同、關鍵時刻突發事件不同、試圖把兩隻剪臂均衡結合起來的政治要角，技巧可能不如克洛維和查理曼的另一個時代裡，或許都無法用同樣的方式，達成兩者之間的平衡。但是，在西羅馬帝國滅亡後動盪不安的第五和第六世紀裡，這兩大要素結合在一起，創造了一種不穩定的平衡，把歐洲推進自由窄廊中，從而促成受到制約國家巨靈的興起。

踏上自由之路不會立刻創造出自由，隨後的一千多年裡，暴力、謀殺和混亂狀況繼續存在，偶爾還會出現非常嚴重的狀況。不過，踏上自由之路卻是限制專制主義、逐漸導向自由先決條件發展的濫觴。踏進自由窄廊，也不保證受到制約的國家巨靈會十分光榮地崛起（我們在第九章裡就會看到，巨大危機的衝擊如何把國家震離自由之路；在第十三章裡，也會看到國家和社會之間的競爭可能失去控制的情形）。但是，從全球歷史的角度來看，值得注意的地方是，少數政體發現自己確實留在自由窄廊上繼續演進，在紅皇后全力推動下，提高國家和社會的能力。

歐洲踏進自由窄廊的意義和紅皇后釋放的變革動力確實大有可觀，我們今天所謂的自由，其成形的過程在歐洲可以看得最清楚（即使過程漫長而痛苦，有時候還顯然充斥暴力）。同樣地，受到制約的國家巨靈也是在歐洲，塑造出這種自由和經濟與社會環境，進而產生廣泛的經濟機會和誘因、支持運作順暢的市場，創造出實驗、創新和科技突破可以蓬勃發展的環境，為工業革命和永續繁榮奠定坦途。

我們的理論強調，這些教訓也可以適用於歐洲以外的地方。因為如果歐洲的崛起是什麼獨一無二的歐洲專屬現象，那麼我們就無法從歐洲經驗中學習，並用在今天試圖解決同樣問題的社會上，我們的理論並非如此。雖然歐洲在第五和第六世紀之間的羅馬帝國集中式制度和日耳曼部落的規範與人民議會，當然是歐洲經驗的獨道之處，但這突顯了一個普遍適用的通則：要踏進自由窄廊，國家必須在強而有力、中央集權的國家制度，以及能夠對抗國家權力、有自信約束國家政治菁英、善於動員的社會之間，求得平衡。的確，我們會在後面幾章裡，看到那些無法同時提高國家能力與維護公民自由的制度，幾乎都是因為國家和社會沒有達成權力均衡。這種均衡不是歐洲獨享，它曾經在過往不同地理和文化環境中出現過。我們在前一章已經看過這種例子，在後文也還會再度看到。

# 7 受命於天

## 水能載舟，亦能覆舟

中國史的進程和歐洲史大不相同，創造的自由少得多，但起初並非如此。要看出這一點，我們要回到中國的春秋時代。春秋時代始於二千七百多年前，孔子就是在這個時代誕生的人，他的思想後來變成中國社會和國家制度的支柱。孔子重視人民福祉，認為明君應該提升人民的福祉，他說：「為政以德，譬如北辰，居其所而眾星共之。」意思是聖王要以類似北極星一般的崇高道德使較下層的人民臣服。

他最著名的弟子孟子說過：「天視自我民視，天聽自我民聽。」這種認為天意透過人民來呈現的觀念在春秋時代很常見，孔子本人就說過：「自古皆有死，民無信不立。」

《左傳》記載的證據顯示，這些觀念跟春秋時代的政治狀況有關。《左傳》引述隨國大夫季梁的話，說他建議隨國國君：「夫民，神之主也，是以聖王先成民，而後致力於神。」

為什麼「夫民，神之主也」？為什麼「民為貴」？最可能的原因是：春秋時代的社會組織相當良好，因而在政治上有發言權。事實上，這個時代中國的政治權力極為分散，以至於學者把互相競爭的社會比喻為「城邦」，甚至拿來跟希臘的城邦相比。雅典的政治運作以都城為中心，公民可以造就或打斷政治生涯與野心。《左傳》記載了至少二十五個例子，說明春秋時代都城的居民積極影響內部權力鬥爭，包括影響立君之爭。例如當時的鄭國就像雅典一樣，人民聚在一起，討論和批評政府的政策和施政。根據記載，當時著名的賢相子產說過：

夫人朝夕退而游焉，以議執政之善否。其所善者，吾則行之，其所惡者，吾則改之，是吾師也。

子產繼續指出，想把人民排除在外，「然猶防川，大決所犯，傷人必多」。孟子贊同子產的看法，說道：

得天下有道，得其民，斯得天下矣。得其民有道，得其心，斯得民矣。得其心有道，所欲與之聚之，所惡勿施爾也。（《孟子．離婁上》）

後來荀子在〈王制篇〉中，總結這個時代的政治狀況：

君者，舟也；庶人者，水也。水則載舟，水則覆舟。

我們在相片集插頁中，放了一張有荀子這段話的中文書頁照片。

## 受命於天，統治萬民

百家爭鳴的春秋時代結束後，繼起的是政治鞏固、戰國七雄和幾個小國征戰不休的戰國時代（參見地圖十）。主張高度專制政治哲學的法家新思想在這個時代裡出現，後來還變成中國國家機器宰制社會的重要利器。受封為「商君」的商鞅是這個時代最有影響力的思想家和實行家。商鞅於西元前三九〇年生於衛國，這時正是戰國時代中期，因此他深切感受到國家羸弱可能造成的混亂。他和將近二千年後出生、提出類似解決之道的霍布斯一樣，認為建立國家巨靈的權力是解決方法，因為「夫利天下之民者，莫大於治」。如果能在這過程中進一步削弱社會，只會更好，因為商鞅認為：

> 民弱國彊，民彊國弱，故有道之國，務在弱民。

商鞅不僅思考和著書立說，寫出《商君書》而已，還努力奉行自己的思想。他從出生地衛國，前往秦國出仕，擔任秦孝公的宰相，並在秦孝公的支持下，推動一系列激進的改革：制定新的法律制度，整頓土地關係，同時改革國家機器的行政結構，設立更專業化的國家機構。到了下一個世紀，這種中央集權式的改革把秦國變成經濟與軍事強國，滅掉其他國家，創立了中國的第一個帝國和皇朝。

從《商君書》第一篇就可以清楚看出，這一點是他早年就已經設定的目標。把他的思想記錄下來流傳後世的《商君書》第一篇篇名叫做〈更法〉，其中記載秦孝公和包括商鞅在內的三位謀士辯論，秦孝公擔心制度創新會遭到「全天下人」的批評；孝公不只擔心秦國人民的意見，也擔心全天下人的抨擊。秦孝公會這樣想，是因為他借用了過去周天子的觀念，認為天子受命於天，統治萬民。

從那時起，中國的皇帝都會宣稱自己也「受命於天」。但是，社會要怎麼約束直接受命於天的皇帝呢？

商鞅認為這種約束不足為訓。他的目標很單純，就是「富國強兵」，只有強大的國家才能帶來秩序，確保社會不起參與政治的念頭；沒有這種秩序的話，混亂會隨之而來，因此國家必須防止這種問題。荀子以極為類似霍布斯文字的語言，在荀子〈禮論篇第十九〉中指出：

> 人生而有欲，欲而不得，則不

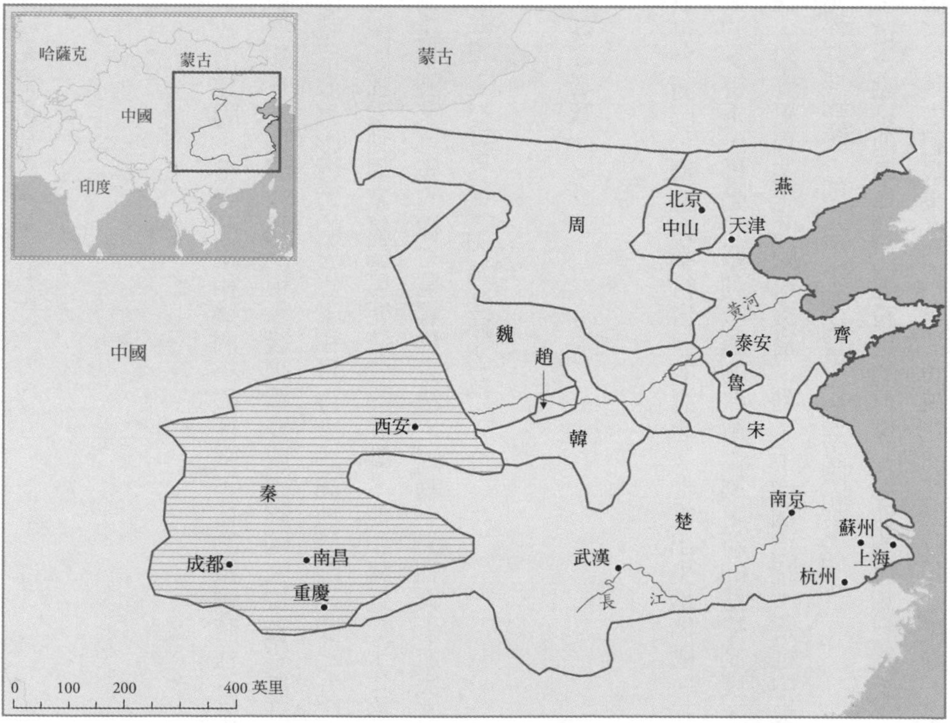


地圖十　戰國時代的中國，西元前四七五年至西元前二二一年。

能無求。求而無度量分界，則不能不爭；爭則亂，亂則窮。

尋找能夠實現秩序和制度的方法，是自然不過的事情，但秦國是怎麼達成目標的呢？主要的工具是法律，卻不是我們在上一章裡所見歐洲式從社會規範發展出來、限制統治者的那種法律。商鞅認為，法和國家機器必須用來把每一個人變成農民或戰士，為從事農作或戰鬥而獲得獎勵，否則就會遭到懲罰。就像《商君書》中說的那樣：

故民，可令農戰……（視乎）在上所與。上以功勞與，則民戰……人之欲賤爵輕祿，不作而食，不戰而榮，無爵而尊，無祿而富，無官而長，此之謂姦民。

換句話說，只有國家可以決定什麼人或什麼東西的價值，你得不到國家的認可，就是姦民。人民必須「若治於金，陶於土也」一樣，受到控制。為了確保人民專心務農，重要的是「使民無得擅徙」；為了懲罰任何其他經濟活動，方法是改造——實際上是扭曲——市場，使務農變得更有吸引力。商鞅建議：

苟能商賈技巧之人無繁，則欲國之無富，不可得也。所以曰卻農富其國者，境內之食必貴，而不農之徵必多，市利之租必重。

不務農的人就是「技巧之人」。這種情結會對中國的經濟前途產生深遠的影響，因為法家思想後來會塑造國家怎麼對待企業，以及商、工、農怎麼害怕國家、怎麼拒絕跟他們合作。

在法家的模式中，秩序最重要；必須靠著無所不能的統治者，運用國家的力量和法律鎮壓社會，才能實現秩序。即使儒家的模式不贊同法家的高壓手段，建議利用道德觀念，贏得「人民的信任」，但儒家與法家都同意專制主義的基本信條。也就是說，人民在政治上沒有發言權，而且絕對不能成為對抗國家權力和皇帝的平衡力量，只有統治者的道德行為會讓他考慮臣民的福祉。就像孔子說的那樣：

> 天下有道，則庶人不議。

## 井田制度的興衰與再起

商鞅的成就是提倡一種建立專制國家的模式，讓秦國在隨後的一百年裡，得以滅掉六國，結束混亂的戰國時代，建立秦帝國。隨後的兩千年裡，國家應該如何組織的細節多所變化，因為後續的朝代會實驗各種模式；箇中原因在於，商鞅的模式善於消滅競爭者，卻不能提供有效的模式，治理新近統一的天下。

秦始皇和宰相李斯提出了非常嚴格控制的模式，把秦帝國先分為三十六郡，後來再分為四十二個郡縣；郡設郡守，作為軍政長官，下設複雜的官僚階級，對社會實施極其嚴苛的控制，就像商鞅所倡導的那樣。

從史學家紀安諾（Enno Giele）大作中刊布的行政文件，可以看出這種控制的本質。這些文件顯示，某個郡縣以下組織的首長發文呈請郡守，請求批准在地方上的一個小村子，任命一位新村長和驛站官員，四天後申請遭到駁回，理由是這個小村子只有二十七戶人家，小到不需要設置這種官員。這些文件揭露了中央所任命官僚網絡的綿密，以及官僚處理申請案的效率，更遑論官僚的所知極為深入（精確瞭解二十七戶人家的事實）。

秦朝也推動統一的度量衡制度、統一的錢幣、曆書，同時規定「書同文」，還以首都咸陽為中心，鋪築複雜的馳道系統。最重要、最悠久的創新是創設「井田制度」，按照「井」字形，平均分為九塊大小相等、足以供養一個士兵的土地。井田制度強調土地、財政與軍事負擔的平等分配，最先出現在《孟子》一書中。孟子主張仁政始於測量和分配土地，如果不能正確地劃定地界，那麼根據井田制度分配的土地，以及統治者徵收的穀祿都不會公平。

> 夫仁政必自經界始。經界不正，井地不均，穀祿不平。

這時，商鞅模式的缺點開始變得明顯。要支持這種侵入性的制度，光靠「富國」還不夠，還必須創造出稅負沉重的社會。畢竟，總是要有人提供資源和勞力，製造出秦始皇皇陵中八千個真人大小的兵馬俑吧？重稅的後果是秦始皇死後不久，人民就紛紛揭竿而起，以至於秦代只存續了十五年，只經歷兩個皇帝就遭到推翻；在隨之而來的政治不穩定中，最後的贏家是出身遭到秦國滅亡的楚國農民劉邦。劉邦建立漢朝，是為漢高祖。漢高祖暫停徵收稅負，最後把稅負降低為農作收成的十五分之一，他也縮小秦朝強徵民力、從事義務勞動的範圍。

高祖所做的調整是試圖偏移向儒家思想，他以法家思想為基礎，結合儒家的理想，建立國家。此後一直到現在的中國政府和法律，都可以解釋為在這兩種思想之間的融合和擺盪，每個朝代都會落在商鞅和孔子之間的某一點。但是，不管落在什麼地方，各朝都同意一些基本原則：最重要的原則是專制國家的核心理念——皇帝無所不能、皇權至高無上，人民在政府中沒有地位，也沒有發言權，皇帝總是高於法律。其次的原則是國家應該利用賢才推動施政，賢才也是皇帝根據自己的希望統治社會所需要的臣子，這一點也是從儒家「學而優則仕」和「薦舉賢才」的思想而來。最後一個重要原則是皇帝應該關心人民福祉，受到道德觀念約束。這個原則甚至包括皇帝應該提升公民的經濟榮景的觀念，用後代的說法來說，皇帝應該「藏富於民」。這三個原則等於某種社會契約，讓國家獲得若干合法性，如果國家違背這些原則，人民可以揭竿而起。

中國的皇帝花了一些時間，想出能夠滿足這三大原則的可行制度模式，轉捩點出在瞭解用商鞅或秦始皇設想的方式，會難以微管理社會，因為這樣做的成本實在升高了：要融通這種做法，必須靠著橫徵暴斂和徵用民力，才能得到所需的資源，這樣做會違反第三項原則。不讓人民在治理和稅款怎麼花用上擁有發言權時，高稅率會引發民怨，最後會有助於醞釀反叛。我們已經看到，叛亂不會消失，但後來的皇帝決定利用減稅，減少叛亂和民怨，即使這表示國家提供公共服務、甚至穩定執法的能力會降低，也仍然必須這樣做。

組織政府機關，以便滿足這三大原則很不容易，而且絕對無法順暢地運作。事實上，商鞅無事不管理的強制模式，和比較寬鬆、減少介入社會、樹立仁政榜樣的儒家策略之間，鬥爭始終持續不斷。漢朝雖然減少稅負和勞役，卻保持秦代的大部分看法。秦朝直接控制大部分的生產性資產，包括礦山、森林，甚至包括鑄造廠和小型工場，漢代也是如此。然而，因為稅收減少，漢朝被迫放鬆對社會的控制，逐漸從秦代的施政模式中退卻。

久而久之，井田制度向反方向發展，大地主在鄉下出現，但因為統治者至高無上的威權沒有任何約束，這種潮流總是可以逆轉。隨後的兩千年裡，中國總是定期受到回歸法家模式的意圖衝擊，最近的一次是一九四九年共產政權的崛起後，以集體農業的方式，實施自己的井田制度。我們所看到在鄧小平的領導下，集體共有制逆轉，中共領袖開始反貪腐，因為這樣違反孔子以德服人的原則，則是儒家模式在當代的體現。要知道中國未來可能有什麼變化，重要的是瞭解這種在法家與儒家思想之間的歷史性擺盪。

秦朝滅亡後，首次試圖重新對經濟施加嚴格的國家控制的人，是從西元前一四一年至西元前八十七年，統治中國達五十四年之久的漢武帝。漢武帝開始實施國家壟斷鹽鐵產銷，堅持控制大部分工商活動。當時的史家司馬遷指出：「古者嘗竭天下之資財以奉其上，猶自以為不足也。」漢武帝的改革並沒有延續下去。

王莽繼之以試行改革。西元前一年，王莽立年僅兩歲的孺子劉嬰為皇太子，自稱「攝皇帝」；五年後孺子嬰去世，王莽稱帝，改國號為「新」。他推行協調一致的新政，試圖重新掌握逐漸流失的經濟與社會控制權；他還下令土地收歸國有，沒收很多大地主的土地，創造更多國有獨占事業。西元二十三年，反對王莽新政的民眾揭竿而起，攻陷京師長安，王莽敗亡。此後井田制度的模式再度逆轉，到西元三十年，全面兵役制度廢除，社會不再以兵農合一制為基礎。

西元二二〇年，漢朝滅亡，代之而起的是一系列的短命政權，北方由出身內亞的遊牧民族宰制，不同的漢人分支政權則在南方紛紛崛起。西元五八一年，隋朝統一中國前，有些統治者再度試圖施行法家的模式，包括從三八六年至五二四年統治北方的北魏。西元四八五年，北魏孝文帝推行「均田制」，五八一年後繼起的隋朝，和六一八年創立的唐朝，都維持均田制。七五五年爆發的安史之亂，叛軍攻陷京師長安，終結了均田制這種新版的井田制度。雖然唐朝最後在七六三年平定安史之亂，這場變亂卻造成數十萬人死亡，唐朝元氣大傷。隨著國家控制社會的能力破碎不堪，均田制也跟著崩潰，土地私有制變成新的標準。

西元九六〇年，宋朝建立，結束了五代十國的亂局，重啟類似當初秦漢過渡時期的改革。雖然改革中存在著連續性，但統治模式卻從偏向法家思想，變成偏向儒家思想。這種改革的成果之一是明確鞏固官僚的控制，考試用人、拔擢官員的制度，取代了過去主要以推薦為基礎的徵召制度（另一個成果是經濟成長，這一點稍後會討論）。然而，到了十七世紀時，文官制度中的菁英主義卻因為國家財力衰微，買官鬻爵風氣興起，加上政府的持續干預，因而遭到有系統地破壞。

西元一一二七年，出身內亞的女真人征服北宋，建立金朝；宋室南遷，建都臨安。然而，隨後金國和南宋都被忽必烈所領導的蒙古人滅掉。忽必烈建立元朝後，於一二九四年去世。元朝再經歷十位皇帝後，在一三五〇年代的大規模民變中滅亡。不過，元朝時卻改組了中國過去的國家組織，根據蒙古部落和國家的階級制度，實施個人化的模式，把中國人劃分為不同的世襲職業種姓階級（四等人制），推行勞動服務，開徵眾多新稅，把工匠大規模載送到現在是北京的首都大都，以便滿足商品和勞力的需求。

一三六八年，明太祖朱元璋經歷了二十年內戰後，推翻元朝，建立明朝，建號「洪武皇帝」，開啟明朝偏向法家思想的統治。明太祖迅速把更多權力集中在自己手裡，例如，廢除到當時為止文官體系之首的宰相位置；更在一三七三年，因為不滿考試的結果，廢除考試制度；還多次大力殘暴迫害官員，然後試圖讓國家恢復新版的井田制度。他在統治國家的三十年間，還力圖扭轉經濟的市場化趨勢，甚至恢復課徵實物稅，而非課徵稅款的做法。一三七四年，明太祖頒布「海禁」，禁止海外貿易，禁海令一直延續到十六世紀末年（此後還定期重新頒布實施）。

明太祖從一三八〇年起，開始大規模沒收大地主的土地，到他統治結束時，首都南京所在長江三角洲周圍的核心省份江蘇省中，大約有一半的土地遭到國家沒收。整個明朝期間，專制國家的痕跡清晰可見。到一六二〇年代，以上海西方大約五十英里的無錫縣東林書院為根據地的東林黨成立，由儒家思想啟發的批評國家言論開始出現；東林黨人甚至肆無忌憚地上書，彈劾魏忠賢的二十四大罪。天啟皇帝（明熹宗）的反應是誅殺十二位主事者，第十三位主事者自殺，數百位被控同情東林黨的人遭到迫害。但是，他們的支持者和受他們啟發的團體如復社，始終堅定不移；不過，這些團體卻在一六六〇年代，遭到清朝的無情鎮壓，因為清朝不能容忍清議。

宋明交替的過渡期間，法家思想在中國重現，提醒我們一件事：不受約束的國家不會為公民帶來自由。情形正好相反，這種情形通常是國家所掌控宰制權的基礎，也是商鞅所推崇、明朝相當樂於遵行的東西。

## 留髮不留頭

明朝愈來愈嚴苛的專制主義引發一系列的起義，包括一六二〇年代的紅巾賊之亂，這些起義突顯了法家模式的缺點。最後，明朝終於亡於內爭，遭到內亞適時壯大、建立清朝的滿族所滅亡。滿族勢力擴張的第一手紀錄，出自北京到上海大約半途處近海的《郯城縣誌》：

> 一六四三年元月三十日，大軍侵入縣城，屠殺官員，殺害七成到八成仕紳、職員和平民；他們在城裡、城外殺害數萬人，街巷、廣場的人群全都被他們趕在一起，集體屠殺和傷害，其餘軍隊人蹂躪每一個鄉鎮，逃走的人大部分都受到傷害。到一六四三年二月二十一日，大軍在我縣境內紮

營……停留二十二天，在整個縣境內燒殺擄掠，傷害人民。他們也摧毀了長山堡，殺害上萬男性和女性。

到一六四四年，看來似乎無意「贏取民心」的滿洲人已經占領北京，建立後來的清朝，也是中國最後一個王朝。但是，在滿清攻進北京前，流寇首領李自成建立了另一個只延續六個星期的王朝，他的臨時政權根據所得水準，將菁英、太監、商人、大地主和高官分等，拿走他們百分之二十至三十的財產。李自成本人大約聚斂了七千萬兩白銀的財富，甚至在滿洲人把他趕下寶座前，還放言要建立均田制。

滿族像蒙古人一樣，是外來政權，必須馴服漢人。滿族採用的「薙髮令」是個有趣的策略，薙髮令規定，所有男性都必須留滿族髮式，剃掉額頭上方的頭髮，留著辮子。清朝認定這是強迫所有中國人配合新朝代的方法。一六四七年三月，滿清入關、占領北京三年後，漢軍旗人出身的甘肅巡撫張尚巡察轄內，三月四日，他巡察到長城內側不遠處的永昌縣，縣學所有生員都聚集在一起迎接他。他指出：「中有一人，臣默窺其蓄髮。及至公署，隨喚通學進試，親自去帽驗看。本生呂可興，果然全髮未剃。」（我瞥見有一個人額頭上方似乎仍然留著頭髮。我到縣衙後，召集所有生員參加考試，親自走到有問題的那個生員旁邊，摘下他的頭巾，他的頭髮確實沒有剃掉。）地方官員向他保證，宣布剃髮令的布告確實已經貼出，違抗命令的生員呂國興無法狡辯。張尚下令收押呂國興，並呈報皇帝，請求立刻處死呂國興——「立刻梟首，以彰國法」。聖旨迅速傳來，批准「呂可興即就彼正法。這不剃頭的該管、地方官並家長、鄉約地保、鄰佑，應得罪名，又有成例，如何不遵？」結果沒有剃髮的呂國興遭到斬首示眾，以便「警告百姓黎民」。呂氏族長、保甲領袖和鄰人遭到杖打懲處，知縣罰俸三個月。

清朝的髮式焦慮一直延續到滅亡為止。乾隆三十三年（一七六八年），「叫魂」妖術的群眾恐慌席捲大清帝國全境。據傳當時發生多起剪掉男人辮子，據以作法、盜取辮子主人靈魂的案子，被人叫走的靈魂可以讓施法者獲得操縱別人的法力。乾隆皇帝統治下的滿清政府對剪掉辮子的指控反應激烈，政府查明案子真相常用的手法，包括動用「夾棍」刑求，獲取認罪供詞。夾棍分兩種：一種是「踝夾」，可以慢慢地夾碎腳踝；另一種是會造成脛骨多重破裂的夾棍。

乾隆三十四年（一七六九年），海印和尚遭到涉嫌叫魂的指控，他被捕時，帶了一些髮辮，他聲稱多年前就已經取得這些髮辮，而且事實上，他是把髮辮掛在人人清楚可見的禪杖上。他因此遭到審問，地方主管官員認定必須刑求，才能得到真相。但是，海印很有韌性，經過幾天後，地方官員表示：「若急用刑夾，恐或致斃，反至無可根究。」乾隆皇帝在地方官員呈上來的奏摺上用御筆硃批：「是。」海印繼續對抗刑求，地方官員上奏乾隆皇帝，說犯人不幸「適患時氣病症」，同時受刑的傷口也遭到感染。事實上，情勢變得令人極為困擾，因此知縣決定，「宜顯戮以釋眾疑」，因為海印被捕後，謠言開始瘋傳，因此主管官員「將該犯押赴市曹正法，懸首示眾」。另一位和尚明元也遭到類似罪名指控，卻在被捕一週內死亡。乾隆的硃批是：「知道了。」因此，不僅法蘭克人對頭髮很執著，連清朝也用大不相同的方式表現他們對頭髮的執著。

清朝不是只靠執行薙髮令的方式，告訴新征服的人民他們很重視統治。清順治二年（一六四五年），長江三角洲的菁英反叛清朝[1]，清軍將領大約屠殺了二十萬男女老幼。王秀楚親眼目睹後，寫下《揚州十日記》，讀來令人痛苦萬分。清軍攻破揚州城後，倖存的人民被迫踏上強迫行軍之路，下面是

1 【編註】原文的「反叛說」應有誤，當時滿清尚未控制中國全境，揚州尚屬南明勢力範圍，由兵部尚書史可法駐守。

王秀楚寫的一段紀錄：

二妾皆散髮露肉，足深入泥中沒脛，一妾猶抱一女，卒鞭而擲之泥中，旋即驅走。一卒提刀前導，一卒橫槊後逐，一卒居中，或左或右以防逃逸。數十人如驅犬羊，稍不前，即加捶撻，或即殺之；諸婦女長索繫頸，纍纍如貫珠，一步一蹶，遍身泥土；滿地皆嬰兒，或襯馬蹄，或藉人足，肝腦塗地，泣聲盈野。行過一溝一池，堆屍貯積，手足相枕，血入水碧赭，化為五色，塘為之平。

## 廉價的暴政

滿清因為是外來異族，覺得統治比過去的朝代危殆，擔心徵稅會激發人民反抗他們的統治。我們已經看到，這是回溯到漢朝建立時就已經開始出現的熟悉主題。乾隆十七年（一七五二年）的馬朝柱之亂是這種恐懼中的一次。馬朝柱是湖北省農民，受到一位和尚說他是「天命神授」的影響，開始聲稱當時流落到「西洋」的南明「出有幼主」，以此拉上關係，說南明大將統兵三萬七千人[2]，還得到明朝降將吳三桂之助。馬朝柱聚眾宣稱自己是南明將軍，神祕的飛行機器隨時會載運兵將，進攻長江三角洲。馬朝柱的匆忙起義得到響應後，清朝官員在他的一處軍營中，發現新鑄的「神劍」。馬朝柱起義失敗後逃走，但一族卻遭到逮捕後就地正法。清朝發動大索天下，逮捕數以百計的嫌疑犯；搜捕多年，卻根本沒有找到馬朝柱。被捕的馬朝柱從眾供稱，他們加入這個團體時，曾進入馬朝柱的某一個基地，大家「歃血吞符，也留起長頭髮，並不薙髮」，明顯反清。被捕的犯人遭到「極為嚴酷的刑求」，只有供稱涉案，才能免死。乾隆皇帝在硃批中指出「星火可以燎原」。清朝總是（理由十足地）對叛亂感到焦慮，不過這樣並不表示他們不會任意行動，這些行動包括重申明朝的海禁，而且順治皇帝在順治十八年（一六六一年）[3]下達「遷界令」，強迫中國東南沿海所有居民，向內陸遷移三十至五十里，以便控制貿易和海盜。

清朝為了應付叛亂威脅，於康熙五十二年（一七一三年），決定採取行動，向儒、法兩家治道主軸中的儒道方向踏進一步，凍結國家歲入主要來源的土地稅。從當時開始，每畝土地（約六．六七公畝）只要繳納固定的租稅，因為這個世紀裡，物價大幅上漲，國家收到的稅收價值劇烈下降，有清一朝，政府都無力提供多少公共服務。

事實上，國家提供的公共服務少之又少，賑濟災民的糧倉制度和大運河等基礎建設項目逐漸毀損，國家再無能力購買儲存在糧倉中的賑糧。道光二十年（一八四〇年），大運河殘破不堪，已經不能通航。一八二四年至一八二六年間，控制黃河河水的河堤系統崩潰，起因是水門和堤壩年久失修，又缺少施作防止淤積的疏濬工程，結果就是洪水橫流。中國的國家機器是如何建構，又為什麼無法支持，或提供很多公共服務？這值得我們瞭解。政府機構的最上層是吏、戶、禮、兵、刑、工六部。六部的名稱歷史悠久，相當有趣，例如，不叫「法部」而叫「刑部」，意思就是「刑罰」。事實上，刻在青銅器上最古老的中國法規不叫法典或法條，而是叫做「刑書」，非常符合商鞅對法律的想法。西元六五三年的唐律，是現存最古老的整套法律規章（秦律只剩斷簡殘編）。這麼多年來，中國的律法經過重大修正，清朝在乾隆五年（一七四〇年）時修訂《大清律例》，推出最後的定版時，目的不是為了提供正義公理，

---

2【譯註】原文誤植為三萬六千人。
3【譯註】原文誤植為康熙元年。

更絕對不是為了支持自由，而是為了管理和規範社會。律例無意伸張被告對抗國家的權利，任何法律都可以由皇帝修改或廢除，皇帝高於法律之上。司法程序中對被告的處理方式，表示法律對被告的態度是在證明被告無罪前，先做有罪推定。為免犯人遺忘，《大清刑律》第三八六條容許官衙嚴刑拷打「做了不當行為」的被告。

我們已經知道，中國的國家機器聲名鵲起，主因是政府透過競爭性的考試制度，揀擇官員。早在秦代，國家就有著用人唯才的志向；只是到了宋朝，才變得更為制度化；到了清朝，科舉制度可能發展到了最高峰。科舉考試分為三級，考過最低級的鄉試後，就變成「生員」（俗稱秀才）。一七〇〇年時，清朝大約有五十萬人取得生員的資格。每隔三年，數萬考生會聚集到各省省會，參加時間為三天兩夜的兩次會考，大約百分之九十五的生員會名落孫山，考試涉及的利益極大。

通過省級鄉試的人叫「舉人」，舉人保證會得到終身菁英的地位，重要的是，還會獲得稅務和法律上的豁免。未得皇帝的允許，不得逮捕、調查和刑求官僚集團中的成員；如果舉人被判有罪，用在平民身上的鞭笞、流放或死亡刑罰，通常可以易科罰金；舉人也有機會當官。然而，科舉制度中還有一個階梯要爬，在兩次鄉試放榜後，通過鄉試的人要聚集北京，參與會試。會試的錄取名額只有三百人，百分之九十的考生都會落榜，這三百位贏家之後要在殿試中，由皇帝親自打分數，分數最高的人會獲選留在中央部會任職，分數最低的下放到地方機關，出任知縣等職位。

清朝時期大約有一千三百個縣，幾個縣組成一百八十個府，再組合成為十八個行省，每個省設總督，每個縣設知縣，等於朝廷派到各縣的行政長官。因為到十七世紀結束時，清朝人口已經增加到大約三億人，表示一位知縣大約要治理二十三萬人，大縣人口輕易可達一百萬人。每個知縣都有幕僚協助施政，但幕僚不算國家公務員，他們的薪資不是靠知縣的俸給支付，就是要靠著「壓榨」百姓的所得來為生。知縣在司法上身兼探長、檢察官、法官和陪審團；此外，還要負責公共工程、國防和維持治安。這種非常困難的公務員考試考些什麼問題？一六六九年，山東省考官要求有志應考的郯城縣考生，思考和解釋經書上的三段文字。出自《論語》的一題是「子曰：『知之者不如好之者，好之者不如樂之者。』（試申其義）」。然後，第二題是「子曰：『人之生也直，罔之生也幸而免。』（試申其義）」。此外，考生也必須思索：仁者「夫焉有所倚？肫肫其仁，淵淵其淵，浩浩其天」。第三個考題出自《孟子》。結果所有生員全都沒有考過。事實上，一六四八年至一七〇八年間，郯城縣沒有半個考生通過這種考試。）

雖然科舉制度競爭激烈，卻不測試或鼓勵任何科技知識，或跟管理官僚體系或治理國家有關的任何技術。知縣理當可以在沒有任何法律訓練下執法，而且全國沒有私人律師或執業法務人員。很多非屬菁英領導的因素也摻入這種制度。高達三分之一的知縣是靠著總督的推薦，才獲得任命。或許最重要的是，整個制度極為個人化地掌握在皇帝手中，皇帝可以任意任命、升貶官員。如同乾隆皇帝所言：「〔高官〕評選常在朕心。」。

為了因應稅收短絀，清朝從一六八〇年代康熙皇帝統治時起，開始大規模販賣考試及格證書，這樣其實是拍賣晉身菁英階級的臺階。估計到一八〇〇年，一共有三十五萬人持有買來的學歷證書。因為清朝無法適度地發放官僚薪資，貪腐之風大興，到十八世紀末葉和珅「統治」期間，貪腐發展到最高峰。

和珅大約生於一七五〇年，原本只是御前侍衛，一七七五年時，獲得乾隆皇帝的青睞，據說是因為乾隆看他神似自己少年時愛戀的父皇寵妃。乾隆迅速為和珅加官晉爵，賜給和珅一、二十個官銜，包括戶部尚書。和珅很快就建立起龐大的貪腐網絡，引進依賴受他之惠的官員。他也發展出任命全國所有官員的否決權，每個官位的任命他都要求送禮，還偏愛任命他認為忠心耿耿的人。在他統治清朝官場二十年期間裡，他似乎有系統地破壞清朝所有階層的運作。乾隆皇帝一過世，乾隆的兒子嘉慶皇帝立刻逮捕和珅，並且逼迫和珅自殺。和珅遭到二十大罪的彈劾，包括在大內騎馬和乘坐椅轎。但最大的罪狀是聚斂極多資產和財物，包括：「欽賜花園一所，亭榭樓臺二十座，新添十六座。正屋一所十三進共七百三十間，東屋一所七進共三百六十間，西屋一所七進共三百五十間，徽式新屋一所七進共六百二十間　私設檔子房一所共七百三十間，花園一所亭臺六十四座，田地八千頃（大約五萬甲）。」除了這些不動產外，官方還抄查出和珅有純金五萬四千六百英兩（一千八百零四公斤），銀錠五萬四千六百錠，一百五十萬串銅錢，巨量的玉、人參、珍珠和紅寶石，三百八十支銀湯匙，一百零八個銀製漱口杯。和珅變成清朝迅速衰微的象徵；然而，重要的是，嘉慶皇帝雖然清除了和珅，卻沒有對官僚體系進行更廣泛的整頓，理當調查知縣和較低階官員的都察院，也沒有進行認真的改革。到清朝時，都察院的活動範圍只限於北京，幾乎無法監察這麼龐大的帝國。國家機器和公共部門能力缺缺的情況仍然持續不變。

官僚貪腐無能引發的民怨，加上清朝統治的專制本質，沒有其他途徑可以表達，再度激起民變。一七九六年至一八〇四年間的白蓮教開始大規模叛亂，白蓮教會起事，很可能是為了反應和珅同夥的巧取豪奪、需索無度。一八五〇年，太平天國之亂震撼了整個帝國，起因可能是落第秀才無法在貪腐體系中求得一官半職，不滿之餘，起而造反的。太平天國禍亂清帝國十四年，造成數千萬到上億人民死亡，清帝國因此破產。

## 依賴的社會

專制主義的明確特徵是能夠否定社會參與政治決定的管道，中國的情形就是這樣。清帝國崛起後，扼殺了社會參與政府的任何可能性，以致社會參與因素再也沒有重新出現。社會是否可能用其他方式，控制和塑造中國的國家巨靈呢？叛亂的確是明確的選項，也是造成中國皇帝極為焦慮的選項。不過，叛亂的威脅並非經常存在，也不能轉化為對政策決定的有系統影響。自主性的社會組織（偶爾有人稱之為「公民社會」）是否能夠對中國的國家機器提出要求和建議呢？即使中國沒有人民議會和社會控制政府的其他制度化工具，中國是否有這種社會組織呢？

我們或許可以期望在一個地方，看到這種社會組織和動員，那就是位在長江中游、現在屬於武漢的商業城市漢口。十八世紀末葉至十九世紀期間，漢口是個繁華的大都市，商人和工匠在這裡十分活躍，商會和其他自願性的協會開始興起；最有力的商業團體是大約二百位鹽商組成的商會，鹽商會選擇自己的「總商」。針對食鹽交易抽取的費用會放在「保險基金」中，用來賑濟饑荒，也用來聘請民勇，保護各家鹽商企業。此外，還有其他商人團體組成的商會，這些團體或許可以視為自主性社會組織的濫觴。

但是，表象可能騙人，社會幾乎毫無自主性和地方團結可言，商會的根源都是來自中國各地的「同鄉會」；例如鹽商是徽州人，茶商來自廣東或寧波；一年的大部分時間裡，他們甚至不住在漢口，茶商商會是上海茶商商會的分支。這些協會由特定地區或城鎮出身的家族團體組成，他們結合在一起，是為了分享資本或資訊，而且經常一起住在相鄰的社區。不同的商人團體彼此並不合作，對於投資漢口的公共服務和組織毫無興趣。事實上，來自中國不同地區的商人彼此互不合作，反而發生持續不斷的衝突，正是地方並不團結的明顯跡象。一八八八年，安徽幫和湖南幫商會人員為了一座碼頭發生衝突，當地知縣的判決偏向徽幫商人時，引發湖南幫商人攻擊徽幫商人。一年一度的龍船競渡變得極為暴力，廣東幫商人攻擊湖北幫，以致兩省遭到禁止出賽。因此，中國商人的活動造成本地社會難以組織，或發展出自己的身分認同。

鹽業是漢口最重要商業，鹽業的本質比地方上的爭吵還重要。鹽業可不是有志企業家競相擴展事業的行業，而是國家壟斷的獨占事業，鹽商會有權有錢，是國家賜予的結果；總商通常是皇帝手下官僚體系中的後起之秀，通過較低階的仕宦考試，職位是官派的。這種情形使鹽商變成準政府官員，大家認定他們的倉庫和鹽市是公領域的一環，連保險基金都不是由鹽商共同控制；這些基金通常也用來提供漢口或鹽商的公共服務，卻不是由總商控制，經常拿來聘雇親友擔任鹽業行政人員。

十九世紀時，很多新型的商業官僚機構紛紛出現，包括官渡局、電報局和釐金局（負責課徵新稅）。但是，這些官僚的任命是由省級官員負責審查。值得注意的是，找不到任何紀錄可以描述官僚、公會或有組織的商人設法影響地方官員或國家運作。這種事情無疑是在檯面下進行，不容見光，表示這種做法不會變成公眾參與政策決定的管道。一八六三年後，食鹽專賣業遭到重新整頓，大約只有六百位鹽商獲准購買食鹽交易的許可證，此後官方對交易的控制愈形嚴密。其他公會積極從事維護街道、闢建防火巷和興築橋樑，但這些行動都是由國家主動發起。一八九八年，漢口二百二十種商業成立總商會，還是為了回應聖旨所採取的行動；一切都不像上一章談到的燕田村那樣，是由地方社區敦促自己的組織、啟動新的公共服務，要求國家提供更多、更好的治理。

歐洲至少從十七世紀開始，自由媒體就在組織積極又有自信的社會上，扮演重要的角色，中國同樣沒有類似的情形。上海《申報》在一八七〇年代發行到漢口之前，漢口似乎沒有廣泛流通的報紙；但是，《申報》是在上海，由英國人安納斯脫．美查（Ernest Major）發行的，雖然會刊登漢口的新聞，卻似乎不可能擔負起加強動員社會的功能。

因此，在比較深入地評估後，即使我們期望出現最有自主性、最有自信心的社會，實際情形卻大不相同，我們看到的是臣服和依賴國家機器的社會。

無論依賴與否，中國社會卻可能從國家的強力控制中獲益，因為國家的控制會放鬆規範牢籠，為社會和經濟自由創造更大的空間。我們在第四章裡，看過諸如穆罕默德和夏卡那樣的例子：他們在建立國家的過程中，打破妨礙建國的極為僵固規範和親屬關係的連結、略微放寬規範牢籠。但是，中國的情形不同，雖然國家推動專制政治，親屬團體似乎卻扮演重要的角色，例如，同鄉會就是以血統為基礎；國家其實也會鼓勵宗親和其他親屬關係，作為社會管理策略的一環。

要瞭解宗親關係在中國的重要性，可以看看香港新界的情形。新界位在跟香港島一海之隔的中國大陸上，一九五五年時，新界仍由英國人統治，主政官署發出一份問卷，希望判定某一個姓的居民什麼時候開始定居在新界的村子裡、定居了多少代，問卷調查涵蓋屏山地區的三十四個村子，其中二十七個村子的居民都同姓，有一個村子的家譜可以上溯二十九代，另一個村子可以上溯二十八代，有八個村子可以上溯二十七代，一個村子可以上溯二十六代，一個村子可以上溯二十五代，兩個村子可以上溯二十三代，兩個村子可以上溯二十二代，可以上溯十六、十五、十四代的村子各有一個……但這件事還不是最讓人驚奇的地方，八個可以上溯二十七世祖先的村子裡，有七個村的居民都姓唐。

噢，這種情形可能是唐家人就是喜歡跟同姓的人住在一起（不過兩位作者都沒有同姓的人住在我們的親戚家附近），但這點不是這種同質性的主因，主因是唐氏擁有共同的祖籍地、堂號和祠堂，而且透過儀式和典禮，在家廟裡祭祀唐氏列祖列宗。一九四九年中共政權成立前，在靠近新界的廣東省某一個縣裡，宗族團體擁有全縣百分之六十的土地；在廣東的另一個縣裡，這種比率達到百分之三十。因此，宗親不僅是由個人組成的團體，也是由眾人合組的社團，這種宗親團體、堂號和土地在中國的歷史悠久。宗親團體規定自己的法則和嚴格的規範，處理爭執和歧見，從而受到中國國家機器的扶持和鼓勵；因為國家認為這種團體有助於控制社會、管理紛爭，在知縣稀少、治理社會、解決衝突或提供基本服務能力有限的情況下，更是有用。從宋代以降，朝廷就提出把這些任務授權宗親團體辦理的構想。早在一〇六四年，宋朝就通過法令，鼓勵創設義田，作為宗族義莊土地的基礎，宗族團體從而承擔多種功能。如果你跟別人發生糾紛，你接觸族中長輩的可能性，遠高於知縣；然而，這些長輩經常不是自發出現的，而是依據國家法令規定而產生的。一七二六年的一項命令規定：

> 在超過一百位同宗居住的村莊或圍牆圈住的農村社區……每一個宗族須設置一位族正（族長）。

宗族因此納入地方上的國家機器中，明朝根據宋代的開創性做法，繼續鼓勵興建祠堂，把家族結構制度化。宗族因為提供類似國家所提供的服務，換得有機會參與食鹽專賣等權利和特權。唐氏宗親是「市場之主」，獨占所居住地區的專賣權，只有唐氏宗親有權在一個市場區域裡，興建商店，唐氏宗親也擁有自己義勇武力。

## 中國的命運逆轉

我們簡要說明的國家專制主義不但對自由有著明顯的影響，也對中國經濟有著明顯的影響。和戰國時代相比，有能力維持秩序、推行法律、徵收稅賦和投資基礎建設的中央集權式政府出現，對經濟活動可能有正面的影響，顯然可以確保一段專制式經濟成長期間。但是，我們已經看到從農業上的井田模式開始，朝廷都會定期設法嚴密規範和控制社會，國家的專制力量會消除大部分中國人的經濟機會和誘因；隨之而來的經濟困境和民怨，會激發擺脫商鞅式嚴格控制經濟的想法，趨向控制比較寬鬆、稅負比較低落的儒家做法。雖然寬鬆多少會改善民間的誘因，卻會造成國家稅收短絀，無力提供法律與秩序，或無法提供促進民間投資所需要的公共服務。隨著這種不同的經濟策略反反覆覆，中國的經濟命運也就起起伏伏，卻從來沒有走出專制性成長的範圍；沒有自由，沒有基礎廣泛的機會，誘因極少，因此不會發生工業革命，不會看到經濟起飛。

從一段專制成長期間轉變到另一段專制成長期間的影響，可以從秦代的滅亡和漢朝的興起中清楚看出端倪；在後來唐、宋兩朝的改朝換代期間，這種影響表現得更清楚。安史之亂是對唐朝朝廷專制控制的反動，也摧毀了均田制；唐朝再也無法推行繁重的強迫勞務，其他類型的奴役勞動很快地就跟著式微，市場網絡的規範管理同樣遭到侵蝕，商業限於在指定的市場中運作，商人遭到主動積極的歧視，國家自己負責所有遠程交易，還經營一千處國營農場，但整個制度還是逐漸萎縮。

從這種式微狀況中出現的不只是比較偏向儒家的社會組織，也出現範圍比較龐大的新式市場經濟，以及比較沒有那麼專制式的經濟成長。因為安史之亂把人口趕向南方，經濟重新在長江三角洲沖積平原上找到重心；隨之而來的是增加投資土地的新生和堤防的興築、擴大稻米和茶葉的種植，茶葉也首次成為日常的飲料。這段期間裡，我們也看到國營的奢侈品市場出現，交易標的包括精美的絲綢、漆器、瓷器和紙張。紡織品等其他商品現在根據產銷為中心，集結成市場，交易不再限於國內貿易，跟日本和南亞的國際貿易也蓬勃發展。宋朝推出世界上的第一種紙鈔，有助於促進已經興起的貿易更進一步擴張，也創造出有助於發明一系列驚人新科技的環境，包括活版印刷、火藥、指南針、風車、鐵礦熔冶科技、各式各樣的天文儀器，和早期形式的紡車。農業生產力也大大改善，原因之一是採用密集式的灌溉。雖然如此，這些科技的發展還是靠著國家需求的推動，也受到國家的控制。著名的滴漏是為了政府官員的需要，而由政府官員製造出來的；農業創新和灌溉是國家的計畫項目，冶金術的進步也一樣。

不管農業生產力的提高是從何而來，都足以支持宋朝的人口倍增還綽綽有餘。同時市場的擴張和創新表示，大約在我們有可靠資訊的一〇九〇年前後，中國享有世界最高的平均生活水準，大約比英格蘭高出百分之十六。宋朝的這種驚人成就突顯了專制式成長的潛在力量，在根據現代標準來看科技還很簡單、可以由國家培養的時代，更是如此。當時歐洲正在自由窄廊中蹣跚前進，國家和社會互相鬥爭，中國能夠超前，是因為專制國家可以透過法令，做到受到制約的新生國家做不到的事情。

但是，這種情形不能恆久遠，專制式成長從來都不長久。滅宋後興起的元代破壞了菁英導向的官制，推出階級式職業導向的制度，扭轉了貿易和產業的擴張，大致上削減了經濟機會和誘因，而且在明朝消滅元朝時，完成這種翻轉。這時明朝推出自己的井田制度和海禁，為所有民間企業帶來高度的不安全感，商業和都市化萎縮，創新的誘因消失無蹤，中國開始落在歐洲之後。

鹽業組織再度提供鮮明的例子，說明明朝皇帝如何進一步扼殺經濟發展：朝廷開始把食鹽專賣權當成抵押，交換鹽商運糧到邊防部隊駐地，如果有人替政府運送糧食，就可以得到生產食鹽的權利。糧食交貨後，商人會拿到一紙證明，讓他可以在首都南京，換贖可以出售一定數量食鹽的另一紙證明。有些商人開始從事專門運糧到前線，然後出售運糧證明給別人，讓別人有權出售食鹽。因為朝廷也把食鹽專賣權賜給皇族成員、宮廷太監和政府高官，因此這種證明的價格起伏不定。明萬曆四十五年（一六一七年），朝廷決定廢除這種證明，流通在外的證明變成一文不值，實際上剝奪了證明所有人的財產權。然後皇帝把食鹽交易的獨占權，賣給經過選擇的一些商行，開創了後來叫做「官民合營」的制度，這種制度實際上表示有關係的個人靠著政府的賞賜賺錢。到一八三二年，明朝設立的制度再度改變，目的是為了吸引小投資人。但是，就像前面說過的那樣，一八六三年時，漢口的鹽業制度再次改變，國家進一步加強管制，參與食鹽專賣變成高風險的事業。明清改朝換代之際，混亂益發嚴重，包括清康熙元年

（一六六二年），重新實施海禁。即使國際貿易禁令在康熙二十二年（一六八三年）解除，對歐洲的貿易仍然受到嚴格限制。乾隆二十二年（一七五七年）後，歐洲人只限於在廣州貿易，和歐洲人貿易的權利由「公行」壟斷，不僅海外貿易如此，雲南的銅礦產銷同樣也交給一家企業獨占。

然而，明清交替之際，經濟似乎出現某種程度的復甦。清朝認為貿易可以造福農村社會，因此有條件地容許貿易繼續進行，前提是貿易能夠受到政府的控制。清朝創建之初，繼續提供若干基本公共服務，最值得注意的是建立「常平倉」制度，用來對抗饑荒。清朝也從康熙二十二年起，取消明朝留下的職業世襲制度。康熙五十九年（一七二〇年）後，更廢除奴役和奴工制度，促成另一段國內貿易勃興和人口擴張的時期。但是，這種經濟振興仍然不脫專制式成長的範圍，所有的限制仍然存在。其中的原因有好幾個，最明顯的原因是國家恣意妄為的歷史，例如食鹽專賣表示財產權仍然相當不安全，還會削弱投資或創新的誘因，證明中國的國家巨靈的權力沒有任何束縛，在全面叛亂之餘，除了儒家藏富於民的道德觀念之外，沒有任何事情能夠阻止帝制國家剝奪人民努力的成果。但明朝或清初的歷史顯示，這種觀念還是心有餘而力不足，只有非常樂觀或非常愚蠢的人，才可能相信明清時代的這些道德保證。

無法保障財產權不僅表現在缺少誘因，中國從上到下，莫不瀰漫著反商、反新科技、反對社會流動性的氣氛，這種息氣會妨礙經濟繁榮。不只是清朝，中國歷朝歷代也都害怕經濟活動，尤其是境外的這種活動，會危及現狀的安穩，因而懷疑商業和工業。這是海禁定期一再實施的主要原因，也是中國主管機關對新科技不熱衷的主因。一八七〇年代，由英商怡和洋行（Jardine, Matheson and Co）闢建、從吳淞通往上海的吳淞鐵路，是中國的第一條鐵路，結局是由清廷買下後，予以摧毀；這種懷疑、甚至經常敵視新科技的態度和做法影響深遠。相形之下，前一章裡提到，從十八世紀末年開始的歐洲工業革命和生活水準急劇改善，基礎就是擁抱新科技。

更重要的是，清廷無力或不願興建現代經濟制度和經濟活動所需的基礎建設。大清律例中，跟民法有關的部分，重點幾乎完全放在家庭上，卻沒有提供跟商業合約有關的任何指引；反而是讓個人在法律架構之外，隨心所欲地訂定契約，然後由宗族（又是規範牢籠）負責強制執行，造成契約和各種安排破碎不堪。缺少有限責任等重要因素，一直到二十世紀初期才有所改善。清廷甚至不推行統一的度量衡制度，照一八七四年至一九〇八年間、在中國海關服務的加拿大人馬士（H. B. Morse）的說法，度量衡因地而異，甚至同一個地方都有所不同，還會因為行業不同而有異；例如，斗是計量單位，但看你身處什麼地方，一斗的量會在一百七十六立方英寸至一千八百立方英寸之間變化。此外，還有尺的問題，一尺有多長，要看你是裁縫還是木匠而定，還要看你在哪裡做裁縫而定。因此，根據馬士的說法，一尺的長度可能介於八．六英寸到二七．八英寸之間（二一．八五公分至七十．六公分）。面積常用的單位畝也變化多端，大小可能介於三千八百四十平方英尺至九千九百六十四平方英尺之間（一〇七．九坪至二百八十坪）。地方同業公會和商會採用和承認這些不同的標準，但國家絲毫沒有推動統一度量衡的打算。

更常見的是，清廷在儒家和法家兩極擺盪的施政中，偏向儒家的一面，因此稅賦很輕，無力提供很多振興經濟活動所需的公共服務。法制會這麼不適當，原因之一是負責解決全國四億五千萬人口紛爭和歧異的縣官太少，國家掌控的資源極少，不但司法行政逐漸衰微，連基礎建設和賑災所需的糧倉制度也逐漸殘破不堪。

所有這些問題都起源於中國政治制度中的基本缺陷，清朝雖然不課徵重稅或遵循法家的路線，卻還是專制政體。專制表示社會和企業社群在更好的合約執行、更安全、更可以預測的財產權、改善基礎建設、支持投資和創新等方面，無法提出要求，也不能影響國家政策。這種情形和歐洲經驗相比，又是截然不同。大約同時間的歐洲大部分國家，在度量衡的標準化和提供支持經濟關係的法律架構方面，都開始扮演重要的角色，歐洲公民也快速發展出政治上的聲量；例如，英國人可以投票和向國會請願，以便通過人民想要的法律，英國公民也熱烈地這樣做。中國的商人卻只能希望找到正確的門路、從國家給予的獨占權中得到好處，享受關係良好帶來的安全。清朝商人家族這麼熱衷於在政治上站定腳跟，這一點是其中的主因之一。

清朝最大、最富有的安徽商人團體的歷史，清楚說明其中的壓力和謀略，以漢口、蘇州和揚州為根據地的徽商沿著長江流域，交易食鹽、紡織品、茶葉和各式各樣的其他物品，但徽商顯示了主要商家中比較常見的形態，就是他們的家族難得一直留守在企業界，反而是傾注資源，培養子弟參加科舉考試。十八、十九世紀期間的徽商曹家就是這種典型的顯例。曹家起初專注於食鹽交易，開創家族財富基礎的曹世昌就是鹽商，他的長子曹景廷曾經進入為了參加科考的學校，次子曹景宸留下來經營鹽業。第三代中，有一個人從事鹽業，曹景宸的其他兒子都出仕為官。到十九世紀初期，整個大家族中，只有其中一支仍然經營所有形態的商業，其他後代全都科場得意，融入仕紳和國家菁英階級（如地圖十一的曹家族譜所示）。這種轉變很常見，以漢口為例，徽商創立培養子孫進學和參加科舉的書院，後來成為著名的學府。如果這種書院也能用來教育工人和商人，對經濟活動可能很有用；然而，書院的重點不是傳授有用的知識，而是培育特權家族的後裔準備艱深的科舉考試。這種努力不能說不成功，從一六四六年至一八〇二年間，最大的幾家鹽商家族後代中，有二百〇八人在省級的鄉試中中舉，另外有一百三十九人在京師舉行的會試中金榜題名。當然，如果他們通不過層層考試，也總是可以捐官來做，整個期間裡，這些家族中，有一百四十人捐官任職。

為什麼鹽商這麼熱衷於離開企業界，轉進政府部門？你從中國中央政府實施鹽業專賣，應該可以看出，販賣食鹽是獲利豐厚的行業。鹽業是清廷至為重要的歲入來源，壟斷市場的鹽商也享受到應有的利潤，這些家族這麼急於把自家子弟推出這個行業，反而讓人更加困惑。原因可能是成為中國官僚體系一環的榮耀嗎？真正的理由略微有點不同：其實連鹽業專賣都不安穩，因為國家隨時可能背棄你，就像我們在前文中看到的明朝皇帝那樣；因此，在你能夠退出時早早脫身不是壞主意。此外，家族中有人成為朝廷官僚體系的一

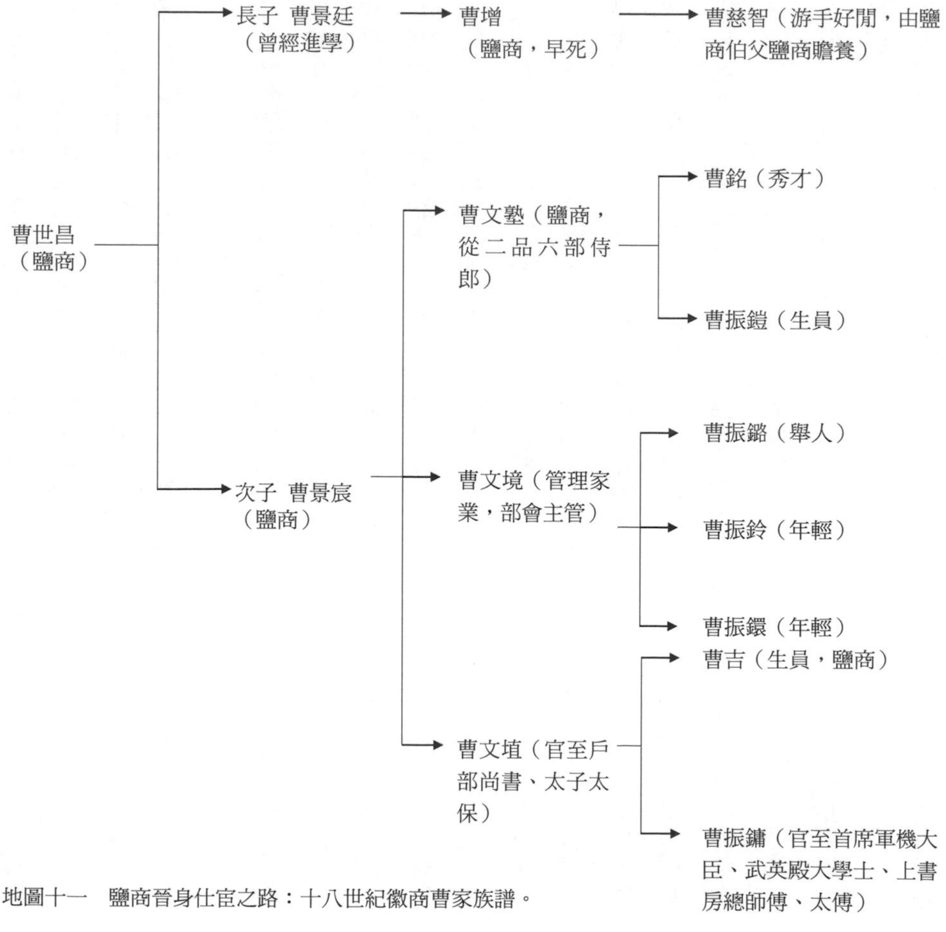


地圖十一　鹽商晉身仕宦之路：十八世紀徽商曹家族譜。

環，表示更大的安全感。在這段期間裡，朝廷官僚體系本身不是差勁的事業，就像當時吳敬梓所寫《儒林外史》描述的那樣。吳敬梓在這本書的第三回中，敘述范進窮其一生，參加最低階的科舉考試，到了五十四歲，范進考了二十多次，卻屢試不中。主考官新學道可憐他，決定錄取他，現在范進可以參與省級的下一階段考試了，他的親戚的反應卻是不相信。范進不為所動，決定到城裡參加鄉試，考完回家時，他的家人已經兩、三天沒吃東西了，他只好抱了媽媽養的一隻雞，到市場上去賣了，換錢買米，煮粥給餓得看不見的媽媽吃。他走到市場時，三批騎著馬來的報錄人闖到他家門前，恭喜他鄉試高中，立刻就有一位比他更早晉身菁英階級、當過一任知縣的張老爺來拜訪他：

只見那張鄉紳下了轎進來，頭戴紗帽，身穿葵花色員領、金帶、皂袍靴……隨在跟的家人手裡拏過一封銀子來，說道：「小弟卻也無以為敬，謹具賀銀五十兩，世先生權且收著。這華居，其實住不得，將來當事拜往，俱不甚便。弟有空房一所，就在東門大街上，三進三間……就送與世先生。」

禮物不斷湧進他家：

自此以後，果然有許多人來奉承他：有送田產的，有送店房的，還有那些破落戶，兩口子來投身為僕，圖庇蔭的。到兩三個月，范進家奴僕、丫鬟都有了，錢、米是不消說了……搬到新房子裡，唱戲、擺酒、請客，一連三日。

通過這種考試不僅能讓你變得富有，也讓你高於法律之上，這點在十八世紀另一本著名小說《紅樓夢》中說得很清楚。《紅樓夢》是曹雪芹寫的，書中敘述新上任的知府賈雨村處理一件人命官司的故事，但殺人嫌犯在地方上很有權勢，列名「護官符」中。《紅樓夢》是這麼說的：「如今凡是作地方官者，皆有一個私單，上面寫的是本省最有權有勢、極富極貴的大鄉紳名姓。」賈雨村因此被迫放手，胡亂判了這件官司。因為如果你很有錢，或是通過科舉，成了既有體制中的一環，法律就不適用在你身上，連你把人打死，都可以逃脫罪名。

## 受命於馬（克思）

中國今天已不再是帝國。清帝國在一九一二年滅亡，開啟短短的共和時期後不久，接著就是軍閥割據和國民黨的專制政府，隨後爆發的內戰於一九四九年結束，毛澤東領導的共產黨獲勝，贏得政權，從此不再受命於天；商鞅的法家和孔子的儒家道德觀失勢，取而代之的是共產黨的意識形態，中國的現狀看似就似跟過去完全斷絕關係。

實則不然。共產中國的延續性就和差異性一樣強而有力，從受命於天變成受命於馬（克思）。從清朝以降，中國國家機器的明確特徵就是極度宰割社會，這一點並沒有變。事實上，在共產黨的統治下，情形變得更糟，因為毛澤東堅持要在全中國展現更明確的統治。清廷雖然貌似專制，但在全國大部分地方，卻看不到國家機器的蹤影，在鄉下尤其如此。毛澤東在農民革命的浪頭上起家，刻意立刻要改變這一切。就像我們在第一章裡所看到的那樣，到大躍進時期，黨組織和黨員已經散布到全國每一個地方。

現代中國和帝制時期綿延不斷的因素是專制的本質——社會無法組織起來，在國家機器的階級之外，影響政策的制定。毛澤東希望共產黨變成政治參與的唯一媒介，這樣實際上是表示國家機器的宰制，以及政治菁英對公民的宰割，公民卻毫無相對的影響力。這一點在文化大革命期間表現得一清二楚，當時國家定期會要求由下而上的大鳴大放，隨後卻對下面的批評極力鎮壓。在共產黨的統治下，社會沒法有半點聲音。

毛澤東在經濟層面上，也顯示很多延續過去的地方，在商鞅嚴密控制和管制經濟活動的策略上，尤其如此。共產中國以馬列主義為名，推動農業集體化，試圖達成千百年前井田制度設法完成的目標，後果卻慘痛得多。農業集體化，加上打著大躍進旗號的強力工業化發展，造成大饑荒，餓死的人高達三千六百萬之多。

毛澤東和共產黨對民間企業的態度，跟商鞅也沒有什麼不同。商鞅把民間企業主說成是「技巧之人」，孔子同樣說過：「君子喻於義，小人喻於利。」共產黨大致上和帝制時期一樣，把商人和實業家當成小人對待；一直到二〇〇一年，才准許工商人士入黨；到二〇〇七年，才通過規範私有財產權的法律，讓工商人士的財產比較有保障。

## 道德領導下的成長

一九七六年毛澤東死亡後，情勢有了變化，共產黨最上層的激烈權力鬥爭結束；一九七八年，鄧小平變成主導黨和國家機器的領袖。鄧小平發動經濟的激烈轉型，為後來中國經濟的長足發展奠定基礎。我們會在這種改革中，看到中國跟過去徹底斷絕關係嗎？

雖然一九七八年後的中國經濟和政治出現很多新因素，而且承認這一點很重要，但其中依舊有驚人的連續性。毛鄧的轉型跟唐宋和明清之間的改朝換代相似，都是放寬國家對經濟的管制，刺激經濟成長，讓市場和民間企業有足夠的活動空間。就像先前的改朝換代那樣，經濟轉型的起因是社會在經濟艱困之餘的自發性爆發，加上菁英決定用比較傾向儒家精神的經濟策略，取代比較偏向法家的控制。我們在一九八〇年代中國工業快速成長的第一段經驗中，看到前者的痕跡。溫州位於上海正下方的浙江省，早在鄧小平推動改革開放前的一九七七年，中共機關報《人民日報》就不滿「溫州出現驚人的反革命復辟現象」。該報接著指出：

集體化變成了私有耕作，黑市出現，集體化企業崩潰，被地下工廠和地下勞工市場取而代之。

的確如此，實質農村改革走在鄧小平一九七八年的農業自由化之前，到一九八六年，溫州獲得「全國金融體制改革試點城市」的地位，得以不受「現行法令規章和國家政策的管制」，這時民間的工業生產已經（從一九八〇年的百分之一），升高到百分之四十一。共產黨對這種發展深感震驚之餘，訓令當地黨幹部強調黨在經濟事務上的領導權，區外的新聞報導和參訪受到限制。雖說共產黨無法阻止溫州的發展，卻也不希望這種事情傳播開來，而且共產黨打算予以遏阻這種事情；例如，在一九八六年至一九八七年間的「反小資產階級自由主義」運動中，當地幹部曾經積極設法限制民間部門的發展。一直到一九八八年，中國共產黨才承認員工人數超過七人的民間企業；在此之前，共產黨一直維持所有非國家產值都是由「家戶」生產的鬼話。隨著共產黨從控制經濟所有層面撤退後，企業精神出現驚人的爆發（這種控制在文化大革命期間大都已經崩潰，以致後來勢難避免放寬若干控制）。到一九九〇年，溫州創設自己的加工出口區，自行興建機場，溫州的主動精神來自社會，而非來自國家。

然而，後來由上而下的因素仍然決定了中國經濟的方向；鄧小平的願景是政治權力仍然抓在共產黨手中，共產黨應當以比毛澤東時代更有道德的方式統治。事實上，秉持菁英主義的共產黨召集全國最高明的人才統治國家，和帝制時代考選中國最優秀人才、組成朝廷官僚體系的方法之間，相似度高得驚人，在共產黨的指導下，這種制度會提供足夠的空間，讓市場經濟繁榮發展。從某個角度看來，這種制度的運作十分良好，中國已經變成世界第二大經濟體，從一九七八年以來，平均每年ＧＤＰ大約有百分之八．五的可觀成長，正是世界上每一個領袖欣羨的地方。

不容否認的是，經濟機會和誘因也已經改善，中國已經成為企業家的社會。中國多家最成功企業的創辦人和經理人，包括阿里巴巴公司的馬雲，都從省級城市平凡的背景出身（十位最富有中國企業家中，有九位出身省級城市，只有一位出身北京、上海、廣州、深圳、重慶和成都等六大城市之一）。事實上，如果機會和誘因不是這麼巨幅擴張，中國應該不可能達成過去四十年的這種成就。然而，這種成就仍然是在國家機器的監督下、看著國家機器眼色的專制式成長，人們不能理所當然地認為，共產黨的道德式領導總是會指向經濟繼續發展的方向；不受約束的力量總是可能遭到濫用，以便謀求私人的利益，摧毀經濟成長的潛力。專制權力用來謀求私人利益、可能破壞誘因的事例，可以拿二〇〇四年年北京秀水市場遭到關閉的例子清楚說明。秀水市場是一個蓬勃發展的戶外市場，是在政府解除貿易和市場管制後，在一九八五年由人民自動自發創建的市場；到二〇〇四年，這裡已經變成北京最熱絡的零售通路，每天有一、兩萬顧客來交易一千二百萬美元的生意。這一年裡，北京政府官員決定關閉這個市場，再把市場遷移到新的室內空間去；新的空間由一位政治關係良好的新企業家興建和控制，他逕行拍賣在新市場中營運的特權，有一張標單的出價高達四十八萬美元。事實上，這種做法跟明朝皇帝對待鹽商的方式沒有兩樣，政府剝奪了老攤商的財產權，然後轉移給完全不同的別人，認為地方政府中，有人分到一些好處的想法，不能說是太牽強。

鄉鎮企業計畫是政治因素妨礙經濟活動的新例子。鄉鎮企業計畫是一九八〇年代的創新構想，基本上就是民間企業，但經常是由地方政府所擁有。經濟學家解釋這種安排這麼成功的原因時，偏愛說因為中國的制度不完美，和地方政府官員結盟，是企業家保護本身財產權的方法。鄉鎮企業從一九九〇年代中期開始成立，然而，到了二〇〇〇年代卻已經開始沒落，消失得無影無蹤。這種現象會出現，原因似乎不是自然轉型成更有效能的某種經濟形式，而是反映大型國營企業不希望面對大致上是農村鄉鎮企業的競爭，在得到中央官員的支持後，由中央下令鄉鎮企業，把經營重點放在農村地區，而且抽乾他們的信用貸款；這樣等於用政治決定排擠他們，讓他們無法生存。這種情形只是比較常見問題中的一個面向——財產權極度取決於政治上的好惡。中國既沒有獨立的司法制度，又像帝制時代一樣，不打算把法律平等適用在政治菁英身上，人民只能把希望，寄託在共黨政治局的道德領導上；更好的是，寄望跟得勢官員建立的良好關係不會突然消失。因此，企業家要維持自己財產權的方法，是像明代的清朝的商人那樣，進入國家機器中，維持良好的關係。這點有助於說明為什麼過去二十年內，共產黨員會巨幅擴張，包括馬雲在內的重要企業家，現在都是黨員。

還有一個跟過去類似的例子，共產黨的國家機器繼續擔心反叛和政治動盪。二〇〇五年農村民怨震撼了鄉下時，共產黨的反應是廢除土地稅——同樣的衝動促使清朝在一七一三年，凍結土地稅的名目價值。清廷的主要問題是無法徵收足夠的稅收，以便提供公共服務，到目前為止的快速經濟成長解決了共產黨的這個問題，讓中國政府能夠興建大量的新基礎建設。但是，經濟成長放慢下來時，要怎麼辦？共產黨已經把政權的合法性，定義在經濟繼續成長和道德式的領導上，目前的國家主席習近平喜歡引用孔夫子的話，把自己比喻為北極星（北辰）。但是，情勢可能會有變化；如果習近平和中國領導階層期望的敬仰消失時，更可能會出現變化。任何經濟成長和社會轉型，都可能被共產黨視為政治動盪，在政治上具有威脅性，因而可能轉而反對經濟變化。例如，一九八九年天安門抗議事件爆發後，共黨菁英把原因歸咎於經濟改革和社會變化，認為這兩件事引發了爭取民主化的運動，以至於鄧小平的改革開放方針差一點遭到翻盤。

人們當然可以希望中國最後會變成對成長和秩序的焦慮比較少、比較自由、比較安全的社會。社會科學中有一個偶爾被叫做「現代化理論」的著名說法，認為國家富起來以後，就會變得比較自由民主。因此，我們是否能夠寄望中國出現這種轉變呢？答案是不大可能。將近二千五百年來，中國走在專制之路上，遠離自由窄廊，表示任何的方向改變，都不可能一帆風順，寄望中國快速走到「歷史終結的盡頭」，也可能仍為虛無飄渺的幻想（其他國家出現的證據，也不支持現代化理論的樂觀假設）。

如果現代化理論不能自動帶來自由，我們是否可以寄望中國共產黨打造的模式，能夠在根據專制路線安排的經濟體系中，確保強而有力的創新呢？中共是否可能傾注資源在人工智慧等領域中，以便爭取創新優勢呢？歷史證據顯示，答案是不能——至少到目前為止，在多元化和持續不斷的創新方面，答案是否定的。缺少自主性的社會和基礎廣泛的機會與誘因，不代表沒有成長，中國已經達成快速的成長，即使這種成長是靠以現有科技為基礎的投資推動，仍然如此；這同樣不表示沒有創新和科技進步，因為中國本身在宋朝的經驗和前蘇聯早期的成就就是證明，前蘇聯不但產生了世界上最高明的數學家和物理學家，還在很多領域中創造了很多科技突破，在軍事科技和太空競賽方面尤其如此。連今天的北韓雖然採用法家的方式，控制經濟與社會，卻也製造出先進的武器。但是，在所有這些例子裡，成功都是出於解決狹隘領域中的適定問題，出於因應政府的要求（而且有不少比率來自移轉和仿照其他地方現有的進步）。攸關未來成長的廣泛領域中的多元化和持續創新，不但取決於解決現有的問題，也取決於夢想出新問題，這樣就需要自主性和實驗。你可以提供巨量資源（和人工智慧應用的資料），可以命令個人努力工作，卻不能命令眾人生出創意。創意是持續創新的要素，極度依賴大量的個人實驗、然後用自己與眾不同的方式思考，打破成規，經歷失敗，而且偶爾碰到成功，這正是我們在第五、六兩章裡所見到義大利城邦不墨守成規、高度流動性社會中的人，以及工業革命時期的企業家。但是，如果沒有自由，你怎麼可能複製這一切？如果你妨礙了有權有勢的人，或是牴觸了黨所批准的理念，你該怎麼辦？要是你打破了成規，你該怎麼辦？還是不要實驗好了。

事實上，前蘇聯計畫人員七十年來無法掌握的東西，恰好正是以實驗、冒險和打破成規為基礎的這種創新，中國經濟也還沒有打破這種桎梏。你可以傾注資源在專利權、大學、新科技上，甚至可以為成功創造極大的獎勵（對前蘇聯某些科學家而言，獎勵是能夠繼續活下去）。但是，如果你不能複製真正實驗中不受控制、紊亂和不服從的本質，這樣做仍然不夠，到目前為止，在自由窄廊之外，還沒有一個社會曾經這樣做成功過。未來幾年，中國的成長不可能退散，但中國的情形和其他專制式成長一樣，既存的挑戰在於釋出大規模的實驗和創新。中國像所有專制式成長的前例一樣，在這項任務上不可能成功。

## 具有中國特色的自由

自由在專制政體中不容易萌芽，今天的中國也不例外。和中國極為貼近的臺灣和香港，雖然跟中國承襲相同的文化，卻創造出強力要求自由的社會，中國則走向不同的方向。本書寫作之際，中國政府已經開始推動「社會信用制度」計畫，每一個中國人都會受到監視，獲得一個社會信用分數，政府會監

社會動員：婦女參政者艾蜜莉・大衛森（Emily Davison）之死。

霍布斯的《巨靈論》（*Leviathan*）。

透過「陶片放逐法」的社會規範來控制階級：寫了地米斯托克利名字的陶片。

巨靈並不存在的國度：黎巴嫩首都貝魯特堆積如山的垃圾。

阻止階級生成的社會規範：蒂夫族占卜師。

卡拉尼歐普巫在夏威夷打造的海軍，展現權力意志。

《良善政府的譬喻》這幅畫，具體呈現了巨靈受制約的國度。

受制約的巨靈會帶來良善政府的影響。

受制約的巨靈的另一項影響：發明墨西哥玉米圓餅烤盤。

制約國家巨靈、由下而上制定的法典：《薩利克法》（Salic Law）。

貝葉掛毯（Bayeux Tapestry）。

高舉胸罩的女性，打破規範的牢籠。

失敗的實驗：伽利略發明用來觀測行星經度的「塞拉通」（celatone）。

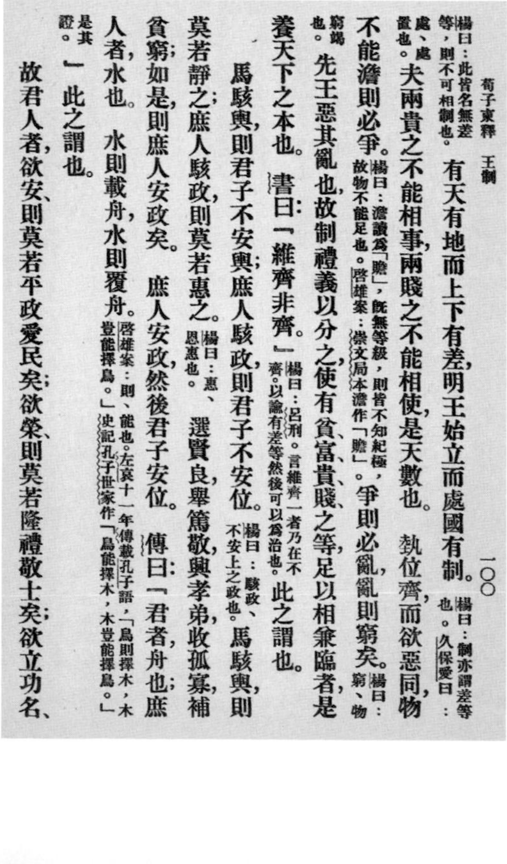

荀子柬釋　王制　一〇〇

楊曰：此皆名無差等，則不可相制也。有天有地而上下有差，明王始立而處國有制。楊曰：制亦謂差等也。久保愛曰：處、處置也。夫兩貴之不能相事，兩賤之不能相使，是天數也。埶位齊，而欲惡同，物不能澹則必爭。楊曰：澹讀爲「贍」，既無等級，則皆不知紀極，故物不能足也。啓雄案：崇文局本澹作「贍」。爭則必亂，亂則窮矣。楊曰：窮、物窮竭也。先王惡其亂也，故制禮義以分之，使有貧、富、貴、賤之等，足以相兼臨者，是養天下之本也。書曰：『維齊非齊。』楊曰：呂刑。言維齊一者乃在不齊。以諭有差等然後可以爲治也。此之謂也。

馬駭輿，則君子不安輿；庶人駭政，則君子不安位。楊曰：駭政、不安上之政也。馬駭輿，則莫若靜之；庶人駭政，則莫若惠之。楊曰：惠、恩惠也。選賢良，舉篤敬，興孝弟，收孤寡，補貧窮；如是，則庶人安政矣。庶人安政，然後君子安位。傳曰：『君者，舟也；庶人者，水也。水則載舟，水則覆舟。啓雄案：則、能也。左哀十一年傳載孔子語，「鳥則擇木，木豈能擇鳥。」史記孔子世家作「鳥能擇木，木豈能擇鳥。」是其證。』此之謂也。

故君人者，欲安、則莫若平政愛民矣；欲榮、則莫若隆禮敬士矣；欲立功名、

《荀子・王制篇》。

專制巨靈在看著你：北京天安門廣場。

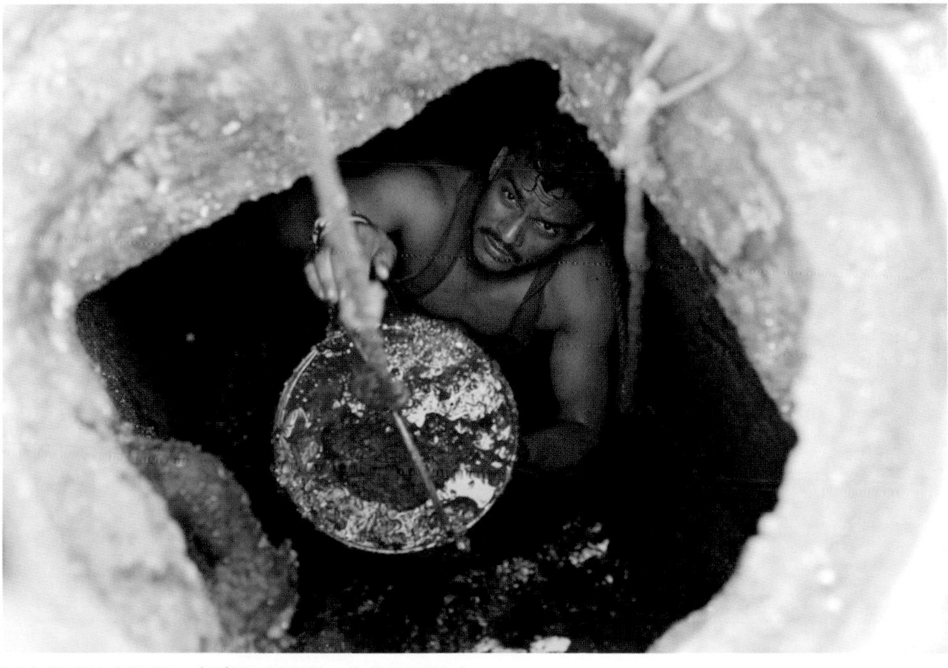

困在規範的牢籠裡：印度從事清潔工作的達利特人。

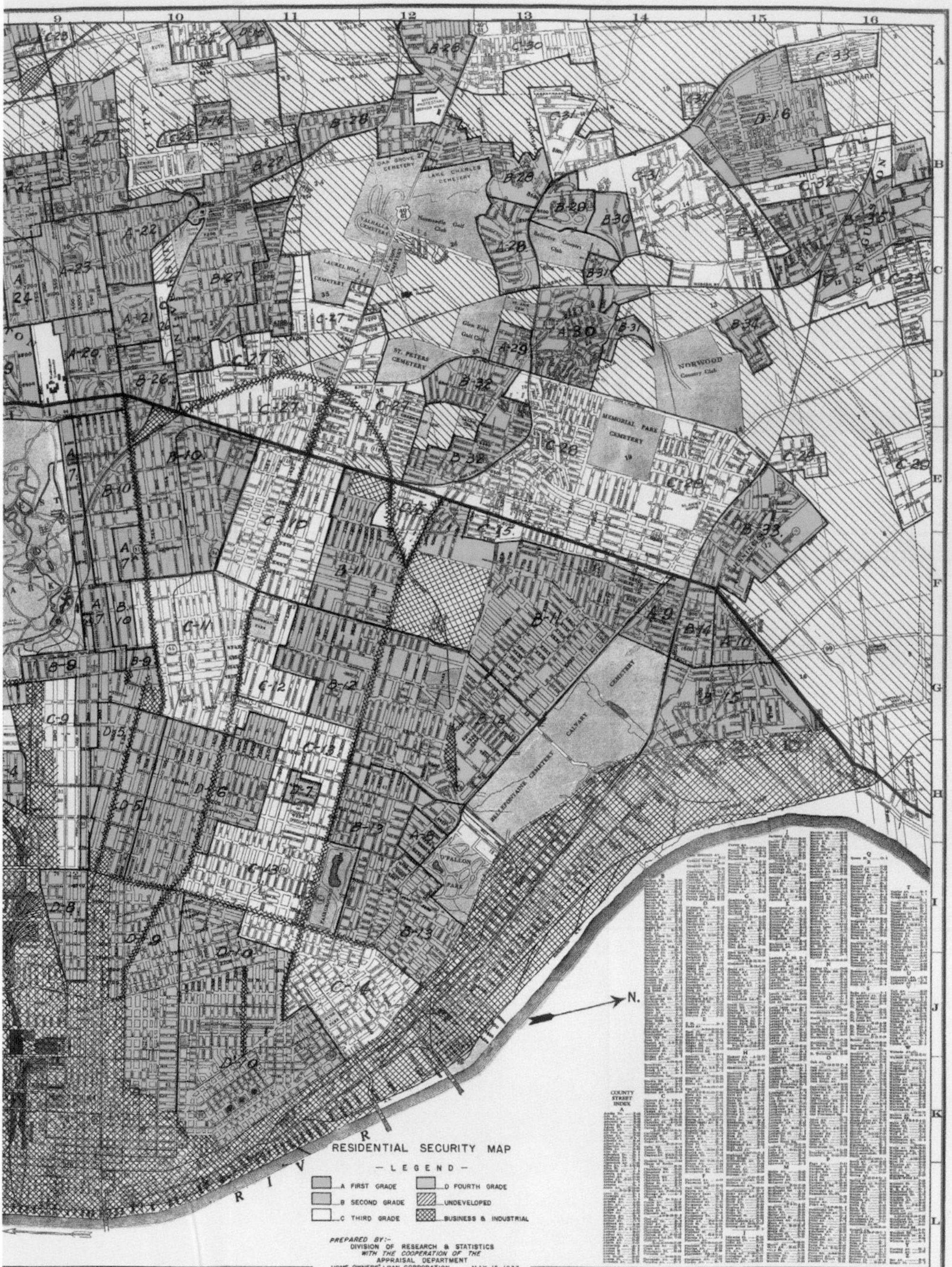

RESIDENTIAL SECURITY MAP
— LEGEND —
A FIRST GRADE
B SECOND GRADE
C THIRD GRADE
D FOURTH GRADE
UNDEVELOPED
BUSINESS & INDUSTRIAL
PREPARED BY:-
DIVISION OF RESEARCH & STATISTICS
WITH THE COOPERATION OF THE
APPRAISAL DEPARTMENT
HOME OWNERS' LOAN CORPORATION MAY 15, 1937.
MEMORIAL PARK CEMETERY
CALVARY CEMETERY
BELLEFONTAINE CEMETERY
ST. PETERS CEMETERY
NORWOOD Country Club
LAUREL HILL CEMETERY
LAKE CHARLES CEMETERY
VALHALLA CEMETERY
RIVER
N.
COUNTY STREET INDEX

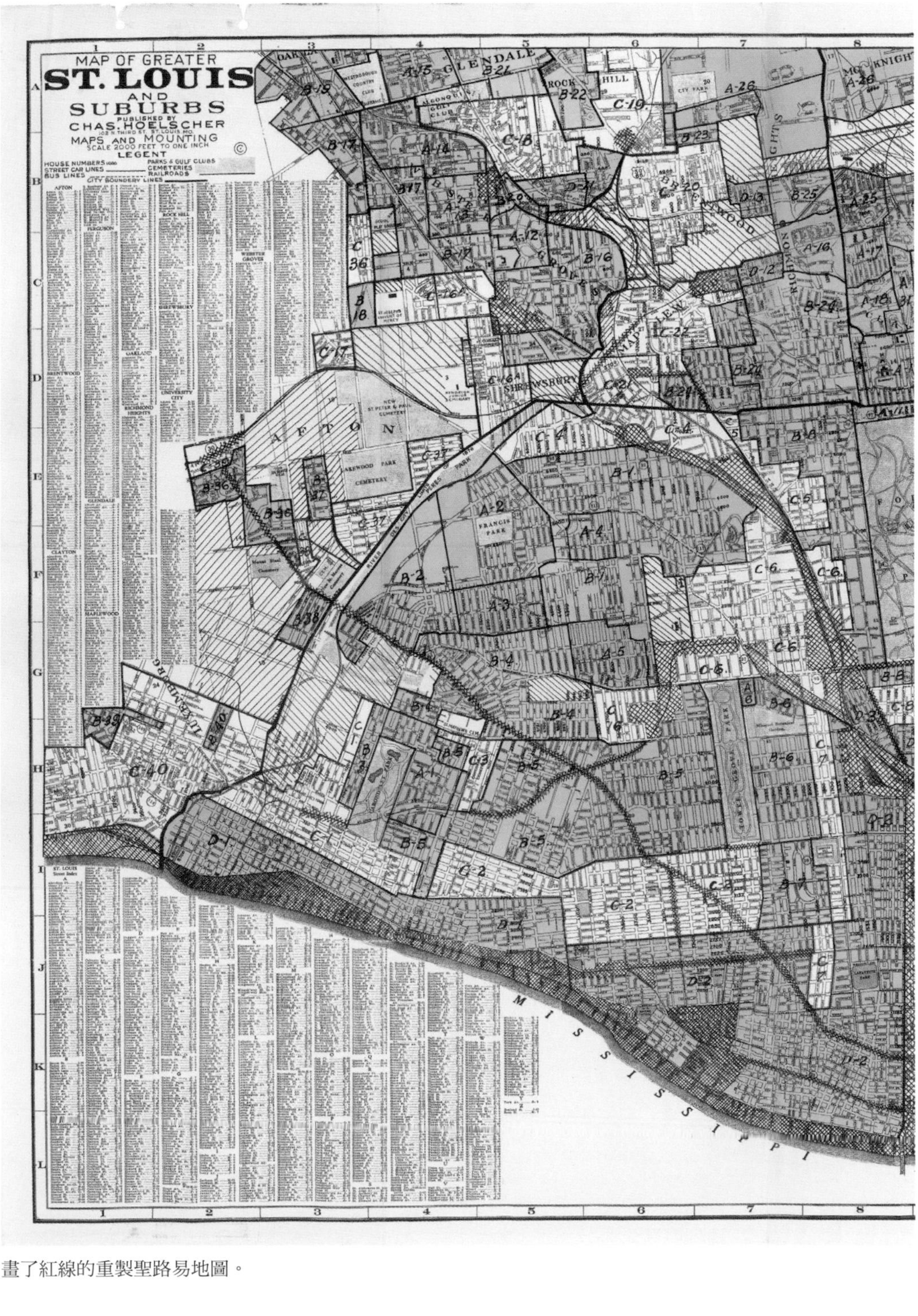


畫了紅線的重製聖路易地圖。

專制巨靈國家的經濟：瓜地馬拉種植咖啡的工人，很多是婦女與小孩。

內志的兄弟會成為阿不都阿齊茲的突擊部隊。

Español con India, Mestizo.
Mestizo con Española Castizo.
Castizo con Española Español.
Español con Mora Mulato.
5
Mulato con Española, Morisco.
6
Morisco con Española Chino.
7
Chino con India. Salta atras.
Salta atras con Mulata. Lobo.
9
Lobo con China Gibaro.
10
Gibaro con Mulata Albarazado
11
Albarazado con Negra Canbujo.
12
Canbujo con India. Sanbaigo.
13
Sanbaigo con Loba Calpamulato.
14
Calpamulato con Canbuja Tenteen el Aire.
15
Tente en el Aire, con Mulata Noteentiendo.
16
Noteentiendo con India Tornaatras

拉丁美洲的種姓制度。

描繪薩達姆・海珊（Saddam Hussein）跪著祈禱、皈依宗教的相片開始出現在伊拉克。

紅皇后效應的零和遊戲：義大利波隆那殘存的塔樓。

南非踏進自由窄廊的嘗試：曼德拉總統頒給南非國家隊羚羊隊隊長皮納爾（François Pienaar）世界橄欖球賽冠軍獎盃。

拉哥斯踏進自由窄廊的嘗試：鼓勵公民繳稅！

波哥大踏進自由窄廊的嘗試：穿起超人服裝，自稱「超級公民」的莫茨庫斯市長。

國際國家體系：在聯合國演講的辛巴威總統穆加比，被世界衛生組織任命為「親善大使」。

視所有的線上活動。政府還要在全國各地，架設二億臺人臉辨識照相機，就像本書相片集插頁中所示北京心臟地帶天安門廣場的情形那樣，就像喬治・歐威爾在反烏托邦小說《一九八四》中說的那樣：「老大哥正在監視你。」《一九八四》這本名著一九四九年出版時，上述做法在科技上是一種夢想，現在卻再也不是夢想了。擁有最高社會信用分數的人，在旅館和機場裡會得到優遇，比較容易從銀行中取得貸款……優先進入菁英大學、找到最好的工作。如同這個計畫的宣傳文件所言：

> 守信者暢行天下，失信者寸步難行。

但是，究竟有多順暢自由呢？到超市買酒是餿主意，你會失去幾分。如果親戚朋友做了當局不喜歡的事情，你也要扣分。你跟誰約會或結婚，也會影響你的分數。如果你做了共產黨不喜歡的決定，你會被排除在社會之外，不能旅行、租車或租屋，甚至找不到工作，這種事情聽來全都像牢籠，不是由規範創造的牢籠，而是由國家機器的監視器創造的牢籠。

社會信用心態及其對自由的意義，鮮明地表現在中國西部數百萬維吾爾族穆斯林家鄉的新疆省中，維吾爾族一直面對持續不斷的歧視、鎮壓、大規模囚禁，以及最嚴密的國家機器監偵技術的監視。現在他們必須忍受裝在自己家裡、監視自己一言一行的「老大哥和老大姐」們。第一波這種社會監視器在二〇一四年至達，當時中共大約派出二十萬共產黨員，前往新疆，「探視人民、造福人民、收攬民心」，連他們也和文化大革命期間毛澤東下放到鄉下的都市居民一樣，受到維吾爾族的歡迎。到了二〇一六年，第二波的十一萬臺監視器送到，作為「民族團結一家親」運動的先鋒，架設在有家人遭到警察監禁或殺害的維吾爾族人家裡。第三波一百萬個共黨幹部於二〇一七年抵達。這些老大哥、老大姐早上會在地區中共黨部前面唱歌，勤奮地參加探討習主席「新中國」美夢的學習會。

維吾爾族不斷地遭到監視，為的是查驗他們忠誠與否，國語說得好不好？有沒有任何伊斯蘭拜墊或朝麥加跪拜的跡象？我是否聽到他們用阿拉伯語「祝你平安」（*Assalamu alaikum*）之類伊斯蘭式問候語，跟別人打招呼？他們是否擁有一本《古蘭經》？齋月有沒有發生什麼事情？

對大部分人而言，具有中國特色的自由其實毫無自由。

# 8 紅皇后毀壞

## 恨的故事

二〇〇七年時，馬諾吉（Manoj）和芭布莉（Babli）犯了可怕的錯誤：他們墜入愛河。他們出身印度西北部哈里雅納邦開索縣（Kaithal）的卡洛蘭（Karoran）小村，馬諾吉輟學後，在電子產品修理店找到學徒的工作；芭布莉在馬路對面的女校上學。他們在店裡認識，即使這次碰面不是一見鍾情，卻也很快就變成一見鍾情。她把運作完美的手機送去給他修理，馬諾吉問她時，她回答說：「手機當然沒有故障，人家只是想再見你一面嘛。」

馬諾吉和芭布莉出身自相同種姓，兩人的迦提（jati，又譯亞種姓）也相同，也都是班瓦拉（Banwala）地方的賈特人（Jat）。賈特人屬於印度的「其他落後階級」，這種階級本身不是問題。事實上，印度的種姓制度對於同種姓的婚姻，有著嚴格的規定，也就是人們必須跟同種姓的人結婚。但是，在一種種姓中，還有進一步的限制，要命的問題是馬諾吉和芭布莉出身相同的宗族，也就是兩人屬於同宗，屬於同一種親屬團體。根據印度的法律，馬諾吉和芭布莉在法律上沒有不能結婚的理由，但在印度，有些力量高於法律。

芭布莉和馬諾吉決定私奔和結婚時，違反了種姓制度中的一條規定。種姓制度極為古老，實際上起源於一本跟治國術有關的論著《政事論》（*Arthashastra*）。《政事論》大約是西元前三二四年時，由考底利耶（Kautilya）所著。考底利耶是首次統一印度北部、創建偉大孔雀王朝帝國的國王旃陀羅笈多．孔雀（Chandragupta Maurya）的國師。考底利耶在一節文字中，說明不同種姓的不同義務和責任，規定：「一家之主的義務是從事自己的職業，賺錢養家，跟相同瓦爾那（varna，種姓）但不同宗族的人結婚。」

考底利耶所說的「瓦爾那」，意思是把印度人口劃分為婆羅門、剎帝利、吠舍和首陀羅四大階級的種姓制度，大多數印度人都分屬這四大瓦爾那，瓦爾那的身分代代相傳。考底利耶對不同瓦爾那的本分也說得非常清楚：

> 婆羅門的義務是從事研習、教授和執行指定的祭典，主持別人的祭典、施捨和接受奉獻。
>
> 剎帝利的義務是研習、執行指定的祭典，從事戰士的職業，保護所有生命。
>
> 吠舍的義務是研習、執行指定的祭典，從事農業、畜牧和交易。
>
> 首陀羅的義務是服務再生族（即另三種較高的瓦爾那），或從事（農業、畜牧、交易、工匠或如演員與歌手等娛樂事業等）經濟活動。

只有前三種瓦爾那是「再生族」（twice-born），有資格參加特定宗教典禮。首陀羅是最下等的階級，天生註定就要為較高級的階級服務，承擔如娛樂人員之類卑下的工作。首陀羅可能是遠古時代印度─阿利安人入侵印度時遭到征服、併入阿利安社會的民族。婆羅門是最上等的族群，是祭司級的瓦爾那，專門負責教育和宗教儀式。次等的階級是剎帝利，這個瓦爾那的人主要是戰士和士兵，第三等人是吠舍，是要從事商業、製造業和農業的瓦爾那。在這種制度外，處在社會階級最底層的人民過去叫做「賤民」或達利特，現在比較正式的名稱叫做「表列種姓」。

迦提歸屬瓦爾那之內，是最適於稱為種姓的族群，賈特人是一種迦提，把種姓制度想成由這些迦提（亞種姓）組成，會很有幫助，因為印度大約有三千種迦提，每一種迦提都屬於上述四種瓦爾那（四大種姓）。因此，馬諾吉和芭布莉所屬的班瓦拉賈特人是屬於賈特人亞種姓的成員，賈特人又屬於首陀羅種姓的一環，首陀羅現在則屬於比較現代所稱「其他落後階級」的一環。

這種歷史性社會組織並非印度所獨有，前面說過，中世紀的英格蘭也是「階級」社會。歷史學家經常把英格蘭人分為三等人，分別負責禱告、戰鬥和工作，這三等人大致上等同於印度的婆羅門、剎帝利、和吠舍／首陀羅。英格蘭人民也根據自己的工作取姓氏，這一點也是印度種姓制度的重要一環。如果你是十三世紀的英格蘭打鐵匠，那你很可能姓史密斯（Smith），如果你是箍桶匠，那你很可能姓庫柏（Cooper），如果你做麵包，那你很可能姓貝克（Baker），史密斯的兒子可能也是鐵匠。英國歷史學家理察·布里聶（Richard Britnell）甚至用姓氏的資料，發展出中世紀英格蘭經濟多元化程度的指標，他沒有當時經濟的實際資料，只有稅務紀錄上人民的姓名，但結果兩者是同一件事。如果你知道人們的名字，就知道這個人當時的職業，因此也知道經濟的形態。這些姓氏長久留傳下來，但我們在第六章中已經看到，經濟與社會變化已經侵蝕掉姓氏和職業的關係，姓氏和職業的關係斷裂，原因之一是這種關係從來沒有像印度那樣，變成制度化，尤其是從來沒有融入宗教和國家機器的本質中。

印度種姓身分和規範極為堅韌耐久，鮮明表現在考底利耶記錄下來將近二千五百年後，今天仍然繼續執行的事實中。怎麼個執行法？因為芭布莉的家人控告馬諾吉綁架她，兩人被迫在開索縣的法院出庭。他們必須證明兩人是合法結婚，沒有發生綁架案。讓芭布莉驚訝的是，她哥哥東瑞希和堂兄戈代夫也現身法院，他們怎麼知道法院要聽審的事情？另兩位堂兄也到場。馬諾吉和芭布莉預期可能有麻煩，因此他們在律師的建議下，向法院申請警察保護。聽審結束後，警察用汽車載他們去搭巴士，回他們結婚的昌迪加爾（Chandigarh）和躲避不贊成婚事親友。他們在佩後瓦巴士站下了汽車，改搭開往昌迪加爾的巴士，親戚跟著他們。警察似乎看出其中有問題，就派了兩位警察跟著馬諾吉和芭布莉上巴士，希望確保他們平安無事。兩位堂兄上了巴士，還有更多親戚坐在一部汽車裡跟著。巴士開出去，開到皮普利（Pipli）鎮後，兩位警察說，這裡是他們管轄權的界限，他們必須離開。馬諾吉和芭布莉陷入孤立無援的境地。他們在絕望之餘，跳上開往德里的巴士，堂兄弟仍然緊緊跟隨。到卡納爾鎮之前不遠的一處收費廣場時，一輛馬亨達公司（Mahindra）生產的銀色天蠍座車款休旅車在巴士前急轉，擋住巴士，馬諾吉和芭布莉被人從座位上拉下車，上了休旅車，從此消失無蹤，再也沒有生還。後來，別人把他們從巴爾斯曼小運河（Balsamand Minor canal）中打撈上來時，他們已經變成臃腫的屍體，殘缺不全、腳部被人綁著。

你可能認為馬諾吉和芭布莉是受害者。結果，村裡的種姓委員會卻決定排斥馬諾吉的家人，不准村裡的人跟他們說話，不准賣東西給他們，要是有人壞了規矩，要罰款二萬五千盧比（大約三百五十美元），同時受到其他村人的排擠。

## 印度的規範牢籠

在印度國家和社會的演變中，規範牢籠是大事，雖然在雅典和歐洲的發展過程中，紅皇后不但孕育國家和社會的發展，也開始放寬規範牢籠，印度卻沒有出現過這種事情。種姓制度的鞏固和對國家的臣服，加在僵硬、階級化又支離破碎的社會中，使社會變成自己對抗自己的東西。社會從來沒有變成單一的實體過，在印度政治中，這樣產生的內部衝突和不平等扮演十分重要的核心角色。紅皇后透過國家和社會的競爭與合作，重新塑造這些分裂，就像我們所看到十八世紀末葉英國的情形那樣，英國國家機器能力的擴增，引發社會發展出新的身分、新的組織和更廣泛的需求；相形之下，種姓制度孕育得破碎和分歧，卻表示這種事情不可能在印度發生，社會不能組織起來監視國家機器，因此不會產生紅皇后的力量，重塑社會的身分，即使印度次大陸像歐洲一樣，有著民眾參與政府的深厚歷史，情形也是這樣。相反地，因為政治參與是以種姓為基礎，國家機器獲得種姓制度的支持和保障，以種姓為基礎的身分一再得到重新強化，因而對自由產生了惡劣的影響。

種姓制度不但可以解釋印度缺少自由的原因，也有助於說明印度貧窮的原因：人民遭到繼承而來的身分地位，被鎖定在某種職業中，會對社會流動性和創新構成極大的妨礙；但這一點只是冰山上可以看到的一角，底下機會與誘因不平等大得驚人。這種不平等卻是以僵固的社會階級為基礎，以對社會無所不在的宰割為基礎。即使印度從一九五〇年一月二十六日起，建立了民主政體，從一九九〇年代起，推動經濟「自由化」，種姓的宰割和限制性、分裂性的種種階級規範卻打死不退，孕育出的國家缺少實際能力、對協助最貧窮的公民也漠不關心。

要更瞭解這一切，可以從種姓階級最底層的達利特人（Dalit）談起。

## 殘破的達利特

達利特到底是什麼意思？考底利耶的《政事論》中沒有這個詞，因此起源新近得多。達利特人過去叫做「賤到不可接觸的人」，是一九四七年印度獨立後，協助制定印度第一部憲法的偉大政治家安貝卡（B. R. Ambedkar，原來姓安貝伽爾）創造出來的，字面上的意思是「殘破的人民」。但是，「賤到不可接觸」的說法從何而來？

賤到不可接觸的意思是不能碰觸你，比較高等種姓的人要是碰觸了達利特人，就會遭到「污染」，只能靠著清洗儀式來消除。一九九八年，古吉拉特邦（Gujarat）第一大城阿邁達巴德（Ahmedabad）一位達利特工人，接受人權觀察組織（Human Rights Watch）專訪時指出：

> 他們要求我們工作時，不要靠近他們，在茶館裡，他們有不同的茶杯，他們要我們清洗自己的茶杯，要我們放好自己的盤子。我們不能進入廟宇，不能使用較高種姓所用的自來水龍頭，必須走到一公里以外的地方取水……我們向政府要求我們的權利時，市政官員威脅要開除我們，因此我們什麼都不能說。

還不僅止於身體接觸而已。如果達利特人在婆羅門身上投射了陰影，就可能要進行清洗儀式；達利特人在「再生族」面前不應該穿鞋子。安貝卡自己是達利特人，不願接受賤不可觸的觀念，而且希望確保印度憲法把這種觀念宣布為非法。憲法第十七條「賤不可觸之廢止」條文明確規定：

> 廢除賤不可觸，禁止以任何形式加以實行，凡是因為賤不可觸而造成的任何強制性不便行為，都構成可以依法懲處的犯行。

但是，根據估計，今天印度的達利特人可能多達二億人，這怎麼可能？

安貝卡跟「賤不可觸」最有名的聲明，出自他為一九三六年一次演說準備的演講稿；他根本沒有發表這場演講，因為他把演講稿散發出去後，大家認為他的說法離譜之至，演講的邀請也迅速取消。他後來自費出版這份講稿，取名為《種姓的滅絕》。安貝卡知道自己要談的是什麼東西，因為他自小就以「賤民」身分，獲准上小學，卻必須跟其他學童分開來，坐在一個袋子上，以免污染其他學生的地板；他整天都不能喝水，因為學校只有一個讓較高種姓喝水的水龍頭。安貝卡在講詞中，大略描述了賤民的慘狀：

> 如果印度教徒走在街道上，賤民就不准走這條公共道路，以免陰影污染了印度教徒。賤民必須在手腕或脖子上繫一條黑線，作為標記，以免印度教徒誤觸，而遭到污染。在浦納地方……賤民必須在腰間掛一把掃把，以便掃掉身後他自己踩過的灰塵，以免印度教徒走在相同的塵埃上，受到污染；還有，不管賤民去哪裡，都必須在脖子上掛一個陶壺，好承接他自己吐的痰，以免他的痰落在地上，污染無意間踩在上面的印度教徒。

安貝卡的使命不僅止於廢除賤民，他也希望推翻整個種姓制度，因為他知道這種制度的有害影響。他從經濟角度攻擊這種制度，說他覺得（我們也覺得）種姓、瓦爾那和迦提從事特定職業毫無道理。他當然知道這種情形出於宰割，是不自由強而有力的起源，但更重要的是，他瞭解種姓制度造成社會自相對抗，陷入分裂和毫無組織的亂局。他寫道：

種姓制度不僅是勞動分工，也是勞動者分工。文明社會無疑需要勞動分工，但沒有一個文明社會的勞動分工，會伴隨著這種水密隔艙式的不自然勞動者分工。種姓制度……是一種階級，其中的勞動者分工把一個人置於另一個人之上……從某個角度來說，是把人分成不同族群；從第二個個角度來說，是把這些族群中某個族群的社會地位，放在另一個族群之上。

他在別的地方利用不同的比喻，把種姓制度比做「沒有樓梯、也沒有門的多層高塔，每一個人都會死在出生的那一層裡」。種姓制度創造的勞動分工在經濟上很不合理，因為「涉及意圖事先指定個人的任務——選擇人才的基準不是受過教育的創意能力，而是依據父母的社會地位」。你不能在「宿命的教條」上，建立現代經濟，這樣做的所有意圖都像是想在「糞堆上興建宮殿」。

安貝卡也把種姓制度帶給自由和政治的可怕影響，說明得一清二楚，安貝卡不但表示種姓社會基本上就是不自由的社會，而且強調種姓會創造高度支離破碎、雜亂無章的「前國家社會」。他寫道：「種姓已經……徹底擾亂和瓦解了印度人的民心士氣」，原因在於「這樣的印度社會並不存在，印度只是各種種姓的集合」。除了對抗外敵時可能團結一致之外，「每一種種姓都致力於自我解離和隔離其他種姓……理想的印度教徒必須像老鼠一樣，住在自己的洞裡，拒絕跟其他人接觸……因此，印度教徒不只是各種種姓的綜合體，也是極多交戰團體的綜合體，每一個團體都為自己和自己自私的理念而活」。種姓在人民認同上占據絕大的角色，是「別人不能說印度人已經形成一個社會」的原因。這點基本上是因為：

> 印度教徒……只對自己的種姓負責，只對自己的種姓效忠。品德已經受到種姓凌駕，道德已經受到種姓束縛……善心確實存在，卻始於種姓，也終於種姓；同情心確實存在，卻不為其他種姓的人而發。

種姓社會有什麼不自由的特質嗎？從職業、生活形態、居住地點和伴隨著種姓而來的許多限制來看，這一點可能很明顯。但是，安貝卡希望提出更深入的論點，種姓制度只能靠著宰割和暴力威脅來維持。他指出，在印度兩大史詩之一的《羅摩衍那漂泊歷險記》（*Ramayana*）中，國王羅摩把他發現正在冥想的一位首陀羅斬首，因為首陀羅不是再生族，不可以冥想。印度最古老的法典《摩奴法論》（*Laws of Manu*）堅持國王必須負責種姓制度的執法，也規定必須非常嚴厲地懲處破壞瓦爾那的罪行。例如，朗誦或甚至聽印度古代神聖文學經典《吠陀經》（*Vedas*）的首陀羅，可能遭到的懲罰是割掉舌頭，或是把熔解的鉛灌進耳朵裡。

最卑下的工作並非保留給首陀羅，而是保留給達利特人，這些工作包括從事清除動物屍體、人類糞便之類事物的清潔工（參見相片插頁中這種工作的照片）。達利特人的其他職業包括補鞋匠、皮革匠和清道夫，達利特人的小孩會賣給較高種姓的債權人抵債，達利特人的小女孩會以稱為「德瓦達西」（Devadasi）制度的敬獻神祇方式，賣給寺廟，實際上卻是制度化賣淫行為的一種形式。達利特男女老幼充當農工時，工作條件都非常可怕，卻只能換取極為微少的報酬。人權觀察組織重現的政府統計顯示，從事清潔工的達利特人至少有一百萬人，實際上可能遠超過這個數字。安得拉邦（Andhra Pradesh）一位清潔工接受專訪時指出：

一間廁所裡可能有多達四百個位置，每一個位置都必須以手工的方式清潔，這是人世間最低賤的職業，都由種姓制度中地位最低下的族群負責。

被迫從事卑微的工作，是他們受到較高種姓任意宰割的一環，背後還獲得規範和暴力威脅的支持。社會告訴很多清潔工，他們別無選擇，只能做這種工作。全國尊嚴運動（Rashtriya Garima Abhiyan）起初通知中央邦（Madhya Pradesh）的清潔工說，如果他們有願意就可以離職時，立刻就有一萬一千人這樣做。但是，壓力和威脅繼續壓在他們身上，有一位清潔工回報說：「有一位雇用我的人警告我：『如果你去我的田地上，我會砍斷你的兩隻腳。』」

種姓制度的性質和創造出來的規範牢籠，破壞了印度社會集體行動的能力，就像安貝卡所指出的那樣，社會分裂，自相對抗，紅皇后陷入殘破不堪的狀態。

## 宰割別人的人

在種姓階級中，宰割別人的人經常屬於最高的婆羅門種姓。歷史上，即使在擁有多種種姓的村莊裡，婆羅門一向都主宰地方政治和村民代表會。我們在本章稍後，會回頭談論村民代表會這種地方政治機構。帝來伊．戈文丹（Thillai Govindan）一九〇三年出版的自傳中，記錄了很多次村民代表會集會，裁決他所住泰米爾納德邦（Tamil Nadu）小村子的法律案件，某次會議有二十五人出席，其中有十八人是婆羅門。人類學家安德烈．貝泰爾（André Béteille）一九六〇年代在同一個邦，進行田野調查時，發現婆羅門只占該村人口的四分之一，卻一向完全主導村民代表會。

但是，貝泰爾開始研究這個社區時，情勢已經開始改變，原因有兩個：一是婆羅門已經搬到都會地區，憑著受過比較好的教育，找到待遇較高的專業和公務員的工作；二是民主政治已經賦權給人口較多的種姓。在貝泰爾研究的村子裡，這種種姓是屬於首陀羅迦提（Shudra jati）種姓中的卡拉斯（Kallas）次種姓。貝泰爾指出，他們會變成力量最強大的團體，不只是因為他們是村子裡人數上占優勢的種姓，也是因為：

> 卡拉斯次種姓具有暴力傳統，使達羅毗荼（Adi-Dravidas）人要挑戰他們的權威時會猶豫不決。

「達羅毗荼」字面上的意思是達羅毗荼原住民，這個名詞專門用在泰米爾納德邦。作為達利特人的名稱，這個名稱是二十世紀初才開始採用，作為消除賤民團體「帕萊雅爾」（Paraiyar）種姓污名的方法；英文中的「賤民」（pariah）一詞，就是從「帕萊雅爾」這個名稱中衍生出來的。在《牛津英語字典》中，pariah的意思是社會棄兒、不受歡迎的人物、遭到拋棄的人、外來者、遭到排斥的人。印歐阿利安移民侵入印度，而且似乎帶來原始的種姓制度前，達羅毗荼人是最先定居印度南部的民族，因此達羅毗荼原住民的說法意在提升他們的地位。

印度社會學家史瑞尼瓦斯（M. N. Srinivas）所說村莊「統治個案」和達利特人之間的敵意很常見，而且經常伴隨暴力。人權觀察組織曾經在泰米爾納德邦，以達利特人和另一個首陀羅迦提亞種姓的悉瓦人（Thevar）之間的衝突為題做過研究。一位曾接受他們訪談的人表示：

悉瓦人可以跟達利特人形成對比，他們不是高級的族群，他們是地主，卻不是大地主，他們的教育程度不高，但仍然雇用達利特人當勞工。

因此，繼續控制達利特人具有經濟上的理由。但是，人權觀察組織揭發了一種更為普遍的階級和宰制體系，一位悉瓦人政客告訴他們的話絲毫沒有諷刺意味：

二、三十年前，哈里揚人（harijan，達利特人）喜歡「賤民階級」的習慣做法；過去的女性喜歡被男性欺壓……大部分達利特女性喜歡跟悉瓦人男性發生關係，喜歡悉瓦人社群的男性納她們為妾，這種事不是強迫行為。跟達利特人有關的事情都不必動用武力，這就是他們不會反動的原因。他們承擔不起反動的代價，他們依靠我們得到工作和保護……如果沒有達利特人，我們會活不下去，我們的田裡需要工人。我們是地主，沒有達利特人的話，我們不能種植作物和畜養牲口。但是，達利特女性和悉瓦人男性的關係不是基於經濟依賴，才想跟悉瓦人男性建立這種關係，她想建立關係，他則准許建立這種關係，如果他有權有勢，她會更愛這位地主。

這種宰制關係不但抹煞被宰割者的自由，也戕害了地方政治機構的運作。假設村民代表會中有達利特人的保障席次，這種保障名額會挑戰主導種姓先前的霸權。一九九六年，泰米爾納德邦包括主導種姓悉瓦人村民在內的梅拉瓦拉夫（Melavalavu）村，告知村民，達利特人不應該競選村民代表會代表的席次。《印度時報》的一篇報導指出：「達利特人得到警告，說如果他們不聽從，就會失去農務工作，不准在主導種姓所擁有未曾利用的土地上牧養牲口，不准從這種土地上的水井中打水。」選舉預定在十月舉行，但在這種恐嚇之下，選舉被迫取消，因為所有達利特人候選人都退出選舉。到了隔年二月，一位名叫穆魯吉桑的達利特人居然莽撞地出來競選。由於主導種姓杯葛選舉，穆魯吉桑就當選了。然而，後來他卻需要警察的保護，而且因為悉瓦人的阻止，不能進入村民代表會所在的建築物，還經常成為受到威脅的目標；他在一九九七年六月遭到殺害。一篇第一手紀錄指出：

他們有將近四十個人，全都是悉瓦人，他們刺破穆魯吉桑的右腹，那把刀很長。帶頭的人在巴士外面，下令悉瓦人殺死所有賤民，十二位受害者中，有六位當場慘死。他們把六個人全都從巴士中拖下來，在馬路上用長度超過兩尺的開山刀刺他們……五個悉瓦人合力把穆魯吉桑放在巴士外的地上，砍斷他的頭，然後把頭丟進半公里外的水井裡。

這場大屠殺後，外力的干預促使五位達利特女性當選村民代表會代表，悉瓦人的反應是開除達利特勞工，還阻止別人雇用他們，達利特兒童都怕得不敢去上學。一位當選的女性告訴人權觀察組織：

村民代表會會場位在印度教徒種姓地區，他們不准我進入會場，因此我們只好在這間電視間開會，這裡是臨時會場。他們現在還在威脅我們，也在監視和跟蹤我……如果當選的達利特女性去會場，較高的種姓可能會傷害我們。如果這些女性堅持要去會場，他們一定會打她們。我有一位警察保護我，他帶了一把槍，但他把槍放在包包裡……一切都陷在癱瘓狀態中。

在另一個泰米爾人的村子裡，一位叫做維魯達芙爾的女士，告訴人權觀察組織說，達利特婦女經常遭到性暴力侵害：

> 悉瓦人會闖進村裡的家屋，跟達利特婦女性交，他們會暴力強姦女性。我丈夫已經過世，因此，如果我留下來，那麼我應該會碰到同樣的事情……我離開所有這樣的地方，這是受到宰割的人常見的命運。

## 種姓的牢籠經濟

即使現在達利特人處在社會和經濟隔離種姓制度中的最底層，你可能還會懷疑這種古老的社會階級制度是否可能這麼僵化，到了決定人民未來職業的程度。誰要負責執行這種制度呢？這種制度確實不是印度法律的一環，但我們已經看到，在種姓規則的實施上，種姓規範威力十足，甚至在鼓勵殺害違反規則的人上面，看到規範的十足威力。這些規範是否可能在一個人的姓名和種姓與職業之間，創造出持久的關係呢？

率先有系統地調查這個問題的人，是英國殖民官員布侖特（E. A. H. Blunt），他在一九三一年出版的大作《印度北部種姓制度》中，利用英國殖民地人口普查中的種姓和職業資料，估計不同亞種姓擔任本身傳統職業的程度。他首先把不同的亞種姓，分為以農業為首的十二大類，然後是勞工和農村奴僕、畜牧業、學術專業，一直分到貿易與產業、飲食經銷商，甚至還分出乞丐這種大類。在這些大類中，再細分為專業程度較高的職業，例如在農業大類中，就包括花卉和蔬菜種植、罌粟種植和菱角種植。在學術專業大類中，包括天文學和寫作，神聖人員業當然也包括在內，這些職業當然也全都映照到婆羅門種姓上。在貿易和產業大類中，布命特找出三十五種不同的專業，每一種專業幾乎都一對一地對應一種不同的亞種姓（迦提）。例如，羅哈（Lohar）亞種姓的人是鐵匠，索納（Sonar）亞種姓是金匠，帕西（Pasi）亞種姓是抽取棕櫚汁、製作棕櫚酒的工人。如果種植菱角不算在內的話，農業顯然是最多人從事的職業，屬於這一大類職業的多種種姓中，有百分之九十的人都務農，因此農業是普遍得多的行業，也比其他職業無趣。跟特定職業有關的結果比較令人驚異，布命特發現，百分之七十五的清道夫亞種姓承襲自己的職業，百分之七十五的金匠（索納亞種姓）、百分之六十的糕餅師、穀物乾燥工、理髮師和洗衣工人、百分之五十的木匠、織布工人、榨油工和製陶工人，自己職業都是承襲而來的。

但是，這種隔離不表示不同的種姓能夠自給自足，他們靠著「迦吉馬尼制度」（Jajmani system）這種庇護制度結合起來。這種制度是專門為不同種姓互相提供服務和協助，而建立的服務網絡。從表面上看來，這是一種互相贈予實物的龐大互惠制度，然而，有些人的贈予比別人的贈予有價值得多。傳教士威廉．懷瑟（William Wiser）是第一位詳細描述這種制度運作狀況的人，他在一九三〇年代，在印度北部北方邦（Uttar Pradesh）恆河和亞穆納河匯流處附近的卡林姆普爾村居留，後來和妻子夏綠蒂合寫了一篇卡林姆普爾村的民族誌，記錄這個村子中嚴重的宰割現象。

我們村裡的領袖對自己的權力極為確定，以至於不需要刻意表現這種權威。偶爾一見的訪客幾乎看不出他們和其他農民有什麼不同……但是一位這樣的人現身在專門為人服務的種姓前時，受奴役種姓的一言一行都會十分小心慎重，表現出敬畏之意。受奴役種姓已經學到，只要自己的卑躬屈膝沒有遭到質疑，指揮他們的手就會輕輕垂下。但是，如果他們表現任何獨立或甚至漠然的舉動，父權般的權威就會變成扼殺手段……村民生活中的每一樣細節都遭到領袖的牢牢約束，領袖的歡心可能讓人發跡，領袖的不快可能害人下地獄。

卡林姆普爾村住了七百五十四人，分為一百六十一戶，其中四十一戶是婆羅門，懷瑟一共找到二十四種不同的迦提（亞種姓），兩種婆羅門，兩種剎帝利，十二種不同的首陀羅迦提和八種賤民階級。他描繪了不同迦提必須互相提供的一種慣用複雜服務體系。我們先從婆羅門談起。原則上，婆羅門是祭司，負責滿足其他種姓的宗教需求。最尊貴的婆羅門家庭以祭司的身分，只為其他婆羅門家庭服務，同時接受村外更高級家庭提供的宗教服務。階級中次一等的婆羅門家庭負責滿足剎帝利和首陀羅的宗教需求。婆羅門家庭擁有村中的大部分土地，其他種姓都必須為他們服務。例如：生為巴海伊賈特人（Barhai jati）的木匠，一星期要去婆羅門那裡一、兩次，為他們卸下犁頭刀，再加以磨利；碰到收穫季節，他必須儘量維護鐮刀的鋒利度，視需要而定，經常更換鐮刀把手；要是推車壞了，他必須修理好，還要完成需要他所擁有技術的其他任務。鐵工、理髮師、運水人、陶匠等其他種姓，也有必須為不同人承作類似的固定任務，換取事先說定、通常是實物的特定給付。給付的多少會因種姓的不同而有差別。例如，一位婆羅門每季會為自己擁有的每一具犁頭，付給負責維修的木匠和鐵匠十．五磅的穀物；非婆羅門會為每具犁頭，給付十四磅的穀物。即使是用金錢給付，這種差異也是正常狀態。例如：裁縫做同樣的一件衣服，婆羅門付的工錢，只有非婆羅門付款的一半。婆羅門買牛奶時，也只要付非婆羅門付款的一半。村子裡的土地要撥出一定數量給較高的種姓，婆羅門會分到最多，但土地也會分配給木匠、清潔工、油品壓榨工、裁縫和洗衣工人。最繁重的服務全都出現在婆羅門所擁有的土地上，比較低階種姓的家庭必須在上面工作，換取固定比率的報酬。

社會階級中最底層的人當然是賤民，村子裡有八戶恰馬爾人（Chamar），他們是要擔負一些固定工作的皮革工人，例如為動物剝皮、製造皮革、修理皮鞋、籃子和包袋。懷瑟夫婦談到恰馬爾人時指出：

村裡的人不把恰馬爾人當成人看待，而是當成某某恰馬爾。在恰馬爾人的家庭私生活之外，他和他兒子的時間和服務，都掌握在主人手裡；他太太也必須做好準備，隨叫隨到，好下到主人的田裡幫手，或在主人屋裡幫忙做最繁重的工作。主人的工作和利益總是最重要。要是恰馬爾人和他兒子還有剩餘的時間，就會到主人為了支付他的服務報酬而送給他的土地上。除非先得到主人的同意，否則他不做計畫，也不會做任何需要時間和金錢的事情。

事實上，當時迦吉馬尼制度是錯綜複雜的服務網絡，人們有義務根據以種姓制度表現出來的遺傳分工，支付固定的習慣性給付。這種情形可能讓你想到第四章中，根據嚴格規範管制和建構的蒂夫族經濟體。但是，蒂夫族是為了維護平等，尤其是為了維護政治平等，才把這些規範強加在經濟關係上；印度的種姓制度卻是刻意反平等的制度，不是人人為我，我為人人。例如，三十八戶婆羅門家庭就不為任何人服務，卻接受別人的服務。而且，服務條件總是對比較高的種姓有利。就像安貝卡說的那樣，人們陷入阻礙誘因和機會的「水密隔艙」裡，才幹和能力遭到普遍的錯誤配置和浪費。不是只有自由才變成印度規範牢籠神壇上的犧牲品，經濟效能亦然，難怪印度常年承受貧困和低度發展的情況（我們或許可以補充說，東印度公司和英國一百五十年的殖民統治，以及先前蒙兀兒帝國的霸權，完全沒有改善這種狀況，反而全都建立在種姓制度之上，強化了種姓制度）。

但是，如果印度的階級化和分裂這麼嚴重，為什麼印度從獨立以來，一直能夠維持民主選舉，還常常被人視為世界上最大的民主政體？為什麼這種民主制度無法動員紅皇后效應？接下來我們會看到：第一個問題的答案和印度民眾政治參與的歷史有關，這段歷史有很多地方和我們在第六章中討論過的日耳曼部落政治參與史有關。第二個問題的答案又跟安貝卡看出來的因素有關，這些因素根據種姓制度的路線，塑造印度的民主政治。

## 古老的共和國

文字出現前，歷史大都由歷史學家用口頭敘述的方式，代代相傳。各國政府經常利用口述歷史，維護朝代傳統，目的之一是為了要替自己的權力合法化。但是，吟遊詩人和說書人也會維護口述歷史，達成同時兼顧娛樂和合法化的目的。口述歷史是希臘偉大文學作品《伊里亞德》和《奧德賽》的起源，據說這兩本傑作是荷馬的作品，述說特洛伊戰爭及其後續發展的歷史。這些事情大約在西元前一千二百年前發生，但至少要在六百年後才用文字記錄下來。在這段期間裡，故事都是靠著口頭保存。

印度也有本國版本的《伊里亞德》和《奧德賽》，最著名的著作是《摩訶婆羅多》（*Mahabharata*）和《羅摩衍那漂泊歷險記》，兩者的成書時間，都是介於西元前四百年至西元四百年之間。對我們的目的比較有用的更早作品是所謂的《吠陀經》，吠陀經有四部，都由印度教祭司婆羅門用口頭保存，大約早在西元前一千年時，就用文字記錄下來。其中一部叫《梨俱吠陀》（Rig Veda），內容有超過一千首的聖詩和詩歌。一般認為，吠陀經是長久以前，很可能分很多波侵入印度的印歐民族文學，內容包括社會、戰事和政治的描述。但任何解釋都要小心慎重，因為人們經常不清楚詩歌的內容屬於歷史還是虛構。然而，我們卻可以相當清楚地瞭解當時的政治制度，那時有稱為「王者」（raja）的首領，但首領是選舉出來的，或者至少是人們選擇出來的，他們的權力受到戰士團體維達哈（vidatha）、薩布哈（sabha，代表會之意）和薩米提（samiti，大會之意）的嚴格限制。然而，我們並不確知這些機構真正運作和彼此互動的方式。代表會的規模似乎比較小，可能只包括菁英，大會的規模相當大，可能包括所有成年男性自由公民。這些會議的重要性，從另一部吠陀經《阿闥婆吠陀》（Atharva Veda）中的一段可以看出來，有一位國王在這部吠陀經中宣稱：

> 但願主神普拉加帕第（Prajapati）的兩個女兒薩布哈和薩米堤，會在和諧中保護我，但願我遇到的一切尊敬我、協助我。啊，我的列祖列宗，但願我在各種會議中的發言公允。
>
> 噢，薩布哈，我們知道你的名字，你的名字是人們談話的焦點，但願所有加入薩布哈團體的人，同意我的看法。我為在這裡坐著的諸君發揚光大，因陀羅（Indra）讓我得到所有聚會人員的注目。

人們把造物主普拉加帕第（Prajapati）視為各種會議的起源，把會議當成考慮和討論的機構，上面這段文字清楚指出，國王需要與會成員的支持。

事實上，王者看來很像塔西陀描述的日耳曼部落戰爭領袖，以「戰士團體」維達哈為例，似乎是為了分配戰利品而召開的會議。印度歷史學家也用「部落」這個詞，描述這段期間的社會組織。《梨俱吠陀》提到三十個不同的部落，社會似乎是以親屬關係和宗族關係的基礎。

後來，到了大約西元前六百年的吠陀時代，我們看到眾多不同形態的邦國紛紛出現，在印度北部的某些地區裡，酋長開始晉級為國王和宗教認可的世襲君主，在婆羅門的監督下，種姓制度開始在世襲君主權威的合法化上，扮演重要的角色。在其他地區，議會政治持續發展，甚至更形強化，歷史學家把後來的這些國家稱為「僧伽體制」（gana-sanghas）。

記錄僧伽體制最清楚的地方，是在恆河北邊不遠、現在叫做比哈爾邦（Bihar）巴薩羅村（Basarh）、以前叫做吠舍離（Vaisali）地方建立的尼波羅國（Licchavi，參見地圖十二）。一位當時的人表示：「在〔吠舍離〕那個城市裡，總是有七千七百零七位王者管理王國，還有類似的總督、將軍和財政官。」另一位消息來源報導說：「尼波羅國的統治家族人數達到七千七百零七人，他們住在吠舍離，所有的人都獲得辯論和爭論的權利。」解釋這些數字的歷史學家認為，吠舍離的公民總數很可能是七千七百零七人的四倍，也就是三萬零八百二十八人，其中可能有四分之一是「國王階級」，擁有特別的政治權利，可以組成議會。這裡是尼波羅國的中心，總人口大約為二十萬至三十萬人，如果占人口總數一部分的公民有三萬人，那麼這樣就相當類似古代雅典或後來的羅馬共和國，議會會選舉一個九人理事會，負責執行大部分的日常行政管理工作，九人中有一個人會獲選為首席國王，擁有執行權威。一旦登上這個位置，可能就是終身據有。有一份經文記載釋迦牟尼本人的話，說他說過尼波羅國民「經常舉行全民公共會議」，他們聚集在一起，「和諧地辯論和上臺」。決議採多數決，必須承擔特定任務的官員；例如，有一種叫做「計籌官」（salaka-gahapaka）的人，必須經過選舉產生，擔任這種官職的人必須具有五種美德，必須「不偏不倚、不生惡意、不生愚蠢、不生驚怖，知道什麼票已經領取、什麼票還沒有領」。「計籌官」的職銜出自意思是木籌的（salaka），就像現代的計票紙一樣，用來記錄票數。尼波羅國還有其他可觀的制度，包括據說有八層的司法結構；上訴法院的階層中，有一層像古雅典一樣，有很多的民眾參與。雖然我們所知跟尼波羅國有關的資訊最為完美，但當時諸如釋迦牟尼出身的釋迦（Sakya）這樣的國家，似乎有著類似民主共和的政治制度。

考底利耶在《政事論》中，曾經提到「計籌官」，這種官員的重要性由此可見一斑。考底利耶是印

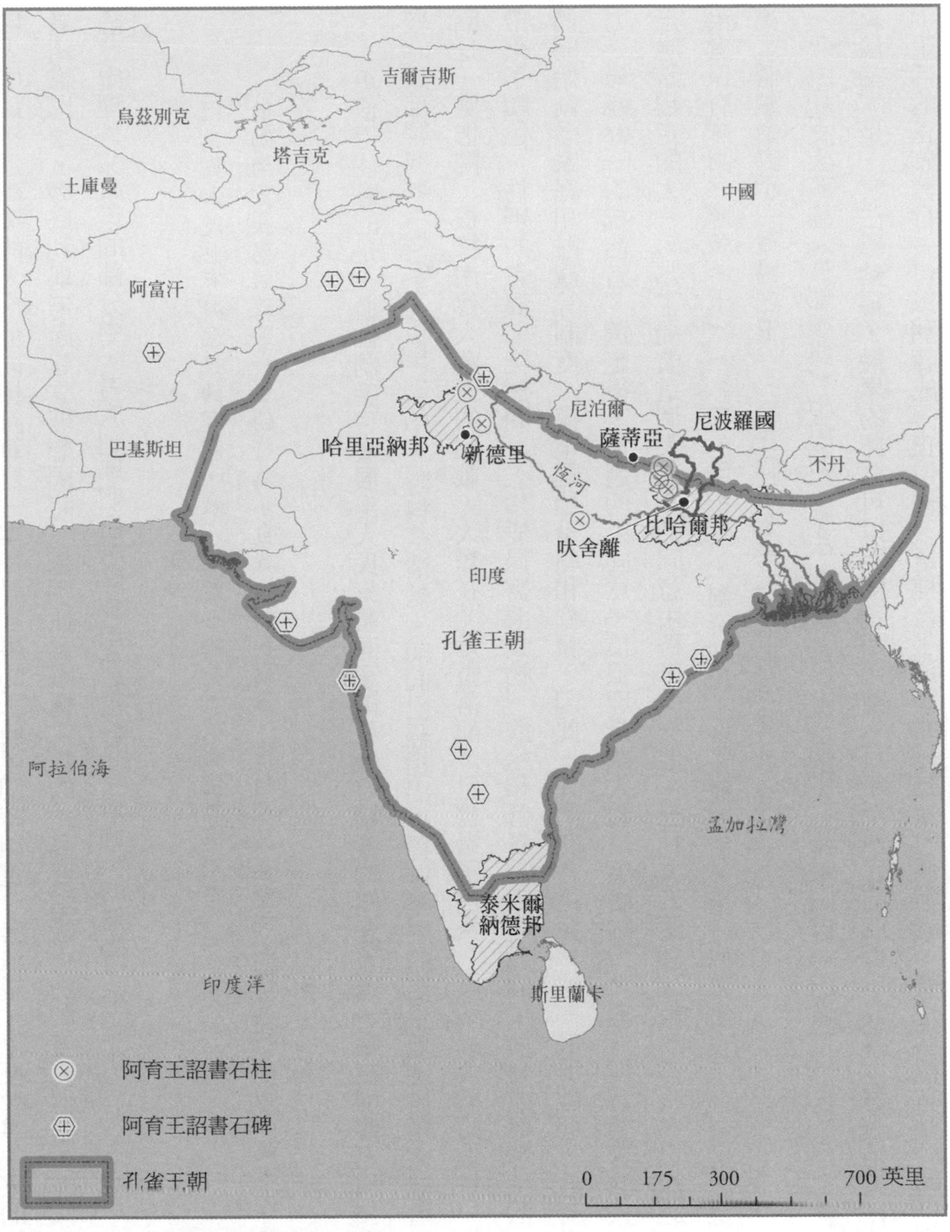


地圖十二　印度帝國和參與式政治的搖籃。

度人中最接近商鞅的人，他同樣打算寫一本探討國事的手冊，同時制定一套法規，以便教導未來的統治者組織國家。考底利耶考慮建立理想國時，毫不注意議會，想的是高度階級化的制度。但是，在《政事論》處理外交政策的部分中，考底利耶明白考慮利用他稱之為「僧伽」的僧團。他指出：

> 因為僧伽是具有凝聚性的實體，敵人不能（輕易）破壞他們。僧伽的首長應該藉著公正的行為、自我控制和勤奮，推動人民喜愛又能獲益的活動，親近人民。

更值得注意的是，僧伽制度也發展出人民集體同意創設政府制度的概念。這一點在南傳巴利文大藏經《長部經典》（*Digha Nikaya*）中，說得很清楚。前面已經指出，釋迦牟尼的出生地迦毘羅衛城藍毗尼園是一處僧院，根據南傳大藏經的記載，人類在開始墮落前，已經過了很長一段幸福美滿的歲月，墮落帶來了顏色、性別的差異。突然間，人類變得需要食物、飲水和營養。天堂般的生活變成俗世生活，人們開始創造家庭和財產等制度，甚至開始爭執和偷竊。因此，人們開會選擇一位「最受歡迎、最有吸引力、最能幹」的統治者，選定後，獲選的人同意「憤恨理當讓人義憤填膺的人、譴責理當譴責的人、趕走應該趕走的人」。為了補償這個人，人們同意用稻米供養他。巴利文大藏經《長部經典》記錄道，統治者保有摩訶三摩多（王）（mahasammata）、剎帝利和王者三種頭銜，第一個頭銜表示「全民之選」，第二個頭銜表示「戰場之主」，第三個頭銜表示「用佛法吸引人民的人」。

巴利文大藏經《長部經典》中用的達摩法（Dharma）意義重大，達摩出自《法論》（*Dharmashastra*）。《法論》是一套法學彙編，最早的部分可以回溯到西元前六百年至西元前三百年成書，達摩是人在社會中生活的正確言行，可以翻譯成「正道」。這種合乎道德的行為有一個好處，就是累積有益於轉世到來生的精神美德。達摩法好比印度版的中國儒家倫理原則，意在促使統治者以合乎道德的方式統治，造福人民。我們在前一章看過，雖然所有中國皇帝都聲稱遵守儒家原則，但儒家原則並非總是能夠有效地限制他們的行為，印度的達摩法也一樣。

君主出現時，會發展出大不相同的道理，證明新權威結構的道理。重要的是，這種結構受到種姓制度的嚴重影響，在很多經典文字中，國家權力的正當性，跟需要維持以種姓制度為基礎的社會秩序有關。考底利耶談到種姓制度時，清楚地指出這一點：

> 違反制度時，世界會因為種姓和責任的混亂而走到末日，因此國王絕不容許人民偏離其責任，凡是堅守本身職責、遵循阿利安人習俗、遵循種姓與宗教生活劃分的人，今世和來生一定都會快樂。

因此，國王必須致力確保人民根據自身的種姓，堅守自己的職責，種姓制度從而會以婆羅門儀式的方式，證明國家機器的合法化。這一點從當時最著名的祝聖（ratnahavimsi）加冕儀式中，可以清楚看出來：國王要去拜訪每一戶擁有珠寶的人家，在那裡祈禱。不同的作者列出的珠寶持有人數目不同，介於十一家到十五家之間，但所有作者都同意一件事，就是婆羅門最優先。這種儀式象徵什麼人擁有權力，國王對什麼人的權威負責。種姓制度和國家機器之間的關係，是紅皇后在印度遭到破壞的另一個重要原因，國家機器理當支持和尊重種姓，而不是拆解種姓制度；反之，種姓制度理當維護階級制度，防止社會挑戰國家。

孔雀王朝在考底利耶的指導下，努力在印度創建了一個空前龐大的帝國（參見地圖十二）。要瞭解這個帝國的疆域有多大，看看所謂的阿育王（Ashoka）石刻詔書的散布範圍，就會一清二楚。阿育王是旃陀羅笈多王的孫子，也是孔雀王朝最著名的皇帝，從西元前二六八年統治印度，至西元前二三二年為止。他把各種法律和指導原則，刻在全國各地的岩石和石碑上，想來是為了讓人民隨時可以利用。他的重要石碑敕令散布到遠達今天印度西邊的阿富汗坎達哈（Kandahar），南到現代印度安得拉邦（Andhra Pradesh）首府海德拉巴（Hyderabad）南邊的葉拉古迪（Yerragudi），東達今天印度奧里薩邦（Odisha或Orissa）東南方的陶里（Dhauli），北到巴基斯坦的沙巴茲加里（Shahbaz-garhi），從這一點可以看出阿育王的幅員多廣，敕令石碑讓我們瞭解他怎麼統治。雖然《政事論》顯示，孔雀王朝擁有綿密的官僚體系，甚至延伸到鄉村層級，現代歷史學家卻認為非常不可能。

就這點來說，考底利耶的《政事論》偏重國家期望的施政狀況，而不是實際發生的可行國情咨文。阿育王為了彌補控制的不足，皈依佛教，宣揚佛法的統治哲學，他的政治領導掌握了其中的道理。阿育王在第六塊大石碑敕令中聲稱：

> 呈報者隨時隨地，都必須向朕呈報人民的事務，無論朕在吃飯、在後宮、內廷、牛棚、轎子上，或在御花園中。朕在任何地方都會處理人民的事務。
>
> 而且，如果（正法官）會議上出現爭執，或有人針對朕口諭的任何捐贈或宣示有關的事宜，提議修正，或就授權正法官會議處理之緊急事項有關事宜，動議修正，都必須隨時隨地呈報朕。
>
> 即此諭令。朕從不滿足於躬親政事、處理政務。

阿育王在敕令中，展現統治者高度負責、關心人民福祉的形象。這項敕令的最後一句話很有意思，阿育王語酸酸地表示：「但是，如果沒有絕大熱誠，此一目標難以達成。」的確如此，絕大熱誠大致上都很缺乏。西元前一八七年，孔雀王朝就土崩瓦解，離阿育王駕崩還不到五十年。

僧伽制度在孔雀王朝的崛起中繼續存活，而且存續了很長的一段時間。雖然在孔雀王朝崩潰後的一千年中，一系列比較小的國家在印度北部興興衰衰，或許要到了十三世紀德里蘇丹國興起，以及一五二六年後，蒙兀兒帝國創建後，比較專制的國家制度才在整個印度建立起來。在此之前，以喬漢王朝（Chauhan）為例，這個王朝是德里蘇丹國成立之前，由統治拉賈斯坦（Rajasthan）的主要宗族拉傑普特人（Rajput）所建。我們發現，這個王朝在開徵新稅前，已經得到村民議會的同意。我們在同樣的情況中，也發現用來代表「議會、村代會」的「潘查亞特」（panchayat）這個詞，一直到今天，這個詞仍然用在印度的地方種姓和政治性會議中。即使比較專制的制度開始發展，卻經常無法滲透到每個地區的地方社會中，尤其是我們即將討論的印度南部。

## 泰米爾人的國度

議會和代表制度不是印度北部的專利，而是遍布印度各地，印度南部很可能更是如此。連蒙兀兒帝國當時都不能在印度南部，鞏固自己的控制，以至於英國東印度公司開始統治印度（統治到一八五七年），然後由英國政府直接控制，到一九四七年印度獨立前的英國殖民時代裡，印度南部一直都保有很大的自主權。

我們要看看朱羅王朝（Chola）的例子，這個國家不僅說明印度南部活力十足的議會，也說明自主性的政體如何在由下而上的過程中，自動匯聚在一起，創建中央集權式國家的狀況。朱羅王朝以今天號稱「泰米爾人國度」的泰米爾納德邦（參見地圖十二）為根據地，統治印度南部大片領土。朱羅王朝始於

八、九世紀，一直存續到十三世紀結束；早期的首都設在現代泰米爾納德邦大城清奈（Chennai）西南方的坦賈武爾（Thanjavur），後來的首都包括甘吉布勒姆（Kanchi-puram）和馬杜賴（Madurai）。這個國家在地方層級上，是以村議會為行政基礎；在以農民為主的鄉村裡，這種議會叫做「烏爾」（ur）；在婆羅門掌權的村子裡，這種議會叫做「薩布哈」（代表會），前文已經提到這個名稱。烏爾的成員似乎像薩布哈一樣，包括村中所有成年男性；但是，也有證據顯示，薩布哈的成員是從合格村民中抽籤選出來的。由婆羅門控制的烏蒂拉梅魯爾（Utaramerur）村一座廟宇中的雕刻銘文值得注意，上面記錄了這種制度運作的大量細節：

> 應該分為三十個區，住在這三十個區裡的居民應該集會，選出每一個擁有下列資格的人，納入抽籤名單中。
>
> 這個人必須擁有四分之一以上應稅土地，必須住在自己土地上蓋的房子裡，年齡必須低於七十，高於三十五，必須通曉（吠陀經文中的）梵頌和梵書。
>
> 即使他只擁有八分之一的土地，如果他已經學會一部吠陀經和四部文學文本（Bhashya）中的一本，他的名字也應該納入。

接下來是一長串無法同時考慮的親戚名單，個人如果「犯了偷盜他人財物、取走禁盤中食物」的罪行，也不符合參加議會的資格；凡是過去三年中的任何一年裡，曾經任職委員會或先前曾經任職委員會卻未呈交紀錄的人，也會排除在外。

排除所有這些人後，名字應該會登錄在三十個區的選票上……投入盆子裡。抽籤（票）時，必須召開議會全體大會，年輕和年老成員都必須出席。

接著是跟抽籤有關的詳細指示表，作用是確保沒有人能夠作弊。會議藉著抽籤的方式，為每一區選出一位代表，這些代表要加入不同的委員會，如花園委員會、水槽委員會和年度委員會。我們並不確知花園委員會負有什麼任務，但水槽委員會可能負責安排水槽，提供飲水和灌溉用水等重要公共服務。灌溉經常會刻在銘文中，例如，某一塊碑銘上的紀錄如下：

婆羅門議會經常提到……跟兩兄弟達成協議……因為水沒有流到通往兩兄弟所住村莊用水湖泊的運河裡，議會會清理他們自己湖泊中的污泥，為連接的運河提供一半的人工，容許從他們自己用水湖泊流出的水，經由那條運河，流到隔壁村莊的湖泊裡。

另一個不同的村莊裡，有一則討論「兩條小運河」問題的銘文指出：

本地婆羅門議會和比較大的地方議會（nadu），為這些運河和四周土地之間，決定了土地界線，卻沒有降低流向鄰村的運河水位。

其他村子也設有五倍委員會和黃金委員會。

義大利西恩納的議會是靠著敲鐘召集的，在泰米爾的某一個村子裡，議會是靠著打鼓來召集。烏爾和薩布哈一類的議會也負責徵稅，部分稅收留供自用，部分稅款上繳朱羅王朝的國家機器。這些議會也負責解決土地糾紛和其他法律問題。

下面是其中一個有趣的地方，烏爾和薩布哈可以集合起來，組成比較大的地方議會單位，這一點在前面跟運河有關銘文中提到過。個別的烏爾和薩布哈似乎會選舉代表，參加做成共同決定的地方議會。地方議會有一個重要的特點，就是地理形態很不規則，有些地方議會相當小。例如，有一份銘文紀錄指出，阿達努爾（Adanur-nadu）的地方議會只涵蓋兩個村子；另一份銘文指出，華達奇魯華伊爾（Vada-Chiruvayil）的地方議會由四個村子構成。然而，有些地方議會的組成分子會多達十一或十四個村子。歷史學家蘇拔拉雅魯（Y. Subbarayalu）利用神廟中的幾百份銘文，畫出位在高韋里河（Kaveri River）河谷中朱羅王國中心朱羅曼陀羅地區（Mandalam）眾多地方的地圖。這些地圖顯示，不同地方的形狀和幅員差異很大，即使是在人口密度可能相當一致的這條河谷裡，情形也是這樣。會有這種情況，是因為朱羅王國不是由中央政府劃定領土幅員，而是由先前的自主性村莊聯合起來，再變成國家的。這種情形有一點像我們下一章要討論的瑞士，是由下而上建立的國家。這項推論得到十二世紀另一項銘文的證實，這項銘文強調，王者之王二世（Rajadhiraja II）要登基為朱羅王國國王，必須得到地方的同意。

今天，這個地區會叫做「泰米爾納德邦」（Tamil Nadu，意思是泰米爾人的領土）同樣具有重大意義，因此用來形容村莊組合的字眼「nadu」（地方），最後變成了描述比較大的泰米爾人家邦的用字。

## 從僧伽制度到人民院

我們已經看出，「薩布哈」這個詞在印度的淵源很深，至少可以回溯到二千五百年前印度北部僧伽制度國家的議會。今天印度國會的下議院叫做「人民代表院」（Lok Sabha），意思是人民的議會。但是，其中的延續性有多少真實性？

答案是相當真實，印度是異質性很高的大國，即使各地似乎都有稱為「薩布哈」的代表會或議會，但代表會的運作中，無疑還是有很大的差異。印度北部的很多國家，尤其是蒙兀兒帝國，是由外來侵略者所建立，跟朱羅王國由下而上的創新建國方式截然不同。然而，蒙兀兒帝國並沒有建構取代代表會及其村莊共和制度所需的國家官僚體系，反而是只要地方繳納土地稅，就樂於容忍地方自治，這種做法中的主要方法是課徵農作稅負的制度。蒙兀兒帝國賜給被稱為「札明達爾」（zamindar，意思是土地所有人）的個人，在特定地區課稅的權利，而且他可以保留一定比率的稅收，比率通常是百分之十。蒙兀兒帝國的確設有財政官員，這些官員能夠搜集精確的地方生產和生產力的資訊，但蒙兀兒帝國沒有創建稅務官僚體系。「札明達爾」怎麼收稅呢？在某些情況下，這些人是蒙兀兒帝國建立前擁有武力的菁英，自己擁有威嚇別人的力量，但他們經常配合農村中的權威人士收稅。另一種情形是沒有設立「札明達爾」，蒙兀兒帝國直接跟村裡的權威人士打交道，由這些權威人士共同負責課稅。

這種村莊的制度也有很多連續性，得到十八世紀時英國東印度公司官員的承認，一七六五年，該公司獲得蒙兀兒帝國皇帝的授權，得到在孟加拉和比哈爾邦收稅的權利後，更是如此。一八一二年，該公司向英國國會呈報著名的《東印度公司事務專題委員會第五次報告》，妥善地總結這種狀況，報告把重點放在一七六五年後該公司的制度創新，尤其是徵稅方面的創新上。但是，這份報告也針對印度的鄉村生活，提出有趣的評估。

> 從政治角度來看，一座村莊類似一家公司或行政區，適當建置的官員和公僕包括村長（potail），

村長負責總管村中事務、解決居民的紛爭、照顧警察、徵收村中稅課收入，他憑著個人的影響力，以及精熟地方狀況與民情，因而成為最適合執行這種職責的人選。

然後報告列出大量承擔不同任務的村莊官員，包括「水槽與水道監督」，報告接著指出：「從遠古時代開始，鄉村居民就在這種簡單的村政府管理下過日子。」到一八三〇年代，查爾斯．梅特卡夫（Charles Metcalfe）爵士寫道：

> 村里社區是小小的共和國，幾乎能夠自給自足，而且幾乎獨立於任何對外關係中……我認為，每一個村里社區的聯盟形成個別的小邦國，是全印度人民能夠經歷所有革命和變化，仍然能夠履險如夷的最大原因。

《東印度公司事務專題委員會第五次報告》沒有提及「潘查亞特」（議會）這個詞，但「議會」很快地就在當時的其他消息來源和殖民地文件中出現。例如：亨利．梅因（Henry Sumner Maine）爵士一八七一年出版的《東方和西方村里社區》一書中，就提到印度的村代會具有選舉功能；同時，一八九九年貝登─鮑爾（B. H. Baden-Powell）出版的《印度村里社區的起源與成長》，曾經深入探討「潘查亞特」，卻似乎認為這種機構大致上具有寡頭的性質。到一九一五年，約翰．馬泰（John Matthai）表示：「村里社區政府最大的特性是潘查亞特或村代會，村代會可能表示村民的全體大會，或從村民中選出的委員會。」事實上，到了一八八〇年，英國主管官署已經試著要利用這種鄉村制度，那一年的《印度饑荒委員會報告》指出：

印度大部分地方都有某種村莊組織，便於當成自然的……鄉村救濟機制。為了追求國家未來的進步，應該鼓勵地方自治原則，所有事務都應該愈來愈加強交付給地方管理。

一八九二年，一項法律規定，村代會應該由人民「以任何方便的方式」選舉。一九一一年馬德拉斯通過的一項法律准許村代會的選舉，也列出他們應該承擔的一大堆任務，包括提供公用道路的照明、公用道路、下水道、水槽和水井的清潔、學校和醫院的建立和維護。

因此，聖雄甘地心中理想的印度是以自給自足的鄉村為基礎，是以他稱之為「印度自治」的鄉村為基礎，這一點並非巧合，英國殖民當局也曾經設法利用同樣的傳統。印度獨立後，這種村莊制度得到強化，印度憲法第二百四十三條容許人民創設村民大會，由村中合格成年選民組成，再以民主方式，選出村代會，管理村中事務。一九九二年的村代會制度法（Panchayati Raj Act）為這種體系進一步加持，創設三種等級的村代會，而且正式納入印度的政治制度中。

## 種姓中沒有榮譽可言

因此，印度的民主制度源遠流長，但不管是否源遠流長，在自相對抗的社會中，民主政治的運作不會太順利，會遭到更深層的階級制度擾亂。這點可以從印度北部比哈爾邦（請參見地圖十二）的情況看出來，當地的民主政治反而助長了社會的分裂，並在推行民主的過程中，破壞而非建立起國家的能力，違反我們預期會帶來紅皇后效應的期望。這次不是再生族團結起來，對抗比較低下的種姓，而是比較低下的種姓破壞比較高階的種姓。一九九〇年至二〇〇五年的情形尤其如此，這段期間裡，比哈爾邦的首席部長不是拉魯．亞達夫（Lalu Prasad Yadav），就是他的妻子黛薇．亞達夫（Rabri Devi）。

比哈爾邦是印度最窮的省份之一，二〇一三年內，比哈爾邦的一億人口中，有三分之一生活貧困，是印度貧窮比率最高的省份之一。相形之下，泰米爾納德邦的貧窮人口只占百分之十一，喀拉拉邦（Kerala）更是只有百分之七而已。比哈爾邦的成人識字率也堪稱印度各邦中的最低水準，根據二〇一一年的人口普查，這個邦的識字率為百分之六十四，遠低於喀拉拉邦的百分之九十四。比哈爾邦的貧窮和文盲很普遍，原因是這個邦的國家機器能力瓦解。原本屬於比哈爾邦的鄰邦賈坎德邦（Jharkhand）在二〇〇〇年分割出去時，教師的出缺比率高得驚人，學校應有而沒有到職的教師高達百分之四十，比哈爾邦的情況也很類似。事實上，比哈爾邦政府的能力差勁之至，差到不能接收中央政府應該給予地方的經費。印度各邦的歲入中，有一大部分來自中央政府，要取得這些經費，各邦必須提出申請，完成一堆官僚程序，這樣當然需要有（少少的一點能力），以便及時填完表格，查詢可用資金，製作預算，批准支出計畫，但撥給比哈爾邦的巨額經費卻根本沒有撥出或動用。以全民義務教育普及計畫（SSA）為例，這個改善基礎教育的計畫很有名，正是比哈爾邦迫切需要的項目。二〇〇一年至二〇〇七年間，中央政府撥給比哈爾邦五百二十億盧比，但實際動用的經費只有一半——二百六十億盧比。同時，二〇〇二年至二〇〇六年間，中央政府根據國民技能發展貸款計畫（Rashtriya Sam Vikas Yojana），原定撥給比哈爾邦四百億盧比，這些錢可以用在落後地區，融通興建各種實體和社會基礎建設的投資。比哈爾邦政府爭取到四百億盧比中的一成，而且只動用一成經費中的百分之六十二。提升農村道路的國家村村通公路旗艦計畫（GSY）的執行率更糟糕，中央政府撥下經費後，比哈爾邦只動用了其中的百分之二十五。同時，國家級綜合兒童發展計畫項下批准的三百九十四個計畫中，有一半計畫根本沒有開始推動。比哈爾邦從中央政府爭取到的經費，總是低於應有的額度，就算是爭取到經費，動用的比率也低得驚人。

這一切都是比哈爾邦政府毫無效能造成的，邦政府的集權程度到了荒謬的程度，超過二百五十萬盧比（二〇〇〇年代中期等於五萬五千美元）的任何支出決定，都必須得到邦政府內閣的批准。這樣就造成驚人的延誤，因為新德里規定，撥發的任何頭期款中，必須用掉百分之六十款項，中央政府才會撥發後續期數的款項，比哈爾邦因此除了申請和動用頭期款外，經常來不及請求和動用任何經費。根據世界銀行二〇〇五年的報告：

> 現行公務員規則設想的是以功績為基礎，召募、任職、擢升和獎懲的制度。然而，這種制度卻是以臨時、不透明和非功績導向的方式在運作。跟工作環境（包括女性員工面臨的問題）、基礎建設、住宿、地方性緊張和薪水延誤有關的問題，全都影響員工士氣。集權化、長官的不支持和不瞭解、上級拒不處理跟下級官員瀆職和無效能有關的報告，似乎在在都使地方行政長官覺得沮喪。

這種評估顯示，比哈爾邦的制度徹底毀壞，但問題並不僅僅止於此，問題不僅在於「這種制度卻是以臨時、不透明和非功績導向的方式在運作」而已，實際情況經常是根本沒有人在推動這種制度。一九九〇年代內，政府的職位中，有大量職位沒有人補上，包括工程師嚴重短缺。其中的主因不是缺少合格的人選，而是部門擢升委員會沒有開會；即使開了會，委員會的建議也沒有得到批准。結果，道路建設部門和鄉村工程組織兩大工程部門的總工程師長期懸缺，這兩大部門一共十五個總工程師的職位，以及九十一個監督工程師職位中的八十一個，都同時懸缺。在比較下層的官僚體系中，六千三百九十三個執行、助理和初級工程師的職位中，有一千三百零五個職位懸缺待補。這種懸缺無法補人的現象很流行，比哈爾邦政府二〇〇六年發布一分報告，把懸缺不補的問題，直接歸咎於無法從中央政府取得資金。

所有層級的道路建設部門和鄉村工程組織都嚴重缺少技術人員，初級工程師層級已經很久沒有大量召募，升職的做法也很久沒有實施了。道路建設部門的品質管制委員會因為短缺設備、化學品和員工，目前處在無法運作的狀態中，先進規劃局處也不能運作，技術行政管理徹底崩潰，這樣不但嚴重限制工程的施作，也嚴重限制準備工程計畫建議、向中央政府或其他來源爭取更多經費的作業。

比哈爾邦的遇缺無法補足、請款和資源的動用十分不足、政府機器普遍無能，不只是組織解體的結果，更是政治策略植根於社會四分五裂造成的後果。事實上，雖然比哈爾邦和印度大部分地方總是有著政府機器無能的問題，但這個問題是在一九九〇年亞達夫出任首席部長後，才嚴重惡化。亞達夫夫妻屬於首陀羅種姓中的迦提人（亞種姓），迦提人是比哈爾邦中人數最多的種姓。比哈爾邦像印度大部分地方一樣，歷史上政治都由比較高的種姓把持，尤其是由婆羅門把持，但在亞達夫的領導下，比哈爾邦的首陀羅取代了婆羅門，控制了當地政治。亞達夫夫婦為了掌權，跟比他們低的種姓和不在種姓制度之內的穆斯林，組成新的政治聯盟，他們的目標很明確，就是要取代掌權的較高種姓。這點是瞭解所有職位出缺的關鍵，合格的工程師或能夠填補其他高級技術工作的人，主要都出身比較高的種姓，亞達夫拒絕任用他們，即使隨之而來的政府機器失能，表示他會喪失很多資源，無法提供他的支持者理當迫切需要的公共服務，他仍然照做不誤。他對「發展」遭到的衝擊輕描淡寫，宣稱發展只會嘉惠較高種姓的人。

印度是個謎樣的國家，非常貧窮、國家機器失效、政治失調，同時又是世界最大的民主政體，政治上的競爭很激烈。要怎麼解釋這個謎團？我們認為，印度民主制度的根源可以回溯到人民參與政治的歷史，類似我們在第六章中討論過的日耳曼部落的議會政治。但是，印度和歐洲政治歷程相似之處僅止於此。紅皇后在歐洲發揮作用，同時擴大國家能力，促成社會動員制度化和強化，且同時拆解歐洲的規範牢籠之際，印度卻沒有發生這種事情，原因出在種姓制度的性質和遺禍。種姓分裂不但在社會上造成根深柢固的階級制度和不平等，也扭曲了政治的本質。四分五裂、忙於自相交戰的社會疏於監督國家的制度，而且特別沒有能力督促國家，建立更進一步的能力。頂層的婆羅門太忙於宰割其他種姓，其他種姓太專注自己在社會階級中的地位，每個人都困在規範牢籠中。至少在歷史上，國家認為加強和重申種姓制度是自己的職責，時時刻刻都在強化這種規範牢籠。

印度獨立後，民主制度來臨時，種姓界定了政治競爭的戰線，削弱了民主競爭的能量。如同人類學家貝泰爾所言：「村代會會弱勢，似乎是因為在四分五裂的階級化社會基礎上，強制加上民主的正式結構。」中央政府和各邦層級中的民主政治也有同樣的狀況，紅皇后繼續處在殘敗無力的狀態中，因為種姓分歧，社會不可能超越既有的社會階級重新組織，也不可能促使政客負起責任，或勸誘各邦為人民服務，種姓政治反而像我們在比哈爾邦看到的情形一樣，經常進一步侵蝕國家機器的能力。

可想而知，殘廢的紅皇后會造成貧窮的後果，但更重要的是，這表示即使處在民主政治的環境中，不只是達利特人得不到自由，所有的印度人同樣得不到自由，會繼續受到社會階級和種姓規範牢籠的宰割。

# 9 魔鬼藏在細節裡

## 歐洲的多樣性

我們在第六章裡，雖然曾看到歐洲之剪的兩隻剪臂，把大部分歐陸國家推向自由窄廊，但歐洲大陸在隨後的數百年裡，卻維持著多元化的發展態勢。英格蘭在自出之路上，繼續大力拓展參與式政治，政府監督著國家進一步強化能力。瑞士聯邦則夾在法國、義大利、南德和奧地利之間，同樣已經踏進自由的窄廊，創造出抵抗哈布斯堡王朝的「公民軍隊」，以及可以控制政治的強大議會。照馬基維利一五一三年所著《君王論》的說法：

> 很多個世紀以來，羅馬和斯巴達都擁有武裝和自由，瑞士的武裝非常精良，也非常自由。

的確如此，湯姆·史考特總結歷史學家的共識後表示，瑞士農民享有「免於封建奴役的自由，為了象徵他們是自由人，這些山地農民甚至帶著武器，向貴族要求『榮譽』，這一點象徵他們的自由……他們的中世紀部族結構跟我們想像中的民主形式，幾乎毫不相關，但這些農民卻很『自由』。」然而，北邊較遠處的普魯士卻發展出大不相同的國家形態。法國哲學家伏爾泰的諷刺說法：「其他國家擁有軍隊，普魯士卻是軍隊擁有國家」，具體而微地說明了普魯士的專制性質。

南邊稍微遠處的阿爾巴尼亞和蒙特內哥羅，又是完全不同的情況。這兩個國家缺少任何中央化的權威，持續經歷不協調的暴力，一直到二十世紀開始之後很久，還是這樣。蒙特內哥羅作家和知識分子米洛萬·吉拉斯（Milovan Djilas）藉著描述自己的家族史，說明一九五〇年代蒙特內哥羅的仇怨程度。

> 好幾個世代的男性都死在信仰相同、名字相同的蒙特內哥羅男性手中。家父的祖父、我的祖父和外祖父、家父和一位叔伯都遭到殺害，就好像有一個可怕的詛咒加在他們身上一樣……一代又一代，血腥的鎖鍊無法打破。承襲而來的部族宿仇造成的恐懼和仇恨，比我們對土耳其族敵人的害怕和仇恨還嚴重。看來我出生時，眼中就帶著血跡，我第一眼看到的東西是血，第一次開口說的字是「血」，而且我沐浴在血泊中。

要怎麼解釋這種差異？這些歐洲政體都從大致相同的情況起家，為什麼會有這麼大的差別？

* * *

本章要解釋我們的觀念架構為什麼有助於解答這些問題，而且在解答的過程中，會更廣泛地顯示政治、國際、經濟和人口變化等通稱「結構性因素」的影響。社會科學家在討論不同結構性因素的影響時，最常用的方法是主張這些因素對某種形態的經濟與政治發展具有天然的密切關係。例如，主張戰爭與軍事動員會誘發更大的國家能力，主張糖或棉花等特定作物會帶來專制主義，而小麥則會準備好民主政治的條件。我們的觀念架構會說明何以不見得如此。相同的結構性因素對政體的政治走向，可能有大不相同的影響，實際情形要取決於當時國家和社會之間的權力均衡。

我們的核心概念可以從第二章的圖表一中看出來。圖表一的圖文摘要說明了我們的觀念架構，現在我們把這些圖文複製過來這裡，變成圖表二。這些圖表廣泛地說明，即使國家和社會力量狀況類似，也不保證兩個不同的政體會遵循非常相似的路線，這點取決於他們是否同屬專制、受約束和無巨靈三種國家中的一種。這張圖表也突顯結構性因素的影響會不會大不相同，要取決於不同國家最初所在的位置。舉例來說，同樣是提高國家的能力，產生的變化可能如同圖表二中的箭頭一那樣，把一個國家推進自由窄廊；卻也可能像箭頭二所示，把已經停留在走廊中的國家推出走廊，往專制前進；甚至可能是像箭頭三，只是把巨靈並不存在的國家，略微向自由窄廊推近一點，卻無法根本地改變這個國家長期所處的位

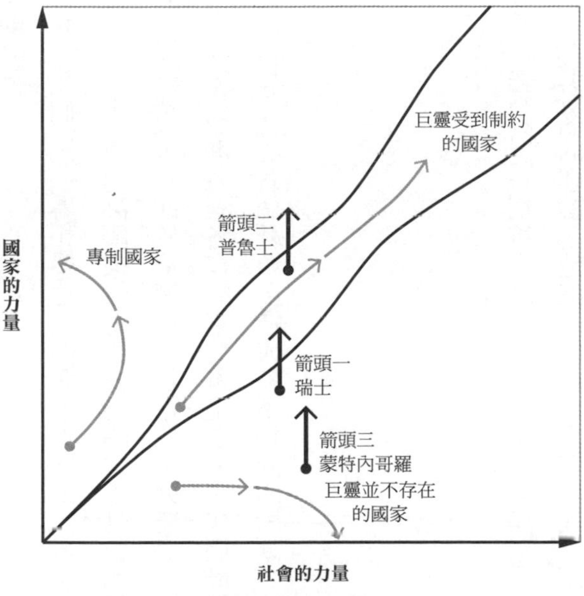

圖表二　國家力量提高產生的不同影響。

置。因此，談到結構性因素的影響時，魔鬼的確是藏在細節裡。

我們要在本章的其他部分裡，發展這些概念。首先，我們要把重點放在歐洲歷史上瑞士、普魯士和蒙特內哥羅之間的對比，以及一個非常特別的結構性因素——會提高國家能力和權力的軍事動員和戰爭。這些理念及其應用並非只限於歐洲史，我們要證明這些理念也有助於瞭解比較新近的重大變局，如何引發高度不同的反應；例如，前蘇聯的崩潰，開啟了東歐和亞洲各式各樣國家的誕生之路。我們最後要討論十九世紀下半葉的第一波經濟全球化，怎麼對後殖民時代的各個社會，造成各不相同的衝擊，特別是把重點放在哥斯大黎加和瓜地馬拉的差異上。

## 戰爭會建立國家、國家會製造戰爭

本節標題直接引用政治社會學家查爾斯．堤利的話，堤利針對一項特定結構性因素——國際戰爭發生率與威脅提高——在建立國家機器上的角色，提出一個最有名的理論。他把這個概念用在現代早期的西歐，主張十七世紀的「軍事革命」後，由於戰爭的威脅增加，促成了現代國家的創立。軍事革命推出了更多火力強大的手持槍械、新的軍事戰術和經過改良的防禦工事，隨之而來的是常備部隊和更嚴重的國際競爭。堤利主張這種情形也造成了政治革命，因為這樣會迫使國家創造出更有效的制度，以便提高稅負、提供基礎建設，負擔軍隊規模擴大後的裝備和運輸費用。從我們所提理論的角度來看，這等於誘導國家提高力量，以便因應戰爭所需的一切。堤利說得很對，這種變化會像圖表二中的箭頭一所示，根本改變政治動態，但同時也可能還有大不相同的其他影響。

瑞士早在軍事革命之前就已經建國完成，卻仍然可以為堤利的主張提供完美的說明。歷史上，瑞士是神聖羅馬帝國的一部分，神聖羅馬帝國則是查理曼大帝所開創加洛林帝國東部的繼承者。神聖羅馬帝國仍然有皇帝，卻已經四分五裂，分成很多相當獨立的小型政體，皇帝實際上是由其中若干小政體選出來的。我們已經看到，這個帝國核心所在地是日耳曼，在離日耳曼相當遠的義大利北部，很多政體都已經宣稱獨立。瑞士也位在這個帝國的外圍，即使瑞士不像義大利，沒有被阿爾卑斯山脈隔離在外，神聖羅馬帝國也無法完全控制這個地區，因此組成瑞士政體的各州得以發展出自己的議會制度。這些州有些是鄉村省份，有些大致上是都會省份，因此能夠從帝國削弱後重新出現的日耳曼部落中，承襲了議會政治的主體形態。一二九一年，烏里（Uri）、施維茨（Schwyz）和下特瓦爾登（Unterwalden）等州在琉森湖（參見地圖十三）上方的魯特里（Rütli）草原上宣誓，並簽訂聯邦憲章，成立瑞士聯邦，開始立國。這份憲章旨在集中權力，特別關注公共秩序和無法無天的狀況。憲章第一條實質的條文規定：

> 因此，烏里山谷社區所有人民、施維茨山谷全體人民，以及下特瓦爾登社區人民承認時代的險惡，為了自保與自我維護，承諾透過一切諮商與互惠，動用他們山谷內外所有人力或物力，採取一切可能手段，互相幫助，對抗任何人或所有人，以所有或任何不利人身或物品的暴力行動或不公不義，施加在他們或其中任何人身上。

事實上，這是約束三州互助的公約，這項公約也提供解決紛爭的架構。公約中規定：「受此誓言約束的任何人如發生紛爭，聯邦中最謹慎的一州必須解決雙方之間的衝突，聯邦所有成員必須維護此一裁決，對抗拒絕此一裁決的任何人。」公約中沒有指明誰「最謹慎」，但人們的解釋是這條條文規定：其中一州要在另兩個州或其公民發生紛爭時，負責仲裁。我們是否可能在這裡，找到瑞士人善於找到妥協傳說的起源呢？

烏里、施維茨和下特瓦爾登都是神聖羅馬帝國的一部分，理當服從奧地利的哈布斯堡公爵，無權簽訂公約。哈布斯堡王朝不會批准這種自治組織，一定也不會喜歡下列條文：

> 我們進一步一致宣誓，確定我們這些山谷居民，絕不接受靠金錢或任何其他代價謀得職位卻又不是我們的居民或本地人的法官。

這個聯邦不再容忍哈布斯堡王朝的任何法官。一三一五年，哈布斯堡的第一支軍隊在莫爾加滕（Morgarten）戰役中遭到逐退後，接著，更多的公約出現，名為瑞士聯邦的組織擴大，琉森（Lucerne）在

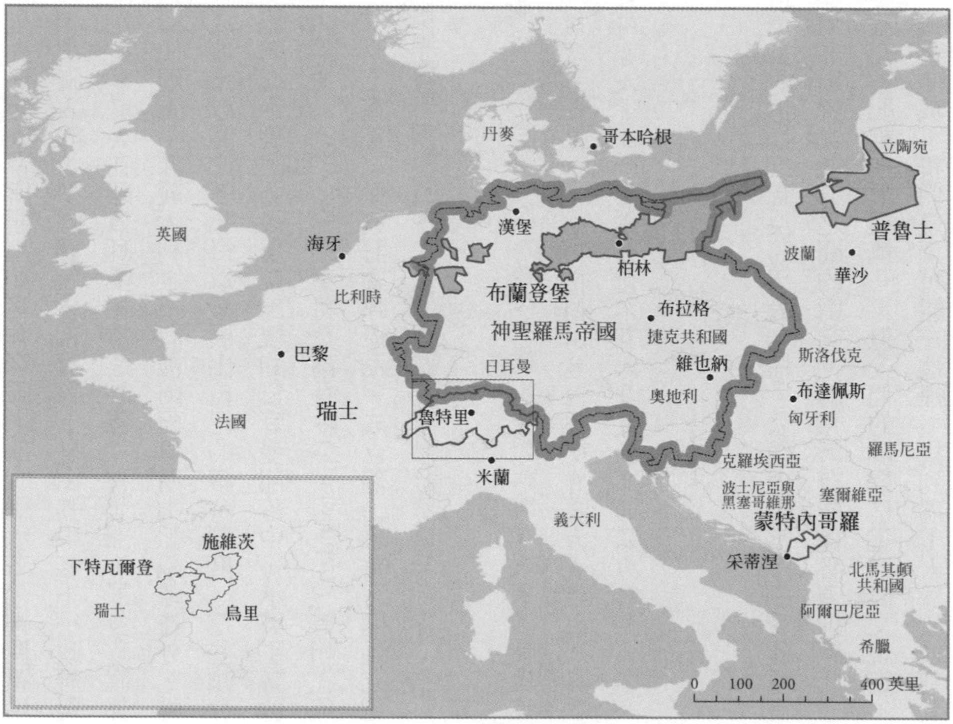


地圖十三　分裂的歐洲：布蘭登堡—普魯士，瑞士與蒙特內哥羅。

一三三二年加入。一三五一年的蘇黎世聯盟公約還特別規定：每一個簽約成員在任何其他成員遭到哈布斯堡王朝威脅時，必須提供援助。格拉魯斯（Glarus）於一三五二年加入，伯恩於一三五三年加入。神聖羅馬帝國皇帝、奧地利李奧波德二世公爵（Duke Leopold II）最後決定制止瑞士人的頑抗，但他的軍隊在一三八六年的森帕赫（Sempach）之役中，遭到瑞士聯邦聯軍擊潰，李奧波德二世和跟他一起上戰場的當地貴族戰死。這樣並沒有讓瑞士完全脫離哈布斯堡王朝的宰制，要等到一四九九年的最後一戰結束，簽署巴塞爾條約，實質承認瑞士聯邦的自主後，才完全脫離。但是，由下而上組成的瑞士聯邦不屈不撓，在整個十五世紀裡，都繼續奮鬥。與此同時，鄉村人民買回自己殘餘的任何封建義務，瑞士貴族殘存的權利逐漸萎縮。這時，整個神聖羅馬帝國的人，都注意到瑞士人之間出現的轉變，創出「跟著瑞士走」（schweytzer werden）的說法，意思是農民努力追求自治。一四一五年後，由瑞士聯邦所有各州代表組成的議會開始定期集會，弗萊堡（Fribourg）和索洛圖恩（Solothurn）於一四八一年獲准加入聯邦，巴塞爾和沙夫豪森（Schaffhausen）於一五〇一年加入，亞本塞（Appenzell）於一五一三年加入。

這種情形是在軍事威脅升高的情況下發生，符合提利的理論，也對瑞士各州團結，提高瑞士的國家能力更為有利。森帕赫之役的勝利顯示，瑞士步兵的威力甚至勝過裝甲騎士。佛羅倫斯早在一四二四年，就要求瑞士聯邦議會，准許他們雇用傭兵；隨後的幾個世紀裡，瑞士專門為全歐洲的交戰國，提供這種軍隊。起初傭兵的招募分由地方負責，由民間企業和不同的州級機構安排，但傭兵的活動顯然對安全和國家的權威構成威脅，因此一五〇三年，聯邦議會通過法律，規定任何招募必須經過議會過半數議員批准。會這樣做，原因之一是要避免兩支瑞士軍隊對決的可能性，以免像一五〇〇年在諾瓦拉（Novara）發生的狀況那樣，一支由法國雇用的部隊和另一支為米蘭作戰的軍隊，在戰場上遭遇。瑞士跟哈布斯堡王朝最後雖然談和，卻沒有阻止來自法國、米蘭和符騰堡公爵（Dukes of Württemberg）的進一步威脅，瑞士繼續面對軍情緊急的狀況，建國過程也一樣。

對瑞士來說，戰爭的威脅一直持續存在，哈布斯堡王朝意圖恢復神聖羅馬帝國霸權的威脅尤其如此，這一點似乎變成了重要誘因，促使原本各自為政的州和城市，團結為更大的聯邦，以便集權中央，提高國家的能力。瑞士各邦在這次中央集權之前，可以說是處在自由窄廊之外，依靠部族結構，而非依賴法律或國家權威，解決紛爭或執行法律；但這種傳統也表示瑞士農民是自由人，而且社會已經動員起來。一二九一年，瑞士開始中央集權時，社會已經強大到足以承受和抵銷國家機器日益增加的權力，催生瑞士過渡進入走廊、帶領國家和社會踏上逐漸擴大能力的過程。

可想而知，國家和社會沿著自由窄廊前進，不但為自由創造了條件，而且可以預見的是，也為經濟繁榮創造了誘因和機會。瑞士最先以製造手錶出名，後來以工具機產業出名，然後接管了世界製藥業，也利用自己在乳牛和牛奶上的比較優勢，成為重要的巧克力生產國。瑞士的人均所得高過歐洲任何國家（不計盧森堡和摩納哥等小型飛地國家）。

就像堤利所說的那樣，戰爭促使瑞士立國，卻也助成瑞士社會的建立。瑞士繼續前進，建立了歐洲最有活力的民主政治。但是，如同圖表二所強調，這種過程絕非上天註定，戰爭的威脅也可能釋放出大不相同的改變力量。

## 戰爭會造成各式各樣的國家

如果說戰爭會創造國家，那麼你在歐洲不必遠望，就能看出戰爭會在不同的狀況下創造出大不相同的國家，普魯士就是最好的例子。雖然普魯士從來都不是神聖羅馬帝國的一部分，卻在一六一八年，藉著聯姻，跟神聖羅馬帝國境內的布蘭登堡合併（參見地圖十三）。統治布蘭登堡的霍亨索倫（Hohenzollern）家族，變成了統治布蘭登堡—普魯士的家族，只是統治者稱為「選侯」。這時時局艱難，因為三十年戰爭正在進行，外國入侵的軍隊縱橫中歐，蓋歐格·威廉（Georg Wilhelm）選侯極力設法避開衝突，卻在瑞典國王古斯塔夫·阿道夫（Gustavus Adolphus）告訴他中立並非選項時，被迫讓步。威廉說明這件事時，說了句非常有名的話：「我能怎麼辦？他們擁有所有的大炮。」布蘭登堡遭受的蹂躪特別嚴重，喪失了多達半數的人口。

一六四〇年，腓特烈·威廉一世（Frederick William I）登基，擔任新選侯，他在長達四十八年的統治期間，為布蘭登堡—普魯士規劃了新局，也在統治的過程中，獲得「大選侯」的名號。普魯士在三十年戰爭期間的經驗，讓威廉一世認定自己也需要「大炮」，如同他所言：

> 我以前經歷過中立，即使在最有利的狀況下，你都會遭到惡劣的對待。我曾經發誓，只要我活著一天，我絕對不會再採取中立。

這種情形全都表示需要更大的國家能力，有了大炮後，國家機器可以控制更多東西。但是，要得到大炮，國家需要更多的稅收。如果威廉一世能夠提高控制社會的能力，應該更容易提高稅收，他就是這樣做。以前要課稅，必須跟布蘭登堡的庫爾馬克莊園（Estates of Kurmark）等不同代表性團體談判，他開始設法取得課稅的永久授權，以免必須無盡無止地尋求各莊園的批准。一六五三年，他談判出所謂的「布蘭登堡決議」（Brandenburg Recess），讓他可能在六年期間，得到五十三萬塔勒（thaler，德國舊貨幣名稱）。至為重要的是，要負責收稅的是他，而非庫爾馬克莊園，交換條件是賜予構成莊園議院中一院的貴族免稅地位。這是巧妙的「分而治之」策略，成功地分離了各莊園不同的議院，確保他們不會團結起來，形成反對他的統一力量。他還繼續從普魯士的莊園爭取到類似的讓步。

然後，威廉一世否決各莊園的權威，開始不經莊園的同意就課稅；他可以這樣做，是因為一六五三年的決議讓他可以創建稅務機關。一六五五年，他成立戰爭委員會，主管課稅和軍事組織；到一六五九年，各個莊園已經萎縮，變成只能處理地區問題。他也改革過去由貴族組成的皇家理事會，改成由專業官員負責的政府機構。一三四八年至一四九八年間，中歐共創設了十六所大學；到一六四八年，又新創設了十八所。這表示有大量研習羅馬法、資格十分符合的畢業生可以召募，擔任菁英官僚體系的官員。威廉一世任命多位總督，治理選侯控制下的領土。一六六七年後，他推出貿易間接稅，皇家莊園的管理也經過改革，土地租給民間農民，收取租金，急劇提高了政府的歲入。到一六八八年，威廉一世轄下最大的領土布蘭登堡、普魯士和克萊韋馬克（Kleve-Mark），每年共收取一百萬塔勒的稅金，他控制的其他地區合共另外可以收到六十萬塔勒。

一七〇一年，威廉一世的兒子腓特烈三世把布蘭登堡－普魯士的國名，改為普魯士王國，自己加冕為腓特烈一世國王；他的兒子腓特烈威廉一世國王（不要和上一世紀同名的大選侯混為一談）從一七一三年統治到一七四〇年；他的孫子腓特烈二世號稱「腓特烈大帝」，從一七四〇年統治到一七八六年。威廉父子一起強化了大選侯開始推動的大業。

一七二三年，官僚體系再度改組，戰爭委員會和皇家莊園管理部門合併，創設戰爭暨財政總署（General Directory of War and Finance），以便一切政務都為軍事服務。一七三三年，腓特烈大帝徹底改革募兵制的基礎，把領土劃分為以五千戶為一單位的行政區，每個行政區配屬一個團，以便募兵。每一個男孩年滿十歲時，要列入募兵名冊中，雖然若干職業和人民豁免列入，但至少四分之一的男性人口都納入名冊中，急劇增加了軍隊的潛在規模。一七一三年，軍隊在承平時期的員額大約有三萬人；到一七四〇年，腓特烈大帝繼承父親的王位時，軍隊有八萬兵員。同時，腓特烈大帝的父親已經設法把稅收提高了將近一半。腓特烈大帝有一個積極擴張領土的新策略，要進一步擴大普魯士的稅基和軍事機器。

戰爭或許有助於普魯士的立國，卻協助建立了一個以專制聞名的國家。這一點確實是普魯士統治者心中的想法，大選侯自己就說過：「只要上帝繼續讓我呼吸，我一定會像暴君那樣，堅持我的統治……」腓特烈大帝欣然同意說：

> 運作良好的政府必須建立牢靠的制度……財政、政策和軍事必須合一，以便推展共同目標，促進國家的強大、擴張國家的權力，這種制度只能出自一個人的大腦。

普魯士在十六世紀時就和神聖羅馬帝國的很多其他屬地一樣，都走在自由窄廊裡，有強大的莊園約束著君主。然而，戰爭藉著提高國家機器的力量，把普魯士推到這條走廊外，就像圖表二中的箭頭二所顯示的那樣——這種結果跟戰爭在瑞士創造的國家大不相同。普魯士沒有回頭，而是迅速的沿著專制之路前進。

這種情形對自由的影響可以想見，以瑞士而言，自由在這條走廊中勃然興起，普魯士卻和瑞士大不相同，自由遭到徹底扼殺。英國公使休伊．艾略特（Hugh Elliot）的評估如下：

> 普魯士君主讓我想到一座強大的監獄，壯碩的獄長似乎占據監獄中心，照管他的囚犯。

## 高地上的自由

戰爭的影響不限於會創造受到制約的國家或專制國家。蒙特內哥羅跟瑞士有很多相似的地方，它過去也是羅馬帝國的一部分，只是處在更外圍而已。蒙特內哥羅和瑞士一樣，擁有同樣的山地生態、同樣的畜牧業經濟。偉大的歷史學家費爾南・布勞岱爾（Fernand Braudel）強調歐洲地形如何創造特殊社會形態時曾指出：「山就是山。也就是說，基本上，山是一種障礙，因此也是避難所、是自由之地。」換句話說，蒙特內哥羅應該像瑞士一樣自由；從某些角度來說，蒙特內哥羅和阿爾巴尼亞的人民也相當自由。率先有系統研究巴爾幹半島國家的英國學者伊迪斯・杜倫（Edith Durham）在她的名著《至高的阿爾巴尼亞》（*High Albania*）一書中，就以英國詩人丁尼生爵士（Lord Tennyson）詩作〈從前自由神坐在高山上〉（Of old sat freedom on the heights）的一句詩文，作為開端。但是，自由和國家之間的關係錯綜複雜，前文說過，國家力量的擴張經常遭到抗拒，原因是人民希望維護自己的自由不受權威干擾，蒙特內哥羅雖然持續承受戰爭的壓力，實際情勢的發展卻正好就是這樣。

一八五二年前，蒙特內哥羅實際上是一個神權政體，由一位主教負責統治，但是主教不能對宰制社會的部族發揮強制力。一八〇七年，法國的馬爾蒙（Marmont）將軍訪問蒙特內哥羅後表示：「這位主教人很傑出，年齡大約五十五歲，意志堅強，言行高貴而尊嚴；但他的地位和法律權威在國內卻不受承認。」

要瞭解為什麼會這樣、為什麼蒙特內哥羅沒有成立國家，關鍵在於蒙特內哥羅跟自由窄廊的距離比瑞士還遠。蒙特內哥羅由親屬團體、部族和部落構成，缺少瑞士從加洛林王朝承襲而來的集權因素。蒙特內哥羅和蒂夫族之類堅決拒絕集權國家權威的其他社會之間，有很多相似的地方。有一位學者談到蒙特內哥羅時說：「設立集權化政府的持續嘗試，跟忠於部落的忠心衝突。」

和奧圖曼人作戰，沒有促使蒙特內哥羅各部族設法加強協調。就在一七九六年重要的克魯西（Krusi）之戰前不久，蒙特內哥羅的部落酋長在大城市策提涅（Cetinje）集會，採取一項名為「團結」的措施，宣布蒙特內哥羅心臟地帶的統一。兩年後，這些酋長再度集會，同意召集由五十人組成的「理事會」，實際上，這是蒙特內哥羅首次出現高於部落的制度化政府結構。一七九六年，彼得一世主教首次試圖制定法規，反映了社會秩序是靠血仇制度和下列條文規範的事實：

> 如果一名男子用拳打腳踢或長菸管攻擊另一名男子，必須賠償五十金幣（sequin）；如果該名男子立即殺害攻擊者，則無須受懲罰。當場殺害行竊失風竊賊者也不須受懲罰。如果蒙特內哥羅人因為自衛而殺害侮辱者……殺人行為應當視為非自願殺人。

這種法規看來比較像是克洛維的薩利克法或艾佛瑞國王的法典，比較不像現代法律制度。但是，在蒙特內哥羅的例子裡，幾乎看不到像克洛維或艾佛瑞那樣的後續建國行動，仇怨制度繼續實施，集中權力的國家權威不見蹤影。

缺少國家權威和仇怨主導社會的時間夠久，以至於到一九六〇年代時，人類學家克里斯多福·薄姆（Christopher Boehm）還能極為詳細地重建這種狀況，薄姆抓住了蒙特內哥羅中央權威的基本問題，寫道：「要到他們的中央領袖試圖制定控制仇怨的強力手段時，部落人民才牢牢堅持他們遵循古老傳統的權利，因為他們認為，這種干預威脅他們的基本政治自主權。」薄姆說的是一八四〇年代時，倪格斯（Njegoš）主教試圖建立蒙特內哥羅國家權威的事情。吉拉斯（Djilas）後來用下列說法，分析同樣的狀況：

> 這是國家和部族兩大原則的衝突，前者代表秩序與國家，反對混亂與叛逆，後者代表部族自由，反對沒有人情味的中央權威——參議院、自衛隊和首領——的任意行為。

吉拉斯寫道：「倪格斯一開始改革，皮佩里（Piperi）和柯姆尼卡（Crmnica）地區的部族立刻起而反叛，因為成立國家和政府，等於結束部族的獨立和內部自由。」倪格斯的職位後來由姪兒丹尼羅（Danilo）繼任。丹尼羅於一八五一年，自立為蒙特內哥羅第一位世俗王子，但他建立類似國家之類機構的計畫同樣遭到激烈反對；一八五三年，他試圖提高稅負，結果引發了反叛，皮佩里、庫奇（Kuci）和碧羅帕弗里奇（Bjelopavlici）宣布獨立；到一八六〇年，丹尼羅遭到碧羅帕弗里奇部族的成員暗殺身亡。

戰爭的確使瑞士和普魯士變成兩種不同的國家，卻沒有在蒙特內哥羅和鄰近的阿爾巴尼亞，造成同樣的結果。阿爾巴尼亞的社會仍然極度四分五裂，懷疑集權式的權力。蒙特內哥羅和奧圖曼人作戰時，不是靠著創立強而有力的集權式權威，而是依賴自己的部落結構。就像圖表二中箭頭三所顯示的那樣，提高國家能力的任何壓力，都不足以把蒙特內哥羅或阿爾巴尼亞，拉到接近自由窄廊，這兩國繼續處在無巨靈國家的狀態中。

我們的理論也強調：對自由的這種抗拒具有諷刺性的影響：雖然蒙特內哥羅人免於受到國家機器的控制，維持自己平等的部族結構，卻仍然受到地方性的仇怨宰割，陷在不安全的狀態中。他們認為這樣勝過受到奧圖曼人或主教的宰割；但是，這樣離自由仍然很遠，社會處在必須自行武裝、暴力橫行的狀態中。這樣會產生一個有趣的問題：跟前面談過的非洲阿散蒂、蒂夫族和東加人之類很多沒有國家的社會相比，為什麼蒙特內哥羅或阿爾巴尼亞沒有發展出能夠控制仇怨和暴力的規範？一個可能的原因是與奧圖曼的長期戰爭。在這樣的社會裡，暴力是維持秩序不可或缺的一環，很難不仰賴暴力來創造任何類型的社會秩序。

## 差異很重要

熟悉我們前一本書《國家為什麼會失敗》的讀者，會看出我們在這裡所說結構性因素的不同影響，和前書所說關鍵時刻的微小制度性差異之間，有一些相似的地方。我們在《國家為什麼會失敗》中的討論，強調為什麼大規模危機可能因當時通行的制度有所不同，而導致大小不同的反應。基於兩個原因，本書會針對我們的理論進行進一步探討：原因之一是這裡區分了受到專制國家控制的社會，以及沒有任何集權式國家社會之間的差異；第二個原因是本書把重點明確地放在國家能力的發展，也放在社會控制國家與菁英的能力上。這種經過強化的架構會藉著釐清不同行為的起源，促成更加細緻的討論——不同結構性因素的變化可能推動我們，進入圖表二中的不同部分，這種架構會以大幅超越我們前一本書的方式，突顯這種差異的動態影響。例如，普魯士像瑞士一樣，在面對邦與邦之間的戰爭威脅日增之際，仍然能夠建立相當大的國家能力，卻引發了形態大不相同的國家演變。

確實，普魯士的情形符合本書的理論，其國家能力最終是不如瑞士的。這一點乍看之下似乎有點矛盾——重視社會控制、提高收入和作戰等行為，不是應該會催生巨量的國家能力嗎？答案是否定的，這正是我們在第二章介紹紅皇后效應時強調過的獨特涵義之一，也就是在沒有紅皇后效應的情況下，國家能力的發展會不完全。

以國家應該提供的最基本公共服務——解決紛爭和提供正義——為例，普魯士雖然創造了專制國家，卻沒有得到社會的合作；因此，國家制度是建立在既有的封建結構上，是把新的功績制和一位歷史學家所說「靠著貴族贊助、社會繼承、業餘主義和常見的特權任職」維持的老舊結構合而為一。幾個貴族家族，如海因尼茲（Heinitze）家族、馮雷登（von Reden）、馮哈登伯格（von Hardenberg）、馮史坦因（von Stein）、德興（Dechen）、葛哈德（Gerhard）等家族權勢熏天，家族成員和他們的親屬主宰眾多官位，明顯地表現出特權任職的現象；在他們塞滿高階職位之際，他們嚴格壓榨最底層的農奴——農奴占農業人口的比率卻高達百分之八十，他們靠著控制莊園法院，由莊園法院判定和執行懲處的方式來達成目的。懲處的方式很多，從微罪處以小額罰款，到包括鞭打和監禁的人身處罰都有，因此國家幾乎沒有提供司法正義。雖然這種專制國家的表現令人印象深刻，大部分的政策卻難以推動。這種能力不足的問題有一個明顯的影響，就是普魯士雖然在稅課收入和軍事支出上大幅增加，普魯士軍隊卻在一八〇六年耶拿（Jena）會戰慘敗給法軍。法國的重大優勢來自普魯士軍隊名義上由三個人統率，這三個人有五套作戰計畫，卻沒有在任何一套計畫上達成一致意見。

瑞士的情況大不相同。一二九一年，瑞士聯邦會成立，是因為人民需要客觀的解決紛爭之道，哈布斯堡法院卻無法提供。瑞士聯邦的法官都在地方上遴選，國家是由下而上，根據一系列承認地方社會有權自主和自治的誓言、契約和協約創造的，封建規費不是失效，就是經過談判後，予以取消，莊園法院逐漸由「法律之前人人平等」取代。瑞士消除了普魯士農民必須忍受的那種地方專制主義（如果他們能夠逃脫，他們就不會合作）。

＊＊＊

我們建立這種整體架構後，現在要重新檢討歐洲史上的幾個代表性轉捩點。我們在《國家為什麼會失敗》中，討論過其中幾個，但我們現在對這些轉捩點如何影響歐洲的國家和社會，有了更多新體悟。

歐洲在十四、十五世紀之間的一個重要轉捩點，就是黑死病造成的人口驚人減少。而就像本書第六章中所說，封建秩序即使沒有完全抹煞英格蘭國家和社會之間的平衡，也在歐洲很多地方，替菁英創造一種重大優勢，使他們得以控制農民和社會。然而，人口減少使得勞力更加缺乏，社會因此能夠與菁英對抗，因為封建菁英愈來愈難以控制奴工，也愈來愈難以從農奴身上取得租稅和勞動；農奴紛紛要求減少自己的義務，甚至開始離開貴族領地——即便封建制度限制勞工的流動性。在我們的架構中，這種變化等於社會力量提高，而且在西歐很多地方，造成社會進一步脫離國家和菁英的專制控制，這種情形是進入自由窄廊重要的一大步。但是，在十四世紀的東歐，走廊裡和菁英的宰割能力卻已經加強，情勢的演變大不相同，在這種情況下，農民的流動比較有限，不足以把這些地方推的比較接近自由窄廊，專制國家的力量沒有遭到持久性的削弱。這種對抗反而造成「二度奴役」，菁英宰割社會的能力大為提高。在整個歐洲人口減少、西歐對農產品需求成長的情況下，東歐強而有力的地主受到鼓勵，藉著加強控制農民的方式，提高對農民的要求。到十六世紀結束時，東歐已經出現大大加強剝削農奴的現象。因此，在英格蘭、法國和荷蘭在走廊中前進之際，波蘭、匈牙利和東歐其他地方在專制國家的領地中卻愈陷愈深。

對國家政治發展可能產生不同影響的情勢，不僅止於軍事威脅或人口危機，也包括重大的經濟機會。在哥倫布發現美洲、狄亞士航行繞過好望角後，歐洲歷史的發展軌跡就此改變。我們會再一次看到，國家與社會之間的不同權力平衡，在各個國家產生了不同的結果。我們在第六章中說過，英國國王和他的盟友在獨占海外貿易方面，受到嚴格限制，這表示新的商人團體從這些經濟機會中受惠最大，這樣就在社會對抗王室的長期鬥爭中，助長了社會力量和信心的升高。已經從對新世界貿易中獲利的商人希望繼續獲利，在一六四二年至一六五一年間英國內戰中，變成國會的主要支持者，然後在光榮革命前對抗國王查爾斯二世和詹姆斯二世的鬥爭中，繼續充當反對陣營中的主力。英國國家和社會為這些新經濟機會掀起權力鬥爭時，情勢偏向對社會有利；西班牙和葡萄牙的情形卻不是這樣，兩國君主能夠創造壟斷海外貿易的獨占地位。這種差異會出現，主要原因在於最初的權力均衡有利於兩國的菁英。羅馬人轄下的伊比利亞半島也遭到日耳曼部落征服過，西哥德人留下的議會遺澤後來經過制度化，變成卡斯提爾（Castile）、萊昂（León）或亞拉岡（Aragon）的議會（參見第六章中的地圖八）。但是，在八世紀阿拉伯人開始入侵，把伊比利亞半島推出自由窄廊後，議會只剩下在西班牙北部倖存下來。阿拉伯人「再征服」大大強化了伊比利亞半島國家的專制本能，西班牙和葡萄牙國王和他們的盟友愈專制，愈能成功地控制國家經濟，獨占大西洋的貿易機會。因此，他們沒有面對比較強力的反對，因而變得更富有、更有權勢，甚至變得更專制，社會變得更為癱瘓無力，伊比利亞半島沒有機會脫離專制主義，以便稍微喘一口氣。

下一個重大貿易機會也出現同樣的情形。我們在第六章裡已經看到，英國在工業革命後，社會的轉型變得更激烈，紅皇后效應變得更強烈，這些變化提供了許多經濟上新的可能性。利用這種優勢的人，大致上是出身社會各個角落。但是，歐洲有很多地方走上了大不相同的道路，沒有出現這種紅皇后效應。哈布斯堡帝國或俄羅斯就像我們在《國家為什麼會失敗》中所探討的那樣，專制國家加強控制，甚至拒絕引進新的工業科技和鐵路，以免這些東西削弱順從他們的社會。

上述所有例子都讓我們看到相同的模式，歐洲的歷史輪廓就和世界其他地方的歷史一樣，都受到重大危機衝擊的形塑。但重要的是，這些事件都發生在國家力量和社會力量相互平衡所勾勒出來的畫布上。

## 列寧造船廠的起義

其他代表性事件也表現出重大危機造成的不同影響，包括一九九一年的蘇聯崩潰。在俄羅斯本土的蘇維埃國家機器是專制國家的完美典範，也是歐洲和前蘇聯控制下亞洲各個共和國專制國家機器的源頭。因此，一九九一年蘇聯解體，等於國家機器的權力急劇下降。就像捷克劇作家兼異議人士、很快就會出任總統的哈維爾（Václav Havel），在他的論著《無權者的力量》（*Power of the Powerless*）中說的那樣：

> 每個國家的獨裁政權不但以相同的原則為基礎……而且都每個國家全都遭到徹底滲透，遭到超級強國中心和從屬其利益的機構所控制的操縱工具網絡徹底滲透。

但是，現在不只前蘇聯的「操縱工具」和國家控制社會的能力解體，新獨立的很多國家也陷入困境，沒有稅制，也沒有現代政府應該具備的很多其他事物。

這一切當然不是在一夕之間發生。一九八五年戈巴契夫上臺掌權時，他的計畫是振興蘇聯，而非摧毀蘇聯，他推動兼顧開放和改革的政策。戈巴契夫有興趣的主要是改革，這樣他才能夠再造已經陷入停滯的俄羅斯經濟制度和誘因；但是，他擔心共產黨內的死硬派絕對不願接受這些改革，因此他在改革之上，添加了政治開放，希望削弱死硬派。人們不知道他是否預見到其中的風險，但他的策略最後激發了大規模的不滿，在痛恨莫斯科極權控制的區域尤其如此。不滿最嚴重的地方是東歐和波羅的海國家，都是蘇聯在二次大戰結束時占領的國家。過去這些地方曾經爆發反蘇聯的抗議，包括一九五六年的匈牙利抗議，和一九六八年哈維爾在政治上初試啼聲的「布拉格之春」，但這些抗議都遭到鎮壓。到一九九〇年一月，波蘭共產黨投票通過自行解散的決定。隔年十二月，戈巴契夫被迫宣布蘇聯冰消瓦解。西方經濟學家和專家迅即湧入俄羅斯，協助打造新政府，轉型為以市場為基礎的自由民主政體，波蘭也是這樣，但兩國最終卻踏上極為不同的道路。

蘇聯解體造成國家機器權力降低，結果對很多國家產生大不相同的影響，影響的差異要看國家和自由窄廊的相對位置而定；雖然這些國家之間有很多相似的地方，俄羅斯深入專制國家領域的程度，卻比其他國家大得多。戈巴契夫崛起掌權時，波蘭正在賈魯塞斯基（Wojciech Jaruzelski）的鐵腕控制下，卻仍然比較靠近自由窄廊，因為波蘭的國家機器雖然得到蘇聯力量的支持，對社會和公民社會的宰制卻比蘇聯無力。事實上，賈魯塞斯基能夠崛起掌權，是因應一九八〇年至一九八一年間波蘭公民社會重新甦醒的反應，蘇聯解體把賈魯塞斯基推下臺，也把波蘭推進自由窄廊中。

另外還有更深層的其他差別，例如，史達林在俄羅斯和烏克蘭推動的大規模農業集體化，從來沒有在波蘭實施過，人民大致上仍然擁有自己的土地，在鐵鎚和鐮刀的陰影下，波蘭的公民社會仍然能夠稍稍喘息，仍然有一些可以成長的呼吸空間。諷刺的是，波蘭社會真正能夠組織起來，還要感謝在格但斯克（Gdansk）列寧造船廠發生的事情。由華勒沙領導的獨立工會「團結工聯」在一九八〇年九月誕生，一年後，已經在波蘭社會開花結果，會員人數達到一千萬人，大概占到波蘭勞動力總數的三分之二。政府的因應之道是實施戒嚴法，同時任命賈魯塞斯基，但這時團結工聯已經變得太大，大到無法輕易打壓的程度，僵局因而出現。到一九八九年一月，賈魯塞斯基只好妥協，同意一項分享權力的安排。一九八九年四月，團結工聯和政府簽署圓桌協議，同意在當年六月舉行選舉。然而，由於選舉遭到政府操縱，因此擁有保留席次的共產黨徒應該能獲得多數，賈魯塞斯基應該會當選總統，他希望利用這次投票，安撫團結工聯。這種情形正是日耳曼劇作家貝托爾特・布萊希特（Bertolt Brecht）在下文中，所描述東德國家機器對一九五〇年代多次選舉所抱持的態度：

對政府而言，
解散人民，
再選舉別人，
豈不是比較容易嗎？

但是，賈魯塞斯基失算了。只要在有自由競爭的地方，共產黨每一個席位都徹底大輸特輸。整個協議的正當性完全遭到破壞，團結工聯施加壓力，提出更多要求。到了八月，團結工聯接管政府，任命塔德烏斯・馬佐維耶茨基（Tadeusz Mazowiecki）為新總理。

馬佐維耶茨基現在面臨一個艱鉅的任務，就是要策畫怎麼從社會主義轉型。第一步工作是重整經濟，他任命萊謝・巴塞羅維茨（Leszek Balcerowicz）負責推出計畫；結果這個計畫變成以「休克療法」為人所知的著名案例，目標是要急劇「躍進」到市場經濟中。巴塞羅維茨取消物價管制，容許國營事業破產，課徵國營事業工資稅負，刻意讓國營事業變成無力跟新興的民間部門競爭，結果國營事業果然紛紛倒閉！國民所得急劇下降，政府放任倒閉的國營事業大量裁員。

社會的反應是起而抗議。所得降低、失業增加之際，社會沒有迎來安撫勞工運動的民主制度，反而掀起無休無止的罷工浪潮。罷工次數從一九九〇年的二百五十次，增加到一九九一年的三百零五次，到一九九二年，竟然增加到超過六千次，一九九三年增加到七千次以上。示威、抗議和罷工變成工會施壓政府，希望政府根據政務目標建立社會共識的重要手段。華勒沙當選總統後，巴塞羅維茨讓步，同意在工資政策的討論，尤其是討論對國營企業的加薪課稅這種爭議時，把工會納入。到一九九一年底，巴塞羅維茨遭到撤職，但是轉型已經造成社會動員，到一九九二年時，波蘭國會眾議院中共有二十八個政黨，眾議院中對於國家何去何從，當然有很多的歧見。但眾議院雖然歧見多多，卻仍然會商出「小憲法」，一九九七年新憲法推出前，作為綜合國會制和總統制的憲政基礎。同時，華勒沙設法犧牲眾議院，提高自己的權力，卻未能如願。因此而來的政治妥協促使波蘭政府，推動經濟轉型的調整，政府開始分配更多資源給國家部門，並設法減輕休克療法造成的痛苦。政府也推出基礎廣泛的個人所得稅新制。一九九三年二月，勞工部長雅塞克（Jacek Kuron）建議成立三方委員會，以便政府、經營階層和同業公會可以討論經濟政策的制定。這項提議遭到若干西方人士嚴詞譴責，指稱這樣做會破壞轉型為市場經濟的計畫，實際上卻為改革提供了合法性，而且促成社會的充分參與；如果不是這樣，波蘭會像下面要討論的俄羅斯那樣，根本沒有希望過渡到自由窄廊中。

踏進這條走廊為波蘭創造了自由的條件，因此波蘭在高度動員的公民社會支持下，迅速建立了一個活力十足的民主制度，並且靠著民主政治和民權的紀錄，說服歐盟接納波蘭，成為歐盟會員國。然而，踏進自由窄廊不見得立刻會產生自由，一定要等到紅皇后效應發揮作用後，自由才會出現。二〇一五年，波蘭法律正義黨上臺後，因為試圖破壞最高法院的獨立性，遭到歐盟制裁。自由總是不進則退，在遭到數十年專制統治的國家中尤其如此。

## 俄羅斯大熊野性不馴

一九八九年，賈魯塞斯基將軍開始跟團結工聯談判時，戈巴契夫提出自己精心策畫的蘇聯民主化版本。民主化過程的一環是在一九九〇年五月，選舉鮑利斯・葉爾欽擔任俄羅斯最高蘇維埃主席。到了這一年八月，葉爾欽因為對其他區域領袖宣布，他們應該「盡你們所能地吞下最多的主權」而一舉成名。接著，蘇聯死硬派發動政變，逮捕戈巴契夫，試圖力挽狂瀾。葉爾欽站在坦克炮塔上，勇敢地反抗政變，結果他活下來，政變失敗了。到這一年的耶誕節，蘇聯已經垮臺；到一九九一年夏季，葉爾欽當選新創設的俄羅斯總統。他賴以打敗四位共產黨徒候選人和一位死硬派民族主義分子的政見，包括一項類似波蘭正在進行的激烈市場改革計畫。民主制度加上經濟改革同時並進，一時之間，俄羅斯的專制國家巨靈似乎已被馴服。

葉爾欽挑選葉戈・蓋達（Yegor Gaidar）出任總理，負責推動經濟改革計畫。蓋達隨即任命安納托利・丘拜斯（Anatoly Chubais），主導推行國營工業的民營化計畫。蓋達和丘拜斯必須提出策略，以便把蘇聯的主要資產，放在民間人士手中。俄羅斯政府從一九九二年春天，開始出售商店和餐廳等小企業，人民可以免費或近乎免費的方式，取得自己所住公寓的所有權。一九九二年下半年，丘拜斯開始出售大企業，要求大型和中型企業必須以「產權憑證拍賣」的方式，出售百分之二十九的股權。而且，俄羅斯政府在一九九二年十月，發給每一位俄羅斯成年人名目價值一萬盧布的產權憑證，成年人只要拿出二十五盧布，就可以到本地的俄羅斯聯邦儲蓄銀行（Sberbank）分行，購買產權憑證。到一九九三年一月，將近百分之九十八的俄羅斯人都已經認領產權憑證；產權憑證可以出售，也可以用來在特定企業民營化時，換領該公司的股票。

第一次拍賣在一九九二年十二月舉行，大約一萬四千家企業舉辦這種拍賣，這些公司的大部分資產都落入公司員工和經理人手中。然而，有一項法律規定，員工和經理人可以用公司的自有資金，折價購買公司百分之五十一有投票權的股份。事實上，民營化公司大部分的資產，都變成以極大的折扣，交給內線人士，連先前比較廣泛發行的股票，都重行集中在一起。一九九四年時，工人平均擁有俄羅斯企業百分之五十的股權；到一九九九年，此一比率降到百分之三十六；到二〇〇五年，單一股東擁有公司半數股權的中大型工業和通訊企業比率，高達百分之七十一。

一九九五年的「以債換股」計畫，是民營化行動中爭議最大的階段。在這個階段中，政府把能源與資源部門中最有價值的國家資產，交給政治關係良好，承諾要出錢資助葉爾欽競選連任的一群人。下面要說明這種做法的細節：政府以集中在能源部門的十二家高度獲利企業當作擔保品，向銀行貸款，如果貸款沒有清償，銀行就有權出售作為擔保品的股票。事實上，政府本來就不打算還債，於是一九九六年十一月到一九九七年二月間，政府出售尤科斯（Yukos）、西丹科（Sidanko）和蘇爾古特石油天然氣（Surgutneftegas）三家能源巨擘的股票，而且在每一家公司的案例中，貸款銀行都在拍賣中買下股票，不理外界的投標，或判定外界的投標失格，不能參與投標。葉爾欽當選連任後，深入參與這項交易的弗拉基米爾．波塔寧（Vladimir Potanin）和鮑利斯．貝瑞佐夫斯基（Boris Berezovsky）兩人都進入政府任職，貝瑞佐夫斯基和另一位寡頭企業家弗拉基米爾．古辛斯基（Vladimir Gusinsky），藉著控制兩家國家電視臺，主宰了媒體業。

同時，葉爾欽推動、制定了一部憲法，讓總統擁有大權。沒有人能夠反對他，而且俄羅斯的轉型和波蘭不同，沒有涉及社會的群眾動員，沒有人推動大規模反對「以債換股」計畫。人民還投票給葉爾欽，讓他利用向新支持者籌募的資金，重新掌握大權。俄羅斯新菁英則利用自己的權力，從國家手中取得各式各樣的好處。一九九六年，俄羅斯經濟部宣布啤酒為非酒精性飲料，好讓俄羅斯最大的各家釀酒商可以避免加稅。但是，這些菁英活在最高層可能掌握很多專制權力的制度中，因此，葉爾欽下臺後，他們就成了普亭的獵物。一九九〇年代內，西方人士原本希望俄羅斯能出現一個「自由民主」國家；但是，二〇〇〇年後，一種新形態的專制主義正忙於利用前蘇聯時代的舊劇本，鞏固自己的地位。

亞歷山大・李維年科（Alexander Litvinenko）從內部看出端倪，李維年科是俄羅斯聯邦安全局的特工，聯邦安全局是繼承前蘇聯時代KGB（國家安全委員會）的機構，連總部都設在盧比揚卡廣場（Lubyanka Square）的同一棟建築物裡。李維年科和聯邦安全局從一九九四年起，就極常介入對抗車臣分離主義者的戰爭。就像李維年科所說，在這場衝突中，「特情人員享有寬鬆的運作自由，可以扣留、審訊和殺人，毫無法律限制」，就像美好的往日時光，也像俄羅斯「過渡到市場經濟」期間那樣。政府決定新設一個簡稱URPO（絕密暗殺小組）的絕對機密單位，絕密暗殺小組迅即涉入所有形式的「行動」。李維年科獲派跟這個單位合作，他解釋說：

> 我的單位收到命令，計畫暗殺企業家轉行政客的貝瑞佐夫斯基，他是葉爾欽總統的密友。沒有人告訴我們原因，但這件事不需要原因，貝瑞佐夫斯基是最礙眼的寡頭。

這種情形和西方經濟學家想像的休克療法大不相同，卻突顯特情機構的新活動，他們不僅建議殺害總統的朋友，還積聚了龐大的個人財富。方法是透過跟大毒梟結盟，同時利用大量的敲詐勒索手段。李維年科記得這樣的一件事：

有一個人跑去本地一家商店，自稱是警官，要索保護費。索討的金額不斷提高，從一個月五千美元，提高到九千美元，再提高到一萬五千美元以上。接著有人跑到店家的家裡，把店家毒打和威脅一番。

李維年科看得十分驚恐，還記錄了下來。但是，誰才可以信任呢？一九九八年七月，他認為自己走運了。葉爾欽任命外人普亭主持聯邦安全局，普亭是舊國安會的中校，李維年科跑去找他，把所有的牌攤在桌上，詳細說明自己記錄下來的所有犯罪和非法勾當。他回憶說：「我們會面前，我花了一整晚的時間，畫了一張圖，一一列出所有姓名、地點和關係。」普亭聽著、聽著，若有所思。同一天裡，普亭打開了一個他的「檔案」，李維年科就此遭到聯邦安全局開革。一位朋友告訴他：「李維年科，我不羨慕你，其中涉及共同的錢財。」共同的錢財？這表示普亭也參與其中。李維年科一位也認識普亭的朋友說：「普亭會讓你粉身碎骨……沒有人可以幫忙你。」二〇〇〇年十月，李維年科跟家人一起逃出國，獲得英國的政治庇護；他寫了兩本書，記錄俄羅斯國家機器的貪腐和暴力。但是普亭道高一尺，魔高一丈。二〇〇六年十一月一日，李維年科在倫敦和兩位前KGB特工見面後病倒，他們在他的茶杯裡放了毒藥，三週後，他死於釙二一〇引發的急性輻射症候群。

普亭接任總統後，除非寡頭是普亭的忠實盟友，否則他們的好日子就結束了——不是遭到流放，就是關進監牢，資產遭到沒收。一九八九年以來出現的少許自由是普亭的下一個目標。今天，俄羅斯的獨立媒體遭到打壓，新聞記者遭到謀殺，膽敢反對普亭的政客——最近的一位是亞歷塞・納瓦尼（Alexei Navalny），都關在牢裡或禁止參政，專制主義重返俄羅斯，依然桀驁不馴。

為什麼俄羅斯的「轉型」失敗得這麼悽慘？最基本的原因是俄羅斯在自由窄廊之外太遠的地方。蘇聯解體後，雖然國家制度經過重建，卻沒有怎麼設法改造情報機構。事實上，政客認為，他們或許可以像在車臣那樣，把情報機構收歸己用。這個問題的根源在於缺少人民動員，甚至缺少獨立的民間利益團體，無法阻止國家機器不受限制地施展力量，或是限制葉爾欽賦予大權的高層官員獨斷獨行。光靠民營化和經濟改革，無法創造普遍而合法的資產分配，變成受到制約國家巨靈的潛在經濟基礎。這種情形讓普亭逆轉一九九〇年代的成就，鞏固新的專制主義。事實上，民營化，尤其是「以債換股」交易引發的不平等，不但造成俄羅斯的重要資產重新集中，而且徹底摧毀了改革程序的合法性。在普亭的領導下，這種情形使KGB非常容易恢復活力，掌握經濟與社會的控制權。

俄羅斯離這條走廊太遠，雖然專制的蘇聯國家機器崩潰，把俄羅斯推向正確的方向，卻不足以馴服俄羅斯的國家機器，俄羅斯正好撿拾前蘇聯留下的東西，重建自己對社會的專制控制。

## 從專制主義到土崩瓦解

即使國家和共產黨菁英的力量衰微，不足以把俄羅斯推離專制國家的軌道，要徹底改變社會比較不穩定的國家軌跡，卻綽綽有餘。位在阿富汗和中國邊界，過去是前蘇聯旗下國家的塔吉克共和國，就是這樣的例子。前蘇聯瓦解時，原來屬於前蘇聯的塔吉克必須決定自己的命運。一九九一年八月，塔吉克的共產黨第一書記卡哈．馬赫卡莫夫（Kakhar Makhkamov），起初支持短暫拘禁戈巴契夫的政變領袖；政變失敗後，塔吉克首都杜尚別（Dushanbe）的民眾示威，迫使馬赫卡莫夫辭職；到了下一個月，塔吉克變成了獨立國家，不久之後，拉卡蒙．納比耶夫（Rakhamon Nabiev）當選總統。

要瞭解塔吉克的後續發展，你必須瞭解宗親關係。照塔吉克社會學家沙歐德。歐利莫拉（Saodot

Olimova）的話：「宗親是擁有共同祖先和共同利益的同宗親戚構成的父系社會，而且他們經常分享財產和生產工具，整合或協調家庭預算。」聽起來有點像我們在無國家社會中看到的規範牢籠，只是塔吉克的這種制度先後熬過了俄羅斯和前蘇聯的專制統治。十九世紀下半葉，塔吉克遭到俄羅斯征服，然後由蘇聯人統治到一九九一年，但宗親這種基本社會結構很有韌性，大致沒有改變。一九九六年的全國性調查中，百分之六十八的塔吉克人說，他們屬於某個宗親。把這些部族當成這些宗親的區域性組合，可能會有幫助。政治學家謝爾蓋．格瑞茨基（Sergei Gretsky）在下文中，說明出身苦盞（Khujand）的部族，怎麼獲准接管當地的蘇聯國家機器的管理：

> 苦盞人升到塔吉克黨和政府的最高職位時……他們支持地方主義，以之作為政策基石，維持激烈的區域性競爭，同時把自己當成仲裁者……塔吉克人的智慧表現在下面的說法中：「列寧納巴德（Leninobod）人負責統治，蓋爾姆人（Gharm）做生意，庫洛布（Kulob）人負責治安，帕米爾（Pamir）人負責跳舞，庫爾干秋別（Qurghonteppa）人負責犁田。」

列寧納巴德位在塔吉克西北部，是苦盞地區的首府，前蘇聯國家機器雖然實施專制統治，卻是透過區域性的部族，間接控制塔吉克。大部分仲裁是透過部族和聯盟關係推動，在正式的國家機構之外進行。

納比耶夫出身苦盞一個傳統的統治家族，當選總統後，立刻面臨國內其他地區的反對，蓋爾姆和帕米爾地區的反對尤其激烈，當地人開始發動示威。納比耶夫的反應是發出二千挺機槍，組成非正規部隊，鎮壓反對力量。結果反對者攻占首都，苦盞人撤出後，開始進行游擊戰，贏得最後勝利。國家機器在這期間徹底崩潰，塔吉克人陷入以部族為基礎的區域性恐怖內戰中，時間長達五年之久。死亡人數難以確定，估計死亡人數從一萬人至高達十萬人，全國超過六分之一的人民流離失所，國民所得暴跌百分之五十。

塔吉克跟波蘭或俄羅斯的差別很明顯。塔吉克過去是由蘇聯人透過區域性部族和聯盟統治，轉型過程開始時，國家和社會虛弱無力，沒有任何制度性的方法可以參與政治。一九九一年時，蘇聯統治的專制權力一旦冰消瓦解，國家就沒有方法可以直接調解部族之間的紛爭，眾人為了爭奪國家資產和殘存蘇聯國家機器的控制權，反而陷入更為嚴重的紛爭。各個部族在國家解體之際，紛紛自行武裝、爭戰不休。

＊＊＊

因此，蘇聯解體後，我們看到差異更大的景象：國家權力衰微不足以讓俄羅斯脫離專制主義，卻正好足以替波蘭開一扇走進自由窄廊的門，還足以把塔吉克丟進國家機器徹底崩潰，引發內戰和部族衝突的狀況中。圖表三顯示在我們的架構中，這些不同的反應可能出自相同的脈動：蘇聯崩潰造成國家權力衰落。箭頭一是人們期望的情境，就像波蘭的情形，國家權力的衰微把國家推進這條走廊。箭頭二所示是俄羅斯的例子，國家一開始就離這條

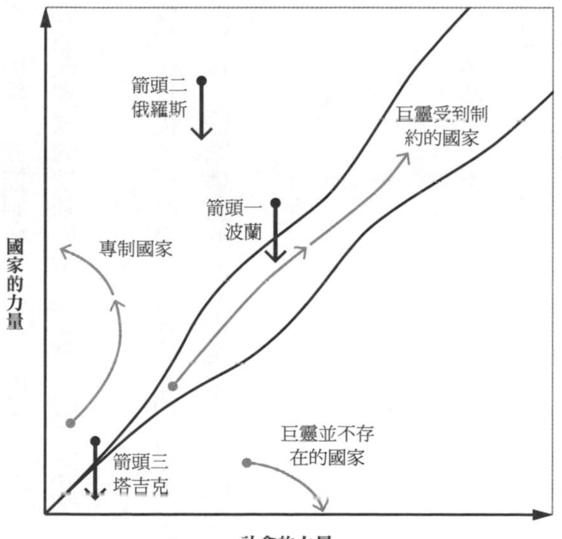


圖表三　前蘇聯的差異。

通道太遠，以至於就算國家權力已經衰微，專制國家機器卻仍然掌握控制權。最後，箭頭三所示，國家和社會可能在一開始都虛弱無力，以至於同樣的變化可能造成國家的控制權徹底萎縮，國家因此走向沒有國家機器的狀態。

結果這麼多變，顯示就算國家犧牲社會，取得控制權數十年後，只要發生夠大的危機衝擊——這裡指的是蘇聯崩潰——仍然可以徹底重劃國家和社會未來的路徑，國家機器的演變總是受到眾多因素的影響和破壞。

## 因為我們別無選擇

新科技創造的經濟機會不僅影響歐洲國家的發展路線，也塑造了不同樣態的殖民地。十九世紀內，哥斯大黎加和瓜地馬拉正好走向相反的發展軌跡，就清楚說明了這一點。

中美洲哥斯大黎加和瓜地馬拉兩個鄰邦起初擁有類似的制度，兩國在一八二一年前都還受到西班牙殖民國家機器的專制統治。但在隨後的一百年裡，兩國所走路線的差異程度，就跟本章討論過的任何例子一樣嚴重。哥斯大黎加在十九世紀下半葉，社會逐漸強化，走進自由窄廊；到一八八二年，哥斯大黎加定期舉辦和平的選舉，軍方的角色和普遍的鎮壓開始退潮。這些變化不但代表哥斯大黎加的安全程度大為提高、暴力程度大為降低，而且代表大不相同的社會和經濟天地。例如，到一九〇〇年，有百分之三十六的成年人識字，到一九三〇年，三分之二的成人都能夠讀書寫字。

瓜地馬拉看來非常、非常不同。為什麼不同？怎麼不同法？從諾貝爾和平獎得主里戈韋塔·曼朱（Rigoberta Menchú）的一生中，可以略知端倪。曼朱出身瓜地馬拉原住民族中的基切族（Quiché），瓜地馬拉是由「二十二種原住民族……如果加上混血兒或拉丁裔，就是由二十三種民族」構成的國家。拉丁裔是西班牙人的後裔，或至少是西班牙人和原住民族混血的後裔。曼朱的祖母：

在鎮上唯一的富人家裡當僕人，她兒子在屋裡打雜，做些搬木柴、提水和照顧動物的事情。但是，他們愈長愈大後，她的雇主說，她做的工作不夠他繼續養活這麼大的男孩，她只好把她的長子，也就是我爸爸，送給另一個人，以免他挨餓。這時他已經會砍柴或在田裡做農事了，卻因為我祖母把他送人，因而拿不到半點工錢。他跟拉丁裔在一起合住了九年，卻沒有學會西班牙文，因為主人不准他進房子裡……他們討厭他，因為他沒有衣服穿，全身又髒兮兮。

最後，曼朱的爸爸離開，在瓜地馬拉太平洋濱的咖啡園找到工作。他帶著他媽媽一起走，「讓她儘快脫離那個家庭，雖然她的雇主有太太，她卻已經變成有點像雇主的情婦，她不得不同意，因為她沒有地方可去」。咖啡園變成他們的生活天地。一九五九年，曼朱出生。「從我還非常弱小時，我媽媽就習慣用背巾包著我，揹在背上，到咖啡園去。「貨卡會從高原上接我們，」曼朱回憶說：「我非常清楚地記得貨車之旅，我甚至不知道那是什麼東西……〔貨車〕大約載了四十個人，但人在車上跟動物（貓、狗、雞）混在一起，這些動物是阿爾蒂普拉諾高原（Altiplano）上的人要帶去咖啡園的東西。」這趟旅程要花上兩夜一天，大家在旅程中弄髒貨車，還會嘔吐。「旅程結束前，人和動物穢物的臭味已經讓人受不了……我們像從鍋裡走出來的雞……幾乎走不動了。」

曼朱從八歲起，就開始在咖啡園裡工作，後來又轉去棉花田工作，從來沒有上過學（書中相片集插頁所示，是現在瓜地馬拉婦女和小孩在咖啡園中的景象）。工人得到玉米餅和豆子吃，但是咖啡園的小酒館也有別的東西，特別是有酒。「瓜地馬拉的每一座莊園都有地主開的小酒館，工人會在裡面喝得醉醺醺的……因此負債累累。他們經常把大部分的工錢花掉，他們喝酒是為了得到快樂、忘掉痛苦。」但是，媽媽教曼朱必須非常小心。「我媽媽常說：『別碰任何東西，不然我們就要付錢。』……我曾經問媽媽：『為什麼我們要去咖啡園？』，媽媽說過：『因為我們別無選擇。』」

曼朱記得第一次看到地主時的情形。「他很胖，穿著體面，甚至戴了一隻手錶，那時我們不知道手錶是什麼東西。」曼朱沒有鞋穿，更不用說手錶了。地主來時：

大約有十五個士兵陪著……工頭說：「你們當中有些人必須跳舞給主人看。」……地主說話時，工頭開始翻譯他的話。他們告訴我們，我們全都必須過去，在一張紙上按戳記……我們全都去了，全都在那張紙上按了戳記……我記得紙上有一些方格和三、四張圖畫……他警告我們，不在紙上按戳記的人會被趕走，還拿不到工錢。地主離開了，但後來……我一再夢到他……這樣一定是因為害怕的緣故，害怕那個人的臉帶給我的印象……那裡的所有小孩都跑走了……他們看到那位拉丁裔男人時都會哭，看到士兵和他們的武器時，會哭得更厲害，認為他們會殺掉他們的父母。我也這樣想，我想他們會把我們全部殺掉。

最後，瓜地馬拉式的「選舉」完成了。「他們來咖啡園，告訴我們，我們投票的總統獲勝了，我們甚至不知道他們帶走的東西是選票。我父母聽到他們說：『我們的總統』時，都會哈哈大笑，因為我們覺得他是拉丁裔的總統，根本不是我們的總統。」

瓜地馬拉的國家機器天高皇帝遠，又很陌生，國家甚至不是大部分人民的國家，而是拉丁裔的國家。曼朱第一次去首都瓜地馬拉市時，必須小心翼翼。她爸爸曾經被人叫去國立農業改良學院，還跟她解釋說：「那裡有一座窮人監獄，如果你不去那間辦公室，他們會把你丟到那裡去……我父親說，除非你畢恭畢敬，否則那裡的人不會放你進去。他說：『你進去後，要站定不動，不要說話。』」

基切族原住民回到鄉下時，必須跟一級又一級的政府官員打交道，先是軍方長官，然後是縣市長，再來是省長，他們全都是拉丁裔。官員不但不提供公共服務，反而要收紅包。「要見軍方長官，你首先要讓他咬一口〔蛋糕，mordida〕，我們瓜地馬拉人把賄賂叫做咬一口。」咬一口實際意義是「送一個紅包」。最後，曼朱懊惱地做出結論：「在瓜地馬拉，如果事情跟政府有關，我們根本沒辦法保護自己。」他們試過自保，曼朱的爸爸和弟弟開始推動地方鄉鎮的組織，一九七九年九月九日，他弟弟遭到軍方殺害。

> 他們帶著他走過崎嶇不平的地面，地上有石頭和倒落的樹幹。他大約走了兩公里的路，他們一直對他又打又踢……挨打、撞到石頭和樹幹，害得他整個臉孔都變形了，我弟弟遭到徹底摧殘……他們把他綁起來，還綁住他的睪丸……他們把他丟在有一點泥巴的水坑裡，讓他赤身裸體地留在那裡一整夜，跟水坑裡的很多屍體在一起……我弟弟遭到超過十六天的拷打，他們切掉他的指甲，切掉他的手指，切掉他的皮膚，還燒他的一部分皮膚。很多傷口，尤其是最早的傷口腫了起來，已經發炎。他還活著，他們剃他的頭，剃到只剩下頭皮，還割開他的頭皮，從兩邊往下拉，又割掉他臉上的肌肉。我弟弟身上的每一處都遭到酷刑摧殘。

軍隊對這種野蠻行為還不滿意，隨後又把俘虜帶回村裡，對村民殺雞儆猴。「隊長完整地說明他們擁有的所有權力和能力，我們人民沒有能力對抗他們。」軍隊在包括曼朱弟弟在內的俘虜身上澆汽油，然後點火。這麼殘酷、暴力的宰割社會，跟鄰邦哥斯大黎加相比，真是天差地遠。

因此，為什麼瓜地馬拉會發生這麼野蠻的暴行，哥斯大黎加卻已經控制住暴力，還在組織相當良好的社會支持下，建立了民主制度，為自由創造了先決條件呢？兩國為什麼會有這麼天差地別的差異？答案跟咖啡有關。

## 差異的起源

十九世紀裡，西歐和北美快速成長，這種成長不僅改變了他們的經濟，也重新改造了後殖民時代的社會；因為經濟成長創造了諸如砂糖、菸草、棉花、咖啡等熱帶作物的驚人需求，還在科技上，創造了把這些東西運輸到全世界的機會。輪船在十九世紀初期出現，到一八三八年，英國企業家伊桑巴德·布魯內爾（Isambard Kingdom Brunel）設計的「大西方號」貨輪，是第一艘建來航行英國布里斯托（Bristol）和紐約之間的定期貨輪。「大西方號」是木殼船，利用蒸汽驅動的舷側明輪航行。到一八五四年，布魯內爾建造的「大不列顛號」下水，這艘船是鐵殼船，利用蒸汽驅動的螺旋槳航行。鐵殼船建造起來比較便宜，可以用來建造噸位大得多的貨輪，螺旋槳則比風帆或明輪更加有力。

這些科技變化出現後，大量出口咖啡等作物到世界各地變得有利可圖，中美洲是這種貿易的中心，不僅因為其氣候非常適合種咖啡，也是因為中美的地理位置接近蓬勃發展的美國市場。一八三〇年至一八四〇年間，美國進口的咖啡增加一倍，然後到一八五〇年，又成長了百分之五十，隨後在十九世紀剩下的歲月裡，咖啡價格穩定上漲。

要利用這種需求成長，需要一些基本的公共服務，必須修築道路和足夠的基礎建設，以便出口咖啡作物。土地財產權必須釐清，人們才會願意從事種咖啡的必要投資（因為咖啡樹種下後，要經過三、四年才會結果），這一切都需要國家機器擴大能力。這種對國家權力和能力的需求增加，就是支持哥斯大黎加和瓜地馬拉後續發展的因素。

殖民統治時代裡，哥斯大黎加是瓜地馬拉王國的一部分；一八二一年墨西哥獨立後，兩國曾經短暫跟墨西哥統一，然後加入中美洲聯邦共和國；哥斯大黎加在一八三八年退出，最後成為獨立國家。整個殖民時代裡，哥斯大黎加都是處在邊緣地帶，還逃過意在強化殖民地國家和增加稅收的西班牙「波旁（王朝）改革」。十六世紀的輸入性疾病害死很多哥斯大黎加原住民族後，原住民已經所剩無幾。哥斯大黎加也沒有值得開採的貴金屬或礦物，哥斯大黎加獨立時的人口大約為六萬到七萬人，大部分都住在中央高原山谷裡。殖民地經濟大致上都處在低度開發的狀態中，只有十七世紀時加勒比海沿岸的短暫可可熱潮是例外。瓜地馬拉因為控制了殖民地的獨占權，過去曾經阻止哥斯大黎加菸草種植業的發展，因此哥斯大黎加獨立時，缺乏有力的菁英和主導國家的城市或市鎮；卡塔哥（Cartago，殖民時代的首都和保守派的中心）、聖荷塞（San José）、阿拉胡埃拉（Alajuela）和埃雷迪亞（Heredia）四大人口中心彼此激烈競爭，每個市鎮都推行自己的外交政策，跟哥倫比亞等鄰國有力的派系結盟。如同阿根廷政客兼知識分子多明哥・薩米恩托（Domingo Sarmiento）所言：「南美共和國受到無政府主義式、渴望毀滅性、黑暗、躁進的獨立風潮所吸引，全都或多或少地經歷過解構成小型派系的傾向……中美洲的每一個村子，都曾經產生過一個主權國家。」

一八二三年至一八三五年間，這種「解構傾向」導致內戰，聖荷塞後來自立為首都。但是，各市鎮之間雖然可能互相競爭，卻也能夠協調合作。一八二一年，拉丁美洲獨立運動興起後，殖民地首都卡塔哥市議會邀請其他市鎮議會開會，討論如何宣布獨立。這一年十月，四大市鎮加上烏哈拉斯（Ujarrás）、巴巴（Barba）和巴加塞斯縣（Bagaces）聯合發表「市政廳行動」宣言，宣布脫離西班牙獨立；到十二月，這些市鎮已經簽署《協和公約》，創設由七位民選成員組成的治理政府。政府的地點要在四大市鎮之間輪換，這些市鎮大量利用開放式的議會，容許大為擴大的政治參與。

哥斯大黎加雖然逐漸脫離西班牙帝國的擺布，卻仍然相當貧窮，開發程度不足。然而，未開墾的土地很多，卻是哥斯大黎加的一大資產。一八二一年後，第一波的政客非常瞭解這一點，就像美國早在一七八七年就通過西北邊疆法（Northwest Ordinances）、擴大國家的疆土那樣，哥斯大黎加也這樣做；到一八二一年，哥斯大黎加已經免費贈送土地，給能夠圈地種植和出口作物的任何人；然後中央政府分別在一八二八年、一八三二年和一八四〇年，通過贈予和補貼咖啡小農的法律。到一八五六年，所有公地都已經出售完畢，這些法律開放了原本屬於國有的中央谷地，各個城鎮也以低價出售土地、鼓勵種植咖啡的方法，努力吸引勞工和移民。一八二八年，哥斯大黎加還實施另一項措施，就是最多贈送一百一十英畝人口稀少地區的土地，以便吸引眾人，到四大市鎮以外的地區定居和推動農墾。事實上，哥斯大黎加是第一個開始出口咖啡的中美國家。哥斯大黎加獨立後的一八四〇年代裡，出口增加五倍，增至三千八百噸；這時，咖啡代表哥斯大黎加出口值的百分之八十。這個十年裡，從中央谷地通往太平洋濱蓬塔雷納斯港（Puntarenas）的第一條道路開始鋪築，方便咖啡用牛車運輸，不必再靠騾子馱運。

早期這種分配土地的機制，是哥斯大黎加沒有規模龐大地主階級的主要原因。實際上，當時哥斯大黎加的經濟菁英反而是集中力量，控制咖啡的融資、購買和出口。因此哥斯大黎加從來沒有像瓜地馬拉那樣，出現極為盛行、支持強制勞工勞動的聯盟，連從事咖啡業的富裕家族通常也很多元化。瓜地馬拉菁英向小農購買咖啡時，的確試圖降低進價，而且他們從貸款和融資的高價中獲利，因此他們努力奮鬥，希望保護這方面的利潤。最著名的例子發生在一八五九年時，蒙泰亞萊格雷家族（Montealegre）推翻胡安・莫拉（Juan Rafael Mora）：起因是莫拉總統提議創設一家銀行，直接貸款給小農，從而打破銀行家的市場力量。但是，這些事情當中，沒有一件能夠造成小農咖啡經濟脫離正軌。歷史學家齊羅・卡多索（Ciro Cardoso）總結哥斯大黎加的經濟狀況後表示：「無論是數量還是所占有的土地總面積，小農都擁有絕對的優勢。」

咖啡業需要制度的支持，例如土地需要測量、界定和執行財產權。哥斯大黎加獨立後，總統布勞利奧・卡里約（Braulio Carrillo）開始建立能夠履行這些職責的國家機器，他頒布了民法和刑法，創設國家級官僚體系，也整頓國家的民兵部隊，創設國家警力。雖然他自認是終身獨裁者，卻絲毫沒有把心思放在建立強大的軍方上，因此哥斯大黎加的軍隊兵員不超過五百人。

卡里約會推動這些政策，最可能的原因是他和美國的聯邦黨人一樣，認清如果沒有中央權威，新國家會難以提供利用新經濟機會所需的基本公共服務，而且在面對四大市鎮的競爭下，會難以維持秩序。但是，他很可能也像聯邦黨人那樣，擔心吉爾迦美什難題——擔心怎麼控制力量非常強大的國家機器——因此避免建立龐大的軍隊。一八四二年，卡里約遭到罷黜後，咖啡菁英權勢日增的情形清楚可見，因為不同的家族和派系支持不同的總統候選人，導致軍方的干預，以致選舉遭到破壞；有些像莫拉一樣的總統，結局是在叛亂中遭到推翻；另一些總統——如一八七〇年時擔任總統的傑蘇斯・吉米尼茲（Jesús Jiménez），則是在政變中下臺，而且吉米尼茲是在蒙泰亞萊格雷家族的敦促下，由湯瑪斯・賈地亞（Tomás Guardia）取而代之。賈地亞是十九世紀內，第一位出任總統的軍人，在位時間長達十二年，他在任職期間，於普魯士顧問的協助下推動軍隊專業化，而且削減軍隊的規模；因此，到了一八八〇年，哥斯大黎加只有三百五十八位職業軍人（不過也有緊急時可以召集的民兵部隊）。因為這些改革的緣故，軍方一直維持遠離政治的狀態中。到一八八二年賈地亞去世後，哥斯大黎加才開始定期舉行選舉，但一直要到一九四八年，選舉舞弊才受到控制。賈地亞像卡里約一樣擴大國家的能力，把公務員人數增加將近百分之四十，他也推動鋪築第一條連接中央谷地和海岸的鐵路。哥斯大黎加沒有把投資投入軍隊，而是投資在教育上，一八八八年的重大教育改革促使識字率開始提升。

這時，哥斯大黎加已經走進自由窄廊，並且沿著走廊前進。到一九四八年，選舉弊端造成短暫的內戰，何塞・費格雷斯（José Figueres）領導的叛軍獲勝後，緩慢過渡到民主制度的過程終於獲得最後的鞏固。費格雷斯領導的軍事執政團執政一年半後，把政權移交給一九四八年大選獲勝的合法贏家。費格雷斯在執政期間，監督推動若干激烈的變革，尤其是監督廢除軍隊之類變革的執行，哥斯大黎加現在是世界上沒有軍隊的最大國家（這些國家包括安多拉、列支敦斯登和模里西斯、格瑞那達等小島國）。軍事執政團也創造了一項憲政慣例，通過一系列法律，以便發展菁英領導的官僚體系，還推動義務公共教育，賦予婦女和文盲投票權。從這時開始，哥斯大黎加一直都是民主而和平的國家。同一期間裡，這個地區的其他國家，從一九五〇年代以來，都曾經出現獨裁統治，而且經常是淪落在長期的獨裁統治中；就這種情況而言，哥斯大黎加的確創造了相當可觀的成就。

## 鎮壓咖啡園

哥斯大黎加發展小農咖啡經濟、約束國家巨靈之際，瓜地馬拉卻以截然不同的鎮壓方式，拓展咖啡事業。曼朱會在瓜地馬拉看到這麼野蠻的行為，原因可以追溯到這個國家脅迫農工種植咖啡的複雜體系，其中的邏輯是：凡是可能威脅這種機器的任何事情，都必須以極端的暴力撲滅。

瓜地馬拉曾經是中美洲殖民政權的所在地，和哥斯大黎加不同的地方是：瓜地馬拉擁有強大的保守商會和有力的大地主，經濟發展也更加進步，靛藍種植者協會（Indigo Growers Society）早在一七九四年就成立了。瓜地馬拉的原住民人口也稠密得多。瓜地馬拉獨立後，由獨裁者拉斐爾・卡雷拉（Rafael Carrera）統治，從一八三八年至一八六五年卡雷拉去世為止的期間內，卡雷拉在實際上或法理上，都是統治者，卡雷拉傳記作者洛夫・伍華德（Ralph Lee Woodward）指出：

> 獨裁者卡雷拉權力基礎是軍隊的事實雖然重要，賦予這個政權特性的東西，卻是首都保守菁英的整合，整合在制定政策，促使瓜地馬拉變成「保守主義堡壘」上也很重要……雖然卡雷拉總是保留最後決定權……通常卻讓一小撮受過良好教育、帶有貴族風格的顧問，負責制定和執行政策。瓜地馬拉保守菁英的整合，以及這批菁英對首都社會、經濟和政治結構的控制，正是一八五〇年至一八七一年期間，和其他時期極為明顯大異其趣的地方。

這段期間裡，瓜地馬拉維持殖民時代的政策，包括維持各式各樣的獨占權。瓜地馬拉和哥斯大黎加截然不同的是，幾乎不曾嘗試發展農產品出口。雖然如此，市場的成長還是促使咖啡出口逐漸擴增；一八六〇年內，出口尚極為微小，然後在這十年裡迅速擴大，到一八七一年，咖啡出口已經占到出口總值的一半。這一年裡，卡雷拉的保守派繼承人之一的比森特・塞納（Vicente Cerna y Cerna）政府遭到革命推翻，「自由派人士」出面掌權，第一個掌權的人是米格爾・格拉納多斯（Miguel García Granados）；不久之後，隨即由比較持久的另一位軍人元首胡斯托・巴里奧斯（Justo Rufino Barrios）統治到一八八五年。

新政權發展農業出口經濟的目標很明確，為了達成目標，新政權訴諸於推動土地私有化。這樣做涉及沒收原住民所擁有的土地，在一八七一年至一八八三年間，將近一百萬英畝的土地遭到私有化。關鍵問題之一是大部分原住民人口住在高原上，主要的咖啡種植地區卻向下延伸到太平洋濱。巴里奧斯利用國家的強制力量，協助大地主獲得勞動力。瓜地馬拉強制勞動的傳統歷史悠久，可以追溯到西班牙殖民早期的監護徵賦制（encomienda）、把原住民劃分開來，再撥交委託西班牙征服者監護的做法。開始大規模生產咖啡促使國家修改法令，提高脅迫的強度，重新推出殖民時期的制度，包括利用誡律和債務控制。這些手段在曼朱對咖啡園中小酒館的描述中，清楚地表現出來。誡律（Mandamiento）（字面意思是「誡條」或「命令」）制度讓雇主可以要求和得到最多六十個工人，從事十五天的有薪工作，工人可以強制召募，除非工人能夠展示個人的工作日誌，證明自己最近提供的這種服務令人滿意。政府設計土地政策時，不僅打算把土地分配給政治關係良好的人，還有意藉著破壞高原住民自給自足的經濟，協助推展強迫勞動；原住民無法自給自足後，會比較容易納入低薪，或必要時加以脅迫的工資經濟體系中。要做好這件事，方法是消除傳統的共有土地，剝奪人民自給自足生活的可能性，這樣你會為了活命，下到咖啡園所在的地方。

到曼朱描述現狀時，瓜地馬拉的情況沒有改變多少，這種策略還得到其他立法，如「禁止遊蕩」法的輔助，但該法只是脅迫人民工作的另一個藉口。瓜地馬拉政府專心推動「土地私有化」和其他相關政策之際，卻沒有提供多少公共服務，曼朱沒有上小學其實是其來有自。就像曼朱的回憶錄所記載的那樣，一九六〇年代時，童工很普遍，孩子靈巧的手指真是太有用了，不用來採摘可可豆太可惜了。從瓜地馬拉的教育和識字率資料，可以看出政府對提供任何類別的公共服務興趣缺缺。一九〇〇年時，瓜地馬拉的成人中，只有百分之十二會讀書寫字；到了一九五〇年，識字率也僅提升至百分之二十九；這時候哥斯大黎加的每一個成人全都能夠讀寫了。

瓜地馬拉國家機器對十九世紀內沒收的人民土地還不滿足，到了一九六〇年代和一九七〇年代曼朱成長時，還繼續這樣做。一九六七年前後的某一天，一群人出現，開始丈量曼朱所住村子裡村民耕作的高原土地。她回憶說：「政府說，這些土地屬於國家，國家擁有這片土地，而且交給我們種作……我們可以留下來，當受到控制的工人，不然就得離開。」

替誰工作？當然是替政治關係良好的家族工作。她點名馬丁尼茲、賈西亞和布洛爾斯家族，他們交出「大筆賄賂」給政府，好讓政府把土地分配給他們。雖然村民曾經設法訴願：

當時我們不明白，去找政府主管機關就跟去找地主一樣……他們把我們趕出我們的房子和我們的村子。賈西亞家族的黨羽開始拚命努力……他們首先不經過准許，就闖進屋裡，把所有的人都趕出去。然後他們進屋，把我們所有的東西都丟出來。我記得我媽媽有些銀項鍊，是我祖母留下來的寶貴紀念品，但此後我們再也沒有見過那些東西，他們把那些東西全部偷走了；他們把我們的鍋碗瓢盆全都甩出來，在地上砸個粉碎。

曼朱一家只得逃走。

＊＊＊

過去一百五十年裡，哥斯大黎加和瓜地馬拉出現的驚人差異，並不是命中註定的事情。兩國的歷史、地理狀況、文化傳承類似，十九世紀時，還面對相同的經濟機會。但是，兩國的情況再度符合我們觀念架構的涵義：由國際經濟帶來的相同脈動會提高國家機器的能力，但卻產生極為不同的結果，原因就在於國家和社會之間的平衡狀態並不相同。和哥斯大黎加相比，瓜地馬拉具有更多軍事化脅迫勞工的歷史，原住民人口也明顯更多，還繼承了瓜地馬拉王國的專制國家制度。因此，十九世紀結束時，咖啡熱潮造成的建國誘因，在瓜地馬拉創造了一個強而有力的專制國家。在哥斯大黎加，西班牙帝國的崩潰使哥斯大黎加再也沒有強大的中央式國家機器制度，四大市鎮競相爭奪控制權。咖啡幫助這些市鎮阻止了崩潰，把哥斯大黎加推進自由窄廊中。紅皇后效應表現最明顯的地方，在於小農咖啡經濟出現，還得到公共服務和土地財產權改善的支持。幾十年內，這種程序打造了民主制度順利運作的社會基礎。

## 歷史有多重要？

我們已經看到好幾個例子，顯示相同的動力有助於建立比較強大的國家；但在若干例子裡，同樣的力量卻也降低了國家的專制控制，對國家和社會未來所走的道路，產生大不相同的影響。這點也是本章最重要的啟示：不同於大部分社會科學普遍強調的重點，結構性因素並沒有為一種形態的經濟、政治或社會範例的出現，創造強而有力的影響力。這些因素反而產生了「條件效果」，也就是這些因素的影響如何，有極大部分要取決於國家和社會現有的權力均衡。

這一個概括性的說法，協助我們瞭解歐洲史和世界史上某些關鍵的轉捩點，而且對本章以外的領域，有著一些非常新穎的意義。最重要的是，這種結構性因素，尤其是跟經濟關係本質，以及國際關係所創造傾向有關的結構性因素，不但會改變國家在圖表二和圖表三中的地位，也可能改變不同區域在這些圖表中的形狀。最重要的是，這些因素改變時，區隔專制國家、受制約國家和巨靈並不存在國家之間的界線，也會跟著改變。就像我們要在第十四章和第十五章中討論的那樣，這一點會清楚地告訴我們，什麼類型的社會因為擁有比較寬廣的走廊，因此比較可能建立和維持受到制約的國家。

本章的討論也釐清了歷史為何在我們的架構中很重要，因為社會進入自由窄廊的表現會跟還置身專制國家或無國家社會時大不相同；因此，歷史的差異通常會延續下去，國家和社會之間的權力均衡經常長久存續，原因就在這裡。但是，這種平衡當然會進而取決於若干經濟、社會和政治關係，而且就這點而言，國家的經濟或政治結構不但會決定自由窄廊的寬度，也會塑造國家未來的走向。就像我們討論瓜地馬拉歷史所顯示的那樣，脅迫勞工的歷史會造成國家和菁英在面對遭到削弱的社會時，變得更強大，以至於對勞工的脅迫會變得更持久、更為加強；或者像我們討論俄羅斯近期的歷史時所強調的那樣，過去的農業集體化削弱了社會，因此專制主義更可能長久延續下去。的確如此，就是這種延續性，掩蓋了出現單一「歷史終結」傾向的可能性，以至於所有國家最後無法向相同形態的國家、社會或制度匯流為一。歷史的確會延續，的確會造成分歧，不容易抹煞或消除。更有趣的是，國家和社會之間關係歷史演變的差異，在面對結構性因素變化，或面對本章討論過的重大危機時，可能會有重大影響。這種情形的原因有兩個：一是像我們剛剛指出的那樣，脅迫勞工的歷史、工業化或根深柢固的社會階級，會影響自由窄廊的形狀；二是因為歷史不同的國家會發現，本國國家和社會之間權力均衡的差異，會為相同結構性因素產生的不同結果奠定基礎。

這種討論和後面的章節都強調：歷史並非命定，國家會在自由窄廊中進進出出，改變歷史軌跡，即使這種事情發生的可能性和方式，本來就會受本身歷史（這個國家在圖表中所處的位置）的嚴重影響，也受決定走廊形狀的經濟、政治和社會狀況嚴重影響。然後，這種方法會讓我們找到一種思考社會科學家稱之為「行動者」（agency）的方式——例如，主要角色藉著形成持久的聯盟、闡明新的需求、不滿和說法，或是像第三章中看到的那樣，推出創新的科技、組織或意識形態，影響本身所屬社會的方向。行動者在我們的架構中很重要，原因倒不是因為國家好比一塊空白石板，可以讓行動者任意重塑國家的軌跡，而是因為行動者加上看似完全不重要的偶發事件，可能藉著左右當前國家和社會之間的權力均衡，修改國家因應結構性因素的方式，造成長遠的影響。我們從第二章中的聯邦黨人身上，可以看到善於闡明新願景、組成新聯盟的領袖，在建國過程中所能扮演的角色。我們在哥斯大黎加的例子裡，也可以看到同樣的現象。

雖然哥斯大黎加和瓜地馬拉之間具有結構性差異，哥斯大黎加所走的路，也受到一八三〇和一八四〇年代之間如卡里約這樣的個人的重大影響。卡里約決定讓哥斯大黎加脫離中美洲聯邦共和國，促使哥斯大黎加跟中美地峽中的其他國家分道揚鑣，他建立更有效率國家制度的決定，是哥斯大黎加咖啡小農經濟得以發揚光大的原因。在他的所有決定中，最有趣的決定可能是維持小規模的軍隊，奠定了軍方在哥斯大黎加政治中、扮演相當低調角色的基礎，也奠定了哥斯大黎加最後在一九四八年廢棄軍隊的基礎。要是卡里約當初做了不同的決定，今天哥斯大黎加應該跟瓜地馬拉想差無幾。哥斯大黎加還需要另一個人、需要費格雷斯，最後才能廢除軍隊、創造現代國家和正常民主制度的憲政基本。雖然費格雷斯當政時，鄰國尼加拉瓜新近出現了蘇慕薩（Somozas）的獨裁政權，但費格雷斯的作為和卡里約的選擇一樣，絲毫沒有事先註定的地方。在所有這一切狀況中，圖表二和圖表三中所強調的力量如何發揮，都會受到行動者的影響，但行動者不能擺脫當前的權力均衡，自由行動。事實上，如果哥斯大黎加和瓜地馬拉一樣，擁有同樣壓制勞工的農業，卡里約或費格雷斯就都不可能建立受到制約的國家機器。

# 10 佛格森出了什麼問題？

## 日正當中時黑人之死

二〇一四年八月九日正午過後不久，十八歲的非裔美國人麥可．布朗（Michael Brown）遭到美國密蘇里州聖路易郡佛格森市（Ferguson）警員達倫．威爾森（Darren Wilson）射殺。威爾森從警用無線電中得知發生搶案時，布朗剛剛從一家店裡，偷了一包小雪茄，正跟一位朋友走在一起。威爾森命令他們站住，布朗跟還在車裡的威爾森發生扭打，兩聲槍響傳出，布朗逃走，威爾森追趕他，最終用六顆子彈擊斃了布朗。從威爾森遇到布朗，到年輕的布朗死亡之間，只經過了九十秒。

這場悲劇性的殺人事件其來有自，背景是佛格森市以非裔美國人為主的人口，和幾乎全由白人組成的警力之間關係緊張。布朗遇害引發很多天的長期騷亂，造成該市得到全世界的矚目；大陪審團決定不起訴威爾森警員後，爆發更多的動亂。美國司法部後來針對佛格森警察局所做的報告顯示，佛格森公民——尤其是黑人公民——的憲法權利遭到極其嚴重的侵犯，根據這份報告的說法，佛格森警察局對非裔美國人的騷擾是典型的行為。例如：

二〇一二年夏季，一位三十二歲的非裔美國人在佛格森一處公園打完籃球後，坐在自己停著的車子裡乘涼。一位警察把車停在他的車子後面，把他擋在車子裡，詢問他的社會安全號碼和身分。警察認為公園裡有兒童，就平白無故地指控這位男子是戀童癖。雖然這位警員沒有理由認為這位男子身懷武器，卻仍然命令這位男子下車，接受搜身。警員也要求搜查這個人的汽車，男子以自己的憲法權利為由，拒絕這項要求。根據報導，警員的反應是舉槍威逼，逮捕這位男子，指控他違反佛格森市的八條法規。其中一項指控是「做不實聲明」，案情是嫌犯最初只提供名字的簡稱（如名叫Michael，卻說自己是Mike），提供的地址雖然合法，卻跟駕照上的地址不同。另一項指控是不顧男子坐在停著的車子裡，卻指控他沒有綁安全帶。

這份報告指出，佛格森警察沒有合理的懷疑事由就把人攔下、沒有相當原因就抓人的情況，以及過度使用武力的做法，全都違反美國憲法第四修正案；他們侵犯自由表達權，以及對受保障表達權的報復，違反第一修正案。更糟糕的是，「過度使用武力」在佛格森是常態行為。

二〇一三年一月，一位正在巡邏的警佐看到一位非裔美國男子，跟卡車裡的一個人談話完畢走開後，就攔下這位非裔美國男子。雖然警佐沒有明確表示自己有任何理由懷疑，認為犯罪活動正在進行，卻還是扣留了這位男子。男子拒絕回答問題或拒絕接受搜身時——雖然當時巡警明確表示沒有理由相信這名男子持有武器，卻仍然試圖執行搜身，巡警抓住這名男子的皮帶，掏出電子控制武器〔ECW，通稱泰瑟槍（Taser）〕，命令這名男子服從命令。男子雙手抱胸，抗議說自己沒有做錯什麼事情。電子控制武器內建攝影機拍到的影像顯示，這名男子沒有對巡警做出任何侵犯行動，巡警就發射電子控制武器，施用五秒的電流，造成這名男子倒在地上，這名巡警幾乎立刻再度使用電子控制武器。後來這名巡警在報告中說明理由時，聲稱這名男子試圖站起來；影像卻清楚顯示，這名男子根本沒有試圖站起來，只是痛苦地在地上扭動。影像也顯示，這名巡警施用電子控制武器的時間，持續了將近二十秒，比巡警在報告中陳述的時間還長。

佛格森發生的事情不是孤立事件。在全美很多城鎮裡，類似侵犯非裔美國人基本權利，以及過度使用武力的事件，都很普遍。這種侵權和在很多貧窮都會區中常見暴力行為的影響，在缺乏有效執法，造成美國最脆弱公民受到的傷害上，清清楚楚地表現出來。最近在喬治亞州亞特蘭大市中心社區所做的研究發現，不計謀殺和對人體施暴的損害，整整有百分之四十六的居民，患有創傷後壓力症候群（post-traumatic stress disorder）。這種創傷難道不是在阿富汗或伊拉克作戰，目睹極其暴力慘狀的戰爭退伍軍人，才會患上的傷病嗎？不錯，但比起很多市中心貧窮社區居民每天受到的威脅，兩種情形差別無己。事實上，貧窮社區居民罹患創傷後壓力症候群的比率，高達百分之四十六，遠遠超過戰爭退伍軍人百分之十至二十左右的罹患比率。

這種情形看起來很不像自由，這些社區裡恐懼和暴力充斥，也充斥著宰割。佛格森到底出了什麼問題？美國到底出了什麼問題？

## 美國優越論的附帶損害

詳述美國歷史時，最常見的說法是強調美國十分優越，從憲法的傑出設計開始，善於建立恆久的共和制度。實際情形複雜得多。美國國家機器的演變的確有很多值得讚佩的地方，但在演變過程中卻也像佛格森事件所顯示的那樣，造成了附帶損害。正如我們在第二章中所述，從某個角度來說，美國國家巨靈是聯邦黨人創造的，他們的建國計畫中並非全無焦慮，他們擔心有權的總統可能失控和濫權，或是遭到某些團體或「派系」掌握，因此才設計出所有的制衡和行政與立法部門之間的分權。他們也擔心過多的民眾參與，因此設計了參議員由州議會、總統由選舉人團間接選舉的制度。他們也必須對維護「州權」和各州自主權的人讓步，因此必須限制聯邦的權力。同時，他們瞭解憲法中沒有規定的事項，都是州權發揮的領域。他們也必須對已經動員起來、具有叛逆性和疑心的平民讓步，因為平民擔心這一切可能代表專制政治，因此才有《權利法案》的設計。

本章要說的是：這種架構雖然有效地把美國送進自由窄廊，本身卻是浮士德式的交易。這種架構保護的重大事項之一，是南方奴隸主剝削奴隸的能力，這樣不但把國家的雙手綁住，也玷污了聯邦的雙手。這些遭到玷污的枷鎖表示，聯邦政府在某些重要的領域中，遭到削弱。例如，憲法顯然不保護奴隸和後來的非裔美國公民，沒有讓他們免於暴力、歧視、貧窮和宰割；這種情形也象徵佛格森市貧窮的黑人公民，正是遭到騷擾、罰款、監禁、甚至遭到殺害的對象。

另外，對各州的讓步和各種限制也表示，聯邦政府在保護所有公民——並非僅是保護非裔美國人——免於遭到暴力和經濟困境侵害上，也會綁手綁腳。

憲法架構的另一個相關影響，尤其是對聯邦課稅權的節制，使聯邦政府難以提供普遍的公共服務。

這一點從美國政府連提供最基本的公共服務——從各種作戰行動，到健康保險，再到執法行動等方面，經常都必須依賴公私合營機構的方式，可見一斑。公私合營涉及國家要提供支持與誘導，偶爾還必須提供融資，然後就要依賴民間部門和社會眾多階層，負責實施政策，而且偶爾還要影響他們的方向。這種策略在大眾討論時，經常受到讚揚，說是利用民間部門的活力和創意。這樣做偶爾會達成目標，更重要的是，即使美國陷入嚴重衝突、面對無數的新挑戰，這種做法卻有助於美國停留在自由窄廊中。在這種情況下，紅皇后會促進國家能力的穩定擴張；但是，國家軟弱無力，無法處理緊急問題的缺點仍然存在，因此很多事情都半途而廢。要靠公私合營的機制，有效提供健保和基礎建設等公共服務，會更加困難，更別提透過租稅，促成所得重分配了。因為市場即使獲得國家的支持，也經常無法提供適當水準的供應或覆蓋率。碰到執法和解決衝突的問題時，公私合營模式甚至會變得更有問題。我們已經多次看到，「社會」不是一個巨大的實體，要成功地把社會關係和規範變成對社會有利，要靠社會上動員程度較高，政治參與比較深入、比較有力的階層，就像很多無國家社會要靠長老和男性（參見第二章），或像印度要靠婆羅門（參見第八章）一樣。一般說來，美國也是這樣，談到公私合營機制時，更是如此。參與這些公私合營計畫，設法在解決衝突、執法和公共服務上，表達本身期望的人，就是這些層級的人。非裔美國人、窮人，和美國社會中組織比較不嚴密的團體，經常都遭到排除在外，他們的自由因此受到不利的影響。

美國的國家機器和巨靈受到制約的其他國家一樣，在提供經濟機會和誘因方面相當成功，這片廣大土地上市場的統一，加上遵守憲法的各州之間政策協調的空間極小，創造出隨時都可能推動經濟成長的環境。美國人大力利用這種優勢，十九世紀裡，美國快速工業化，到了二十世紀，美國變成世界科技領袖。但是，這種繁榮也帶有美國優越論的印記——中央政府承受所有限制、菁英和各州擁有持續不斷的力量、特殊的公私合營模式——以至於伴隨著美國經濟成長而來的是嚴重的不平等，不僅南北戰爭前的奴隸被排除在外，連某些層級的人口也完全沒有從中受惠。

從這種角度來看，美國的兇殺案比率大約比西歐的平均高出五倍，也就不足為奇了。美國有很多地方的貧窮比率很高。同樣不足為奇的是，機會和公共服務經常把非裔美國人排除在外。我們看到公私合營模式，提供社會安全網給美國窮人的成效不佳時，也不應該覺得驚訝。隨著美國社會加強動員、變得更有信心，國家偶爾會介入，提出類似詹森總統的「對貧窮宣戰」等計畫，以便填補其中的空白，但這種計畫都不能徹底解決問題。

其中有一個可能自相矛盾的地方，就是我們也看到，美國國家機器的這種路線有另一種意想不到的重要影響，就是在某些重要的領域中，國家的活動缺乏有效的監控。美國政府受到聯邦黨人的妥協和公私合營模式的束縛，不能透過合法的管道，因應冷戰和新興國際恐怖主義日益複雜的安全挑戰，也不能有效扮演身為最強大國家，實際上應該扮演的國際警察角色。因此，美國政府在沒有太多社會監督的情況下，從旁發展這些能力，以背負根本弱點、受到重重限制的國家機器身分，指揮祕密情報單位和軍方，祕密情報單位和軍方卻不受約束，美國國家機器也因此披上可怕的面貌。要到愛德華·史諾登（Edward Snowden）揭發美國國家安全局針對美國公民，進行大規模的監視和搜集資料活動，卻不受社會節制，甚至不受政府其他部門節制時，這種可怕面貌才公諸於世。

## 什麼權利法案？

佛格森警察局為什麼這樣處處騷擾黑人公民？很簡單，說穿了就是為錢，但其中無疑也夾雜了種族主義。佛格森市利用警方來提高收入，命令警察儘量多開罰單，以便提高市政資源。這表示官方無須任何藉口，就可以對某些人裁罰罰款，而且是裁罰巨額罰款。司法部報告提到一個案例，有一個人只是因為一次行走姿態可疑，就遭到罰款三百零二美元；擾亂治安一次要罰款四百二十七美元，雜草茂盛一次要罰款五百三十一美元，拒捕要罰款七百七十七美元，不服從命令要罰款七百九十二美元，不配合命令要罰款五百二十七美元。後面這兩項罪名警察似乎會交互利用，以便開出罰單。罰單一旦開出，如果你沒有出庭應訊，你會收到更多的罰單。美國司法部的報告記錄了一個可作為典型的例子：

一位非裔美國婦女碰到一宗從二〇〇七年至現在還沒有定案的官司，當時她有一次違規停車，於是就收到兩次舉發，以及一百五十一美元的罰款和費用。這幾年裡，這位婦女多次陷入財務困難和無家可歸的困境，卻在二〇〇七年至二〇一〇年間，為了錯過出庭日期，或逾期未繳納違規停車罰款，收到七件未到庭應訴罪的指控。法院為了每一宗未到庭應訴的罪名，發出一張逮捕令，也裁罰新的罰款和費用，從二〇〇七年至二〇一四年間，這位婦女被捕兩次，在監獄裡關了六天，為僅僅一次的違規停車引發的諸多事件，繳給法院五百五十美元。法院的紀錄顯示，她曾經兩度嘗試繳納部分罰款，分別繳納過二十五美元和五十美元，法院卻把她的罰款退回，拒絕接受低於全額罰款的任何金額……到二〇一四年十二月為止的七年後，雖然她最初只積欠一百五十一美元的罰款，而且已經繳納五百五十美元，她卻仍然積欠法院五百四十一美元。

因為所有濫權行為都針對非裔美國人而發，非裔美國人社區對國家制度的信任因此嚴重惡化，和國家制度的配合也嚴重惡化。佛格森警察局沒有伸張正義，而是分發罰單，致使執法的基本功能崩潰。人民看待警察時，抱著懷疑和恐懼的心態。但是，佛格森警方怎麼能夠這樣侵犯居民的憲法權利，卻完全不受懲罰呢？《權利法案》不是要保護佛格森居民的嗎？噢，實際上只保護到一定程度而已。制定《權利法案》的妥協只適用於聯邦政府，不適用於各州，各州最後得到了賦予各州極大自由裁量權的「警察權」，雖然權利法案的文字沒有明文規定，當時有關的各方卻瞭解這一點。美國最高法院一八三三年的裁定，明確地解決了這個問題，指出《權利法案》只適用於聯邦層級法律可以採取的行動。例如，美國憲法第一修正案規定：

> 國會不得制定有關下列事項的法律：確立一種宗教或禁止信教自由；剝奪言論自由或出版自由；或剝奪人民和平集會及向政府要求伸冤的權利。

第四修正案主張：

> 人人具有保障人身、住所、文件及財物安全，不受無理搜索和拘捕的權利；此項權利，不得侵犯；除非有可成立的理由，加上宣誓或誓願保證，並具體指明必須搜索的地點，必須拘捕的人，或必須扣押的物品，否則一概不得頒發搜捕狀。

但是，一八三三年的裁定明確指出，各州可以通過剝奪言論自由的法律，並允許不合理的搜查和沒收，因為他們不受《權利法案》的限制，只有全國性的立法不得制定這種法律。南方各州這樣解釋《權利法案》，主要目的是要確保奴隸沒有「自由公民」所持有的任何權利。

美國南方的分裂企圖，以及在一八六五年南北戰爭結束時遭到挫敗，應該已經為這種《權利法案》的看法，敲響喪鐘。事實上，一八六八年通過的憲法第十四修正案指出：

任何州不得制定或執行任何法律，據以剝奪美國公民特權或豁免權，未經適當法律程序，任何州也不得剝奪任何人的生命、自由或財產，也不得否定轄區內任何人都受到法律平等保護的權利。

然而，美國最高法院一再認定，這條修正案並不超越各州的警察權。一八八五年時，大法官史蒂芬·費爾德（Stephen Field）辯稱：「不論是廣泛而全面的第十四修正案，還是任何其他修正案，都無意干預偶爾叫做州警察權的州權。」

要理解這一切，都必須知道一八七七年後南方救贖期間的背景。第十四修正案是旨在重建南方的三項修正案之一，目的在於推動制度改革，以便結束奴隸制度，保證非裔美國人擁有經濟機會和政治權利。但是，一八七七年時，拉瑟福德·海斯（Rutherford Hayes）總統透過和南方政客達成共識，撤走北軍，結束重建，把原始的浮士德式交易價碼加倍，並且得到選舉人團中的多數票。北軍撤離後，南方獲得「救贖」——重建的方向遭到逆轉，很多舊有的「壓迫」制度改頭換面，重新出現，其中強化種族隔離的「吉姆·克勞法」（Jim Crow law，黑人歧視法）特別惡名昭彰。到一八九〇年，南方各州紛紛重新制定州憲，透過人頭稅和掃除文盲測試，剝奪黑人的選舉權。警力是這種行動的核心力量。北方同意放任南方行動，容忍黑人歧視法，《權利法案》不適用於州議會的「解釋」，對上述交易至為重要。

各州確實為自己的州憲制定「權利法案修正案」，密蘇里州現行州憲的前三十五條，就是由這種《權利法案》構成，但條文在保護公民對抗州權時，沒有聯邦《權利法案》那麼有力。美國司法部的報告清楚顯示，佛格森的市政法規違反密蘇里州的《權利法案》，指出該州《權利法案》第二十九條十六款之一宣布：「未能配合執行正式勤務警察之合法命令或要求，因此干擾、妨礙或阻礙警察執行其職務者」構成違法。司法部的報告發現，根據這條規定提出的很多司法案件一開始時，都是因為警察在沒有客觀跡象顯示某一個人從事不當行為時，命令這個人停住不動。在這種情況下，這種攔停命令不是「合法命令」，因為警察缺乏犯罪行為正在進行的合理懷疑，但是個人不肯停住不動時，還是遭到警察逮捕。

救贖時期在南方創造的這種狀況一直延續到一九六〇年代。一九五三年，民權運動聲勢日增之際，厄爾・華倫（Earl Warren）被任命為最高法院大法官。華倫認定，憲法必須適應正在改變的情勢，跟他志同道合的大法官超過半數；他們認定，不論各州是否有警察權，南方各州採用警察行動，鎮壓和騷擾民權運動人士的做法都違憲。

一九五七年五月二十三日，最高法院第一次表明這種觀點的機會出現：當時警察強行闖入俄亥俄州克里夫蘭居民多麗・麥普（Dollree Mapp）的住宅，麥普在非法的賭博業或「數字業」服務，警察接獲線報，說她家窩藏一位名叫味吉爾・歐格里特力（Virgil Ogletree）的男子。歐格里特力是涉嫌用炸彈攻擊「數字業」競爭同業老闆唐・金恩（Don King，此人後來變成拳王穆罕默德・阿里的經理人）。警察找到歐格里特力——後來證明他無辜受到懷疑，警察也找到一些投注單，還找到一些色情雜誌，但麥普聲稱是前任房客留下來的東西。她遭到起訴，一審以她持有色情書刊為由，判她七年徒刑。麥普一直上訴到最高法院，聲稱沒有合理的理由，懷疑她擁有這種書刊，而且警察沒有搜索狀。最高法院在麥普訴俄亥俄州的案子中，指出美國憲法第四修正案禁止各州進行不合理的搜索，認定：「違反聯邦憲法所做搜索和扣押的所有證據，都不得納入州法院的刑事審判中。」請注意州法院的說法。最高法院接著針對各州的一系列其他行為，主張這些行為儘管符合各州的《權利法案》和相關政治權力的法律，卻違反聯邦憲法。最高法院在一九六三年吉第恩訴韋恩萊特（Gideon v. Wainright）的案子裡，裁定被控重罪的人有權請律師。在一九六四年馬洛伊訴霍根（Malloy v. Hogan）的案子裡，大法官裁定，第五修正案中被告有權「不必自己證明自己有罪」的部分，適用於州法院（美語中「拒絕回答」（taking the fifth）一詞，就是從這個案子而來）。一九六五年，大法官在著名的米蘭達訴亞歷桑那州（Miranda v. Arizona）一案中，裁定州法院不得採信未經宣讀權利被告的供詞。在一九六六年派克訴葛萊登（Parker v. Gladden），以及一九六八年鄧肯訴路易西安那州（Duncan v. Louisiana）的兩件案子裡，最高法院確立了第六修正案保障人民有權在州法院中，得到公正無私陪審團審判的權利。

這些裁定加總起來產生的影響是：促使各州的刑事司法體系必須符合聯邦《權利法案》的規定。然而，佛格森事件卻顯示，要達成此目標，還有漫漫長路要走。

歧視非裔美國人的情形其來有自，而且矛盾的是，就某些人而言，這種情況跟整體美國式自由的創造息息相關。

## 美國的奴隸制度與自由的關係錯綜複雜

奴隸制度是有關聯邦政府影響力辯論中的核心重點。奴隸不但是北美最初十三個殖民地中某些巨富龐大「資產」的一環，而且在新聯邦政治權力應該如何分配的問題中，奴隸的地位還是其中的關鍵因素。歷史學家艾德蒙．摩根（Edmund Morgan）在大作《美國的奴隸制度與自由》（*American Slavery, American Freedom*）中質問：為什麼這麼多制定憲法的建國先賢中，包括華盛頓、麥迪遜和傑佛遜，都是出身維吉尼亞的奴隸主？傑佛遜是美國《獨立宣言》的主要起草人，《獨立宣言》何等康改激昂地宣稱：

> 我們認為下面這些真理是不言而喻的：人人生而平等，造物者賦予他們若干不可剝奪的權利，其中包括生命權、自由權和追求幸福的權利。為了保障這些權利，人類才在他們之間建立政府，而政府之正當權力，是經被治理者的同意而產生的。

這種主張當中，有很多值得注意的地方；例如，重點放在「人人」，而非放在「人民」上。而且更明顯的是，傑佛遜大約擁有六百名奴隸，這樣的他所設想的政府，最後顯然不會在奴隸的「同意」和為他們「追求幸福」的基礎上建立，而是確保他們還要過八十七年沒有權利的日子。

摩根並非只想譴責這些看法的虛偽，而是要瞭解奴隸制度和自由之間的關係。兩者如何共存？白人的自由是否多少植根在黑人非常不自由的事實上？

白人開始殖民維吉尼亞之初，首先是由維吉尼亞公司在一六〇七年建立詹姆斯鎮，當時並沒有進口奴隸的打算，最初設計中最重要的一環是利用原住民，但維吉尼亞殖民地的原住民人數很少。

第二步是利用簽訂主僕契約的英國人，他們簽訂最多服務七年、換取食宿和自由來到南北美洲的權利。維吉尼亞公司試過簽約勞工的做法，卻發現一旦契約工來到該地區，就會變得難以控制，尤其是因為契約工可能逃到開放的疆界外去。更嚴厲地對待他們，也不是很有吸引力的做法，因為這樣會很難再吸引更多的契約工前來。到了一六一八年，維吉尼亞公司改變策略，不再試圖剝削原住民和契約工人，改而採取以鼓勵殖民為基礎的策略，解除他們的勞動契約，分給他們土地；為了提高轉型計畫的可信度，還在新成立的議會中，授予白人政治權利。

但是，殖民地的整個構想在經濟上並不可行，起初殖民者試圖種植本地菸草，但品質不佳。因為跟本地公主波卡洪塔斯（Pocahontas）結婚而聞名的約翰・羅爾夫（John Rolfe）試種來自西印度群島的不同品種，得到的成果優異得多。一六一四年，詹姆斯鎮出口第一批菸草。一六一九年秋季，一艘靠岸的荷蘭船舶為了換取維吉尼亞的補給，交給殖民地第一批大約二十名奴隸。菸草起初遭到維吉尼亞公司強烈反對，最後卻使殖民地繁榮富裕。一六二四年該公司倒閉後，再也沒有人限制居民種植。菸農可以利用契約工種植菸草，但菸農很快新發現，購買奴隸比較便宜。殖民地地方遼闊，很多殖民者變成地主和菸農。土地逐漸被人占滿後，他們對議會性質的想法改變，於是在一六七〇年決定限制選舉權，指出很多對國家確實（country doe）沒有興趣的人，比較有興趣在選舉時製造騷亂，到了擾亂和平的地步，然後在投票時，根據自由決定，準備維護其權利。

另一方面，地主的行為理當比較負責。只不過是一年前，議會才通過「和非故意殺害奴隸有關的法律」，規定：「如果任何奴隸抗拒主人……主人採用極端矯正手段意外致死時，奴隸之死亡得不視為重罪，但主人得……赦免騷擾罪，因為無法假定具有預謀之惡意（僅此一點即造成殺人變成重罪），應該促使任何人毀壞自己的財產。」畢竟，誰會對自己的財產懷有惡意呢？

隨著經濟繁榮發展，有些人變成非常富有，積聚龐大農園，擁有很多奴隸。然而，不只是大型農園主人受惠，比較不富裕的公民也取得土地與奴隸，只是數量少得多。因此，白人之間，得以比較平等地分享菸草和奴隸綜合結構產生的財富。例如，一七〇四年至一七五〇年間，地主在海岸低窪地區，也就是在適合航行水道兩旁，最適於種植菸葉的土地上，擁有的土地平均面積從四百十七英畝（一英畝等於一千二百二十四坪或四〇・四六八公畝），降為三百三十六英畝。同時擁有地產的人數增加了百分之六十六。用更廣泛的眼光來看乞沙比克灣（Chesapeake Bay）地區，遺囑的證據顯示，十八世紀內，這個地區的財富分配穩定地變為愈來愈平等。一七二〇年時，大約百分之七十的人死亡時，遺產價值等於或低於一百英鎊；到一七六〇年代，這種人所占的比率降為只略高於總人口的百分之四十。身家超過一百英鎊的人口也相應增加。過去維吉尼亞議會曾經改變選舉權，排除沒有財產的人；現在改採對這種人友善的政策，降低了人頭稅，還立法改善白人僕人的條件。總之，大部分白人都變成了地主，因此奴隸經濟在白人之間，創造了某種團結意識。事實上，維吉尼亞的奴隸都很窮，而且實際上，所有的窮人都是奴隸。如同英國外交官奧古斯特斯・福斯特（Augustus John Foster）爵士所言，十九世紀初期，維吉尼亞人「可以宣稱，自己無盡地熱愛自由與民主制度，那裡的人民大眾——雖然在其他國家可能變成暴民——幾乎完全由他們自己的黑奴構成」。

這種團結心態也得到美國憲法另一個主要目標的協助，這個目標就是控制人民和人民的政治參與。強大國家在維持秩序、統一市場和提供國防上很有用，但這種國家卻必須在平民過度熱衷參與政治時，免於受到這種人民掌控。因此，透過分權和間接選舉廣泛地分配權力，不只是解決吉爾迦美什難題、消除聯邦國家一意孤行專制焦慮的方法，也是確保國家制度不會受到平民掌控的方法。民眾參與政治的危險嚇壞了聯邦黨人，也嚇壞了財富綁在奴隸和農園經濟上的南方菁英，因此一石兩鳥、限制平民行使政治權力的機會出現，聯邦黨人既可以達成自己眾多目標中的一個，又可以讓南方菁英更容易接受整個計畫，以免他們抗拒聯邦黨人的建國計畫。此外，許多在當時像傑佛遜一樣的菁英，深信連非菁英白人也都有這種看法，因此可以授予他們「若干不可剝奪的權利」和「自由」，卻不必太擔心他們會跟奴隸分享這些特權。因此，出自美國建國過程期間的自由觀念，一方面（對白人而言）很光榮，另一方面（對黑人而言）卻充滿桎梏，後果其實可以預見。

迂迴的美國建國之路

美國憲法設法一舉解決了聯邦黨人面對的重要問題，建立了國家機器，確保權力不會遭到派系或一般人民攫取，從而保障了財產權——這一點對美國菁英而言特別重要，美國憲法也勉為其難地賦予人民基本權利，以便對抗國家的可能濫權，卻也知道連比較貧窮的白人都分享到菁英的很多利益，例如分享奴隸經濟利益。

但是，分權給不同機構和團體有一種風險，就是可能會創造相當多的僵局。這種情形在後來有組織政黨出現時，會變得特別明顯。因為國會參、眾兩院依據不同的規則選舉，某個政黨可能擁有眾議院的多數席次，另一個政黨可能擁有參議院的多數席次，總統則根據另一種方法選舉，在參、眾兩院都可能無法獲得多數票的支持。

然而，這種可能的僵局會使聯邦政府變得更容易被控制，從而使國家機器比較容易接受憲法。但是，其中也有明顯的缺點：憲法的主要目標雖然是創造強而有力、擁有更多能力的中央政府，但這種制度也創造了相當多的無能。無能對社會政策和所得重分配的傷害特別大，因為總是可能有人會反對和攔阻這種政策。這種國家機器優缺點的結合，是聯邦黨人為了滿足本身所有目標，所必須忍受的問題。這種問題應該怎麼處理，是美國優越論在建國過程中留給後人的麻煩。

從某些角度來看，美國的建國過程進行相當順利，聯邦政府的弱勢表示國家機器不會變成專制政府，而且社會很清楚這一點。各州擁有警察權等保證，是起初說服各州菁英批准憲法的關鍵因素，也是後來大致上不阻止各州擴張警察權的關鍵因素。接著，強而有力的紅皇后效應出現，強化了國家的制度。然而，最初的缺點持續存在，以至於到了經濟與社會快速變化的十九世紀和二十世紀期間，國家難以滿足社會日增的需求。

這種弱點最初的一個副作用是缺少收入。聯邦政府靠著新創的聯邦稅制，得以資助華盛頓總統的軍隊進軍賓夕法尼亞州西部，擊潰威士忌叛亂（Whiskey Rebellion），但是憲法中聲明：「不得開徵人頭稅或其他直接稅，除非與人口普查或本法前文所定計數相稱。」因此，聯邦政府不得開徵直接稅，尤其是不得課徵所得稅。憲法一方面給予國家支持，另一方面卻又收回支持，沒有收入的話，聯邦政府怎麼能夠達成施政目標呢？

聯邦政府必須臨時調度，後來這種做法變成公私合營策略，政府依賴民間部門推行和決定很多重要功能的方向，本身的角色限於提供土地、獎勵和若干補貼。例如，政府希望用鐵路線連接美東和美西海岸，自己卻不能修築鐵路。一方面，在南北戰爭前，南方政客封鎖北方人偏愛的路線；另一方面，聯邦政府沒有錢鋪築這條鐵路，因此聯邦政府決定獎勵民間部門修築。一八六二年，林肯總統簽署太平洋鐵路法，不但給予鐵路公司由政府支持的保證貸款，也撥給鐵路公司鐵路沿線的巨量土地。該法第二節給予鐵路公司鐵路沿線兩旁二百英尺的路權，還准許鐵路公司取用修築鐵路所需的任何材料。第三節規定鐵路公司每鋪築一英里的軌道，就給予鐵路公司鐵路沿線兩旁至多五平方英里的土地（一八六四年，鐵路公司獲得的土地倍增）。這種做法為鐵路公司鋪築鐵路創造了極大的誘因，因為一旦鐵路建好，土地會增值，鐵路公司就可以出售土地，獲得可觀的利潤。我們在第一章裡，已經看到聯合太平洋鐵路公司一鋪好懷俄明州的軌道，就創建夏安市，開始出售所有土地。這樣做聯邦政府不需要新支出，因此不必提高稅率。

利用公私合營策略，修築兩洋鐵路，不僅為了讓政府儘量少花錢，也意在約束新萌芽的美國國家機器，讓聯邦政府把重心放在鼓勵民間部門，承作在世界其他地方可能要由政府完成的任務，這樣國家機器可能就不會成長到太大或太有力。這樣也會促使民間部門參與，以便國家巨靈繼續受到嚴密監視。

一八六二年時，跟民間部門合作，提供基本公共服務不是什麼新鮮事，十九世紀美國最具代表性的制度美國郵局，也是根據這種模式建立。早在一七九二年，第一屆美國國會就通過郵政法，創設聯邦郵政服務，而且迅速設法形成結合全國的龐大網絡。郵局很快就變成單一最重要的政府用人單位。一八一六年時，聯邦公務人力中，有百分之六十九的人員是郵局局長；到一八四一年，這個比率提高到百分之七十九，郵局局長人數超過九千人。一八五二年，《紐約時報》把郵局說成是「政府公部門的強大手臂」。但郵局也是採用公私合營制，郵件由聯邦政府補貼的民營驛馬車業者運送，到一八二八年，全美有七百多家民營郵件承包商。這種合營制讓聯邦政府可以在龐大的領土上，建立普遍存在的形象。和人口數相比，美國的郵局數目是當時英國的兩倍，是法國的五倍之多。對於一八三一年進行著名訪美之旅的托克維爾來說，美國郵政服務無所不在是顯而易見的事情。他表示：

> 在這些蠻荒森林中，信件和報紙的流通數量驚人……我認為在法國最開明的地區，都沒有像這塊荒野大地上這麼快速，或這種規模的知識流動。

他也指出，這種流動提供了「心靈之間的重大聯繫」，還「滲透到荒野的中心」。郵局不僅顯示國家的存在和功能，也促進資訊的流通，協助理念傳播，刺激新的理念，促使很多經濟活動——包括專利申請和取得智慧財產權——變得更加容易。經濟史學家佐里納·康恩（Zorina Khan）指出：「美國的鄉村發明家申請專利時，不會碰到重大阻礙，因為申請可以用郵件自由寄出。美國專利商標局也在全國各地，維持寄存庫，讓發明家轉寄他們的專利模型，郵寄資費由郵局負擔。因此，美國工業化初期，最初專利申請件數激增，大都來自農村地區，一點都不足為奇。」此外，到了一八三〇年代，郵局已經變成現代官僚機構，運作和行動都相當具有自主性。

公私合營的模式也表現在聯邦司法體系中。美國司法制度把侵權調查和起訴私人公民的業務，部分委外處理，因此，一九六四年民權法第七章禁止民間部門，根據種族、性別、國籍或宗教為基礎，實施就業歧視時，就不交給政府機構執法，而是委託民間部門根據第七章提出訴訟。這個決定是促使過去五十年內，民間訴訟出現爆炸性成長的主要原因；目前每年大約有二萬件的就業歧視訴訟，是今天聯邦法院中第二大宗的訴訟類別，僅次於囚犯申請釋放申請案。可能裁定發給勝訴原告的龐大損害賠償和律師費，也是鼓勵私人在法院中提起民事訴訟的原因。同樣地，美國企業的侵權行為通常是由民間部門提出集體訴訟來處理，不是由法體系中的官僚機構或檢察官部門負責提告。有一種司法案件把公私合營模式發揮到極致，就是美國法律在處理詐欺政府的案件中，也變成依賴民間訴訟。美國法律根據英國民法中早已不用的、稱為「分享者」（qui tam）的條文，允許民間個人對詐欺政府的當事人提出告訴，原告如果勝訴，可以收到聯邦政府收回金額一定比率的獎金（比率介於百分之十五至二十五之間）。

這種不尋常的司法演變過程限制了聯邦政府的權力（獨立司法權阻礙政府過度擴權）發展出以（至少部分）公民的需求與憂慮為基礎的司法制度，使社會上強而有力的層級比較能夠接受國家機器能力的擴張。司法體系和郵局一樣，在利用一套共同規則，把美國凝聚在一起上，扮演了重要的角色，也使美國向西部擴張成為可能；聯邦政府在人口總數不到五千人的領土上，所做的第一件事情就是由國會任命一位首長和兩位法官。

公私合營得到另一種政治妥協的輔助，就是獲得中央與地方合作的輔助。美國聯邦主義不僅表示聯邦和州與地方政府分權，也把執法和很多公共服務下放到地方主管機關。因此，雖然美國的教育制度依賴公共提供的初等和中等教育，這種教育的提供和實施全都放在地方層級，經費由學區、縣份和州用本身的收入來支應。這種制度的起源可以回溯到憲法第十修正案，這項修正案把提供和控制教育的權力，保留給各州。雖然聯邦政府籌募收入的力量受到限制，各州和地方政府這方面的權力卻沒有受到限制，因此，很多州在共和初期，通過法律，准許轄下的學區課稅，以便籌募地方教育經費。到了十九世紀，這些收入不但用來資助都會區和城鎮的學校，也用來資助鄉村地區的「普通學校」。普通學校有一個明顯的特色，就是由地方出資和控制，以配合地方社區偏好和價值觀的方式，教導國民教育科目。聯邦政府配合公私合營的模式，再度扮演引導和補貼的角色。傑佛遜制定的一七八五年土地條例，把當時西北領地的聯邦土地，劃分為面積三十六平方英里的城鎮，每個城鎮再劃分為三十六區，其中一區的收入另外撥出，作為資助中小學的資金。後來在這些土地上成立的州，因此保有留給學校教育所需資金，後來同樣的安排繼續沿用，更多區的收入另外撥用，孳生收益，作為推展加州與西南地區教育之用。

十九世紀至二十世紀初，學童營養不良問題出現後，就是由城市開始對貧窮家庭的小孩，供應免費營養午餐，聯邦政府後來才出面補貼，並推廣這種計畫，制定一九四六年國家學校營養午餐法後尤其如此。身障學生遭到嚴重歧視、而且身障教育品質惡劣引起公眾注意後，國會在一九七五年，通過「所有身障兒童教育法」，但特殊教育的經費問題，還是留給學區和各州負責解決，他們仍然要承擔超過百分之九十的經費。

我們在所有這些例子裡，都看到受到高度束縛的美國國家機器被迫研擬創意十足的新方法，擴大自己的能力，因應偶爾相當迫切的新挑戰。值得注意的是，美國式的紅皇后效應中，中央政府的弱點卻也是聯邦力量的來源。聯邦政府鼓勵各州發展出新方法，跟社會和地方政府合作，處理這些問題。聯邦政府也不斷向各方保證，安心釋權給聯邦政府，相信聯邦政府會繼續受到約束。因此，聯邦政府在擴大職權範圍之際，仍然維持原始的弱勢，仍然留在自由窄廊中，這樣做可說是創造受制約國家巨靈繼續演進的巧妙方法。但是，正如我們所看到的那樣，這種成就也有重大缺點。

## 我們會克服一切

美國史的標準說法有著重大缺陷，不只是對憲法的妥協和架構的不公不義後果視而不見，也忽視社會動員和紅皇后在每一個轉捩點上扮演的重要角色。誠如我們所見，憲法和《權利法案》不是好心菁英的恩賜，而是菁英和人民角力的結果，如果沒有這種持續不斷的鬥爭，憲法和《權利法案》會像為了烏魯克城的自由所創造的恩奇都一樣無法發揮效果。

要說明這一點，最好的案例是民權運動的行動和成就。這個運動最著名的成果可能是一九六四年的《民權法案》，以及一九六五年的《選舉法案》。民權運動從一九五〇年代開始推動和凝聚志士後，發明了一套對抗南方各州歧視政策的策略，到當時為止，南方各州仍然在不受《權利法案》的影響下，過著安然無恙的日子。起初聯邦政府試圖保持中立，只在公共秩序普遍惡化時，被迫斷然干預。然後民權運動開始強化行動，迫使聯邦採取行動。其中一個策略叫做「自由乘車者」：由不同種族混合的團體違反南方的種族隔離法，搭著州際巴士，川行南方各州。一九六一年五月，暴徒在阿拉巴馬州各地攻擊自由乘車者，造成極為嚴重的破壞，以致司法部要求該州首府蒙哥馬利市（Montgomery）的聯邦地方法院介入。甘迺迪總統的弟弟、擔任司法部長的羅伯·甘迺迪，下令六百位聯邦法警，馳援蒙哥馬利，保護自由乘車者。但是，甘迺迪政府的初衷是避免干預，設法破壞民權運動志士的團結，其中一個例子是「選民教育計畫」。這個計畫的目的似乎是要引導民權運動人士，採行甘迺迪認為比較沒有破壞性的行動。民權運動人士受到啟發，就在一九六三年，發起破壞阿拉巴馬州伯明罕市（Birmingham）種族隔離法律的計畫，意圖誘發極為強烈的反應，促使聯邦政府必須採行更有系統的干預。如同民權運動志士洛夫・艾伯內西（Ralph Abernathy）所言：

> 今天晚上，全世界的眼睛都看著伯明罕，羅伯・甘迺迪正在看著伯明罕，美國國會正在看著伯明罕，司法部正在看著伯明罕。你們準備好了嗎？你們準備好要挑戰了嗎？……我已經準備好要進監牢了，你們也一樣嗎？

最具爭議性的事件是一九六三年五月二日的「兒童十字軍」行動，有六百名兒童遭到逮捕，最小的才只有八歲。甘迺迪總統別無選擇，只能斷定：「伯明罕和其他地方發生的事件，極度提高了追求平等的吶喊，沒有一個城市、一個州或立法機構，能夠審慎地選擇忽視這些吶喊。」到了下一個月，他提出後來變成一九六四年民權法的法案，不但成為恢復非裔美國人政治力量的開端，也成為對抗流行於南方、卻不限於南方，歧視非裔美國人的經濟與社會規範的開始。

民權運動並未就此打住，這個運動的下一站是阿拉巴馬州的塞爾瑪市（Selma）。一九六五年一月開始，民權運動志士開始一場持續運動，強調黑人的基本權利、尤其是投票權遭到侵犯。三月七日，大約六百名志士從塞爾瑪進軍蒙哥馬利時，遭到當地執法人員攻擊，造成十七名行軍志士住院，另外五十人接受較輕傷害的治療。這時甘迺迪總統已經遭到暗殺身亡，詹森繼任總統。詹森加強聯邦政府在南方的干預，當地聯邦法官法蘭克・詹森（Frank Johnson）裁定：「法律明確規定，大型團體可以行使向政府請願，以便糾正不平的權利……而且這種權利可以透過行軍來行使，甚至可以在公共公路上行使。」

就像伯明罕的示威為民權法鋪下坦途一樣，進軍塞爾瑪為一九六五年的投票法清除了障礙，廢除了很多過去用來取消非裔美國人投票權的詭計，尤其是文盲測驗和人頭稅。進軍塞爾瑪行動發生一星期後，詹森總統發表他著名的〈我們一定會勝利〉演說，他開宗明義地說：

> 我今晚要為人類的尊嚴和民主的命運發聲……歷史和命運不時會在特定時間和單一地點交會，為人類無盡無止的追求自由行動，塑造轉捩點，過去在雷克辛頓（Lexington）和康可德（Concord）如此……上週在阿拉巴馬州塞爾瑪一樣如此。

詹森總統把民權運動比喻為麻省「愛國者」發動的美國獨立戰爭，他說得對，兩次事件都是社會對抗專制主義的反應。詹森的演說透徹說明美國國家巨靈遭到束縛的本質，不只是某種明智憲法架構的問題，而是極為依賴社會動員和自信成長。

## 美國在自由窄廊中的日子

隨著挑戰的性質改變，美國國家巨靈承擔的責任愈來愈多，偶爾甚至暫時掙脫當初原始弱點的限制，就像民權運動一樣，這樣做經常是為了反應社會的需求。

「進步時代」（Progressive Era）[1]是象徵紅皇后效應具有變革力量的一個轉捩點，當時聯邦政府加強因應新的需求，社會和制度變化之際，同時強化了社會對國家的約束。十九世紀裡，尤其是南北戰爭後，聯邦政府創造了經濟機會和全國統一的市場，促使美國經濟快速工業化和成長，形成不平等的社會，少數公司經常主導一切，自身也從中受惠，知道怎麼運用制度的公司尤其如此。因此，馬克．吐溫把一八七〇年代至二十世紀初期間，形容為「鍍金時代」，這個時代見證了巨型企業主宰本身所屬部門，甚至主宰整體經濟。這些「強盜大亨」在康尼流斯．范德比（Cornelius Vanderbilt）和傑伊．古德（Jay Gould）等鐵路大亨、約翰．洛克菲勒（John D. Rockefeller）與安德魯．卡內基（Andrew Carnegie）等實業家和摩根（John Pierpont Morgan）之流金融家領導下，不但大量投資，推動經濟擴張，也一貫地濫用自己的經濟與政治力量，積聚無可比擬的財富。這樣確實是成長，卻是很不平等地成長。十九世紀的美國制度無法負起責任，管制這些有權有勢卻不道德的人，也不能管制他們所擁有、當時通稱「托拉斯」的企業，使情況更加惡化。

美國國家巨靈為了因應經濟與政治狀況的變化，起而強化本身管制這種獨占事業的能力。首先在一八八七年，制定州際商業法，這是走向國家管制工業的第一步，接著是制定一八九〇年的謝曼反托拉斯法、一九〇六年的赫本法和一九一四年的柯萊頓反托拉斯法。老羅斯福、塔虎脫和威爾遜連續三位行動派的總統，利用這些法律，打破壟斷。塔虎脫總統不但起訴這些托拉斯，也在一九一三年，提議制定第十六修正案，推出聯邦所得稅，改變了美國經濟的面貌。

變得強大的並不僅有國家機器，社會也變得更有力量。上述法律和行動派總統能夠當選，也是進步運動促使民眾提高動員力量的結果，因為進步運動把不滿的農民和都會中產階級召集在一起，對這個時代的政治發揮強大的影響力。包括號稱「扒糞專家」新聞記者在內的媒體，藉著揭發強盜大亨的濫權

1【編註】指美國歷史上一八九〇到一九二〇年代。此時期美國社會出現大量的政治與社會改良運動。

行為，揭發他們操縱政治以便謀求私人利益的做法，開始在影響公共政策方面，扮演更積極的角色。重大制度改革了社會對抗國家和政治菁英的力量，一九一三年的第十七修正案廢除了參議員由州議會選舉的規定，推出直接選舉，開始削弱強盜大亨對立法機構的超大影響力，一九〇六年，大衛．菲立普斯（David Graham Phillips）在《大都會》（*Cosmopolitan*）雜誌中刊出的「參議院的叛國」系列專文中，對這種情形有著精彩的諷刺性描述。

小羅斯福總統任職期間，中央政府的能力擴大，在經濟體系中扮演的角色加強，這種情形是為了再度因應新經濟狀況造成的全新緊急狀態，也就是因應現代期間最嚴重的經濟衰退——經濟大蕭條。小羅斯福總統的新政從加強管制銀行開始做起（利用一九三三年的緊急銀行法、證券法，尤其是利用新創的聯邦存款保險公司，保障小額存款，以便防止擠兌），政府也設立公共工程管理局和田納西流域管理局，大幅增加政府的公共工程支出，另外還新設農業調整管理局，以便支撐農產品價格和農地所得；現代版的社會安全制度是在一九三五年設立，食物券計畫是在一九三九年開始推動，兩者一直是後來美國福利政策的主流項目。小羅斯福總統也簽署了一九三五年的國家勞工關係法，創建複雜的官僚體系，執行這項法律，調查企業是否遵守該法，並在企業違法時，提起告訴（不過，就如同我們所見，後來的民權法第七章等法律，都避免採用這種方式，而是回歸公私合營模式）。

後來，詹森總統藉著推動「大社會」計畫，帶領美國政府，同樣大幅擴張聯邦政府在經濟體系中的角色。詹森總統在一九六四年發表國情咨文演說時，宣布「美國政府今天在此地，即刻對美國的貧窮發動無條件的戰爭」，說明「反貧窮戰爭」計畫的主旨。

「反貧窮戰爭」也是為了因應兩大原因造成的社會變化——美國很多地方的貧窮比率長期居高不下，同時白人和市中心社區大多數黑人居民之間貧富差距日益擴大。人們認為，這種經濟狀況已經變成犯罪率升高的主因。一九六四年至一九六五年間，紐約市、羅契斯特、芝加哥、費城都爆發大規模的暴動，洛杉磯的暴動尤其嚴重，大幅提高了這種憂慮的急迫性。大社會計畫除了擴大羅斯福總統「新政」計畫的規模外，還把其中的社會安全和食物券計畫改為永久實施。此外，大社會計畫增加了殘障保險給付和涵蓋範圍，也在雄心勃勃的一九六四年經濟機會法的架構下，為弱勢青年創設職業訓練方案，並創設社區行動機構，擔負協助貧窮公民的任務。公共出資的美國兩人長期醫療保健計畫支柱——老人的聯邦醫療保險（Medicare）和接受福利給付人士的醫療補助計畫（Medicaid）——都是根據一九六五年社會安全法創立的計畫。最具創新意義的計畫大概是教育計畫，包括提供窮人子女學前教育的先發計畫，為地方學區協助非英語家庭子女而制定的一九六八年雙語教育法，以及巨幅擴大聯邦對大學和出身貧窮大學生的援助。

雖然社會動員促使聯邦政府能力的可觀成長，憲法的架構卻繼續影響其中部分計畫的發展方式和結果（雷根總統就開過反貧窮戰爭的玩笑：「聯邦政府對貧窮宣戰，結果貧窮戰勝。」）例如，考慮一下小羅斯福總統的旗艦社會安全法，新政實施前，美國都未能發展出任何基礎廣大的社會保險政策；英國卻早在一九〇六年，就向著這個方向發展；德國甚至更早，在一八八〇年代就這樣做。民間退休金計畫在美國確實存在，但滲透到勞動力的普及率卻不到百分之十。大部分人退休後都必須依靠家人或可能留下的少少儲蓄養老。政府的確有提供退休金，供養退伍軍人和他們留下的寡婦；一九二八年時，這種人占領取退休金人口總數的百分之八十五。社會安全法的核心項目是強制性養老金制度，該法第一節表示：

為確保每州依據本州狀況，儘量切實提供貧窮老者財務協助，本法特此授權在一九三六年六月三十日截止的會計年度內，撥款四千九百七十五萬美元，並特此授權其後每一會計年度，都撥出足夠執行本章目的之款項。

因此，各州處於此一行動的核心，該法明訂你在退休時應該領多少錢，金額視個人退休時的薪資而定，但無論如何，每月可得金額不得超過八十五美元；這筆錢金額很少，大約是當時平均薪資的一半，卻代表政府對普遍福利計畫的驚人承諾。諷刺的是，社會安全反而使民間退休金更能吸引企業，因為對較高薪、較高技術的員工來說，政府退休金應該不夠用，企業可以針對這種員工，推動民間退休金計畫。事實上，在社會安全法實施前，民間企業不願只對較高薪員工、而不同時對全體員工，推動退休金計畫；但是，對雇主而言，提供所有員工退休金，成本一定會很高昂。社會安全法通過後，低薪員工可以獲得退休金，企業對較高薪員工推動民間退休金的難度降低。如同全國乳品製造公司發言人所說：「我們注意到的第一件事，是我們的所有員工中，只有一千二百人所得超過三千美元。實際上，這一千二百人中，每一個人對公司的未來發展、如何勝過競爭者，都有實質影響……因此，我們決定……不為薪資低於三千美元的雇主或員工在退休金計畫中繳錢，我們要讓社會安全稅務計畫照顧薪水低於三千美元的人。」

實際上，很多企業搭新政策的便車，把這種退休金支出視為像薪資一樣的費用，享受扣抵稅額的好處。員工的這些退休金給付，以及自行提撥金額的一定限度，可以租稅緩課，把稅負轉移到未來，到退休領取退休金時，才當成所得一樣課稅。政府在推出全面的公共退休金之際，同時補貼民間退休金。此外，高薪員工會因為所得太高，實際上無法從社會安全中受惠，因此，實際上付諸實施的是一種雙軌制的基礎，而非全面的公共退休金制度。可以預見的是，社會安全制度推出後，民間退休金的覆蓋率快速上升，從占勞動力百分之十以下的比率，升高到一九七〇年代的百分之四十。確實如此，公共退休金制度從一開始就很不普遍，因為南方政客對小羅斯福總統施壓，把農業和家庭幫傭工人排除在外，避免給予非裔美國人這種福利。

如果說美國在退休金制上，跟其他已開發國家並不相同，那麼詹森總統雖然推動過大社會計畫，但美國在醫療保健方面，跟其他已開發國家更是大相逕庭了。在這個領域中，完全沒有像社會安全一樣的制度，事實上，唯二普遍的政策是老人的聯邦醫療保險，以及若干層級窮人的醫療補助計畫。此外，大多數美國人都是透過雇主，利用政府巨額補貼的民間健保，得到醫療照顧。因此，公私共生的模式在健保方面，甚至更偏向民間傾斜。國家能力雖然加強，公私合營模式和國家受到的限制，卻也影響其他領域中的國家行動，說明美國為什麼會這樣推動第二次世界大戰的動員，也說明美國為什麼會這樣打冷戰，這也是哈利波頓（Halliburton）和黑水（Blackwater）等包商企業會在伊拉克戰爭中扮演爭議性角色的原因。還有一件事值得提起，就是史諾登以爆炸性的方式，揭發美國國家安全局祕密搜集資料的弊案時，身分是美國中央情報局的民間包商。

## 誰在六十六號公路上找到刺激？

公私合營模式中比率的變化，優於美國長期提高國家機器的能力，卻也表示美國在處理好幾個重大問題上，會特別無能。今天美國面臨的很多迫切挑戰，從貧窮水準居高不下、缺少醫療保健（用其他富國的標準來看）到犯罪率（和其他國家相比，犯罪率可說是超高）以及公民得不到足夠的保護（在密蘇里州的佛格森，以及作者之一居住的芝加哥海德公園區，這一點很容易看出來），起因都是建國過程中遭到綁手綁腳。

看待麥克・布朗遭到殺害的案件時，必須從佛格森可悲的警民關係說起，看成是很多事情造成的錯綜複雜結果，但這種情形在很多貧窮的少數民族都會社區卻很常見。每一個地方的這種地區都有同樣的問題，住了高得不成比例的少數民族，就業和經濟機會比美國其他地方少，貧窮比率遠高於正常水準，公共服務的供應嚴重不足，犯罪率超高，槍械犯罪和殺人案件尤其如此。最後這一點是警民關係緊張的原因之一。美國平均每人都擁有一把槍——這樣就是三億多支槍了。人民擁槍比率第二高的國家是葉門，不過葉門每個人大約只擁有半支槍。其他國家擁槍數字要小得多，以英國和中國來說，每二十個人大約才擁有一支槍。美國的槍枝實在太氾濫了，以至於漫溢進社會各個角落，包括進入本身就有重大社會問題的貧民區。槍枝橫流的後果之一是警察很害怕，都會先開槍再問問題。他們有理由害怕，聖路易市是二〇一五年的美國謀殺之都，巴爾的摩和底特律緊跟在後，分居第二和第三名。那一年裡，聖路易每十萬人中，有五十九人遭到謀殺，表示全年發生了一百八十八件兇殺案；相形之下，全美每十萬人中，平均有五個人死於兇殺案，比率大約是西歐國家平均值的五倍。

美國的兇殺案中，大約三分之二案件涉及使用槍械。美國槍枝數字超高、槍械在兇殺案中扮演的角色，和憲法及憲法第二修正案直接相關，因為第二修正案保證「人民有權持有和攜帶武器」。如今變成攜帶「火器」武器的權利，得到最高法院無窮無盡的肯定，不顧槍枝屠殺了多少無辜人民的事實。近在二〇〇八年，最高法院在哥倫比亞特區訴海勒案子中，撤銷了華盛頓哥倫比亞特區意在限制人民取得火器，以及家裡合法持有槍械子彈不能上膛的法律。最高法院首次肯定擁有武器跟民兵成員資格絕對無關，而是為了自保。第二修正案的原始文字意在維持聯邦政府的弱勢，卻留下很長的暴力和死亡痕跡。值得注意的是，隨著時光流逝，第二修正案的範圍繼續擴大，反映人民注重個人自保（而非由中央政府負責保護）的普遍感受，也反映民間利益團體和組織的角色——這裡指的是全國步槍協會（NRA），實際上，該協會反對美國實施任何形式的槍械管制。

但是，美國特殊的建國之路在佛格森造成的附帶損害，並非始於槍械暴力，也不會終於槍械暴力。佛格森並非總是種族緊張的熱點，佛格森過去是中產階級居住的郊區，居民不是非裔美國人或其他少數，而是相當富裕、住在獨棟住宅的白人。一九七〇年時，佛格森的人口中，黑人所占的比率不到百分之一。事實上，一直到一九六〇年代，佛格森都是美國不自由象徵之一的「日落城市」，也就是天黑後禁止非裔美國人進入的城市。就像我們在第二章中所指出的那樣，從芝加哥通到洛杉磯的六十六號公路，是象徵個人自由的著名標誌，但是這條公路經過的縣份中，有一半縣份都有「日落城市」，由納京高（Nat King Cole）和恰克·貝利（Chuck Berry）唱紅的名歌〈在「六十六號公路」上找樂子〉中，提到的第一站聖路易，就有很多座「日落城市」，其中的佛格森就用鐵鍊和建築材料，封鎖通往鄰近主要黑人社區京洛克（Kinloch）的主要道路，只在白天開通另一條道路，讓（黑人）管家和幫傭進入佛格森工作。然而，一九七〇年後，佛格森市的黑人人口快速成長：到一九八〇年，黑人占佛格森人口總數的比率已經升到百分之十四；二〇〇〇年，升到百分之二十五；二〇一〇年，更升高到百分之五十二；今天的比率則是百分之六十七。這種快速變化反映美國都會區一些很常見的動態，要瞭解誰從中獲利、要瞭解布朗遭到射殺時的佛格森情勢，瞭解這種動態十分重要。

我們要回顧一下佛格森在一九三〇年代變成黑人城市的故事。到目前為止，我們已經看到，「新政」這種進步時代的國家政策開創了社會安全法等措施，試圖創造全面性的社會福利政策（但是，在面對南方各州的抗拒下，這種做法並不成功）。不過，政策失靈的故事並非只和各州有關，聯邦政府不但沒有提出進步的政策，反而推行退步的政策。跟佛格森最相關的例子是聯邦住宅管理局（FHA）。聯邦住宅管理局是根據一九三四年國家住宅法創設的機構，目標很遠大，是提供房貸保險，鼓勵銀行提供房貸的機構，如果你跟銀行申貸了一筆房貸，卻無法還款，聯邦住宅管理局會出面還清餘額。這樣做承擔的風險顯然有大有小，聯邦住宅管理局考慮到這種風險，因此在一九三六年的承保手冊中，納入一份「住宅安全地圖」。由屋主貸款公司（Home Owners' Loan Corporation）製作的這份地圖，把都會區劃分為A、B、C、D四區，A區代表最理想的社區，D區最差。在地圖中會用紅筆畫出界線，從而開啟了「畫紅線」的做法（參見相片插頁中畫了紅線的重製聖路易地圖），畫紅線從此成為代表種族歧視的通稱，D區的涵義毫不含糊。承保手冊中有一節清楚說明如何「免於不利影響」，第二二八節主張利用「權狀限制」避免這種不利影響。下一節指出：「自然或人為建立的障礙在保護社區、避免……不利影響方面確實有效」，特別是能夠防止「不和諧種族團體的『滲透』」。此外，估價師評估一個地區時，「應該調查該地四周的地區」，以便判定有無不相容種族……群體存在」，因為他們自然必須評估「該地遭到這種團體入侵的可能性」。就好像這樣說還不夠清楚似的，手冊進一步指出：「一個社區如果要維持穩定，其中的房地產一定要由相同的……種族階級居住。」

實際上，D區當然大致上是黑人社區，居民不能替他們的房子，拿到聯邦住宅管理局的貸款保險，因此非裔美國人拿不到房貸。有關機關也採用輔助策略，確保非裔美國人不能在A區買房子，住進大致上屬於白人的郊區住宅。這些策略包括明確的「權狀限制」，禁止居民把自己的房地產賣給黑人。

這些措施的淨效應是大大強化了住宅的種族隔離。到一九四七年，聯邦住宅管理局被迫減少手冊中種族主義的文字；到一九四八年，最高法院裁定明顯帶有種族主義的契約違憲。但是，歧視黑人的其他做法繼續存在，聯邦調查局最近報告提供的證據，證實唐納．川普的不動產公司在出租公寓時，歧視有意承租黑人租戶的說法。這份報告引述一位前門警重述上司的指示，說：「如果有黑人來（布魯克林）海洋公園大道二千六百五十號，詢問承租公寓的事情，而他，就是說（下文經過編輯）他當時不在場……我應該告訴他，房租是實際數字的兩倍，好讓他租不起。」

顯然針對少數民族畫紅線和其他歧視做法，留下了很長的陰影，即使到了今天，你還會發現，一九三〇年代所製地圖上的界線處，社區的種族分布上還有很不連貫的地方。一九七四年，聯邦第八巡迴上訴法院三位法官小組做出下列結論：

> 聖路易大都會區的住宅隔離……大致上是不動產業、聯邦、州與地方政府機構在住宅市場上，刻意推動種族歧視的結果。

隨著D區人口增加，超過住宅單位的供應數量後，少數幸運的非裔美國人設法在原本的純白人社區，甚至在「日落城市」中，買到房子，打開「教唆出售房地產」的大門，房地產掮客警告社區中的白人住戶，這個社區即將變成黑色，他們的房地產會變成一文不值，嚇唬白人以超低價賣掉房子。這種手法可以快速地把城市由白變黑。佛格森從一九七〇年代開始，走上這條路，隨後公共服務的供應開始崩潰，把這個城市向貧民區的方向推去。愛德爾．艾倫（Adel Allen）是最早在聖路易另一個白人社區柯克伍德（Kirkwood）買到房子的黑人，他回憶自己剛剛搬來時的情況：

> 我們每小時有巡邏，我們的街道掃得很乾淨，每個月會掃一次，我們的垃圾定時搜集，慎重處理，路燈總是合乎標準，所有的服務都是這樣——街上有雪的時候，都會剷除，如此不一而足。

但是，隨著社區人口結構改變，這些服務消失了。

> 我們現在是全市路燈制度最不足的地方……現在市內其他地方的人想丟掉車子時，會把車開來我們的街道上丟棄……他們正在把我們這裡變成貧民區。現在建築物維護得比白人住的時候還好，城市服務卻少得多。例如，我相信市內其他地方現在要被迫接受人行道，我們卻在乞求設人行道。

佛格森大致上就是出現這種狀況，以布朗死亡前八天才畢業的諾曼地學區為例，那裡的教育品質其差無比，以至於在二〇一三年，遭到州政府取消學區資格。

美國聯邦政策具有束手束腳的本質，政府因而被迫採用公私合營模式，即使在沒有必要時，也要依靠地方主管機關，這種情形也產生其他不利影響。以醫療保健為例，美國的醫療保健支出占國民所得的比率，比「富國俱樂部」的經濟合作發展組織的平均水準，大約高出百分之五十，得不到醫療保健服務人口的比率卻最高。根據經合組織二〇一一年的計算，大約百分之八十五的美國人，得到「一套涵蓋核心服務的健保保障」，其中大約百分之三十二由公共保險負責，百分之五十三由民間保險負責。就健保涵蓋人口的比率而言，連墨西哥都勝過美國。要調和居高不下的支出水準和低落的保障比率時，必須注意美國的支出分配更不平等，成本控制卻比經合組織其他國家差得多。這兩點都是美國特有的公私合營模式造成的結果。根據估計，歐巴馬總統推動健保改革前，一九九八年內，美國薪資最低的百分之二十勞工中，只有百分之二十四的勞工享有健保保障。給付偏向高薪勞工的退休金制度也受到相同問題的困擾：同樣在一九九八年內，薪資最低的百分之二十勞工中，只有百分之十六的勞工得到民間退休金的保障；薪資最高的百分之二十勞工中，得到民間退休金保障的比率卻是百分之七十二。歐巴馬總統試圖推出公共健保保障，好讓人民得到低成本的健保時，卻遭到過度依賴公共服務的指責，因而無功而退。因此，即使美國試圖推動全面健保保障時，都不能過度偏離公私合營的模式。

這種公私合營模式最後也把政府補貼的好處，直接轉移給最富有的美國人。二〇〇〇年時，美國財政部計算過，退休金和健保制度中包含的租稅補貼每年總額為一千億美元（表示如果取消補貼，政府會額外收到一千億美元的稅收）。這些補貼當中，有三分之二由最富有的五分之一美國人分享，只有百分之十二由底層百分之六十的美國人分享。公私合營模式根本遠比全面模式更加不公平，但美國國家機器的組織方式不容許全面模式的存在。

## 我們為什麼不能隨時搜集所有信號？

事後看來，我們或許可以瞭解為什麼美國獨立後，罩在美國國家巨靈上的枷鎖和妥協，會削弱國家機器，迫使國家推出別具創意、偶爾還不尋常解決之道，處理新問題和擴大國家能力。比較讓人驚訝的是，同樣的結構也曾經使國家在其他領域中過度有權、變得更難控制。這種矛盾結果的根源是新的安全挑戰出現、國家的國際角色日增，使美國政府必須承擔更多責任，美國政府套在憲法創造的緊身衣中，要這樣做並不容易，必須臨時想方設法，避開民眾注視和美國制度的控制，建立這些能力——這樣做正是解開巨靈身上枷鎖、自尋煩惱之道。

聯邦調查局及其局長胡佛的故事，清楚說明了這種矛盾的發展。美國司法部是在一八七〇年創設的，職責是維護法律和打擊犯罪，包括打擊反美的犯罪，手中卻沒有警力可以動用。老羅斯福總統之前的總統和司法部，受到公私合營模式的限制，必須依賴民間企業平克頓國家偵探社（Pinkerton National

Detective Agency）作為國家的警力，偶爾甚至以之充當國家的間諜。老羅斯福總統把建立聯邦警察部隊，當成推動更廣泛建國過程的一環，他的司法部長查爾斯・薄納帕（Charles J. Bonaparte）於一九〇八年，要求國會准許撥款，建立警力，眾議院直接拒絕他的請求。紐約州共和黨眾議員喬治亞・華爾多（George E. Waldo）的說法總結很多眾議員的恐懼：「如果這個國家像俄羅斯一樣，出現這種大型中央祕密情報局，會嚴重打擊自由和自由制度。」

聯邦政府在應付其他事項的限制時，典型的做法是尋找一種安排，安撫擔心國家權力日增的人，但這次卻沒有這樣做。薄納帕不理國會的拒絕，乘著國會休會期間，動用司法部的經費，新設了一個調查部門，事後才通知國會，保證新的局署不會變成祕密警察。但是，老虎已經出籠，胡佛開始出頭後，老虎再也沒有回到牢籠裡去過。

一九一九年，胡佛出任司法部總情報部門首長，負責偵監「國家的敵人」。這時，總情報部門擁有的探員和線民已經超過一百人，可以逮捕遭到顛覆罪指控的人。胡佛跟司法部長米契爾・巴爾默聯手，列出一長串名單，上面都是共產黨徒、無政府主義人士、社會主義人士，以及他認為有顛覆性的人士，尤其是移民中的這種人。在胡佛安排的所謂「包爾默突擊」中，有數百人因為他們的政治觀點，遭到驅逐出境。一九二四年，胡佛升任調查局長，擔任局長到一九七二年過世為止。這段期間裡，他主持這個一九三五年改名為聯邦調查局的單位巨幅擴大人事和權力，把聯邦調查局變成不受國會、法院、甚至不受總統節制監視大眾的部隊。聯邦調查局在胡佛主持下，根據人民的政治立場，竊聽了數以萬計的美國公民和其他人士，包括馬丁・路德・金恩博士、麥爾坎・X（Malcolm X）和約翰・藍儂（John Lennon）；直接偵監蘇聯和中共領袖（該局組織章程明文禁止這種事情）；甚至過分到破壞多位美國總統的權力和威信。一九六六年至一九七一年間，聯邦調查局推動的反情報計畫（COINTELPRO），是該局祕密活動的巔峰。這個計畫的目標是監視、滲透、詆毀，或以其他方式，摧毀各種國內政治團體和組織，包括反越戰運動策畫者與積極分子、民權運動、各種黑人組織和其他各種左翼團體領袖，這些團體絕大多數都是非暴力組織。金恩博士就是在這個計畫的支持下，遭到竊聽、公開詆毀，甚至用匿名信，鼓勵他自殺。

一九七五年，參議員法蘭克·邱池（Frank Church）主持的邱池委員會，受命調查聯邦調查局和其他機構的濫權行為後斷定：

> 情報界的國內活動經常違反特定的法律禁令，侵犯美國公民的憲法權利，經常無視於情報計畫中涉及的法律問題。在其他情況中，他們刻意不顧這些問題，因為他們相信情報計畫有益法律並不適用的「國家安全」利益……即使所有目標都曾經涉及暴力活動，他們使用的很多技巧仍然不容於民主社會，但「反情報計畫」遠遠超過這種界線……該局進行的自命正義複雜行動，直接目標是阻止人民行使第一修正案的言論與集會結社權利。

祕情機構偷偷擴權，卻不對任何人負責的做法，並非僅限於聯邦調查局一個單位，從戰略情報局（Office of Strategic Services）和戰略情報處（Strategic Services Unit）兩個單位化身而來的中央情報局（CIA）於一九四七年成立，也秉承前身在二次大戰期間的間諜、搜集情報與分析、反情報和其他祕密活動的任務。然而，中情局從一開始，所負的使命和偵監責任就定義得不清楚，中情局曾經參與多次對抗外國政府的政變，中情局這樣做時，美國政府其他部門既不知情，也無法控制。這種案例包括發動政變，成功地推翻外國政府透過民主制度選出的領袖，如一九五三年推翻伊朗總理穆罕默德·摩薩臺

（Mohammed Mosaddegh）、一九五四年推翻瓜地馬拉總統哈科沃・阿本斯（Jacobo Árbenz）、一九六〇年推翻剛果首任總理帕特里斯・盧蒙巴（Patrice Lumumba）、一九七三年推翻智利總統薩爾瓦多・阿葉德（Salvador Allende）。中情局也涉及多次失敗的政變陰謀，包括敘利亞、印尼、多明尼加共和國、古巴和越戰前的南越政變。雖然中情局理當不該針對美國公民，採取行動，卻也從事國內竊聽和「非常規引渡」，把涉嫌恐怖主義的個人「法外轉移」到祕密監獄或到可能遭到刑求的國家。

雖然軍方一直是美國大眾最信任的單位之一，但隨著美國介入外國事務和涉入冷戰和反恐戰爭的程度加深，軍方的角色和權力也跟著擴大。所有這一切發展，幾乎完全避開社會和立法部門的監視。雖然艾森豪總統（Dwight D. Eisenhower）曾經下令中情局，從事反對外國政府的若干行動，他卻在一九六一年一月的告別演說中，表示擔心美國軍方不受制約的權力，尤其擔心軍方和武器設備供應商聯手的問題。他預測：

> 我們必須防止軍工複合體有意或無意之間，取得不必要的影響力，這種權力誤置和提高的慘劇確實可能存在，而且會持續存在。我們絕對不能讓這種複合體的力量，危害我們的自由或民主程序。任何事情我們都不應該當成理所當然，只能靠著公民的警覺和知情，才能迫使超大的工業與軍事國防機器，跟我們的和平方法與目標正確結合，確保安全與自由共存共榮。

說得好。但是，如果全體公民不知道聯邦調查局、中央情報局或軍方在做什麼，我們該怎麼辦？

因此，美國國家安全局的竊聽計畫遭到揭發，應該視為軍方和安全部門，逃避政府其他部門或整個社會的監督與監視，繼續擴權趨勢的延續。史諾登揭發的資訊指出，美國國家安全局利用從網際網路伺服器、衛星、水底光纖電纜，到電話紀錄等多種不同媒體，搜集外國人和數百萬美國人的情報，這些外國人當中，甚至包括德國與巴西等美國盟邦的領袖。美國國家安全局擴大搜集資料的任務似乎大都於二〇〇五年至二〇一四年間，在該局局長基斯・亞歷山大（Keith Alexander）的監督下進行，這種精神失常的做法，可以從他的疑問中清楚看見：「我們為什麼不能隨時搜集所有信號？」

美國國家安全局這種一敗塗地做法十分諷刺，該局似乎明顯而極度跨越應有的界線，違反憲法，搜集對美國公民不利的資訊。該局這樣是在利用扭曲的公私合營模式，依賴現值包商，並強迫AT&T和威訊無線（Verizon）等電話公司，以及谷歌、微軟、臉書和雅虎等科技巨擘分享顧客的資料（或得到這些企業的合作）。

## 矛盾的美國國家巨靈

大家可能忍不住會把美國國家巨靈的崛起，看成是一則成功的故事——社會致力追求自由，憲法高舉權利和保障，國家機器誕生時帶著枷鎖，而且因為受到沉重的枷鎖束縛，一直留在自由窄廊中發展，成為紅皇后逐漸為國家加持，提高國家影響力和能力，卻沒有掙脫社會和立國憲法所施加限制的案例。我們甚至可以主張：美國的故事在如何平衡國家與社會權力方面，有很多可以教導其他國家的地方。但是，我們也看出，這樣樂觀解讀美國歷史，忽略了兩個重要的因素：第一，美國國家巨靈創造的自由大部分起源於社會的動員，這一點跟憲法的巧妙設計一樣重要；如果沒有經過動員、自信滿滿、又桀驁不馴的社會，憲法的保障極可能會歸於空談。第二，憲法的結構固然重要，卻也有黑暗面。憲法引進的妥協使聯邦政府不能也不願保護公民，對抗地方專制主義、對所有公民平等執法，或像其他富國所做例行公事那樣，對所有公民普遍供應高水準的公共服務。聯邦政府的這種怠惰出現例外時，都是由社會動員所引爆，偶爾還是社會中遭到歧視、屬於弱勢的族群所引爆。然而，矛盾的是，在憲法創造的國家機器弱勢和無能之外，國家機器的其他層面卻在超出社會——甚至超出政府其他部門的視界之外發展，變得愈來愈不受約束，美國創造了傑出卻十分不一致的成就。

因此，現在的迫切問題是：建國之初受到重重嚴格限制，因而發展出公私合營模式的美國國家機器，是否能夠應付日益複雜的未來挑戰？是否更能保護本國公民、同時為全民創造更多機會？美國要怎麼靈活地推出新模式，以便增強國家的能力，面對新的社會和經濟問題，同時還繼續受到社會與制度的約束？美國社會能否完成敦促國家面對這些挑戰、同時提高本身警覺的任務？這些問題要留待最後一章來討論。

# 11 紙糊國家巨靈

## 國家的病人

二〇〇八年九月，南半球國家阿根廷首都布宜諾斯艾利斯正是晚春時節，夏天即將來臨，大氣卻仍然春寒料峭。寶拉（Paula）正在設法登錄「我們的家庭」（Nuestras Familias）這項福利計畫中，以便得到阿根廷窮人有資格領取的福利給付。她告訴社會學家賈維亞·奧耶羅（Javier Auyero）：「這是最長的等待時間。我從三月就來這裡，他們要求我來很多次，每次總是少了證明啦、文件啦等東西。」但是，「你必須保持冷靜，必須有耐心，你在這裡必須有耐心，這是政府給你的救濟，因此你必須有耐心」。

耐心是阿根廷人希望得到公共服務時的主要美德。雷蒂西雅（Leticia）是另一位希望登錄「我們的家庭」計畫的阿根廷人，「她獨自一個人，孤伶伶地站在等待室的後方」。過去兩個星期以來，她來這間辦事處三次。「我已經習慣等待，我去的每個地方都得等，但是最糟糕的事情是，他們要你東奔西跑……我兩星期前來時，他們叫我三天後再來；三天後我來時，辦公室卻沒有開門。隔天我再來，他們卻告訴我，這個計畫已經沒有錢了。」她的結論是：「你必須等待，這裡的情形就是這樣，你必須來很多次。因為如果你不現身，你就什麼東西都得不到。」

奧耶羅用另一段文字，清楚點出阿根廷國家機器和公民之間互動的性質。

瑪麗亞：他們遲遲不理你，不注意你，不聽你的話。他們在這裡，卻不聽你的話。

訪問者：他們不理你嗎？

瑪麗亞：我不知道他們是不是在吃早餐。他們到了十點，還在吃早餐，喝馬黛茶，吃餅乾，彼此一直在聊天。

訪問者：你要怎麼樣才能引起他們的注意？

瑪麗亞：我不這樣做，我等著他們幫助我。

訪問者：你只是等著他們注意到你嗎？

瑪麗亞：你就是只能這樣等著。

訪問者：你記不記得過去什麼時候發生過騷動？

瑪麗亞：不錯，有過一次……有一位病人大喊大叫……

訪問者：什麼病人？某種健康有問題的病人嗎？

瑪麗亞：不是，是這裡的病人，是一位在這裡等待的婦女。

阿根廷人不是擁有權利的公民，而是國家的病人，是不一定能夠得到國家照看的病人。另一位叫做米拉格羅（Milagro）的「病人」，談到怎麼遭到「敷衍推搪」的情形：「你在這裡覺得挫折感很重，因為〔福利人員〕告訴你某一天來……告訴你星期一來，然後說星期三來，然後是星期五再來……這些日子都是上班日。」她上次來這間辦事處時「一無所獲」地離開，覺得「無能為力」，卻強調說：「我在這裡什麼話都沒說。」

國家機器隨心所欲，造成不確定和挫折感，操縱和摧殘人民，讓人民淪落到只能等待和乞求。這裡沒有定規，有的只是無止盡的例外。辦公室什麼時候上班？有什麼程序要辦？我需要什麼文件？沒有人真正確實瞭解，很多阿根廷人說：「他們把我們當球一樣踢來踢去。」

奧耶羅在他的田野調查筆記中寫道：

**九月十一日** 一位從巴拉圭來的女性雖然沒有蓋過關防（官方核准大印）的出生證明，卻仍然獲得約定會面時間。今天我和維琪見面，她第二次來這裡。她第一次來時，他們拒絕替她約定時間，因為她的出生證明上沒有蓋關防。

奧耶羅的研究不只帶他進入「我們的家庭」計畫的等待室，也帶他進入申請國民身分證的辦公室。原則上，辦公室在早上六點開門，開始安排約定的時間，到早上十點結束，關門休息，下午六點到晚上十點重開。大家在夜裡開始排隊，但規則和開放時間隨時變來變去。「十月二十六日，我根據早上的觀察，預期外面會大排長龍後……再度回來這裡，時間是下午二時五十分，這裡卻空蕩蕩的，沒有人在外面，沒有人排隊，沒有小販，什麼人都沒有！一位警察告訴我：『大家從辦公室裡走出來，說今天辦公室整天關門。』不然的話，辦公室的門隨時可能打開，讓大家隨時進去，或是不讓大家進去。十月二十四日那天，外面沒有人在等待……大家在建築物裡的一間大等待廳裡等候。十一月七日，大家在建築物外面排隊，得到通知，說禁止他們在外面排隊，要大家下午六點再來。官員試圖要隊伍解散，卻沒有成功。十一月九日，官員現在讓大家在外面排隊，也讓大家在外面的大廳等待。」奧耶羅繼續寫道：

**二〇〇八年十月二日** 一位女士問我，我認為星期一會不會是假日，他們告訴她星期一再來（十月十二日是阿根廷的假日）。我告訴她，如果他們叫她星期一來，是因為星期一應該不是假日。我假設他們不會跟大家約定不可能面談的日子。這位女士糾正我，告訴我說，上次他們跟她約定星期天來。

結果星期一確實是假日。

* * *

到目前為止，我們主要關注的是三種國家，分別是巨靈並不存在的國家、專制國家和巨靈受到制約的國家。阿根廷的國家機器似乎不屬於其中任何一種。阿根廷的國家機器並沒有不存在，它確實存在。阿根廷有詳盡的法律，有一支規模龐大的軍隊，有一個官僚體系（不過，這個官僚體系似乎對工作不感興趣）——官僚體系似乎多少還在運作，首都布宜諾斯艾利斯的官僚體系尤其如此（其他地區卻差得多）。阿根廷也不是專制巨靈的國家，我們剛才看到的阿根廷官僚對社會確實不負責也不回應（這是專制國家的特徵），而且相當善於對人民展現殘酷的一面。正如阿根廷人在一九七四年至一九八三年間看到軍人獨裁政權的「骯髒戰爭」一樣，多達三萬個人在這段期間裡「被失蹤」（遭到軍事執政團殺害），阿根廷的官員和警察可能變成十分兇殘。但是，阿根廷的國家專制紊亂而不穩定，和中國用來控制人民的權威相去甚遠。阿根廷公務員希望阻止人民在外面排隊時，人民相應不理，阿根廷公務員經常沒有能力管制經濟，沒有能力在全國的範圍內執法。這種情形顯然也不是受到制約的國家，缺少跟受制約國家有關的國家能力，社會也沒有能力影響和控制國家機器。這麼說來，阿根廷的國家機器是哪一種國家機器呢？

我們在本章裡會發現，這種國家機器在拉丁美洲、非洲和世界其他地方很常見。事實上，這種國家和印度的國家機器有很多共通的地方，是靠著柔弱、失序的社會建立和支持的國家機器。這種國家結合了專制國家不對社會負責、也不受社會約束的若干明確特徵，以及國家機器並不存在國家的柔弱無力。這種國家不能解決衝突、不能執法或提供公共服務。這種國家具有壓迫性，卻不強大，本身柔弱無力，也削弱了社會的力量。

## 鐵籠中的義大利麵疙瘩

奧耶羅的研究主題是官僚體系，官僚體系攸關國家的能力。我們在第一章裡提過，官僚體系的偉大理論家是德國社會學家韋伯。在韋伯的理論中，現代世界和過去不同的地方，在於「理性化」：表現在現代企業中的理性化包括計算成本、營收、利潤和虧損；理性化也表現在政府中，形式包括理性決策、建構中立客觀的行政結構。韋伯把這種情形叫做「合乎理性與法律的權威」，認為官僚體系是這種權威的縮影。他寫道：

法律權威最純粹的行使方式是雇用行政官僚職員……官僚由個別官員組成……根據下列標準任命與運作：（一）他們是自由人，只在履行中立的官方義務時，受制於官方權威。（二）他們依據明確定義的職務階級，安排組織架構。（三）每個職務在法律上都有明確的權限範圍……（五）候任官員係根據技術性資格篩選，官職由政府任命，而非透過選舉……（七）官職視為任職者唯一的職業或主要職業……（九）官員的工作和行政工具的所有權完全分開，且不涉及其職位的撥調。（十）官員執行職務時，須受嚴格而有系統的紀律約束與控制。

因此，官僚體系的運作必須中立、客觀。官僚是專業人士，除了對其官方職務負有義務外，不對任何人負責；官員是依據才能挑選和晉升，跨越本分時，必須接受懲戒。韋伯認為，官僚的權力無可抗拒，他在〈官僚組織的技術性優勢〉一文中寫道：

官僚組織擁有純粹的技術性優勢，始終都是發展勝過任何其他組織形式的技術性原因。充分發展的官僚機構和其他組織相比，正像機器生產和非機械生產模式相比那樣，擁有精確、速度、明確、檔案知識、連續性……摩擦減少，人力和物力成本降低的優勢——在嚴格管理的官僚政府中，這些因素都會提高到最適當的水準。

韋伯認為，理性法律權威的勝利是不可避免的結果，但他也承認這種權威可能變成失去人性。他認為，過去人類可能因為抉擇的緣故，自願勞動，現在卻變成「我們被迫勞動」。在現代世界裡，有一種「跟機器生產息息相關的技術性與經濟狀況，今天以無法抗拒的力量，決定了生在這種機制中所有個人的生活，而不只是決定了跟獲取經濟要素直接有關個人的生活」。韋伯為了掌握這種力量極度陰險的特質，創造了「鐵牢籠」的比喻，比喻我們困在這種理性法律權威的籠罩下。

精確、速度、明確、檔案知識……等等說法，似乎都不適用在奧耶羅觀察到的布宜諾斯艾利斯，他看到的官僚體系行動緩慢、含糊、不確定，還嚴重忽視檔案。阿根廷的鐵牢籠在哪裡？

奧耶羅的證據顯示，阿根廷的國家機器十分個人化，如果你不親自介入，你就沒有機會得到服務，這一點正是身為「病人」的意義——你必須跟官僚建立個人關係，才能得到任何東西。他的證據沒有直接談到韋伯理想觀念的其他部分。瑪麗亞或雷蒂西亞接觸的官僚可能像韋伯所預測的那樣，是因才錄用的嗎？不大可能，因為阿根廷官僚體系用所謂的「義大利麵疙瘩」方式，錄用人員。

義大利麵疙瘩是義大利的特色美食，是義大利移民帶到阿根廷的美味麵食。依據阿根廷的傳統，每個月的二十九日，都要吃義大利麵疙瘩。但是，在阿根廷，這個字詞具有雙重意義，也指政府中的「幽靈官員」，指實際上從不上班，卻坐領公家薪水的公務員。阿根廷有很多幽靈官員，二〇一五年，毛里西奧·馬克里（Mauricio Macri）出任阿根廷總統時，開除了兩萬名幽靈官員；他指稱，這些幽靈官員是前任總統克里斯汀娜·費南德茲（Cristina Fernández de Kirchner）政府所任命，費南德茲同時也是裴隆黨（Peronist Parry，黨名來自創黨人裴隆）主席。然而，新總統大舉開除幽靈官員之際，同時雇用了兩萬名幽靈官員，這些官員一定不是「根據技術性資格篩選的」，為政府工作不是「任職者唯一的職業或主要職業」。你也可以懷疑他們「執行職務時」，是否「須受嚴格而有系統的紀律約束與控制」。他們通常是裴隆黨的黨工和支持者，因為他們的政治關係，而得到工作，因此，他們沒有做到理當做到的善盡職責時，可以免於任何懲戒。幽靈官員的存在，在奧耶羅觀察到的情況中，很可能扮演重要的角色，官僚體系中有兩萬名這樣的官員，對國家能力可能造成嚴重的不利影響，甚至超越了他們完全是廢人的影響。費南德茲擔任總統時，這種影響實在太容易看出來了。

就像我們在第二章裡所討論的那樣，政府的核心功能之一是搜集公民的資訊，以便瞭解社會的需要和控制社會，你一定會以為霍布斯的國家巨靈會相當注意公民資訊的搜集，但我們也看到，黎巴嫩的情形不是這樣，阿根廷的情形也不是這樣。二〇一一年時，阿根廷成為第一個受到國際貨幣基金譴責的國家，因為阿根廷沒有提供精確的物價水準和國民所得資料。《經濟學人》雜誌不再報導阿根廷的資料，因為該雜誌認為，阿根廷的資料完全不值得信任，這點是用幽靈官員填滿鐵牢籠的缺點之一。

但是，我們還有一個謎團沒有解決。韋伯認為，鐵牢籠是無法避免的東西，社會的理性化是無可阻擋的趨勢，他宣稱：「大眾管理的需要使政府變成今天不可或缺的東西，在行政領域中，只有官僚體系和業餘主義可以選擇。」我們要怎麼解釋阿根廷？怎麼解釋業餘主義？

## 未能通過鴨子測試

二十一世紀的阿根廷具有現代國家的外貌：擁有官僚體系、司法、部會首長、經濟與社會計畫，在聯合國等所有國際組織派有代表；奧耶羅進行研究時，其他國家元首會用紅地毯接待費南德茲總統。阿根廷具有現代國家的所有門面裝飾，看來像是國家巨靈。我們把「鴨子測試」套用在阿根廷這個國家的話，如果阿根廷看起來像國家，游泳起來像國家，呱呱叫時像國家，那麼阿根廷就是一個國家囉，但真的是這樣嗎？

不見得是真正的國家，至少不是我們到目前為止所描述的那種國家。專制國家和巨靈受到制約的國家都有相當多的能力，可以完成任務；阿根廷的國家機器卻並非如此。中國的獨裁者毛澤東曾經把美國叫做「紙老虎」，意思是美國的力量只是幻象：我們要把阿根廷、哥倫比亞、拉丁美洲和非洲好幾個不能通過鴨子測試叫做「紙糊國家」，形容外貌類似國家，卻缺少最基本國家能力的國家。紙糊國家具有國家的外貌，能夠在有限的領域和若干大城市中，發揮若干力量，但那種力量卻空空洞洞，在大部分疆域中並不連貫，又很紊亂。到了那種力量理當發揮統治功能的國內偏遠地區時，那種力量幾乎完全消失無蹤。

為什麼紙糊國家無法蓄積更多的力量？難道控制國家機器的政治菁英和國家官僚本身不希望擁有更多的能力，以便達成任務嗎？不希望宰割社會嗎？如果可能，他們不希望替自己積聚更多財富、偷竊更多資產嗎？刺激強大建國力量的「權力意志」出了什麼問題？這些問題的答案會告訴我們，和全世界很多國家本質有關的很多事情。不是社會上缺少整頓紙糊國家的權力意志，而是追求這種權力意志的政治領袖和菁英面對的危險，大到他們無法承受。這種情形有兩個根本原因。

矛盾的是，第一個根本原因和紅皇后效應有關。對於處在自由窄廊中的國家來說，要同時發展國家和社會的能力時，紅皇后效應可以發揮絕大的力量。紅皇后效應起源於社會希望更能控制自己、保護自己，對抗能力比較高強的國家機器和信心比較堅強的政治菁英。走廊之外也有同樣的衝動，如果國家機器變成比較專制，你最好保護自己，以免受害；但是，除非建國者們確定自己能夠平息社會的任何不必要反應，把持權力，對抗競爭對手，否則這種衝動也會帶來麻煩。我們要把建國過程中發現的這些危險，稱為「動員效應」——政治菁英在嘗試建立國家能力時，最後可能動員了對他們不利的反對力量，這一點和創造政治階級時會引發的滑坡，並非完全無關。然而，表面上不受社會約束的政治菁英，會像力量強大到足以嚴重削弱政治不平等的若干社會那樣，仍然害怕這種滑坡，可能擔心國家能力強化後，會帶來反應和競爭。動員效應表現在若干經典的建國範例中，如穆罕默德建立伊斯蘭國，或是中國國家機器的建立。但是，在這些案例中，建國者們都擁有強大力量，足以比較不擔心這種動員，原因包括他們擁有「優勢」（例如第三章中的例子），或是深陷在外在威脅或競爭下別無選擇（像第七章中所討論的戰國時代，秦國和商鞅要擔心跟生存比較有關的其他事情）。但是，我們會發現，在其他情況下，動員效應可能成為癱瘓建立國家能力的力量。

紙糊國家相當常見，又不願意從沉睡中醒來的第二個原因，是對不道德的領袖來說，缺少國家能力偶爾是有力的工具。首先，運用政治控制跟說服別人聽從你的命令之間，關係更加深厚，跟赤裸裸地鎮壓關係小得多；這樣做時，獎勵聽命行事者的工具非常有用，分配官位給朋友和支持者，或是分配給你希望變成支持者的人，確實是非常有力的工具。但是，想像一下，如果你像韋伯所設想的那樣，開始採用根據菁英才能徵募人才和擢升的制度，就表示不再有幽靈官員，不再有機會利用這些官位當獎勵（這一來，裴隆黨要怎麼活下去？）這樣就創造了放棄拔擢菁英、放棄建立國家能力的有力政治邏輯。

當然，並非一切都和高層政治有關。能夠隨心所欲，利用司法和官僚體系，會有其他比較平凡的好處。馬克里開除幽靈官員後，必須禁止政府成員雇用自己的家人，勞工部長的太太和他的兩個姐妹都失業，內政部長的父母也一樣失業。

這是一種比較常見的情形，司法和官僚體系的中立規則伴隨著國家能力而來，限制統治者和政客利用法律，做出據稱是由巴西前總統熱圖利奧·瓦爾加斯（Getúlio Vargas）所說「是我朋友的話，一切便宜行事，是我敵人的話，一切依法從事」那樣的事情。這種法律上的自由裁量權，和西歐在自由窄廊中演變出來的法律大不相同，讓政治菁英可以利用現有的制度，壓制反對者，同時讓自己致富，奪取別人的土地，把獨占權送給朋友，還直接掠奪國家。從隨意利用法律、從中獲利的能力，像動員效應一樣，會鼓勵國家機器變得無能、組織也會瓦解，不僅阿根廷如此，許多紙糊國家也一樣如此。

紙糊國家無法建立國家能力，對公民而言可說是利害參半的事情。比較無能的國家機器會比較沒有能力打壓公民，這種情形可能成為某種自由的基礎嗎？唉，情形通常不是這樣，紙糊國家的公民反而會承受兩面最不利的後果：這些國家仍然相當專制——幾乎不接收人民發出的訊息，對公民繼續無動於衷，因此在鎮壓或殺害公民上，都沒有很多顧忌。同時公民看不到國家負起解決紛爭、執行法律和提供公共服務的責任。紙糊國家無意創造自由或鬆綁對自由有害的規範。事實上，我們會看到，紙糊國家經常緊縮規範牢籠，而不是放寬規範牢籠。

## 無路可走

實際上，有什麼東西可以引發動員效應？歷史學家尤金·韋伯（Eugene Weber）在大作《從農民到法國人》（*Peasants into Frenchmen*）中，研究法國國家機器和社會的塑造，提出好幾個促進變革的因素，認為這些因素在現代法國社會的發展上極為重要。他開宗明義，就把一章的題目訂為〈路、路、路，更多的路〉。他認為，基本基礎建設藉著創造全國性的社區，可以動員社會、改變社會的需求、改造政治議程，簡單地說，基礎建設可以創造我們所說的動員效應。

哥倫比亞是紙糊國家的另一個完美典範。哥倫比亞對修橋鋪路從來都不感興趣，今天還有相當多的省會所在地，跟哥倫比亞其他地方並不相通，只能靠空中交通聯絡，或許也可以靠河流相通。你能夠想像美國的緬因州首府奧古斯塔（Augusta），跟美國其他地方不能靠陸路相通嗎？

哥倫比亞南部普圖馬約省（Putumayo）省會所在地莫科阿（Mocoa）是個有趣的例子（參見地圖十四）。一五八二年，福瑞·艾斯科瓦爾（Fray Jerónimo de Escobar）指出：

這個城鎮貼近山脈，遠離道路，因此，要進去非常辛苦。上述阿格雷達鎮（Agreda，即莫科阿）沒有成長……這樣會把人嚇走，這裡沒有辦法（跟）……通訊，每個人的生活都很艱辛。

到了一八五〇年，情況還是沒有好多少，當時普圖馬約省正北方卡克塔地區（Territorio de Caquetá）的一位縣長指出：「從鄰省納里尼奧省（Nariño）首府帕斯托（Pasto），來到莫科阿這個城市的旅程令人筋疲力盡，經常會碰到讓人心驚膽跳的地方，身材瘦小的人被揹在印第安人背上，姿勢可笑、放肆、又痛苦：用包裝繩子像豬一樣綁在背上。」

對於首都波哥大的人來說，普圖馬約是很嚇人的地方，未來的總統拉斐爾·雷耶斯（Rafael Reyes）在自傳中，寫出他在這個區域測量的情形：

這些不為人知的原始森林、這些廣闊的大地迷住了我，吸引我去探索、去穿越……去開路，追求我國的進步和福祉。山上的居民對這些森林絕對一無所知，穿越森林的想法讓我十分驚恐，因為人們認為，其中充滿野獸和怪物，還發現過很多野蠻的食人族。

雷耶斯打算打破這種與世隔絕狀況，一八七五年，他提議鋪築一條路，從鄰省納里尼奧省省會帕斯托，通到莫科阿（這條路請參見地圖十四中）。到一九〇六年，雷耶斯已經出任總統，於是授權研究這條路的可行路線。政府和工程師米蓋爾·屠里亞納（Miguel Triana）簽約，期望他能修築這條路，他完成了測量，卻沒有開始開路工程。政府再和工程師維克特·屠里亞納（Victor Triana）簽約，但是到了一九

地圖十四　哥倫比亞：菁英、準軍隊與蹦蹦死亡之路（trampoline of death）。

〇八年，新計畫因為缺乏經費而擱置。一九〇九年，中央政府決定要求錫本多伊山谷（Sibundoy Valley）方濟嘉布遣會（Capuchin）的修士，負責修路，納里尼奧省省長負責資金。方濟嘉布遣會在受到脅迫的原住民勞工協助下，在一九一二年，設法完成了從帕斯托通到莫科阿長一百二十公里的路，卻在祕魯士兵攻擊卡克塔河（Caquetá River）畔拉佩德雷拉（La Pedrera）的一處哥倫比亞駐軍陸地後，中央政府才提供三萬六千披索的經費。然而，到了一九一二年底，這條路的路況已經惡化。一位地方行政長官行文告訴政府主管部會：「就帕斯托通到莫科阿此地的道路狀況而言……大部分道路都出現嚴重損害，原因出於邊坡和平臺坍塌，以及平坦和沼澤地區的柵欄損毀，現在損害程度到了交通、甚至連徒步行走都極為困難的地步。」一位工程師報告說，道路的設計和鋪築有嚴重問題，橋樑的「建造不良」，道路寬度「不符交通需要」。

愛爾蘭大作家薩姆爾．貝克特（Samuel Beckett）有一句座右銘：「再試一次，再失敗一次，失敗會比較不嚴重。」這句話可是為紙糊國家寫的。一九一五年，哥倫比亞中央政府推出公開招標，希望修復這條路，同時完成通到普圖馬約河畔阿西斯港（Puerto Asís）的道路。一九一七年十二月，政府因為包商沒有履行義務，取消合約，把工程交還給方濟嘉布遣會。一九一九年六月，從莫科阿發給公共工程部的電報寫道：「國家級道路徹底廢棄，從這裡到聖法蘭西斯有三十處坍方，從這裡到恩布里亞的橋樑全部毀損。」一九二四年，道路工程再次從方濟嘉布遣會手中收回，原因是「工程執行令人不滿意」，道路合約轉給帕斯托的一位工程師。一九二五年的一項法律規定：從帕斯托開出去的頭二十五公里路，要提升為行車公路，但是修築好五公里後，政府取消修路經費。一九三一年的八十八號法律把這條路，納入國道網絡，表示通往阿西斯港的道路都會變成通行汽車的公路。

我們在第九章裡，談過堤利的名言：「戰爭會建立國家，國家會製造戰爭。」如果確實如此，那麼一九三二年時，哥倫比亞可以說是交了好運。這一年裡，哥倫比亞和祕魯發生邊界衝突，哥倫比亞政府把這條路訂為「國防道路」，撥發十二萬披索，維護和拓寬這條道路。一位工程師的評估報告結論是，這條路「比燙手山芋還糟糕」。到一九五七年，祕魯贏得這場戰爭、兼併一大塊哥倫比亞的領土二十五後，通到阿西斯港的碎石路才終於完成。不論有沒有爆發戰爭，哥倫比亞都不會修橋鋪路，也不會表現多少國家機器的能力。

這條差勁的道路開通到阿西斯港之後不久，就贏得凶險而名副其實的綽號——「蹦蹦死亡之路」。一九九一年，全國性報紙《時代報》（*El Tiempo*）報導：「通往普圖馬約的整條路都讓人膽顫心驚，每天穿越這條路的司機稱之為『死亡之路』……〔而且〕旅客隨時會遭到游擊隊的威脅。」二〇〇五年，總統阿爾瓦羅．烏里韋（Álvaro Uribe）提倡「南美區域基礎建設整合計畫」（Integration of the Regional Infrastructure of South America plan），到了二〇一六年，這條路大約才鋪築了十五公里，隨後就因為缺乏經費而停工。

道路不足在哥倫比亞創造了什麼樣的社會？答案是散布在各個孤立口袋中的社會。一九五八年出任哥倫比亞總統的阿爾韋托．卡馬戈（Alberto Lleras Camargo），曾經在一九四六年的農業專家協會中發表演說指出：

> 我們談到要解救農民的農村健康、信用或教育運動時，難道不知道這些計畫大都〔只〕觸及村莊和哥倫比亞社會的上層階級嗎？……居住在鄉村裡的公民和社會其他部分的公民，占到我們人口的百分之七十一，他們之間沒有直接通訊，沒有接觸，沒有道路，沒有直接互相交換的任何管道。離波哥大十五分鐘路程的地方，就是屬於另一個時代、另一種社會階級和文化的農民，跟我們隔離了

好幾個世紀。

但是，紙糊國家就是喜歡這樣，喜歡這種異常支離破碎、注重褊狹問題的社會。以英國為例，我們在第六章裡，看到隨著社會進一步動員，因應國家機器的建立時，褊狹的問題消失。然而，哥倫比亞的情況並非如此。二〇一三年時，哥倫比亞受到一系列罷工和抗議衝擊；這一年七月，礦工罷工震動了喬科省省會基布多（參見地圖十四）。礦工堅稱非正式礦工必須得到承認，希望「礦工得到補貼、優惠貸款和技術協助」。此外，他們要求政府「停止出售土地給多國礦業公司」、「補貼礦業用燃料」。要求事項清單中，沒有跟礦工無關的其他要求，其中透露的真相是從基布多沒有路可以通到哥倫比亞的其他地方。哥倫比亞不同地方發生的許多罷工一樣如此。在哥倫比亞咖啡種植區發動「咖啡尊嚴」罷工的農民，希望政府發給他們咖啡價格補貼，要求全國咖啡農民聯盟民主化，並堅持加強管制在咖啡種植地區的採礦業務。宣稱代表馬鈴薯、洋蔥農民和酪農的「馬鈴薯、牛奶與洋蔥尊嚴」組織，也要求價格補貼，但這次是要求補貼他們的作物。他們主張禁止製造還原乳，並且應該為奶粉和冷凍或預煮馬鈴薯的進口，補償他們的損失。「粗砂糖尊嚴」罷工由粗砂生產者推動，他們的訴求是希望提高砂糖進口關稅，政府採購三千五百噸他們產製的粗製砂糖。這個社會是幾乎沒有動員希望的社會，這一點讓哥倫比亞政府非常方便管理，這裡發一些補貼，那裡買一點粗製砂糖，精靈就會回到瓶子裡去了。

## 穿燕尾服的猩猩

哥倫比亞不僅沒有基礎建設，哥倫比亞也像阿根廷那樣，出於類似的原因而沒有建立官僚體系。二〇一三年內，哥倫比亞中央部會中，大約有百分之六十的員工，是在菁英考選規則之外招募，而且非常可能是透過浮濫任用的方式雇用的「臨時人員」。和阿根廷人相比，哥倫比亞人比較不喜歡幽靈官員，但幽靈官員仍然設法在公務員體系中，占了相當多的位置。

缺少規則和官僚程序的後果，在首都波哥大市長薩姆爾．莫雷諾（Samuel Moren）的任期間，戲劇化地表現出來。二〇〇八年，莫雷諾當選波哥大市長，上任不久，就創建了波哥大的「影子政府」，授權弟弟伊凡；伊凡建立了哥倫比亞人現在叫做「合約轉盤」的東西，負責分配首都的所有合約。兩兄弟把這種轉盤當成收紅包的工具，賄賂金額經常達到合約金額的百分之五十。為了掩飾所有不法活動，他們經常坐著私人飛機，到邁阿密會面。兩兄弟把他們收的紅包叫做「咬一口」，跟我們在第九章中看到的瓜地馬拉俚語一模一樣。最大的紅包是經營首都綜合公共運輸系統的合約，這種系統每天輸運人次達到數百萬人，莫雷諾兄弟從每位乘客身上，要咬八披索下來。兩兄弟的惡行劣跡不僅於此，他們還洗劫一切。現存的醫院讓他們財源廣進，但蓋新醫院會創造更好的掠奪良機，於是百分之二十五至三十的經費流入莫雷諾兄弟手裡，他們決定誰可以拿到救護車合約，然後和親信分配到合約金額的一半。如果你不送紅包，你就拿不到合約，然後兩兄弟會告訴你：「你太便宜了。」因此，為了建造連接卡雷拉（Carrera）九號道路和卡勒（Calle）九十四號道路的橋樑，解決波哥大部分地區的交通壅塞，政府撥出四百五十億披索（一千五百萬美元）的經費，結果建橋工程根本沒有開工，所有經費卻消失無蹤。沒有人真的知道兩兄弟貪了多少錢，有一項猜測是他們的貪污金額高達五億美元。

薩姆爾．莫雷諾不是哥倫比亞政治的局外人，他的祖父羅哈斯．皮尼利亞（Gustavo Rojas Pinilla）是一九五〇年代哥倫比亞的軍事獨裁者，還曾經在一九六〇年代內，試圖變身為民主派人士。哥倫比亞的政治菁英像莫雷諾一樣，慣於洗劫國家預算，要是有機會的話，他們也樂於掠奪土地。

哥倫比亞大量農村土地在法律上，劃為荒地，由政府擁有。從十九世紀開始，哥倫比亞政府公布很多法律，塑造這種土地的分配和權狀的發給。一九九四年通過的一六〇號法律規定，定居在荒地五年以上的人民，可以向哥倫比亞農業改革局（INCORA），申請自己所占有土地的權狀。這種讓與只適用於沒有土地……的公民，窮人或流離失所的人民理當擁有優先權，個人可以申請的土地面積限於一單位的農業家庭單位（Unidad Agrícola Familiar）。一單位的面積是由該局判斷，大小足以讓一家人「過著有尊嚴的日子」。但結果這種制度變成關係良好的菁英容易操控的制度，在善於曲解法律的精明波哥大法律事務所協助下，尤其如此。有一個聲名狼籍的案例涉及考卡山谷省（Valle del Cauca）的里歐派拉卡斯提爾糖業公司（Riopaila Castilla），該公司操控這種制度的方式是在二〇一〇年，在布里嘉德烏魯提亞法律事務所（Brigard Urrutia）的協助下，設立二十七家匿名簡易協會，買下哥倫比亞東部比查達省（Vichada，參見地圖十四）的四十二塊荒地，土地面積達到三萬五千公頃，這些土地原本是要讓窮人和流離失所的人民利用，如今卻流入里歐派拉公司手中。類似的策略讓哥倫比亞首富卡洛斯・沙勉托（Luis Carlos Sarmiento）買下一萬六千公頃的荒地。一位新聞記者質問布里嘉德烏魯提亞法律事務所：貴事務所備受尊敬，怎麼可以促成這麼明顯違法的交易行為？該所一位律師表示：

> 法律就是由人解釋的，其中沒有黑白。

紙糊國家支離破碎又沒有效率的性質，對自由會有重大影響，尤其是會嚴重影響暴力的控制。韋伯把國家定義為：「在一定領土上，宣稱〔成功〕獨占合法使用武力權利的人類社群。」紙糊國家因為運用權力的關係，不能合法或不合法的獨占武力的權力。哥倫比亞也清楚說明了國家無法獨占暴力的毀滅性後果。

詹姆斯・羅賓森（James Robinson）研究哥倫比亞時，和同事瑪麗亞・包蒂斯塔（Maria Angélica Bautista）、胡安・雷斯崔普（Juan Diego Restrepo）和胡安・賈倫（Juan Sebastián Galan）合作，記述了當過軍人的農場場主拉蒙・伊薩薩（Ramón Isaza），如何在一九七七年，創立一個稱為「獵槍護衛隊」（Shotgunners）的團體。伊薩薩原本在哥倫比亞安蒂奧基亞省（Antioquia）東部（參見地圖十四）的特里溫福港（Puerto Triunfo）經營農場，法院紀錄顯示，一九七〇年代中期，馬克思主義游擊隊哥倫比亞革命軍在這個地區創立了一個新戰線，推動對當地農民「課稅」和徵收農民牲口的政策。一九七七年，伊薩薩購買了十支獵槍，這件事也成為他所創設團體名稱的由來。他們狙擊哥倫比亞革命軍，加以殺害，並且偷走他們槍枝。到二〇〇〇年，獵槍護衛隊已經改名「中馬格達萊納省（Magdalena）農民自衛隊」，得到地主的支持，而且擴大為六個戰線。其中一個戰線由伊薩薩的女婿愛德瓦多・祖魯亞加（Luis Eduardo Zuluaga）領導〔他的綽號叫馬蓋先（MacGyver），根據美國一部電視劇主角的名字而來〕，馬蓋先領導「約瑟路易祖魯亞加戰線」（FJLZ）；這個戰線取這種名字，意在紀念遭到游擊隊殺害的馬蓋先兄長。約瑟路易祖魯亞加戰線控制了廣大的領土，核心地區應當有五千平方公里。這個戰線制定了長達三十二頁，由多項法令規章構成的法律制度，並且努力把法律平等地適用在組織成員和平民身上。約瑟路易祖魯亞加戰線也分官設職，還把軍力分為大約由二百五十個制服戰士構成的軍事梯隊，加上一支由「稅務員」組成的平民梯隊，和一個把重點放在對抗馬克思主義游擊隊政治計畫的「社會團隊」。他們管制貿易和社會生活；他們還有任務聲明、意識形態、聖歌、祈禱文，以及一個叫做「立體身歷聲團結在一起」（Integration in Stereo）的廣播電臺。這個戰線甚至分發動章，包括法蘭西斯科・德保拉・桑坦德（Francisco de Paula Santander）動章和金十字大動章。他們要怎麼發薪水給官員和士兵呢？他們對所控制地區的地主和商人課稅，也試圖特別對牛奶和馬鈴薯的生產課稅。這個戰線鋪築了幾十公里的道路，拓展供電網，興建學校，還在他們根據地所在的拉丹塔（La Danta），興建了一處診療院所，重建了一處老人院，也興建住宅，用抽籤的方式，分配給很多窮人。他們闢建一座技工中心，興建了一座鬥牛場。不過，馬蓋先宣稱：「我不贊成鬥牛，這樣對牛太殘忍了。」

這個地區不是由哥倫比亞政府控制，而是由伊薩薩和馬蓋先控制。二〇〇六年，這個團體解散復員後，伊薩薩在發給地方行政長官的聲明中，解釋他們在選舉中要扮演的角色：

> 我們過去所做的事就是在拉丹塔這樣的小徑裡，還有在聖米蓋爾（San Miguel）或科科爾納（Cocorná）這種沒有警察，位在主要道路之外、沒有軍警力量的小鄉鎮，我們保護這種區域，但我們沒有告訴任何人投票給特定人士，而是追求——我們追求什麼？——即使可能發生打鬥或爭吵，選舉還是可能不會遭到破壞。
>
> 這是我們在這裡和這些鄉鎮所在區域裡做的事情，我們為選舉提供安全保障。

哥倫比亞人經常以國內有高山和叢林為藉口，原諒自己好像紙糊的國家機器。事實上，伊薩薩和他的諸多戰線，都位在波哥大和麥德林（Medellín）這兩個最大都會之間的主要道路上，就在國家機器眼前清楚可見的地方。如同哥倫比亞另一位準軍事強人埃內斯托．拜茲（Ernesto Báez）所言：「在我們這種合法的國家內部，怎麼可能會有一個小小的獨立國這種運作？」答案是在紙糊國家裡，這樣做其實相當容易。

哥倫比亞政府不只忽視和忽略本國公民，還主動侵害公民，所謂的「假陽性醜聞」就是證據。二〇〇二年烏里韋當選總統後，負有一項使命，就是加強剿滅左派游擊隊：他推出一系列鼓勵軍方的強力措施，包括軍方如果拿出游擊隊的屍體，就可以獲頒獎金和放假。結果造成軍人謀殺多達三千個無辜平民，還把他們裝扮成游擊隊員。哥倫比亞一位檢察官甚至提到軍方一個叫做佩德羅·奧斯皮納營的單位，是「殺手組成的部隊，專門致力製造受害者，再假裝他們是在戰鬥中死亡」。就算你沒有成為游擊隊和準軍事部隊的受害者，你也可能遭到自家軍隊殺害。

將近兩百年前，西蒙·玻利瓦（Simón Bolívar）就談過哥倫比亞紙糊國家的另一個影響。玻利瓦是領導拉丁美洲革命，反對西班牙殖民統治的「解放英雄」。他曾經表示：

> 這些紳士認為，哥倫比亞到處都是他們在波哥大、通哈（Tunja）和潘普洛納所見過圍著爐火的愚蠢男性，他們從來沒有正眼看過奧利諾科（Orinoco）的加勒比人、阿普雷（Apure）的平原居民、馬拉開坡（Maracaibo）的漁民、馬格達萊納的船民、巴提亞（Patia）的盜匪、桀驁不馴的巴斯突索人（Pastuso）、卡薩納雷（Casanare）的瓜吉波人（Guajibo），以及像鹿群一樣，在整個哥倫比亞荒野中漫遊的其他野蠻非洲人和美洲人族群。

玻利瓦是在宣稱：哥倫比亞菁英其實不知道或不瞭解他們自稱在統治（和掠奪）的國家。事實上，十九世紀著名的哥倫比亞總統米蓋爾·卡洛（Miguel Antonio Caro）一輩子都沒有離開過波哥大，卻仍然能夠在一八八六年，主導制定一直實施到一九九一年的憲法（就這點而言，後來的曼紐爾·馬洛金（Manuel Marroquín）總統也是這樣）。卡洛為誰制憲？當然是替「波哥大、通哈和潘普洛納的紳士」制憲。哥倫比亞的周邊疆土都遠離波哥大，得到的資源或公共服務很少。一九四五年，哥倫比亞一萬八千五百公里的道路中，只有六百十三公里（沒有鋪柏油）的道路，鋪築在占哥倫比亞領土四分之三的外圍國土中。波哥大的政治菁英希望確保周邊疆土繼續維持邊緣狀態。但是，你在斷定這表示「至少在莫雷諾不掌權時，波哥大的一切都很正常」之前，可以先去波哥大寄一封信看看，不知道托克維爾會說出什麼評語？

哥倫比亞政客達利歐．艾謙迪亞（Dario Echandia）曾經開玩笑說，哥倫比亞的民主制度像「穿著燕尾服的猩猩」。這句話抓住了紙糊國家的本質，即使國家機器偶爾被人用來掠奪這個國家，而且國家機器還經常雜亂無章，燕尾服仍然是官僚體系正常運作、井然有序國家的外貌，猩猩則代表紙糊國家不能、也不希望控制的一切。

## 在海洋上耕田

這一切都不是一夕之間造成的，要瞭解哥倫比亞國家機器的演變，我們必須回頭再談談玻利瓦。玻利瓦得了肺結核，躺在巴蘭吉拉港（Barranquilla）的病床上；一八三〇年十一月九日，他寫信給老友胡安．弗洛雷斯（Juan José Flores）將軍。一八三〇年時，拉丁美洲大陸已經從西班牙的殖民統治中解放出來，西班牙只保留了古巴群島、伊斯帕尼奧拉島（Hispaniola）的一部分和波多黎各，但玻利瓦覺得希望幻滅。他寫道：

> 我統治了二十年，從中只得出幾點確定的結論：（一）對我們來說，美洲是無法治理的地方；（二）立志革命的人是在海洋上耕田；（三）美洲人唯一可以做的就是移民；（四）這個國家不可

避免地會落入不受約束的群眾手中，再落入極為無足輕重的暴君手中，以至於幾乎所有膚色和種族的人都無法察覺；（五）一旦我們遭到每一種犯罪活活吞噬，遭到暴力撲滅，歐洲人甚至不會再費心來征服我們；（六）如果世界任何一個地方可能恢復原始的混亂，那一定是處在最後時刻的美洲。

他為什麼這麼悲觀？為什麼認為試圖治理他所指的拉丁美洲，就像「在海洋上耕田」一樣，是不可能的任務？

原因有好幾個，最重要的原因可能是拉丁美洲社會是以政治階級和不平等的前提下，創造出來的。殖民社會是一種制度化的階級，西班牙白人高高在上，原住民和很多地方的黑奴壓在最底層。久而久之，西班牙菁英變成拉丁美洲國民，以克里奧爾人（Creole）為人所知（玻利瓦是其中一位）。隨著通婚出現，複雜的種姓制度跟著創造出來，以便分辨誰比誰優越。殖民時期的墨西哥有一系列著名的畫作，紀念這種種姓制度，本書相片插頁中刊出其中一幅畫。種姓很重要，因為法律和租稅要根據人民的社會地位，適用在不同的種姓上；如果你的權力夠強大，法律就完全不能適用在你身上。既然沒有法律之前人人平等的觀念，在大多數拉丁美洲人眼裡，法律本身就是非法的東西，促使他們的態度變成跟殖民時期著名的座右銘相同——「我服從卻不守法」。也就是說，我承認你有權發布法律和命令，但是我保有不理會的權利。還有，更重要的事情是，在土著和黑奴遭到有系統的剝削之際，嚴重的階級制度、宰割和不平等就此出現。今天，階級、宰割和不平等仍然繼續存在。

這些東西的起源可以從帕斯托通到莫科阿的道路上看出來。這條路穿越錫本多伊山谷，山谷裡的美洲人和土著遭到征服後，經由委託監護制（encomienda），轉送給受託人；實際上，就是「委任」給一位叫做「受託人」的西班牙人。很多原住民因為感染西班牙人從舊世界帶來的疾病而死亡，但仍然有一千三百七十一位原住民可以剝削。根據委託監護制，印第安人的很多動物、禽類和農產品都必須送到修道院和土著領袖（cacique，這個字源自加勒比海，用來指原住民酋長或統治者）。委任制清楚規定「一百四十五位印第安人要在礦場工作八個月」，十位印第安人要在受託人的土地上工作，「八位印第安人要在土著領袖的家裡，從事家事服務」等等強迫勞動服務。

這種高度不平等的社會最後是靠著武力來維持不墜。拉丁美洲人知道，在美國出現的那種民主制度中，這種社會絕不可能繼續生存。到了十九世紀，受託人已經消失無蹤，取而代之的是新的剝削制度——在這種制度裡，印第安人的「貢品」繼續提供國家機器的財政基礎，這時，不平等的程度比過去還嚴重。玻利瓦和其他人認為，要長久維持這種制度，需要遠比美國總統所能得到的權力強大得多的獨裁權力。但是，這樣不表示維持這樣的社會很容易，這時導致無法治理的第二個主要因素就變得很重要。

西班牙轄下的美洲和很多殖民地一樣，都有殖民主義者公布的一些國家制度（最明顯的是要有足夠的武力鎮壓原住民），但美洲卻是由西班牙「間接」治理。錫本多伊山谷的委任制規定，很多農產品、禽類和豬隻要送給土著領袖，因為他是西班牙的間接代表。西班牙人沒有創設官僚體系和國家行政機構，推行委任制度，而是操縱他們的土著政治階級制度來統治。對抗西班牙人的叛亂發動時，如果不把軍人算在內，整個哥倫比亞只有八百個人是為西班牙的國家機器服務，這兩個因素造成極度不平等和階級化的社會，有效的國家機器卻不存在。這表示沒有國家機構或法律機制來控制「奧利諾科的加勒比人、阿普雷的平原居民、馬拉開坡的漁民、馬格達萊納的船民、巴提亞的盜匪、桀驁不馴的巴斯突索人和卡薩納雷的瓜吉波人」。克里奧爾人菁英堅持自己所知道的東西，試圖就自己所能，建立一個專制的中央集權社會，卻只確保自己用西班牙人用來統治殖民帝國的很多相同策略，來支撐這種社會。其中沒有韋伯式社會生存的空間，政府反而變成掌握權力的工具，法律變成穩定這種不平等現狀的利器。

一八二六年，玻利瓦在祕魯利馬發表的一篇演說，大概最能清楚說明拉丁美洲和美國有關限制總統權力觀念的差異；這時他已經把玻利維亞從西班牙人手中解放出來，還親自為這個新國家制定了憲法。值得指出的一件事是，玻利維亞的國名出自玻利瓦的姓氏。試問有多少人的姓名會變成國名？其中一位是哥倫布，他的姓氏後來變成哥倫比亞的國名；沙烏地阿拉伯的國名出自邵德（Saud）家族，盧森堡的國名出自神聖羅馬帝國倖存一環的盧森堡家族；英國殖民非洲時期的偉大企業家賽西爾．羅德（Cecil Rhodes）也有一個國家以他的姓氏為名，就是一九八〇年前的「羅德西亞」，後來改名辛巴威。這個俱樂部規模很小，還很排外；如果你以民主方式統治國家，通常你不會成為這個俱樂部的成員。玻利瓦為玻利維亞制定憲法時，把重點放在總統的角色上：

> 依據我們的憲法，共和國總統好比太陽，在宇宙中心雄踞不動，輻射眾生。這種至高無上的權威應該恆久不變……成為地方行政長官、公民和人事時地物繞著運轉的定點……古人說過，給我一個支點，我可以舉起整個地球。對玻利瓦而言，這個支點就是終身總統。

玻利維亞憲法規定了一位終身總統，而且把總統定為「太陽」。這個人起初要由「立法委員」選舉，後來的總統要由現有的終身總統選擇。結果拉丁美洲總統選擇繼承人的想法，變成具有很長半衰期的觀念。近在一九八八年，墨西哥總統還是靠著「指點」（dedazo）選擇。到目前為止，谷歌翻譯軟體還想不出怎麼把這個字詞翻譯成英文。但是，這種說法的字源出自西班牙文的「dedo」；「指點」的意思是你用手指點一點別人的背後，表示「輪到你了」。這個字很難翻譯，但玻利瓦知道其中的意義，表示這樣會確保總統的職位，會安全地掌握在菁英手中。畢竟當時玻利瓦非常可能被選為第一任總統，事實上也的確是這樣。表面上，玻利維亞憲法未曾有某種形式的分權和制衡，卻也容許終身總統親自任命所有的軍官和統率軍隊，把這件事和一點「我服從卻不守法」的觀念揉合在一起，合併參詳、參詳，其他的一切就像人們說的那樣，就都變成歷史了。

就像美國對抗英國的獨立戰爭，把所有類型的激進動能和運動都釋放出來那樣，拉丁美洲的獨立戰爭也是這樣。但是，就算玻利瓦本人從來沒有真正努力地實施自己的計畫，拉丁美洲的菁英卻一而再、再而三地，能夠建立政治制度，控制這種能量。我們發現，即使拉丁美洲的憲法容許美國憲法中規定的那種制衡，甚至規定了公民的權利，這些東西卻總是遭到正式總統強大的權力加以否決，不然就是遭到漠視法律的心態否定。祕魯的獨裁總統拉蒙．卡斯提拉（Ramón Castilla）在一八四九年時，曾經清楚地解釋了這種邏輯。

> 我的首要憲法功能是維持內部秩序，但同一部憲法卻要求我尊重公民權利……我不可能同時完成兩種職責，我必須採取嚴格程度超過法律規定、足以制止內部秩序敵人的若干措施，才能盡到第一項職責。我是否應該為了一些個人的憲法權利，犧牲國家的內部和平？

如果憲法權利從中作梗，那麼憲法權利就會更加不妙了。建構智利國家機器的推手狄亞哥．波塔雷斯（Diego Portales）以更有力的方式，闡釋了這種觀點：

> 抱持法律人觀點的人會無法瞭解，如果是這樣，如果憲法不能為已知的邪惡，提供補救之道……憲法〔刪除不雅文字〕到底有什麼目的？……智利的法律不為什麼目的，只是為了製造無政府狀態、缺少制裁、肆無忌憚、無窮無盡的法律訴訟……如果法律不允許權力機器在適當時刻，自由採取行動，那麼，該死的法律可以休矣。

權力機器「應該可以」在適當時刻、自由採取行動的觀點，和國家機器在自由窄廊中理當如何行動的看法截然不同。

這種「權力機器」的觀點又是植基於拉丁美洲的歷史中。托克維爾在一八三五年的大作《民主在美國》一書中，主張西班牙人發現南美洲的領土「有人居住……他們已經以耕作的方式，占有這片土地。西班牙人為了建立新國家，必須摧殘或奴役很多人口」。但是，他繼續寫道：「北美洲沒有人定居，只住了四處流浪、不想利用土地天然富源的部落。正確地說，北美洲似乎是空曠的大陸、是等待居民的蠻荒大地。」托克維爾宣稱北美洲是「空曠大陸」的說法並不正確，但他這番論證中的主旨卻正確無誤，他的主旨就是要開發北美洲，不能利用剝削定居原住民的方式。這點表示，在南美洲出現的高度不平等的階級社會，不可能在北美洲複製（不過早期的英國移民曾經嘗試過）。美國南方的奴隸社會看來很像拉丁美洲，包括公共服務水準低落、菁英才能繁榮發展，當然還包括大多數人沒有自由的事實。但是，美國南方的制度，某種程度上是誕生在與北方大不相同的國家社會環境中。南方為此在南北戰爭中奮力一搏，試圖從北方強加的這套桎梏中解脫，結果卻失敗了。正如我們在前一章裡所見，雖然南方在內戰中落敗，並未終止美國南方的專制和剝削制度，但這卻讓整個美國得以走上和拉丁美洲不同的道路。

拉丁美洲的社會繼續遭到削弱，無法影響政治，也無法控制國家機器和菁英，逐漸走向紙糊國家，也為自由帶來可以預見的負面影響。

## 非洲的密西西比

我們幾乎可以說，不是拉丁美洲才有紙糊國家，紙糊國家也是漠南非洲國家的特徵。事實上，支持國家繼續疲弱和雜亂無章的兩種機制還在非洲全力發揮，我們要依序處理這些現象。首先，我們要處理對社會動員的恐懼。

最能清楚說明這種恐懼的例子出自西非的賴比瑞亞。一九六一年，新設的美國國際開發總署派了一群學者，前往賴比瑞亞研究這個國家的發展；最開始時，他們抱持自己認定窮國為什麼會貧窮的常見看法。但是，他們很快就知道情況大不相同。其中一員的社會人類學家喬治．道爾頓（George Dalton）後來寫道：

> 賴比瑞亞的經濟落後不是因為缺少資源，或是受到外國金融或政治利益團體宰制。從美國回來的「美歸派」賴比瑞亞人後裔的傳統統治者，反而才是潛在問題所在；他們在政治上，害怕喪失對部落人民的控制，不敢推動發展全國性社會和經濟所需要的變革。

這些美歸派賴比瑞亞人後裔統治者是什麼人？要瞭解這一點，我們必須回憶賴比瑞亞的歷史。賴比瑞亞是美國殖民協會在一八二二年創設的殖民地，用意是要安置從美國遣送回去的自由非洲奴隸，這些遣送回去的奴隸就變成美歸派賴比瑞亞人。一八四七年，賴比瑞亞宣布獨立，脫離美國殖民協會。

一八七七年，真惠格黨（True Whig Parry）成立，主宰政局到一九八〇年，才遭到薩姆爾・多伊（Samuel Doe）領導的軍事政變推翻。真惠格黨由美歸派賴比瑞亞人後裔主導，到一九六〇年代，這種賴比瑞亞人占總人口的比率還不到百分之五。如同道爾頓所言：「賴比瑞亞的統治者像安哥拉的葡萄牙人或南非的荷裔裴人（Afrikaner），是殖民時代外來移民少數民族的後裔，是美歸派賴比瑞亞人後裔的家族。」

賴比瑞亞已經變成由兩種階級構成的社會，一種是美歸派賴比瑞亞人後裔，一種是部落人民，兩種階級適用不同的法律、不同的公共服務、不同的教育機會。一九四四年前，內陸偏遠地區沒有任何政治代表權。道爾頓表示：「諷刺的是，密西西比的道德觀最能說明美歸派後裔的觀點，就是以傳統的方式保住權力，並把本國人困在原地。」你現在可以看出來，為什麼美歸派賴比瑞亞人後裔害怕社會動員了，因為建立有效率的國家機器後，占全國人口百分之九十五的土生土長賴比瑞亞人，可能會動員起來。

支持紙糊國家的另一個基本機制——在非菁英領導、雜亂無章的官僚和司法部門濫用權力，在賴比瑞亞和其他非洲國家中也清楚可見。賴比瑞亞的國家機器遭到有系統的濫用，目的是為了酬庸追隨者。例如，道爾頓發現，一九六〇年代內，「要瞭解賴比瑞亞政情，知道親屬關係比瞭解賴比瑞亞憲法還有用」。他提出政治菁英中總統近親占據極多官僚職位的詳盡資料（例如，圖十五顯示，一九六〇年塔布曼總統統治期間，賴比瑞亞政治菁英之間令人困惑的親屬關係）。

東尼・吉里克（Tony Killick）在大作《發展經濟學之實踐》（*Development Economics in Action*）中，也強調非洲國家由非菁英領導的特質。一九六〇年代初期，吉里克在迦納的恩克魯瑪（Kwame Nkrumah）政府中服務，親眼看到恩克魯瑪政權可怕的經濟失敗，想瞭解其中的原因。他記錄了一座水果罐頭工廠的興建，「目的是為了生產公認沒有本地市場、〔而且〕據說產量比世界貿易總量多出好幾倍的芒果產

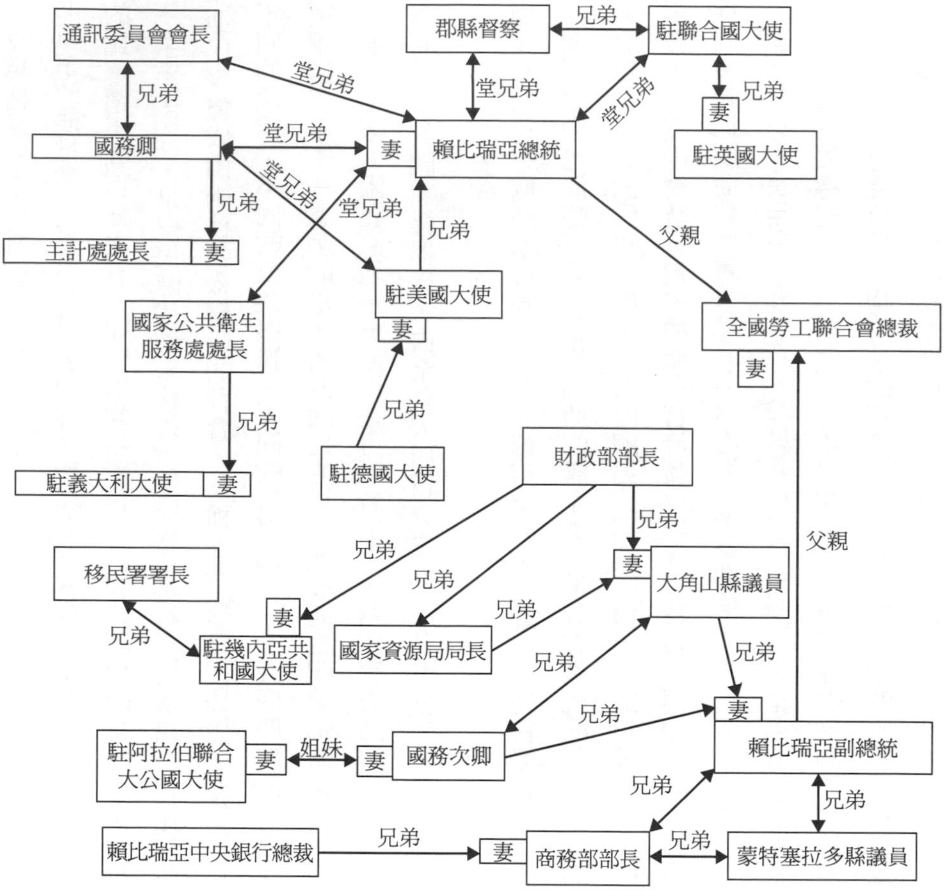


地圖十五　一九六〇年賴比瑞亞總統塔布曼政治任命中的親屬關係。

品」。政府為這座工廠撰寫的報告值得一提。

> **計畫：**要在布朗阿哈福（Brong Ahafo）地區的文奇鎮（Wenchi）興建一座工廠，每年生產七千噸芒果、五千三百噸番茄。如果這個地區芒果的平均收成為每英畝五噸，番茄的平均收成也是每英畝五噸，要供應這座工廠的原料，應該種植一千四百英畝的芒果、一千零六十英畝的番茄。
>
> **問題：**這個地區目前的芒果供應，來自散布在矮樹叢中的一些芒果樹，番茄沒有商業規模的種植，因此這些作物的生產必須從無中生有。芒果從種植到開始結果要經過五到七年，如何快速獲得足夠的種植素材、推動原料的生產，會成為這個計畫的重大問題。

吉里克寫道：「你很難想出更難聽的評語，來批評計畫的規劃效能。」到底是怎麼回事？設這座工廠的目的不是為了推動經濟進一步發展，而是為了創造無數個就業機會，以便恩克魯瑪總統在他希望爭取支持的這個地區，雇用在政治上支持他的人。從經濟角度來看，在那裡蓋工廠毫無道理，而且這種計畫會破壞公務員的連貫性，但從政治角度來看，卻很有道理。就像恩克魯瑪告訴他的經濟顧問、諾貝爾經濟學獎得主亞瑟·劉易士（Arthur Lewis）爵士的話那樣：「你給我的建議雖然可能很健全，基本上卻出於經濟角度。我告訴過你很多次，說我不能總是聽從這種建議，因為我是政客，必須為未來賭博。」

吉里克在大作中，也記錄了恩克魯瑪政府活在擔心引發社會動員的恐懼中。當時的標準發展經濟學認為，開發中國家催生強而有力的「企業家階級」，引導國家向加強工業化經濟的方向轉型非常重要。但是，吉里克寫道：

恩克魯瑪雖然可能〔創造本土企業家階級〕，但因為意識形態和政治權力的緣故，是否願意創造這種階級的意願卻值得懷疑。他非常清楚地表明：「如果我們鼓勵迦納民間資本主義的成長，應該會阻礙我們向社會主義前進的行動。」證據顯示，他也害怕富有的迦納企業家會對他自己的政治權力，構成威脅。

事實上，恩克魯瑪的主要經濟顧問艾葉庫米（E. Ayeh-Kumi）曾經指出：「〔恩克魯瑪〕告訴我，如果他讓非洲本土企業成長，這種企業會成長到變成他和執政黨聲望競爭的力量，他會盡一切力量，阻止這種事情，實際上他也是這樣做。」他的解決方法是限制迦納企業的規模，吉里克指出：「因為恩克魯瑪希望維持民間企業的小小規模，他認為『我們沒有小資產階級從事必要的投資，因此必須尋求外國資本投資』的說法並不誠實。」吉里克又補充說，恩克魯瑪「不喜歡外國資本家，但他寧願鼓勵他們，也不願鼓勵本土企業家，而且希望限制本地企業家」。寧可給外國資本家，也不願引發社會動員。

羅伯．貝茲（Robert Bates）的大作《熱帶非洲的市場與國家》（*Markets and States in Tropical Africa*），是說明非洲經濟與政治的重要著作，書中說明為什麼濫用法律權力是有力的政治策略。貝茲試圖解釋非洲國家獨立後經濟表現慘不忍睹的原因，尤其是原本應該成為成長引擎的農業部門，為什麼表現會這麼差的原因。他提出的答案很單純：以都會區為根據地的政府，如迦納的恩克魯瑪政府，都對農業部門科課重稅，農民因為稅率極高，都不再投資和生產，政府可以怎麼因應這種情形呢？簡單的方法應該是提高價格、降低稅負和恢復激勵措施。但是，貝茲表示：「非洲國家政府如果協商出提高所有農產品價格的措施，政治效益會很低，因為支持者和異議人士會取得這種措施的好處。」結果，政府繼續壓低物價，反而採用其他政策工具，以便隨意調整政策方向。

另一方面，以國營農場之類公共工程項目的形式，提供好處，具有政治上的優點，就是能夠選擇性的分配利益。

發放有補貼的肥料給支持者、不發給反對者的做法也一樣。一九七八年，貝茲問一位受害的可可農民，為什麼他不設法推動反對政府政策的抵抗運動。

這位農民走到保險箱前，拿出一包文件，其中包括他所有車輛的各種執照、零件的輸入許可、不動產和設施改良的權狀，以及豁免他一大部分所得稅的公司章程，一面展示這些文件，一面說：「如果我試圖針對政府的農產品價格政策，推動抵抗運動，我會變成國家的敵人，喪失所有這一切。」

這是迦納式的「是我朋友的話，一切便宜行事，是我敵人的話，一切依法行事」。獨立後的迦納政府並不是在真空中運作，回想我們在第一章裡，曾經介紹雷崔瑞在迦納研究過的規範牢籠觀念，雷崔瑞寫下研究報告後僅僅過了三十年，迦納就變成獨立國家，他所描述的力量仍然還在強力運作。哲學家克懷米．阿皮亞（Kwame Anthony Appiah）一九六〇年代在迦納庫馬西（Kumasi）成長的父親，曾經告訴他「絕對不要在公開場合，詢問別人的出身來歷」。阿皮亞的「阿姨」是某個家庭奴隸的小孩。阿散蒂的另一句諺語說得好：「揭露太多出身會破壞一個城鎮。」綿密的規範、共同義務和支持制度殘存部分構成的網絡仍然存在，這種規範牢籠嚴重影響獨立後的政治運作，也是恩克魯瑪為什麼這樣組織國家機器的原因。互惠、親屬和種族關係網絡，把迦納變成和韋伯所說國家大不相同的國家，當權派被迫利用他們的影響力，把好處交給依賴他們的人，就像我們在文奇的工廠中看到的情形一樣。同樣地，依賴當權派的人有義務在選舉等情況中，幫助和支持他們的恩人。規範牢籠創造了紙糊國家能夠永遠存在的社會環境，破壞社會集體行動的能力，同時阻礙了國家能力的發展。紙糊國家愈是利用互相依賴和族裔關係網絡，愈可能重申這種網絡在非洲很多國家裡創造的規範牢籠。

## 後殖民世界

紙糊國家並非只在拉丁美洲和非洲出現，而是散布在世界各地，很多紙糊國家和我們在本章中所討論的例子一樣，有一個共通的地方：都是歐洲人殖民的結果。賴比瑞亞雖然不是殖民地，而是歐洲人的美國殖民地中、奴隸重獲自由後的前哨基地，仍然還是這樣。這種現象會出現，是因為歐洲殖民強權治理和操控很多殖民地制度的方式，為紙糊國家的出現創造好了所需的條件。

殖民留下的那些殘餘影響創造了這種國家？我們已經在拉丁美洲的例子裡，看出有兩種因素特別重要：第一是殖民強權引進國家制度，卻沒有引進可以讓社會控制國家制度的任何方法（尤其是因為殖民者無意讓非洲人控制國家機器或其官僚體系）。第二，殖民者試圖用便宜而便於傳播的「間接統治」法，完成所有這些任務，把權力授予非洲酋長等本地人，這表示不會建立菁英領導的官僚體系或司法制度。請記住，我們在第二章裡，解釋過盧吉怎麼希望間接統治奈及利亞的說明，為了達成任務，他必須建立他可以打交道的政治機構。實際上，這表示要建立類似國家機器的結構。但是，誰要擔任官僚、稅務人員、法官和立法議員呢？不是英國人。一九二〇年時，整個奈及利亞只有二百六十五位英國官員，除了傳統的酋長之外，沒有別人可以承擔上述職務；這點表示，奈及利亞獨立時，沒有全國性的行政機制可以發揮作用。

殖民時代裡，缺乏國家能力和公共服務是常態，但一九六〇年奈及利亞獨立、英國人離開，讓奈及利亞人可以自行統治後，情勢卻更形惡化。奈及利亞該用那種國家機器來統治呢？可以用某種國家巨靈來統治，只是這種國家巨靈能力薄弱，無力解決衝突、課稅、提供公共服務，甚至無力維持基本秩序。我們在阿根廷、哥倫比亞、賴比瑞亞和迦納看到的政治誘因就此出現。

在隨意設置的國家制度和間接統治之外，還要加上削弱國家和社會的第三個因素，就是後殖民國家的任意性質。對恩克魯瑪來說，把國家機器拿來當作政治工具會這麼有誘惑力，原因之一是迦納沒有國家的凝聚性，迦納沒有國語，沒有共同的歷史，沒有共同的宗教或認同，也沒有合法的社會契約，反而是英國人在十九世紀末葉，把集權和分權政治傳統水準大不相同的很多個非洲政體，胡亂拼湊而成的國家。事實上，迦納涵蓋的政體範圍很廣，從在殖民時代前集權程度最高的南方阿散蒂國，到北方塔倫西（Tallensi）這種完全沒有國家的社會都有。這種毫無凝聚力量的性質代表幾乎毫無社會動員的力量，這種情形特別能夠吸引恩克魯瑪之流的領袖，利用國家機器和法律來戀棧權力。基本上，在殖民帝國留下的土地上形成的紙糊國家草創之初，就是脆弱的國家和社會，也創造了兩者可能互相扶持，以便長久維持下去的狀況。

完成紙糊國家立國的最後一個因素是國際性的國家制度。戰後世界顯然奠基在獨立國家遵守國際規則、在國際組織中合作、尊重彼此國界的基礎上。這種制度運作順暢（原因之一是西方國家的強制實施）。值得讚嘆的是，雖然非洲國家由不同社會和無數實體拼湊而成，沒有天然邊界和民族團結，但六十年來，非洲國家之間大致上沒有爆發戰爭（然而，內戰卻很常見，還會溢流過國界，剛果民主共和國的東部大戰就是著名的例子）。因為這些國家雖然完全沒有通過鴨子測試，這種制度卻授予他們國際合法性，鞏固了這些紙糊國家。一旦你從國際社會得到了紅地毯的待遇，一旦你可以得到你在國內掠奪的大部分東西，你的權力其實很空洞的事實就比較不重要了。

我們把第二章中刊出的圖表重製為圖表四，放在這裡，用來把所有的線頭放在一起。我們的討論表示，紙糊國家出現在靠近左下角專制國家的地方，是力量很小的社會力量、很小的國家權力，卻仍然是專制國家；這一點讓我們可以更深入地洞察擔心動員效應的恐懼——社會的力量提高，可能把紙糊國家推進巨靈並不存在國家的軌道，最後甚至把紙糊國家推進自由窄廊中，削弱菁英控制政治能力所產生的效果。在這種情況下，拿紙糊國家跟印度國家機器比較也很有用，我們在第八章裡，看到印度的國家機器也是雜亂無章、虛弱無力，社會支離破碎的本質使這種狀況能夠繼續維持，就像紙糊國家一樣。但是，其中也有明顯的不同，印度會出現這種情況，是種姓關係的歷史和因此而創造的規範牢籠合力造成，而非殖民統治的歷史造成的。這點也表示，社會的特異組織造成國家虛弱無力，這點使印度比較接近受到社會削弱和限制的國家，比較像是虛弱無力的國家機器，而比較不像專制國家。因此，從我們這張圖表的角

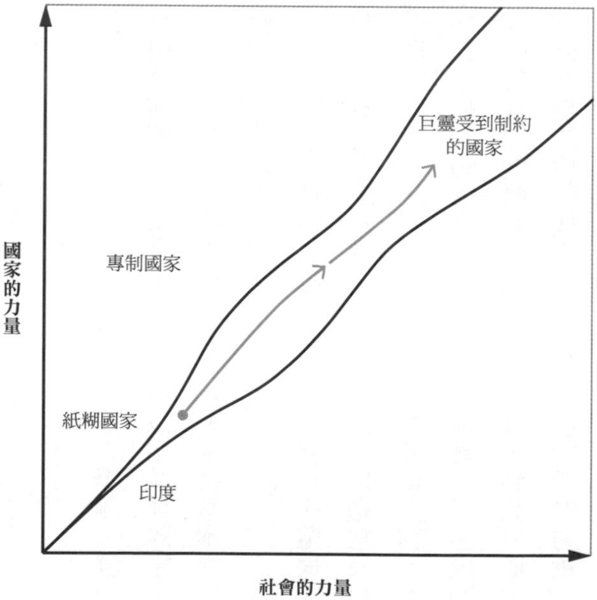

圖表四　紙糊國家。

度來看，印度位在劃分無巨靈國家和專制國家界線中的另一側。印度國家機器虛弱無力和無能，不是由害怕動員效應的憂慮造成的，而是種姓分裂難以承受之重造成的。

## 紙糊國家的後果

本章討論的國家形態和後殖民世界中的很多國家，跟我們討論到現在為止的專制國家、巨靈不存在國家和巨靈受制約國家，都大不相同。這些紙糊國家具有前兩種國家最糟糕的特質。紙糊國家擁有的任何權力，都是專制、鎮壓、恣意妄為、基本上不受社會約束的權力，這種權力反而會繼續設法讓社會維持虛弱無力、雜亂無章和混亂失序狀態。紙糊國家幾乎不願保護公民免於戰爭狀態的侵害，也不打算讓公民從規範牢籠中釋放出來（事實上，反而可能出於私心，利用這種牢籠）。這一切全都是因為紙糊國家不關心公民福祉，更不關心公民的自由。但是，這樣也是因為紙糊國家缺少多所任事的能力，只可能有能力增加主管政治菁英的財富。我們曾經主張，紙糊國家起源於政治菁英對社會動員的恐懼，因為社會動員會使他們的能力受到限制，比較難以從控制國家、掠奪社會資源中得到好處。我們也指出，深刻的不平等、不負責任的國家結構、殖民時代留下的間接統治、突然而隨意地從殖民統治轉型為獨立，以及國際性國家制度等因素，都為紙糊國家的出現奠定基礎。

紙糊國家不只對自由不利，也會嚴重傷害經濟繁榮。我們已經知道，經濟機會與誘因必須植根在法律、安全、有效而平等的公共服務上，這是何以巨靈並不存在的國家，不會有經濟成長的原因。專制國家可以執行法律、解決紛爭（只是經常偏向有利於政治上有權有勢的一方）、控制掠奪，而且專制國家如果有意願，還會供應公共服務。專制國家在這種基礎上，可以創造專制式的成長，中國令人驚嘆的崛起，就是最新的例證。紙糊國家卻不是這樣，這種國家沒有能力做好其中的很多事情，無論如何，又經常不希望控制掠奪；因此，拉丁美洲和非洲的紙糊國家造成的傷害，不是只限於大多數公民繼續處在恐懼、暴力和遭受宰割的困境中，還造成經濟體系中貪腐橫行、組織沒有效能，而且經濟幾乎毫無成長。繁榮和自由必須期待未來。

紙糊國家的無能也為無法控制的衝突和內戰奠定基礎，賴比瑞亞就是例子。一九八九年至二〇〇三年間，賴比瑞亞國家機器崩潰，遭到兩次內戰蹂躪，據估計，兩次內戰的傷亡人數估計高達五十萬人以上。後來雖然出現若干重建和穩定，賴比瑞亞國家機器其薄如紙的特性，延續到今天仍然不變；結果是賴比瑞亞在國際社會中，雖然比過去更加受到歡迎，卻仍然沒有能力和意願提供公共服務。二〇一三年內，參加大學入學考試的二萬五千個學生中，沒有一個人過關，顯然沒有人有資格上大學，顯示賴比瑞亞中學教育的素質低得離譜。二〇一八年，賴比瑞亞發行新貨幣，卻有價值大約一億零四百萬美元、大約占賴比瑞亞國民所得百分之五的新鈔，從首都蒙羅維亞港的貨櫃中不翼而飛。目前賴比瑞亞的生活水準大約和一九七〇年代時相同。

# 12 瓦哈比的子女

## 戰術家的美夢

西方已經把中東，尤其是把沙烏地阿拉伯，看成是缺少自由的象徵。此地的個人自由遭到習俗、宗教和專制主義扼殺，不受約束的專制主義，結合了令人窒息的規範牢籠。我們應該怎麼解釋這種壞到不能再壞的局面呢？想到沙烏地阿拉伯孕育出了穆罕默德建國成功的故事，想到伊斯蘭帝國在隨後的幾個世紀裡所建立的璀璨文明，這樣的結果確實讓人驚訝。到底發生了什麼事？鑑於其他國家建國過程中都是放寬牢籠，而非強化其限制，中東的規範牢籠為什麼會變得如此嚴苛、如此令人窒息？

我們在第三章裡看到，穆罕默德的國家迅速擴張到中東大部分地方和北非，卻不是拓展到每一個地方。（我們從第三章的地圖四中可以看出）。阿拉伯分為好幾個不同的區域，麥地那和麥加所在的漢志（Hijaz）地區位在沙撈越山脈（Sarawat Mountains）中，這座山脈位在瀕臨紅海的阿拉伯半島西側，大致呈縱貫走勢，山脈東側盡頭、廣大無垠阿拉伯內陸沙漠出現的地方，就是內志（Najd）地區的起點。二次大戰期間，統率德意志非洲軍團的陸軍元帥隆美爾，把沙漠叫做「戰術家的美夢、軍需官的惡夢」，內志區域就是這樣的地方。

穆罕默德死後，伊斯蘭帝國沒有承擔這種後勤補給惡夢，而是進軍大馬士革和巴格達，然後西征埃及和北非，征服已經設立中央政府的國家。更久之後，甚至在多個早期的伊斯蘭王國崩潰，伊斯蘭政權中心移到康士坦丁堡和奧圖曼帝國後，內志區域仍然抗拒合併。奧圖曼帝國控制了漢志、穆斯林的聖域，以及底格里斯河和幼發拉底河之間的兩河流域（美索不達米亞），大致上卻不大理會阿拉伯內陸地區。

內志地區的貝多因人雖然皈依伊斯蘭教，卻避免政治上的中央化。所有偉大宗教都很有彈性，放任多種解釋和實踐（否則如何傳播？）穆罕默德雖然建立強大的國家，還在《麥地那憲章》中闡明中央權威的性質，《古蘭經》對這一點的說明卻比較不明確。事實上，《古蘭經》中只有兩章直接觸及憲法問題，其中一章強調必須服從權威，另一章要求諮商，而諮商正是沙漠貝多因人部落奉行的規範，其中有很大的迴旋餘地，足以緩解阿拉伯人對中央集權的懷疑。或許最重要的是，伊斯蘭教沒有由教士、主教和教宗構成的複雜教會結構，每位穆斯林反而可以直接和阿拉聯繫，不必透過中間人（和新教很多教派不同）。這點使中央權威比較難以把自己的願望，打進當地社區裡，也使貝多因人更樂於接受新宗教。這點也表示內志之類地區的部落結構比較可能延續下去，並與伊斯蘭教義融合。

因此，內志地區一直到十八世紀開始後很久，仍然分裂為由酋長或王公統治、彼此互相競爭的自治部落。競爭偶爾會變得很暴力，在現代沙烏地阿拉伯首都利雅德近郊的德拉伊耶（al-Diriya）綠洲，一系列的暗殺促成新王公紹德（Muhammad ibn Saud）崛起。紹德在一七二六年或一七二七年掌握政權。

紹德的後代一直到一九三二年，才把紹德的名字，加在還無法想像的沙烏地阿拉伯王國的國名中。現存跟紹德有關的資訊來源出自十九世紀初，人們都同意，紹德和穆罕默德・瓦哈比（Muhammad ibn Abd al-Wahhab）的第一次見面，對紹德和他的王國的命運，都是至為重要的事情。

瓦哈比出身綠洲城鎮優雅伊耶（Uyaina），這裡離南邊的德拉伊耶大約二十英里，他的家庭篤信伊斯蘭教義，父親是當地王公任命的穆斯林法官（qadi），任務是利用伊斯蘭教法判決案子。伊斯蘭教法是跟著穆罕默德和早期伊斯蘭帝國一起出現的法律，最基本的要素是《古蘭經》，和門徒記錄下來的穆罕默德言行實錄《聖訓》（*hadith*）。中世紀初期，各種思想流派——包括最著名的哈納菲（Hanafi）、瑪里克（Maliki）、莎菲懿（Shafi'i）、罕百里（Hanbali）和賈法里（Jafari）等法學派——開始辯論伊斯蘭教法的內涵。雖然他們都同意《古蘭經》和《聖訓》的絕對重要性，卻對那些法官可以創造判例，或根據類推裁決的程度，產生歧見。其中罕百里法學派最保守，拒斥伊斯蘭教法的所有這種演變，他們對伊斯蘭教法的闡釋卻在內志地區贏得主導權。

瓦哈比十歲就會背誦《古蘭經》，而且開始遊歷伊拉克、敘利亞和伊朗，回到內志地區後，從一七三〇年代初期開始傳教。在沒有宗教階級的地方，人們可能承認通曉《古蘭經》和《聖訓》的人是烏理瑪（ulama），也就是可以發布伊斯蘭教令（fatwa）的宗教導師（烏理瑪）。教令通常是針對若干當代問題或論辯，闡明宗教導師對伊斯蘭經文的特殊解釋。瓦哈比遊歷期間，對伊斯蘭教形成了不同的解釋，認定伊斯蘭教在阿拉伯的傳播事功失敗，他遵循罕百里法學派的思潮，認為人們崇拜偶像，偏離了真正的宗教。請記住，穆罕默德在麥加獲得啟示前，天房是伊斯蘭教之前不同宗教神祇的聖殿，人們對這些神祇的崇拜仍然持續進行，人們也把聖徒和穆罕默德在麥地那的墳墓神聖化。瓦哈比認為這一切都是偶像崇拜，鼓吹可以對從事這種偶像崇拜的人發動聖戰。結果這種解釋對精明的戰術家紹德非常有用。

但是，瓦哈比首先必須發展自己的主張、建立追隨他的群眾；他的兩種概念特別能夠吸引統治者，一是人民必須服從權威，二是人民必須繳納《古蘭經》規定的強制性宗教稅「天課」（zakat）。這段期間內，天課在內志地區的貝多因人中不受歡迎，而且很少繳納。天課理當用在慈善和宗教活動中，但酋長和王公可能也可以分一杯羹。然而，凡是不繳納天課的人都是異教徒的說法，後來卻變成瓦哈比派的基礎。

瓦哈比開始在優雅伊耶實施他的理念：他砍倒一棵聖樹，意指不可崇拜樹木；他摧毀先知的夥伴薩伊德・哈塔卜（Zaid ibn al-Kattab）已經變成朝聖地點的墳墓，意指不得崇拜墳墓；除了一年一度的麥加朝聖外，別無其他朝聖之旅。優雅伊耶一位婦女犯了通姦罪時，瓦哈比從嚴解釋伊斯蘭教法，下令用石頭把她砸死。這一步太過分了，不喜歡他的激進新教義的本地烏理瑪起而反對。於是瓦哈比被迫從優雅伊耶逃到德拉伊耶，和紹德初次見面，兩人一拍即合。這次決定性的會面沒有第一手紀錄存在。但是，瓦哈比需要軍事支持，以便發動他計畫中的聖戰，傳播他的新教義。紹德看出瓦哈比派教義深具潛力，是軍事擴張和社會控制的有力工具，於是要求瓦哈比留在德拉伊耶，支持他計畫中在內志地區發動的軍事行動；他也要求瓦哈比，同意他把本地收成的例行稅負提高。瓦哈比接受他的第一項要求，卻不接受第二項要求，而是同意紹德可以從聖戰的所有戰利品中，拿走五分之一。瓦哈比還指出，這樣收到的錢會遠比對收成課稅多得多。因此，雙方達成協議，紹德和瓦哈比派教義是焦不離孟，孟不離焦，這種天作之合極為成功。紹德家族從小小的綠洲向外擴張，首先取得內志地區；到一八〇三年，已經從奧圖曼帝國手中，奪取麥加和漢志地區。有一段話記載紹德奪占內志東邊阿赫薩（al-Hasa）地方的經過：

拂曉來臨時，紹德祈禱結束後出發。他們（瓦哈比派信徒）騎著駱駝和馬匹，同時發射手槍時，天空為之昏暗，大地為之震動，濃煙升到空中，很多孕婦小產。然後，阿赫薩人民出來，向紹德投降，聽任他的擺布。

他下令所有人在他面前現身，所有的人都照辦無誤。他住在那裡好幾個月，隨心所欲地殺害、流放和關押人民，沒收財產，摧毀房舍，建立堡壘。他向他們索取十萬迪拉姆（dirham），也如數取得……有些人……巡查市場，抓住過著放蕩生活的人……有些人在綠洲上遭到殺害，有些人被帶到營地來，在紹德的帳篷前砍頭，到所有這種人斬盡殺絕為止。

除了今天的葉門和南方的阿曼仍然獨立外，阿拉伯半島首次大致大一統，成為一個國家。赫勒敦對這種事情應該不會意外，奉行部族主義的沙漠人民高舉伊斯蘭的大旗，征服了都會地區。

一七四〇年代後，在內志地區發展出來的政治制度最後把沙烏地阿拉伯，凝結成跟過去的國家大不相同的國度。當時部落酋長必須在人稱「協商會議」（majli）的聚會中，徵詢其他名人的意見。英國作家兼探險家查爾斯·杜格蒂（Charles Dougherty）指出，到一八六〇年代和一八七〇年代，情形還是這樣，原則是「讓他在這裡說話，至少大家會聽到他的聲音，他是部落人士」。

事實上，酋長是大家選任的，任何貝多因人都可能升到這個職位，不過酋長大致上是由著名家族獨占。十九世紀初瑞士旅行家約翰·伯克哈特（Johann Ludwig Burckhardt）曾經指出：

酋長對部落中的個人沒有實際權威。

這個國家只是老套巨靈並不存在的國家。一七六五年，紹德去世時，由他兒子阿不都阿齊茲

（Abdal-Aziz Muhammad ibn Saud）繼承時，仍然需要由德拉伊耶人民選舉，才能得到合法性；但是，國家和社會之間的這種平衡很快就會遭到顛覆，阿不都阿齊茲繼續從事父親留下的征服大業，利用皈依瓦哈比派教義，作為軍事擴張和兼併這個區域領土的藉口。他的軍隊曾經對即將征服的某個國家，宣讀下面這封信函：

> 阿不都阿齊茲致書某某部落：歡迎！你們的責任是相信我送給你們的書，不要像崇拜偶像的土耳其人一樣，為真主製造一個人類的中間人。如果你們是真正的信徒，你們會得救，否則我會對你們發動戰爭，到你們死亡為止。

一處綠洲遭到征服後，瓦哈比派宗教導師會進駐、傳教，阿不都阿齊茲用他親手挑選的人，取代當地王公和酋長，任命瓦哈比派穆斯林法官，實施他們的嚴格伊斯蘭教法，他也會任命一位「監察使」（muhtasib）。監察使擔任多種行政職務，例如監督商業與度量衡、確保人們遵守祈禱等伊斯蘭教的重要做法。阿不都阿齊茲也建立了相當複雜的稅務機關，以便課徵天課。據說他每年會派出七十隊稅務人員，每一隊由七位稅務員組成。他也開始解決部落中的爭端。一七八八年，瓦哈比發出一份教令，宣布紹德家族是世襲王公，所有瓦哈比派教徒都必須對統治的紹德國王，宣誓效忠。紹德家族的專制主義和瓦哈比派的規範牢籠融合為一。

紹德家族和瓦哈比派對奧圖曼帝國初期的勝利並不持久，奧圖曼蘇丹派出出身阿爾及利亞、後來自立為埃及實質獨立統治者的大將穆罕默德．阿里（Muhammad Ali）對抗瓦哈比派的威脅。阿里和他兒子易卜拉欣．帕夏（Ibrahim Pasha）先後侵入漢志，在一八一八年消滅新興的紹德國家。但是，要統治內志地區很難。一八二四年，紹德家族建立第二個國家。在奧圖曼人更穩穩控制漢志的情況下，紹德家族建立的第二個國家無論是在領土抑或權威上，都不如第一個國家；這個國家遭到內志地區一個對手家族擊敗，在一八九一年滅亡，紹德家族流亡科威特，但時間並不長。

## 制服宗教導師烏理瑪

一九〇二年，紹德家族在阿不都阿齊茲（Abdal-Aziz bin Saud）的領導下班師回朝。阿不都阿齊茲是紹德國王的六世孫，他從科威特橫越沙漠，占領利雅德。德拉伊耶在一八一八年遭到帕夏摧毀後，已經廢棄，變成廢墟。阿不都阿齊茲擁有新版的祖先祕密宗教武器，就是兄弟會。兄弟會是利雅德穆斯林法官創立的宗教組織，這位穆斯林法官是瓦哈比後代的阿爾夏克（al-Shaikh）家族成員，他們組成奉行嚴格伊斯蘭教規定的居住地，迴避外國人，採行嚴謹的行為準則，發展強力的合作與互助規範。他們也繼承瓦哈比對不奉行他們規定的人發動聖戰的習慣。阿不都阿齊茲看出瓦哈比派教義在他建國大業中的潛力，利用瓦哈比派戰士攻擊對手，也用相同的手法利用兄弟會。

兄弟會的第一個定居地點阿塔維亞（al-Artawiya）位在利雅德西北，定居時間可以回溯到一九一三年。阿不都阿齊茲很快就送給他們資金和種子，協助他們建立清真寺和學校，接著再送他們槍枝和彈藥。不過兄弟會似乎比較喜歡刀劍等傳統武器。他鼓勵人們建立更多定居地點，誘使利雅德烏理瑪發布伊斯蘭教令，宣揚定居生活和農業，設法取得任命定居地點穆斯林法官的權力，法官人選通常出自阿爾夏克家族，因而進一步提升紹德和瓦哈比兩大家族的聯盟。隨後，兄弟會接受徵兵，成為阿不都阿齊茲的突擊部隊（插頁相片集中刊有此一期間留傳下來的兄弟會照片）。他們為聖戰而戰，他則為建立王國而戰，這種平衡並不穩定，卻可以依附在專制主義和規範牢籠的軸心上，共存共榮。然而，早到一九一四年，他就必須誘使一位烏理瑪，發布另一份伊斯蘭教令，呼籲大家容忍兄弟會接受治理的事情。

仍然統治漢志和聖域的奧圖曼帝國加入德國陣營，參與第一次世界大戰時，情勢到達緊要關頭，包括阿拉伯的勞倫斯在內的英國人，鼓勵麥加王公胡賽因，領導著名的一九一六年阿拉伯起義，承諾在打敗奧圖曼帝國後，保證「會在麥加王公提倡的限制和疆界中」，成立一個阿拉伯國家，但不含大馬士革、荷姆斯（Homs）、哈瑪（Hama）和阿勒坡以西的敘利亞」。一九一八年，奧圖曼帝國土崩瓦解，英國利用和胡賽因所訂協議中的含混不明的地方，把胡賽因的國家限制在漢志地區，還和法國人合作，瓜分了舊奧圖曼帝國的其他部分，只有土耳其例外。遭到背叛的胡賽因勃然大怒，拒絕簽署一九一九年的凡爾賽和約。同時，阿不都阿齊茲和兄弟會鞏固自己在內志地區的主宰，他們起初無意對抗奧圖曼的軍隊，也不希望和統治漢志、受到英國人支持的胡賽因作戰。但是，因為胡賽因反對英國人的戰後計畫，尤其反對跟巴勒斯坦有關的計畫，導致英國人在一九二四年，轉而支持阿不都阿齊茲。阿不都阿齊茲受到鼓勵，侵入漢志，這一年十月，麥加淪陷。一九二五年十二月，阿不都阿齊茲奪下麥地那。

阿不都阿齊茲在兄弟會的支持下，如願以償，出任內志和漢志地區國王。兄弟會卻還沒有完成心願，他們正在對叛教的人發動聖戰，而且不僅限於對付阿拉伯半島的叛教者，還開始攻擊約旦河東岸的英國保護國，卻遭到英國空軍擊退。阿不都阿齊茲認定兄弟會已經完成任務，現在比較像是麻煩而非資產，於是對兄弟會發動戰爭，並在薩比拉戰役中，擊敗他們，圍捕並殺害他們的領袖。一九三二年，他統一漢志和內志地區，建立沙烏地阿拉伯王國。

擊敗兄弟會釋出強力的訊息，表示在紹德家族和瓦哈比教派的聯盟中，紹德家族才是發號施令的人。但是，沙烏地國王還需要花一點時間，才能把這一點納入現代制度中。一九五三年，阿不都阿齊茲去世後，關鍵時刻來臨，他的兒子紹德繼承王位，卻和希望繼承大寶的其他兄弟，爆發激烈競爭，跟同父異母兄弟費瑟的競爭尤其激烈。事實證明，費瑟在政治上精明得多。紹德國王臥病在床之際，費瑟逐漸掌控了很多政策職位，在王族中建立了支持者的聯盟。最後，費瑟對自己的力量深具信心，就召集宗教導師會議，考慮把紹德國王排除在政治事務之外的問題，並在一九六四年三月二十九日，忠實地發布伊斯蘭教令，強調兩大重點：第一，「紹德是國家主權所在，必須受到所有人的尊敬和尊崇」。第二，「費瑟王子身為總理，可以自由管理國家內政、外交事務，無須和國王諮商」。這樣做其實是打著宗教認可的大旗，發動政變，這個決定在《古蘭經》或任何相關經文中，都找不到前例，烏理瑪只是承認權力中心所在罷了。但即使是這樣，費瑟和他的支持者仍然覺得不滿意，決定必須完全排除紹德國王。一九六四年十月，費瑟再度召集烏理瑪會議，希望找出方法，合法罷黜紹德國王。

參與這些談判的某一個人回憶說，費瑟集團：

> 曾經多次接觸穆罕默德酋長……希望說服他，發布廢除紹德國王的伊斯蘭教令……為了維護社會和這個伊斯蘭國家的統一，烏理瑪確實必須採取這項行動，必須支持王族的決定。穆罕默德酋長因此決定召集所有烏理瑪到他家裡……他們簡短討論國家大勢後，斷定必須肯定王室的抉擇。

穆罕默德酋長是大穆夫提（Grand Mufti），是國家最高宗教權威、最重要的烏理瑪。上面這段話的文字令人震驚。雖然在歷史上，瓦哈比和他的後裔很可能從紹德家族手中，取得大量的自主權，但到一九六四年時，烏理瑪們對於紹德家族中最有權力的一派，顯然已經必須聽命行事。因此，他們只經過

「簡短討論」，就同意罷黜國王。於是罷黜國王的伊斯蘭教令正式在十一月一日發布。

費瑟登基為王，在他統治前，王族和烏理瑪之間，只有非正式關係，費瑟開始改變這一點，形成他比較可以直接控制的制度性結構；他宣布一系列改革，包括創立「由二十二位委員組成的顧問委員會」。「委員要從領導法官和學者中挑選出來，負責發布裁決，並為穆斯林社會成員感興趣的問題，提供建議。」

這個最高烏理瑪委員會一直到一九七一年，才終於創立，原因顯然是出於大穆夫提穆罕默德酋長的反對；一九六九年他去世後，費瑟廢除了大穆夫提的職位（但後來又恢復設立）。最高烏理瑪委員會有多個小組委員會，以便考慮不同形態的問題，發布跟伊斯蘭法律不同領域有關的伊斯蘭教令；但是，他們只能聽取王室內閣授權他們聽取的問題，王室內閣又可以隨意修改他們的工作目標，因此這個委員會變成了馴化宗教導師的工具。

這方面最明顯的證據在一九九〇年出現。已故伊拉克前總統海珊的軍隊占領科威特後，沙烏地人害怕之至，擔心自己是海珊的下一個目標，因此邀請美國派軍來保護他們。一九八二年費瑟國王死後、繼承王位的是弟弟法德國王。法德擔心這樣可能違背沙烏地自命是麥加和麥地那兩大聖地保護者的角色，但最高烏理瑪委員會迅速發布伊斯蘭教令，安定沙烏地人心：

> 可以用一切方法……〔防衛沙國〕最高烏理瑪委員會支持統治者採取的行動，願真主賜他成功：引進配備武器足以驚嚇、嚇阻有意侵犯我國敵人的武力。在當前的情況下，此一義務確有必要，在這種痛苦現實中，也是無可避免的現實狀況，其法律基礎與證據顯示，負責穆斯林事務的人，應該尋求有能力達成期望目標的人協助。《古蘭經》和先知言行已經指出，需要做好準備，及時採取措施。

「先知言行」所指的，是從《古蘭經》和《聖訓》中取材的伊斯蘭社會成套做法、規範和信念。毫無疑問的是，沙烏地公民得知：賓拉登後來稱之為「十字軍」的武力出現在沙烏地領土上，完全符合先知言行後，總算能夠大大地鬆了一口氣，大大地安下心來！

## 強化規範牢籠

沙烏地阿拉伯的故事是規範牢籠強化的例證，社會如果沒有中央權威，通常會演變出很多限制行為的方法，目的是為了管制衝突，同時預防現狀陷入不穩定狀態。這些規範起源於習俗、信念和人民的習慣，而且會根深柢固，融入宗教和宗教做法中。雖然穆罕默德強力推動在麥地那和其他地方，建立中央化的權威，伊斯蘭教還是變成這種情形。在罕百里法學派和瓦哈比派教義的努力下，再加上他們把重點放在傳統和反對創新上，造成這些規範自行強力繁殖，然後跟紹德的交易出現。紹德和其繼承人利用瓦哈比的軍事擴張熱情，把瓦哈比派的主流規範和限制，納為交易中的交換條件，對創建王國而言，這樣只是小小的代價。

但是，在紹德和阿不都阿齊茲手裡，瓦哈比派的理念和限制所產生的影響，遠超出德拉伊耶綠洲，中東其他未來的暴君開始利用相同的理念和策略、類似的僵化規範牢籠，以便支持專制政權。這種策略會在這個地區流行，有三個環環相扣的原因。其中一個原因出自伊斯蘭教的制度性結構。就像前面所指出的那樣，伊斯蘭教裡，尤其是遜尼派伊斯蘭教中，沒有教會結構，沒有教士介於個人和神祇之間，精熟宗教的宗教導師可以在解釋經文、發布教令上，指導一般人。另一方面，這表示凡是具有足夠的

《古蘭經》和《聖訓》知識的人，都可以扮演這種角色，解釋伊斯蘭教及其教義（我們稍後再會略加探討）。另一方面，這種組織結構開啟了宗教導師接掌大權，提供伊斯蘭教令，支撐沙烏地政權的大門。沙烏地的制度裡，沒有像天主教會等階級，作為反制紹德家族陰謀詭計的籌碼。中東其他專制政權都效法沙國的做法。

第二個因素跟下述事實有關，就是前面已經指出的：《古蘭經》不是憲法文件，例如，歸屬統治者的權力是多是少，可以隨意解釋，因為《古蘭經》和麥地那憲法對於誰應該參與委員會議、誰可以指正統治者等事情，都沒有任何規定，因此紹德家族有很大的迴旋空間，可以避開現有的部落會議、貝多因人的部落集會，把人民的角色限制在地方性事務上，徹底控制人民參加比較大型協商會議，或參與諮詢理事會的資格。

第三個因素是專制伊斯蘭帝國統治期間，從國家社會關係中發展出來，又融入其中的霍布斯式看法，例如，就像著名的十世紀哲學家安薩里（al-Ghazali）所指出的那樣：

> 一百年的蘇丹暴政造成的損害，低於臣民彼此相殘一年所形成的暴政……只有在統治者顯然違反真主或先知命令時，人民起義才算合法。

戰爭狀態遠比專制主義糟糕得多，只要專制暴君堅持伊斯蘭教法，人民就可以容忍。

因此，這樣解釋伊斯蘭教義，就為潛在的暴君，提供了一套有吸引力的原則（我們接著會看到，中東歷史上有很多這種暴君）。這種情形看來容易操縱，卻沒有追求民主或其他形式政治責任的強烈傾向，而且只要遵守伊斯蘭教法，伊斯蘭教義就會宣揚臣服之道。但是，伊斯蘭教義當然遠遠超過這種情形，是一整套信念系統，是個人應該如何根據真主的律法過日子的體系，其中很多原則是在西元六二〇年代，在阿拉伯制定的，反映這個地區當時的規範。罕百里派或瓦哈比派都強調：要嚴格遵守傳統主義的方式，解釋伊斯蘭教法，還要具體實施限制非常嚴格的規範牢籠，這種情形在現代世界算是相當反常的事情。在紹德家族手中，這種規範牢籠不僅僅是強而有力的工具而已，也是他們為了要和瓦哈比派結盟，必須支付的代價。例如，一九二六年，阿不都阿齊茲曾經成立一個商業法院，派任七位法官，其中只有一位是宗教界人士，他的目的是要推動最低程度的經濟關係現代化。到一九五五年，宗教導師說服紹德國王，完全廢除商業法院。到一九六七年，費瑟國王重新設立三個商業法院，一座設在首都利雅德，另外兩座分別設在主要港口城市吉達和達曼，但現在卻有一半的法官，必須由宗教導師擔任；到一九六九年，更變成三分之二的法官必須由宗教導師擔任。引進現代商法的所有企圖，都遭到伊斯蘭教法擊敗，讓人不由自主地想到，沙烏地王族打敗兄弟會和馴化宗教導師後，應該已經掌握優勢，應該開始放寬一些不符合他們政經利益的規範牢籠才對。然而，就像法德國王發布保衛國家的伊斯蘭教令時的情勢那樣，清楚顯示在赤裸裸的專制制度裡，政府完全不需要跟社會協商，卻經常需要宗教權威，重新肯定沙烏地的政策和做法。經歷一九七八年和一九七九年的兩件大事後，這種動態嚴重惡化。第一件大事是伊朗爆發革命，威脅沙烏地阿拉伯自命這個區域伊斯蘭教領袖的地位。第二件大事對紹德家族更為不祥，就是有幾百位叛亂分子（沒有人知道確切數字），在一位名叫朱海曼．歐太比（Juhayman al-Otaybi）的人領導下，攻占麥加的禁寺大清真寺。歐太比出身國王阿不都阿齊茲安置兄弟會人士的城鎮，父親和很多親戚都是兄弟會的活躍分子，曾經參與兄弟會和國王的衝突。他和叛亂分子的不滿起源於瓦哈比派的教義，他們認為，紹德家族已經西化，背離了穆罕默德的教導，因此他們呼籲沙國回歸伊斯蘭教比較傳統的詮釋。他們（正確的）指出，宗教導師已經受到紹德家族的控制，失去合法性。沙國政府在巴基斯坦和法國特種部隊的協助下，擊破他們長期占領禁寺的行動，歐太比和被捕的追隨者遭到斬首後，統治沙國的紹德家族的反應是：加緊向瓦哈比派教義靠攏，宗教的解釋和教導變得更為嚴格，學校裡教育年輕學子的方式尤其如此，規範牢籠進一步收緊。

## 沙烏地阿拉伯的賤民

一九五五年，紹德國王宣布，女童要接受公共教育；但四年後，在宗教導師的反對下，沙烏地改變政策，把女童教育交給宗教導師負責監督，大穆夫提和宗教導師維持這方面的控制，一直到二〇〇二年才結束。不僅止於女性的教育，沙烏地社會中，婦女待遇中的每一個層面，都受到紹德和瓦哈比派協議打造的規範牢籠限制。

沙烏地牢籠的主要執行者是「勸善懲惡協會」，協會成員的名稱通常翻譯為「宗教警察」，負責強迫人民遵守伊斯蘭教法和伊斯蘭規範，包括女性嚴格的服裝規範。宗教警察很重視、非常重視這種事情，重視到二〇〇二年三月麥加一所女校爆發火災時，他們居然試圖阻止服裝不整的女童逃出火場，而所謂的服裝不整只是沒有戴頭巾和穿罩袍（abaya，沙烏地王國伊斯蘭教傳統解釋中規定的黑袍），結果十五位女童燒死在建築物裡。下面引述一位救援人員的話：

> 女童從大門出來，這些人就強迫她們從另一扇門回去。他們不但沒有伸出援手救人，反而伸手打我們。

你可能認為，勸善懲惡協會是古代伊斯蘭教的制度；其實不是。就我們所知，實際情形是隨著沙烏地國家機器擴張，政府任命檢查官，負責控制各個綠洲；檢查官的職責包括執行宗教規範和法律，這個職位的起源可以回溯到中世紀的阿拔斯王朝（Abbasid Caliphate）。但是，這個協會是新設的機構，協會的前身勸善懲惡「局」是阿不都阿齊茲在一九二六年、攻占整個漢志地區後設立的機關；一九二八年，「局」變成協會。隨著沙烏地國家機器鞏固大權，規範牢籠跟著緊縮，原因之一是對瓦哈比派的宗教導師讓步，但也是為了這種制度相當有助於支撐專制主義；這種牢籠在經濟和生活現代化之際，有助於控制人民，因此才會創設這個協會。

沙烏地阿拉伯規範牢籠首當其衝的人是婦女。二〇一四年，利雅德紹德國王大學有一位女學生死亡，死因是男性急救醫護人員不准處理她的病痛。非近親男性不准碰觸女性，連禮貌客氣地握手都不行，更不用說進行基本的醫護了。女性在沙國是賤不可觸的人。

服裝規定、不准碰觸規定、把女性放在男性控制之下的管制網，都起源於對《古蘭經》的特定解釋。《古蘭經》第四章第三十四節說：「男人是維護婦女的，因為真主使他們〔的力量〕比她們更優越，又因為他們所費的財產。」這句話在沙烏地阿拉伯的解釋是女性像兒童一樣，要由男性控制。而且人們認為，這種解讀符合西元六二二年、穆罕默德所制定麥地那憲章中第四十一條所說：「只有在得到女性的家人同意後，才襄助屬於受害者。」

因此，女性要受他們的家人（意思是「男人」）控制。沙烏地阿拉伯男性對女性的宰割，已經透過監護人制度變成制度化，每一位女性都必須有一個男性監護人，女性想做的很多事情——例如出門——都必須得到男性監護人的允准。監護人可能是她的父親、丈夫，甚至可能是她的兒子。如果女性在無人監護的情況下出門旅行，就必須帶著一張黃牌，記載她的旅行次數和監護人批准的旅行天數。

要開立銀行帳戶、租公寓、創業或申請護照，也需要監護人准許。政府的電子入口網站規定，男性監護人必須填寫女性護照的申請表格，女性刑期屆滿時，甚至必須得到一位男性的允准，才能出獄！一直到最近，女性要得到工作，也需要男性的許可，雖然這一點已經改變，沙烏地的法律仍然規定工作場所必須隔離，男女分區工作，這樣會嚴重妨礙雇用女性的意願。如果女性想出國留學，必須由男性親戚陪伴；如果餐廳沒有設立用牆壁隔開的「家人區」和獨立的女性入口，女性不得進入用餐。最高烏理瑪委員的一份伊斯蘭教令規定，「除非獲丈夫准許，否則女性不得離家」。

法律之前男女當然沒有平等。女性的證詞在法律案件中的價值，只有男性證詞的一半。同樣地，根據伊斯蘭教法，女性可以繼承的金額只有男性的一半。如果沒有合法的監護人介入，女性連要提出告訴或到庭陳述都會碰到困難。由男性主持的法院在刑事案件中，通常會拒絕女性證人的證詞。兩位婦女告訴「人權觀察組織」說，法官拒絕讓她們在庭上說話，因為法官認為她們的聲音「可恥」，卻同意她們的監護人代表她們說話。但是，如果婦女遭到監護人或丈夫凌虐時，該怎麼辦？

世界經濟論壇在性別平等排名中，在一百四十九個國家裡，把沙烏地阿拉伯排在第一百四十一名（序言中提到的阿拉伯聯合大公國雖然頒發性別平等獎，排名卻只比沙烏地阿拉伯略高，排名第一百二十一名）。這項排名結合很多因素，其中一項是勞動參與率，沙烏地阿拉伯的勞動參與率為百分之二十二，相形之下，美國的勞動參與率為百分之五十六。

監護人制度和對女性有系統地歧視，一直得到宗教主管機關的支持。一九九〇年代內，最高烏理瑪應邀對女性為了完成大學教育、因而延後結婚的適當性，做出裁定，並發布伊斯蘭教令，規定：

> 女性透過大學教育追求進步，是我們不需要的東西，卻是我們需要檢視的問題。我認為〔正確的

是」如果女性完成國小教育，能夠看書寫字，能夠從閱讀「真主之書」、其註解和先知的《聖訓》中受益，對她而言就夠了。

問到女性就業問題時，最高烏理瑪的裁定是：

> 全能的真主……稱讚女性留在家裡，她們出現在公共場合是衝突的主要原因。不錯，伊斯蘭教法只准許女性在有必要時，可以離開家，但是必須戴著頭巾，避免所有可疑狀況。然而，一般的規定是她們應該留在家裡。

而且絕對不能碰觸，也不能領導。同一個機構發布的另一項伊斯蘭教令表示，女性不能擔任領導男性的職位，因為她們「除了熱情壓倒思維外，還缺少推理能力和理性」。沙烏地政府官員為這些規則辯護時，常說沙烏地的社會保守，這種統治反映人民的思考方式。但是，既有的證據毫不支持這種說法，李奧納多·柏之庭（Leonardo Bursztyn）、亞歷山德拉·龔薩雷斯（Alessandra González）和大衛·柳澤·杜洛（David Yanagizawa-Drott）在最近的一項研究中，詢問利雅德的男性，是否同意下述簡單的陳述：「我認為應該容許女性走出家門工作。」結果百分之八十七的男性同意這句話。但是，重申規範牢籠時，很多男性對自己的妻子外出工作這件事，仍然覺得不安，因為他們會想到別人對這種事情會有什麼反應；尤其是他們會認為，別人應該會比較不贊成女性出門工作；而且只有百分之六十三的男性認為，他們鄰居中的男性會同意同樣的陳述。因此，在這種規範牢籠中，每一個人都害怕別人對賦予女性最基本權利的事情，會有什麼不同看法；女性出門工作遭到污名化，規範牢籠則遭到強化。

學者雖然可以引述《古蘭經》和《聖訓》，來支持男性控制女性這件事，但一切都要遵照政治上的要求辦理。近在一九九六年，最高烏理瑪才發布伊斯蘭教令，明確指出根據伊斯蘭教法，女性不准開車。

> 毫無疑問的是，這種事情（駕駛）不獲允許，女性開車會導致很多罪惡和不利影響，包括女性在沒有警覺的情況下，和男性混在一起。這件事也會造成邪惡的罪行，因此必須禁止這種行為。

穆罕默德活著時，顯然沒有汽車，像這樣的伊斯蘭教令頂多是假設西元六二〇年代已經有汽車，揣測伊斯蘭基本原則對女性駕車的意義應該會有什麼看法。但是，沙烏地阿拉伯不准女性開車的事實，已經變成讓這個政權愈來愈尷尬、國際媒體又毫不留情提起的一個面向。二〇一七年，沙國宣布，根據王儲沙爾曼（Mohammad bin Salman）的改革計畫，這件事會改變。但是，請等一等，一九九六年時，沙烏地阿拉伯的最高理事會不是宣布過：容許女性駕車絕對違反伊斯蘭教法嗎？沒有問題的啦，沙烏地人只要促請他們，發布新的伊斯蘭教令，宣布這樣完全符合伊斯蘭教，不就一切都解決了。

## 巴比倫國王尼布甲尼撒再度奮起

沙烏地阿拉伯是收緊規範牢籠的典型代表，但中東其他專制政體也遵循同樣的劇本運作。看看已故伊拉克前總統海珊的政府。伊拉克是英國人在某一個計畫中創造出來的領土，當年阿拉伯人跟奧圖曼帝國作戰時卓有貢獻，英國為了酬謝阿拉伯人，才訂出這個計畫；麥加王公胡賽因（Emir Hussein）卻覺得這個計畫可疑，欺騙了阿拉伯人。英國人為了增加計畫的吸引力，扶植胡賽因的兒子費瑟，出任伊拉克國王。伊拉克是英國人創造的殖民地，是由奧圖曼帝國的摩蘇爾、巴格達和巴斯拉三個省份合併而成。扶植費瑟統治是怪異的殖民政治手法，費瑟加冕時，樂隊演奏的是英國國歌《天佑吾王》，因為伊拉克還沒有自己的國歌。伊拉克在一九三一年獨立，一九三六年發生第一次政變，隨後的二十年裡，政治極為動盪，一直到一九五八年，由阿卜杜勒·卡塞姆（Abd al-Karim Qasim）准將領導的自由軍官團，終於推翻伊拉克王室為止。卡塞姆的手下在政變後的最初幾小時內，迅速處決國王及其家人，卡塞姆實施以國家控制烏理瑪的政策，並且設法讓國家世俗化。

但是，他的嘗試為時相當短暫，他自己在一九六三年，遭到同情復興黨的軍事盲動分子殺害。復興黨一九四七年在敘利亞成立，秉持泛阿拉伯主義、反殖民主義和社會主義意識形態。復興黨徒雖然屬於世俗派，卻毫不遲疑地利用伊斯蘭教，來壓制社會、強化規範牢籠。這種過程始於一九六八年，當時復興黨徒明確控制了另一場政變；一九七九年，海珊個人掌握權利後，這種過程開始加速。海珊不是軍人，卻殘忍無情，善於掌握機會，因此能夠在黨內扶搖直上。為了鞏固自己的權力，海珊把革命指導委員會三分之一成員的家人變成人質，就此開始真正的發跡。這時他擔任復興黨副主席，（在總統兼黨主席辭職後，出任黨主席），卻策畫並拍攝革命指導委員會祕書長阿布達爾—胡塞因（Munyi Abdel-Hussein）的自白，影片還對全國的復興黨員播放。根據一位歷史學家的記載：

> 哀傷滿面的海珊聲淚俱下，在「黨中央」會議上對眾人講話，他填補了「阿布達爾—胡塞因」供詞中的空白，並戲劇化地指控過去的眾多同事。警衛把人從司法程序中拖出來，然後海珊邀請伊拉克的最高級部會首長和黨領袖，自行組成實際行刑隊。

到一九七九年八月一日，似乎大約有五百位高階復興黨徒遭到處決。

海珊現在完全掌控伊拉克，他把烏理瑪變成領取國家薪水的公務員，命令他們屈從他的命令。他建構了一套詳盡的意識形態，宣稱自己繼承西元前五世紀偉大的巴比倫國王尼布甲尼撒（Nebuchadnezzar）的世系，好讓自己的統治合法化。尼布甲尼撒當然不是穆斯林，但隨著海珊的統治愈來愈危殆、愈來愈不合法，他不只極力借重伊斯蘭教，還用盡他所能想到的所有方法，來支撐自己的政權。海珊奪權後的隔年，就揮軍入侵伊朗，發動慘烈的兩伊戰爭。他原本希望利用伊朗國王巴勒維一九七九年遭到推翻後的弱勢，奪取伊朗的油田，結果卻造成長達八年之久的血腥僵局。

到一九八二年，海珊已經完全拋棄自己的世俗根源，談論聖戰，演說結束時，總是以宗教性的詞句，如「真主會捍衛和保護你們，領導你們走上勝利之路」作為結語。他在一九八四年慶祝先知穆罕默德誕辰的慶典上，獲得的讚語是：「在永恆的伊斯蘭教義領導下，發動聖戰，為我們伊拉克人民的未來、提升伊斯蘭一神教地位而奮戰的天才橫溢歷史性領袖。」六年後，海珊侵入科威特時，宣稱：「真主對我們顯示〔對我讀出〕真道……真主保佑我們。」他跪著祈禱的相片如我們在插頁照片集中所示，開始在公共空間出現。一九九一年一月，海珊在沙漠風暴行動中，遭到以美軍為主的軍隊擊潰後，加強依賴伊斯蘭教，啟動龐大的伊斯蘭教育方案，把學校中研習《古蘭經》和《聖訓》的時間加倍，甚至增加三倍；連包括內閣部會首長在內的成人，都被迫上《古蘭經》的課程，而且他還創設了海珊研讀《古蘭經》中心和海珊伊斯蘭研究大學。教師對經文的知識要經過測驗，囚犯如果能夠記住宗教經文的重要段落，刑罰可以減輕。到一九九二年，海珊堅持要在伊拉克國旗上，加上「真主至大」（Allahu Akbar）的文字，還公開宣布伊拉克國旗已經變成：

聖戰和信仰……對抗異教徒眾的大旗。

海珊現在自稱是「信眾的指揮官」，還藉著加倍強化規範牢籠，擦亮自己的宗教信仰誠意。一九九四年，第五十九號法令推出受伊斯蘭教法啟發、必然會改變伊拉克法典的第一套法律，其中，對搶劫和偷車的懲罰是從手腕處砍斷手掌，再犯的話，左腳要從腳踝處砍斷。很快地，黑市匯兌商人和「牟取暴利的銀行家」，也變成要遭到類似的處罰。不過，伊拉克採取這些措施前，已經在一九九〇年，把「部落習俗」納入刑法的法條中，把親屬殺害通姦婦女的罪行視為合法，就是其中的一個例子。

海珊繼續強化規範牢籠，發布類似沙烏地阿拉伯的男性監護制度，包括女性沒有男性親屬陪同、不得到國外旅行的規定。他還宣布女性應該放棄工作、留在家裡的命令，卻顯然因為這道命令太不得民心，因而沒有執行。要等到二〇〇三年美國扶植的政府成立後，才把伊拉克的所有女性法官解除職務，理由是雇用她們違反伊斯蘭教義。

＊＊＊

沙烏地阿拉伯把不受約束的專制主義，跟嚴密（和不斷強化）的規範牢籠合而為一的策略，不但吸引海珊，而且吸引中東許多政權。中東地區是這種不神聖結合的溫床，原因有很多，第一個誘惑是專制統治的歷史，多個伊斯蘭帝國都因為赫勒敦所指出的原因，變成嚴苛的專制政權，在奧圖曼帝國的統治下，這種專制體系繼續演變，甚至更形加強。社會除了反叛外，沒有什麼其他方式，能夠對政治決策或統治者擔負任何責任的議題，表達任何意見。一次大戰後，歐洲殖民政權取代了奧圖曼帝國，過去幾十年發展出來的自治和獨立願望遭到鎮壓，人為製造的拼湊附庸國家迅速出現。這些附庸國除了偏愛專制主義外，和現有的政治結構與疆界幾乎毫無共通之處。隨後，石油出現，雖然石油蘊藏在中東的分布極不平均，卻變成中東地區最大的出口產品。天然資源為掌控政權的人帶來極大報酬，通常也會大為提振專制主義，因此中東最近的歷史不是例外。然後以色列建國，造成以阿之間無止境的衝突，利用宗教和規範牢籠，為整個中東地區創造和再造專制主義，鋪下了坦途。

## 「九一一」恐怖攻擊的種子

我們已經看到，中東專制國家和強化規範牢籠結合的情況並非巧合，沙烏地阿拉伯無疑是其中最極端的例子。例如，沒有那個穆斯林國家在職場上，這麼嚴格地隔離男女，但所有這些國家都上演相同的戲碼，利用伊斯蘭的分權結構，提升自己的政治權威。一九六二年，伊斯蘭教遜尼派最權威的代言人埃及艾茲哈爾大學（Al-Azhar University）發布一份伊斯蘭教令，宣布和以色列簽訂的和平協議違反伊斯蘭教義。但是，到一九七九年，埃及總統沙達特和以色列總理比金簽署大衛營協定後，艾茲哈爾的領袖發布伊斯蘭教令，引述《古蘭經》和穆罕默德簽訂的條約，說明以埃和約確實符合伊斯蘭教的原則。埃及軍方希望跟以色列談和時，可以依靠宗教導師烏理瑪出面救援。

經濟學家約翰．菲立普．卜拉圖（Jean-Philippe Platteau）指出，全部或部分烏理瑪和中東專制國家之間的共生關係中，具有另一種意義。請回想一下，瓦哈比成為烏理瑪時，並不是由別人任命，只是開始教導大家，成為大家承認的宗教權威和學者。他制定規則，大家開始聽命行事。因此，沙烏地阿拉伯雖然可以要求他們的最高烏理瑪理事會，發布什麼樣的伊斯蘭教令，實際上卻無法阻止別人自立為烏理瑪，然後發布對立的伊斯蘭教令。賓拉登就是這樣做。一九九六年，賓拉登發布自己的第一份伊斯蘭教令，感嘆中東，尤其是沙烏地阿拉伯的可怕狀態，表示人民：

相信這種狀況是真主加在人民頭上的詛咒，原因是他們沒有反對執政政權不合法的鎮壓行為和措施，包括忽視神聖的伊斯蘭教法，剝奪人民的合法權利；容許美軍占領兩大聖地所在的疆土；不公不義地關押誠正的學者等等。以致沙國尊貴的烏理瑪和學者，以及商人、經濟學家和顯貴，都對這種悲慘狀況深感震驚。

賓拉登的伊斯蘭教令大致上是激烈的反美抨擊，卻也突顯他對沙烏地阿拉伯「執政政權」真正問題的看法，還呼籲對沙國發動聖戰。

中東國家不但藉著收緊規範牢籠來扼殺自由，還種下暴力、不穩定和恐怖主義的種子。每一個社會的牢籠都藉著管制行為和言論——人民的談話和談話內容，來限制自由。中東的規範牢籠使人們很難發出批評暴君的論述，因為暴君宣稱自己代表宗教，批評他就是批評伊斯蘭教。這樣自然產生一種傾向，就是藉著指出暴君的宗教信仰不虔誠、你對信仰比他還虔誠的批評，表達和發展你的抨擊。用卜拉圖的話來說：

暴君在高度競爭的環境中，用宗教讓自己合法化時，可能引發以宗教形式表現的反動，造成統治者和對手競相表現自己對信仰的超級忠誠。

賓拉登就是這樣做，他的伊斯蘭教令繼續指出：「廢止伊斯蘭教法，用成文法取代，而且要用虔誠的學者和正義的青年，發動血腥的對抗。」紹德家族可能掌握了大部分的烏理瑪，像賓拉登之流的「虔誠學者」仍然繼續存在。確實如此，紹德家族雖然嘗試過，卻抓不到賓拉登。賓拉登不僅以他對西方和美國的仇恨為主軸，也以對紹德家族和「執政政權不合法的鎮壓行為和措施」的仇恨和輕視為主軸，發動一場社會運動，推動一項激烈、暴力的大業。

沙烏地阿拉伯最頻繁、最成功地操縱烏理瑪，達成專制國家目標策略的事實，有助於說明賓拉登在沙烏地的熔爐中，經受過什麼樣的鍛鍊，也有助於說明何以在二〇〇一年九月十一日，用幾架飛機撞進美國幾棟建築物的十九位劫機客中，有十五位是沙烏地阿拉伯公民的原因。專制國家和伊斯蘭的制度結構合而為一，不僅強化了規範牢籠，也創造了恐怖主義、暴力和不穩定。

# 13 紅皇后失控

## 革命性的破壞

一九三三年三月二十三日，德國國會在科羅爾歌劇院（Kroll Opera House）集會，在這麼不尋常的地方開會確有必要，因為德國國會大廈上一個月才燒個精光。當天輪到由社會民主黨領袖奧圖．威爾斯（Otto Wels）對國會發表演說，除了新近獲得任命的總理兼納粹黨領袖希特勒之外，威爾斯是當天唯一發表演說的人，威爾斯強烈反對希特勒的「授權法案」（Enabling Act）。這項法案是德國政客赫爾曼．勞森（Hermann Rauschning）所說「革命性破壞」的下一步，實際上會廢除國會、把所有權力交給希特勒長達四年之久。威爾斯認為自己的演說不會改變任何事情，而且完全預期自己會遭到毆打、逮捕或更糟糕的事情，因此來開會前，已經在口袋裡準備好了氰化物藥丸。從他到目前所見，他認定自殺勝過落入納粹黨及其準軍事組織衝鋒隊（Storm Detachment，也叫褐衫隊）和親衛隊（Protection Squadron）手中。

威爾斯知道設在達豪（Dachau）的第一座集中營，前一天才剛剛開幕，兩百位政治犯才剛剛移送到那裡監禁。他會這麼清楚，是因為納粹黨徒極為樂於宣傳他們敵人的下場。希特勒早在一九二一年，就談到這種集中營，親衛隊頭子海因里希・希姆萊（Heinrich Himmler）曾經在三月二十日，舉行過記者會，宣布達豪集中營啟用。威爾斯在充滿強力威脅和潛在暴力的環境中演說，歌劇院裡掛了很多納粹黨旗和納粹卍字標誌，褐衫隊和親衛隊員堵滿劇院走道和出口。

威爾斯承認這項法案會通過，但他強力反對，聲稱：

> 在這個歷史性時刻，我們德國社會民主黨員莊嚴地宣誓，我們忠於人性和正義，忠於自由和社會主義的基本原則。任何授權法都不能賦予你們權力，讓你們摧毀永恆和無法摧毀的理念……我們可以從新的迫害中，再度匯集新的力量。我們向全國遭到迫害和壓迫……的朋友致敬，他們的堅決和忠心耿耿、他們秉持信念的勇氣、他們堅定不移的信心，預示更光明的未來。

唉，這項法案的通過已經成為定局，納粹黨已經不擇手段，得到除了社會民主黨員以外所有能夠與會議員的支持。

這麼出人意料之外的事情是，威瑪共和民主制度會走到這麼重要的時刻，會在希特勒擔任總理的情況下，自行解散國會。國家社會主義德國工人黨又名「納粹黨」，本來是邊緣政黨，在一九二八年的選舉中，只得到百分之二・六的選票。摧毀德國經濟一半產出的大蕭條、日增的不滿，加上一系列無效能的政府，造成選票在一九三〇年大蕭條開始後的第一次選舉中，大量流向納粹黨。接著，納粹黨在一九三二年的選舉中，得票比率進一步上升。納粹黨在一九三二年十一月德國舉行的最後一次自由選舉中，大約得到百分之三十三的選票。接下來是一九三三年三月的選舉，這時希特勒出任總理已經兩個月，選舉在褐衫隊和納粹黨控制的警察恐怖壓迫的氣氛中進行，納粹黨幾乎得到了將近百分之四十四的選票。根據威瑪共和的比例代表制，這樣等於在六百四十七個國會議員席次中，得到二百八十八席。要通過授權法案，納粹黨需要至少三分之二的最低法定人數的議員出席、獲得其中三分之二議員的多數支持。納粹黨得到的支持遠低於此，在每一位議員都出席的情況下，更是如此。所以，他們首先禁止八十一位共產黨議員出席，納粹黨藉著完全不計算他們席次的手段，把最低法定人數從四百三十二人，降為三百七十八人。社會民主黨的一百二十位議員中，只有九十四位出席，其他議員不是關在牢裡，就是生病，或是太害怕，不敢露面。出席的九十四位議員全都投票反對這項法案，但這樣還不夠，因為其餘政黨都支持這個法案，以民主方式選出的議會投票要自廢武功。

這種事情並非祕密，即使納粹黨對自己的目標偶爾會搖擺不定，他們一九三〇年的競選政見中已經清楚說明：

國家社會主義運動要透過勝選，克服舊有的階級與地位心態，讓個人擺脫地位瘋狂和階級廢話，重新建構，這樣會教育人民堅決果斷，克服民主制度，強化人格的權威。

但是，「克服民主制度」到底是什麼意思？希特勒也談到只需要四年，因此這就是授權法最初的延續年限（一九三七年續延後，到一九三九年再度續延，最後在一九四三年，變成永久有效的法律）。一九三三年二月十日，希特勒在柏林體育宮發表演說時，曾經斷言：「給我們四年，我對你們發誓，只要我們、只要我接掌這個職位，我就不會管這件事，我這樣做既不是為了薪水，也不是為了薪資，我這樣做是為了你們。」但是，希特勒演講完隔天，就祕密會見一些工業家，為納粹黨的選戰募款。赫曼・戈林（Hermann Göring）表示，即將到來的選舉不只會變成未來四年的最後一次選舉，也會變成未來一百年裡的最後一次。希特勒在前一年的一九三二年十月十七日，在一場公開演說中，已經宣布：「有一天，如果我們掌權，我們會牢牢把持住權力，因此請上帝幫助我們，我們不會再讓他們把權力從從我們手中奪走。」希特勒就任總理那一天，他未來的宣傳部長約瑟夫・戈培爾（Joseph Goebbels）宣布：「為最後一次選戰準備。」

事情怎麼會變成這樣？德國的威瑪共和建立了活力十足的民主制度，又擁有教育程度很高、在政治上很活躍的人民，為什麼會對一群暴徒發動的革命性毀滅屈服？

要回答這些問題，我們必須追溯威瑪共和所採取的步驟。一九一八年十月，德國投降之際，德國海軍將領計畫針對英國和荷蘭海岸，發動不顧後果的最後一擊，海軍士兵的反應是上演叛艦喋血。到了十一月，這些事件升高為全面革命，促成德國全境的士兵與工會勃然興起，並創造出人民代表會議。到十一月九日，德皇威廉二世退位，走上流亡之路，威瑪共和成立，社會民主黨人弗里德里希・艾伯特（Friedrich Ebert）出任第一任總理。艾伯特試圖藉著創立工人與士兵執行委員會的平行結構，遏止革命動員。到了十二月，艾伯特調動忠貞部隊進入柏林，解散人民代表會議，並從舊士兵中招募人員，建立「自由軍團」，一個國家級準軍事組織，為這些人建立武裝。一九一九年一月，柏林爆發共產黨叛亂時，他贊成殺害叛變領袖羅莎・盧森堡（Rosa Luxemburg）和卡爾・李卜克內西（Karl Liebknecht）。巴伐利亞和不來梅宣布建立社會主義共和國的行動，也遭到忠貞軍事單位和自由軍團迅速敉平。

德國雖然出現這種暴力和不穩定，卻似乎繼續走在自由窄廊裡，紅皇后全力發揮力量。德國從一八四八年起，就設立議會，授予成年男性投票權，但整體而言，德國仍然是普魯士菁英主宰的國家，原因之一是上議院由菁英控制，原因之二是普魯士控制了國家制度和官僚體系。社會民主黨雖然面臨這種障礙，卻在一次大戰前，已經變成政壇上的重要角色。德皇退位後，威瑪憲法引進成人普選制度，並取消了上議院對政治的控制權。但是，這樣只是大戰後紅皇后發揮力量的一個步驟。德國軍隊的瓦解加深了很多德國人對國家制度的不滿，也造成社會動員風起雲湧。公民要求更多的權力、更大的權利和有效的政治代表權。工會蓬勃發展，設法逼使雇主默認一天工作八小時的制度，達成戰前漫長談判、卻始終無法達成的目標。

社會動員的一大部分是所謂的「集會結社瘋潮」，協會、俱樂部和公民社會組織數目創下空前新高紀錄，似乎只要有三個以上的德國人聚集在一起，就可能創立一個俱樂部，或是撰寫組織章程。就像彼得．弗里茨（Peter Fritzsche）說的一樣：

> 更多自動結合的社團吸引更多的成員，形成前所未見更活躍的風氣……零售商、麵包師和商業雇員組織成經濟利益團體，體操選手、民俗學家、歌手和教堂聚會人士也組成俱樂部，招募新會員、安排會議，規劃各式各樣的所有會議和競賽。

這不只是社會動員的時代，也是規範牢籠土崩瓦解的時代，對根據一九一九年威瑪憲法贏得投票權的女性正是如此。艾爾莎．赫爾曼（Elsa Herrmann）在一九二九年的大作《這是新女性》（*The is New Woman*）中，歡慶女性新近獲得的自由和身分，她譴責女性在社會中傳統的刻板印象角色：「過去的女性日子和生活完全為未來而活，活動以未來為依據，像成長到一半的孩子一樣，辛苦工作，為未來的嫁妝積聚希望寶盒；結婚的最初幾年裡，女性儘量自行承擔家務，希望節省支出……希望協助丈夫的事業或專業業務。」但是，情勢正在改變。

新女性已經訂定目標，要藉著工作和行為，證明自己身為女性，不代表是只能靠著依賴和服從而活的二等人。

德國在一次世界大戰中戰敗後，女性選舉權不是德國政治制度中唯一的創新，一九一九年一月的選舉後，在威瑪市制定的憲法把德國變成共和國，有一位人民選出的總統，而非世襲的君主。這部憲法也賦予人民在法律之前人人平等的權利，以及所有種類的個人權利，你現在擁有言論、集會結社和參與政治的自由，憲法第一百二十四條指出：

所有德國人都有權根據刑法未禁止的目的，組織協會或社團，結社權得不受預防性法規限制，相同規定適用於宗教結社。每個社團有權根據民法規定成立，此種權利不得以某一結社具有政治、社會或宗教目的為由，而拒絕授予。

威瑪時代爆發空前熱絡的社會動員後，隨之而來的是大量的文化演變和創意，包浩斯（Bauhaus）藝術學校在瓦爾特·格羅佩斯（Walter Gropius）和路德維希·凡德羅（Ludwig Mies van der Rohe）高瞻遠矚的領導下，於一九一九年創立，打造了藝術和設計的新結合；包括瓦西里·康丁斯基（Wassily Kandinsky）和保羅·克利（Paul Klee）在內的「藍色四傑」畫家，都出身於先前的藍騎士團體，康丁斯基和克利都在包浩斯學校教學。現代派作曲家阿諾·荀白克（Arnold Schönberg）和保羅·亨德密特

（Paul Hindemith）徹底革新了管絃樂，弗里茨·朗（Fritz Lang）和羅伯特·威恩（Robert Wiene）則創造了表現主義派的電影。

但是，社會在常見的紅皇后任性力量驅策下，變得日趨強大之際，菁英也日趨反動。雖然社會民主黨在這段期間裡，大致上一直掌權，菁英仍然大量散布在官僚體系中，而且可以得到大部分軍隊的效忠，得不到軍隊的效忠時，就轉而求助於自由軍團，鎮壓社會動員和人民代表會議，這些菁英的反應加深了兩次大戰之間德國的兩極化。

德國公民社會的蓬勃發展也推動了其他反應，在制度上產生重要影響。艾伯特曾經在一九一八年底到一九一九年初之間，利用軍隊鎮壓比較激進的勢力，但這種策略可能激發其他勢力，對他和威瑪共和產生損害。此外，其他制度性特點也會在未來的歲月中，產生重要影響。從一開始，威瑪共和就步履蹣跚，受到多達半數不相信共和制度的民選議員羈絆：國會的左派議員中，大約有五分之一是主張俄羅斯式革命的共產黨人，對他們來說，威瑪民主共和國是「布爾喬亞」國家，甚至是「法西斯國家」。右派國會議員中，大約有百分之三十像跟他們結盟的大部分傳統菁英一樣，希望恢復一九一四年前保守派主導的狀態，並恢復帝制，還有像納粹黨人的若干國會議員，完全拒斥共和制度的合法性。或許這種國會場景最清楚地表現在一九三〇年的選舉結束、納粹黨首次成為重要的勢力之後。一百零七位身穿褐色襯衫制服的納粹黨議員，勾結七十七位共產黨籍國會議員，合謀破壞國會的運作。

左右兩派都大喊大叫，妨礙國會事務，濫用規則，無休無止地提出秩序問題。左右兩派都不尊重他們賴以當選的制度。

確實如此，不只納粹黨才擁有準軍事組織這件事，反映了人們對國家制度普遍的不信任。我們已經在慕尼黑和其他地方，看到準軍事部隊自由軍團在跟共產黨戰鬥中，所扮演的重要角色。自由軍團跟褐衫隊等的距離，只有咫尺之遙，褐衫隊一九二〇年草創時，本是納粹黨的「體操與體育部門」，曾經大量吸收自由軍團的退伍軍人，包括後來成為褐衫隊司令的恩斯特・羅姆（Ernst Röhm）。社會民主黨也有自己的準軍事組織「帝國大旗」，共產黨的準軍事單位叫做「紅色陣線戰士聯盟」。這是不祥的徵兆，因為普魯士雖然有強大的國家制度歷史，威瑪共和的國家機器卻從來沒有獨占過暴力。

這麼多無從妥協的立場，加上採用以比例代表制為基礎的選舉制度，造成威瑪共和的民主制度非常難以運作。一九二八年時，德國國會共有十五個政黨的議員，包括薩克森農民黨和德國農民黨。另有二十六個政黨的候選人競選失利，稀釋了主要政黨的得票數。威瑪共和的所有選舉中，從來沒有一個政黨贏得過半數席次，因此，每一任政府都是聯合政府。這段期間的一半時間裡，政府甚至在國會裡，都沒有過半數的席次，這點表示政府必須為每一項立法案，建立新的聯盟。一九一九年至一九三三年間，威瑪共和共經歷了二十個不同的內閣，每個內閣的平均任期只有二百三十九天。因此而產生的挫折和停滯，導致歷任政府愈來愈依賴總統調和鼎鼐的特權。威瑪憲法第四十八條賦予總統龐大的緊急權力，促成了總統這麼活躍的現象。雖然這些權力原則上可以由國會投票推翻，總統卻可以解散國會，讓他可以隨心所欲地動用憲法第四十八條。雖然人們公認憲法第四十八條是緊急條款，第一任總統艾伯特卻動用了一百三十六次。

## 不滿分子的彩虹聯盟

在這種社會高度動員、政黨制度支離破碎的狀況下，納粹黨就此誕生。納粹黨的前身是德國工人黨，德國工人黨於一九一九年，在慕尼黑創立。當時還是陸軍下士的希特勒早早就入黨，而且憑著令人動容的口才，迅速脫穎而出，出任宣傳部首腦。隔年，德國工人黨改名「國家社會黨」，黨名加上「社會（主義）」一詞，意在擴大吸引力。到一九二一年，希特勒憑著冷酷無情和魅力，接掌黨的領導，對黨的目標和策略擁有全權。一九二三年十一月，他犯下大錯，認定國家社會黨在所謂的「啤酒館政變」中，應該能夠得到慕尼黑當地軍事單位的支持，結果卻一敗塗地，國家社會黨遭禁，希特勒被捕。

政變在慕尼黑發生其來有自，一九二二年六月，德國外交部長瓦爾特・拉特瑙（Walther Rathenau）遭到右派民族主義分子暗殺後，納粹黨幾乎在每一個地方都遭禁，在巴伐利亞卻仍然是合法政黨，而且在右派古斯塔夫・馮卡爾（Gustav Ritter von Kahr）政府的支持下，蓬勃發展。馮卡爾在一九一八年至一九一九年間，支持準軍事組織，自己還擁有一支獨立的私人武力「居民防衛部隊」（Denizens' Defense Force）。在很多保守派人士的心目中，納粹黨是一群罪犯和暴徒，卻是有用的罪犯和暴徒，可以利用他們的精力，恢復威瑪共和出現前的政體，但「啤酒館政變」太過分了，馮卡爾跟政變劃清界線，軍方夷然不動。

不過，希特勒的後續審判卻顯示，地方當局同情他，確保審判在慕尼黑舉行，還確保由忠貞的民族主義分子喬治・奈特哈爾（Georg Neithardt）負責主審。奈特哈爾賜給希特勒一座發言臺，讓他對法庭發表幾小時的演說，把整件事變成當時一位記者所謂的「政治嘉年華會」。希特勒發表開場白後，有一位法官宣稱：「真是個好傢伙，這個希特勒！」

希特勒遭判五年徒刑，卻提早在一九二四年十二月獲釋，離他當初被捕才十三個月。他在舒服繫獄的日子裡，寫下著名的大作《我的奮鬥》。他也學到一個重大教訓，就是納粹黨不能靠著政變，必須利用民主之路掌握政權。

但是，直到一九二八年的選舉，納粹黨頂多只是個邊緣政黨，得票率不到百分之三。改變一切的是一九二九年的華爾街崩盤，以及世界性的經濟大蕭條開始。雖然兩件大事要到一九三〇年，才全面影響德國，但一九二九年時投資已經開始崩潰。德國一九三〇年的國民所得下降了百分之八，到一九三一年，德國的國民所得暴降四分之一，一九三二年更是慘跌將近百分之四十。很多德國人的收入陡然劇降，但遭到最大衝擊的是失業的人，失業率扶搖直上百分之四十四，創下先進經濟體有史以來最高的失業紀錄。相形之下，美國一九三二年的失業率為百分之二十四，英國為百分之二十二，但失業人口的票主要還不是投給納粹黨。

他們通常都把票投給左翼政黨，工會會員也是這樣。納粹黨含糊的民族復興承諾所能吸引的人，反而是受到當時嚴重經濟不景氣威脅的中產階級新教徒、商店老闆、農民以及心懷不滿的都市青年。對現有政黨體系和威瑪共和政治失望的人來說，納粹黨變成了容納一切的百寶箱，以至於歷史學家理察・伊凡斯把這些人，形容為「不滿人士的彩虹聯盟」。

一九三〇年三月，德國總統興登堡（Paul von Hindenburg）任命中央黨的海因里希・布呂寧（Heinrich Brüning）出任總理，負責組織新政府。中央黨只是第三大黨，在四百九十一個國會席次中，只占了六十一席，規模不如社會民主黨和保守的德國國家人民黨。興登堡任命布呂寧，預示國會統治的式微，因為興登堡沒有跟國會諮商，就逕自這樣做；同時，大部分新任內閣部長和任何政黨都沒有關係。布呂寧的政府無法讓國會通過預算，興登堡的反應是解散國會。憲法規定，新選舉必須在六十天內舉行，結果納粹黨的得票率衝到百分之十八・二五，在新國會中掌控一百零七席。興登堡再度任命布呂寧擔任總理，布呂寧面對升高的經濟危機，苦苦掙扎到一九三二年六月，改由法蘭茲・馮・巴本取而代之。共產黨和納粹黨勾結同謀，立刻發動不信任投票，但計畫還沒完成，興登堡總統再度解散國會，新選舉要在六十天後的一九三二年七月舉行。但是，在這段期間裡，興登堡——實際上則是巴本——可以在沒有國會的反對下，遂行統治；他們利用這個機會，在七月二十日發布緊急命令，宣布巴本出任普魯士總督（Reichskommissar），讓他直接控制普魯士政府。這種緊急命令後來會遭到納粹黨惡意利用，解散普魯士邦的民選政府，控制普魯士邦龐大的維安部隊。巴本自己對普魯士民選政府遭到推翻的事情，似乎沒有任何保留意見，他在回憶錄中表示，他掌權的目的是要恢復帝制和王權，而且一九三二年下半年選舉的計畫會擱置，完全是因為受到不信任投票的威脅。在這一點上，巴本犯了其他傳統菁英所犯的錯誤。他想出一種策略，希望利用納粹黨得到民心的事實，作為把政治制度恢復到威瑪共和前狀態的方法，結果這種策略是可怕的錯誤算計。

納粹黨在一九三二年七月三十一日的選舉中，得票率衝到超過百分之三十七，取得二百三十席的國會席次。興登堡在籌組新政府的談判徒勞無功後，再度解散國會，透過巴本在無人反對的狀況下，繼續統治德國。納粹黨在十一月的下次選舉中，得票率降為百分之三十三．一，國會席次降為一百九十六席，政情仍然困在僵局中。到了十二月三日，德國國防部長庫爾特．馮施萊謝爾（Kurt von Schleicher）取代巴本，出任總理，馮施萊謝爾曾經擔任將領，渴望籌畫政變，在軍人的支持下，成立保守派威權政府，但其中的重點是不要有納粹黨參與。然而，這個計畫一事無成，國會解體的情況顯而易見。一九三〇年內，國會開會九十四天，通過九十八項法律，興登堡總統只發布了五道緊急命令。到一九三二年，國會僅僅開了十三天的會，設法制定了五條法律。另一方面，興登堡卻忙得多，發布了六十六道緊急命令。興登堡試圖創造可以運作的政府，卻徒勞無功，因此接受巴本的促請，在一九三三年一月三十日，同意任命希特勒為總理。希特勒說服興登堡解散國會，從這時至一九三三年三月五日舉行新選舉前，希特勒負責統治德國。

二月二十七日，荷蘭共產黨員馬里努斯．范．德．盧貝（Marinus van der Lubbe）可能在其他共犯配合下，燒毀德國國會大廈，讓希特勒找到他所需要的藉口，以便宣布此一行動是共產黨政變的開端；他勸誘興登堡動用憲法第四十八條的權力，通過《國會縱火令》，中止德國大部分的公民自由，包括人身保護令、言論自由、新聞自由、結社和公開集會自由，以及祕密通訊自由。希特勒拿到這道命令後，就可以在三月的國會選舉前，利用納粹黨的所有準軍事和有組織的力量，威逼和恐嚇任何反對派屈服。他這樣做時，得到巴本先前接管普魯士邦政府的協助，因為希特勒設法讓戈林獲得普魯士內政部長的任命，有效地掌控德國一半的警力。

下一步就是國會在科羅爾歌劇院開會，通過授權法，為威瑪民主制度帶來末日。

## 紅皇后的零和遊戲

不管威瑪民主制度的崩潰多麼令人震驚，都不只是無法預見的事件和希特勒人格力量的後果，威瑪共和中有很多條很深的斷層線，可能造成紅皇后效應變得不穩定、帶來更多危險、更可能失控。我們在本章裡，要研究德國這種變化的起因，澄清在國家和社會強力競爭的情況下，可能把一個國家踢出自由窄廊。威瑪共和的第一條斷層線跟國家和社會之間的競爭性質有關。第二章中所說，紅皇后效應在古代雅典可以發揮力量，在第二章與第十章中所說的美國，也可以發揮力量，這種情形和雙方能夠建立能力，以便掌握優勢有關，但這樣並不表示國家試圖鎮壓和削弱社會，也不涉及社會動員以徹底摧毀菁英為目標（例如，雅典菁英遭到放逐時，財產不會遭到沒收）。事實上，索倫、克里斯提尼和美國建國先賢如華盛頓和麥迪遜，都變成菁英和非菁英能夠接受的仲裁者，他們把社會的力量制度化時，同時也促進了國家能力的擴張，這樣創造的政治環境，讓國家能力可以發展比較好的管制法規，推動公共服務提供的制度化，強化解決衝突的能力，因此形成「正和紅皇后」的範例。雙方最後都會因為競爭而強化。德國的情形不同，比較兩極化。我們所說兩極化的意義是：菁英和動員最厲害、有意在德國政治上留下影響的社會階層（尤其是工人運動及其最重要組織的社會民主黨）之間，幾乎好像沒有什麼妥協空間。因此，德國的紅皇后效應不但沒有支持國家和社會之間的合作、支持普遍的國家建設，反而有著嚴重傾向「零和」狀態的情況，每一方都意圖摧毀另一方，以便自己能夠存活下來。

德國會形成這種零和紅皇后效應，主因出在菁英的態度上，但這一點不是全部的原因。德國軍隊、官僚體系、司法體系、學術界和企業界的菁英，都不願意接受威瑪共和的民主制度，都希望策畫回歸比較威權、由十九世紀著名宰相俾斯麥所建立的那種菁英控制的社會。由普魯士菁英主導的軍隊，把新的民主制度、一次大戰中的失敗，和他們被迫接受凡爾賽和約中嚴苛的條件，聯想在一起。企業界菁英覺得受到社會民主黨的威脅，也受到群眾政治掀起的社會動員威脅。這種種態度在重要時刻，不僅支持鎮壓而非支持妥協，還創造了便於各種邊緣右派組織、如納粹黨之類組織崛起的環境。

這一點從納粹黨得到德國菁英的默默支持，可以看得最清楚，啤酒館政變失敗後，不但希特勒和同夥得到既有體制的優待，褐衫隊毆打、甚至偶爾殺害共產黨人和社會民主黨人時，都會得到警察和司法部門的同情，從而加強了褐衫隊的恐怖行動。統計學家艾彌爾·耿貝爾（Emil Julius Gumbel）匯集一九一九年至一九二二年間的資料顯示，左派人士在這段期間裡，犯了二十二件政治謀殺案，導致三十八人遭到定罪、十個人遭到處決；同期間，主要是納粹黨人的右派分子，犯了三百五十四件政治謀殺案，卻只有二十四人遭到定罪，沒有半個人遭到處決。

德國大學也同情右派，反對左派；用伊凡斯的話來說：「年輕人對極右派的政治忠誠度表現最明顯的地方，就是德國的大學，其中很多大學都是著名的學習中心，都擁有可以回溯到中世紀的傳統……

絕大部分的教授也都是強烈的民族主義分子。」因此，一九二〇年代內，大學是最早擁抱納粹意識形態的機構，數量極多的大學生。就像我們看到的那樣，對納粹黨的支持開始擴大後，這一切都走到緊要關頭，大部分的官僚體系和軍隊，其中最不祥的地方是連興登堡總統，都沒有採取任何行動，阻止他們的崛起；他們偏愛納粹黨，認為自己可以控制納粹黨，他們不只是對共產黨如此，對社會民主黨也是這樣。

但是，為什麼德國菁英、官員和官僚這麼反對威瑪共和的實驗呢？原因之一跟決定自由窄廊中生活性質的結構性因素有關，這些人大都擁有相同的本質，出身普魯士的土地貴族，擁有土地利益的人經常在零和遊戲中，看到社會的強化和民主制度的啟動，而且這種看法具有充分的理由。工業家和從業人員走在自由窄廊中時，在經濟與政治兩方面都會欣欣向榮，因為即使他們碰到經濟轉型期間，他們擁有的資產（以專業技術、知識和技術表現出來）仍然深具價值，也因為他們住在都市地區，會有新機會，可以組織起來，在紅皇后效應勃發時，仍然能夠維持他們在政治上的重要性。地主卻不是這樣，地主害怕失去土地，因為要奪取土地，比奪占工業家的工廠和專業人員的技術容易得多。事實上，社會動員經常都會伴隨著要地主喪失經濟、政治和社會特權的要求，威瑪共和的情形沒有不同（即使這種意圖遭到興登堡總統的阻攔也一樣，興登堡本人出身土地貴族，同情他們關切的問題）。地主也理由十足地害怕遭到邊緣化，因為推行民主政治後，會造成政治重心從他們身上移開的結果。這一切都讓他們懷疑勃然興起但受到制約的國家巨靈。

兩次大戰之間德國土地菁英的角色，說明了一個比較廣泛的重點。到現在為止，我們強調的都是走廊內外不同的政治性質，本章要看看國家和社會之間的鬥爭，怎麼可能引領國家走出走廊，但顯然走廊愈窄，社會愈容易滾轉出去；以圖表五為例，左邊圖表甲中的窄廊非常窄，右邊圖表乙中的窄廊比較寬。我們要在下一章裡，討論塑造窄廊形狀的各種因素，以及這一點怎麼決定國家是否能夠停留在窄廊中，以及是否能夠進入窄廊中。我們現在可以注意到，在諸如威瑪德國的例子裡，地主的權力和財富的重要性，是造成走廊變窄的因素之一——因為地主害怕失去土地和政治力量，促使他們不願意跟已經動員的社會妥協和共存，同時他們的堅持不妥協有助於激化社會，因此德國的情況看來非常像圖表五中的左圖表，具有更多的動盪不安。

普魯士地主的態度，和他們為窄廊中日子帶來的結構性問題，其實並不罕見，但普魯士土地菁英卻更善於組成聯盟，抗拒社會動員。首先，很多高官、法官和官僚出身這種社會階級，和地主的看法相同，雖然十九世紀下半葉裡，社會持續變化，普魯士的菁英大致上仍然都相當團結一致，在政治上占有主導地位，這一點讓他們相信他們可以控制德國政治，有必要時，可以把時鐘撥回到俾斯麥的時代。

不只是菁英對威瑪民主政體毫無信心，德國工人也分裂投票給很多政黨，但最重要的是，他們在共產黨

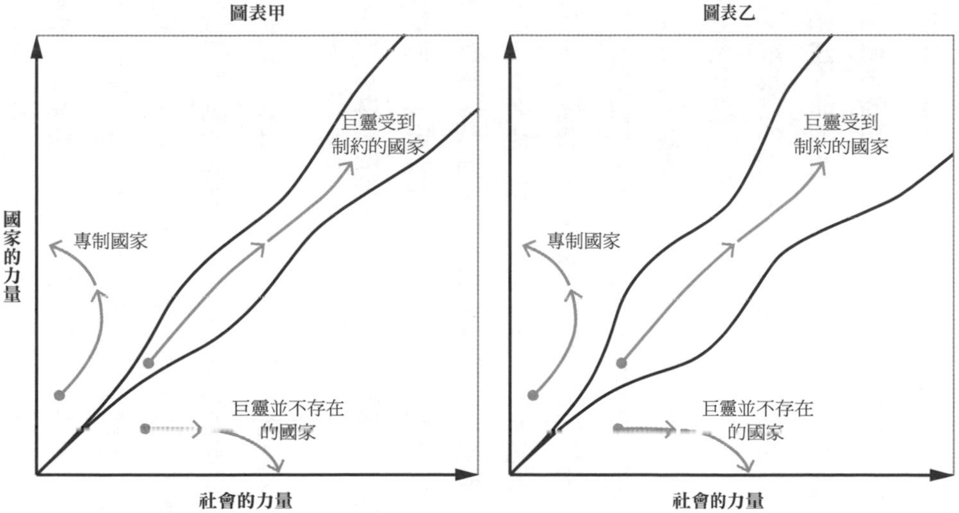


圖表五　窄廊的形狀。

人和社會民主黨人之間分裂投票。共產黨人夢想推動俄羅斯式的革命，努力破壞威瑪民主政體和國會，為了達成目的，偶爾甚至和死敵納粹黨合作。社會民主黨雖然變成跟威瑪共和關係最密切的政黨，出了很多務實或甚至像艾伯特一樣，抱持機會主義的領袖，但是他們對民主政治的信心經常也很脆弱。他們的根基扎在馬克思主義政治的土壤中，一直到最近才跟共產黨人分手；分手的原因倒不是他們不同意共產黨創設社會主義式社會的終極目標，而是因為在支持德國戰爭行動的問題上有異見。德國的社會民主黨和歐洲別的社會民主黨相比，馬克思主義的血統反而比較純正，因此他們對企業菁英的威脅大得多，同時還會促使情勢朝多極化發展。

多極化起源於缺乏信心和各方彼此之間的敵對態度，多極化既是威瑪時代公民社會組織特質的原因，也是這種特質造成的後果。要是托克維爾能夠看到這種情形，一定會對兩次大戰之間德國熱絡的集會結社狀況，比看到十九世紀中葉美國的類似狀況，還會更加感嘆。然而，所有這些狀況都是根據不同的族群路線發展，即使是在小鄉鎮裡，集會結社時，都是根據天主教徒、民族主義分子、共產黨人和社會民主黨人的路線劃分：同情民族主義分子的青年會加入民族主義團體，上民族主義分子上的教堂，社交和結婚對象可能完全限於民族主義分子的圈子；天主教徒、社會民主黨人和共產黨人的情形也那一樣。這種極化的社會動員促成紅皇后效應進一步向零和的方向發展，造成每一族群的成員努力削弱其他族群。威瑪德國時代又沒有索倫或麥迪遜這樣的人，來處理國家和社會之間的問題。

這一切為威瑪時代的德國，奠定了第二條斷層線的基礎。紅皇后的力量經常會提高社會中的緊張，以至於制度性能力在解決和遏止這些衝突時，把衝突導向競相建立能力的方向，而非導向製造動盪不安的方向上，會變得特別重要。法院既沒有提高能力，解決德國極多的新紛爭，也沒有接受社會動員的合法性，尤其是不接受左派所發起社會動員的合法性，表示這種衝突中沒有公正無私的仲裁者，結果之一就是導致衝突日趨嚴重，社會變得愈來愈極化。國會支離破碎、陷入僵局，助長了極端主義黨派的力量，排除了民主妥協和管理這些衝突的可能。從某個角度來看，制度的運作速度比國家和社會的運作速度慢，以至於紅皇后失控的可能性大為增加。

實際運作上，結構性因素不僅止於影響國家和社會之間的鬥爭結果，就像我們在第九章裡所指出的那樣，不管結果如何，某些團體的領袖或個人偶爾也會扮演決定性的角色。兩次大戰之間，像希特勒這樣大致上精神錯亂、意志堅決又活力十足的魅力型領袖，為德國帶來的邊緣右派運動，無疑促成了威瑪共和的快速殞落，也強化了取代威瑪共和兇殘政權的特性。

在這些斷層線和希特勒的絕佳口才和魅力型領導激盪下，威瑪民主政體註定會走在十分顛簸的路上，但如果不是因為第三個結構性因素，這一切仍然可能早已被人忘懷——這個因素就是大蕭條的驚人衝擊。大蕭條加深了社會的衝突和兩極化，造成當代民主制度的合法性喪失，在國會支離破碎、無法因應經濟危機時，尤其如此。現在威瑪政權站在窄廊邊緣，顯得搖搖欲墜。

## 由下而上的專制主義

紅皇后的問題是同樣的力量可以載舟，也可以覆舟，可以助成國家和社會能力的建立，卻也可能失控，危害在自由窄廊的日子。但是，最後導致德國新萌芽受到制約的國家巨靈覆亡的原因，不是普魯士菁英或軍方的政變，不是馮施萊謝爾之流等傳統菁英希望發動的政變推翻，反而是由一種由下而上的社會運動予以終結。雖然有一些工業家和菁英官僚、法官和大學教授早早就支持納粹黨，但納粹黨大致上是屬於不滿中產階級和青年的運動。一直到一九三〇年代開始之後很久，納粹運動頂多只是納粹黨的褐衫隊發動破壞、參與街頭打鬥、毆打和偶爾殺害共產黨人、社會民主黨人和猶太人罷了。遲至一九三二年七月，戈培爾還要利用競選演說敦促道：「現在，父老兄弟姐妹們，起來，讓風暴大肆吹襲！」如果納粹黨是出自社會底層、帶領德國走出自由窄廊的媒介，這樣豈不是應該造成國家能力瓦解、社會控制能力喪失嗎？我們難道不應該期望後納粹黨的社會，看來有點像蘇聯崩潰後的塔吉克，或是像黎巴嫩一樣嗎？

實際情形顯然不是這樣，雖然納粹運動發自下層，卻沒有削弱國家的專制主義和對社會的宰割，反而強化了這種力量。在納粹黨控制的若干領域中，國家的能力確實遭到削弱，警察、司法和官僚體系就是其中最明顯的例子——意識形態堅貞或抱持機會主義的不合格納粹黨徒，介入這些工作後，對公正執行職責不感興趣，但在大部分情況下，納粹黨控制的國家機器變得更專制、更強大，軍方規模擴大、責任加重，官僚安排大量驅逐和消滅猶太人的任務，保安部隊大權在握，蓋世太保就是好例子。納粹黨推動的方案意在加強鎮壓、削弱獨立性的社會動員和集會結社、強化國家機器優於社會的優勢。納粹黨在這方面，類似義大利的法西斯黨，法西斯黨一直是納粹黨的模範，希特勒發動啤酒館政變，就是師法墨索里尼成功進軍羅馬的行動。墨索里尼所說的下面這段話，緊緊抓住了法西斯主義和納粹主義的精髓：

> 對法西斯主義分子來說，一切都包含在國家機器之內；國家機器之外，不存在任何人類或精神成分，遑論其價值。從這個角度來看，法西斯主義是極權主義，法西斯國家是所有價值觀、所有詮釋和發展的綜合與統一，把完整的生命力量賦予人民。

法西斯主義歷史學家赫曼·范納（Herman Finer）把法西斯國家哲學總結為：「沒有公民……只有臣

民。」這種哲學大部分出自法西斯主義，以及納粹國家社會主義的軍國主義起源，也出自他們一旦取得控制後，他們的領袖或國家機器的權力、拒絕接受任何制約的觀念。從某個角度來說，這種運動也起源於對社會主義分子和共產黨人社會動員的反動，因此他們認為，重建國家對左派的專制控制，是他們再自然不過的目標。

但是，更根本的地方是：即使沒有這種意識形態上的傾向，像威瑪德國等國家，因為具有國家制度強而有力的歷史，因此演變方式應該和今天的黎巴嫩也不會一樣。一旦這些制度——包括軍隊、警察、司法體系和官僚體系棄置於地，任人予取予求，在政治上取得上風的任何團體，都會拿來利用，不管這些團體是由下而上出身，還是擁護暴力的團體，結果都一樣。因此，如果德國的紅皇后失去控制，並把控制權移交給起源於草根動員的團體，那麼一旦國家跌出自由窄廊，國家制度總是比較可能遭到改造，用來造福新興主導團體宰割別人，對國家權力的民主和其他約束遭到廢棄後，情勢更可能這樣發展。因此，納粹黨摧毀剛剛萌芽的受制約國家巨靈、奪取權力之後，自然會迅速重建和加強國家對社會的專制宰割。

## 紅皇后如何失去控制

自由窄廊的問題在於你可以自由離開，我們已經看到威瑪共和離開窄廊的方式，也看到這種事情可能在德國發生的若干原因。

有三大結構性因素，造成兩次大戰之間裡的德國搖搖欲墜、國家和社會趨向兩極化，這三大因素使妥協變成不可能出現，也使紅皇后效應變成零和遊戲的可能性大增；以至於制度無力遏止和解決衝突、破壞制度的危機，以及不滿情緒日趨嚴重等現象，會在紅皇后失控的很多其他例子裡，以一種或另一種形式出現。但是，這樣不表示情形總是會像德國一樣，爆發由下而上的運動，削弱受制約國家巨靈的力量。另一種可能的情況是，菁英和社會競爭時，也可能取得上風，從而重建專制國家；或是因為菁英在受到兩極化威脅時，認為自己有能力或被迫運用自己所掌控的力量，重新申張自己的控制權。我們在下文中會看到，一九七三年智利強人皮諾契特（Augusto Pinochet）領導暴力政變，推翻民主政權時，就是發生這種狀況。

另一種可能是社會中的某些族群，逐漸相信自己不再能夠控制社會，因而結束國家在自由窄廊中過活的日子。這一點正是我們在第五章中所研究大多數義大利自治城市垮臺的原因，也是我們今天在世界上很多地方可以看到的戲碼。

## 佃農需要多少土地？

我們已經知道，受制約國家巨靈不是一夜之間創造的，而是國家和社會漫長鬥爭的結果。一九五八年時，智利正在經歷這種鬥爭的最新階段，導致大部分被稱為「佃農」的農村勞動力，在政治上獲得解放。佃農就是「佃戶」，但是在智利農村裡，佃農的意義比較不那麼好。智利佃農雖然不是奴隸或農奴，實際上卻和農地綁在一起，因此有人出售農場時，也會把佃農一併賣掉。佃農在農場裡務農，卻也要提供其他「服務」，其中特別重要的服務是增進地主的政治力量，因為他們會被迫根據地主的意願投票。選舉到來時，地主會用巴士，把佃農載到投票所，拿到選票，得知要把票投給誰，他們不是祕密投票，地主可以全程觀察，違反地主意願的人會有遭到解雇和趕走的風險。

在這種情況下，一九五八年時，智利怎麼可能身在自由窄廊中呢？請記住，身在這種窄廊中是一種過程，窄廊的起點可能是在國家和社會能力薄弱卻能平衡的時刻。智利在這方面和其他地方沒有兩樣。英國要到一八七二年，才開始推動祕密投票，近在一八四一年，三次擔任英國首相的保守派政客史丹利爵士還可以說：「任何人想要估計英格蘭郡縣選舉比較可能的結果時，可以藉著計算這個郡大地主的人數，再估量他們名下有多少居民，就可以確知結果。」事實上，大地主控制的英國鄉村選民比率夠高，足以決定選舉結果。但是，到了一九五〇年代的智利，「居民」如果違背地主的意願，卻一定會出問題。一八二四年時，英國經濟學大師李嘉圖就看出這一點，他寫道：「如果你知道某人深受某甲或某甲友人的影響，卻告訴他可以把票投給某甲或某乙，真的是最殘忍的嘲笑。因為如果他把票投給某乙，等於是自取滅亡。其實他的票不是自己的，是屬於他的地主。因為在現行制度下，投票權的行使是為了地主的好處和利益。」

史丹利爵士的邏輯也適用於智利。智利參議院針對推動祕密投票議案辯論時，社會主義派參議員馬托內斯（Martones）發言，贊成推動祕密投票，因為：

> 如果那項法律〔沒有規定祕密投票的舊選舉法〕不存在，目前社會主義派參議員有九位的情況，應該會變成有十八位，你們〔保守派參議員〕應該會減少到兩、三位……〔大笑聲〕你們笑吧，但事實上，歐希金斯（O'Higgins）和柯爾查瓜（Colchagua）應該不會有兩位保守派參議員，這個數字正好對應那個區域裡保守派背景大莊園中的佃農人數，保守派應該只有一席，也可能一席都沒有。」

一九五八年，祕密投票法立法後，對智利的選舉產生戲劇性的影響，包括改變了薩爾瓦多．阿葉德的政治前途。阿葉德是一九五二年智利總統選舉中社會黨的候選人，得票率只有百分之五．四。到一九五八年，他代表社會主義派聯盟「人民行動陣線」（FRAP）競選總統，表現好得多，得到百分之二十八．八的選票，只比勝選者豪爾赫．亞歷山德里（Jorge Alessandri）少百分之三。

阿葉德是「一試不成，再試一次」格言的典範。一九六四年，他一試再試，第三度敗選。一九七〇年，他碰到第四次的幸運，雖然他只得到百分之三六．六的選票，只比長期對手亞歷山德里多出百分之一．五，基督民主黨屈居第三，但國會在基督民主黨的支持下，選舉他為總統。一九七〇年時，阿葉德領導一個新的左派聯盟，「人民團結聯盟」（Popular Unity）。事後證明這個名字頗為諷刺。阿葉德打算把智利變成社會主義國家。

智利社會對推動改革沒有共識，阿葉德利用祕密投票，也利用根據紅皇后路線推動的其他政治、社會改革浪潮，乘時而行。這些改革包括共產黨在一九五八年合法化，成為人民行動陣線的一環，後來又成為人民團結黨的一環。此外，選民登記變成強迫性，不登記的選民甚至可以處以徒刑，因此選民人數大增。一九六〇年時，選民人數為一百二十五萬人；到一九七一年，文盲終於獲得投票權後，激增為二百八十四萬人。一九六〇年代內，愛德華多．弗雷（Eduardo Frei）領導的政府反應種種變化上臺後，不但推動了包括土地重分配在內的一系列改革，也全面強化了社會。最後，一九六一年內，美國總統甘迺迪也推出進步聯盟方案，這一年的三月十三日，甘迺迪宣布：

> 我們建議完成美洲革命，建立所有人民可以對適當生活水準懷抱希望、可以過著尊嚴與自由生活的半球。為了達成這個目標，政治自由必須伴隨著物質進步……讓我們再度把美洲大陸，變成革命

性理念和努力的巨大試煉場，藉以向自由人民的創造力致敬，向全世界示範自由和進步可以攜手並進。讓我們再度喚醒我們的美洲革命，到指引世界各地起而奮鬥為止。

不斷應用「革命」這個字詞具有諷刺性，因為進步聯盟這個計畫的目的之一，是防止社會主義革命傳遍美洲大陸，是美國政府針對古巴革命採取的政策反應之一（另一個反應是在甘迺迪演說後一個月，對古巴豬玀灣發動突襲。）進步聯盟認為，土地改革會改變拉丁美洲，如同甘迺迪所言，進步聯盟計畫「滿足美洲人民居住、工作、土地、健康和學校的基本需要」。

土地無疑是很多新近獲得選舉權佃農心中的大事，這一點加上美國的提倡，把土地改革推上了一九六四年的政策議程。到一九六七年，弗雷推動農業改革，意在重分配土地，徵收邁坡谷（Maipo Valley）中面積超過八十公頃的農場（這點表示，在土地等則較低的其他地方，可以擁有面積比較大的農場）。農民預期土地改革即將實施，組成大約二百個當時仍屬非法的農村組織，但同一項法律使這些組織合法化，到一九七〇年，這種組織增加到接近五百個。罷工案例激增，從一九六〇年的八萬八千件，增加到一九六九年的二十七萬五千件。

弗雷的反應再度說明紅皇后正在發揮力量。弗雷為了因應這種社會動員，不僅開始推動土地改革，也提高了國家的能力，特別是試圖削弱政客利用侍從式政策購買支持、卻沒有造福所服務選民的能力。他用很多種方式推動這件事情，例如，利用逐行逐項否決的方式，取消法案中的「肉桶」支出，同時削減國會議員影響公共工程和薪資的能力，國會和參議院對預算的管轄權也遭到削減。

阿葉德的政治議程有不少重大障礙，例如，他在國會中並未擁有多數，連他的總統職位，都是因為基督民主黨在他同意修訂憲法，增添「保障條例」後，才投票支持他的。這些條款在一九二五年制定的憲法中，增加了一整套個人權利，也清楚顯示基督民主黨和其他黨派關心什麼事情。其中一條條文規定：「主張或傳播任何政治理念，都不得構成犯罪或濫權。」其他條文中，也有因應教育體系可能遭到控制，變成宣傳工具的問題；例如，憲法增修條款規定：「透過國家體系傳授的教育必須民主而多元化，不得具有官方政黨導向，其修正亦須經多元合格團體自由討論後，以民主方式為之。」另一些條文顯示，國會擔心準軍事團體的問題，有一條條文宣稱：「公共武力完全由武裝部隊和卡賓槍騎兵隊（警察部隊）構成，基本上是專業、階級分明、紀律嚴明、服從且不具審議性質的機關。」國會的擔心其來有自。

阿葉德掌權後，開始實施自己的計畫，包括強化土地改革和徵收、創設工人合作社，他也計畫推動大規模的工業國有化。他的經濟政策的其他部分包括讓工人巨幅加薪，其中若干政策，包括為政府員工加薪，可以用總統命令的方式實施。但是，其他政策需要國會的同意，如果國會不同意時，阿葉德要怎麼辦？在憲法之外運作嗎？憲法理當是防止這種做法的法律，但誰負責執行憲法呢？

一九七一年三月，阿葉德接受法國馬克思主義哲學家雷吉斯・德布雷（Régis Debray）的專訪，德布雷在某個時刻指出：「你……才擁有執行大權，立法機構、司法體系或鎮壓型國家機器都沒有這種大權。合法性、制度這些東西都不是無產階級制定的，憲法是由中產階級特別為本身的目的而訂定的。」阿葉德回答說：

> 顯然你的說法更正確，但姑且聽我略微說明一下。我們一定會達成目標。我們在競選時怎麼說？我們說，勝選很難，卻不是不可能。勝利和接管政府之間的階段會非常難，甚至會更難以建構，因為我們要鋪築一條新路、一條為智利打造的智利之路，為我們國家創造智利人民之路。而且，我們

說過，我們會利用現有憲法的那些性質，為新憲法、為人民的憲法打造坦途。為什麼？因為我們在智利可以做到這件事，我們提出的方案遭到國會拒絕，我們要推動公民投票。

因此，阿葉德提出他的信念，就是可以透過憲政方式，在智利實施社會主義。雖然他在立法方面，沒有掌握多數，卻可以透過公民投票，直接向人民訴求，推動這個計畫。至於實際上要怎麼做，卻不很清楚，畢竟阿葉德只贏得百分之三六．六的選票而已。德布雷逼問時，阿葉德指出：

我們根據他們的遊戲規則勝選，我們的戰術正確，他們的戰術錯誤。但是，我告訴人民，九月三日至十一月四日之間，智利的震動會比比利踢出的足球還厲害。

阿葉德雖然可能認為，他可以透過憲政手段，在智利推行社會主義，他的很多盟友卻不相信，但阿葉德卻無法控制他們。工人團體無視法律程序，占據農場和工廠，政府卻介入，批准這種方式的占領。土地改革和國有化變得雜亂無章。就像《信使報》一九七二年的某一篇社論所指出的那樣：「總統阿葉德或人民團結黨都不大相信可以採取鎮壓措施，對付違法的工人、農民和學生團體。」這些團體清楚得很，也利用這一點。這些行動逐漸合理化為：政治制度都是反對人民團結黨的人創造出來的東西，目的是要保護人民團結黨致力要剷除的現狀。這種情形再度變成零和遊戲的紅皇后效應，和我們在古希臘或美國看到的情形大不相同。結果智利的政治變得更兩極化，審計長在某次記者會上，譴責政治的兩極化，力辯他所遵循的制度既沒有「革命性，也沒有反動性」。智利需要妥協，但各方卻不願妥協，社會黨參議員卡洛斯．阿爾塔米拉諾（Carlos Altamirano）辯稱：

有人假裝敦促我們，跟基督民主黨進行「民主對話」。我們社會黨人說，我們會和明確聲明反對剝削與帝國主義的所有勢力對話，我們會在大眾的層面上，促進和發展跟所有工人的對話，不論他們是不是我們的激進派，都是這樣，但我們拒絕跟反動又反革命的領袖與黨派對話。

基督民主黨和政府達成暫時性的妥協時，卻遭到執政黨中的保守派否決，還警告大家小心「共黨威脅」，於是木已成舟，暴力全面爆發。

德布雷質問阿葉德，打算怎麼因應反對派的暴力時，阿葉德說：「我們首先要用他們自己的法律力量，遏阻他們的暴力。此外，我們要以革命暴力回應反動派暴力，因為我們知道他們會打破遊戲規則。」阿葉德說對了，另一方確實打破了遊戲規則，但他說可以用革命暴力對付的話卻錯得離譜。

阿葉德在一九七三年九月十一日的政變中下臺；這一年年初的政變企圖以失敗告終，反對阿葉德的人催促軍方再試一次。《信使報》六月的一篇文章表示：「為了完成這種政治救贖任務，我們必須拋棄所有政黨、選舉的偽裝，拋棄有毒的宣傳欺騙，把終結政治上無政府狀態的任務，交給少數經過選擇的軍人。」

一九六〇年代智利的社會動員和強化，得到國家機器的強化配合，但這樣只是造成一九七〇年後更激進的要求，這些要求助長了智利菁英的恐懼，擔心土地和企業會遭到大規模的徵收，這些菁英的反應把智利推出了自由窄廊。

即使甘迺迪宣告拉丁美洲出現政治自由「革命」，智利這把火還是在美國政府的助長下點燃起來。美國中央情報局在智利投下巨資，努力顛覆阿葉德政府。二〇一〇年，美國參議院情報活動特別委員會的《一九六三年至一九七三年智利祕密活動》報告解密，報告中指出，中情局試圖介入智利的所有領域，以便改變智利的政治現實。中情局交給基督民主黨二百萬美元，資助該黨一九六四年的競選活動；一九七〇年後，又提供四百萬美元，給反對阿葉德的黨派。中情局還提供一百五十萬美元，給該局認定最有影響力的反阿葉德報紙《信使報》，另外還資助「民主工會」，反對共產黨領導的工會聯盟。尼克森總統在阿葉德當選後，直接下令中情局，設法阻止阿葉德上臺。參院的報告指出：

> 阿葉德在總統大選中奪得第一後，尼克森總統召集中情局長理察・赫姆斯、亨利・季辛吉和約翰・米契爾開會，命令赫姆斯阻止阿葉德上臺……情勢迅速顯示，軍事政變是阻止阿葉德上臺唯一的方法，中情局跟好幾組軍方陰謀分子建立關係，最後把武器遞交給其中一組。

政變本來應該從綁架軍方首腦林內・許奈德（René Schneider）將軍開始，許奈德遭到射殺，政變徹底失敗。因為美國若干相關文件尚未解密，中情局協助促成一九七三年政變的程度還有爭議。參院報告斷定，雖然「沒有確鑿證據顯示美國直接協助政變」，但「根據美國先前的行動、現有的態勢和跟智利軍方接觸的性質來看，美國傳達了不會以不贊成眼光，看待軍事政變的信號」。

美國「不會不贊成」的政變引發了暴力和殺害智利人的洪流。大約三千五百人因為政治信念和行動遭到殺害，數以萬計的人遭到監禁、毆打和刑求，數以萬計的人因為政治關係，遭到解雇。工會遭到禁止，集體行動變成不可能，國會正式關閉。國家和社會之間在進入自由窄廊中後常見的競爭，以及一九六〇年代社會動員的加強，都失去控制，造成智利離開這條窄廊，進入十七年的專制時代。

＊＊＊

因此，我們在智利這個國家裡，再度看到零和紅皇后效應導向兩極化，雙方彼此互相削弱對方，而非尋找中庸之道或妥協。造成威瑪共和的自由窄廊特別狹窄、紅皇后效應中充滿危險的結構性因素，在智利的例子裡，有很多相似的地方：首先是土地菁英害怕土地改革，深恐自己的政治力量式微，這種恐懼助長菁英普遍不願接受社會動員和重分配。菁英拒不妥協，阿葉德政府擁抱激進的馬克思主義意識形態，造成兩極化日益嚴重，也是一個明確的因素；包括國會和法院在內的智利制度，無力調停衝突，是另一個明確的因素。雙方因此認定衝突必須以武力解決。智利沒有碰到像大蕭條那樣削弱國家的外在衝擊，突顯智利容易在沒有外在不和的情況下，就可能輕易逸出這條窄廊。然而，阿葉德的政策和菁英的堅決反對，仍然造成了他們自己製造的嚴重衰退，亂局因此加深。

智利和德國一樣離開了這條窄廊，結束智利受制約國家巨靈前途（至少是暫時結束）的不是褐衫隊，而是菁英支持的軍事政變。

## 《喪鐘為誰而敲》

一二六四年，北義大利的菲拉拉市舉行一場莊嚴肅穆的會議，會議由首席執政官主持，他像我們在第五章中所看到的那樣，是外聘來經營義大利共和制自治市政府的首席執政官。會議紀錄指出：

> 菲拉拉首席執政官卡拉拉（Carrara）地方出身的皮爾孔特（Pierconte）利用平常的敲鐘方式，在菲拉拉市政廣場召開的全體市民大會中，透過整個自治市人口的願望、同意和命令……做出如下規

定……偉大、傑出的歐必佐（Obizzo）大人、已故令人永遠樂於懷念的偉大阿佐（Azzo）大人令孫兼繼承人……自願出任菲拉拉市及其轄下各地區總督、統治者、暨永久常任總領主，掌控本市內外司法權、政權與統治權，有權依據其願望與認為有用的方式，遂行增加、執行、命令、提供與處置之權。整體而言，他以菲拉拉市內外常任領主之身分，有權力，也有權利，根據自己的願望與命令，處理與安排所有事務。

或許我們必須再說一遍，「整個自治市人口」開了一場市民大會，創造了一位「常任領主」。接著，事情甚至變得更為奇怪，因為這件事不僅跟歐必佐大人有關。聲明接著說：「我們希望上述事項不僅永久適用歐必佐大人，也希望在他去世後，他的繼承人繼續擔任本市總督、統治者暨總領主。」這樣不單是個人的永久統治，還是世襲的統治，是由「整個自治市人口，在全體市民大會中」創造出來的朝代統治。共和制的自治市居然投票消滅自己。

要瞭解菲拉拉和義大利大部分其他自治市發生的事情，我們必須略微回顧一下，我們已經看到，自治市如何在中世紀初期，從倫巴底加洛林的參與式政治制度衍生出來，如何創造複雜的共和政府制度，支持受到制約國家巨靈。自治市也得到羅馬遺澤的協助，羅馬的菁英都是城市居民，因此比較容易受到也在城市中組織的社會控制。但是，自治市接管政權後，這些菁英並沒有消失，還經常在鄉下維持著土地莊園和封建關係，讓他們能夠保有自己的財富和政治影響力。自治市設法對抗這種狀況，通過法律，試圖限制封建關係，聲明「任何人都不得變成任何其他人的附庸，或對他們宣誓效忠」。佩魯賈（Perugia）更是極端，凡是涉及附庸誓言，包括登記誓言的公證人，都可以處以極刑。附庸引發的憂慮之一是可以輕易地武裝起來，威脅和擾亂自治市。實際上也是如此。

依據紅皇后的邏輯，借用莎士比亞的話來說：「真正競爭的道路從來都不會順利。」就菁英和自治市的競爭來說，這點確實更正確，菁英對自治市的創建從來都沒有逆來順受，還開始組織起來。事實上，自治市出現之際，菁英就開始形成一種聯盟，叫做「共同體」，簽訂盟約，同意互助，特別是規定在和自治市鬥爭時，要互相幫忙。一一九六年簽署的一份共同體協約表示：「我們發誓毫無詐欺地真誠互助……我們憑著我們的塔樓和住屋發誓，我們沒有人會直接或透過第三者互相對抗。」

提到「塔樓」意義重大。菁英開始在義大利全境興建塔樓，自治市很快就頒布限制塔樓高度的法律。現在波隆那和帕維亞的天際線上，仍然點綴著不少這種塔樓（本書相片插圖集中，刊出一張波隆那若干殘存塔樓的照片）。這些塔樓其實是碉堡，旅行家圖德拉的班傑明一一六〇年代時曾經指出，熱那亞「每一位住戶的住屋都有一座塔樓，發生衝突時，他們就在塔樓頂端對幹」。他也指出，比薩也有類似的情形。一一九四年時，熱那亞一位公民記錄了皮斯托亞（Pistoia）兩個團體的交戰狀況，這兩個團體分別叫做「黑人團」和「白人團」。

> 黑人團為賈可布先生兒子的塔樓加強防禦工事，從中造成雷理尼先生兒子們的重大傷害。白人團則為拉薩里先生的屋子加強防禦工事，從中發射十字弓火箭和石頭，對黑人團造成重大傷害，讓黑人團無法在街上從事巷戰。黑人團看到他們開始遭到屋內僕人的反對時，凡內・傅奇和一些同伴攻上去，用十字弓火箭，從正面發動攻擊，再在房子的一側縱火，從房子的另一側進屋，打贏這場戰役。屋裡的人開始逃跑，他們追著他們，傷害和殺人，還搶掠屋子。

很多自治市解決衝突的機制顯然出了問題，黑人團和白人團都是互相競爭的菁英共同體，彼此一直爭鬥不休。義大利菁英家庭之間的這種械鬥，因為莎士比亞在著名悲劇《羅密歐與茱莉葉》中，刻畫卡帕萊特（Capulet）和蒙特鳩（Montague）兩大家族的世仇，而名垂後世。在義大利的瑞吉歐（Reggio）地方，塞索（Da Sesso）佛格里安諾（Da Fogliano）兩大家族間的宿仇延續了五十年，可能奪走了二千條人命。有一陣子裡，佛格里安諾家族曾經圍困塞索家族。據報導，塞索家族不願投降，曾經開會討論抽籤決定由誰把誰吃掉，顯然這種結局比被俘還好！

菁英成員不但互相戰鬥，也威脅共和統治的整個架構。很多自治市都無法取消菁英的所有特權和封建關係。近在一三〇〇年，在包括米蘭、熱那亞、比薩、曼托瓦（Mantua）、摩德納（Modena）和拉文納（Ravenna）的很多地方，菁英仍然控制各種海關、稅賦和發行錢幣、決定度量衡的權力。像米蘭維斯康提（Visconti）之流的家族還積極行使這些權力，多個自治市公民的財產受到各種形態封地的限制，契約的簽訂必須根據封建法律和習俗。

公民為了反對菁英的這種活動和特權的延續，打著人民的名號動員起來。我們在第五章裡，曾經簡短提到人稱「人民首長」（民政長官）官署、負責組織人民的執政長官官署，人民首長是對抗菁英的反動員，在柏加摩市，每一位人民官署的成員都必須宣誓：

> 我會盡力根據自治市的利益，而非根據任何一方或多方的利益……注意柏加摩自治市的議會……以及所有官職和榮銜之選擇。
>
> 如果柏加摩市任何一方或聯盟或集會拿起武器，或開始戰鬥，如果他們意在採取不利首席執政官名譽或良好地位，或意在不利本自治市或本單位（民政局）之行動……本人必然會竭盡一切方法，捍衛、協助與維護首席執政官與本自治市。

民政局存在代表自治市中並非一切安然無恙，社會需要組織起來保衛自治市，對抗菁英。但是，自治市及其司法制度能否應付互相戰鬥的菁英呢？人民為什麼必須把事情掌握在自己手裡？波隆那民政局的申論指出，本身確有存在的道理，原因是民政局可以讓「貪婪的豺狼和柔弱的羔羊能夠平起平坐」。貪婪的豺狼指的是菁英，平民老百姓是羔羊。不同城市的民政局起源不同，有的民政局從商會衍生出來，有的民政局起源於地區社團，很多民政局都有軍事成分。民政局根據自治市的模式建構，因此民政長官的角色很重要。自治市會規定民政局成員在自治市各個局處部門中，占有固定比率的代表。第一位民政長官似乎是一二四四年時，在帕瑪市（Parma）出現。維辰札市（Vicenza）的民政長官早在一二二二年，就把自治市的一半官職，分配給民政局，同時，民政長官要求菁英在這種職位中的代表應該受到限制，他們甚至要求擁有比菁英還大的司法權。帕瑪市「民政局任何成員的誓詞得作為對抗商業大亨或有力人士的完整證據」，反之則不然。到一二八〇年代，佛羅倫斯和波隆那的民政局已經列出菁英家族的名單，要求他們付款，以便保證他們的未來行為端謹。

更糟糕的是，菁英和民政局之間的裂痕並非唯一動搖義大利的分歧。你應該還記得，自治市名義上都是神聖羅馬帝國的一分子，神聖羅馬帝國是查理曼大帝把自己的加洛林帝國分給兒子後，繼承加洛林帝國東境的國家。雖然自治市已經得到實質獨立的地位，卻分成兩個陣營，分為支持和反對神聖羅馬帝國的兩派。支持者叫「吉伯林派」（Ghibellines），名稱大概出自霍亨斯陶芬王朝（Hohenstaufens）擁有的魏布林根（Waiblingen）城堡，這座城堡屬於十二世紀大部分期間統治神聖羅馬帝國的霍亨斯陶芬王朝及其最主要君主腓特烈一世。反對者叫「歸爾甫派」（Guelfs），名稱出自德文的韋爾甫（Welf），是腓特烈一世主要挑戰者奧圖四世家族的姓氏。吉伯林派和歸爾甫派之間的衝突，像菁英和平民之間的衝突一樣激烈。一二六八年，歸爾甫派控制佛羅倫斯政府後，立刻列出吉伯林派的名單，一共列出一千零五十人，其中四百人遭到流放。

到現在為止，我們對菲拉拉的情勢已經略有所知，自治市的創建引發封建菁英的反彈，從而導致公民以民政局的形式做出反應，民政局開始扭曲司法制度，使之有利於民眾，並以不民主的方式，禁止菁英擔任自治市代表，同時訂定本身的固定代表比率。菁英從而不僅嘗試顛覆這種制度，甚至試圖推翻制度。菁英經常以「黨派」的形式這樣做，例如歸爾甫派在佛羅倫斯和盧卡兩個城市，任命西西里國王查理・安茹（Charles of Anjou）為首席執政官，任期六年，實際上授權他挑選人選、治理兩個城市的任務。歸爾甫派接管佛羅倫斯和波隆那後，所有公職，包括軍方公職，都保留給黨派成員。黨派經常用個別菁英家族的姓氏命名，提供推翻自治市的工具：米蘭有維斯康提黨和德拉・托雷黨（Della Torre），科摩（Como）有魯斯康尼黨（Rusconi）和維他尼黨（Vittani），波隆那有藍伯塔濟黨（Lambertazzi）和傑利梅黨（Geremei）；奧爾維耶多（Orvieto）有蒙納德斯奇黨（Monaldeschi）和菲利普斯奇黨（Filippeschi）。菁英起初在加強控制共和體制方面相當成功，杜林市外的伊夫瑞亞（Ivrea）市向孟菲拉侯爵（Marquis of Montferrat）宣示效忠，甚至承諾甘為附庸，答應進貢該市收入的半數，容許孟菲拉侯爵任命首席執政官。在威尼斯和到當時為止最成功的義大利其他城市國家裡，菁英只是改變規則，把別人從政治權力中排除出去。軍事力量也有助於在一二七二年時，幫助博納科爾西家族（Bonacolsi）鞏固他們在曼托瓦的統治；在一二七五年後，幫助波倫塔家族（Polenta）鞏固他們在拉文納的統治；在一二八三年時，幫助達卡米諾家族（Da Caminos）鞏固他們在特里維索的統治；在一二九五年後，幫助馬拉泰斯塔家族（Malatestas）鞏固他們在里米尼（Rimini）的統治。到一三〇〇年，有過自治市的城市中，至少一半變成由專制政府統治，其中的影響很快就顯而易見，在我們最先談到的菲拉拉，人民的議會參與受到嚴格限制，工商團體和協會停止運作，新君主開始發號施令。

菁英權力逐漸擴大之際，人民起而因應，但不僅止於和菁英對抗而已。如果政治力量可能完全歸屬菁英，那麼推翻整個制度可能比較好。這種事情從皮亞琴察地方開始出現，一二五〇年時，在民政局的帶頭下，懺悔之烏貝托（Uberto de Iniquitate）當選任期一年的首席執政官和民政局官員；但是，任期很快地就延長為五年，該市還規定如果他死亡，他的兒子會接任他的職位。當時這種事情很常見，一二四八年，布歐索・達多瓦拉（Buoso da Dovara）出任克雷莫納的首席執政官，任期十年；到一二五五年，他獲得松奇諾市（Soncino）終身首席執政官的職位。烏貝托・帕拉維奇諾（Uberto Pallavicino）獲得維爾切利（Vercelli）、皮亞琴察、帕維亞和克雷莫納等地的終身首席執政官的職務。佩魯賈的民政局協助俄瑪諾・蒙納德斯奇（Ermanno Monaldeschi）躍升到掌權的地位，蒙納德斯奇離職後，他的一位支持者建議憲法暫時停止適用，組成十二人委員會，重新制定該市的制度，結果委員會決定授予蒙納德斯奇幾乎絕對的權力和終身市政旗手的頭銜。

事實上，因為自治市無法遏止衝突，已經註定了會消失的命運。自治市無法消除菁英的威脅，這種威脅激起平民的反動員。兩派之間的衝突也無法用制度來遏止，而且事實上，兩派都樂於在制度之外運作，甚至樂於推翻制度，隨之而來的不穩定導致自治市滅亡。在菲拉拉市，和持續衝突和暴力相比，跟甚至更糟糕的菁英接管控制權相比，歐必佐領主和他的家族看來像是比較安全的選擇。

## 獨裁者的誘惑

乍看之下，義大利自治市廢除參與式的制度，同時在過程中自行解體的事情，令人感到困惑。社會難道不希望保衛自己在自由窄廊中的生存嗎？

我們主張答案是肯定的，但只有在人民認為自己可以不顧菁英的權力和反對，繼續留在窄廊中時，答案才是肯定的。如果他們變得悲觀，認為紅皇后的力量只對菁英日漸有利、導致菁英的專制，那麼他們可能選擇把權力交給一位不負責的獨裁者，希望獨裁者比菁英主導的政權更善待他們。雖然這經常是一廂情願，卻無法阻止社會自廢武功地摧毀受制約的國家巨靈，以便在和菁英的鬥爭中占到上風。

義大利自治市解體，以及威瑪與智利民主制度覆亡的歷史中，有一個共同因素，就是土地利益團體的勢力和反對力量，使自由窄廊變窄，導致社會日漸兩極化，進而使紅皇后效應變成更加嚴重、攸關存亡的零和戰鬥，而非國家和社會之間能夠增進雙方能力的競爭。這一點從義大利的例子裡顯而易見——義大利的菁英不但開始為提高自己的相對地位，和自治市開戰，也為摧毀自治市而戰，自治市逐漸認為不可能跟菁英和平共存，寧可選擇獨裁者，也不願見到菁英的影響力日漸增加。

馬基維利在大作《君王論》中高明地總結這一切：

> 貴族希望命令和壓迫人民之際，人民卻不希望聽命於貴族，或受到貴族迫害。城市在這兩種對立的意願之間，產生了公國、自由或特許權三種效應中的一種。公國是由平民或貴族推動成立的，視雙方中哪一方有機會這樣做而定。貴族發現自己無法抗拒平民時，會開始支持同屬貴族中的某一個人，擁護這個人成為王子，以便滿足自己接受他保護的意願。平民也一樣，發現自己無法抗拒貴族時，會支持一個人，以便依靠他的權威自保。

實際上，馬基維利看出的力量，正是推動很多現代運動、偶爾會被稱為「民粹主義」的力量。雖然這個名詞起源於十九世紀末葉，以美國人民黨為代表的民粹運動，但在晚近的例子卻顯得相當多元化、截然不同，更缺乏公認的定義。但是，其中的確有一些共同的特徵，包括促使人民和詭計多端菁英對立的言詞、強調需要推動制度與機構改革（因為目前這些機構沒有為人民服務）、信任（理當）代表人民真正願望與利益的領袖、拒絕所有的限制與妥協企圖，因為這種事情會妨礙民粹運動及其領袖。當代的民粹運動全都具有這些特徵，例子包括法國的民族陣線、荷蘭的自由黨、由查維茲（Hugo Chávez）創立的委內瑞拉聯合社會黨，以及由美國總統川普重新型塑的共和黨，也包括過去的法西斯運動（只是他們利用比較強烈的軍國主義和反對共產主義的狂熱，來自我強化罷了）。事實上，菁英可能像義大利自治市所顯示的那樣，確實詭計多端，和平民作對，但宣稱民粹運動及其至為強大領袖會保護人民利益的說法，只是一種詐術。

我們的架構有助於釐清促成民粹運動興起的因素，以及為什麼民粹運動會威脅處在窄廊中社會的穩定。紅皇后效應從來都不是井然有序的力量，紅皇后的力量在窄廊中發揮作用時，可能提高國家和社會的能力。但是，就像我們所看到的那樣，紅皇后的力量可能走向兩極化，變成零和遊戲。更糟的是，在制度無法遏止和解決這些衝突時，在菁英和非菁英之間的競爭，似乎無法為非菁英帶來好處和真正的權力時，人們對構成窄廊制度本身的信任就可能土崩瓦解。這一點是威瑪共和透露出來的一部分教訓：民主制度陷入僵局、司法和安全力量無法裁決社會中的衝突，以及經濟崩潰，都為很多德國人帶來可怕的影響。同樣的過程也在義大利自治市中出現，很多城市的人民認為自己能夠遏止菁英加強宰割的希望幻滅。在這兩種例子裡，人民對制度可以為他們發揮作用、可以保護他們利益的信任崩潰，便轉而求助威權領袖，求助宣稱會照顧人民利益的運動，這些選項會變得更有吸引力——前提是能夠讓獨裁者掌權、能夠取消加在他們身上的所有限制。

從這種角度來看，這些事件和今天世界各地發生的一些事件之間，的確有一些類似的地方。過去三十年來，雖然科技改變、全球化造福其他國家，工業國家很多公民的經濟利得卻非常有限。這種事（我們會在第十五章中詳加探討）實在是太真實了，也是人們不滿的重大原因；政治制度不能因應他們的困境的說法，大致上也確實無誤。情勢清楚顯示，西方珍視的制度無法因應二〇〇八年全球金融海嘯的後遺症，也顯示當政治勢力龐大的金融利益，主導了危機的因應並從中獲利時，人們合法的憂慮因此變得更具爆發性，為人民對制度信心劇降、民粹運動崛起鋪下坦途。民粹主義升高，進而侵蝕窄廊中的政治，國家和社會（以及社會不同階層）之間的競爭變得更兩極化、更像零和遊戲時，紅皇后會更可能失控。民粹運動的修辭會把不同於這個運動的外人，全都描繪成敵人，說他們是壓制人民詭計多端菁英的側翼。民粹的這種特性更會助長兩極化：當人們對制度的信任下降時，雙方會變得更難以達成妥協。

我們的分析也強調：即使民粹運動是由重要的由下而上因素界定，即使民粹運動宣稱代表人民，但當民粹運動最後掌權時，也會走向專制。這點和我們討論納粹政權崛起時所強調的原因正好相同——民粹主義分子宣稱，約束他們的力量會協助詭計多端的菁英，而且他們在接管政權後，會把重點放在控制國家機器上，這會使約束國家權力的任務難以有效達成。

這是否表示凡是宣稱代表人民、反對擁有至高無上權力菁英的政治運動，都是民粹運動，都可能破壞自由窄廊中的生活呢？當然不是。凡是致力和自由窄廊制度合作的運動，可以促進紅皇后的欣欣向榮，不會把紅皇后變成破壞穩定的力量，因為今天處在自由窄廊中的國家幾乎全都採用民主制度。這種力量還可以大力協助社會中的弱勢；請回想第十章中美國的民權運動，雖然這個運動的確有很多針對菁英的敵對態度，卻試著利用法院和聯邦政府，推進自己的目標，而非完全加以拒絕。促使民粹運動人士走向零和式紅皇后效應的關鍵特質，是他們明確拒絕接受限制和妥協，就是這種特質使他們最後不可能矯正社會的失衡。他們的目標是創造新的宰割，不是終結宰割。

## 誰喜歡制衡？

好幾個拉丁美洲國家的經驗，清楚說明了塑造現代民粹主義的力量是什麼，也清楚說明了民粹主義的影響，這些國家包括祕魯、委內瑞拉和厄瓜多。其中很多國家定期舉辦選舉，具有民主制度的某些虛飾，卻和擁有受制約國家巨靈的情況相去甚遠。不管有沒有選舉，這些國家都走在專制國家的軌道中，原因之一是這些國家的政治，經常受到起源於鄉間和大農莊的傳統菁英控制。在這樣創造的兩極化環境中，民粹支持經常會發揮作用，根據義大利自治市支持貴族的相同原因，撤除加在總統身上的制衡，中止民主制度的運作。

以祕魯為例。一九九二年，祕魯總統藤森謙也急於放寬民主制度對總統職務的限制，發布二五四一八號命令，違反憲法，中止立法機構的運作，推動新選舉。照說人民應該強烈反對才對，但藤森謙也把他抓權的做法，說成是因應出身左右兩派傳統菁英的行動，右派指的是馬利歐．尤薩（Mario Vargas Llosa）創立的政黨，左派指的是人民革命聯盟黨（APRA, American Popular Revolutionary Alliance，簡稱阿普拉黨）。菁英主宰祕魯當然是不爭的事實，但是終結這種情勢並非藤森的首要動機。無論如何，他的宣傳產生了功效，他的支持者在新國會中得到過半數席次，於是他們開始修憲，廢除國會兩院中的一院，提高總統的權力；公民投票也為這些變革背書，祕魯變成由藤森透過威權獨裁體制掌控。

查維茲在委內瑞拉崛起掌權的方式同出一源。一九九八年，查維茲一上臺，立刻召開制憲會議，推出一院制的國會，並把大權轉移給總統；百分之七十二的民眾在公民投票中，支持新憲法。這樣好像還不夠似的，二〇〇〇年，查維茲授予自己不必經過國會同意，可以依據命令統治國家一年的權力。這項大權在二〇〇七年更新，續延十八個月；到二〇一〇年十二月，再度續延十八個月。查維茲怎麼辦到的？跟藤森謙也一樣，查維茲也以革命分子自居，說自己會照顧委內瑞拉人民利益，對抗長期控制委內瑞拉政治與經濟的傳統菁英。他像藤森一樣，正確說出委內瑞拉菁英的控制和陰謀詭計，也說對了競爭環境對貧民和原住民嚴重不利的事實，但他增進人民權利和福祉的決心頂多只能說是相當軟弱。委內瑞拉在他和繼承人尼可拉斯・馬杜洛（Nicolás Maduro）的統治下，經濟崩潰，制度遭到破壞，反對派和平民遭到鎮壓、不敢發聲，現在還逐漸遭到忠於這個政權的保安部隊殺害。本書寫作時，這個國家已經瀕臨內戰邊緣。

厄瓜多的情形也一樣。拉菲爾・柯利亞（Rafael Correa）出任總統後，二〇〇七年時，柯利亞針對民粹主義議程的說明，可能比藤森謙也和查維茲還清楚，他辯稱，雖然他的目標明確，就是要廢除厄瓜多的制衡和參與式制度，他卻仍然是屬於人民的人：

> 我們說過，我們要在公民革命中，以民主、合憲但深具革命性的方式，改變我們的祖國，不再和舊結構糾纏不清，不落入掌握傳統權力的人手中，不接受祖國屬於特定人的說法，祖國是每一個人的祖國，是沒有謊言、絕對透明的祖國。

正如馬基維利所預測的那樣，如果絕望的「平民……會支持一個人，以便依靠他的權威自保」，那麼這個人就是柯利亞。二〇〇八年九月二十八日，百分之六十四的厄瓜多選民，批准設置一院制國會的新憲法，同時提高柯利亞總統的權力。柯利亞不必再和獨立的司法體系或中央銀行競爭，還有權中止立法機構的職權，也獲准再競選兩任總統。

## 能夠回到窄廊中嗎？

一九四九年五月，離納粹黨上臺短短十六年後（如果你實際經歷這些年，這種歲月實在是漫長而痛苦）德國採用了新憲法《德意志聯邦共和國基本法》，其中記載了限制國家機器和菁英權力的所有束縛，保證個人權利與自由。當年八月，德國實施國會民主選舉；一個月後，又辦理總統選舉。德國——比較正確的說法是不在蘇聯奴役之下的西德——回到了自由窄廊，從此沒有再回頭。

智利也在皮諾契特將軍殘酷政變十七年後，藉著和平過渡為民主制度，迅速回到這條窄廊中。智利土地和工業菁英的權力並沒有徹底消退（差遠了），但國家卻已經發展出生氣勃勃的民主制度，社會力量重新奮起，帶來一系列的改革，減少菁英的特權，掉轉軍方引進的憲法變革，改善比較不富有族群的教育與經濟機會。

這一切如何可能？納粹黨和皮諾契特實施獨裁體制，廢除了約束警察和軍隊的限制，拘禁、流放或殺害他們的敵人，兇殘鎮壓所有社會組織，造成普遍的傷害，怎麼可能在不到二十年後，恢復國家和社會之間的權力均衡？

不論德國和智利獨裁政權征服社會的意圖多麼血腥，兩國都已經在這條窄廊中開始前進。即使兩國曾經掉出這條窄廊，造成兩國社會積極活躍和動員的很多因素，仍然安然不動。這些因素包括社會動員的規範、可以促請菁英和國家制度負起責任的信念，也包括平民可以組織起來並享有自主權、法律適用每一個人、國家巨靈受到社會控制等等的時代記憶，還包括建立反應迅速官僚體系、官僚制度卻受到束縛的藍圖。以德國為例，在一六四八年後的絕對主義時期，以及鐵血宰相俾斯麥主政時期，專制控制因素很重要，但即使是在這種期間，德國仍然擁有能夠束縛國家巨靈的制度化特性；例如，大多數德國人都有深遠的加洛林王朝的根源，從這段歷史中繼承而來的國家機器和代議制度，卻從來沒有遭到廢棄，即使普魯士並非如此，即使普魯士曾經出現絕對主義時期亦然。這些特性在十九世紀，尤其是在一八四八年革命後重新躍起；這些遺澤很重要，重要到讓社會民主黨在一次大戰前的德國國會中，變成第一大黨。雖然德國國會的權力受到德皇和普魯士菁英主宰的上議院限制，這些遺澤仍然提供了身處自由窄廊時制度性結構的基礎。這些歷史因素還經過威瑪共和的強化和進一步發展，因此，德國即使是在離開這條窄廊將近二十年後，仍然很接近窄廊。相形之下，中國停留在專制國家軌道上的時間極為悠久，以至於放眼望去，根本看不到自由窄廊；因此，短期內，中國非常不可能移到接近能看見窄廊的地方。

這種觀點顯示，紅皇后失控雖然可能是重大災難，但如果不久之後，國家和社會之間的平衡能夠重建，還是有可能重回自由窄廊。

但是，這並不表示回歸窄廊很容易，或是國家可以自動回歸。德國要不是在兩次大戰中徹底潰敗，要不是美國人和歐洲強權中的某些人，後來致力在德國建立民主，我們不會知道德國的情勢會怎麼發展（事實上，我們猜想，德國應該不會變成今天這樣愛好和平、尊重自由的民主國家）。智利的民主轉型也有一部分是反應國際因素，也就是國際因素說服智利的將軍，推動受到控制的軟著陸，而不是甘冒壓力升高的風險；如果沒有這種外力影響，智利軍事獨裁政權可能還會延續很長一段時間。

義大利自治市的歷史告訴我們，回歸自由窄廊絕對不是自動自發的事情。像委內瑞拉這種國家，回歸這條窄廊的希望當然不高，因為委內瑞拉現在不僅經歷零和衝突，制度還徹底崩潰。因此，德國和智利的重新躍起，不應該視為天註定的民主故事，或視為受制約國家巨靈不可避免的結果，而應該視為國家和社會之間權力均衡完全消失之前，沾了一點好運並重新調整成功的典範。

## 眼前的危險

人民無法從經濟變化中受惠，覺得菁英取得上風，對制度失去信任；各黨各派間日趨多極化、日趨零和遊戲傾向；制度無法解決和調停衝突；經濟危機進一步擾亂制度，剝奪人們對制度的信心；強人宣稱代表人民對抗菁英，要求放鬆制度束縛，好為人民提供更好的服務。這些話聽起來很熟悉，對吧？

問題是這段話並非只是描繪某一個國家，而是描述很多國家。這個國家可能是土耳其，強人可能是土耳其總統艾爾段（Recep Tayyip Erdogan）。艾爾段打著對抗土耳其世俗菁英的大旗，要求保守的中產階級和農村選票繼續支持他，讓他繼續剝除所有的制度性約束。這個國家可能是匈牙利，強人可能是做同樣事情的總理維克多·奧班（Viktor Orbán），只是他添加了一點反移民的言行（即使該國仍然受到歐洲聯盟制度的束縛，他仍然這樣做）。這個國家可能是菲律賓，強人可能是總統羅德里戈·杜特蒂（Rodrigo Duterte）。杜特蒂在妖魔化對手之際，還派出行刑隊，去對付真正的藥品販子、毒蟲和有嫌疑的人。強人可能是瑪琳·勒朋（Marine Le Pen），她在二〇一七年法國總統大選中，藉著巧妙論證，把二十一世紀的衝突重新塑造，說成不是左右兩派的衝突，而是全球主義者和愛國者之間的衝突，差一點就爆出冷門，贏得大選。

強人也可能是美國總統川普。

但是，這種事情不可能在美國發生，對吧？這個國家有一部高明的憲法，善於平衡菁英與非菁英之間的權力，又創造了層層約束，對付熱心過頭的政客。這個國家的政治制度體現了三權分立，社會具有政治動員、懷疑貴族的傳統，和司法備受珍視、嚴密保護本國民主制度和個人自由的傳統。歷史上還曾經成功地克服奴隸制度、國家遭到強盜大亨宰割、非裔美國人遭到普遍歧視等遺禍包袱的挑戰。這個國家堅定地寄住在自由窄廊裡，獲得紅皇后極多次的加持。

不過話說回來，這種事情當初也被認為不可能在威瑪共和發生，不是嗎？

# 14 踏進窄廊

一九一三年六月二十日星期五，這位南非原住民早上起床時，發現自己其實不是奴隸，而是自己所誕生土地上的賤民。

## 黑人的重擔

這段話是南非黑人索爾・普拉奇（Sol Plaatje）在大作《南非原民生活》（*Native Life in South Africa*）的開場白。普拉奇身兼新聞記者、作家和政治活躍分子，是一九一二年南非原住民族議會的創立人之一。南非原住民族議會原本是一個社會運動組織，十年後，變身為非洲民族黨（African National Congress, ANC）。南非原住民族議會的成立，意在回應一九一〇年南非聯邦的建國。南非聯邦是兩次布耳戰爭

（Boer War）結束後，整併原屬英國的開普（Cape）與納塔爾（Natal）殖民地，以及說斐語（Afrikan，南非荷蘭語）的奧倫治自由邦（Orange Free State）和特蘭斯法爾（Transvaal）這兩個布耳人（Afrikaner，通稱斐人，又譯南非荷蘭人、阿非利坎人）的共和國（並改為四個省份）而成。開普殖民地的政治權利是根據財富決定，而不是取決於種族；但是在兩個布耳共和國裡，只有白人才有公民權。南非聯邦的創建，是大英帝國在一八九九年至一九〇二年的第二次布耳戰爭中獲勝促成的。戰爭期間，英國人批評斐人嚴厲對待非洲黑人，因而帶來戰後秩序可能增加非洲黑人權利的希望。因此，布耳戰爭結束時，曾經出現制度改革的機會之窗。但是，新成立的南非聯邦採用最嚴厲的公約數，開普省比較自由的公民權沒有擴展到另外三省，反而還逐漸受到侵蝕，最後所有黑人都沒有獲得代表權。

沒有政治權利的後果嚴重，原住民土地法因而能夠在一九一三年通過，為黑人或普拉奇所說的「原住民」變成自己國家裡的「賤民」一事，開闢了坦途。普拉奇用了另一個醒目的說法，指出這是「黑人的重擔」：

> 「黑人的重擔」包括忠實扮演南非所有最低薪的非技術勞工，向市政府繳納直接稅……以便開發和美化城鎮裡的白人區，黑人區卻遭到棄之不顧……〔以及〕繳稅……維持原住民小孩不得就讀的公立學校。

但是，白人的看法卻截然不同。南非國會針對這項法律辯論時，奧倫治自由邦弗里德堡（Vredefort）議員范德麥威（van der Werwe）讚賞道：「原住民只能當白人的勞工才對。」同屬自由邦省的附近城鎮菲克斯堡（Ficksburg）議員吉特（Keyter）認為：「自由邦對待有色人種時，總是出於最好的考慮和絕對最公正的心態。」原住民土地法是「公正的法律，清楚地告訴有色人種，奥倫治自由邦是白人的國家，而且白人打算保持這個樣子」。會議紀錄這時記下其他議員發出「贊成、贊成、贊成」的叫聲，表示支持吉特議員對公正的解釋。為了確保自由邦省繼續維持白人國度的地位，法律規定原住民「不得購買或租用該省的土地，必須以提供勞務的名義，才可以在該省居留」。另一位名叫赫洛卜勒（Grobler）的議員發言支持該法，認為：「我們不可能延後解決原住民問題。」普拉奇在他大作的一則註釋中指出：「自由邦農民所說的『解決原住民問題』，意思通常是表示要重建奴隸制度。」

普拉奇遊歷南非，目睹了這項法律的實施，親眼看到黑人地主和佃農，如何被迫離開屬於他們的土地。這些土地占全南非的百分之八十七[1]，就此變成了「白人的國家」。葛巴迪（Kgobadi）的遭遇是黑人農民典型的經驗：葛巴迪以前每年可以賺一百英鎊，一九一三年六月三十日，他收到一封信，命令他「在當天日落前，離開本函簽署人的農場，否則他的牲口會遭到沒收與扣押，他本人會被以擅闖農場的名義，送交主管機關」。發函者提供一個月薪一英鎊半的工作給葛巴迪，以免他遭到驅離，並讓白人農民可以用所得不到原先五分之一的代價，利用「他本人、妻子和他所有牛隻的勞務」。葛巴迪拒絕後遭到驅離，跟家人和垂死的牲口一同流落在街道上，無處可去。他只能接受另一份雜工的工作，或是設法前往為黑人而設的「黑人家園」，那裡是白人政府圈禁黑人居住的地方。

為什麼大部分白人希望剝奪非洲黑人？奪取土地和牲口是原因之一，但白人也希望確保白人經營的農場和礦場中眾多廉價黑人勞工的供應無虞匱乏。必要時，即使採用脅迫手段也在所不惜——防止黑人

---

1 【譯註】一百零六萬平方公里，大小約等於四十一個臺灣。

靠著農業為生，正是這種過程中必不可少的步驟。一九三二年的賀樂威委員會承認二十世紀初的這種狀況，用下列文字描述道：

本國產業過去碰到難以充分供應勞工的問題……〔黑人原住民〕不習慣自己部落生活單純需要以外的東西，確實沒有從事額外工作的誘因。歐洲人的政府為了替自己的產業找工人，決定對原住民施加壓力，迫使他們外出工作，方法是對他們課稅。

一九〇九年，南非聯邦創立前不久，開普殖民地原住民事務特別委員會審議有關事務時，就強調過這種意圖，他們的評估中包括下列這段文字：

川斯凱黑人家園首席行政長官史丹福：〔人口壓力和土地的爭奪非常嚴重〕，我們在某些地區已經無計可施了……

特別委員會委員施來納：當然，這是經濟的自然結果……南非全境的過剩人口應該移轉到手工業和體力勞動去。可以說他們應該到國外嗎？

史丹福：他們必須發展農業以外的其他職業。

施來納：靠著在什麼地方誠實勞動為生嗎？

史丹福：我認為這樣似乎是唯一的解決方法。

施來納：這樣也是很好的解決之道，不是嗎？

但是，這種「很好的解決之道」只能在剝奪大多數人口的選舉權，讓他們無法反對後，才能實施。南非聯邦接著就是這樣做。剝奪黑人參政權後，接著推動原住民土地法等各種立法，為白人擁有的企業，強迫創造低工資的勞動力。其他措施包括設下「膚色障礙」，幾乎禁止南非黑人從事所有技術性和專業性的職業。普拉奇指出，幾乎所有教育經費也都完全用在白人身上，黑人卻必須納稅。黑人勞工幾乎無法擁有土地、無法受教育，困在黑人家園裡，沒有農業和礦業之外的工作機會，自然淪為供應充沛、容易受到白人農民和礦主脅迫的廉價勞工。隨著代表斐人利益的南非國民黨執政，對黑人的壓迫和公開歧視日益嚴重。一九四八年起更變得更加制度化，並且擴大實施，變成世人所知的「種族隔離」。

南非是落在自由窄廊之外、具備專制形態的國家，這種社會怎麼可能走進自由窄廊？通常，這種國家得要碰到嚴重挑戰或生存危機，才會既有改變路線。但是，這往往也不足以促使國家成功過渡到自由窄廊。我們在這一章裡強調，共有三大因素會影響一個國家能不能、如何能過渡到自由窄廊：一是形成聯盟、形成支持這種過渡的能力，二是目前國家和社會跟這條窄廊之間的權力均衡位在什麼地方，三是會影響這兩個因素如何發揮作用的窄廊形狀。

## 彩虹聯盟

一九九四年，南非種族隔離政權垮臺，和平過渡到民主制度，走進自由窄廊。帶動這種歷史性變化的，是無懼有系統鎮壓的南非黑人。他們在非洲民族黨的領導下，組成了非洲民族黨、黑人中產階級和白人工業家的新聯盟，發動了大規模動員。

南非的白人農業和礦業菁英，從壓低黑人工資的政治與經濟安排中獲利最多；白人勞工也獲利豐碩。因為膚色障礙和黑人教育體系的慘狀，表示白人在禁止黑人參與競爭的技術性和半技術性職業中，可以得到比黑人高出五倍半至十一倍的高薪。然而，對白人工業家來說，種族隔離卻絕非好事。雖然膚色障礙造福白人農民、礦主和勞工，卻也提高了工業家的成本，使他們除了最低下的非技術職業，雇用不到便宜的黑人勞工。此外，工業家也比較不像礦主和農民那樣，擔心如果占多數的黑人取得政權後，資產會有遭到沒收的風險，因為要接管和經營現代工廠，比奪取農場或礦場困難得多。斐人和英國人後裔之間也有社會差異，支持社會採行種族隔離的往往都是斐人，說英語的工業家族群則跟種族隔離的關係較小，因而是種族隔離的白人聯盟中較為脆弱的環節，成了意欲推翻種族隔離政權的新聯盟良好的拉攏目標。

自行組成的聯盟很少，聯盟需要靠關係、保證和信任來凝固，支撐南非民主轉型的聯盟也一樣。工業家、非洲民族黨領袖（和黑人中產階級）之間能夠建立關係，有一個關鍵因素，就是黑人經濟振興方案（BEE）。這個觀念雖然是在政府的一九九四年重建發展計畫中形成，其實推動第一波黑人經濟振興方案的卻是民間部門。這些方案包括把白人公司的股權，移轉給黑人個人或黑人經營的公司。早在一九九三年，南非金融服務業者三蘭公司（Sanlam）就把本身在大都會人壽保險公司（Metropolitan Life）百分之十的股權，賣給納塔諾・莫蘭納（Nthato Motlana）領導的黑人資本集團。莫蘭納是非洲民族黨青年部祕書，曾經擔任過非洲民族黨領袖、未來南非總統曼德拉的醫師，也當過聖公會開普敦大主教戴斯蒙・屠圖（Desond Tutu）的醫師。一九九四年後，這種黑人經濟振興方案的交易開始快速成長，到一九九八年已經達到二百八十一件。這時，有人估計，約翰尼斯堡證券交易所中高達百分之十的上市公司股權，是由黑人企業擁有。問題是想買股票的黑人通常都買不起，解決之道是由公司借錢給他們，以巨幅折價，購買他們公司的股票，折價幅度通常低於市價的百分之十五至百分之四十。

一九九七年，非洲民族黨政府任命西里爾・蘭瑪佛沙（Cyril Ramaphosa）領導黑人經濟振興委員會（他後來出任種族隔離結束後的第四任南非總統）。南非政府從黑人經濟振興委員會二〇〇一年的報告起，推動制度化的資產轉移，也大幅擴張黑人經濟振興方案，涵蓋「人力資源發展因素、雇用平等、企業發展、優惠採購、投資、企業與經濟資產的所有權與控制」。該委員會列出預期南非在十年內，應該達成的一系列特定經濟目標，其中最重要目標是至少把百分之三十的生產性土地，移轉給黑人和集體組織，把黑人在南非經濟的股權參與率提高到百分之二十五，達成黑人持有約翰尼斯堡證券交易所百分之二十五上市股票的目標。此外，該委員會也訂出其他目標，包括約翰尼斯堡證券交易所上市公司黑人非執行與執行董事達到百分之四十，政府向黑資公司採購的金額達到百分之五十，民間部門向黑資公司採購的金額達到百分之三十，民間部門的黑人高階經理人達到百分之四十。報告的準則也規定，向公營金融機構貸款的企業中，應該有百分之五十是黑人公司、政府的合約和讓利中，應該有百分之三十授予黑資公司，政府發出的激勵措施中，應該有百分之四十發給黑資公司。

黑人經濟振興委員會的報告發表後，各界預期即將出現的立法中，會納入一系列的章程。第一份章程是礦業章程，這份章程在二〇〇二年初發布後，掀起軒然大波：章程草案中，有一條規定要求在十年內，把百分之五十一的產業所有權移轉給黑人。消息洩露給媒體後，約翰尼斯堡證券交易所股價暴跌，隨後的半年裡，資本外流金額達到十五億蘭德（也可以譯為南非元，大約二億五千萬美元）。後續的談判導致章程改為：五年內，黑人公司比率達到百分之十五；十年內，黑人公司占有率達到百分之二十六；礦業也同意籌資一千億蘭德，融通這種移轉所需要的資金。黑人經濟振興過程的高峰是制定全面提高黑人經濟實力法，這項法律於二〇〇四年一月，由總統塔波・姆貝基（Thabo Mbeki）簽署生效，並授權商工部長，發布與實施和黑人經濟振興方案有關的良好實務守則。基本上，如果企業希望競標政府合約，或希望續延執照效期，必須證明自己遵守黑人經濟振興方案；這樣就讓政府在礦業等部門中，獲得絕大的影響力。

南非社會學家、姆貝基總統之弟莫萊濟・姆貝基（Moeletsi Mbeki）形容黑人經濟振興方案是邪惡的聯盟：

> 南非政治菁英鼓勵希望在政治上獲得國家支持的超級富豪，追求黑人經濟振興方案的實施，讓他們可以：（一）把他們的公司主要掛牌地點，從約翰尼斯堡證券交易所，轉移到倫敦證券交易所，以便把資產移到外國；（二）優先爭取政府合約；（三）在經濟政策決策高層，購買一些席次。

不管邪不邪惡，基本上，這個聯盟確保南非移入自由窄廊。聯盟不但為工業家和先前在政治力量中遭到遺棄的社會各階層之間，締結了密切的關係，也為企業提供保證，知道現在在經濟中占有一席之地的非洲民族黨領導階層，以及黑人中產階級，對沒收白人所擁有資產和財富的興趣，會大大地降低。一九九三年採用的臨時憲法把權利法案和多種制約措施納入憲法，使非洲民族黨更難以壓迫身為少數民族的白人。一九九五年設立的真相與和解委員會也很重要，這個委員會給予犯過多種罪行，包括侵害人權罪行者，廣泛的赦免，換取真實的證詞和證據，證明這些行為是出於政治動機。這樣做發出的信號是：重新掌權的黑人大多數在非洲民族黨的領導下，不會對白人尋求報復。

但是，關係和保證仍然不夠，除非聯盟夥伴之間互相信任。因此，這時象徵妥協的姿態十分重要。曼德拉在這件事情上啟發人心的領導，扮演舉足輕重的角色。一九九五年六月二十四日，發生了一件事，象徵曼德拉努力地這樣做：當天，世界盃橄欖球冠軍賽第一次在南非舉行，南非國家隊羚羊隊

（Springboks）在種族隔離政權結束、國際杯葛取消後，第一次獲准參賽和爭奪冠軍，對手是勝券在握的紐西蘭黑衫隊（All Blacks）。大家公認羚羊隊和種族隔離關係密切，其球衣是斐人的象徵，深為南非黑人所痛恨。種族隔離結束後的南非新總統在這一天裡，要怎麼扮演他身為國家元首的職責？結果太完美了！曼德拉在長年致力消除黑人多數與白人少數之間的仇怨和不信任之外，再度增添功德。他穿著羚羊隊隊長法蘭沙．皮納爾（François Pienaar）的六號球衣，出現在球場上，六萬三千多的觀眾大感震動——其中大約有六萬二千人是白人，而且大多數是荷裔白人的斐人。羚羊隊可能是受到曼德拉寬宏大量姿態的鼓舞，居然在極為不利的情況下，在延長賽中，以一記拋踢得分，擊敗紐西蘭黑衫隊。皮納爾受訪時，記者問道，得到六萬三千南非人強力支持的感覺如何，皮納爾回答說：「我們今天不是得到六萬三千位南非人支持，是得到四千二百萬人支持。」曼德拉頒發獎盃給皮納爾時（參見本書插圖集中所刊照片），告訴他：

> 非常感謝你們為我們國家所做的一切。

皮納爾不假思索地回答：

> 總統先生，和你為我們國家所做的事功相比，這件事微不足道。

## 進入窄廊的入口

我們已經看到在南非過渡到自由窄廊中時，非洲民族黨支持的聯盟所扮演的角色，第二個重要因素是國家和這條窄廊的相對位置。

達成永久和平的唯一方法，是移入這條窄廊，形成建立受制約國家機器所需要的平衡。在沒有國家機器或人民受到專制國家的奴役下，真正的自由無法蓬勃發展。但是，要建立受制約國家機器，卻沒有放諸四海而皆準的方法，要踏進自由窄廊，也沒有單一的門徑。每一個國家的展望都受到自己獨一無二的歷史、聯盟形態、可能達成的妥協，以及國家和社會之間確實的權力所均衡影響。例如，無巨靈國家、專制國家或紙糊國家進入這條窄廊的道路起點，可能截然不同，圖表六中清楚地說明了這一點。

如圖表中標示為路徑一的箭頭所示，專制國家藉著強化自己的社會（或增加新的制約、削弱國家權力的方法），最容易進入這條窄廊。南非就是這種情形。南非由強大的白人經濟菁英主導，擁有非洲最有效率的國家制度，因此南非的問題是動員社會及其能力，爭取權力，非洲民族黨和黑人勞工運動最後達成了目標。

無巨靈國家社會不是面對這種問題，進一步強化社會和削弱國家機器會引起反彈，因此圖表中的路徑二為這種狀況，劃出一條藉著以提高國家權力、進入這條窄廊的可能路線。

最後，在圖表中左下方的國家和人民，包括很多紙糊國家和蒂夫族之類能力非常有限、社會又沒有制度化方法發揮權力的國家，面對的挑戰更嚴峻。他們不能藉著分別提高國家或社會能力的方法，進入這條窄廊，因為附近根本沒有窄廊存在；要進入窄廊，他們必須像路徑三所示，同時提高國家和社會的能力。如下文中的討論所示，方法之一是利用第十一章介紹過的動員效應，讓社會在因應國家能力成長之際，加強社會本身的能力；反之亦然。

我們現在要討論不同路徑怎麼運作，需要什麼形態的聯盟和妥協，才能支撐移入窄廊的行動，以及當這種聯盟無法形成時，通往窄廊的門徑會怎麼被關上。

## 建造鋼鐵牢籠

南非是路徑一的典範。南非的主要衝突是社會衝突，是黑人大多數和控制國家制度的白人菁英之間的衝突。其他專制國家菁英的結構和權力的本質可能截然不同，對沿著路徑一建立的聯盟形態會有重大影響。二十世紀初的日本像很多其他國家那樣，菁英中最有勢力的人是高階官僚和軍官，大企業則樂於追隨他們。日本已經轉向更專制的體制，在二十世紀初，已經根據軍方日漸強大的影響力，建立日本式的鐵牢籠；高階軍官堅決反對脫離菁英主宰的政治路線，軍方、天皇和天皇身邊高官對政治的控制，放在「國體」哲學上，藉此把自己拉抬到高於社會之上。在日本侵入中國東北的戰爭歲月後，這種宰制受到加強。但是，一九四五年美國在廣島和長崎投擲原子彈，造成日本慘敗後，一切都必須改變。軍方和官僚體系交出控制權後，日本是否有踏進自由窄廊的門路？

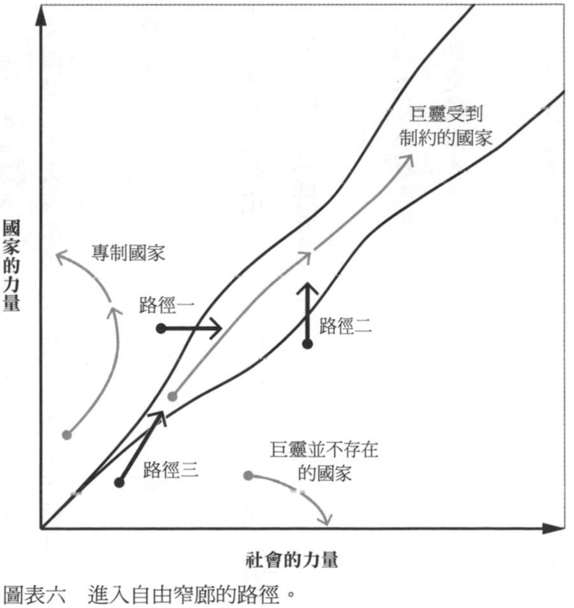

圖表六　進入自由窄廊的路徑。

一九四五年八月三十日，麥克阿瑟以盟軍最高統帥身分，踏上日本厚木海空軍基地之際，這一點其實還有很多不確定的地方。麥克阿瑟樂觀地認為，他可以利用某些方法，把日本變成親美的民主政體。在他抵達前，他和顧問已經形成如何改革日本制度和政治的看法。一九四四年，麥克阿瑟的得力助手兼軍事祕書波納．費勒斯（Bonner F. Fellers）准將已經寫好題為〈對日本負責〉的文件，預期：

> 只有透過徹底的軍事慘劇和隨之而來的混亂，才能讓日本人從自己是優越的民族，註定要統治亞洲……的狂熱思想中醒來。
>
> 群眾會瞭解軍國主義分子背叛了他們神聖的天皇，引導神聖英明的天皇走向毀滅邊緣，日本不能容許這些欺騙天皇的人繼續存在。這種覺悟的時刻來臨時，長久以來遭到驅趕，藏身地下的日本保守、寬容分子可能得到充分的承認。
>
> 只對天皇負責的獨立日本軍隊，是對和平的永久威脅。

因此，盟國不僅要徹底擊敗日本，也必須推動日本徹底的非軍事化，美國就是打算在日本執行這些任務。麥克阿瑟親自召集一群美國人，為日本起草憲法，憲法的第九條解散了日本軍隊，宣稱：

> 日本永遠放棄象徵國家主權的戰爭與武力威脅，不以之作為解決國際爭端的手段。
>
> 日本不保持陸海空軍和其他作戰力量，不承認國家的交戰權。

下一個目標是人們視為日本國際侵略源頭的國體。但是，麥克阿瑟和費勒斯已經認定，日本人不能統治自己，需要天皇的存在。因此，他們避免指控裕仁天皇犯了戰爭罪，也不打算推翻他，而是直接要求天皇放棄他自稱的神性。天皇接受要求後，在一九四六年元旦發布的新年賀詞中，納入下列文字：

我和人民之間的關係總是靠著互信和愛心形成，而不僅僅是依靠傳說或神話維繫，也不是基於天皇神聖、日本人優於其他種族，註定要統治世界的錯誤觀念而來。

美國也根據費勒斯〈對日本負責〉文件中所說：日本人需要強而有力領導的信念，樂於和日本軍方與官僚體系中的高官、包括和日本戰爭內閣中的領袖合作。

日本戰後政治體系最重要的締造者是岸信介，他的事業生涯充分說明了上述狀況。岸信介在兩次大戰之間的歲月中，憑著聰明過人和堅強的政治見解，在官僚體系中崛起，他稱讚由上而下、包括泰勒式控制工人方法的經濟管理，認為納粹德國的政治與經濟政策，對日本是最好的路線。後來，他強化自己和軍方的關係，呼籲日本在東亞地區，進行「全面戰爭」，提高日本在這個地區的宰割能力。日本侵略中國東北、扶植偽滿洲國傀儡政權之際，岸信介的地位扶搖直上。偽滿洲國政權意在無情剝削中國東北的資源，開創由軍方領導的工業化，岸信介變成這種任務的締造者，參與沒收當時亞洲最大企業南滿鐵路民間股東財產，再把該公司股權轉移給占領中國東北的日本軍方。一九三五年，他出任偽滿洲國工業發展部副部長，主導嚴重依賴有系統恐嚇與剝削中國勞工、由國家領導的經濟。

到了一九四〇年，他的官運更亨通，獲得日本政府部長的任命，跟後來出任日本總理的東條英機大將結盟，支持日本對英國和美國開戰；他在戰爭期間，建構奴工計畫，利用韓國和中國工人，讓他們在日本人的工廠和礦場工作。日本戰敗後，他以甲級戰犯的罪名遭到逮捕，在監獄裡關了三年，卻跟東條和日本其他戰爭領袖不同，沒有在戰犯法庭中遭到審判（東條和另外好幾位遭到審判、定罪和處以絞刑）。

岸信介在一九四八年聖誕夜獲釋，並立即躍回政壇；他本人不是自由派，曾經一再從右翼的角度削弱戰後的日本總理吉田茂。為了勝過吉田茂，岸信介在一九五五年組成自民黨，此後自民黨成為一直掌控日本政壇的政黨。岸信介本人在一九五七年至一九六〇年間，兩度擔任日本總理。他親手挑選的很多門徒，包括池田勇人在內，都在日本政壇和經濟上擔任過領導角色，在制定日本通產省（今經濟產業省）工業政策上尤其卓有貢獻；例如，池田是戰後日本工業化的主要推手，並在岸信介之後出任日本總理。岸信介對日本政壇的影響，不僅止於讓自民黨持續主宰政壇，他的孫子安倍晉三也是日本現任總理。

岸信介偶爾號稱「美國鍾愛的戰犯」，卻象徵麥克阿瑟和費勒斯所提吸收舊官僚菁英的策略，產生了影響日本制度路線的效果，使日本社會中比較自由派的分子，結合舊式日本專制國家領袖的聯盟得以強化；同時，這些舊時代領袖默認社會和民主政治應該扮演比較大的角色（軍事與官僚綜合體的角色則受到較多的限制）。這種聯盟偶爾會削弱工會和左派政黨的力量，卻設法把日本推進自由窄廊中，使日本在隨後的七十年裡，一直停留在這條窄廊中。

我們在日本的經驗中，看到了另一條結盟之路；這一次，這條路線的基礎是支持先前專制政權、卻容許政治上出現較大社會動員力量的相同鋼鐵牢籠。雖然在很多案例中，這種過程在道德上有點模稜兩可，卻有助於創造平衡，使轉型過程變得夠平穩，足以防止轉型過程失控。但是，這樣當然不能確保或保證將來受制約國家機器一定會出現（要是日本沒有徹底戰敗，這種事情有可能在日本發生嗎？）下面就要討論這一點。

## 黑土耳其人、白土耳其人

二十一世紀之初，土耳其碰到走進自由窄廊的機會。土耳其也是從軍方和官僚主導的專制國家開始起步，先推動一系列重大的經濟改革，然後從二〇〇〇年至二〇〇一年的金融危機中強勁反彈，土耳其經濟從中大為獲益，加入歐盟過程中所做的政治改革，也讓土耳其大為獲益。有一陣子裡，看來土耳其可能會踏進自由窄廊，但推動這種轉型所需要的聯盟和妥協卻沒有出現。

土耳其共和國的立國，雖然是以拋棄奧圖曼帝國的大部分制度遺產為基礎，卻仍然呈現很多從早期延續下來的特性。這個共和國的根基源自十九世紀開始的改革，首先是一八三九年《玫瑰園敕令》中頒布的全面財政與政治改革，然後是「青年土耳其黨人」和（大致上由）低階軍官組成的強大組織——團結進步委員會（Committee of Union and Progress）推動的改革。這些改革運動，尤其是團結進步委員會的改革，無意徹底改變奧圖曼專制帝國的方向，而是把目標放在建立國家能力，以便阻止帝國衰微上。他們帶來的顯然是由上而下的改革和現代化，例如，一九〇八年，團結進步委員會官員突然竄升，奪得國會首腦的位置，和奧圖曼帝國君主阿布督哈密德二世（Abdülhamit II）分享權力後，就把自己的現代化運動，和強力鎮壓抗議人士、同業公會和一八三九年後出現的新生公民社會結合起來。六年後，該黨兩位領袖在俄國對德國宣戰當天，藉著和德國談判和簽訂密約，策動奧圖曼帝國參加第一次世界大戰。

一九二三年，穆斯塔法・凱末爾領導的部隊戰勝後，建立土耳其共和國，凱末爾後來獲得「土耳其之父」（Atatürk）的尊稱，卻在很多方面，遵循團結進步委員會（以及包括該黨前黨員凱末爾在內的黨內領袖）的劇本。進一步改革和建立國家能力的路徑雖然大開，卻總是帶有專制性質，由軍方和官僚體系成員負責引導（企業主和其他人只是以聯盟附從人員的身分，加在成員名單上）。凱末爾的共和人民黨（CHP）現在是權力中心。共和人民黨完成了經濟與社會的現代化，卻也建立了不受約束的權力、同時為該黨領袖和盟友積攢了經濟財富。雖然共和人民黨實施的若干改革，如解放女性和授予婦女權利，推動官僚體系現代化、鼓勵工業化等等措施，在建立國家能力、為社會很多部門引進前所未有的少量自由方面，都是至為重要的步驟，共和人民黨卻無意把土耳其推進自由窄廊中。

包括採用拉丁字母、推行西式服裝規範、改組宗教制度等很多改革，都是以沒有經過協商，就強加在社會上的方式推動，抗拒改革的人，例如堅持戴土耳其氈帽而不戴西式帽子的人都會遭到起訴，有些人甚至遭到處決。

隨後的幾十年裡，最初由凱末爾領導獨占政權的共和人民黨一黨專政制度崩潰，軍方和官僚體系仍然掌控不成比例的大權。軍方認為自己的控制權鬆動或社會開始動員時，就分別在一九六〇年、一九七一年和一九九七年發動政變，橫加干預。軍方和經常屬於世俗化的文人政府也相當樂於利用宗教，遂行社會控制，也確實頻繁和宗教團體結盟和分手。一九八〇年的軍事政變後，軍事執政團和後來的中間偏右政府，強化了宗教在日常生活和學校中的角色，以便對抗左派的力量。住在省級城市比較保守、虔信宗教又比較貧窮的階層，以及住在伊斯坦堡等大城較不富裕社區的人民，在社會變化的鼓舞下，深感自己對現狀無能為力，開始要求軍方和和他們認為已經西化、不能體會人民憂患的官僚菁英，加強對他們的認同，形成了正義發展黨崛起的背景，隨後，由雷杰普・艾爾段（Recep Tayyip Erdogan）領導的正義發展黨，列入一系列得到人民擁戴、具有宗教和保守性質的多個政黨，並在二〇〇二年的選舉中，贏得多數票後（但離過半數還很遠）奪得執政權。但是，艾爾段在該黨選舉獲勝時，卻遭到禁止參政的處置，因為他在擔任伊斯坦堡市長時，曾經朗誦一篇宗教詩文。他掌握和大致利用該黨的人氣基礎，在一場群眾聚會中宣稱：

在這個國家裡，有著黑土耳其人和白土耳其人的分別，你們的兄弟艾爾段屬於黑土耳其人。

白土耳其人指的是土耳其菁英，代表和社會對抗的軍方、官僚幹部，以及跟他們結盟的西化大企業。這番話雖然誇大，又帶了不少私心，卻抓住官僚與軍方菁英和一大部分社會之間、眾目睽睽之下的競爭。因此，正義發展黨的崛起可能像二次大戰後的日本一樣，是權力從軍方和官僚手中流失，流向比較沒有代表權、比較貧窮的社會階層手中的機會。二十一世紀的頭幾年裡，土耳其的公民社會蓬勃發展，一系列的政治和經濟改革深化了民主制度，促使土耳其踏進自由窄廊的可能性出現。

然後一切全都翻盤，踏進這條窄廊時必須做對的幾件事情全都出錯。在日本的例子裡，美國的監護和否定舊軍國主義政權的做法，使強有力的政治菁英比較容易、也比較樂意加入新的聯盟，支持踏進窄廊的行動。土耳其的情況並非如此，雖然自由派和左派若干知識分子起初支持正義發展黨及其改革，軍方和建制派既有官僚體系卻抱持敵視態度，以至於到了二〇〇七年四月，軍方在自己的網站上，發布備忘錄，發出要對正義發展黨發動政變的威脅，強而有力的憲法法院也提出文件，表示要關閉正義發展黨（事由是正義發展黨總統候選人的妻子戴著頭巾！）這種情形和一九九七年前一個宗教政黨執政時的遭遇完全相同——先是在軍方備忘錄的威脅下被迫辭職，然後遭到憲法法院關閉。雖然正義發展黨存活下來，這次事件卻是分水嶺，從此以後，正義發展黨和軍方與官僚既有體制之間的關係，變得日漸兩極化、日趨零和狀態。

另一個重要因素是正義發展黨本身的野心。二次大戰結束後的日本社會組織凋敝，根本難以動員，企業界和保守派菁英害怕的主要威脅，來自政治光譜中的左派，但是透過日本自民黨主持的鞏固右派行動，就可以輕鬆地控制這種威脅。正義發展黨在土耳其的勢力已經夠大，足以贏得二〇〇二年的選舉，而且勢力還愈來愈強大。另兩個中間偏右政黨因為涉及不當管理，又涉及一九九〇年代特有的貪腐問題，因而垮臺，讓正義發展黨突然間主導各種選舉，得到遠超過創黨人不敢夢想的絕大政治力量，因此局面迅速變成對土耳其權力均衡不利的狀況。

麥克阿瑟將軍和美軍在日本扮演的監護角色，起初有一部分由加入歐盟的程序予以填補，這種程序激發了人權和民權改革，庫德族人權也因此獲得改善；同時，這種程序也促發憲政改革，因此限縮了軍方在民政事務上過大的權力。歐盟的刺激起初備受正義發展黨領導階層所歡迎，因為該黨正在努力壓低軍方在政治上的監護權，而且二〇〇七年軍方備忘錄未能推倒政府，歐盟的刺激可說是原因之一。但是，加入歐盟的腳步很快就放慢下來，然後就迅速瓦解，消除了把正義發展黨和制度改革綁在一起的有力支柱。

土耳其經歷的狀況是從專制國家控制的某一階段，進入另一階段。二〇〇七年後，正義發展黨強化自己的立場，開始完全控制土耳其的各種權力槓桿。這種過程中有一個十分重要的因素，就是正義發展黨領導階層和穆斯林教士法圖拉・居倫（Fethullah Gülen）的祕密組織結盟。這個組織扎根在土耳其的維安部隊、官僚體系、司法體系和教育體系中，先前正義發展黨懷疑同情世俗派人士的官僚，希望任命比較符合該黨保守和優先路線的官僚時，卻無法找到具有足夠專長的幹部，因而求助於居倫運動。居倫運動因為在很多中學和大學裡，設有組織，擁有比較多的合格人才。正義發展黨得到居倫運動加持後，加強自己在國家制度中的祕密擴張。二〇〇七年後，正義發展黨和居倫運動分子聯手，開始根據捏造的證據，利用虛假的審判，有系統地整肅他們認為敵視該黨的人。在這段期間裡，政府開始鎮壓各種喜歡批判的媒體管道，以及因為二〇〇〇年代自由度大增而蓬勃發展的獨立社會組織。

到二〇一一年，土耳其在監禁新聞記者國家名單中，高居第一。二〇一三年五月，伊斯坦堡塔克辛姆廣場（Taksim Square）附近的蓋齊公園（Gezi Park）爆發抗議活動；民眾起初是抗議政府打算在這個大都會僅存的少數綠地上，興建新購物中心的計畫，重點卻很快地轉移到信仰、言論、媒體自由，以及土耳其社會世俗主義遭到侵蝕和貪腐的問題上。抗議迅速蔓延到所有主要城市，政府的反應是鎮壓抗議活動。正義發展黨和土耳其東南部庫德族叛亂分子發起的和平進程遭到逆轉，自由遭到進一步的限制。同時，艾爾段和居倫先前排除世俗主義派和左派的結盟，變成互相對立，這種情形很可能是權力鬥爭中的一環。整個過程在二〇一六年七月，在一場似乎是由軍方官員和居倫祕密結盟、聯手策畫的失敗政變企圖中，升到高峰。政變企圖失敗後，艾爾段及其盟友宣布戒嚴，開始整肅安全部隊、司法和官僚體系中的居倫運動分子，超過十三萬名公務員遭到開除，五萬多人遭到逮捕，其中很多案例裡只有間接證據；有些案子牽連爭取庫德族權利運動人士、批判政府人士和左派分子，包括若干終其職業生涯都在揭發居倫運動陰謀的人，都以居倫運動分子的罪名，遭到逮捕。在這段過程中，媒體和言論自由都遭到進一步的箝制。艾爾段還逕行推行不受什麼約束的總統擴權行動，相關立法在二〇一七年實施戒嚴法期間的一次公民投票中，以些微多數通過。這段期間裡，沒有半個主流媒體，能夠發動反對憲法改革的運動。土耳其仍然高居監禁最多新聞記者的國家名單中，但現在也監禁多位民選官員，包括國會中親庫德族政黨的共同領導人。

土耳其錯過了踏進這條窄廊的機會。

* * *

錯過機會的土耳其清楚告訴我們，對以共產黨形式的官僚菁英、遂行控制聞名的專制國家典範的中國，應該有什麼期望。我們在討論日本時，強調形成聯盟，納入這種官僚菁英因素，確保國家能夠走進這條窄廊的重要性。在中國的例子裡，國家和社會之間嚴重失衡，不是使這種轉型非常困難的唯一原因。中國共產黨菁英中，沒有任何團體願意加入擺脫專制國家聯盟的陣營，進一步增添了對中國不利的態勢。事實上，共產黨的團結使加入這種聯盟的人不可能保住權力；一九八九年，中共總書記趙紫陽支持天安門廣場的抗議時就發現，自己很快地就被剝奪權力，終身軟禁在自己家裡直到過世為止，還看到自己的所有公共紀錄消失無蹤。在受到命運束縛的起點上，要建立踏進自由窄廊的聯盟並不容易。

巨靈並不存在的國家和紙糊國家的情況不同，因為國家機器脆弱無力，不能完全箝制社會發展新組織和能力，即使在柔弱無力的國家機器全力避免動員效應的情況下，這件事也不是簡單的事情。反之，即使社會日趨強大、信心日增，動員效應也會為這種國家巨靈創造獲取能力的空間。因此，通往這條窄廊的道路並沒有完全封閉。

此外，社會和包括地方政府在內的各種公民組織，偶爾可以在地方層級，建立國家能力和社會動員。對公民來說，這種狀況可能具有轉型效果，因為在無巨靈國家或紙糊國家主持下提供的很多公共服務和執法，都要仰仗地方層級的努力（因為中央政府沒有提供太多的這種服務）。對國家政治菁英來說，地方性社會參與可能比較沒有威脅性，也可能為改善國家和社會之間的權力均衡，開創新機會。此外，還有推動地方性實驗的空間，也就是可能嘗試採用各種不同的方法，以便提高國家能力和改善公共服務品質。但是，比這種實驗更重要的是，公共討論中偶爾可能會強調政治上的實驗，這種實驗涉及建立建立新聯盟，以便支持擴大國家能力的意圖，同時涉及地方社會。地方政治實驗成功後，甚至可以為後續的國家變革提供藍圖。接下來，我們要舉兩件從地方層級建國成功的故事為例，說明這種力量：第一個事例類似圖表六中的路徑二，另一個事例類似路徑三。

## 威而鋼之春

我們在第一章裡，看過柯普蘭根據拉哥斯法律與秩序的徹底崩潰，大致預測世界各地將來會出現悲慘的無政府狀態。索因卡一九九四年的拉哥斯之旅，似乎證實了柯普蘭最糟糕的恐懼。但是，僅僅二十年後，拉哥斯看來已經完全不同：拉哥斯選擇路徑二，走向自由窄廊，只是前面還有漫漫長路。拉哥斯是怎麼做到的？

對非洲的獨裁者來說，一九九〇年代的日子很難過。冷戰已經結束，你要保住權力，就必須把自己變身為民主派（或至少假冒為民主派），舉辦選舉，穿著西裝，不能這麼公然地鎮壓反對派。我們在第一章裡提到的奈及利亞軍事獨裁者阿巴查將軍，於一九九八年六月七日死亡，可能是因為準備和兩位印度妓女發生性關係，服用過量威而鋼致死。他太太很快就打算逃出國，卻在卡諾（Kano）國際機場裡，發現自己託運的行李略微超限。她一共託運三十八個手提箱，結果裡面全都裝滿現金。奈及利亞軍方認定時不我與，就在一九九九年放棄權力，奧盧塞貢．奧巴桑喬（Olusegun Obasanjo）在民主選舉中當選總統，揭開了威而鋼之春的戲碼。

拉哥斯也辦理了選舉，波拉．丁努布（Bola Ahmed Tinubu）當選拉哥斯州州長，他上任後，做了一些出人意料的事情——他沒有任命政治盟友擔任重要職務，而是起用合格的人才：一位備受尊敬的法學教授出任總檢察長，一位花旗銀行高階經理人出任經濟計畫暨預算局長。拉哥斯百廢待舉，堆積如山的垃圾堆問題僅為其一。另一個問題是拉哥斯已經破產，從奈及利亞石油收入分配到的財源比率極低，聯邦政府的分配又不可靠。丁努布繼承了一個擁有一千四百位員工的稅務機關，但其中只有十三位是專業會計師，六位是有照的稅務從業人員，其他人大都是政治任命的員工。雖然奈及利亞人比較喜歡樹薯或山藥，比較不喜歡阿根廷人稱為「義大利麵疙瘩」的幽靈官員，奈及利亞稅務人員的雇用程序，卻類似「義大利麵疙瘩」湧進阿根廷官僚體系的方式。一九七六年，前任奈及利亞軍政府當政時，必須起草新憲法，起草委員會必須解決如何定義「權力」的問題，最後，這個委員會決定把權力定義為：

> 獲取財富和特權的機會，所擔任的職位能夠以工作、合約、禮金等方式，發放好處給親戚和政治盟友。

換句話說，連奈及利亞憲法起草委員會都證實：權力完全就是創造幽靈官員的能力。

丁努布對於該在拉哥斯怎麼施政別有想法，他希望處理該市的垃圾和很多其他問題，卻面臨典型的進退兩難困境。沒有稅收的話，他什麼事情都不能做。他所接掌的拉哥斯州特性使他不可能收稅，他的解決之道是推出電子納稅方案：納稅人必須以電子方式，向稅務人員繳稅，而非繳納現金。他認為，這樣會減少貪腐的範圍。然後，他委託一家民間公司負責納稅系統。民間公司發展出潛在納稅人的資料庫和收稅後，可以保留一定比率的稅款。這種委外策略也用在其他領域中。到了二〇〇一年，拉哥斯州聘請民間稽核人員，稽核企業，換取一定比率的佣金作為報酬。拉哥斯州也鼓勵公民納稅（如本書相片插圖集中的標語照片所示）。

結果，迫切需要的稅收增加。有了財源後，丁努布和繼他之後出任州長的幕僚長巴巴頓德．法休拉（Babatunde Raji Fashola）開始重建官僚體系，在二〇〇三年創立了半自主的稅務機關拉哥斯州國稅局，聘請訓練有素、能力高強的稅務人員。以個人所得稅為主的州稅收入，從一九九九年向僅僅五十萬個納稅人課徵的一億九千萬美元，增加到二〇一一年的十二億美元，納稅人基礎增加到將近四百萬人。

財源基礎擴大後，開始融通一切政務所需要的資金，其中之一是利用拉哥斯州居民登記局，登記所有州民的居民身分。另一件施政是依靠新增的幾千位清潔隊員，持續處理垃圾問題：垃圾車的數量從二〇〇五年的六十三輛，增為二〇〇九年的七百六十三輛；到二〇一二年，更增至一千輛以上，拉哥斯變成了乾淨的城市，也變得更加安全——尤其是在法休拉擔任州長期間，過去恐嚇和搶劫城市居民的「地區男孩」幫派，大致上已經清除殆盡。社會的每一個層面都得到比較好的管理，過去闖下將近半數交通事故的計程摩托車，現在在拉哥斯市和拉哥斯州大部分地區遭到禁止。一九九九年內，拉哥斯發生五百二十九件死亡車禍、一千五百四十三件嚴重車禍；到二〇一二年，雖然拉哥斯市車輛數目大增，上述兩種車禍的件數，卻已經分別降為一百十六件和二百四十件。新基礎建設處處出現，包括一條可以舒緩通勤的輕軌鐵路。一九九九年內，拉哥斯沒有新裝半盞路燈，或許當時沒有電力可用，裝設路燈沒有多少意義；到了二〇一二年，拉哥斯市有了電力，也有一千二百十七盞新路燈。公共服務改善和犯罪率降低，對經濟生活產生戲劇化的影響。二〇〇四年至二〇一〇年間，貧窮人口比率從百分之五十七，降為百分之二十三（同期內，奈及利亞的三十六州裡，將近半數的州貧窮水準升高）。

因此，丁努布藉著擴大地方州級政府的能力，讓拉哥斯改頭換面。但是，如果沒有社會的合作，他應該做不到這一點。丁努布的媽媽是拉哥斯市場商販協會的首腦，她在二〇一三年去世後，這個職位由丁努布的女兒取而代之。因為拉哥斯的地下經濟比率很高，市場商販協會是很寶貴的政治資源，也是很龐大的政治約束，因為這個協會的反對可以打壞整個計畫。和這個協會的合作和競爭，清楚表現在租稅政策上。商販是潛在的重要稅收來源，卻很難監控，拉哥斯和該協會談判稅率，然後，該協會接下任務，負責提供哪些商販在哪個市場、向什麼人收錢的資訊。為了換取州政府承諾的公共服務和市場安全，非正式的巴士司機、工匠和其他行業的組織，也紛紛跟政府達成類似的協議。正式的地上經濟部門也在制度性結構內，積極提出各種要求。二〇〇〇年時，製造業協會和艾可旅館（Eko Hotel）以政府推出銷售稅的名義，控告丁努布政府；二〇〇三年時，政府因為遭到反對的緣故，被迫降低不動產稅稅率。從更大的範圍來看，社會推動的權力競爭表示，丁努布和法休拉必須根據人民是否納稅、是否遵守法規、是否可以期望州政府有所表現的觀念，修改社會契約，這種契約要靠很多資訊、訴願和究責管道來強化。法休拉甚至公開自己的私人電話號碼，鼓勵人民發送簡訊給他。拉哥斯解決了吉爾迦美什難題，提高了國家能力，卻不是靠著某些複雜的制度性架構，而是靠社會積極監測國家機器。

拉哥斯的成就顯示，柯普蘭對未來無政府狀態的預測，並非處處正確。拉哥斯顯然沒有走向數位獨裁政權，歷史也沒有在拉哥斯走到盡頭。無論如何，拉哥斯市證明了即使從悲慘的狀態起步，仍然可能走向自由窄廊。古羅馬軍人兼學者老蒲林尼說過：「非洲總是有新事物出現。」他說得很對，今天非洲正在進行很多地方性的實驗，因為人民正在努力設法改善正在瓦解的國家能力和自由。

拉哥斯的窮人還是多得驚人，和美國居民相比，他們的壽命相當短，卻比一九九九年時長得得多，窮人也更少，大部分人的日子也遠不如一九九九年時那麼悽慘艱辛。丁努布和法休拉兩位州長開始建立拉哥斯式受到制約的地方性國家機器，我們預期這樣會帶來很多好處。

## 脫下猩猩穿的燕尾服

一九八〇年代和一九九〇年代時，拉哥斯的情勢很艱困，哥倫比亞首都波哥大也一樣。我們已經在第十一章裡，看到哥倫比亞在環環相扣的機能限制下，一直維持紙糊國家的樣子。一九六〇年擔任波哥大市長、一九八六年出任哥倫比亞總統的比爾希略．巴爾科（Virgilio Barco）曾經感嘆說：「在我治理過的那個蓬勃發展的城市裡，今天只見到都市化的無政府狀態、無比的混亂、驚人地失序，亂得一塌糊塗。」巴爾科是在哥倫比亞的「民族陣線」協議期間擔任市長，這項協議把政權劃分給自由和保守黨派達十六年之久，政府照樣辦理選舉，但結果已經預先決定，各個政黨甚至輪流擔任總統。巴爾科在很多方面，好比「穿著燕尾服的猩猩」的縮影，用另一位前總統阿爾韋托·耶拉斯（Alberto Lleras）的話來說：「在波哥大，他是技術官僚；但是到了庫庫塔（Cúcuta），他是一位曼薩尼約（manzarillo）。」「曼薩尼約」不好翻譯，適當的翻譯應該是在鬥牛場送葡萄酒的人。免費的葡萄酒可以贏得選票，正是猩猩所做的事情。巴爾科上過麻省理工學院，知道怎麼穿燕尾服，但到了外地省份，到了庫庫塔，他知道怎麼發送免費的葡萄酒。

一九八〇年代內，哥倫比亞因為馬克思主義游擊隊大肆發展、毒品卡特爾大發利市，贏得世界綁架和殺人之都的惡名，政治菁英有點惴惴不安，社會開始動員、開始參與政治，小小的民主制度從這種過程中出現。到了一九八八年，波哥大市長首次民選，市民選擇了安德烈斯·帕斯特拉納（Andrés Pastrana）。帕斯特拉納是出身保守黨的傳統政治人物，後來出任哥倫比亞總統。但是，選舉不能立刻解決波哥大的亂局，因為能夠從亂局中獲利的所有既得利益仍然大權在握。政府浮濫用人和發包的現象在波哥大市議會裡特別常見。市議會和市長一樣，擁有共同執行權，因此市議員可以直接把合約，交給朋友和支持者。市議員甚至直接擔任公開上市公司董事，這表示會有更多的幽靈官員和貪腐情事。哥倫比亞官僚體系的狀況慘不忍睹，對待民眾的態度又差，跟阿根廷的官僚體系沒有太大的差別，從波哥大主要行政中心俗稱「欺人太甚大樓」（humiliator），就可以看出一二。到了一九八九和一九九〇年間，哥倫比亞的情勢更形惡化，有三位總統候選人遭到暗殺，即將上任的總統塞薩爾·加維里亞（César Gaviria）承受壓力，必須採取行動，就提倡召開制憲會議，藉以支持激烈程度遠遠超乎尋常的制度改革。制憲會議代表中，將近三分之一是已經復員的游擊組織M-19的成員。新憲有幾項創新，從一九九一年開始施行，其中有一項創新對波哥大特別重要。制憲會議代表海梅・卡斯特羅（Jaime Castro）說服大會，在新憲中納入一條條款，要求下任波哥大市長——卡斯特羅本人旋即出任此職，提出整頓波哥大市政府的法律。重要的是，這項法律一旦制定，就可以利用總統命令發布實施，市議會無權否決。卡斯特羅一九九二年當選市長，新法把市長變成波哥大市的最高行政長官，市議員不能再發送工作職位和合約，也不能再擔任公開上市公司董事。市政府又採取分權做法，把波哥大分為二十個區，選任二十位「區長」，削弱市議員的權力，卡斯特羅因此迴避了傳統的政治機器。這項法律也堵塞了稅務漏洞，產生立即扭轉波哥大財政的效果，一九九三年至一九九四年間，稅收增加百分之七十七。

卡斯特羅從上往下使力，但他的改革引發社會的反應和組織後，卻產生了動員效應，形成圖表六所示的路徑三。一九九四年，徹底的政治素人、國立哥倫比亞大學數學兼哲學教授安塔納斯・莫茨庫斯（Antanas Mockus）當選市長後，頓悟建立國家能力和推動社會參與政治兩件事可以齊頭並進——這樣又激發了動員效應！

這點表示改變人民對規律、法律和國家機器的看法，以便人民可以參與，敦促國家以對人民有用的方式，擴大能力和布局。他的幕僚長莉莉安娜・卡巴雷洛（Liliana Caballero）描述他們的哲學是：

> 不要讓公民追著國家跑，要求國家施惠、要求他們的權利，政府反而應該追著公民跑，公民才是核心。

莫茨庫斯注重改變人民態度的做法，促成很多創意十足的措施。他穿起超人服裝，自稱「超級公民」（參見書中相片插頁）。又在領口別著一隻布做的癩蛤蟆，鼓勵人們要當癩蛤蟆。哥倫比亞有一句「別當癩蛤蟆」的俗話，這句話是一種有力的規範，意思是「別多管閒事，如果你看到不對的事情，離遠一點」。莫茨庫斯反而說，人民身為公民的責任就是要當癩蝦蟆。他起先請了二十位模仿藝人——後來又額外請了四百位——在波哥大街頭走動，取笑紅燈穿越馬路、在地上丟垃圾和違反規則的人。他發出三十五萬張豎著大拇指和倒豎大拇指的卡片，讓人民在街上讚揚或批判別人的行為，結果在他任職期間，每年交通事故死亡人數從一千三百人，降為六百人。他用各式各樣的所有方法，協助人民收回公共空間。他的創舉之一是「婦女之夜」，做法是要求男性留在家裡四小時，街上保留給婦女，讓婦女在女警的照看下活動，這個辦法在女性賦權上獲得極大成功。

莫茨庫斯做所有這些事情時，抱持的構想都是要利用動員效應，動員社會，以便改善國家機器的運作，滿足更多人民真正的需要。繳費付帳所需要的時間從一小時半，降為五分鐘，「欺人太甚大樓」再也不存在。碰到有太多幽靈官員要處理時，莫茨庫斯的做法是推動公營事業民營化；但是，他推動電力公司民營化時，仍然保留市政府持有的百分之四十九股權。民營公司轉虧為盈時，波哥大市開始獲得資源，可以用在公共服務上。他擔任市長期間，稅收增加三倍；一九九三年至二〇〇三年期間，家庭接通自來水的比率從百分之七十九，上升到百分之百，接通下水道的比率從百分之七十一，升高到百分之九十五。不足為奇的是，波哥大人最擔心的暴力問題也減輕了，人民開始收復街道。莫茨庫斯任期結束時，兇殺死亡人數從每十萬人有八十人遇害，降為每十萬人有二十二人遇害。

莫茨庫斯仍然必須應付索求就業機會和合約的市議員，但他自有對策。他後來回憶說，如果有人開始要求特殊待遇，他會裝出好像「看到這個人嘔吐的樣子……我只是用肢體語言（表示）自己正在想，應該怎麼收拾他吐在地毯上的東西」。某一位參議員用個人專用信紙發信給他，要求優遇時，他會回信說：「參議員，有人冒用你的個人專用信紙。」

就像我們在第十一章裡所看到的那樣，波哥大未來還有漫漫長路，卡斯特羅和莫茨庫斯創造的所有效益，都無法阻止莫雷諾掠奪這個城市，（原因之一是波哥大的社會只有部分動員，原因之二是莫雷諾善於利用莫茨庫斯為地方制度所建立的信任度）。但是，莫茨庫斯推行新的實驗，並設法直接和公民結盟，帶來強大的動員效應；他把這一點稱之為「公民文化」，是讓猩猩脫下燕尾服的策略。和拉哥斯一樣，波哥大也是從地方層級開始做起。

* * *

我們已經看到，進入自由窄廊的門徑有無不同，要取決於國家和社會最初的權力均衡狀態。如果是從專制國家的狀態起步，我們需要提高社會的力量（經濟菁英或軍方官僚綜合體還要放鬆控制）；如果一開始時是巨靈並不存在的國家，我們需要提高國家能力；如果起步時是紙糊國家，或是看不到自由窄廊，我們需要國家和社會同時提高能力。

我們強調過，不論窄廊的入口位在什麼地方，要踏進窄廊都不容易，需要有一個廣泛、而且經常是新成立的聯盟，來支持這種行動，也需要聯盟內部保持權力均衡——否則一個團體會不顧其他團體，自行建立專制控制，另外還需要妥協，以免權力的競爭變得完全兩極化，變成零和遊戲。此外，還要取決於窄廊的形狀，尤其是窄廊有多寬或多窄。接下來，我們要討論影響窄廊形狀的因素，以及這些因素對受制約國家巨靈和民主制度前途的隱涵義義。

## 窄廊的形狀

對南非來說，跟曼德拉魅力十足和高瞻遠矚領導一樣重要的事情，是一九九〇年代的經濟狀況與窄廊形狀，都和二十世紀初期大不相同。我們在前一章裡已經看到，窄廊的寬度會影響窄廊中國家留在裡面的可能性，這一點對試圖踏進窄廊的國家沒有什麼不同。前一章中圖表五的兩個小圖表在比較之餘，會突顯社會力量同樣的增加（例如，因為非洲民族黨已經改善多數派黑人的組織），在（圖表甲中）窄廊狹窄的狀況中時，可能不足以把一個國家推進窄廊裡，卻可以在（圖表乙中）窄廊比較寬的情況下，把國家立刻推進窄廊中。一九九〇年代時，南非的窄廊比較寬，提高了南非轉型進入窄廊的希望。

影響窄廊形狀的因素很多，其中跟我們在前一章裡討論過的強大土地利益有關的因素是強制勞動。強制性勞動關係會左右窄廊的寬度，因為這種關係會影響國家和菁英利用政治權力的可能方式，因為這樣會改變這種專制權力的福祉，也因為這樣會影響社會的組織方式。下面我們要輪流討論這三種息息相關的影響。

首先，不管是奴隸制度、農奴、土地重分配、管制或透過南非那種就業威脅的經濟強制手段，強制性勞動都會在社會上產生比較深層的階級。在這種社會裡，從事強制的菁英權力會大幅提高，卻犧牲了受強制的階級。這種階級表示，不論國家和社會的權力怎麼分配，要確保兩者之間的持久平衡都會比較困難。因此，國家和社會之間維持相同權力平衡關係，安全地留在窄廊中。沒有強制性勞動的國家，在勞工遭到強制，國家力量被人用來鎮壓和強迫多數族群，迫使他們從事低薪經濟活動時，可能會有逸出窄廊的風險。

我們在南非早年和近年的歷史中，可以看到所有這些因素。強制性黑人勞工在南非農業和礦業中特別普遍，而且在一八八六年特蘭斯法爾省發現黃金後，變得極為重要，白人農場場主和礦主希望能夠強制雇用廉價黑人勞工的意願，在白人擁抱制度性變化、徹底剝奪黑人參政權、沒收黑人土地、建立壓迫性種族隔離政權上，是至為重要的因素。南非聯邦早年歷史中，擴大分配土地給黑人，或放寬膚色限制的意圖，都會遭到白人農民和礦主的堅決反對，因為這樣他們就無法不顧社會所受影響和人員傷亡，繼續從廉價黑人勞工中受益。強制性雇用關係主要出現在農業和礦業中，黑人因此缺乏抗拒這種專制制度變化的組織，即使偶爾爆發黑人起義，還是無濟於事。

一九八〇年代和一九九〇年代的情形大不相同。到了一九九〇年代，雖然黃金和鑽石在南非經濟中仍然很重要，但南非已經建立工業經濟體系，很多工業家樂於見到膚色限制取消，也認為自己的資產在比較具有代表性、比較民主的政權中，應該會得到保障，尤其是要是他們能夠拉攏有力的黑人政治領袖的話（黑人經濟振興政策努力在做的事情），更是應該如此。一九九〇年代內，南非和早年強制性勞動創造出來的南非聯邦截然不同。施加在種族隔離政權的國際制裁造成的損害，當然也是南非企業擺脫公開鎮壓和歧視制度的額外誘因，工業家現在已經準備好要脫離種族隔離聯盟，這一點正是非洲民族黨努力要達成的目標。

就南非自由窄廊加寬這件事來說，同樣重要的是黑人公民變得更有自信、提出的要求更有條理，其中很多人現在在製造業工作，已經組成工會。黑人工會甚至早在得到正式承認前，就和非洲民族黨聯手，在組織黑人勞工、提出經濟與政治要求方面，扮演重要的角色。一九七六年，抗議中小學實施斐語教育的索威托（Soweto）起義後，黑人工會正式獲得承認，開始對種族隔離政權施加壓力。

強制性勞工在塑造自由窄廊時的影響，不但有助於我們瞭解南非的經驗，也有助於瞭解第九章中所談哥斯大黎加和瓜地馬拉的不同軌跡：哥斯大黎加的小農咖啡生產中，沒有強制性勞動的痕跡；相形之下，瓜地馬拉的大型咖啡園卻十分倚賴強制性勞動。這種差異可能擴大了哥斯大黎加的窄廊，促進哥斯大黎加後來演變成巨靈受到制約的國家，卻使瓜地馬拉的走廊變得更難以進入原先就較為狹窄的走廊中。

強制性勞工及其對窄廊形狀的影響，也說明了南非和辛巴威軌跡不同的原因。辛巴威原名羅德西亞，是另一個白人少數族群剝削黑人多數族群的政權，和南非有很多相似的地方，不只是土地分配嚴重失衡、造福白人少數，而且黑人被迫對白人擁有的農莊和礦山，供應非技術工人，換取微薄的薪資。兩國都有強大的武裝組織，試圖破壞本國的高壓政權，政權中也都有不願妥協的死硬派。但是，南非在礦主和農場主人之外，還有工業家，羅德西亞大致上只有礦場和農場。羅德西亞的白人少數少有裂痕，白人政權會覆亡，是禁受不住冗長的暴力鬥爭；白人政權最後崩潰時，沒有什麼東西可以維持權力均衡，以便創造移入自由窄廊的運動。新政權由獨立鬥爭領袖之一的羅伯・穆加比（Robert Mugabe）領導，他和他在辛巴威非洲民族聯盟愛國陣線（ZANU PF）的親信變得專制、不受約束、無人制衡，結果可以預見，就是為新成立的辛巴威人民和經濟帶來悲慘的後果。

辛巴威沒有曼德拉，也沒有黑人經濟振興方案，無法凝聚成屠圖大主教稱之為「彩虹之國」的聯盟，原因之一是辛巴威的窄廊較窄，沒有彩虹之國所需要的經濟基礎。

在某些情況下，受制約國家巨靈同樣難以創造，這種國家出現的條件成熟時，曼德拉領導所凝聚的聯盟和黑人經濟振興方案的形狀如何，會變成極為重要，南非工業家清楚認識這一點。白人企業團體南非石油協會執行董事指出：

> 為了避免跟辛巴威一樣淪落到經濟崩潰的困境，所有南非人，尤其是企業界人士，必須鄭重看待黑人經濟振興。

南非人和企業界人士確實做到了這一點。

## 不同的世界？

雖然歷史還沒有接近結束的時刻，所有國家也不會殊途同歸到相同的國家與社會關係形態中，過去四十年裡，世界各國的政治制度卻出現一些明顯的變化。以制度中受到良好評估的標準來看，可以看看一個國家是否採行選舉民主制度，候選人是否可以自由競爭和競選，公民是否可以自由投票，就這個標準來看，實施選舉民主制度國家的數目，已經從十九世紀結束時的少數幾國，增加到一九七〇年代時的四十國，到二〇一〇年，更是增加到一百二十國（不過對民主制度來說，二〇一〇年代卻不是很好的年代）。雖然實施選舉民主制度的國家不見得都在自由窄廊裡（跟印度和拉丁美洲國家有關的討論突顯了這一點），卻有很多在歷史上已經進入這條窄廊的國家，如中世紀時的很多歐洲國家，根本不民主。民主政權和受制約國家跟選舉之間，有著密切的關係。因此，這種趨勢顯示，有很多國家正在進入或打算進入這條窄廊。為什麼？

我們的架構顯示，窄廊形狀的變化是重要因素。著名的古代世界史大師摩西斯・芬利（Moses Finley）在評論史丹利・伊格曼（Stanley Engerman）和羅伯・福格（Robert Fogel）深具影響力的大作《苦難時代》（*Time on the Cross*，這本書的主題跟美國的奴隸制度有關，十九世紀美國史學家把這種制度稱為「特殊制度」）時，打趣說：

在宇宙史的架構下，免費勞工、領取薪資的勞工都是特殊制度。

從古埃及的大規模奴隸經濟到歐洲的農奴，再到新世界的奴隸制度，以及包括非洲在內其他殖民地的各種形態強迫勞工，強制性勞動在大多數的文明中，都扮演重要的角色。在工業化初期，針對工人實施的強迫做法沒有什麼不尋常；例如，英國要到一八八九年廢除多項《主人與僕人法》後，強制性勞動才消失。但是，過去五十年裡，除了北韓，以及不久之前的烏茲別克與尼泊爾之類反烏托邦的角落外，大規模的強制性勞動已經逐漸沒落。導致這種趨勢的因素像南非一樣，出自工業的擴張，工業中的強制性勞動總是沒有農業和礦業普遍。我們強調過，其中的主因是製造業會造成強制性勞動的利潤下降，變成比較不可行，原因之一是製造業的生產結構比較複雜，依賴強制性勞工會降低報酬率，原因之二是工人在工廠裡，比較有機會形成集體組織，使維持強制性勞動的成本升高（第三個原因是一旦社會踏進自由窄廊，紅皇后效應會發揮作用，造成強制性勞動減少。我們在第六章裡，看到好多個歐洲國家沿著這條窄廊前進時，強制性封建勞動關係緩慢消失，就是例子）。結果窄廊會變寬，為過渡進入這條窄廊和建立民主自由，創造更大的空間。

強制性勞動減少不是改變自由窄廊的唯一因素，另一個重要的經濟趨勢，是對自由有著更複雜、更多元影響的全球化。

## 全球化創造自由窄廊

全球化的經濟邏輯會帶來專業化，隨著國際間的連結深化，有些國家會增加製造業產品的生產和出口，另一些國家會加強農業與礦業專業化。這種情形對窄廊的形狀會有什麼影響呢？

以推動農業專業化的國家來說，這條窄廊可能會變窄。即使二十一世紀的地主不再公開鎮壓，農業也會因為我們討論過的原因，變得比較不利於社會動員，農工的組織會沒有那麼妥善，以至於在嚴重依賴農業的經濟體系裡，比較不擅於爭取權力。其他原因也可能造成農業界比較難以推動集體行動，例如，在都會區裡，協調公民社會組織和抗議行動會比較容易，甚至組織政黨也比較容易。

相反地，製造業、服務業和高科技活動會使窄廊變寬，改善受制約國家機器的展望。南韓是可以說明這種可能性的例子。一九四八年，三十八度停戰線把南北韓劃分為兩個國家後，南韓在李承晚總統的統治下，從對市場友善、卻日漸專制的政權開始起步。來自共產北韓的生存威脅和美國的支持帶來一系列改革，尤其是激烈的土地重分配和後續的大力工業化。一九六一年，朴正熙將軍在軍事政變和後續的選舉中上臺掌權後，把重點放在加強工業化，一直到一九七二年他宣布戒嚴為止。這段期間裡，國際貿易和製造品出口在南韓的經濟發展中，扮演重要的角色，成長主要是靠著政府和三星、現代等知名工業大財閥合作，聯手推動經濟計畫的結果；南韓在教育上也有頗多投資，目的之一是要滿足南韓產業的需要。但是，在這種發展背後，陪襯著一九五〇年代開始勃興的公民社會，以及在工業化過程中建立起來的有組織工會，公民社會無視於政府的有系統鎮壓，到這時仍然相當活躍的。這些變化為一九七〇年代的反軍事政權民眾抗議，奠定了基礎，反對活動在軍事政權撤退、到一九八七年的民主選舉中，達到高峰，軍政府在暴力鎮壓學生和工會的抗議活動後，失去國內外的支持，是這種轉型中的關鍵因素。整個過程能夠獲得鼓勵，是因為鎮壓在工業化經濟體中造成的破壞和代價，遠比在依賴農業或天然資源的經濟體中高得多，因此在南韓的例子裡，經濟全球化帶來的製造業專業化，使自由窄廊變寬，也把南韓推進這條窄廊中。

不過，重要的是，經濟專業化的效果要取決於既有的國家和社會平衡；拿南韓和中國比較，就可以清楚看出這一點。中國在全球化的驅動下，經歷了更快速的工業化，但因為中國的社會柔弱得多，政府又更為專制，這些變化沒有促使中國產生向窄廊持續走去地移動，即使窄廊變寬，遠離窄廊的國家還是不容易踏進去。

因此，我們可以看出來，經濟全球化是禍福兼具的事情。某些國家傾向專門生產天然資源或農產品，在這樣的經濟體中，各種強制性做法仍然可行，社會動員比較困難，這樣通常會使窄廊變窄。為了對抗這種情形，全球化也會促使其他國家進行製造業、勞務業、甚至高科技活動的專業化，這種專業化會讓國家便於移進這條窄廊；全球化和全球化帶來的經濟與社會變化，也會促進觀念的交換，這樣偶爾會助長進一步的社會動員和新的志向。談到經濟全球化的效果時，魔鬼一樣是藏在細節裡。

＊ ＊ ＊

經濟全球化不是改變專業化形態的唯一因素，大部分國家在設法創造某種程度的經濟成長後，會把人民從農業生產中移出，投入製造業和服務業（原因之一是消費者變得比較富有後，製造品和服務需求的擴張速度，高於農產品的需求）。此外，比較先進的經濟體會推出比較有效能的新科技，傳到世界各國並產生助長製造業的效果。即使這些長期趨勢在國家之間的傳播緩慢又不平衡，但不論有無全球化，力量通常也會從農產品和天然資源的生產中移出，協助拓寬窄廊。

窄廊的形狀不僅取決於經濟因素，國際關係也會影響窄廊和自由的展望；但是，國際關係和全球化一樣，具有禍福兼具的效果，一方面會推動國家走向比較寬闊的窄廊，另一方面也會幫助專制暴君。我們要在本章結束之際，探討這些國際因素。

## 我們現在都是霍布斯的信徒

在一八八四年歐洲強權瓜分非洲的柏林會議上，比利時國王李奧波德二世是真正的贏家。李奧波德說服與會各國和其他國家元首，如美國總統切斯特．阿瑟，相信他會在獨立「剛果自由邦」的支持下，推動人道和慈善工作，控制剛果盆地的廣大領土。事實上，這個邦國一點也不自由，而且絕對跟人道目標無關，李奧波德把這個國家當成私產一樣統治，殘酷無情地剝削這個國家以天然橡膠為主的資源。當時天然橡膠的需求很大，一直到一九三〇年代，開始遭到合成橡膠取代為止。李奧波德的私人軍隊「公共武力」在遭到強制工作的原住民工人頭上，強加上苛刻的橡膠配額，還用野蠻的暴力手段，包括鞭打、焚燒村落、肢解沒有達成配額工人的手臂和大規模殺戮，強制執行這種配額。據估計，李奧波德統治期間，當地二千萬的人口中，有高達一千萬人喪生。

這場驚人的人道悲劇開啟了國際人權運動，這個運動是以先前宣揚廢除奴隸制度的廢奴運動為基礎。一八九〇年代初期，美國記者喬治．威廉斯（George Washington Williams）遊歷剛果後，成為第一位揭發剛果人民遭到極端惡劣待遇的人，但國際間對他揭發的事情反應冷淡。一八九九年，約瑟夫．康拉德（Joseph Conrad）根據他在剛果河上擔任輪船船長的經驗，寫成小說《黑暗之心》出版後，開始吸引國際間注意到這個殖民地所發生的暴行。另兩位國際人權運動先驅艾德蒙．莫瑞爾（Edmund Morel）和羅傑．凱斯曼（Roger Casement）把剛果自由邦人民的困苦當成自己的志業，創設了剛果改革協會，明白地把終結李奧波德對剛果的控制作為目標。

莫瑞爾在艾爾德鄧普斯特航運公司（Elder Dempster）任職，處理利物浦往返剛果自由邦貨運業務時，開始瞭解李奧波德國王所造成的人道悲劇和剝削罪孽深重。他揭發剛果所發生的侵害人身事件後，英國下議院決議指派愛爾蘭裔的英國領事羅傑·凱斯曼（後來凱斯曼因為涉入愛爾蘭獨立奮鬥，遭到英國當局處決），負責調查這種指控。凱斯曼發現了我們對這個殖民地所知的大部分慘狀，他的日記讓人知曉他所觀察到的暴行。他六月五日至九月九日的日記記載了下述情事：

六月五日：這個國家已成荒漠，原住民無一留存。

七月二十五日：我走進很多個村子裡，看到最近的一個村子裡人口急劇減少，幾百個人只剩下九十三人。

七月二十六日：可憐而孱弱的人……——塵歸塵、土歸土——仁慈的心、悲憫的思想哪裡去了——完全都消失了。

八月六日：聽了很多原住民的心聲……他們因為提籃子來遲到，遭到狠狠鞭打。

八月十三日：某甲來說，必科洛那裡有五個手被砍斷的人並排排在一起，還從邁安加這麼遠的地方來，特意要告訴我。

八月二十二日：波隆戈這個地方相當死寂，我記得很清楚，一八八七年十一月時，那裡還人潮滾滾，現在總共只剩下十四個大人——或者我應該說，只剩下情狀悲慘、淒聲抱怨橡膠稅的人……六點半經過波庫塔地方荒廢的一側……穆瑟德說，大家都被武力帶到滿坡克去了，可憐又不快樂的靈魂。

八月二十九日：在邦干旦加……看到橡膠「市場」，什麼東西都沒有，只有槍枝——人約有二十個武裝人員……人口中二百四十二個拿著橡膠的男性，全都像罪犯一樣遭到看管，把這種情形叫做交易，是天大的謊言。

八月三十日：十六個男人、女人和小孩在接近小鎮的姆波耶村綁著過來。可惡之至。男人關到牢裡，小孩在我的干預下放走。可惡之至，可惡之至，可恥的制度。
九月二日：看到十六位婦女被彼得斯的哨兵抓到，送到監獄裡。
九月九日：十一點十分，再度路過波隆戈，被人放在獨木舟上趕走的可憐蟲向我求救。

一九〇四年，凱斯曼公布報告，根據目擊者的敘述，生動記錄剛果人遭到驚人之至的侵害，記錄特別清楚的是當地人沒有達成橡膠配額，遭到李奧波德手下戕害身體的情形，例如：

兩件〔殘害肢體〕的案例是我在湖區時實際看到的：一位是年輕人，雙手被人抵在樹上，用步槍槍托打到脫落；另一位是十一、二歲的小男生，右手被人齊腕砍斷……政府士兵幹這兩件案子時，都有白人官員在場陪伴，官員的名字都有人告訴了我。橡膠政權統治期間，有六個本地人（一個小女孩、三個小男孩和一位年輕人）手腳遭到這樣砍斷，我到場察看那天，只有一位還活著，其他人全都已經死亡。

通篇報告的評斷呈現極度的憤慨：

到一八九〇年代中期，剛果盆地及其生產，變成李奧波德極大的財源；李奧波德用他的財富，美化比利時首都布魯塞爾，同時利用他在非洲的代理人，建立殘酷無情的剝削政權，採集自由邦內陸森林地區的橡膠。

這篇報告改變了國際輿論，因為這篇報告的關係，剛果改革協會的志業開始得到大西洋兩岸名人的支持，包括柯南道爾爵士、馬克・吐溫、布克・華盛頓、伯特蘭・羅素和康拉德，最後導致李奧波德對這個殖民地的統治壽終正寢。

國際人權運動在二次大戰結束後成熟，獲得更大的國際影響力，下一章要討論的一九四八年《世界人權宣言》至為重要；同樣重要的是同一年裡，聯合國制定的《防止及懲治滅絕種族罪公約》，這項公約很重要的原因，不僅在於要因應二十世紀上半葉的種族滅絕事件，它還標舉出國家不能隨心所欲對待本國公民的觀念。先前一八九九年和一九〇七年的《海牙公約》，以及回溯到一八六四年的《日內瓦公約》，都承認國家主權，設法規範他們戰時的相互關係，以及對戰鬥人員和平民的處理。相形之下，新的公約聲明：

> 凡犯滅絕種族罪或有第三條所列其他行為之一者，無論其為依憲法負責的統治者、公務員或私人，均應懲治之。

訊息很清楚，不論是不是國家，都不允許對人民施暴。這一點起初只是意願聲明，沒有實際力量。但是，國際特赦組織和人權觀察組織等機構努力活動，致力揭發和防止各國國內違反人權與民權的行為，國際間對主權國家的壓力和監督逐漸加強。二〇〇二年設立的國際刑事法院，甚至有權管轄和起訴干犯種族滅絕、危害人類和戰爭罪行的個人以至國家元首。

這些公約和機構的效用當然不應該被誇大，而且二次大戰結束後的期間裡，爆發很多侵害人權、甚至推動種族滅絕的案例，包括一九七〇年在柬埔寨、一九九四年在盧安達，和二〇〇〇年代在蘇丹發生的案例。然而，國際人權運動對全世界的國家／社會關係有兩種根本影響：一是使極端的壓迫變成非常容易曝光，從而提高國家和菁英鎮壓社會的成本；其次是提供了一套通用的標準和共同語言，以便團結起來，對抗專制主義。這兩種影響的角色在很多「顏色革命」中都可以看出來：激發眾人動員的原因中，有一項是獨裁政權有系統侵害人權和民權行為的清楚紀錄。從本書架構的角度來看，這種國際關係是以專制國家巨靈為代價，使窄廊變寬——使原本會導向專制動能的相同力量，現在在國際人權團體的協助下，遭到遏阻，同時協助激發社會動員。

國際人權運動也從另一側拓寬了窄廊，尤其是鼓勵國家能力組織起來，對抗針對弱勢團體遭到的歧視和侵害。國際特赦組織在反對家暴和女陰殘割運動上所扮演的角色，便是其中的一個例子。二〇一二年，聯合國終於通過反對女陰殘割的決議，國際特赦組織的努力對此一進展至關緊要。隨之而來利用擴大的國家能力，保護受歧視者的行動，等於是從無巨靈國家一側來拓寬了窄廊。

我們看到這些力量發揮作用之餘，可能認為國際關係可能已經變成強大的力量，可以擴大窄廊，促進受制約國家巨靈的崛起。然而，事實真相微妙得多。國際關係反而更常使窄廊變窄，強化專制國家和紙糊國家。

＊＊＊

二〇一七年十月，世界衛生組織任命辛巴威當時的總統穆加比，擔任非傳染性疾病的「親善大使」，宣稱他可以利用這個職位，「影響他所在區域的同儕。」（參見相片插頁中穆加比總統在聯合國演講的照片）。有什麼影響呢？這位親善大使正是那位鎮壓自己人民、屠殺馬他貝勒蘭（Matabeleland）

數以千計平民，把土地沒收和重分配給自己、家人和黨內支持者、看著原本很有生產力的辛巴威經濟極度崩潰，又經常盜用選舉結果的那位穆加比。不過，辛巴威或許在衛生和醫療保健方面做得不錯吧？不盡然如此。辛巴威人的整體健康，一路隨著辛巴威的經濟命運一同滑落，高達百分之八的人口可能感染了人類免疫不全病毒（又稱愛滋病），平均壽命大概已經降到五十九歲那麼低。該國的醫療保健制度搖搖欲墜，造成二〇〇八年至二〇〇九年期間，辛巴威爆發大規模的霍亂流行，估計因此而病死的人高達四千至十萬人。辛巴威醫療保健制度是好是壞，最好的證明是穆加比遭到罷黜下臺前，不斷飛往新加坡，尋求醫療，卻不把自己的健康付託給本國醫師；估計他二〇一六年醫療之旅的成本，達到五千三百萬美元，等於辛巴威全年醫療保健預算的六分之一。

除非你從廣泛的國際國家體系來看，否則這項「親善大使」任命不會有道理。包括聯合國在內的國際組織在國際人權運動上，經常扮演重要的角色；然而，其存在卻是以和主權國家元首合作為依歸；他們的憲章都是採擇霍布斯主義，就是如果國家機器存在，就代表其國家值得國際尊敬。這暗示了即使國家的總統、總理軍事獨裁者和國王大力鎮壓人民，包括侵害人權和民權，仍然會獲得承認；而且不僅是獲得國際承認，財務資源也會流向在特定領土上代表國家的人。以索馬利亞這樣的非洲國家來說，這種財務資源偶爾可能多達預算的百分之四十。奉行這樣的國際國家體系有很好的理由，因為若不承認國家是合法夥伴的話，會使國際團隊合作的難度大增，可能危害不少政權。從某個角度來看，國際國家體系運作得還算順暢，例如雖然在非洲和拉丁美洲上，不少邊界糾紛和衝突已瀕臨爆發，國際國家體系卻仍然能夠防止多場戰爭。

但是，若從我們的觀念架構來看，這種會不經意地把霍布斯理論最值得懷疑之處奉為圭臬的國際體系，這種總是視主權為合法、認定主權可能會實行公理的想法，將會窄化自由的窄廊。國際的合法性會被轉化為國內的合法性，掩蓋了壓迫和鎮壓國內異議人士的行徑，也鞏固了當前的當權菁英階級，提供他們獲取資源的管道。這種有利國家機器的國際偏好，會危害國家和社會的關係；例如，可能會導致社會更難以抗衡國家的專制權力。我們已在第十一章看過這種影響，看過國際國家體系如何支撐紙糊國家。即便紙糊國家的根源可以追溯到被殖民統治的歷史，但像這樣的國家能夠繼續生存，依靠的正是國際國家體系把它們當作值得尊敬的真正國家看待。而紙糊國家又太擔心社會動員會引發的效應，以至於無法建立任何類型的國家能力，從而破壞將社會力量制度化的一切希望。其結果，就是形成一股反對國際人權運動的強大力量，窄化自由的窄廊。

＊＊＊

在所有這些力量和我們未及討論到的其他力量運作下，我們應該預期這條窄廊會在未來幾十年內變寬、改善自由的展望嗎？答案仍很難講，但我們是樂觀主義派。即使當下很多國家的獨裁者支持度飛躍上升，若干窄廊中的國家看來搖搖欲墜，我們仍然有理由認定：對大多數國家而言，窄廊的寬度正在略微加寬。但是，第一章最重要的中心思想仍然不變：所有國家並不會自動趨向某一套統一的制度或國家／社會關係。專制國家、紙糊國家和巨靈不存在的國家，其強健程度並不低於巨靈受到制約的國家。本章另一個同樣重要的訊息是：不管這條窄廊的形狀如何，那些沒法形成具有包容性新聯盟、支持互相妥協的國家，將無法在這條自由的窄廊裡立足。

# 15 和國家巨靈和平共存

## 海耶克的錯誤

二次大戰期間，倫敦政經學院院長威廉・貝佛里奇（William Beveridge）領導一群公務員，提出一份題為《社會保險與聯合服務》的政府報告。這份報告如今以《貝佛里奇報告》為人所知，後來變成英國擴大福利國家的基礎。該文件的主要建議包括大幅擴張國民保險方案，以便提供失業救濟、疾病給付和退休金，並以國民健康服務之名，創造全面免費醫療保健，實施最低工資。這份報告備受英國大眾歡迎，戰後工黨國民保險部長詹姆斯・葛里菲斯（James Griffiths）在回憶錄中寫道：「在戰爭最黑暗的一刻，〔這份報告〕猶如天降甘露。」

報告中的若干建議在戰時即已實施，包括擴大嬰兒、兒童與產前護理，對媽媽和有五歲以下子女的家庭，提供燃料和獲有補貼的牛奶，以及學童免費營養午餐。一九四五年，工黨靠著承諾實施《貝佛里奇報告》的政見上臺執政後，推動制定若干代表性的立法，使該報告化為實際，其中包括一九四五年的《家庭津貼法》、一九四六年的《國民保險法》一九四八年的《國民濟助法》和一九四六年的《國民健康服務法》。

當時在倫敦政經學院任教的維也納傑出移民海耶克深感震驚。海耶克主要擔心的是極權主義國家的崛起，認為幾年前他所逃避的納粹主義，正是這種極權主義國家的一種極端形式。海耶克特別擔心「社會主義式」的國家計畫和經濟行政管理，會演變成一種極權主義的形式。他首先在寫給貝佛里奇的備忘錄中，表達他對經濟行政管理日增會有危險的看法，這份備忘錄擴寫為一篇雜誌文章，然後變成名作《到奴役之路》（*The Road to Serfdom*），變成二十世紀社會科學中最有影響力的一本著作。海耶克並非反對所有的政府干預或社會保險，他寫道：「很可能沒有什麼事情，會像若干自由派僵固堅持特定通則，尤其是堅持自由放任原則那樣，對自由主義大業造成這麼大的傷害。」他繼續指出：「確保每一個人都能獲得某種最低限度的食衣住供應，以便維護健康和工作能力，是毫無疑問的事情。」但是，他擔心國家機器在影響工資和資源分配上，扮演決定性的角色。他認為，這樣可能是受到社會主義理念的部分影響，變成很多國家正在前進的方向。他的大作意在力挽狂瀾。在看到英國工黨政府推動的政策後，他在一九五六年版《到奴役之路》的序言中寫道：

> 以福利國家為名，不當湊合而且經常不連貫的理念大雜燴，大致已經取代社會主義，變成了改革派的目標。我們必須慎重釐清這些目標，因為我們不希望產生非常類似於成熟社會主義所造成的結果。這不是說其中若干目標不可行、不值得稱讚；但是，要達成同樣的目標，有很多方法可以應用。在目前輿論的氛圍中，有一些我們急於見到成果的危險，可能導致我們選擇或許能夠更有效地

達成特定目標、卻跟維護自由社會相左的工具。

他繼續寫道：

英國社會主義政府執政六年，當然沒有產生類似極權主義國家的結果，但主張這種情形可以駁斥《到奴役之路》論點的人，其實錯失了書中的一個重點，就是政府全面控制造成的最重要變化是心理變化，是人民性格的變化。這種變化一定是緩慢的過程，不單是延續幾年，而是可能延續個一、兩代。重點是人民的政治理念和對權威的態度既是人民所過政治制度的因，也是這種政治制度的果。先不提其他，這至少表示即便擁有強大的政治自由傳統，也無法保證能夠持續維持，因為新制度和新政策有著逐漸破壞和摧毀自由精神的危險。

海耶克在這裡說的「心理變化」類似我們所說國家對社會的宰割。從這個角度來看，海耶克擔憂的事情，是英國國家機器力量增加後，會削弱社會，為專制主義奠定坦途。海耶克本人在別的地方，甚至在上述引文中，認為其中若干目標可能「可行、值得稱讚」。但是，這樣還不夠，因為國家與社會的關係本質可能遭到國家機器能力增加危害，這點正是他害怕的事情。事實上，海耶克為這種可能問題設想的防禦之道，正好符合我們的論點。他寫道：「如果那種精神能夠及時自行重新伸張，人民不但揚棄領導他們愈來愈深入危險方向的政黨，還認清這種危險的本質，堅決改變自己的方向的話，這種結果當然可以避免。」

換句話說，海耶克承認，要防止專制國家出現，唯一的方法是社會重新伸張自己，對抗國家的權力和宰割。目前為止聽起來都很好，但是海耶克在敏銳的分析中，錯過了一種極為重要的力量，就是錯過了紅皇后效應。社會在對抗國家機器擴張權力時，唯一的選項不是徹底抑制國家機器，而是可以採用別的方法，提高自己約束國家機器的能力。二次大戰後的幾十年裡，英國和大部分歐洲國家正是透過紅皇后效應，同時提高國家與社會的力量。而正如我們在第十章所見，紅皇后效應在美國也展現了部分的效果。

事實上，人類的很多進步要取決於國家角色和能力的推進，同時社會也變得更有力、更警覺，才能因應新的挑戰。在國家能力萌芽之際，就摘除其根芽，會阻止人類的進步。當國家面臨經濟或社會危機時，國家擴大其職權範圍就特別重要。英國的《貝佛里奇報告》就是為了因應這種危機。

因此，海耶克犯了雙重錯誤：第一是沒有預測到紅皇后的力量，不知道紅皇后可以把受到制約的國家巨靈，繼續留在自由窄廊裡。第二個錯誤可能不足為奇，就是沒有看出現在已經更加明顯的事實：人們需要國家機器發揮作用，以便重新分配、創造社會安全網、規範二十世紀上半葉時已經日趨複雜的經濟體系。

* * *

國家不會自動停留在這條窄廊中，面對挑戰時尤其如此。我們在第十三章中，已經看到紅皇后變成零和狀態時，國家會跌出這條窄廊的現象。海耶克擔心自由碰到一種更根本的挑戰——國家行政能力提高——會帶來新形態的「奴役」，但是只要紅皇后效應不變成零和遊戲，也可以成為強而有力的力量，協助社會留在自由窄廊中，同時發展新的能力和制度，繼續約束不斷擴大的國家機器。可能沒有一個例子，比瑞典在大蕭條期間建立福利國家的事例，更能說明紅皇后怎麼扮演這種角色，以及紅皇后的動員經常需要靠新聯盟推動的原因。

## 乳牛交易

大蕭條為西方每一個國家和社會創造危機。經濟危機引發政治危機，但不同國家發生的政治危機大不相同：德國屈服在納粹主義之下，迅速脫離自由窄廊；美國忙著在自己所受到的限制內，手忙腳亂地應付這些問題；瑞典則開始在紅皇后效應的推動下，同時擴大國家和社會能力。瑞典在兩次大戰之間的戰間期，推動男性的全面投票權，更具競爭性的選舉版圖因此出現。新聯盟不但讓瑞典繼續留在窄廊裡，也大幅提高了國家機器的能力，以便規範勞工市場、影響所得分配；好幾個因素為這些變化奠定了基礎。

十九、二十世紀之交，瑞典大致上屬於農業經濟，多達半數人口，仍然以務農為生。我們在第六章裡已經看到，瑞典的議會代議制度歷史悠久，連農民都包括在內；到了十九世紀，土地貴族雖然已經失去大部分的財富和權力，不過參政權的範圍仍然有限，由貴族組成的第一議院（First Chamber）在政治上仍然能夠發揮相當大的影響力。一九〇九年，瑞典引入第二議院（Second Chamber）的男性全面普選，並在一九一八年將男性普選推行至所有選舉中。同一年裡，國王的權力遭到削弱，為國會民主制度和競爭性選舉奠定坦途。在這些制度性改革中，瑞典社會民主工人黨（簡稱瑞典社民黨，SAP）扮演了決定性的角色。

和歐洲其他社會主義政黨相比，瑞典社民黨開始爭取政權前，已經相當徹底地拋棄了本身馬克思主義的根源。推動這種轉型的建築師之一，是二十世紀初期很有影響力的領袖亞爾馬．布蘭廷（Hjalmar

Branting）。歐洲大陸其他社會主義政黨堅持無產階級領導的革命，並讓激烈的意識形態之爭破壞自己在選舉中勝出的希望時，布蘭廷卻忙於尋找聯盟夥伴，好把瑞典社民黨變成真正的選舉力量；一八八六年時，他曾經主張：「在瑞典這樣落後的地方，我們不能閉上雙眼，無視中產階級扮演的角色愈來愈重要的事實。工人階級需要協助時，可以像需要工人做後盾的中產階級一樣，從這個方向去尋找，得到協助……。」

二十世紀之初，瑞典社民黨的主要目標，是爭取男性在國會兩院選舉時的普選權，也就是決心為包括農民和小農等沒有代表權的族群，推動爭取權利的策略，這個目標有助於瑞典社民黨尋找盟友。

大蕭條來襲時，瑞典並沒有倖免，瑞典政府像許多國家一樣，試圖捍衛瑞典貨幣克朗（krona）幣值。政府採取的政策造成通貨緊縮，失業人口飛躍上升，危機更趨嚴重。雖然瑞典在一九三一年英鎊貶值後，改變部分路線，放棄金本位，情勢卻沒有改善。社民黨就是在這種情況下尋找盟友，開始改變瑞典政治。這時，社民黨要找的盟友從中產階級，變成農民和小農，這樣做是一場艱苦的奮鬥。社民黨跟工會結盟，工會的優先目標是維護失業救濟，維持高水準的薪資，以及利用公共工程和政府支出在產業部門創造就業；凡是會提高工人購買食品價格的政策，工會一概反對。相反地，農民反對工人的高工資，反而利用行銷協會和其他方法尋求價格支撐，以便提高農產品價格。

但是，這種情形沒有阻止社民黨的追求。一九三二年選舉前，該黨領袖佩爾·韓森（Per Albin Hansson）把社民黨比擬為「人民的家園」，對所有的瑞典人開放，也說明該黨最重要的任務是：

> 盡全力協助所有平白無故受到經濟危機打擊的族群……該黨的目標不是協助〔一種〕工作階級、犧牲其他階級，該黨推動本身未來的行動方針時，也不會在產業工人階級和農業階級之間，或在手

工人和腦力工作者之間有所區分。

社民黨領袖提出這種策略，以便因應經濟危機造成的嚴峻情勢。該黨競選時主打樂於實驗的行動主義，以便對抗大蕭條的不利影響。該黨在一九三二年選舉中的競選宣言說得很清楚，宣稱國家遭到侵害：

> 社會所有階層都成為此一發展中危機的受害者……〔本黨〕會努力推出能夠永久改善這種情勢的措施，〔而且〕會致力引導國家，為危機的無辜受害者提供有效的協助。

這種策略產生了功效，和一九二八年相比，該黨的得票比率巨幅提高，在全部票數中，得到百分之四一・七的選票；仍然不足以構成多數，卻是空前的成就，代表韓森努力追求農民支持的做法開花結果。於是社民黨安排「乳牛交易」（cow trade），和農業黨結盟[1]，組成政府，接受保護主義措施，以便提高農產品價格，並因此獲得授權，可以實施意在增加政府支出、提高產業部門薪資的危機方案。

這個方案起初遭到華倫堡（Wallenberg）家族等金融利益團體反對，也遭到最大、最獨斷的企業部門反對，因為企業部門主要是為出口市場生產，擔心勞工成本升高會侵蝕他們的競爭力。但是，在一九三六年的選舉後，情勢改變，選民大量集結，作為社民黨的後盾。這種普遍支持促使企業界、工

---

1 【編註】即今天的瑞典中央黨（Centerpartiet）。

會、農民和政府代表在一九三八年，在休閒小鎮薩爾特舍巴登（Saltsjöbaden）集會，得出擴大「社會民主」聯盟、納入企業界的結論，企業界默認政府的新計畫、福利國家和因此而生的高工資，換取勞工的合作和減少罷工。

二次大戰後，這種模式進一步發展，開始根據瑞典國家機器應該支持平等和成長的觀念，凝聚社會共識，形成社團主義模式。在這種模式中，國家要提供工人豐厚的福祉，同時也要鼓勵適度的設定工資，利用積極的勞工市場政策，促進勞工市場更大的流動性（例如利用職業再培訓，協助工人找工作）。此一策略符合薩爾特舍巴登協議，也為企業界帶來好處。這種制度的重要支柱是工資訂定集中化的雷恩—梅德諾模式（Rehn-Meidner model），根據這種模式進行的社會談判，會訂出所有企業都適用的產業薪資水準，這樣不但透過「薪資壓縮」（同工同酬），創造比較平等的盈餘分配，也暗示比較有生產力的公司不必發放比較高的薪資，因此對生產力較高、卻只需要發放跟同業水準相同薪資的公司來說，這樣是驚人的獲利機會。根據同樣的邏輯，這種制度會鼓勵企業投資、創新和整頓，以便提高生產力，因為他們可以把提高的所有生產力保留下來，變成額外的利潤。

同時，瑞典式的福利國家繼續擴大、繼續發展。瑞典不但建立了比較慷慨的社會福利，也根據《貝佛里奇報告》的通用範本，對所有公民提供類似水準的福利。瑞典率先推出生育與孩童福利後，接著推出豐厚的失業救濟和健康保險，以及高品質的公平教育制度，致力追求「瑞典學校制度的民主化」。這些計畫使瑞典成為推動剷除貧窮的先驅，也讓瑞典在大蕭條期間創造了驚人的成就，沒有陷入貧窮比率一飛沖天、恐懼與不確定心理瀰漫，威脅諸如德國等國家民主政治制度的情況。

從我們的理論架構的角度來看，關鍵不僅是瑞典國家機器的角色和能力大幅擴張，也在於民主與社會控制同時強化、社會和國家能力同時提高的方式。這種過程包括好幾個面向：第一個面向是國家機器角色擴張的主要憂慮，是國家機器可能遭到「菁英俘擄」，把國家的參與變成造福若干企業或狹隘利益團體的工具，卻犧牲了社會。這一切在社民黨的領導下，以及在工會以夥伴身分，對這種過程和制度的嚴密監督和管理的情況下發生，正是一種重大阻礙，足以防止國家制度遭到劫持。瑞典的福利計畫具有普遍性，可以排除福利計畫落在菁英手中，變成施惠工具的可能性，進一步協助社會團結和凝聚人民是主人翁的意識，強化人民對社會動員的支持。

第二，和海耶克憂心忡忡有關的重大危險是：國家機器在經濟體系中的角色擴大，可能會犧牲整體企業，例如，可能使企業遭到國有化，資本遭到沒收。瑞典在薩爾特舍巴登會議後，藉著拉攏企業界參與社會民主同盟，消除了這種可能性。社民黨顯然在這種情況下，一直拒絕跟共產黨人為伍，同時跟國有化或公開沒收利潤或資本保持距離。工會偶爾會試圖推動進一步加薪的政策，社民黨通常都會拒絕，只有一次例外：就是在一九七〇年代內，社民黨為了因應工會的行動，改變雷恩—梅德諾集中化制定工資模式的條件，設立「薪資所得者基金」，希望把發放符合企業薪資水準的高生產力企業的「超額利潤」收回。結果情勢很清楚，設立這種基金將會威脅支撐瑞典社會民主制度聯盟的根基，反對聲浪增加，迫使社民黨退縮，最後還在一九七六年時，首次失去政權。這個結果反而確認了社會控制的程度。

第三，國家機器擴張和民主制度深化同時發生。隨著瑞典主要政黨全都接受社會民主制度的基本信念，選舉人開始可以在實施不同社會民主模式的不同政黨之間選擇，而且在必要時，像一九七〇年代工會和社民黨提倡「薪資所得者基金」時，撤回對比較極端政策的支持。

最後，瑞典的官僚體系和司法體系跟這些變革同時並進，在結合工會，共同管理和監督這些計畫時尤其如此，行政和司法體系在這種過程中，獲得實施社會計畫、拒絕濫用整個制度的能力。

總之，瑞典的國家機器藉著擴大本身的角色和能力，因應經濟下行造成的新需要和危機狀況，這種情形跟海耶克的恐懼正好相反，並沒有為極權主義奠定坦途。反而因為國家機器的擴張是由工人、農民、企業團體的聯盟負責執行，也因為紅皇后效應激發了社會動員，對國家機器加以制約，瑞典的民主制度不但沒有削弱，反而在這種過程中日益強健。

＊＊＊

雖然瑞典經驗的細節獨一無二，大致的輪廓卻類似另外好幾個國家發生的事例：丹麥和挪威建立了類似的福利國家，只是兩國形成聯盟的方式各不相同。二次大戰後，德國也在高水準的國家能力和社會控制的支持下，發展成福利國家。

美國的經驗同樣有趣，小羅斯福總統和瑞典社民黨一樣，面對相同的經濟與社會動盪，卻也必須因應社會中的嚴重種族和地域分裂，以及對政府更懷疑的人民。然而，他早期的政策作為，包括一九三三年《全國工業復興法》的立法、農業調整管理局的設立，走的都是相同的方向，都強化了國家加強安全網和幫助經濟復甦的能力。這個計畫試圖招來工人和農民的共同參與，例如，《全國工業復興法》第一章的條文中，就有非常類似瑞典社民黨工業政策的職權範圍；同時，還以較高的價格，作為農業調整管理局農業政策的核心，藉以表明對農民的支持。在這兩個事例中，小羅斯福總統最初的計畫都像瑞典一樣，包括行政控制和實施。然而，美國的情形和瑞典不同，《全國工業復興法》遭到企業和法院的強烈反對，很多條文都必須廢棄或用不同的方式實施。但是，即使小羅斯福總統的計畫有一部分遭到稀釋，必須配合美國的公私合營模式，卻也達成了跟瑞典「乳牛交易」相同的目標，而且藉此改變了美國經濟的管制和管理方式。

## 國家巨靈和市場之爭

經濟學和社會科學中，有一項國家和市場之間平衡的重大爭辯：國家對經濟的干預應該多深入？正確的管制範圍和程度應該怎麼訂？哪些活動應該由市場自理？哪些活動應該屬於國家的管制權限？經濟學教科書的答案是：國家只有在明確劃定範圍的情況下，才能干預。這些情況包括：出現「外部性」，也就是個別行為人的行動對別人產生的影響，無法透過市場調解，為過度污染等若干活動奠定坦途時；其次是「公共財」的供應，也就是提供基礎建設和國防之類每個人都能受惠的東西；以及「資訊普遍不均衡」，以至於某些市場參與者、無法精確判斷所交易產品與服務品質的狀況時；此外，也包括獨占企業存在時需要加以管制，以免獨占企業收取過高價格，或從事掠奪性活動，驅逐競爭者的狀況。至為重要的是，政府在社會保險或限縮不平等的重分配上，也必須加以干預。教科書所說的方法有一個重要原則，就是國家在致力影響經濟體系中的所得分配時，應該儘量降低這樣做對市場價格的衝擊，改為依賴租稅或移轉，以便達成目標。

這個原則和《到奴役之路》若合符節。海耶克在這本大作中，主張限制國家在經濟體系中的運作範圍，因為市場在資源分配上，會比政府更有效率。但重要的是，海耶克也進一步主張國家的權力和介入增加，可能產生不利的政治影響。即使海耶克的若干結論既沒有充分的說服力，也沒有得到往後數十年的政治發展證實，他處理這個問題的方法還是開闢了相當多的新天地。海耶克最睿智的遠見，可能是國家和市場之間的平衡不只是和經濟有關，也和政治有關（我們並不是因為這一點同時也是我們觀念架構中的主要涵義所以才這麼說）。其中的重大挑戰是確保國家能夠提高能力、滿足社會的需要，卻仍然受到約束。這樣就需要尋找新方法來賦予社會力量，以便監督和控制國家與菁英。因此，判斷國家的干預是好是壞時，不僅跟國家的能力有關，也和國家能力由誰控制和監視，以及國家能力的使用方式有關。

因此，瑞典等斯堪地那維亞半島國家的真正創新，不只在於創造了比較偏向干預主義和重分配的國家，而是與此同時也接受一個成員包括企業界和絕大多數工人的聯盟監督。這些工人都是由政治上活躍的工會負責組織，會為國家機器加上嚴密的制約。一方面，就像前面所指出的那樣，包括瑞典最大企業在內的企業參與，表示瑞典的福利國家從來沒有走上產業全面國有化，或廢除市場的方向。另一方面，工會在這種過程中所扮演的重大角色，有助於吸引極大多數的民眾參與政治，防止菁英利益團體劫持現在已經比較有力的國家制度。在一九七〇年代和後來的一九九〇年代，若干管制變得太過極端時，這種聯盟和紅皇后效應使瑞典的政治制度能夠自行調整。

瑞典經驗還有另外三個重要教訓，有助於我們瞭解國家和市場之間的平衡。首先，是我們爭論過的推論：情勢要求國家負起新的責任時，這種能力擴張必須伴隨著社會參與政治、監視國家機器和官僚體系、必要時從新計畫中抽腿離開的新方法。這表示有關市場和政府適當範圍的辯論，都沒有解決最重要的問題——即使海耶克很久以前就看出了這個問題極為重要。那個問題是：當國家機器有了新的責任、獲得新的權力，它仍然能夠受到我們的控制嗎？約束國家機器的成本——尤其是因為紅皇后效應，這些成本不會自動顯現——是否超過國家額外干預的效益？

從這個角度來看，政府不該管制大部分商品價格的原因，不是因為價格已經由市場設定的很完美（或是用經濟學的術語來說，是因為其中沒有外部性、公共財、資訊不均衡或分配問題），而是因為國家擴大職權範圍的成本太高（需要額外的預防措施），或是因為逸出這條窄廊的風險升高。這種推理方式表示只有在干預的效益大於成本時，國家才應該干預。更重要的是，這也顯示干預和推動強力紅皇后效應的行動，造福社會的可能性大得多（也就是雙贏）。因此，國家最好提供社會保險和基礎廣大的服務，協調雇主和員工之間的談判，同時促請工會和企業界參與（這樣可能像瑞典經驗一樣，賦予紅皇后力量），而非推動經常不透明的特定政府管制（或像第十一章所說紙糊國家處理社會需求那樣），在砂糖或鋼鐵關稅等狹隘範圍中，採取矯正措施。

第二個教訓是：經濟體系中某些顯然效率低落的層面，畢竟可能具有某種有用的社會功能。工會本身就是其中一個層面，人們經常用非常懷疑的眼光看待工會，因為工會的主要目標之一是：不顧非會員可能更難找到工作的問題，努力為會員爭取比較高的工資。的確如此，我們甚至在瑞典的情況中，都可以看到工會偶爾會爭取過高的工資。對工會抱持這種懷疑態度的美國人，不僅限於很多希望破壞工會權力的美國決策官員而已。今天一方面是因為這種政策態度（另一方面是因為製造業就業人口減少），美國經濟中的工會會員人數，尤其是民間部門的工會會員人數，已經比二十世紀中期工會聲勢如日中天時少得多；當時工會興起，是因為一九三五年全國勞資關係法（也叫華格納法）立法，承認工人組織工會、從事集體談判、發動罷工的權利。其他先進經濟體也有類似工會會員人數減少的現象。從純經濟的角度來看，反對工會是否有道理的問題，還是有辯論餘地，但基本上，工會就是政治性的角色，在組織良好的企業利益和勞工維持局部權力均衡上，扮演最核心的角色。因此，過去數十年裡，工會力量的降低，可能是美國社會權力均衡偏向有利於大企業的原因之一。我們的架構中比較重要的論點是：我們評估各種政策和制度的角色時，必須考慮尋找能夠創造平衡、從而協助約束國家巨靈和菁英的輔助性安排。

第三個重要的教訓和政府干預的形式有關，我們在這一點上，跟海耶克和經濟學教科書上的答案，有著更嚴重的分歧——他們認為，避免干預市場價格總是比較好的方法，如果政府希望創造比較公平的所得分配，就應該讓市場繼續運作，利用具有重分配性質的租稅，推動比較合乎理想的分配。但是，這種思維錯誤地把經濟和政治劃分開來，如果國家機器要像他們所說的那樣，處理市場價格和所得分配問題，卻只依靠財政重分配的手段，又希望達成目標的話，就可能必須實施非常高的稅率和重分配。如果能夠改變市場價格，以便達成上述若干目標，卻不必推動這麼多的財政重分配，難道不會比較好嗎？尤其是從控制國家機器的角度來看，難道不是更好嗎？瑞典的福利國家正是這樣做，瑞典的社會民主聯盟建立在社團主義模式的基礎上，工會和國家官僚體系直接管制勞動市場，為工人創造了比較高的工資，這表示比較不需要把資源從資本主和企業手中，重分配到勞工手中；這樣做也會產生工資壓縮的效果，促使勞工之間的所得分配更為公平，因此會比較不需要重分配的租稅做法。即使瑞典經濟中，可以看到相當多為了融通豐厚福利國家所需資金、因而開徵的這種租稅，情況還是一樣；大部分租稅都不是事先設計或規劃的。不過，我們的架構強調事情會這樣安排，原因是國家如果藉著確保比較高和比較受壓縮的工資，擺脫完全自由市場可能產生的結果，就可以不必推動更重大的財政重分配、課徵更高的租稅。國家的財政功能降低後，約束國家會變成比較可行的目標。

## 獨享的繁榮

很多西方國家，尤其是美國，今天在經濟上都面臨緊要關頭。到目前為止，各國在政治上的反應，一直都比較近似零和式的紅皇后行動，沒有表現出瑞典在乳牛交易中所呈現的那種改革力量，沒有發展出新的聯盟和制度架構，來因應新的挑戰。但是，對身處自由窄廊中的國家來說，瑞典採用的路線一直都開放著。支持這種路線的第一步是瞭解這些新挑戰的內容，這些挑戰就是下面三節要探討的重點。

過去幾十年裡，經濟繁榮最有力的兩具引擎是經濟全球化和自動化科技的快速引進。委外和離岸委外使生產程序能夠分散到全世界，以便利用某些任務和商品的最低生產成本，開發中和已開發國家都從這種全球化過程中受惠。如果沒有全球化，在一九七〇年代至一九九〇年代期間的南韓和臺灣、一九九〇年代至二〇〇〇年代期間的中國，就不可能創造驚人的經濟成長。我們應該也不可能享受從紡織品和玩具，到電子產品和電腦等數以百計比較低價的產品。我們在前一章裡，已經看到全球化怎麼影響這條窄廊的寬度，怎麼影響窄廊之外若干國家踏進窄廊的可能性。但是，因為全球化好處怎麼分配的緣故（說得更精確一點，是因為這種好處沒有好好分配的緣故），以至於全球化對已開發國家經濟與政治的影響，一直都複雜得多。雖然大部分的經濟政策建議都強調，人人都從經濟全球化中得到好處，美、歐兩地卻呈現不同的事實真相，兩地企業和已經致富的人所得升高，工人得到的好處卻有限得很，有些地方甚至出現工資下降和就業機會喪失的現象。其實，經濟理論已經預測到：全球化會產生贏家和輸家，而且如果全球化表現在先進國家，和擁有充沛低技術、低工資勞工的比較不先進經濟體整合的話，那麼先進經濟體中的勞工——尤其是比較沒有技術的工人——會大輸特輸。

經濟繁榮的另一個有力引擎科技變化，也有類似的影響。科技進步會提高生產力，擴大消費者所能得到的產品範圍，一向都是經濟持續成長的根本原因，偶爾也是人們（或大部分人）共存共榮的原因。從一九四〇年代至一九七〇年代中期，美國經濟的生產力快速上升，從教育程度低於中學的工人，一直到研究所程度的勞工，所有教育程度族群的所得跟著成長。但是，過去三十年裡，改變職場且令人困惑的大量新科技，似乎具有大不相同的影響；其中很多科技，包括功能更加強大的電腦、數值控制和後來改為電腦控制的機器、工業機器人和比較晚近的人工智慧，都促成了生產程序自動化，讓機器接管先前由工人負責執行的任務。自動化本質上是對資本有利的事情，因此資本現在更密集的運用在新機器上。自動化通常也對高技術性勞工比較有利，對工作遭到機器取代的較低技術勞工不利。因此，新科技對分配具有廣泛的影響。

全球化和自動化的合併影響造成不同的命運，一九七〇年代晚期後，美國工資普遍成長的形態消失，取而代之的是底層和頂層勞工所得分配缺口擴大。例如，從一九八〇年以來，擁有研究所學歷的男性，經過通貨膨脹調整後的所得，增加了將近百分之六十，擁有高中以下學歷勞工的所得下降了百分之二十多。過去三十五年來，較低技術勞工的實質所得急劇下降。

同期內，美國經濟創造的就業機會也減少。從一九九〇年代中期開始，美國製造業的就業人口大約減少了百分之二十五，同時從二〇〇〇年起，整體就業人數占人口的比率也大幅下降。類似的趨勢在其他先進經濟體也很明顯，連教育程度較低、勞工實質所得減少驚人的情形，也不是美國勞動市場所獨有的現象。

多數人都同意，自動化和全球化是這種趨勢的主要成因。就業機會和所得的喪失，集中在過去所從事專業製造活動已經自動化的地區、產業和職業，或是集中在受到從開發中國家進口，尤其是從中國的進口快速擴張影響的領域。文獻中的估計顯示，光是從中國的進口，可能就使美國的就業機會減少二百萬個以上；採用新自動化科技亮點之一的工業機器人，造成的就業機會損失可能多達四十萬個。在這兩個案例中，承受大部分影響的人，都是技術分類中比較低階的勞工。

## 華爾街的瘋潮

不但經濟全球化與自動化造成嚴重不均，美國好幾個產業快速解除管制，配合其他先進經濟體比較輕微的變化，也是不均的主要原因，在這種過程中，特別重要的是金融業的解除管制。

二次大戰後的幾十年裡，世界大部分國家的金融業都受到嚴密管制，以至於美國人把銀行業的工作，當成典型的白領工作，員工薪資反映這種情形，通常都和其他部門的薪資水準相同。戰後美國金融體系的基礎是Q管制（Regulation Q），這種管制包括限制儲蓄存款的利率、限制不同金融機構之間的競爭，以及限制跨州設立分行，以免銀行在很多州裡競爭存款。一九三三年立法的葛拉斯－史蒂格爾法（Glass-Steagall Act）強化了這些限制，也把零售銀行業務（主要是存放款）和風險較高的投資銀行業務（以承銷、併購、衍生性金融商品和交易為主）區隔開來。在這種受到管制的環境下，人們用「三六三規則」，形容金融業官僚化的安逸工作——以百分之三的利率吸收存款，再以百分之六的利率放款，然後在下午三點踏上高爾夫球場。到了一九七〇年代，這種情況開始改變，一九八六年Q管制廢除後，更是如此，這些做法為銀行業的集中化奠定基礎。集中程度提高後，銀行業爭相轉作衍生性金融商品之類風險較高的業務，如換利合約（如金融合約的一方根據基準利率低於或高於某個門檻，付款給另一方），這種業務也包括信用違約交換（CDS，依據債務人是否違約而付款）。雖然金融部門轉入風險較高的業務，銀行業卻用日益升高的政治力量，阻擋任何新的管制，而且實際上還爭取進一步的解除管制。在集中程度提高、管制減少、比較積極冒險的情況下，營收和利潤提高。一九八〇年至二〇〇六年期間，金融部門產值占美國國內生產毛額的比率，從百分之四．九，成長到占百分之八．三，實質利潤躍升八倍，是非金融部門獲利成長率的三倍多。

規模和獲利增加在強而有力的回饋循環中，促使金融部門的政治力量增加，到二〇〇六年，金融部門的政治獻金達到二億六千萬美元，遠高於一九九〇年的六千一百萬美元上下。這種情形促成更積極的持續性金融業解除管制，大蕭條後金融管制的其他重要支柱紛紛廢除。從一九九四年的《利格爾－尼爾銀行跨州經營與設行效率法》（Riegle-Neal Interstate Banking and Branching Efficiency Act）開始，放寬跨州銀行業務管制，開啟了一系列的併購，形成諸如摩根大通（JPMorgan Chase）、花旗集團（Citicorp）、美國銀行（Bank of America）等超大金融業者。一九九九年，《葛蘭姆—李奇—布利雷法》（Gramm-Leach-Bliley Act）拆除了商業銀行和投資銀行之間殘存的大部分防火牆。同期內，雖然更為複雜的衍生性金融商品擴散開來，銀行業卻堅決反對新的管制，因此，以房貸抵押擔保證券（MBS，從龐大房貸組合中匯集不同風險房貸而成的合成證券）為基礎的擔保債權憑證（CDO）和信用違約交換合約的驚人成長，幾乎全都出現在管制架構之外，這是美國國際集團（AIG）這家保險公司可以出售巨量信用違約交換合約、承擔驚人巨量風險的原因。這種解除管制浪潮出現後，循環繼續發展，金融業的獲利繼續成長。

金融業的解除管制助長了不均，包括避險基金在內、專門為富有客戶從事風險性投資的主要金融機構東主之間，所得分配不但因為華爾街創造的超大利潤，而變得更為不均，整體不均也因此提高，原因在於金融業的高階經理人和交易員，開始得到驚人的薪資方案和獎金。一九九〇年前，金融業員工和經理人的所得，一直跟著其他部門的所得亦步亦趨，一九九〇年後，兩者之間的差距急劇擴大。到二〇〇六年，金融業員工的所得比其他行業高出百分之五十，金融業經理人所得高出其他行業類似資格經理人所得的幅度，更是驚人，高達百分之二百五十。

有一個指標可以說明這種不均的性質，就是國民所得歸屬前百分之一和千分之一所得分配層級的比率，這兩個層級分別代表非常富有和非常、非常富有族群，其中金融業老闆和高階經理人所占比率極高。一九七〇年內，歸屬上層百分之一群體的國民所得，大約為百分之九；到了二〇一五年，此一比率增加到百分之二十二；上層千分之一富人的這個比率增幅更驚人，從一九七〇年占國民所得的百分之二·五，升高到二〇一五年的將近百分之十一。

第二個挑戰跟資源的配置有關。金融業負責把資金從存戶手中，移轉到有新構想和投資機會的人手中，因此在改善經濟活動的效能上，扮演重要的角色。但是，金融業變成集中化，又專事冒險時，反而可能變成普遍不均的來源。到二〇〇八年金融海嘯爆發時，金融業已經遠遠脫離這種方向，不受管制的金融競爭引發過度冒險，鼓勵很多金融機構胡亂放貸，同時在自己的交易部門冒險，以便提高他們可以對投資人承諾的報酬率。很多主要金融機構認為，即使他們的投資慘賠，政府和美國聯邦準備理事會也不會讓他們倒閉（事實證明他們的想法沒有錯），這種「大到不能倒」的想法也助長了冒險。最後，就是這種高風險投資崩盤，引爆了金融危機，進而促成全球經濟衰退。雖然二〇一〇年《陶德－法蘭克法》和美國聯準會加強管制，試圖限制這種冒險行為的範圍，也限制金融虧損為整體經濟帶來的不利影響，但這些做法頂多只能說是事倍功半。金融業憑著強大的遊說力量，一直抗拒和阻止這些管制的實施，甚至經常設法把時鐘倒撥回去。事實上，金融業在同期內，反而變成更為集中，美國金融體系中五大銀行的市占率從一九九〇年的百分之二十，升到二〇〇〇年的百分之二十八後，到二〇一九年，更提高到百分之四十六以上。

## 超大企業

加強集中化並非只限於金融業，隨著全面解除管制和新科技而來的是，很多部門出現極為驚人的經濟集中化，線上服務、社群和社交媒體尤其如此，最大企業和經濟其他部門相比的規模，已經升到空前高峰，科技巨擘字母控股（Alphabet，即原來的Google，谷歌公司）、亞馬遜、蘋果、臉書和微軟的合併總市值（根據他們的股票總市值計算）等於美國國內生產毛額的百分之十七。一九〇〇年時，美國五大企業的這種比率低於百分之六，卻已經使決策官員和社會驚覺大企業的力量。集中度這樣巨幅提高，原因似乎有好幾個，最重要的原因是這些新公司的科技本質，這種性質產生了經濟學家所說「贏家通吃」的力量。以Google公司為例，一九九八年該公司創立時，市面上已經有幾家成功的網路搜尋引擎，Google能夠迅速脫穎而出，是因為該公司優異的搜尋演算法，雅虎、下望（AltaVista）等競爭對手公司，根據網站納入搜尋字詞的次數，為網站排名，Google公司的創辦人謝爾蓋・布林（Sergei Brin）和拉利・佩吉（Larry Page）還在史丹佛大學當研究生時，卻推出高明得多、後來叫做「網頁排序」（PageRank）的演算法，根據有多少連結此一網站的其他網頁、也提到所搜尋字詞的相關性估計，為網頁排序。因為這種演算法在對使用者建議相關網站時，遠勝過其他演算法，Google的網路搜尋市占率迅速成長。Google一旦占有龐大的市占率後，就可以利用更多的使用者搜尋資料，改善自己的演算法，使演算法更好、更具有主導態勢。一旦網路搜尋資料開始用在人工智慧應用、如翻譯和形態辨識上時，上述力量會變得愈發強大。初期的成功也帶來更多的資源，讓Google可以投資在研究發展和併購上，買下擁有正在發展的科技、對Google進一步擴張應該有用的公司。

贏家通吃效應也是亞馬遜公司迅速崛起的根本原因。亞馬遜線上零售商和平臺身分的早期成長，使該公司更能吸引賣家和使用者；臉書公司是同樣的例子，臉書這種社交媒體平臺會受歡迎，對使用者認為朋友也會連結在一起的期望，有著很高的依賴。雖然贏家通吃性質表現在蘋果和微軟公司的情形略有不同，但兩家公司同樣重要，因為他們的產品價值還是取決於整體受歡迎程度，以及產品在人口中普遍採用的程度。

在經濟集中度上升方面，網際網路時代科技的性質雖然是決定性因素，主管機關——尤其是美國主管機關的不作為，也是一個重要因素。這一點和我們在美國史上類似重要關頭看到的情況相左，正如

第十章所述，二十世紀之初，幾家公司達到類似的主導地位時，受到進步政治議程影響的政府正好上臺執政，開始採取行動，拆解這些公司，今天的政治議程中，卻沒有類似的制度性或政策建議。其中很多公司能夠迅速成長，當然是因為能夠提供更好、更廉價的新產品，但這樣卻不能打消眾人對集中度提高的疑慮，在主宰市場的公司將來可能利用自己的獨占地位，收取較高的價格，開始扼殺創新上，更是如此。經濟集中度上升也是不均升高的主因，原因不僅這些企業的東主和大股東變得非常富有，也是因為他們的員工薪資增加幅度超過其他產業的員工。

＊＊＊

我們剛剛簡單描述的經濟趨勢——經濟全球化與自動化、金融部門的成長和超大企業崛起——對美國和另外幾個先進經濟體，構成了急迫的挑戰。原因至少有三個：第一個原因我們已經強調過，就是它們對不均的影響。第二個原因是經濟效能問題。也許會有人認為，我們的時代是科技的黃金時代，因為全球化和美妙新科技出現驚人成長；然而，至少過去二十年來，所得和生產力的提高卻令人失望。生產力提高令人失望的原因還不很清楚，可能和我們大致說明的趨勢密切相關。全球化和快速自動化帶來了好處，但它們近來的崛起，卻可能犧牲了更有助於生產力和繁榮的其他科技進步。金融部門的過度成長和無效冒險的代價很可能相當高昂，因為這樣已經為經濟體系帶來不穩定（想一想金融海嘯就會知道），還把原本應該用在其他部門和創新上的資源，轉用在金融部門中（想一想最聰明的大學畢業生投身避險基金和投資銀行業，而非投入創新、科學或公共服務）。經濟集中度巨幅上升，也可能因為會限制競爭，扭曲人們採用和發展的新科技，因而對效能造成傷害。

第三個挑戰和對制度的信任有關。受制約的國家機器不僅需要國家和社會之間的平衡，也需要社會對制度的信任。沒有信任的話，公民不會保護這些制度，以免制度遭到國家機器和菁英的傷害，而且紅皇后效應會呈現極端的零和性質。

沒有了信任，社會衝突就無法靠制度調解（例如兩次大戰期間的德國）。貧富不均升高、就業成長低迷、金融業的驚人利潤、超大企業仍然不受管制，在在都助長經濟遭到操縱、政治制度在這種過程中沆瀣一氣的感覺；金融海嘯及其後遺症確實強化了這種感覺，因為政府對要負部分金融海嘯責任的銀行紓困，卻放任窮人家庭在幾乎孤立無援的情況下，面臨破產。更糟的是，就像我們探討德國威瑪共和時說的那樣，在經濟上落後、對制度失去信心的社會階層，恰是那些意圖破壞政治制度、摧毀國家和社會之間權力均衡的民粹運動最欲爭取的目標，最終將使自由窄廊中的日子難以為繼。可以預測的是，最近這種運動的優勢正在升高。

不均、失業、生產力和所得成長率低落、對制度失去信心，都是大蕭條變成政治不穩定極為肥沃溫床的原因。雖然說今天正在吞噬先進經濟體的危機沒有大蕭條這麼極端，其中的相似性卻讓我們不能輕忽大意、洋洋自得。

## 避免零和式的紅皇后效應

我們已經看到可以有兩種截然不同的方式來回應大蕭條。第一種方式以德國威瑪共和為代表，紅皇后效應在此變成零和遊戲，導致國家與社會無法互相妥協，反而競相摧毀對方。第二種方式則可以用瑞典的例子來說明。這種方式需要加強國家介入的程度、賦予國家機器更大的力量，同時社會也要更有能力、更能有組織地控制國家機器。這種社會動員受到支持新制度架構的新聯盟所保障。今天有很多西方國家回應經濟蕭條的方式，比較近似威瑪德國而非瑞典，出現菁英奮力捍衛既得利益、處境最危險的族群反而向獨裁者誘惑屈服的現象，兩極化和堅持己見蔚為風潮。我們是否已經註定會再重蹈德國在戰間期的覆轍？我們有可能防止紅皇后效應變成徹底的零和遊戲嗎？我們能不能同時也聽從海耶克的警告，免於「奴役」呢？

我們要先說好消息。就像我們在第十三章中強調的那樣，窄廊比較窄的時候，紅皇后比較可能失控，現在美國和西方很多國家處在比較好的狀況中，因為他們的多元化經濟是以製造業和服務業為基礎，強制性的角色非常有限（請回頭參看第十四章），沒有（像普魯士土地菁英那樣）和民主制度完全對立的主導群體；此外，這些國家在晚近歷史上的民主政治歷程未曾中斷，也使他們擁有較寬的窄廊。但是，窄廊的寬度和其中的穩定性都不能視為理所當然，窄廊的寬度要由參與式的民主制度支持，如果人民對這種制度喪失信任，窄廊會變窄，社會處理衝突的能力會變小，即使在寬大的窄廊中，如果情勢變成零和遊戲，紅皇后也可能失去控制。

我們要回顧瑞典在大蕭條期間的經驗，看看怎麼避免這種零和反應。瑞典的應對之道中，有三大支柱至為重要。第一支支柱是整個計畫是以廣泛的聯盟為基礎，聯盟成員包括工人、農民和企業，工會和社民黨代表的工人運動根本沒有和其他利益惡性競爭，反而試著和其他利益達成妥協。

第二支支柱是一系列短期和制度性的經濟反應，這些反應包括採取刺激經濟的措施，推動一系列的所得重分配改革，造福失業、喪失所得和貧困的人民。瑞典的做法是推動這些措施的制度化，發展出社會民主模式，由國家居中調解員工和雇主的談判，確保產業界的和平，瑞典人也建立慷慨的福利國家，讓國民更平等的分享繁榮。

第三支支柱是政治，國家能力的深化植根在政治制度中，政治制度中含有強力的社會控制，能夠控制國家的活動，也能夠控制政治與經濟菁英之間的關係。整個計畫具有普遍性，有助於推動這些控制，計畫又獲得社會民主聯盟的強化，表現在外的事實是：國家在管理福利國家的過程中，快速發展出行政能力，也表現在工會直接介入關鍵方案的運作上，先前瑞典推動的大力民主化政治改革，現在變成這一切發展的支持力量。

從瑞典學到的第一個教訓很明顯，就是打造妥協，設法建立廣泛的聯盟，以便支持受到制約的國家機器。一旦政治變成高度兩極化，要這樣做當然可能會更加困難，德國的情形就是這樣。我們希望能在為時已晚前，找到彼此的共識。在這種情況下，重點是今天美國和很多西方國家的左、右兩派，都必須同意本書強調的趨勢，即貧富不均升高、就業機會消失、華爾街的主導力量和經濟的集中度等等，在在都是問題。其中的挑戰是各國對解決之道比較沒有共識，但這一點沒有什麼不尋常，新聯盟經常都需要新觀念、新視界和制度上的創新；我們現在就要以美國的特異狀況為重點，探討創新可能從何而來，

我們要先談聯盟的建立。這個挑戰類似聯邦黨人面臨的挑戰，他們達成的妥協雖然像第十章中所強調的那樣，在某些層面上代價高昂，卻也可能很有用。這種妥協中的一個面向是把若干大權交給各州（以便地方擁有若干發言權）。鑑於經濟與政治問題和各州對聯邦政府介入的容忍程度不同，今天的美國可能也需要相同的妥協。另一個面向是公私合營的夥伴關係，隨著國家的能力擴大，公私合營制度具有促使民間部門參與和放心的優點。雖然以美國的現況來說，美國現在需要類似的妥協，卻也可能需要制度性的架構，以便進入超越現有公私合營模式的境界，這一點我們片刻之後就會討論。最後，如果從一開始就把海耶克的憂慮納入考量，應該會有幫助。這表示凡是需要國家加強參與、需要比較強大社會安全網的社會契約，都應該重中社會監控國家機器的能力必須大幅增加。雖然瑞典社會比較不懷疑國家的介入，但這種情形正是瑞典在一九三〇年代發生的事情。

在經濟方面，這種挑戰的性質清楚顯示，美國必須從多方面擴大國家的責任和能力。國家，尤其是美國國家機器，必須開始承擔的責任包括設計和經營比較慷慨、比較全面的社會安全網，保護沒有從重大經濟變化中得到好處的個人。以改善社會安全網為目標的政策，必須輔以改善創造就業、改善勞工所得和協助勞工轉職的其他政策，美國的勞動所得稅扣抵額就是一個例子，這種扣抵可以藉著降低低薪工人的稅負，有效地補貼低薪工人。政府的責任也包括重新思考教育制度，美國的教育制度已經過時，過時的原因一則是不能跟上經濟景象不斷變化的腳步，二則是因為教育制度已經變成了社會貧富不均的縮影，不能為大多數美國人提供公平的競爭場地。另外，美國還需要為很多產業，包括為金融業和科技部門，發展更嚴格、更大膽、更全面性的管制。最重要的是，美國最近的經驗突顯一個事實，就是在建立現代福利國家時，過度依賴公私合營制度是一大缺點；要成功地經營福利和社會保險計畫，必須依賴國家的行政能力，這並不表示民間部門不必發揮功能，而是表示需要更自主、更有能力、更有權威的公共部門。

瑞典經驗（獲得丹麥、挪威和英國證實）提供的另一個教訓是：要從比較普遍的方向，推動福利計畫，要鼓勵整個社會擁抱這種計畫，並參與監督這種計畫。僅補貼特定產業或特殊類型的工人，通常不能達成這種目標。重大經濟與社會變化出現時，是特別適於推出全面福利的絕佳時機，因為這種時刻需要基礎廣泛的計畫，從而打造受到民眾歡迎和支持的聯盟。因應經濟全球化、自動化和其他經濟變化不利影響的可能改革，以及讓人民能夠更有效、更公平利用這種機會的教育投資，同樣必須建立在廣泛的基礎上，也可以設計成建立本身強而有力聯盟的樣子。

我們可以再度根據瑞典經驗，主張只依靠租稅政策和直接的重分配，追求達成這些目標的做法，應該是錯誤的做法。比較好的方法應該是設計能夠直接推動經濟體系，朝向比較能夠公平分配經濟成長好處方向前進的勞動市場制度，好讓勞工能有更有機會，參與集體協議的訂定，同時得到最低工資法和其他提高薪資政策的保障。這種政策應該可以減輕國家的負擔（從而使國家更容易控制這種政策），同時有助於形成基礎比較廣泛，又便於維持這些計畫的聯盟。

同樣的因素顯示，國家可能必須重新引導科技變化的道路。科技的方向和對經濟的影響並非事前可以決定，今天生產力提高速度乏善可呈的情況，可能代表這方面諸事不順。問題之一是冷戰結束後，美國政府對基礎研究和企業研究發展的支持減少，在鼓勵生產力加速提高方面，扭轉這種下降趨勢一定是其中重要的一步。此外，過去幾十年內，人們都把重點放在快速節省成本上，因而鼓勵更高的自動化程度，認為注重自動化未能創造足夠生產力成長的想法，並非牽強附會。促進更公平分享生產力提高的社會共識，可能促進科技投資流入不但可能加強現有工作自動化，還可能為擁有不同技術、可以獻身生產的工人創造新機會，如果這種目標能夠達成，結果不只是所得和就業可以更公平的分配、降低財政重分配的需要，也會因為工人的技術獲得更妥善的利用，可以創造更高的生產力。

政治方面的挑戰同樣艱鉅，除了確保能夠建立以經濟和制度改革為中心的聯盟之外，美國也必須限制民間利益團體，不讓他們利用二十年來比例達到天文數字的政治獻金和遊說，取得過大影響力。因此，在美國的政治體系中，比較大的政府聽命於菁英的憂慮並非遙不可及，而是已經發生的事情。但是，這個問題已經大到美國左右兩派都同意這種宰制是大問題（只是他們的解決方法不同）。為了對抗這種威脅，我們擬定了簡短的政治改革清單，其中包括下列事項，頭等大事就是減少政治獻金和限制遊說的影響。提高企業、遊說團體和政客之間關係的透明度的特定措施，可能特別重要，因為政客如何成為某些產業或利益團體的忠僕，旋轉門的安排監管不力，主管官員和政客後來以非常優渥薪資，受雇於民間部門的說法，都涉及避開公眾耳目的私下聚會。

第二項改革是提高公務員的自主性，結束關說和國家機器之間融洽的關係顯然是第一步，但縮減新政府政治任命所有政府高官的權力，是更重要、更基本的改革，這樣應該可以提高公務員的白主性，協助防止公務員遭到政治控制。

其他必要改革包括採取行動扭轉美國政治體系中代表性下降的幾種趨勢，尤其是透過選區重劃；從二○○○年代初期以來，現行選區劃分已經造成很多選區，成為一、兩個大黨的禁臠。

比特定政策改革更重要的是，全面提高社會動員力量。美國對這一點也有相當普遍的共識。十九世紀美國社會最吸引托克維爾的特點是人民樂於在政府之外，組織和組成社團。這樣不但可以讓人民解決特定社會問題，也可以為政治決定帶來民意壓力。近年來，這種形態的結社減少深受重視，雖然減少的程度和正確原因尚有爭論，而且並非所有社團都扮演重要的政治角色。但是，能夠抑制國家和有權有勢菁英的社團，卻必須具有這種新活力。現在的情勢更是如此，因為過去幾十年來，經常抗衡經濟菁英影響力的勞工組織已經大為式微，這種式微突顯需要能夠讓產業勞工和其他公民，用新的途徑打進政治的其他形式組織，但這種組織能否（或如何）有效的承擔工會過去的角色，還是懸而未決的問題；我們要在本章結束時，回頭探討這個問題。

從瑞典的成就中，學習建立多元化的聯盟，支持和監督國家能力擴張的說法，不應該解讀為建議美國或其他西方國家，盲目模仿和複製八十年前瑞典做法的細節。第一個原因是：能夠支持美國紅皇后正面力量的聯盟，一定和瑞典乳牛交易中的工農聯盟大不相同，必須牽涉不同的區域、意識形態團體和種族團體。美國在軟體、人工智慧生物科技和高科技工程等一系列領導產業中，仍然是全世界最善於創新的國家，因此要利用的組織，必定和一九三○年代瑞典所利用的組織不同。但是，確保企業活力、確保創新的機會與誘因，和創造更好的安全網與福利國家並不衝突，和協助動員社會、以便控制國家機器也不衝突，和發展能力高強的國家機器一定也不衝突；尤其是因為美國國家機器參與科學研究，一直是美國經濟創新動力的主力，這一點從以下美國政府是高科技設備的大買家，也是透過國家科學基金會資助研究的大金主，研究支出可以獲得慷慨的租稅抵減的事實中，可以清楚地看出來。因此，現在的問題是美國和其他西方國家要怎麼引導經濟活動，創造比較公平的資源分配，同時維持對國家機器的控制；思考如何監督國家機器處理安全威脅的做法，可以提供和答案有關的一些線索。

## 國家巨靈的反恐戰爭

國家如何擴大因應新問題的能力，同時仍然受到社會控制的模式，也適用在非經濟的挑戰上。公民對國家所提出的最嚴苛要求中，其中之一是和安全有關。建立國家時，一個有力的誘因是尋找中央化的權威，以便執行法律、解決紛爭和保證安全，但隨著世界變化，安全挑戰的性質也跟著變化。

對大多數西方國家來說，這一點在二〇〇一年九月十一日早晨，變得十分清楚。這天早上，蓋達恐怖組織的十九位劫機犯，控制了美國的四架民航班機，讓其中兩架撞進紐約世界貿易中心的兩座高樓，另一架飛進華府的五角大廈建築，最後一架在乘客和劫機犯的搏鬥中墜毀。這次事件總共造成二千九百九十六人死亡，六千多人受傷。世界各國在「九一一」攻擊前，雖然遭遇過相當高比率的謀殺式恐怖攻擊和劫機，而且西方國家在因應冷戰的各種安全挑戰上，已經有幾十年的經驗，但「九一一」攻擊仍然震驚大眾。大部分公民和政府機構都把這次事件視為安全威脅的新局面，必須極為迫切的應對。雖然隨後的十九年裡，進一步的大規模攻擊得以避免，事實證明這種判斷正確無誤，因為這段期間裡，發生過由類似組織、主要是所謂的伊斯蘭國發動的多次規模較小的攻擊，以及幾次失敗的攻擊意圖。因此，我們有一個明確的例子，說明社會呼籲加強國家能力與行動，以便因應新挑戰。

這些呼籲已經獲得回應，美國安全機構已經巨幅成長、已經擴大職權範圍。但是，就像我們在第十章中所指出的那樣，這一切發展並沒有受到社會控制；二〇一三年六月，媒體開始報導史諾登釋出的若干祕密文件中，揭發美國政府祕密偵監計畫的存在和活動時，大眾才痛苦地知道這項事實。第一個遭到揭發的是「稜鏡計畫」（PRISM），這個計畫容許安全機構直接侵入美國人的谷歌、雅虎、微軟、臉書、YouTube和Skype帳戶。我們也知道法院發出祕密命令，要求威訊無線公司（Verizon），把數百萬美國人的電話紀錄，交給美國國家安全局。我們還知道，美國國家安全局利用「無邊界線民」（Boundless Informant）計畫的資料採礦方法，針對幾十億封電子郵件和電話，搜集大數據資訊；美國國家安全局還利用全球風控查詢電腦系統（XKeyscore），「搜集人們在網際網路上所做的幾乎每一件事情」。史諾登揭發美國國家安全局搜集千百萬封電子郵件和即時簡訊聯絡人名單，搜尋電子郵件內容，針對行動電話進行追蹤和定位，破壞別人的加密意圖。正如史諾登所說：「如果我有一個個人電子郵件，我坐在桌前，〔可以〕監聽任何人，從你或你的會計師開始，一直監聽到聯邦法官，甚至可以監聽總統。」史諾登揭發這些祕密後，以洩露「五角大廈文件」[2]聞名的丹尼爾．艾爾斯柏格（Daniel Ellsberg）主張：

---

2【編註】該文件是美國國防部對一九四五年至一九六七年美國與越南關係的祕密研究報告。根據該報告，從杜魯門總統到詹森總統，四任美國元首皆對國會和民眾隱瞞美國介入越戰的實際意圖。這份文件在一九七一年被艾爾斯伯格洩漏給美國主要媒體，引發輿論譁然。美國總統尼克森曾力促行政機關施壓《紐約時報》，禁止出版相關文件。雙方對簿公堂，美國聯邦最高法院最後判決援引憲法第一修正案保障出版自由的內容，判《紐約時報》勝訴。

> 史諾登的揭露是真正的憲法時刻……史諾登在憲法第四和第一修正案上所做的貢獻，超過我所認識的任何其他人。

或許這一切只是茶壺裡的風暴，或許在對抗恐怖主義威脅時，無法避免安全機構必須祕密行動，搜集大量資料，忽略隱私問題，容許媒體中人大聲抱怨。或許是這樣吧。

我們看看丹麥的經驗，看看是否能夠得到啟發。二〇〇六年時，歐盟發布一項「資料保留指令」（Data Retention Directive），內容涉及「保留公眾所用電子通訊服務或公共通訊網路產生或處理的資料」。丹麥政府決定擴大運用，公布遠超過這項指令所規定的法律，包括「會話紀錄」（session logging）的義務，要求供應者儲存使用者的來源端與目的地網路位址、通訊埠號碼、會話形態和時間標記。監視和捍衛全世界隱私權的非營利機構隱私國際組織（Privacy International），為了這件事而把丹麥的評等從原來的二・五分水準（系統性地疏於維持保障措施），降級為兩分（廣泛地監視社會），以至於丹麥在這項納入四十五國的研究中，排名跌到第三十四名。然而，大部分丹麥人似乎不覺得困擾，他們信任丹麥政府不會利用他們的網路位址、通訊埠號碼、會話形態和時間標記，來窺探他們，壓制他們的言論自由，或因為他們的政治觀點而監禁他們。二〇一五年四月，歐洲法院斷定丹麥的資料保留做法是「對基本權利特別嚴重的干預」，但丹麥民眾沒有因此強烈反對，也沒有要求政府停止採用保留資料的措施。

丹麥和美國的反應不同，原因不是丹麥政府沒有積極因應類似的安全威脅，而是丹麥政府這樣做時，能夠維持丹麥社會的信任。這點取決於兩個重要因素：第一，美國採用祕密行動方案，而且在不受監督情況下又不斷擴大，丹麥卻對大眾清楚宣布這項資料保留政策，其說詞沒有受到「任務偏離效應」（mission creep）[3]的影響。第二，丹麥從國民對制度的基本信任開始做起，相信政府不會利用這種資訊對付他們，或是像中情局在「九一一」攻擊後那樣，被離奇地詮釋後用在酷刑上。這兩個因素都顯示丹麥人無可置疑地認為，他們政府搜集的資訊不會威脅國家機器受到約束的本質；美國大眾卻不是這樣，原因正是中情局、聯邦調查局和美國國家安全局習於不受約束，甚至偶爾會以不道德的方式，採取行動所致。

因此，受到制約的國家機器可能怎麼因應新的安全威脅，同時繼續受到約束的問題，和國家機器可能如何因應新的經濟挑戰之間，有著非常類似的地方。這種相似性出自保持國家留在自由窄廊中的制度性和其他限制，是其中至為重要的因素。社會對國家機器的信任是這些限制的反映。從這個角度來看，美國國家安全局和中情局對新安全威脅的反應會有問題，不是因為他們擴大職權和活動，而是因為他們安排這種活動時祕密進行、又不受監督的方式。史諾登揭發的行動計畫理當受到外國情報監視法院的監督，但這種法院的運作也是祕密進行，而且經常只不過是橡皮圖章，因而不是維持約束或建立信任的正確方法。

* * *

我們在第一章開始時，曾經針對大部分國家會走向自由民主制度、無政府狀態或走向獨裁的問題，

3【編註】指行動偏離原定目標，泛指偏離初衷。

提出過一些著名的預測。哈拉瑞所說大部分人類未來會面對數位獨裁政權的警告，可能是其中最不祥的預測；中國的「社會信用制度」和美國國家安全局侵略性的監視行動，提高了哈拉瑞預測的可信度，但就像我們所主張的那樣，沒有理由預測所有或大部分國家，會向著相同的政治或經濟制度前進，不受阻擋。決定大部分國家前進路線的，一定是國家和社會當前的平衡。丹麥針對恐怖主義威脅採取的不同因應之道，強化了我們的這個論點。用持續擴大和不受監督的國家權力來因應安全威脅時，濫權的可能性會大大增加，數位獨裁政權的危險也會提高。在眾目睽睽之下，採取社會可以監督權力是否遭到濫用的相同行動，可以重新肯定支持自由窄廊的權力均衡，這樣的重新肯定會鼓勵人們，以極力配合國家受到制約原則的方式，利用新科技，即使這些科技可能傷害隱私亦然。新科技的運用方式，以及新科技是否會擾亂權力均衡，不是預先註定的事情，而是取決於我們的選擇。

## 行動的權利：倪慕樂原則（Niemöller Principle）

創建受到制約國家機器不僅困難，要和國家機器共同生活也需要努力奮鬥。我們建議過幾個特別的方法，讓社會可以在國家機器不斷成長的情況下自我強化，其中最重要的概念是利用社會動員的力量。但是，實際上你要怎麼達成這個目標呢？有沒有什麼有組織的方法，幫助社會擴大本身能力、控制國家機器和菁英呢？我們認為答案是肯定的。答案和前一章談到的觀念有關，建立在保護公民權利的基礎上，對抗所有包括來自國家機器、菁英和其他公民的威脅。

權利和保護個人免於恐懼、暴力和宰割自由的觀念密切相關。雖然恐懼和暴力一直是人民逃離家園的主因，個人無法根據自己的價值觀、選擇和追求本身生活的宰割，卻經常一樣讓人窒息。「權利」基本上就是社會在法律和規範中，賦予每一個人都可以在生活中做出這種選擇的能力。

強調權利的傳統至少可以回溯到洛克，回溯到傑佛遜在美國《獨立宣言》中有關「若干不可剝奪的權利，其中包括生命權、自由權和追求幸福的權利」的聲明，以及一七八九年的法國《人權和公民權宣言》。現代的權利觀念則由一九四八年的聯合國《世界人權宣言》所塑造，但貝佛里奇已經在一九四五年出版的《為什麼我是自由主義者》的小冊子裡，預料到這些理念：

自由不僅表示免於政府獨斷權力的左右，也表示在經濟上，免於匱乏、貧窮和其他社會弊病的奴役，表示免於任何形式的獨斷權力侵擾。〔因此〕飢餓的人沒有自由。

聯合國《世界人權宣言》同樣主張：

鑑於對人權的無視和侮蔑已發展為野蠻暴行，這些暴行玷污了人類的良心，而一個人人享有言論和信仰自由，並免於恐懼和匱乏的世界來臨，已被宣布為普通人民的最高願望

《世界人權宣言》第二十三條繼續指出：

一、人人有權工作、自由選擇職業、享受公正和合適的工作條件，並享受免於失業的保障。

二、人人有同工同酬的權利，不受任何歧視。

三、每一個工作的人，有權享受公正和合適的報酬，保證使他本人和家屬有一個符合尊嚴的生活

條件，必要時並輔以其他方式的社會保障。

四、人人有為維護其利益而組織和參加工會的權利。

美國的小羅斯福總統也曾經表達類似的理念，他在一九四〇年和一九四一年間，強調過四大自由：言論自由、宗教信仰自由、免於匱乏的自由，和免於恐懼的自由。他在一九四四年的國情咨文演說中，進一步聲明：

> 我們已經清楚地瞭解，沒有經濟安全和獨立，真正的個人自由不可能存在。「貧窮的人不是自由人」，飢餓和失業的人是獨裁的溫床。

接著，他列出的基本權利包括「獲得有用與有薪工作的權利」、「賺到足夠提供適當食物、衣著和娛樂所需錢財的權利」、「每個企業家無論大小，都有在免於國內外不公平競爭與壟斷宰割的自由氣氛中交易的權利」、「每個家庭都有合宜住家的權利」、「在經濟上，得到適當保護，免於老病、意外和失業恐懼的權利」，以及「接受良好教育的權利」。小羅斯福總統過去曾經樂於縮減上述若干權利和自由，例如在一九四二年至一九四五年間扣留日本公民，而且曾經和導致美國南方實施種族隔離的吉姆·克勞法合作（一位非裔美國人對小羅斯福總統四大自由的反應說得很清楚：「白人談論四種自由，我們卻連一樣都沒有。」）小羅斯福皈依權利的重要性顯示，大西洋兩岸的氣氛都在改變。

在這些聲明中，權利觀念中全面和普遍這兩項原則值得注意（在這方面，這種聲明遠勝過美國《獨立宣言》，因為《獨立宣言》沒有涵蓋奴隸，在女權方面則是含糊其詞），而且這些聲明承認個人實現自身選擇能力的重要性。因此，暴力威脅、限制任何團體的思想或言論自由，都違反人權，阻止別人進行宗教活動（或不進行宗教活動）或性偏好也一樣違反人權。但同樣重要的是，剝奪他人賺取合宜生活的手段，也違反人權，因為這樣也會創造一種宰割的形式，這種宰割不但起源於赤貧、不但讓人不可能追求有意義的生活，還會讓人意識到，雇主在這種情況下，可以要求員工在令人難過、卑下和信心十分低落的狀況下工作（請回想第八章中當清潔工的達利特人）。

這種權利觀念不但攸關男性和多數族群的自由，也攸關女性、宗教、種族、性少數、殘障或受傷人士的自由。揭櫫這些權利，會為國家和社會上有權力的菁英，明訂什麼事情可以做、什麼事情不可以做的限制。當人們創立組織、申明主張或追求其生活方式的權利受到明確保護時，任何人再試圖剝奪這些權利都會逾越紅線；創造某些條件，迫使別人在經濟上，淪落到受屈辱或受宰割的行為，也一樣違反人權。

這是社會力量轉型的開始，如果說明國家可以做什麼的限制，獲得人們普遍的承認，那麼侵犯這些界限，可能引爆廣泛社會動員的火花，阻止國家過分行為的蔓延。承認少數族群普遍的權利至為重要，因為如果沒有這種承認，就只會有目前權利遭到侵犯的特定少數族群，會在沒有動員或反應的情況下，表示不滿和提出抗議，就像印度（參見第八章）、拉丁美洲和非洲（參見第十一章）支離破碎、沒有組織的社會那樣。普遍承認權利，會為廣泛的聯盟創造基礎。

德國信義會牧師馬丁·倪慕樂（Martin Niemöller）曾經預示到這種觀念的重要性，他在一九五〇年代寫作的一首詩裡，簡潔地描述為什麼納粹國家機器能夠這麼輕鬆地迅速宰割德國社會，這首詩最著名的版本刻在很多大屠殺紀念博物館中，而且經常在紀念會中朗誦。詩文如下：

起初，他們來抓社會主義者，我沒有說話，因為我不是社會主義者；
接著，他們來抓工會會員，我沒有說話，因為我不是工會會員；
然後，他們來抓猶太人，我沒有說話，因為我不是猶太人；
最後，他們來抓我，已經沒有人能為我說話了。

因此，根據倪慕樂的解釋，缺少對非常基本權利的普遍認識，是德國社會無力起來反抗納粹黨的根本原因，因為納粹黨可以分別對付和個個擊破每一個族群，卻不至於在德國社會內部，引發廣泛的聯盟動員起來對抗納粹黨。事實證明，「無法團結」正是捍衛自由窄廊卻不得其法的原因。

美國的小羅斯福在一九四四年的同一篇國情咨文演說中，多少已經預見到這些觀念，他在這篇演講中，強調一套人人適用的人權很重要，他理由充分地引述富蘭克林一七七六年的聲明：「我們若不團結，必然各無死所。」

從這種邏輯的反面來說，如果社會能夠把一整套（合理的）權利變得更普遍，在推動組織、抗衡國家權力的擴張上，就會占有比較有利的地位。值得注意的是，《世界人權宣言》中陳述的權利中，包括獲得有薪工作的權利，因為這樣能替社會上受經濟考量和不滿所驅動的不同人群，創造空間和誘因，讓他們組織成廣泛的聯盟，用有組織的方式，對抗專制主義。將來這些挑戰可能變得特別重要，因為我們已經討論過，勞工運動可能永遠無法恢復過去的影響力，以權利為中心而組織的（公民）社會可能是一種新的替代方案。

＊＊＊

我們很多人有幸能生長在民主國家裡，擁有堅定自信的社會與具有高強能力的國家。相形之下，有很多人在專制國家的枷鎖下受苦受難，或是在恐懼、暴力和宰割之下苟延殘喘，得不到任何國家制度的保護。然而，和（受到制約的）國家巨靈一起生活是一種現在進行式。我們一直主張，要使這種情況更穩定、更不可能脫離自由窄廊的關鍵，是設法在國家和社會之間、在有權有勢和無錢無勢的人之間，創造和再造權力均衡。紅皇后效應會在場幫助我們，但社會的力量最後還是取決於社會的組織和動員。

＊＊＊

二〇一七年十月，許多女性開始大聲疾呼，揭發她們受到有權掌控她們的男性性騷擾和性侵害。高高在上的電影大亨哈維．韋恩斯坦（Harvey Weinstein）遭到指控，替這件事拉開序幕。十月五日，女演員艾希莉．賈德（Ashley Judd）加入指控。到了十月十七日，女演員艾莉莎．米蘭諾（Alyssa Milano）採用激進主義分子塔拉納．伯克（Tarana Burke）二〇〇六年創造的一個名詞，她在推特（Twitter）發文說：「如果你曾經遭到性騷擾或性侵，請在回覆這篇推文時，寫下『我也是』（me too），作為回答。」回覆推文如排山倒海般湧入，一場社會運動就此誕生。雖然我們離保護全世界女性的全面平等還很遙遠，但因為有人們團結起來，對抗違反這種最基本權利的行為，現在政府、企業和學校裡的有力人士，想要騷擾、貶抑和侵害女性，已經變得困難許多。法律為因應新局，也開始改變，例如，紐約州就已經制定了防止性騷擾的新法律。

人類的進步取決於能否擴大國家能力來因應新挑戰，對抗無論新舊的所有宰割。但是，除非社會提出要求，並且動員起來捍衛每一個人的權利，否則這種進步不會發生。這件事一點都不容易，也非必然。但改變與進步是有可能的，而且也實實在在地發生了。

# 致謝

我們為了寫這本書，積欠了很多知識人情債，負欠最多的人是和我們合作，為本書所依據各種面向進行研究的共同作者。我們要感謝下列先進的創意、辛勞和耐心：Maria Angélica Bautista, Jeanet Bentzen, Davide Cantoni, Isaías Chaves, Ali Cheema, Jonathan Conning, Giuseppe De Feo, Giacomo De Luca, Melissa Dell, Georgy Egorov, Leo- poldo Fergusson, Juan Sebastián Galan, Francisco Gallego, Camilo García-Jimeno, Jacob Hariri, Tarek Hassan, Leander Heldring, Matthew Jackson, Simon Johnson, Asim Khwaja, Sara Lowes, Sebastián Mazzuca, Jacob Moscona, Suresh Naidu, Jeffrey Nugent, Nathan Nunn, Philip Osafo-Kwaako, Steve Pincus, Tristan Reed, Juan Diego Restrepo, Pascual Restrepo, Dario Romero, Pablo Querubín, Rafael Santos-Villagran, Ahmed Tahoun, Davide Ticchi, Konstantin Sonin, Ragnar Torvik, Juan F. Vargas, Thierry Verdier, Andrea Vindigni, Sebastian Vollmer, Jon Weigel, Alex Wolitzky 和 Pierre Yared。

我們要特別感謝 Joel Mokyr 在二〇一八年三月，假西北大學經濟史中心，為本書安排了兩天的研討會。二十多年來，他一直在知識上，對我們多所啟發，是我們的學術典範，提供我們無限的專業支持，沒有他的話，很難想像我們的職業生涯會變成什麼樣子。我們在這場研討會上，獲得下列先進敏銳的回饋：Karen Alter, San- deep Baliga, Chris Blattman, Peter Boettke, Federica Carugati, Daniel Diermeier, Georgy Egorov, Tim Feddersen, Gary Feinman, Gillian Hadfield, Noel Johnson, Lynne Kiesling, Mark Koyama, Linda Nicholas, Debin Ma, Melanie Meng Xue, Suresh Naidu, John Nye, Pablo Querubín, Jared Rubin, Ken Shepsle, Konstantin Sonin, David Stasavage, John Wallis和Bart Wilson。我們要感謝 Bram van Besouw 和 Matti Mitrunen 在研討會上負責記錄，協助我們瞭解會上自由自在的討論。

此刻很可能也適於提到過去二十年來，影響我們研究路線的多位學者，尤其是 Lee Alston, Jean-Marie Baland, Robert Bates, Tim Besley, Jared Diamond, Robert Dixon, Richard Easterlin, Stanley Engerman, Jeffry Frieden, Steven Haber, Joe Henrich, Ian Morris, Douglass North, Josh Ober, Neil Parsons, Torsten Persson, Jean-Philippe Platteau, Kenneth Sokoloff, Guido Tabellini, Jan Vansina, Barry Weingast 和 Fabrizio Zilibotti。

Siwan Anderson, David Autor, Peter Diamond, Jon Gruber, Simon Johnson, Lakshmi Iyer, Ramzy Mardini, Mark Pryzyk, Gautam Rao, Cory Smith, David Yang和Anand Swamy 對各章提出非常有用的指教，我們非常感激他們提供的時間和學識。謝謝 Chris Ackerman 和 Cihat Tokgöz 閱校全書，提供大量批評指教和建議。

過去幾年裡，我們曾經在很多個不同的研討會場合裡，說明本書中提到的各種觀念，包括在西北大學的 Nemmers 講座、慕尼黑講座、耶魯大學的顧志耐講座（Kuznets Lecture）、劍橋大學的 Richard Stone 講座、臺灣大學的孫震講座、法國圖魯斯（Toulouse）的 Jean-Jacques Laffont 講座、聖母大學的 Guillermo O’Donnell 紀念講座、伊利諾大學厄巴納—香檳校區（Urbana-Champaign）的 Linowes 講座、牛津發展研究年度講座、世界銀行ＡＢＣＤＥ專題演講、塔虎脫大學（Tufts）社會本體論年度研討會（Annual Social Ontology Conference）。我們在這些場合裡，得到很多有用的批評和建議。我們要特別感謝 Toke Aidt、

Gabriel Leon 和林明仁。

我們要感謝下列人士提供的絕佳研究協助：Tom Hao, Matt Lowe, Carlos Molina, Jacob Moscona, Frederick Papazyan和Jose Ignacio Velarde Morales。謝謝我們寶貴的相片編輯 Toby Greenberg，以及提供寶貴編輯建議和校正的 Alex Carr, Lauren Fahey,uren Fahey 和Shelby Jamerson。

我們也永遠感謝我們的夥伴 Asu Ozdaglar 和 Maria Angélica Bautista 的支持、鼓勵和耐心。

同樣重要的是，我們至誠感謝我們的代理人 Max Brockman 和編輯 Scott Moyers 與 Daniel Crewe 以及企鵝出版公司 Mia Council 社群的助理編輯，謝謝他們為本書付出的心力和非常有用的建議，所有錯誤當然都是我們自己的責任。

係以Piketty and Saez（2003）的大作為基礎，更新的資料出自https://eml.berkeley.edu/~saez/（並參考包括資本所得的數字）。Acemoglu, Autor, Dorn, Hanson, and Price（2015）與Acemoglu and Restrepo（2017）的大作探討並估計美國與中國貿易，以及機器人對美國就業的影響。

我們對美國金融制度改革的探討，出自Johnson and Kwak（2010），有關金融業員工與高階經理人相對所得的比較，請參閱Phillippon and Reshef（2012）。美國金融業六大銀行的市占率，係根據Global Financial網站的資料計算而得。

Autor, Dorn, Katz, Patterson, and Van Reenen（2017）提供的證據，證明了大企業對GDP中資本所得所占比率大增的貢獻良多，Song, Price, Güvenen, Bloom, and von Wachter（2015）的大作顯示，高生產力公司給付員工較高薪資，尤其是給付所得分配頂層的高薪，長久以來一直促成不均的擴大。一九九〇年和今天五大企業總市值和GDP的比較數字，係根據Global Financial網站的資料計算而得。

有關一國的制度性結構不能由另一國直接複製的問題，請參見Acemoglu, Robinson, and Verdier（2017）。

有關史諾登的揭發秘密的事件，請參見Edgar（2017），有關丹麥政府的「會話記錄」問題，請參閱https://privacyinternational.org/location/denmark。

貝佛里奇的引述出自Beveridge（1994, 9）。

有關小羅斯福總統一九四四年的國情咨文演說，請參見http://www.fdrlibrary.marist.edu/archives/address_text.html。有關他所倡「四大自由」的評論，請參見https://books.openedition.org/pufr/4204?lang=en。針對他的演說，批評非裔美國人沒有自由的評論，出自Litwack（2009, 50）。有關聯合國《世界人權宣言》，請參見http://www.ohchr.org/EN/UDHR/Documents/UDHR_Translations/eng.pdf。

record-number-turkey-china-egypt.php。

有關政變企圖失敗後遭到整肅的人數問題，請參閱 https://www.nytimes.com/2017/04/12/world/europe/turkey-erdogan-purge.html, and https://www.politico.eu/article/long-arm-of-turkeys-anti-gulenist-purge/。

有關一九九九年後拉哥斯的發展狀況最好的分析，請參見de Gramont（2014）。有關一九七六年奈及利亞憲法起草委員會的問題，請參見Williams and Turner（1978, 133）。

有關波哥大的情勢，請參閱Tognato（2018）中的論文。Devlin（2009）與Devlin and Chaskel（2009）在大作中，針對波哥大狀況的改善，提供了妥善的概述。卡巴雷洛的引述出自Devlin（2009）。莫茨庫斯好像「看到這個人嘔吐」的引述出自Devlin and Chaskel（2009）。

有關羅德西亞和辛巴威的歷史，請參閱Simpson and Hawkins（2018）。「避免跟辛巴威一樣」的引述出自http://www.researchchannel.co.za/print-version/oil-industry-empowerment-crucial sapia-2002-10-21。

有關芬利的引述出自Finley（1976）。

南韓工業化與民主轉型的概述請參見Cummings（2005）。

剛果自由邦的歷史及其反應，參見Hochschild（1999）的傑作，我們引用了其中的凱斯曼日記。完整的凱斯曼報告請參閱https://ia801006.us.archive.org/14/items/CasementReport/CasementReportSmall.pdf。有關國際人權運動問題，請參見Neier（2012）。

國際特赦組織在聯合國反女陰殘割決議中扮演的角色，請參見https://www.amnesty.org/en/latest/news/2012/11/fight-against-female-genital-mutilation-wins-un-backing/。

有關穆加比獲得世界衛生組織「親善大使」的任命問題，請參見https://www.theguardian.com/world/2017/oct/22/robert-mugabe-removed-as-who-goodwill-ambassador-after-outcry與http://theconversation.com/robert-mugabe-as-who-goodwill-ambassador-what-went-wrong-86244。

## 第十五章　和國家巨靈和平共存

海耶克《到奴役之路》美國版的引言、我們從中引用的引述，以及Bruce Caldwell的絕佳探討，都請參閱Hayek（2007）。我們的引述出自pp. 71, 148, 44, and 48。有關貝佛里奇的報告請參閱 Beveridge（1944），也請參見Baldwin（1990, 116），我們從中引述了葛里菲斯的話。

有關瑞典的「乳牛交易」和社會民主制度的勃興，請參閱Baldwin（1990），Berman（2006），Esping-Andersen（1985）與Gourevitch（1986）。我們的引述出自Berman（2006）與Esping-Andersen（1985），也請參見Misgeld, Molin, and Amark（1988）大作中、有關教育與住宅政策的章節，我們從中引述p. 325的文字。 Moene and Wallerstein（1997） 發展出壓縮薪資和創新之間關係的模型。有關資本家尊重福利國家卻另有偏好的分析，請參見Swenson（2002）。

我們探討聯盟的角色時，和O'Donnell and Schmitter（1986）針對民主化的開創性研究有關。

有關自動化對工資和不均的影響，請參閱Acemoglu and Restrepo（2018）。有關全球化的影響，請參見Autor, Dorn, and Hanson（2013）。美國勞工市場不同教育程度族群的工資成長率與不均，請參見Acemoglu and Autor（2011）與Autor（2014）。國民所得屬於前百分之一和千分之一所得層級的比率，

參見Dean（1987）針對菲拉拉政情更深入的分析。學者對這次會議是不是真正的自由選舉，還有一些歧見，Jones（1997, 624）報告一位史家所寫「整個議程是一場騙局，由埃斯特（Este）貴族家族集團操縱……他們用有武裝的追隨者和外人，占據這座城市和公共廣場。」

佩魯賈政團宣言的引述出自Waley and Dean（2013, 132-33）圖德拉的班傑明有關熱那亞、比薩和盧卡的談話，請參見Benjamin of Tudela（1907, 17）有關皮斯托亞黑人團和白人團的交戰狀況，請參閱Waley and Dean（2013, 137-38）。自治市興起後，封建菁英繼續掌權、繼續擁有特權的問題，請參見Jones（1997, Chapter 4）。柏加摩市人民首長的誓詞，請參閱Waley and Dean（2013, 142-43）。有關帕瑪市人民首長的司法權力問題，請參見Waley and Dean（2013, 152）。有關達多瓦拉和帕拉維奇諾的故事，請參見Jones（1997, 622）。

馬基維利的引述出自*Prince*（2005, 35）。

有關取消制衡獲得民眾支持的討論，取材自Acemoglu, Robinson, and Torvik（2013），有關厄瓜多總統柯利亞的引述出自上述大作中的p. 868。

## 第十四章　踏進窄廊

有關普拉奇的引述出自Plaatje（1916）第一章與第二章。

南非通史請參見Thompson（2014）。有關原住民土地法請參閱Bundy（1979），有關膚色限制與工資，請參見Feinstein（2005）。

有關賀樂威委員會，請參見Feinstein（2005, p. 55），有關原住民事務特別委員會的引述，出自Bundy（1979, 109）。

莫萊濟・姆貝基的引述出自https://dawodu.com/mbeki.pdf。有關黑人經濟振興方案一事，請參見Southall（2005）, Cargill（2010）與Santos-Villagran（2016）。有關一九九五年世界盃橄欖球冠軍賽，以及曼德拉和皮納爾的對話，請參見https://www.theguardian.com/sport/2007/jan/07/rugbyunion.features1。

我們針對日本軍國主義興起，以及戰後政治制度的探討，取材自Dower（1999）, Buruma（2003）與Samuels（2003）。有關岸信介在戰前和戰後日本所扮演的角色細節，取材自Kurzman（1960）, Schaller（1995）與 Driscoll（2010）。

有關費勒斯的引述出自Dower（1999, 282）。日本憲法第九條和裕仁天皇的新年賀詞，出自同一大作中的pp. 394 and 314。

有關從奧圖曼帝國轉型為土耳其共和國的歷程，最好的資料來源為Zürcher（1984）與Zürcher（2004）。有關土耳其近代史的概論，請參閱Pope and Pope（2011）與Çagaptay（2017）。近年土耳其的政治與經濟變化，以及這種變化為經濟所帶來影響的探討，請參見Acemoglu and Üçer（2015）。有關艾爾段引用「黑土耳其人、白土耳其人」的引述，請參閱https://www.thecairoreview.com/essays/erdo%C4%9Fans-decade。

有關艾爾段的演說，請參見http://www.diken.com.tr/bir-alman-kac-turke-bedel/。

有關新聞記者在土耳其繫獄的新聞，請參見https://cpj.org/reports/2017/12/journalists-prison-jail-

公民社會，從而崛起，Satyanath, Voigtländer, and Voth（2017）證明這種相關性相當常見。

有關希特勒在柏林體育宮的演說，請參見Evans（2005, 324）。希特勒一九三二年十月十七日公開演說的引述，出自Evans（2005, 323）。和戈培爾的宣布有關的引述出自Evans（2005, 312）。費迪南・赫曼斯（Ferdinand Hermans）的引述出自Lepsius（1978, 44）。 有關「啤酒館政變」後希特勒的審判和相關引述，請參見Kershaw（2000, 216）。伊凡斯有關「不滿分子的彩虹聯盟」引述，出自Evans（2005, 294）。

弗里茨的引述出自Fritzsche（1990, 76）。

墨索里尼的引述出自他的「法西斯主義原則」演說，這篇演說的內容請參見http://www.historyguide.org/europe/duce.html。歷史學家范納的引述出自他的大作*Mussolini's Italy*，其內容請參閱https://archive.org/stream/mussolinisitaly005773mbp/mussolinisitaly005773mbp_djvu.txt。

我們對智利民主制度遭到推翻的分析，是以Valenzuela（1978）的開創性研究為基礎，他的大作構成Linz與Stepan有關民主制度崩潰的政治學比較研究計畫的一環，其結論摘述在Linz（1978）中。

Angell（1991）針對我們所注重時期的歷史，提供了妥善的概述，Constable and Valenzuela（1993）針對一九七三年政變後的軍事獨裁政體，提供了絕佳的論述。Baland and Robinson（2008）就一九五八年推出秘密投票對政治的影響，提出了實證分析。社會主義派參議員馬托內斯的引述，出自Baland and Robinson（2008, 1738- 39）。布萊恩・洛夫曼（Brian Loveman）的引述出自Loveman（1976, 219）。有關弗雷政府統治期間建國過程的分析，請參見Valenzuela and Wilde（1979），他們和Valenzuela（1978）的大作在解讀弗雷的計畫時，通常把這個計畫視為重大挫敗，因為攻擊侍從式的政策，傷害了阿葉德上臺後的談判交易能力。我們的解讀卻認為，這樣是紅皇后效應發揮時自然出現的一環。

史丹利爵士的引述出自Kitson-Clark（1951, 112），李嘉圖的引述出自Ricardo（[1824], 1951-1973, 506）。

美國總統甘迺迪推出進步聯盟方案的演說，請參見https://sourcebooks.fordham.edu/mod/1961kennedy-afp1.asp。

阿葉德的「法規保證」內容，請參見http://www.papelesdesociedad.info/IMG/pdf/estatuto_de_garantias_democraticas.pdf。

德布雷專訪阿葉德的內容，請參見https://www.marxists.org/espanol /allende/1971/marzo16.htm。共產黨總書記一九七二年演說的引述出自Valenzuela（1978, 68）。《信使報》社論的引述出自Valenzuela（1978, 69）。《信使報》第二篇社論的引述出自Valenzuela（1978, 93）。

阿爾塔米拉諾的引述出自Valenzuela（1978, 94）。美國參議院委員會的智利秘密行動報告，可從下列網址下載：https://www.archives.gov/files/declassification/iscap/pdf/2010-009-doc17.pdf。本書的引述出自該報告pp. II.10-11 and IV,31。

Dean（1999）, Waley and Dean（2013）與Jones（1997）針對義大利共和國的崩潰，提供了妥善的分析。

一二六四年，北義大利菲拉拉市會議的決議事項，請參閱Waley and Dean（2013, 180-81），另請基礎，但是另外還有很多分析傑作，包括 Steinberg（2005），Zyoob and Kosebalaban, eds.（2009）以及Philby（1928）的經典傑作。Mouline（2014） 的傑作特別精於當代情勢的分析。

隆美爾的引述出自 Liddell Hart（1995, 328）。「拂曉來臨時」的引述出自Vassiliev（2013）。「讓他在這裡說話的引述出自Doughty（1888），伯克哈特的引述出自Buckhardt（1830, 116-17）.「阿不都阿齊茲致書某部落阿拉伯人」的引述出自Corancez（1995, 9）。

決定推翻紹德國王的引述出自Mouline（2014, 123）。

安薩里的引述出自Kepel（2005, 238）。

有關親美伊斯蘭教令的問題，請參見Kurzman（2003），我們從中引用伊拉克入侵科威特後、沙烏地阿拉伯在一九九〇年發布的伊斯蘭教令。

有關麥加女校火災的事實，請參閱http://news.bbc.co uk/2/hi/middle_east/1874471.stm.，有關男性救援人員的說詞請參見 http://english.alarabiya.net/en/News/middle-east/2014/02/06/Death-of-Saudi-female-student-raises-uproar.html。有關沙烏地阿拉伯女性遭到的限制一事，CNN的摘要報導說明的很清楚，請參見https://www.cnn.com/2017/09/27/middleeast/saudi-women-still-cant-do-this/index.html。有關「女性透過大學教育追求進步，是我們不需要的東西」、「全能的真主……稱讚女性留在家裡」、女性「缺少推理能力和理性」的引述出自Human Rights Watch（2016），也請參見Human Rights Watch（2008），有關沙國男性對女性勞動參與的態度，請參見Bursztyn, González, and Yanagizawa-Drott（2018）。有關女性駕駛的問題，請參見https://www.nytimes.com/2017/09/26/world/middleeast/saudi-arabia-women-drive.html。

和「哀傷滿面的海珊」有關的引述出自Mortimer（1990）海珊所說「伊拉克國旗已經變成聖戰和信仰」的大旗的引述出自Baram（2014, 207-208），Platteau（2017）對海珊和宗教關係的分析鞭辟入裡，也請參見 Baram（2014），Helfont（2014）與Dawisha（2009）。賓拉登一九九六年所發伊斯蘭教令的英文譯本，請參見. https://is.muni.cz/el/1423/jaro2010/MVZ203/OBL AQ Fatwa_1996.pdf. Platteau（2011, 245）。

## 第十三章　紅皇后失控

探討威瑪共和崩潰的學術文獻極多，我們的記述係根據Kershaw（2000）與Evans（2005），但是我們也引用Shirer（1960），Bracher（1970），Lepsius（1978）與 Winkler（2006）等大作。 Myerson（2004）提供了威瑪政治制度缺陷的分析。Mühlberger（2003） and King, Rosen, Tanner, and Wagner（2008）的大作分析投票資料，分辨有那些人投票給納粹黨。Abel（1938）所搜集支持希特勒的當代德國人所說證詞十分有力。

Tooze（2015）針對一次大戰帶來的政治影響，做了絕佳的綜合敘述。Berman（2001）針對德國威瑪共和之前的帝制，提出有用的概述與解讀。

社民黨領袖威爾斯的引述出自Edinger（1953, 347-348）。納粹黨一九三〇年競選政見宣言的引述出自Moeller（2010, 44），有關赫爾曼的引述出自Moeller（2010, 33-34）。威瑪憲法的英文譯本請參見http://www.zum.de/psm/weimar/weimar_vve.php。Berman（1997）指出，納粹黨善用威瑪德國密集的

探討，Robinson的大作又以下列傑作為基礎，包括Acemoglu, Bautista, Querubín, and Robinson（2008），Mazzuca and Robinson（2009），Acemoglu, Robinson, and Santos（2013），Acemoglu, García-Jimeno, and Robinson（2012, 2015），Chaves, Fergusson, and Robinson（2015），and Fergusson, Torvik, Robinson, and Varas（2016）。有關「假陽性醜聞」問題，請參見Acemoglu, Fergusson, Robinson, Romero, and Vargas（2016）。韋伯有關國家機器的定義出自他的論文《政治之為職業》（Politics as a Vocation），Weber（1946）中轉載了這篇論文。

和通往莫科阿道路有關的歷史出自 Uribe（2017），我們引述其中的pp. 29, 33, 45, 124-25, 128-30, 163。和莫雷諾有關的事蹟，請參見 Robinson（2016），和馬格達萊納省中部自衛部隊有關的問題，請參見Robinson（2013, 2016），Robinson大作中引述Isaza（18-19）。有關礦工暴動的故事取自（30）有關布里嘉德烏魯提亞法律事務所的故事取材自（29），有關Batallón Pedro Nel Ospina的事蹟出自（21）參見Bautista, Galan, Restrepo, and Robinson（2019）。

玻利瓦有關「這些紳士」的引述出自Simon（2017, 108）。

玻利瓦寫給弗洛雷斯將軍的信轉載自Bolívar（2003），這本書中也載有他提交玻利維亞憲法草案時，對立法機構的演說，以及玻利維亞憲法全文。Gargarella（2013, 2014）是十九世紀拉丁美洲憲政的基本闡釋，書中說明了拉丁美洲憲政和美國有何不同，以及何以不同的原因。Simon（2017）的大作是令人非常振奮的比較分析，書中特別強調他稱之為匯合保守與自由，創造比較集權化的憲法，容許總統權力超過美國總統的憲法條文。憲法上的這些差異起源於拉丁美洲殖民歷史中路徑依賴（path dependence）的均衡部分。里歐派拉卡斯提爾糖業公司的引述出自Werlich（1978, 80），波塔雷斯的引述出自Safford（1985）。有關南北美洲不同發展的開創性論證，請參見Engerman and Sokoloff（2011），也請參閱Acemoglu, Johnson, and Robinson（2001, 2002），至於有何不同，請參見Acemoglu and Robinson（2012）。

Dalton（1965）的大作是賴比瑞亞政治經濟的開創性研究，我們引述書中的pp. 581, 584, and 589。和迦納有關的議題請參閱Killick（1976）大作中的pp. 37, 40, 60, 231, and 233。Bates（1981）針對政治如何傷害公共服務的提供，進行了開創性的研究，他是第一位提出若干機制，供我們在本書中加以發展的人。我們引述了他大作中的pp. 114 and 117。阿皮亞的引述出自Appiah（2007）。

有關非洲的間接統治，請參閱Mamdani（1996）。有關間接統治影響地方發展的實證證據，請參見Acemoglu, Reed, and Robinson（2014）。有關比較廣泛的問題，請參閱Acemoglu, Chaves, Osafo-Kwaako, and Robinson（2015），有關間接統治在非洲持續存在的強度問題論證，請參見Heldring and Robinson（2015），有關間接統治符合非洲普遍低度發展事實的記述，請參見Acemoglu and Robinson（2010）。BBC（2013）曾經報告賴比瑞亞考生沒有人通過大學入學考試的新聞。

## 第十二章　瓦哈比的子女

我們對中東歷史及當地國家和社會關係的解讀，深受Jean-Philippe Platteau（2017）的開創性傑作影響，有很多傑作針對我們探討的歷史，提供妥善的說明。我們對沙烏地阿拉伯，以及對紹德家族和瓦哈比派之間關係的分析，是以Corancez（1995），Commins（2009）與Vassiliev（2013）的大作為密切相關。Alston and Ferrie（1993, 1999）是針對南方政客，阻擋威脅其經濟利益與自主權的新政立法，所做的重要分析。新政時期的國家機器狀況也請參見Novak（2017）。Friedberg（2000）的大作分析了公私合營模式對冷戰的進行方式，具有什麼重大影響， 這一點也請參閱Stuart（2008）的大作。我們有關聯邦政府如何利用法律制度實施政策的例子，出自Farhang（2010）的大作，有關法律制度在美國建立國家能力初期的重要性問題，出自Novak（1996）。

Hinton（2016）的大作提供了詹森總統大社會計畫的背景。

Rothstein（2014）針對佛格森怎麼變成後來這種樣子，做了十分精闢的分析，還探討種族主義聯邦政策的歷史，也請參閱 Rothstein（2017）大作中比較廣泛的論證。 Gordon（2009）詳細說明了種族隔離和聖路易市區沒落的歷史。Loewen（2006）的大作是「日落城市」歷史的重要著作，Aaronson, Hartley, and Mazumder（2017）提供了「畫紅線」做法對經濟具有長期不利影響的證據。有關的引述出自Rothstein（2014）。

有關哥倫比亞特區控告海勒一案的判決請參見https://supreme.justia.com/cases/federal/us/554/570/opinion.html。有關聯邦住宅管理局承保手冊中明確的種族主義用語請參見https:// www.huduser.gov/portal/sites/default/files/pdf/Federal-Housing-Administration-Underwriting-Manual.pdf。

有關貧窮比率的資料，請參見https://data.oecd.org/inequality/poverty-rate.htm.，有關健保涵蓋比率的資料，請參閱http://www.oecd-library.org/docserver/download/8113171ec026.pdf?expires=1514934796&id=id&accname=guest&checksum=565E13BC154117F36688F63351E843F1。有關國民所得花在健保上比率的資料請參見https://data.worldbank.org/indicator/SH.XPD.TOTL.ZS。

Weiner（2012）是有關聯邦調查局歷史的完美傑作，我們的探討就是依據這本大作。有關中情局的問題，請參閱Weiner（2008），有關美國國家安全局和史諾登揭發內情的故事請參見Edgar（2017），邱池委員會一九七五年的報告，請參閱https://www.senate.gov/artandhistory/history/common/investigations/ChurchCommittee.htm。有關亞歷山大「我們為什麼不能隨時搜集所有信號？」的說法，請參見https://www.theguardian.com/uk/2013/jun/21/gchq-cables-secret-world-communications-nsa。

艾森豪總統的告別演說請參閱http://avalon.law.yale.edu/20th_century/eisenhower001.asp。

## 第十一章　紙糊國家巨靈

「國家的病人」觀念出自Auyero（2001），我們在第一節中的所有證據，都出自他的大作，我們引述他大作中的pp. 10, 20, 71-72, 83, 85, 99, 109, 120。有關韋伯「鐵牢籠」的觀念，請參見Weber（2001），他所有和官僚體系有關的說法都出自Weber（1978），我們引述其中的pp. 220-21 and 214。和他跟這些主題有關的有用介紹包括Camic, Gorski, and Trubek, eds.（2005）與Kim（2017）。和阿根廷幽靈官員有關的觀念出自BBC（2018a），有關馬克里總統對抗裙帶主義的措施請參見BBC（2018b）。有關國際貨幣基金的譴責和取消，請參見International Monetary Fund（2016）的討論，有關《經濟學人雜誌》停止報告阿根廷資料的決定，請參閱*Economist*（2012）。Auyero（2001）的大作是「侍從式政治」的開創性研究，跟我們在書中的討論息息相關。

我們有關紙糊國家的探討，係借鑒Robinson（2007, 2013, 2016）針對哥倫比亞政治經濟綜合體的扮演重要的角色。有關這種政治經濟上的多元性質，請參見Karnes（1961）。咖啡價格、出口和交易量的資料出自Clarence-Smith, Gervase, and Topik, eds.（2006）。McCreery（1994）是咖啡經濟背景下瓜地馬拉強制性勞工的權威巨作。我們假設瓜地馬拉和哥斯大黎加經濟分道揚鑣，和我們的假說符合的計量經濟學證據請參閱Pascali（2017）。

薩米恩托的引述出自Dym（2006, xviii）。伍華德論卡雷拉的說法出自Woodward（2008, 254）。

## 第十章　佛格森出了什麼問題？

佛格森警察局的行為細節出自美國Department of Justice（2015）報告。BBC（2017）曾報導亞特蘭大的創傷後壓力症候群。我們針對權利法案不適用各州的論述遵循Gerstle（2015）的開創性研究，我們從中引述副法官Justice Field（p.78）。Ansolabehere and Snyder（2008）是有關大法官華倫判決對政治影響的重要傑作。Amar（2000）是有關權利法案比較常見看法的傑作，這方面也請參見McDonald（2000）論各州權利的傑作。有關美國國家機器的歷史性質問題，有很多歷史學家、社會學家和政治學家的重要研究，Novak（2008）及其評論者的著作是入門傑作，Gerstle（2008）的評論尤其如此，也請參閱King and Lieberman（2009）。這些文獻中，有極多著作揭穿美國國家機器「弱勢」的舊觀念，從很多方面證明即使是在十九世紀，美國國家機器在很多方面，還是發展不出很大的基礎建設力量，Orren and Skowronek（2004）是政治學家完美的概論傑作，其他重要傑作包括Skowronek（1982），Bensel（1991），Skocpol（1995），Carpenter（2001）與Balogh（2009）。Baldwin（2005）是有關國家強弱勢並存的有趣討論。在這些文獻中，（Balogh, 2009）書中「國家機器隱而不見」、或（Mettler, 2011）書中「國家機器沉沒不見」的觀念顯的很突出，說明國家機器必須努力，以便跟民間部門求得平衡，並且整合在一起，也請參閱Stanger（2011）。

有關美國憲法的議題，請參閱第一章的參考資料、討論和文獻。Levinson（2014）大作中提倡國家機器「無能」的觀念，目的是要確保國家機器不會侵害人民的權利。也請參見，Novak and Pincus（2017）有關美國強勢國家機器起源的探討。

*Mapp v. Ohio*一案的判決請參閱http://caselaw.findlaw.com/us-supreme-court 367/643.html。我們「對國家確實沒有興趣」（238）和「如果任何奴隸抗拒主人」（312）的引述出自Morgan（1975）。

有關郵局的重要性，請參見John（1995, 1997）。有關比較廣泛的基礎建設，請參見Larson（2001），有關兩洋鐵路對經濟的衝擊，請參閱Duran（2012）。Acemoglu, Moscona, and Robinson（2016）提供了計量經濟方面的證據，證明郵局的創造和郵局局長的任命，有助於刺激十九世紀美國的專利申請和創新發明。康恩的引述出自其論文，也請參見Khan（2009）。「信件和報紙的流通數量驚人」出自Tocqueville（2002, 283）。

艾伯內西的引述出自Eskew（1997, Chapter 7）。羅伯・甘迺迪和聯邦法官詹森的引述出自McAdam（1999, Chapter 7）。詹森總統的演說請參見http://www.historyplace.com/speeches/Johnson.htm。

Hacker（2002）是美國公私合營供應方法的重要分析，他也提出重要的論證，說明為什麼這種方法會創造出我們所說的「黑暗面」。全國乳品製造公司發言人的引述出自他的大作。但是，他沒有像我們這樣，把這些話跟國家機器的結構拉上關係。Balogh（2015）中的「集會結社國家」的觀念與此

Persson（2011）與 Gennaioli and Voth（2015）最近的大作中，都曾經深入探討過這種觀念。和英國的情形有關的不同看法，請參閱Pincus and Robinson（2012, 2016）。

有關瑞士的歷史，請參閱Church and Head（2013）與Steinberg（2016），Sablonier（2015）的大作也是絕佳的相關概述。有關瑞士政治制度起源比較特別的學術傑作包括Blickell（1992），Marchal（2006）與Morerod and Favrod（2014）。英文版1291年聯邦憲章請參閱https://www.adminch/gov/en/start/federal-council/history-of-the-federal-council/federal-charter-of-1291.html。和普魯士歷史有關的概述請參閱Clark（2009），Ertman（1997）是有關普魯士建國過程非常有用的大作，Rosenberg（1958）是用英文寫作的經典論述。 Carsten（1959）與Asch（1988）強調國家機器的發展削弱德國代議制度的力量。Blanning（2016）是腓特烈大帝自傳絕佳的新近力作，我們有關蓋歐格．威廉和腓特烈．威廉一世的引述，以及和休伊．艾略特有關的引述都出自這本書。

Roberts（2007）提供和蒙特內哥羅歷史有關的概述。Djilas（1958, 1966）的大作是必讀的作品。薄姆（Boehm）對蒙特內哥羅部族血仇的主要研究，刊在他1986年出版的大作中，他1982出版的大作也可以參考，我們的引述出自他1986版大作的182頁。彼得一世主教所制定法規的引述，出自Durham（1928, 78-88），丁尼生詩作《從前自由神坐在高山上》出自Durham（1909, 1）。有關布勞岱爾的引述出自Braudel（1996, 39）。有關馬爾蒙將軍的引述出自Roberts（2007, 174）。

有關蒙特內哥羅「設立集權化政府的持續嘗試」的引述出自Simic（1967, 87）。有關「這是國家和部族兩大原則的衝突」與「成立國家和政府」的引述出自Djilas（1966, 107, 115）。

有關哈維爾的引述出自Havel（1985, 11）。

我們對後蘇聯分歧的論述受到Easter（2012）的影響。Kitschelt（2003）提供非常有趣的解讀。Castle and Taras（2002）與Ost（2006）是有關波蘭政治轉型的絕佳傑作，Treisman（2011）是有關俄羅斯近代史的絕佳傑作。Urban, Igrunov, and Mitrokhin（1997）探討民眾政治無法在俄羅斯出現的問題。和俄羅斯寡頭崛起的概述，請參見Freeland（2000）與 Hoffman（2002）。和俄羅斯民營化有關的著名批評出自Black, Kraakman, and Tarassova（2000）與 Goldman（2003）。和布萊希特有關的引述出自他1953年的詩作"The Solution"，請參閱https://mronline.org/2006/08/14/brecht140806-html/。

我們引述的利特維年科信函出自http://www.mailonsunday.co.uk/news/article-418652/Why-I-believe-Putin-wanted-dead-.html。

有關塔吉克的內戰，請參見Driscoll（2015）也請參閱Collins（2006），以便瞭解部族在中亞政治中的重要性。有關Saodot Olimova的引述出自他的大作，我們也引述了Gretsky（1995）的大作。

我們引述了曼朱（Mench, 1984）悲慘大作中的大量文字。

Dunkerly（1988），Woodward（1991）與Gudmundson and Lindo-Fuentes（1995）是中美洲相關歷史的絕佳概述。Wortman（1982）是說明從殖民統治轉型的傑作。Williams,（1994），Paige（1997），Yashar（1997），Mahoney（2001）與Holden（2004）都是提供相關時期政治經濟史的絕佳作品，我們所舉哥斯大黎加軍隊規模與教師的數字出自Holden（2004）。Gudmundson（1986, 1997）的傑作第一次證明咖啡小農的發展是十九世紀政策的結果，不是殖民統治的遺澤。Cardoso（1977）是探討哥斯大黎加咖啡經濟深具影響力的巨作。薩米恩托的引述出自Dym（2006），書中強調城鎮在中美洲政治上

阿育王的第六塊大石碑敕令引述自Hultzsch（1925, 34-35）。有關喬漢王朝的討論出自Thapar（2002, 451）。和中世紀與現代早期印度南部社會與政治制度有關的著作包括Subbarayalu（1974, 2012）, Stein（1980, 1990）, Veluhat（1993）, Heitzman（1997）與Shastri（1997）。Stein提出「離散國家」的觀念，視之為印度南部國家與社會關係的模式，他的觀念和證據在我們解讀相關歷史時，對我們有著重大影響。有關選舉和地方政治制度的描述，出自Thapar（2002, 375-77）但獲得廣泛引用。跟運河興建有關的議會活動有關銘文的引述，出自Heitzman（1997, 52）。Subbarayalu（1974）提供了以銘文為基礎的地方議會的詳盡分析，並舉出朱羅曼陀羅地區的結構。

有關印度歷史上主導所有地方議會的村議會範圍，有大量古老的文獻存在。沒有人懷疑和僧團制度或泰米爾納德邦、尤其是朱羅王朝時代的證據。其他部分就有很多的爭論，有些學者主張村議會和很多制度通行全印度每一個地方，包括E.G., Mookerji（1920）, Majumdar（1922）, and Malaviya（1956）。Altekar（1927）等其他人卻主張，這些制度其實只限於在印度南部實施，但是他也把卡納塔卡（Karnataka）和泰米爾納德邦納入（請參見 Dikshit, 1964，瞭解出自卡納塔卡的確實證據。）他主張在印度西部的每一個地方，這種議會都比較沒有那麼制度化，而且顯的非正式得多。有關印度地方參與的驚人異質性程度問題，Wade（1988）是有用的資料。Mathur（2013）是便於參考的村代會概述，特別著重村代會在印度獨立後的運作狀況。

Richards（1993）是有關蒙兀兒帝國組織有用的導論，其中三、四兩章提供國家官僚組織，以及官僚組織和鄉村社會互動狀況的良好介紹。Habib（1999）是蒙兀兒時期鄉村經濟組織的權威著作，請參閱第四章的鄉村社群和第五章的土地所有人。

《東印度公司事務專題委員會第五次報告》的引述出自原版報告（1812, 85）。梅特卡夫的引述出自Dutt（1916, 267-68）。馬泰大作的引述出自Matthai's book（1915）中的pp.18, 20，《印度饑荒委員會報告》出自其中的p.77。

我們對比哈爾邦政府能力與政情的分析，深受Mathew and Moore（2011）研究的影響，本書中有關支出不足、懸缺待補和比哈爾邦政情的事實都出自他們的論文。和世界銀行有關的引述出自World Bank（2005）。比哈爾邦政府的引述出自Mathew and Moore（2011, 17）。有用的亞達夫傳記有好幾本，尤其是Thakur（2006）寫的這本。Witsoe（2013）是亞達夫反發展政治路線的絕佳分析。教師出缺資料請參閱Kremer, Chaudhury, Rogers, Muralidharan, and Hammer（2005）。大部分文獻中，都暗示印度國家和社會共存卻沒有真正互動的觀念， E.G., Thapar（2002）與 Mookerji（1920）則清楚陳述這種論點。

## 第九章　魔鬼藏在細節裡

本章的基礎是Acemoglu and Robinson（2017）發展出來的理論概念。

和馬基維利有關的引述出自Prince（2005, 43）。伏爾泰有關普魯士的引述經常有人引用，原始出處卻不明確。有關蒙特內哥羅的引述出自Djilas（1958, 3-4）。堤利論戰爭與國家關係的概念中，最有名的說法出自Tilly（1992）, 也請參見Tilly, ed.（1975）中的文章。國與國之間作戰，會促進國家形成的觀念，起初出自Hintze（1975），Roberts（1956）則發展出軍事革命的觀念，經濟學家Besley and

具開創性的總體傑作包括Hutton（1961），Dumont（1980）與Smith（1994）。有大量非常有用的民族學鄉村研究，例如Lewis（1965），Srinivas（1976），Parry（1979）與Béteille（2012）的大作，可以讓你瞭解種姓制度在現實中如何運作、如何影響政治。現代學術文獻通常強調殖民主義對種姓制度的重大影響（例如E.G., Bayly, 2001, Dirks, 2001與Chatterjee, 2004）。這種想法相當合理，但是種姓制度無疑是非常古老的東西，對我們的分析比較重要的就是這一點。有一小部分研究種姓制度經濟影響的經濟學文獻分為兩派，一派主張在很多市場失靈和問題的不完美的世界上，種姓身分可以提供有用的好處，例如促進保險和合約的執行（E.G., Munshi, 2017），另一派主張種姓可能是經濟關係中沒有效率的起源（E.G., Hoff, 2016）。我們的看法非常貼近後一派，請參閱Edmonds and Sharma（2006），Anderson（2011），Hoff, Kshetramade, and Fehr（2011）與Anderson, Francois, and Kotwal（2015），但是我們的看法超越這些解讀，強調種姓對政治的影響，又造成社會無力促使國家機器負起責任、擁有反應能力。

考底利耶的引述出自Kautilya（1987, Chapter I, section ii）。有關歐洲社會的三個階級，請參見Duby（1982）和布里聶在Britnell（1992）中的分析。

安貝卡「多層高塔」的引述出自Roy（2014），安貝卡的其他引述出自Ambedkar（2014）。阿邁達巴德一位達利特工人接受人權觀察組織專訪的引述出自Human Rights Watch（1999, 1）。

所有貝泰爾的引述都出自Béteill（2012）的第五章。史瑞尼瓦斯「主導種姓」觀念的論文參見Srinivas（1994）。有關戈文丹自傳中的說法，請參閱 Matthai（1915, 35-37），Human Rights Watch（1999, 31-32），其他引述出自相同的Human Rights Watch report（88, 93, 98, 114）。

Gorringe（2005, 2 017）針對當代泰米爾納德邦的達利特人試圖發揮政治力量的做法，提供了絕佳的概述和分析。有關布倫特的分析，請參閱Blunt（1931），資料出自第十二章, 請特別參看附錄pp.247-52。有關種姓持續到今天的問題，請參閱Deshpande（2011），他強烈主張種姓在經濟上具有持久的意義。有關賤民身分的持續問題請參看Shah, Mander, Thorat, Deshpande, and Baviskar（2006）。

卡林姆普爾村的迦吉馬尼制度的說明出自Wiser（1936），兩段引述出自Wiser and Wiser（2000）pp.18-19 and 53。Dumont（1980, 97-102）針對迦吉馬尼制度提出絕佳的描述，書中也包括Wiser大作有用的摘要。古代和中世紀印度史有很多出色的概述和說明，我們依賴的是Thapar（2002）and Singh（2009）。不過學者之間，對於如何解讀古代的很多制度上，有著相當多的分歧，以戰士團體維達哈為名的會議真相如何，就是一個有爭議的例子（參見Singh, 2009, 188）。有關古代共和國的問題，請參見Sharma（1968），尤其是請參閱Sharma（2005）。有關《阿闥婆吠陀》的引述出自Sharma（2005, 110）。有關不同的撫卹金金額和比較常見的法律制度，請參閱Sharma（2005, 245）。有關離車毗王國的討論，出自Sharma（1968, 85-135），也請參閱Jah（1970）中若干不同的解讀，例如，Jah主張離車毗王朝男性擁有普遍的投票權，我們在這一點上，遵照Sharma的看法，他的觀點似乎比較接近學術界的共識，請參閱Kautilya on gana-sanghas（1987）。巴利文大藏經《長部經典》的引述出自Sharma（2005, 64-65）。考底利耶論國王的起源問題，請參閱Kautilya（1987）。Thapar（1999）and Roy（1994）是探討印度北部國家和王國起源的重要著作，後者像Sharma（2005）一樣，特別強調這種國家和瓦爾那制度的關係。

Freedman（1966, 1971）是中國宗親制度的開創性傑作，我們引述1966年版中的第三章和pp.80-82。也請參閱Beattie（2009）, Faure（2007）與Watson（1982）針對中國南方宗親制度的探討。

經濟史學家對中國的比較經濟成長一事毫無爭議，中國「命運逆轉」的觀念出自Acemoglu, Johnson, and Robinson（2002）。雖然Wong（1997）與Pomeranz（2001）主張十八世紀時，中國、或至少發展程度最高的長江流域之類地方的生活水準，類似西歐發展程度最高的地區，但是後續的研究並不支持他的說法。Broadberry, Guan, and Li（2017）綜合整理的平均生活水準歷史性指標顯示，雖然宋朝擁有中世紀時期世界最高的人均所得水準，後來人均所得卻停滯不前，又起伏不定，例如，在明朝和晚清都呈現下降走勢。在他們的資料中，一八〇〇年時，中國的人均所得大約是當時荷蘭的三分之一、只有英國的百分之三十。即使把重點放在長江流域，相對的比較也不會改變大局，Bozhong and van Zanden（2012）發現，一八二〇年代時，長江流域的平均生活水準大約是當時荷蘭的一半。其他證據證實了這些事實，例如，Allen, Bassino, Ma, Moll-Murata, and van Zanden（2011）的大作顯示，中國都會區的工資遠低於西歐，這些事實使Wong and Pomeranz比較廣泛的論證變的比較沒有說服力，因為他們主張，西歐和中國的經濟狀況會出現分歧，原因在於歐洲煤礦所在的位置有利，同時歐洲國家可以利用殖民地的土地。但是，證據並不支持中國出現馬爾薩斯人口陷阱的現象，例如，唐宋兩朝改朝換代期間，中國人口曾經大幅成長。他們的論證在很多方面有問題，例如，英國工業化初期利用的是水力，而不是煤炭的動力。豐富殖民地土地和經濟成長的關係之間，有什麼機制也不明確。

我們對宋朝以後中國成長緩慢的解讀，有點偏向傳統解釋（例如，起源於明朝或清朝初年的反發展政策，請參閱Liu, 2015與von Glahn, 2016），類似Faure（2006）與Brandt, Ma, and Rawski（2014）的大作。我們所舉無力供應公共財的事實，請參見Morse（1920）。這些傑作承認中國近代初期市場出現的重要性，卻也提出具有政治動機、妨礙經濟成長的眾多政策的證據存在。我們也利用Hamilton（2006）中的素材，也請參看Brenner and Isett（2002）。本書遵循Wright（1957）之類早年學者的傳統，我們所舉不願鋪築鐵路的例子出自Wang（2015）。中國長期發展的學術文獻濫觴於韋伯的大作，韋伯注重中國和歐洲的文化差異，以及跟馬克思所主張「亞洲生產模式」觀念的差異（參見Brook, ed., 1989瞭解這種觀念的角度）。後來，Wittfogel（1957）等人把中國定位為「專制國家」，歷史學家即使在描述近代的帝國時，採用這個名詞都毫無疑義，請參見（E.G., Mote, 2000, Liu, 2015）。

Liu（1992）的大作探討溫州模式，有關「集體化遭到翻轉」的引述，出自該書698頁。

Huang（2008）的大作提供鄉鎮企業和北京秀水市場的例子。和農村民怨與土地稅有關的證據，請參見O'Brien and Li（2006）與O'Brien（2008）。有關共產黨不願承認資本家的問題，請參閱Nee and Opper（2012）。和現代化理論有關的問題，請參見Lipset（1959）。顯示各國致富或「現代化」後，不會自動變為民主的證據，請參閱Acemoglu, Johnson, Robinson, and Yared（2008, 2009）。

「不容許黑暗角落存在」的說法出自Carney（2018）。維吾爾族遭到的鎮壓出自Human Rights Watch（2018）。

## 第八章　紅皇后毀壞

馬諾吉和芭布莉的故事出自Dogra（2013）。探討印度種姓意義、歷史和重要性的文獻很多，深我們針對18世紀英國紅皇后效應的探討，係依據Tilly（1995），所有引述都出自第一章。Brewer（1989）是有關18世紀英國國家機器的開創性研究。

《女性權益決議法律》彙編的引述出自Edgar（2005）。布雷克史東的引述出自Montgomery（2006, 13）。

卡洛林所寫《嬰兒監護法迫使母子分離之思考》的小冊子，請參見https://catalog.hathitrust.org/Record/008723154。她寫給女王的信，請參見http://digital.library.upenn.edu/women/norton/alttq/alttq.html。我們也從Wollstonecraft（2009, 103, 107）與Mill（1869, Chapter 1）中有所引述。

和英國工業革命有關的素材取材自Acemoglu, Johnson, and Robinson（2005）與 Acemoglu and Robinson（2012）。Mokyr（1990）針對工業革命期間的科技突破提供了絕佳的概述。和經度有關的引述都出自Sobel（2007, Chapters 3, 5, 7）。

## 第七章　受命於天

用英文寫作的傑出中國史概論很多，最可靠的是卷帙浩繁的《劍橋中國史》，哈佛大學出版社的中國史也很有用。史景遷（Spence, 2012）是中國近代和近代期間史的傑作，Dardess（2010）是大部分期間帝國國家機器的簡明概述傑作，Mote（2000）是對帝國國家機器詳盡的研究。Von Glahn（2016）是對帝國崩潰前中國經濟史獨一無二的最新概述力作，書中也包括豐富的相關政治和社會史。

孔子的引述出自（2003, 8, 193）。孟子的引述出自Mengzi（2008）。

荀子的引述出自Xunzi（2016）。

季梁的引述出自Pines（2009, 191）。子產的引述出自Pines（2009, 195）。

我們對中國早期建國過程及其悠久遺澤的解讀，主要依據Pines（2009, 2012）的大作，也請參見他翻譯的《商君書》（Shang Yang, 2017），我們引述其中的pp.79, 178, 218, 229-30, 233。我們的解讀也受Lewis的三部曲（2011, 2012a, 2012b）影響，參見Lewis（2000），比較希臘城邦和中國春秋時代的政體。Bodde and Morris（1967）是有關中國法律的重要傑作，書中強調法家和儒家因素的融合，以及缺少法治的觀念，也請參見Huang（1998）的開創性傑作，瞭解清朝司法制度的運作，以及流傳至今的遺澤。Perry（2008）以非常有趣的方式，解讀中國的「社會契約」，及其甚至可延續到共產時期的耐久特性。Von Glahn（2016）追蹤中國一再試圖恢復井田制度的努力。有關明朝郯城縣的事蹟，請參閱Spence（1978, 6-7）。有關明朝的海禁，請參見Dreyer（2006）。Farmer（1995）與Wakeman（1986）分析了明朝的轉型。Kuhn（1990）探討了清廷對違反滿清髮禁人民所採取的措施，也討論中央政府對「叫魂」事件的反應。

有關王秀楚的引述出自Struve（1998, 28-48），也請參閱 Rowe（2009）書中的討論。吳敬梓《儒林外史》的摘述係轉載自Chen, Cheng, Lestz, and Spence（2014, 54-63），書中也轉載了和珅的罪行與財富。Zelin（1984），von Glahn（2016）與Rowe（2009）的大作強調清朝的財政惡化，波及清朝提供基礎建設之類公共財的能力。Rowe（2009, Chapter 6）詳細說明和珅的罪行。我們針對漢口所做的探討出自Rowe（1984, 1989），同時深受Wakeman（1993）所作批評的影響，也請參見Wakeman（1998）。

性質，有著很多學術上的爭議，請參見 Wallace-Hadrill（ 971, 1982）, Geary（1988）, James（1988）, Murray（1988）, Wolfram（2005）與Wickham（2009, 2016）。

羅馬時代約克城的崩解在Fleming（2010）中有所描述，也請參看她在書中第28頁中所描寫後羅馬時代的約克城狀況。有關盎格魯撒克遜不列顛時代的議會政治角色，請參閱Roach（2013, 2017）與 Maddicott（2012），後者深深影響我們對英國政治史的解讀。蘭姆齊修士伯費爾特的談話請參見Byrhtferth of Ramsey（2009），我們的引述出自書中的73、105、107頁。我們也引述Bede（1991）的281頁。盎格魯撒克遜的歷史有很多完美的概述，我們的敘述主要是根據Stafford（1989）與 Williams（1999）。艾恩撒姆地方艾弗利克修道院長的引述取材自William（2003, 17）。

英國早年法律條文在Attenborough, ed.（1922）及後續的Robertson, ed.（1925）中，都已經翻譯和重製出來，我們引述Attenborough（1922, 62-93）。Hudson（2018）是討論早年英國法律的傑作，對我們的解讀也深具影響。

和一〇六六年及諾曼人入侵的傑作很多，Barlow（1999）是其中值得參閱的著作。和英國封建主義有關的事情可以參見Crick and van Houts, eds.（2011），其中有關史蒂芬．巴克斯特（Stephen Baxter）的一章尤其如此。我們的引述出自Bloch（1964, 141, and Chapters 9 and 10）。

有關《克拉倫登詔令》的內容，請參見http://avalon.law.yale.edu/medieval/assizecl.asp。

有關費茲尼格爾的引述出自Hudson（2018, 202）。

耶魯大學Avalon Project轉載了大憲章的內容，請參見http://avalon.law.yale.edu/medieval/magframe.asp。也請參見Holt（2015）。

我們對早期英國國家機器形成的解讀和證據，十分依賴Braddick（2000）, Hindle（2000）與Pincus（2011）, 也請參閱Blockmans, Holenstein, and Mathieu, eds.（ 2009）。Davison, Hitchcock, Keirn, and Shoemaker, eds.（1992）探討《喧囂的蜂群》一詩的意象。引述的詩文出自Mandeville（1989）也可以參看https://en.wikipedia.org/wiki/The_Fable_of_thc_Bees#The_poem。

燕田村的故事請參閱Hindle（1999），他在書中轉載了完整的決議。我們轉載的法律案件出自Herrup（1989, 75-76, see Chapter 4）。Goldie（2001）文中強調18世紀英國官員人數的重要性，我們的數字出自他的論文。

有關歐洲議會的起源，請參見Bisson（2009）有關法國朗格多克省的起義，請參見Bisson（1964）和他編輯的文集（readings，1973）。有關歐洲國會制度歷史的概述，也請參閱Marongiu（1968）, Myers（1975）與Graves（2001），和斯堪地那維亞半島國家有關的章節，請參閱Helle（2008）。和德國黑森邦有關的分析，請參見Kümin and Würgler（1997），也請參見Guenée（1985）與Watts（2009）。

我們對冰島歷史的探討取材自Karlson（2000）和Helle（2008）的相關章節；有關爭執的延續性，請參閱Miller（1997）。

Angold（1997）與Treadgold（1997）提供了和拜占庭政治史有關的概述。普羅科匹爾斯的引述出自Procopius（2007）。「中世紀的美元」出自Lopez（1951）。Laiou and Morrisson（2007）提供了相關經濟史非常有用的概述。

和米蘭名人有關的討論出自Wickham（2015, Chapter 2）。

聖徒阿西西聖法蘭西斯的生平，請參見Thompson（2012）。香檳交易會的故事請參見Edwards and Ogilvie（2012）。

有關中世紀的商業革命，請參閱Lopez（1976）與Epstein（2009）。Mokyr（1990）, Gies and Gies（1994）針對中世紀的科技發展，提供了絕佳的概述。我們對三十大城市人口的估計，係取材自DeLong and Shleifer（1993）。有關引用都市化歷史資料代表經濟發展程度的辯護，請參見Acemoglu, Johnson, and Robinson（2002）。都市化資料出自Bosker, Buringh, and van Zanden（2013），也請參閱Buringh and van Zanden（2009）中書籍印製與識字率的資料。有關佛羅倫斯的資料，請參閱Goldthwaite（2009），有關比較廣泛的經濟與財政趨勢的資料，請參見Fratianni and Spinelli（2006）與Pezzlo（2014）。Mueller（1997）針對匯票的性質做過詳細的探討。

Origo（1957）記錄了達蒂尼的生平，我們引用達蒂尼在加納利群島致富的故事就是出自這本傑作。Pirenne（1952）強調了聖戈德里克生平故事，具有社會上商人如何起源的意義, 我們在本書中，引述他同時代的Reginald of Durham（1918）替他所作傳記中的記載。

我們對薩巴特克人所建國家的解讀，極為依賴Richard Blanton, Gary Feinman, and Linda Nicholas的研究, 請特別參看Blanton, Feinman, Kowalewski, and Nicholas（1999）以及Blanton, Kowalewski, Feinman, and Finsten（1993）。Blanton and Fargher（2008）擴大了很多前現代政體是由下而上建立的論證。玉米餅的故事出自Flannery and Marcus（1996），這本大作對薩巴特克人所建國家的敘述略有不同，共識也比較少。

## 第六章　歐洲剪刀

我們對歐洲史的看法，受到Crone（2003）和Hirst's（2009）的傑作影響，後者強調中世紀初期不同因素獨特的匯合。我們也十分依賴Wickham's（2016）對議會政治所扮演角色的分析，另外，也請參閱Reuter（2001）, Barnwell and Mostert, eds.（2003）, Pantos and Semple, eds.（2004）, 並請特別參看Wickham（2009, 2017）。有關「自治市革命」的概述，請參閱Kümin（2013）與Blickel（1989, 1998）深具影響力的大作。

Gregory of Tours（1974）是早期法蘭克人狀況的基本資料來源，我們從中引用和克洛維加冕和長髮剪短威脅的描述（123, 140, 154, 180-81）。Murray（1983）與Todd（2004）探討我們所知的早期日耳曼社會狀況。Wood（1994）提供了墨洛溫王朝歷史的概述。蘭斯大主教辛克馬的相關著述，請參見Hincmar of Reims（1980）。我們引述他對某次議會的描述（222, 226）。塔西圖斯有關日耳曼議會的描述出自Tacitus（1970, 107-112）。

Eich（2015）提供了羅馬官僚體系發展的概述，相關問題也請參見Jones（1964）與Kelly（2005），其中討論第一章中所提約翰·利多斯的著述。

有關《薩利克法》的引述出自耶魯大學的Avalon Project，請參見 http://avalon.law.yale.edu/medieval/salic.asp。也請參見Drew（1991, 59, 79-80, 82-83）。Costambeys, Innes, and MacLean（2011）是加洛林王朝歷史的全面概述傑作，也請參見Nelson（2003）。有關羅馬人和法蘭克人國家之間關係的真正

參見Kuykendall（1965, 68）。

有關喬治亞的歷史和政經狀況，請參閱Wheatley（2005）與Christopher（2004）。我們根據Driscoll（2015）的大作，說明謝瓦納茲崛起的故事。

## 第四章　走廊外的經濟學

有關柯爾森的引述出自Colson（1974, Chapter 3）。

有關高原東加人的部族系統問題，請參見Colson（1962）。

Turner（2007）提供了剛果衝突的概述，和尼亞比安杜攻擊的有關的描述出自他大作中的pp.135-38。

有關東加人的乞討和貧窮狀況，請參見Colson（1967），我們的引述出自pp.53-56。

Bohannan and Bohannan（1968）提出蒂夫族組織經濟方式的開創性論述，我們的引述出自其中第16章。阿奇佳的故事請參見Akiga（1939）。

前一章引用的資料來源針對伊斯蘭國家崛起後的基本政治史，提供了妥善的概述，我們引用的傑作包括Ibn Khaldun（2015）與Al-Muqaddasi（1994）。有關農業的創新出自Watson（1983）。有關伊斯蘭帝國的貿易，請參見Shatzmiller（2009）與Michalopoulos, Naghavi, and Prarolo（2018）。和中東經濟有關的部分，請參見Rodinson（2007）, Kuran（2012）, Blaydes and Chaney（2013）, Pamuk（2014）, Özmucur and Pamuk（2002）與Pamuk（2006）。Pamuk（2006）陳述的實質工資歷史資料，說明了到中世紀末期，中東的實質生活水準已經遠低於西歐。

1978 憲法中提到碎樂的條文，請參見http://lrbhawaii.org/con/conart9.html。

我們討論夏威夷的專制式成長時，採用的資料來源和前一章相同，尤其是再度特別倚重Patrick Kirch的大作，他也引用「鯊魚進入內陸」的隱喻。有關傅南德的引述出自Kirch（2010, 41）。卡美哈梅哈建國的歷程請參見Kamakau（1992）。有關檀香木貿易和當時外來訪客的部分，請參見Kirch and Sahlins（1992），麥西森和艾利的引述出自Kirch and Sahlins（1992, Chapters 3 and 4）。

「祖魯蘭的土地……」引文出自Eldredge（2014, 233）。葛拉克曼的引述出自前一章引用過的Gluckman（1960）。

喬治亞經濟成長分析根據的資料來源和前一章相同。

## 第五章　善政的譬喻

有關西恩納壁畫及其政治意含，以及對整體義大利自治市意義的學術文獻很多。Rubinstein（1958）與Skinner（1986, 1999）的大作對這些壁畫做過深具開創性的分析。Wickham（2015）的近作針對自治市及其起源，也提供清楚的介紹，我們針對米蘭政治名人的探討即是參考他的大作。Waley and Dean（2013）的大作提供義大利自治市非常有用的介紹，比較苛求的Jones（1997）也一樣。Bowsky（1981）與Waley（1991）針對西恩納的制度提供詳細的探討。

奧圖主教的引述出自Geary, ed.（2015, 537）。九人執政團的誓詞出自Waley（1991, Chapter 3）。

圖德拉的班傑明的引述出自Waley and Dean（2013, 11）。

文，請參見https://www.beirut.com/l/49413。

黎巴嫩國會開會頻率一事，請參見https://www.yahoo.com/news/lebanons-political-system-sinks-nation-debt-070626499--finance.html，其中也引述了 Ghassan Moukheiber的說詞。「你臭斃了」運動的臉書貼文請參見https//www.facebook.com/tol3etre7etkom/posts/1631214497140665?fref=nf&pnref=story。有關「你臭斃了」運動，請參見https://foreignpolicy.com/2015/08/25/theres-something-rotten-in-lebanon-trash-you-stink。

六十六號公路和「日落城市」的故事，參見Candacy Taylor（2016）, "The Roots of Route 66," 請參閱https://wwwtheatlantic.com/politics/archive/2016/11/the-roots-of-route-66/506255/。

天安門廣場事件，請參閱Lim（2014）。劉曉波生平請見Jie（2015）。維權運動請見Pils（2014）。趙華的故事出自Dan Levin（2012）, "A Chinese Education, for a Price, " https://www.nytimes.com/2012/11/22/world/asia/in-china-schools-a-culture-of-bribery-spreads.html。

Pei（2016）中包含賣官的詳細資訊。

有關中國GDP成長率的不確定性和可能誇大的問題，請參閱https://www.cnbc.com/2016/01/19/what-is-chinas-actual-gdp-experts-weigh-in.html，以及https://www.stlouisfed.org/publications/regional-economist/second-quarter-2017/chinas-economic-data-an-accurate-reflection-or-just-smoke-and-mirrors中的概述。針對企業經濟學家對中國GDP統計精確性看法的訪調結果，請參閱https://www.wsj.com/articles/wsj-survey-chinas-growth-statements-make-u-s-economists-skeptical-1441980001。李克強對中國GDP統計不可靠的說法，請參看https://www.reuters.com/article/us-china-economy-wikileaks/chinas-gdp-is-man-made-unreliable-top-leader-idUSTRE6B527D20101206。

## 第三章　權力意志

和穆罕默德生平與伊斯蘭教的學術文獻極多。我們處理他的生平時，依據的是和Watt（1961）節錄版一起出版的Watt（1953, 1956）。這段期間的歷史有非常多的絕佳論述，包括Hourani（2010）, Lapidus（2014）和 Kennedy（2015）。麥地那憲法的引述出自Watt（1961, 94）。

和「邊緣」有關的觀念，請參見Flannery（1999）。有關此一觀念的發展，請參閱Flannery and Marcus（2014）。

我們對伊散德爾瓦納之役的描述，出自Smith-Dorrien（1925, Chapter 1, "The Zulu War"）。關於祖魯國的崛起，請參閱Eldredge（2014）, Wright and Hamilton（1989）與Morris（1998）。我們的引述出自Eldredge（2014, 7, 77）。有關亨利．傅林的引述出自Flynn（1986, 71）。有關祖魯國的開創性分析出自Gluckman（1940, 1960）。Ritter（1985）大作的第十章紀錄了夏卡和巫醫的場景。

夏威夷群島國家形成的研究始於Kirch（2010, 2012）這本開創性的傑作影響了我們的討論；Kamakau（1992）的大作很重要，他對利霍利霍廢除進食禁忌的探討特別值得參看。我們所引述作馬洛的話出自他的大作Malo（1987, 60-61）。Kamakau（1992）書中探討了打破禁忌的事情。韓迪所說：「禁忌這個字彙的基本意義主要……」的話出自Kuykendall（1965, 8）；韓迪所說（「神力展現在……」）和凱佩利諾的引述出自Kirch（2010, 38, 40-41）。當時有關利霍利霍打破禁忌的描述，請

Ginsburg（2011）從法律觀點介紹和分析「普什圖法則」，我們引述的「普什圖法則」係http://khyber.org/的譯文。

和懷俄明州早期歷史有關的事實出自Larson（1990），我們引述其中的pp.42-47, 233, 275。

Johnson（2008）是妥善處理強森郡牧區之戰的傑作。

## 第二章　紅皇后

和本章有關的古希臘史和雅典制度的發展，有很多出色的論述。我們特別仰賴的傑作包括Ober（2015a），Morris（2010），Hall（2013），Osborne（2009），Powell（2016）與Rhodes（2011）。在政治制度方面，我們特別仰賴Brock and Hodkinson, eds.（2001）的論文和Robinson（2011）。

有關希臘黑暗時代社會的特性，請參見Finley（1954）。Plutarch（1914）書中「Theseus and Solon」是忒修斯和梭倫生平的資料來源，我們的引述出自相關章節。Aristotle（1996）列舉和分析的雅典憲法，是整章的寶貴資料來源，克里斯提尼所建立國家的性質就是其中一個例子，我們引述所有有關亞里斯多德的文字，都出自這本書。和梭倫所訂法律其他部分有關的文字，請參見Leão and Rhodes（2016），原書第20頁列出杜雷科所訂和殺人有關的法律。Hall（2013）是探討梭倫的改革中有關官僚特性的傑作。有關梭倫的土地改革，請參見Osborne（2009）。Morris（1996）與Ober（2005）是探討雅典政治發展的重要傑作。Forsdyke（2005, 2012）是針對希臘的規範和制度所作的精闢分析。有關克里斯提尼發展的財政制度，請參見Ober（2015b），Van Wees（2013）與Fawcett（2016）。和雅典執法有關的問題，請參閱Lanni（2016）與Gottesman（2014）。

Gjeçov（1989）搜集了《卡農法典》的條文，我們引用他大作中的第162與172頁。

美國的權利法案請參考https://www.archives.gov/founding-docs/bill-of-rights/what-does-it-say。

美國聯邦黨人的文件請參見https://www.congress.gov/resources/display/content/The+Federalist+Papers。

麥迪遜的引述出自Federalist no.51。我們依據Holton（2008），Breen（2011）與Meier（2011）的大作，探討美國憲法。麥迪遜「分而治之」的信函引自Holton（2008, 207）。有關傑佛遜的引述出自Jefferson（1904, 360-62）。有關托克維爾的引述出自Tocqueville（2002, Vol.1, Part 2, Chapter 4, and Vol.2, Part 2, Chapter 5）。

有關美國南北戰爭的論述，請參見McPherson（2003）。有關南北戰爭後美國南方的經濟政治發展，請參見Woodward（1955）與Wright（1986）。愛麗絲和紅皇后的賽跑出自Carroll（1871, 28-30）。

Bohannan and Bohannan（1953）是蒂夫族民族學研究的經典傑作。有關盧吉間接統治哲學最著名的陳述，請參見Lugard（1922），有關盧吉完整的傳記，請參閱Perham（1960）。有關歐洲殖民征服時代對西非無國家社會的影響，請參閱Curtin（1995），相關基本關係請參見Osafo-Kwaako and Robinson（2013）。盧吉的引述出自Afigbo（1967, 694），Afigbo（1972）是和「委任酋長」有關的經典研究。布哈南的引述出自Bohannan（1958, 3, 11）。阿奇佳的說詞出自Akiga（1939, 264）。

不瞭解的觀念出自Scott（2010）。有關黎巴嫩社群主義的絕佳整體概述出自Cammett（2014）。有關貝魯特足球球會的社群關係，請參見Reiche（2011）。有關批評黎巴嫩國會的推特大賽獲獎推

## 序

洛克的引述出自Locke（2003, 101-2, 124）。有關敘利亞的報導與證詞都出自Pearlman（2017, 175, 178, 213）。

吉爾迦美什史詩的節錄出自Mitchell（2004, 69-70, 72-74）。

2018年阿拉伯聯合大公國性別平衡獎請參見https://www.theguardian.com/sport/2019/jan/28/uae-mocked-for-gender-equality-awards-won-entirely-by-men。

英國女性爭取選舉權運動，以及本書採用賦權予婦女的做法與事實，請參見Holton（2003）。

## 第一章　歷史如何終結？

法蘭西斯．福山、柯普蘭和哈拉瑞對立的論證出自Fukuyama（1989）、Kaplan（1994）與Harari（2018）。我們的引述Fukuyama（1989, 3）與Kaplan（1994, 46）。

剛果民主共和國二〇〇五年憲法條文請參見http://www.parliament.am/library/sahmanadrutyunner/kongo.pdf。

英國廣播公司針對剛果民主共和國東部叛亂團體提供的概述很有用，請參見http://www.bbc.com/news/world-africa-20586792。

剛果號稱世界強暴之都一事，請參見http://news.bbc.co.uk/2/hi/africa/8650112.stm。柯普蘭有關拉哥斯的描述，請參見Kaplan（1994, 52）。

有關索因卡的引述請參見Soyinka（2006, 348, 351-54, 356-57）。橋下屍體的描述出自Cunliffe-Jones（2010, 23）。

拉哥斯埋在垃圾山下的說法，請參見http://news.bbc.co.uk/2/hi/africa/281895.stm。

佩蒂特的引述出自Pettit（1999, 4-5），他的理念發展過程請參見Pettit（2014）。

Ember（1978）是有關採獵社會暴力的開創性論文，本書係參考Keeley（1996）與Pinker（2011）的大作，請特別參閱Pinker大作中Figure 2-3（53）的資料。蓋布希族的謀殺比率出自Knauft（1987）。

有關霍布斯的所有引述都直接出自Hobbes（1996, Chapters 13, 17-19: "continual feare," 89, "from hence it comes to passe," 87, "In such condition," 89, "men live without" and "to submit their Wills," 120）。

和艾克曼有關的引述出自Arendt（1976, 44-45）。

有關海德格的引述出自Pattison（2000, 33-34）。

和大躍進有關的故事出自Jisheng（2012, 4-5, 18, 21, 24-25）。羅洪山的故事，請參閱Chinese Human Rights Defenders（2009），我們的引述出自第五頁。Freedom House（2015）曾經報導「黑牢」與「社區矯正」制度。「四清」政治運動的討論請參見http://cmp.hku.hk/2013/10/17/34310/。

柯魯克山的報告出自Cruickshank（1853, 31），薄納的報告出自Wilks（1975, 667）。

有關雷崔瑞的引述出自Rattray（1929, 33）。奴隸果伊和布萬尼夸的故事出自Campbell（1933, Chapters 18 and 19）。史畢爾斯伯里的引述出自Howard（2003, 272）。Miers and Kopytoff, eds.（1977）是有關非洲殖民前時代「自由」性質的重要文選集。

# 參考文獻

本書的論點和很多研究領域有關，我們在這篇短文中無法適當處理所有這些理念，因此我們把重點放在一些最相關的研究上，建議讀者參考 Acemoglu and Robinson（2016, 2019），得知比較廣泛的文獻探討，以及我們跟這些文獻的關係和差異。

最重要的是，我們的前一本拙作植基於Acemoglu（2005）和Acemoglu and Robinson（2016, 2017）所申論的國家和社會之間平衡的重要性。我們探討制度的角色時，也根據Acemoglu, Johnson and Robinson（2001, 2002, 2005a, 2005b）, Acemoglu, Gallego, and Robinson（2014）, North, Wallis, and Weingast（2011）, Besley and Pearson（2011）, Acemoglu and Robinson（2012）等大量文獻。

本書的重點放在國家能力的發展上，很多社會科學家研究過這一點，我們的觀點和這些文獻中的典型重點截然不同。這些文獻強調發展民主制度、公民社會和政治權利前，國家必須先控制社會和暴力〔例如，亨廷頓（Huntington, 1968）、堤利（Tilly, 1992）、法蘭西斯・福山（2011, 2014）、Besley and Persso（2011）〕。我們反而主張與證明要發展民主與參與式制度、建立相當能幹的國家機器，社會的動員和競爭權力至為重要。這種觀點依次植基於Acemoglu and Robinson（2000, 2006）, Therborn（1977）, Rueschemeyer, Stephens, and Stephens（1992）。但是，本書論證涵蓋的範圍廣大得多，因為我們受到Tocqueville（2002）和Dahl（1970）的啟發，納入集會結社因素，又因為本書強調在這種權力鬥爭中規範所扮演的角色〔參考Bohannan（1958）和Scott（2010）的部分人類學大作〕；還因為受到Migdal（1988, 2001）的影響，認為規範太有力，以至於妨礙政治階級和自主性國家制度出現時，會形成「弱勢的國家」；而且把國家制度發展時，和政治競爭有關的議程如何出現會改變社會、而且可能強化社會的因素納入考慮〔如同Tilly（1995）和Acemoglu, Robinson, and Torvik（2016）所說〕。最後，我們的整體處理方法也受多篇重要學術著作啟發，包括Mann（1986）針對國家專制權力的定義（類似我們所說國家機器不對社會負責的狀況）；Moore（1966）把不同政治制度的起源和國家社會關係的型態，跟歷史性經濟和政治情勢結合為一——包括納入有無強制性勞工和因此而產生的社會聯盟等因素的方法、North and Thomas（1973）和「西方崛起」有關的論文、Engerman and Sokoloff（2011）有關南北美洲發展起源歷史比較的大作、Pincus（2011）針對光榮革命所做的分析與Bates（1981）所提倡非洲比較政治經濟學的理論、Flannery and Marcus（2014）綜合考古學與人種學證據，對複雜社會出現的紀錄、Brenner（1976）針對封建主義過渡到資本主義期間，強調地主和農民權力關係所扮演角色的大作。

*page 2:* Holmes Collection, Rare Book and Special Collection Division, Library of Congress

*page 3, top:* Album / Art Resource, NY; *bottom:* Paul Bohannan, from *The Tiv: An African People 1949-1953* by Paul Bohannan and Gary Seaman (Ethnographics Press, 2000)

*page 4, top:* AP Photo/Hassan Ammar; *bottom:* Dixson Galleries, State Library of New South Wales / Bridgeman Images

*page 5, top:* Palazzo Pubblico, Siena, Italy / De Agostini Picture Library / A. De Gregorio / Bridgeman Images; *bottom:* Palazzo Pubblico, Siena, Italy / De Agostini Picture Library / G. Dagli Orti / Bridgeman Images

*page 6, top:* Photo courtesy Linda Nicholas; *bottom:* Historic Images / Alamy Stock Photo

*page 7, top:* Detail of the Bayeux Tapestry—11th Century, with special permission from the City of Bayeux; *bottom:* Bettmann/Getty Images

*page 8, top:* David Bliss Photography; *bottom: Xunzi jian shi* 荀子柬釋 [*Xunzi*, with selected notes], edited by Qixiong Liang 梁　雄 (Shanghai: The Commercial Press 商務印書館, 1936), page 100

*page 9, top:* Ed Jones / AFP / Getty Images; *bottom:* RAJAT GUPTA/EPA-EFE/Shutterstock

*pages 10-11:* Courtesy Mapping Inequality

*page 12:* © James Rodriguez/Panos Pictures

*page 13, top:* Schalkwijk / Art Resource, NY; *bottom:* CPA Media—Pictures from History / GRANGER— All rights reserved.

*page 14, top:* AP Photo/Ali Haider; *bottom:* robertharding / Alamy Stock Photo

*page 15, top:* David Rogers / Getty Images Sport Classic / Getty Images; *bottom:* Akintunde Akinleye/ REUTERS

*page 16, top:* All rights reserved. Copyright CASA EDITORIAL EL TIEMPO S.A.; *bottom:* UN Photo/ Cia Pak

*National Movement, 1905-1926*. Leiden: Brill.

_____ (2004). *Modern Turkey: A History*. London: I.B. Tauris.

Zyoob, Mohammed, and Hasan Kosebalaban, eds. (2009). *Religion and Politics in Saudi Arabia: Wahhabism and the State*. Boulder, CO: Lynne Rienner.

## GENERAL SOURCES

Location of cities from Geonames, https://www.geonames.org/.

Recent administrative divisions from GADM (Database of Global Administrative Areas), https://gadm.org/data.html.

Rivers from Natural Earth, http://www.naturalearthdata.com/downloads/10m-physical-vectors/10m-rivers-lake-centerlines.

*Map 1:* Asante Kingdom from Wilks (1975). Yorubaland and Tivland from Murdock (1959).

*Map 2:* Athenian demes from Osborne (2009). Borders of the Trittyes from Christopoulos (1970).

*Map 3:* Bureau Topographique des Troupes Françaises du Levant (1935) and Central Intelligence Agency (2017).

*Map 4:* Sarawat Mountains from Shuttle Radar Topographic Mission / Consortium for Spatial Information (CGIAR-CSI), http://srtm.csi.cgiar.org.

*Map 5:* Tongaland and Zululand from Murdock (1959). Provinces of South Africa in 1910 from Beinart (2001).

*Map 6:* Puna Coast from Evergreen Data Library, https://evergreen.data.socrata.com/Maps-Statistics/Coastlines-split-4326/rcht-xhew.

*Map 7:* GADM, https://gadm.org/data.html.

*Map 8:* Shepard (1911).

*Map 9:* Falkus and Gillingham (1987).

*Map 10:* Feng (2013).

*Map 11:* Ho (1954).

*Map 12:* Mauryan Empire from Keay (2000). Ashoka Pillar and Rock Edicts from Geonames, https://www.geonames.org/.

*Map 13*: Holy Roman Empire from Shepard (1911). Brandenburg and Prussia from EarthWorks, Stanford Libraries, https://earthworks.stanford.edu/catalog/harvard-ghgis1834core.

*Map 14:* Trampoline of Death from Humanitarian OpenStreetMap Team, https://www.hotosm.org. Middle Magdalena and Sibundoy Valley from Instituto Geográfico Agustín Codazzi, https://www.igac.gov.co.

*Map 15:* Clower, Dalton, Harwitz, and Walters (1966).

## PHOTO INSERT CREDITS

*This page constitutes an extension of the copyright page.*

*page 1:* AGIP - Rue des Archives / Granger, NYC—All Rights Reserved.

Wittfogel, Karl (1957). *Oriental Despotism: A Comparative Study of Total Power.* New Haven: Yale University Press.
Wolfram, Herwig (2005). *The Roman Empire and Its Germanic Peoples.* Berkeley: University of California Press.
Wollstonecraft, Mary (2009). *A Vindication of the Rights of Woman and A Vindication of the Rights of Men.* New York: Oxford University Press.
Wong, R. Bin (1997). *China Transformed: Historical Change and the Limits of European Experience.* Ithaca, NY: Cornell University Press.
Wood, Ian (1990). "Administration, Law and Culture in Merovingian Gaul." In *The Uses of Literacy in Early Mediaeval Europe*, edited by Rosamond McKitterick. Cambridge: Cambridge University Press.
_____ (1994). *The Merovingian Kingdoms, 450-751.* Harlow, UK: Pearson Education.
Woodward, C. Vann (1955). *The Strange Career of Jim Crow.* New York: Oxford University Press.
Woodward, Ralph L., Jr. (1965). "Economic and Social Origins of Guatemalan Political Parties (1773- 1823)." *Hispanic American Historical Review* 45, no. 4: 544-66.
_____ (1991). "The Aftermath of Independence, 1821-1870." In *Central America Since Independence*, edited by Leslie Bethell, 1-36. New York: Cambridge University Press.
_____ (2008). *Rafael Carrera and the Emergence of the Republic of Guatemala, 1821-1871.* Athens: University of Georgia Press.
World Bank (2005). *Bihar: Towards a Development Strategy.* New Delhi: World Bank.
Wortman, Miles L. (1982). *Government and Society in Central America, 1680-1840.* New York: Columbia University Press.
Wright, Gavin (1986). *Old South, New South: Revolutions in the Southern Economy Since the Civil War.* New York: Basic Books.
Wright, John, and Carolyn Hamilton (1989). "Traditions and Transformations: The Phongolo-Mzimkhulu Region in the late Eighteenth and Early Nineteenth Centuries." In *Natal and Zululand: From Earliest Times to 1910: A New History*, edited by Andrew Duminy and Bill Guest. Durban: University of Natal Press.
Wright, Mary C. (1957). *The Last Stand of Chinese Conservatism.* Stanford, CA: Stanford University Press.
Xiao, Jianhua (2007). "Review on the Inefficiency and Disorganization of Judicial Power: Consideration on the Development of Civil Proceedings." *Frontiers of Law in China* 2, no. 4: 538-62.
*Xunzi* (2016). *Xunzi: The Complete Text.* Princeton, NJ: Princeton University Press.
Yashar, Deborah J. (1997). *Demanding Democracy: Reform and Reaction in Costa Rica and Guatemala, 1870s-1950s.* Stanford, CA: Stanford University Press.
Zelin, Madeleine (1984). *The Magistrate's Tael: Rationalizing Fiscal Reform in Eighteen Century Ch'ing China.* Berkeley: University of California Press.
_____ (2005). *The Merchants of Zigong: Industrial Entrepreneurship in Early Modern China.* New York: Columbia University Press.
Zürcher, Erik Jan (1984). *The Unionist Factor. The Role of the Community of Union and Progress in the Turkish*

Watt, W. Montgomery (1953). *Muhammad at Mecca.* Oxford: Clarendon Press.

______ (1956). *Muhammad at Medina.* Oxford: Clarendon Press.

______ (1961). *Muhammad: Prophet and Statesman.* New York: Oxford University Press.

Watts, John (2009). *The Making of Polities: Europe, 1300-1500.* New York: Cambridge University Press.

Weber, Eugen (1976). *Peasants into Frenchmen.* Stanford, CA: Stanford University Press.

Weber, Max (1946). *From Max Weber: Essays in Sociology*. Edited by Hans H. Gerth and C. Wright Mills. New York: Oxford University Press.

______ (1978). *Economy and Society: An Outline of Interpretive Sociology.* 2 vols. Edited by Guenther Roth and Claus Wittich. Berkeley: University of California Press.

______ (2001). *The Protestant Ethic and the Spirit of Capitalism.* Translated by Talcott Parsons. New York: Routledge.

Weiner, Tim (2008). *Legacy of Ashes: The History of the CIA.* New York: Random House.

______ (2012). *Enemies: A History of the FBI.* New York: Random House.

Werlich, David P. (1978). *Peru: A Short History.* Carbondale: Southern Illinois University Press.

Wheatley, Jonathan (2005). *Georgia from National Awakening to Rose Revolution: Delayed Transition in the Former Soviet Union.* New York: Routledge.

Wickham, Christopher (2009). *The Inheritance of Rome.* New York: Penguin.

______ (2015). *Sleepwalking into a New World: The Emergence of Italian City Communes in the Twelfth Century.* Princeton, NJ: Princeton University Press.

______ (2016). *Medieval Europe.* New Haven: Yale University Press.

______ (2017). "Consensus and Assemblies in the Romano-Germanic Kingdoms." *Vorträge und Forschungen* 82: 389-426.

Wilks, Ivor (1975). *Asante in the Nineteenth Century: The Structure and Evolution of a Political Order*. New York: Cambridge University Press.

Williams, Ann (1999). *Kingship and Government in Pre-Conquest England c. 500-1066.* London: Palgrave.

______ (2003). *Athelred the Unready: The Ill-Counselled King.* New York: St. Martin's Press.

Williams, Gavin, and Terisa Turner (1978). "Nigeria." In *West Africa States: Failure and Promise*, edited by John Dunn. New York: Cambridge University Press.

Williams, Robert G. (1994). *States and Social Evolution: Coffee and the Rise of National Governments in Central America.* Chapel Hill: University of North Carolina Press.

Winkler, H. A. (2006). *Germany: The Long Road West.* Vol. 1, *1789-1933.* New York: Oxford University Press.

Wiser, William H. (1936). *The Hindu Jajmani System.* Delhi: Munshiram Manoharlal.

Wiser, William H., and Charlotte Wiser (2000). *Behind Mud Walls: Seventy-five Years in a North Indian Village.* Berkeley: University of California Press.

Witsoe, Jeffrey (2013). *Democracy Against Development.* Chicago: University of Chicago Press.

Uberoi, J. P. Singh (1962). *Politics of the Kula Ring: An Analysis of the Findings of Bronislaw Malinowski.* Manchester: University of Manchester Press.

Urban, Michael, Vyacheslav Igrunov, and Sergei Mitrokhin (1997). *The Rebirth of Politics in Russia.* New York: Cam ridge University Press.

Uribe, Simón (2017). *Frontier Road: Power, History, and the Everyday State in the Colombian Amazon.* New York: Wiley.

Valenzuela, Arturo (1978). *The Breakdown of Democratic Regimes: Chile.* Baltimore: Johns Hopkins University Press.

Valenzuela, Arturo, and Alexander Wilde (1979). "Presidential Politics and the Decline of the Chilean Congress." In *Legislatures in Development: Dynamics of Change in New and Old States,* edited by Joel Smith and Lloyd D. Musolf. Durham, NC: Duke University Press.

van Wees, Hans (2013). *Ships and Silver, Taxes and Tribute: A Fiscal History of Archaic Athens.* New York: I.B. Tauris.

Vassiliev, Alexei (2013). *The History of Saudi Arabia.* London: Saqi Books.

Veluhat, Kesavan (1993). *The Political Structure of Early Medieval South India.* Delhi: Orient Blackswan.

von Glahn, Richard (2016). *The Economic History of China: From Antiquity to the Nineteenth Century.* New York: Cambridge University Press.

Wade, Robert H. (1988). *Village Republics: Economic Conditions for Collective Action in South India.* New York: Cambridge University Press.

Wakeman, Frederic, Jr. (1986). *The Great Enterprise: The Manchu Reconstruction of Imperial Order in Seventeenth-Century China.* 2 vols. Berkeley: University of California Press.

_____ (1993). "The Civil Society and Public Sphere Debate: Western Reflections on Chinese Political Culture." *Modern China* 19, no. 2: 108-38.

_____ (1998). "Boundaries of the Public Sphere in Ming and Qing China." *Daedalus* 127, no. 3: 167-89.

Waley, Daniel (1991). *Siena and the Sienese in the Thirteenth Century.* New York: Cambridge University Press.

Waley, Daniel, and Trevor Dean (2013). *The Italian City-Republics.* 4th edition. New York: Routledge.

Wallace-Hadrill, J. M. (1971). *Early Germanic Kingship in England and on the Continent.* New York: Oxford University Press.

_____ (1982). *The Long-haired Kings and Other Studies in Frankish History.* Toronto: University of Toronto Press.

Wang, Hsien-Chun (2015). "Mandarins, Merchants, and the Railway: Institutional Failure and the Wusong Railway, 1874-1877." *International Journal of Asian Studies* 12, no. 1: 31-53.

Watson, Andrew M. (1983). *Agricultural Innovation in the Early Islamic World.* New York: Cambridge University Press.

Watson, James L. (1982). "Chinese Kinship Reconsidered: Anthropological Perspectives on Historical Research." *The China Quarterly* 92 (December 1982): 589-622.

_____ (1990). *Vijayanagara.* New York: Cambridge University Press.
Steinberg, Jonathan (2016). *Why Switzerland?* New York: Cambridge University Press.
Steinberg, Guido (2005). "The Wahhabi Ulama and the Saudi State: 1745 to the Present." In *Saudi Arabia in the Balance: Political Economy, Society, Foreign Affairs*, edited by Paul Aarts and Gerd Nonneman. London: Hurst.
Struve, Lynn A., ed. (1998). *Voices from the Ming-Qing Cataclysm: China in Tigers' Jaws.* New Haven: Yale University Press.
Stuart, Douglas T. (2008). *Creating the National Security State.* Princeton, NJ: Princeton University Press.
Subbarayalu, Y. (1974). *Political Geography of Chola Country.* Madras: Government of Tamil Nadu.
_____ (2012). *South India Under the Cholas.* Delhi: Oxford University Press.
Swenson, Peter A. (2002). *Capitalists Against Markets: The Making of Labor Markets and Welfare States in the United States and Sweden.* New York: Oxford University Press.
Tacitus (1970). *The Agricola and the Germania.* Translated by Harold Mattingly. London: Penguin Books. All quotations from pp. 107-12.
Thakur, Sankharshan (2006). *Subaltern Saheb: Bihar and the Making of Laloo Yadav.* New Delhi: Picador India.
Thapar, Romila (1999). *From Lineage to State: Social Formations in the Mid-First Millennium b.c. in the Ganga Valley.* New York: Oxford University Press.
_____ (2002). *Early India: From the Origins to ad 1300.* Berkeley: University of California Press.
Therborn, Goran (1977). "The Rule of Capital and the Rise of Democracy." *New Left Review* 103: 3-41.
Thompson, Augustine (2012). *Francis of Assisi: A New Biography.* Ithaca, NY: Cornell University Press.
Thompson, Leonard (2014). *A History of South Africa.* 4th edition. New Haven: Yale University Press.
Tilly, Charles, ed. (1975). *The Formation of National States in Western Europe.* Princeton, NJ: Princeton University Press.
Tilly, Charles (1992). *Coercion, Capital and European States.* Oxford: Basil Blackwell.
_____ (1995). *Popular Contention in Great Britain, 1758 to 1834.* London: Paradigm.
Tocqueville, Alexis de (2002). *Democracy in America.* Translated and edited by Harvey C. Mansfield and Delba Winthrop. Chicago: University of Chicago Press.
Todd, Malcolm (2004). *The Early Germans.* 2nd edition. Oxford: Wiley-Blackwell.
Tognato, Carlos, ed. (2018). *Cultural Agents RELOADED: The Legacy of Antanans Mockus.* Cambridge, MA: Harvard University Press.
Tooze, Adam (2015). *The Deluge: The Great War, America and the Remaking of the Global Order, 1916- 1931.* New York: Penguin.
Treadgold, Warren (1997). *A History of the Byzantine State and Society.* Stanford, CA. Stanford University Press.
Treisman, Daniel (2011). *The Return: Russia's Journey from Gorbachev to Medvedev.* New York: Free Press.
Turner, Frederick Jackson (1921). *The Frontier in American History.* New York: Holt.
Turner, Thomas (2007). *The Congo Wars: Conflict, Myth and Reality.* London: Zed Books.

Simic, Andrei (1967). "The Blood Feud in Montenegro." University of California at Berkeley, Kroeber Anthropological Society Special Publications 1.

Simon, Joshua (2017). *The Ideology of Creole Revolution.* New York: Cambridge University Press.

Simpson, Mark, and Tony Hawkins (2018). *The Primacy of Regime Survival: State Fragility and Economic Destruction in Zimbabwe.* London: Palgrave Macmillan.

Singh, Upinder (2009). *History of Ancient and Early Medieval India: From the Stone Age to the 12th Century.* Upper Saddle River, NJ: Pearson Education.

Skinner, Quentin (1986). "Ambrogio Lorenzetti: The Artist as Political Philosopher." *Proceedings of the British Academy* 72: 1-56.

_____ (1999). "Ambrogio Lorenzetti's Buon Governo Frescoes: Two Old Questions, Two New Answers." *Journal of the Warburg and Courtauld Institutes* 62: 1-28.

Skocpol, Theda (1995). *Protecting Mothers and Soldiers: The Political Origins of Social Policy in the United States.* Cambridge, MA: Belknap Press.

Skowronek, Stephen (1982). *Building a New American State: The Expansion of National Administrative Capacities, 1877-1920.* New York: Cambridge University Press.

Smith, Brian K. (1994). *Classifying the Universe: The Ancient Indian Varna System and the Origins of Caste.* New York: Oxford University Press.

Smith-Dorrien, Horace (1925). *Memories of Forty-Eight Years' Service.* London: John Murray.

Sobel, Dava (2007). *Longitude.* New York: Bloomsbury.

Song, Jae, David J. Price, Fatih Güvenen, Nicholas Bloom, and Till von Wachter (2015). "Firming Up Inequality." NBER Working Paper No. 21199.

Southall, Roger (2005). "Black Empowerment and Corporate Capital." In *The State of the Nation: South Africa 2004-2005*, edited by John Daniel, Roger Southall, and Jessica Lutchman. Johannesburg. HSRC Press.

Soyinka, Wole (2006). *You Must Set Forth at Dawn.* New York: Random House.

Spence, Jonathan D. (1978). *The Death of Woman Wang.* New York: Viking Press.

_____ (2012). *The Search for Modern China.* 3rd edition. New York: W. W. Norton.

_____ (2014). *The Search for Modern China: A Documentary Collection.* New York: W. W. Norton.

Srinivas, M. N. (1976). *The Village Remembered.* Berkeley: University of California Press.

_____ (1994). *The Dominant Caste and Other Essays.* Revised and expanded edition. Delhi: Oxford University Press.

Stafford, Pauline (1989). *Unification and Conquest: A Political and Social History of England in the Tenth and Eleventh Centuries.* New York: Hodder Arnold.

Stanger, Allison (2011). *One Nation Under Contract: The Outsourcing of American Power and the Future of Foreign Policy.* New Haven: Yale University Press.

Stein, Burton (1980). *Peasant State and Society in Medieval South India.* Delhi: Oxford University Press.

University Press.

Rubinstein, Nicolai (1958). "Political Ideas in Sienese Art: The Frescoes by Ambrogio Lorenzetti and Taddeo di Bartolo in the Palazzo Pubblico." *Journal of the Warburg and Courtauld Institutes* 21, no. 3-4: 179-207.

Rueschemeyer, Dietrich, Evelyn H. Stephens, and John D. Stephens (1992). *Capitalist Development and Democracy.* Chicago: University of Chicago Press.

Sablonier, Roger (2015). "The Swiss Confederation." In *The New Cambridge Medieval History*, edited by Christopher Allmand, vol. 7. New York: Cambridge University Press.

Safford, Frank (1985). "Politics, Ideology and Society in Post-Independence Spanish America." In *The Cambridge History of Latin America*, edited by Leslie Bethell, vol. 3, *From Independence to c. 1870*, 347-421. New York: Cambridge University Press.

Samuels, Richard (2003). *Machiavelli's Children: Leaders and Their Legacies in Italy and Japan.* Ithaca, NY: Cornell University Press.

Santos-Villagran, Rafael (2016). "Share Is to Keep: Ownership Transfer to Politicians and Property Rights in Post-Apartheid South Africa." https://sites.google.com/site/rjsantosvillagran/research.

Satyanath, Shanker, Nico Voigtländer, and Hans-Joachim Voth (2017). "Bowling for Fascism: Social Capital and the Rise of the Nazi Party." *Journal of Political Economy* 125, no. 2: 478-526.

Schaller, Michael (1995). "America's Favorite War Criminal: Kishi Nobusuke And the Transformation of US Japan Relations." Japan Policy Research Institute, http://www.jpri.org/publications/workingpapers/wp11.html.

Scott, James C. (2010). *The Art of Not Being Governed.* New Haven: Yale University Press.

Shah, Ghanshyam, Harsh Mander, Sukhadeo Thorat, Satish Deshpande, and Amita Baviskar (2006). *Untouchability in Rural India.* Delhi: Sage.

Shang Yang (2017). *The Book of Lord Shang.* Translated and edited by Yuri Pines. New York: Columbia University Press.

Sharma, J. P. (1968). *Republics in Ancient India: c. 1500 b.c.-500 b.c.* Leiden: Brill.

Sharma, Ram Sharan (2005). *Aspects of Political Ideas and Institutions in Ancient India.* 5th edition. Delhi: Motilal Banarasidass.

Shastri, K. A. Nilakanta (1997). *A History of South India: From Prehistoric Times to the Fall of Vijayanagar.* 4th edition. Delhi: Oxford University Press.

Shatzmiller, Maya (2009). "Transcontinental Trade and Economic Growth in the Early Islamic Empire: The Red Sea Corridor in the 8th-10th centuries." In *Connected Hinterlands*, edited by Lucy Blue, Ross Thomas, John Cooper, and Julian Whitewright. Oxford: Society for Arabian Studies.

Shepard, William R. (1911). *Historical Atlas.* New York: Henry Holt. (Viewed at https://archive.org/details/bub_gb_6Zc9AAAAYAAJ.)

Shirer, William L. (1960). *The Rise and Fall of the Third Reich: A History of Nazi Germany.* New York: Simon & Schuster.

Rhodes, Peter J. (2011). *A History of the Classical Greek World: 478-323 bc*. Oxford: Wiley-Blackwell.

Ricardo, David ([1824] 1951-1973). "Defense of the Plan of Voting by Ballot." In *The Works and Correspondence of David Ricardo*, edited by Maurice H. Dobb and Piero Sraffa, vol. 5. Cambridge: Cambridge University Press.

Richards, John F. (1993). *The Mughal Empire*. New York: Cambridge University Press.

Ritter, E. A. (1985). *Shaka Zulu: The Biography of the Founder of the Zulu Nation*. London: Penguin.

Roach, Levi (2013). *Kingship and Consent in Anglo-Saxon England, 871-978: Assemblies and the State in the Early Middle Ages*. New York: Cambridge University Press.

_____ (2017). *Æthelred: The Unready*. New Haven: Yale University Press.

Roberts, Elizabeth (2007). *Realm of the Black Mountain: A History of Montenegro*. Ithaca, NY: Cornell University Press.

Roberts, Michael (1956). "The Military Revolution, 1560-1660." Reprinted with some amendments in Roberts, *Essays in Swedish History*. London: Weidenfeld and Nicholson.

Robertson, A. J., ed. (1925). *The Laws of the Kings of England from Edmund to Henry I*. Cambridge: Cambridge University Press.

Robinson, Eric W. (2011). *Democracy Beyond Athens*. New York: Cambridge University Press.

Robinson, James A. (2007). "Un Típico País Latinoamericano? Una Perspectiva sobre el Desarrollo." In *Economía Colombiana del Siglo XX: Un Análisis Cuantitativo*, edited by James A. Robinson and Miguel Urrutia Montoya. Bogotá: Fondo de Cultura Económica.

_____ (2013). "Colombia: Another 100 Years of Solitude?" *Current History* 112 (751), 43-48.

_____ (2016). "La Miseria en Colombia." *Desarollo y Sociedad* 76, no. 1: 1-70.

Rodinson, Maxime (2007). *Islam and Capitalism*. London: Saqi Books.

Rosenberg, Hans (1958). *Bureaucracy, Aristocracy and Autocracy: The Prussian Experience*. Cambridge, MA: Beacon Press.

Rothstein, Richard (2014). "The Making of Ferguson." http://www.epi.org/files/2014/making-of-ferguson-final.pdf.

_____ (2017). *The Color of Law: A Forgotten History of How Our Government Segregated America*. New York: Liveright.

Rowe, William T. (1984). *Hankow: Commerce and Society in a Chinese City, 1796-1889*. Stanford, CA: Stanford University Press.

_____ (1989). *Hankow: Conflict and Community in a Chinese City, 1796-1895*. Stanford, CA: Stanford University Press.

_____ (2009). *China's Last Empire: The Great Qing*. Cambridge, MA: Harvard University Press.

Roy, Arundhati (2014). "The Doctor and the Saint." In B. R. Ambedkar, *Annihilation of Caste: The Annotated Critical Edition*. London: Verso.

Roy, Kumkum (1994). *The Emergence of Monarchy in North India, Eighth to Fourth Centuries b.c.* Delhi: Oxford

Pils, Eva (2014). *China's Human Right Lawyers: Advocacy and Resistance.* London: Routledge.

Pincus, Steven C. A. (2011). *1688: The First Modern Revolution.* New Haven: Yale University Press.

Pincus, Steven C. A., and James A. Robinson (2012). "What Really Happened During the Glorious Revolution?" In *Institutions, Property Rights and Economic Growth: The Legacy of Douglass North*, edited by Sebastián Galiani and Itai Sened. New York: Cambridge University Press.

_____ (2016). "Wars and State-Making Reconsidered: The Rise of the Developmental State." *Annales, Histoire et Sciences Sociales* 71, no. 1: 7-35.

Pines, Yuri (2009). *Envisioning Eternal Empire: Chinese Political Thought of the Warring States Era.* Honolulu: University of Hawai'i Press.

_____ (2012). *The Everlasting Empire: The Political Culture of Ancient China and Its Imperial Legacy.* Princeton, NJ: Princeton University Press.

Pinker, Steven (2011). *The Better Angels of Our Nature: Why Violence Has Declined.* New York: Penguin Books.

Pirenne, Henri (1952). *Medieval Cities: Their Origins and the Revival of Trade.* Princeton, NJ: Princeton University Press.

Plaatje, Sol (1916). *Native Life in South Africa.* London: P. S. King and Son.

Platteau, Jean-Philippe (2011). "Political Instrumentalization of Islam and the Risk of Obscurantist Deadlock." *World Development* 39, no. 2: 243-60.

_____ (2017). *Islam Instrumentalized: Religion and Politics in Historical Perspective.* New York: Cambridge University Press.

Plutarch (1914). *Lives.* Vol. 1, *Theseus and Romulus. Lycurgus and Numa. Solon and Publicola.* Translated by Bernadotte Perrin. Cambridge, MA: Harvard University Press.

Pomeranz, Kenneth (2001). *China, Europe, and the Making of the Modern World Economy.* Princeton, NJ: Princeton University Press.

Pope, Nicole, and Hugh Pope (2011). *Turkey Unveiled: A History of Modern Turkey.* New York: Overlook Press.

Powell, Anton (2016). *Athens and Sparta: Constructing Greek Political and Social History from 478 bc.* 3rd edition. New York: Routledge.

Procopius (2007). *The Secret History.* New York: Penguin.

Putnam, Robert D., Robert Leonardi, and Raffaella Y. Nanetti (1994). *Making Democracy Work: Civic Traditions in Modern Italy.* Princeton, NJ: Princeton University Press.

Rattray, Robert S. (1929). *Ashanti Law and Constitution.* Oxford: Clarendon Press.

Reginald of Durham (1918). "Life of St. Godric." In *Social Life in Britain from the Conquest to the Reformation*, edited by G. G. Coulton, 415-20. Cambridge: Cambridge University Press.

Reiche, Danyel (2011). "War Minus the Shooting." *Third World Quarterly* 32, no. 2: 261-77.

Reuter, Timothy (2001). "Assembly Politics in Western Europe from the Eighth Century to the Twelfth." In *The Medieval World*, edited by Peter Linehan and Janet L. Nelson. London and New York: Routledge.

Ost, David (2006). *Defeat of Solidarity: Anger and Politics in Postcommunist Europe.* Ithaca, NY: Cornell University Press.

Özmucur, Süleyman, and Sevket Pamuk. (2002) "Real Wages and Standards of Living in the Ottoman Empire, 1489-1914."*Journal of Economic History* 62, no. 2: 293-321.

Paige, Jeffrey M. (1997). *Coffee and Power: Revolution and the Rise of Democracy in Central America.* Cambridge, MA: Harvard University Press.

Pamuk, Sevket (2006). "Urban Real Wag s around the Eastern Mediterranean in Comparative Perspective, 1100-2000." In *Research in Economic History*, vol. 23, edited by Alexander Field, Gregory Clark, and William A. Sundstrom, 209-28. Bingley, UK: Emerald House.

_____ (2014). "Institutional Change and Economic Development in the Middle East, 700-1800." In *The Cambridge History of Capitalism*, edited by Larry Neal and Jeffrey G. Williamson, vol. 1, *The Rise of Capitalism: From Ancient Origins to 1848.* New York: Cambridge University Press.

Pantos, Aliki, and Sarah Semple, eds. (2004). *Assembly Places and Practices in Medieval Europe.* Dublin: Four Courts Press.

Parry, Jonathan P. (1979). *Caste and Kinship in Kangra.* New York: Routledge.

Pascali, Luigi (2017). "The Wind of Change: Maritime Technology, Trade, and Economic Development." *American Economic Review* 107, no. 9: 2821-54.

Pattison, George. (2000). *Routledge Philosophy Guidebook to the Later Heidegger*. London: Routledge.

Pearlman, Wendy (2017). *We Crossed a Bridge and It Trembled: Voices from Syria.* New York: Custom House.

Pei, Minxin (2016). *China's Crony Capitalism: The Dynamics of Regime Decay.* Cambridge, MA: Harvard University Press.

Perham, Margery (1960). *Lugard: The Years of Adventure, 1858-1945* and *Lugard: The Years of Authority, 1898-1945.* 2 vols. London: Collins.

Perry, Elizabeth J. (2008). "Chinese Conceptions of 'Rights': from Mencius to Mao-and Now." *Perspectives on Politics* 6, no. 1: 37-50.

Pettit, Philip (1999). *Republicanism: A Theory of Freedom and Government.* New York: Oxford University Press.

_____ (2014). *Just Freedom: A Moral Compass for a Complex World.* New York: W. W. Norton.

Pezzolo, Luciano (2014). "The Via Italiana to Capitalism." In *The Cambridge History of Capitalism*, edited by Larry Neal and Jeffrey G. Williamson, vol. 1, *The Rise of Capitalism: From Ancient Origins to 1848.* New York: Cambridge University Press.

Philby, Harry St. John B. (1928). *Arabia of the Wahhabis.* London: Constable.

Phillippon, Thomas, and Ariell Reshef (2012). "Wages in Human Capital in the U.S. Finance Industry: 1909-2006." *Quarterly Journal of Economics* 127:1551-1609.

Piketty, Thomas, and Emmanuel Saez (2003). "Income Inequality in the United States, 1913-1998." *Quarterly Journal of Economics* 118, no. 1: 1-41.

Myers, A. R. (1975). *Parliaments and Estates in Europe to 1789.* San Diego: Harcourt Brace Jovanovich.

Myerson, Roger B. (2004). "Political Economics and the Weimar Disaster." http://home.uchicago.edu/rmyerson/research/weimar.pdf.

Nee, Victor, and Sonja Opper (2012). *Capitalism from Below: Markets and Institutional Change in China.* New York: Cambridge University Press.

Neier, Aryeh (2012). *International Human Rights Movement: A History.* Princeton, NJ: Princeton University Press.

Nelson, Janet L. (2003). *The Frankish World, 750-900.* London: Bloomsbury Academic.

North, Douglass C., and Robert Paul Thomas (1973). *The Rise of the Western World: A New Economic History.* New York: Cambridge University Press.

North, Douglass C., John Wallis, and Barry R. Weingast (2009). *Violence and Social Orders: A Conceptual Framework for Interpreting Recorded Human History.* New York: Cambridge University Press.

Novak, William J. (1996). *The People's Welfare: Law and Regulation in Nineteenth-Century America.* Chapel Hill: University of North Carolina Press.

_____ (2008). "The Myth of the 'Weak' American State." *American Historical Review* 113, no. 3: 752-72.

_____ (2017). "The Myth of the New Deal State." In *Liberal Orders: The Political Economy of the New Deal and Its Opponents*, edited by N. Lichtenstein, J.-C. Vinel, and R. Huret. Forthcoming.

Novak, William J., and Steven C. A. Pincus (2017). "Revolutionary State Foundation: The Origins of the Strong American State." In *State Formations: Histories and Cultures of Statehood*, edited by J. L. Brooke, J. C. Strauss, and G. Anderson. Cambridge: Cambridge University Press.

Ober, Josiah (2005). *Athenian Legacies: Essays in the Politics of Going On Together.* Princeton, NJ: Princeton University Press.

_____ (2015a). *The Rise and Fall of Classical Greece.* New York: Penguin.

_____ (2015b). "Classical Athens [fiscal policy]." In *Fiscal Regimes and Political Economy of Early States*, edited by Walter Scheidel and Andrew Monson. New York: Cambridge University Press.

O'Brien, Kevin J., ed. (2008). *Popular Protest in China.* Cambridge, MA: Harvard University Press.

O'Brien, Kevin J., and Lianjiang Li (2006). *Rightful Resistance in Rural China.* New York: Cambridge University Press.

O'Donnell, Guillermo, and Philippe C. Schmitter (1986). *Transitions from Authoritarian Rule.* Baltimore: Johns Hopkins University Press.

Origo, Iris (1957). *The Merchant of Prato.* New York: Alfred A. Knopf.

Orren, Karen, and Stephen Skowronek (2004). *The Search for American Political Development.* New York: Cambridge University Press.

Osafo-Kwaako, Philip, and James A Robinson (2013). "Political Centralization in Pre-Colonial Africa." *Journal of Comparative Economics* 41, no. 1: 534-64.

Osborne, Robin (2009). *Greece in the Making 1200-479 bc.* New York: Routledge.

Misgeld, Klaus, Karl Molin, and Klas Amark (1988). *Creating Social Democracy: A Century of the Social Democratic Labor Party in Sweden.* University Park: Pennsylvania State University Press.

Mitchell, Stephen (2004). *Gilgamesh: A New English Version.* New York: Free Press.

Moeller, Robert G. (2010). *The Nazi State and German Society: A Brief History with Documents.* New York: Bedford/St. Martin's.

Moene, Karl-Ove, and Michael Wallerstein (1997). "Pay Inequality." *Journal of Labor Economics* 15, no. 3: 403-30.

Mokyr, Joel (1990). *The Lever of Riches.* New York: Oxford University Press.

_____ (2009). *The Enlightened Economy.* New Haven: Yale University Press.

Montgomery, Fiona A. (2006). *Women's Rights: Struggles and Feminism in Britain c. 1770-1970.* Manchester: University of Manchester Press.

Mookerji, Radhakumud (1920). *Local Government in Ancient India.* Oxford: Clarendon Press.

Moore, Barrington (1966). *The Social Origins of Dictatorship and Democracy.* Boston: Beacon Press.

Morerod, Jean-Daniel, and Justin Favrod (2014). "Entstehung eines sozialen Raumes (5.-13. Jahrhundert)." In *Die Geschichte der Schweiz*, edited by Georg Kreis. Basel: Schwabe.

Morgan, Edmund S. (1975). *American Slavery, American Freedom.* New York: W. W. Norton.

Morris, Donald R. (1998). *The Washing of the Spears: The Rise and Fall of the Zulu Nation.* Boston: Da Capo Press.

Morris, Ian (1996). "The Strong Principle of Equality and the Archaic Origins of Greek Democracy." In *Demokratia: A Conversation on Democracies, Ancient and Modern*, edited by Joshua Ober and Charles Hedrick. Princeton, NJ: Princeton University Press.

_____ (2010). "The Greater Athenian State." In *The Dynamics of Ancient Empires: State Power from Assyria to Byzantium*, edited by Ian Morris and Walter Scheidel. New York: Oxford University Press.

Morse, H. B. (1920). *The Trade and Administration of China.* 3rd edition. London: Longmans, Green.

Mortimer, Edward (1990). "The Thief of Baghdad." *The New York Review of Books* 37, no. 14. https://web.archive.org/web/20031014004305/http://www.nybooks.com/articles/3519.

Mote, Frederick W. (2000). *Imperial China 900-1800.* Cambridge, MA: Harvard University Press.

Mouline, Nabil (2014). *The Clerics of Islam: Religious Authority and Political Power in Saudi Arabia.* New Haven: Yale University Press.

Mueller, Reinhold C. (1997) *The Venetian Money Market: Banks, Panics, and the Public Debt, 1200-1500.* Baltimore: Johns Hopkins University Press.

Mühlberger, Detlef (2003). *The Social Bases of Nazism, 1919-1933.* New York: Cambridge University Press.

Munshi, Kaivan (2017). "Caste and the Indian Economy." http://www.histecon.magd.cam.ac.uk/km/Munshi_JEL2.pdf.

Murdock, George P. (1959). *Africa: Its Peoples and Their Culture History.* New York: McGraw-Hill.

Murray, Alexander C. (1983). *Germanic Kinship Structure.* Toronto: Pontifical Institute of Mediaeval Studies.

_____ (1988). "From Roman to Frankish Gaul." *Traditio* 44: 59-100.

Mamdani, Mahmood (1996). *Citizen and Subject: Contemporary Africa and the Legacy of Late Colonialism.* Princeton, NJ: Princeton University Press.

Mandeville, Bernard (1989). *The Fable of the Bees: Or Private Vices, Publick Benefits.* New York: Penguin.

Mann, Michael (1986). *The Sources of Social Power.* Vol. 1, *A History of Power from the Beginning to ad 1760.* New York: Cambridge University Press.

Marchal, Guy (2006). "Die 'alpine Gesellschaft.'" In *Geschichte der Schweiz und der Schweizer.* Zurich: Schwabe.

Marongiu, Antonio (1968). *Mediaeval Parliaments: Comparative Study.* London: Eyre & Spottiswoode.

Mathew, Santhosh, and Mick Moore (2011). "State Incapacity by Design: Understanding the Bihar Story." http://www.ids.ac.uk/files/dmfile/Wp366.pdf.

Mathur, Kuldeep (2013). *Panchayati Raj: Oxford India Short Introductions.* Delhi: Oxford University Press.

Matthai, John (1915). *Village Government in British India.* London: T. Fisher Unwin.

Mazzuca, Sebastián L., and James A. Robinson (2009). "Political Conflict and Power-Sharing in the Origins of Modern Colombia." *Hispanic American Historical Review* 89: 285-321.

McAdam, Doug (1999). *Political Process and the Development of Black Insurgency, 1930-1970.* 2nd edition. Chicago: University of Chicago Press.

McCreery, David J. (1994). *Rural Guatemala, 1760-1940.* Stanford, CA: Stanford University Press.

McDonald, Forrest (2000). *States' Rights and the Union: Imperium in Imperio, 1776-1876.* Lawrence: University Press of Kansas.

McPherson, James M. (2003). *Battle Cry of Freedom: The Civil War Era.* New York: Oxford University Press.

Meier, Pauline (2011). *Ratification: The People Debate the Constitution, 1787-1788.* New York: Simon & Schuster.

Menchú, Rigoberta (1984). *I, Rigoberta Menchú.* London: Verso.

Mengzi (2008). *Mengzi: With Selections from Traditional Commentaries.* Indianapolis: Hackett.

Mettler, Suzanne (2011). *The Submerged State: How Invisible Government Policies Undermine American Democracy.* Chicago: University of Chicago Press.

Michalopoulos, Stelios, Alireza Naghavi, and Giovanni Prarolo (2018). "Trade and Geography in the Spread of Islam." *Economic Journal* 128, no. 616: 3210-41.

Miers, Suzanne, and Igor Kopytoff, eds. (1977). *Slavery in Africa: Historical and Anthropological Perspectives.* Madison: University of Wisconsin Press.

Migdal, Joel (1988). *Strong Societies and Weak States: State-Society Relations and State Capabilities in the Third World.* Princeton, NJ: Princeton University Press.

______ (2001). *State-in-Society: Studying How States and Societies Transform and Constitute One Another.* New York: Cambridge University Press.

Mill, John Stuart (1869). *The Subjection of Women.* London: Longmans, Green, Reader and Dyer.

Miller, William Ian (1997). *Bloodtaking and Peacemaking: Feud, Law, and Society in Saga Iceland.* Chicago: University of Chicago Press.

Lewis, Mark Edward (2000). "The City-State in Spring-and-Autumn China." In *A Comparative Study of Thirty City-State Cultures*, edited by Mogens Herman Hansen. Historisk-filosofiske Skrifter 21. Copenhagen: Royal Danish Academy of Sciences and Letters.

_____ (2011). *The Early Chinese Empires: Qin and Han.* Cambridge, MA: Harvard University Press.

_____ (2012a). *China between Empires: The Northern and Southern Dynasties.* Cambridge, MA: Harvard University Press.

_____ (2012b). *China's Cosmopolitan Empire: The Tang Dynasty.* Cambridge, MA: Harvard University Press.

Lewis, Oscar (1965). *Village Life in Northern India.* New York: Vintage Books. Liddell Hart, Basil, ed. (1953). *The Rommel Papers.* New York: Harcourt, Brace.

Lim, Luisa (2014). *The People's Republic of Amnesia: Tiananmen Revisited.* New York: Oxford University Press.

Linz, Juan J. (1978). *The Breakdown of Democratic Regimes: Crisis, Breakdown and Reequilibration.* Baltimore: Johns Hopkins University Press.

Lipset, Seymour Martin (1959). "Some Social Requisites of Democracy: Economic Development and Political Legitimacy." *American Political Science Review* 53, no. 1: 69-105.

Litwack, Leon F. (2009). *How Free Is Free? The Long Death of Jim Crow.* Cambridge, MA: Harvard University Press.

Liu, Alan P. L. (1992). "The 'Wenzhou Model' of Development and China's Modernization." *Asian Survey* 32, no. 8: 696-711.

Liu, William Guanglin (2015). *The Chinese Market Economy, 1000-1500.* Albany: State University of New York Press.

Locke, John (2003). *Two Treatises of Government.* Edited by Ian Shapiro. New Haven: Yale University Press.

Loewen, James W. (2006). *Sundown Towns: A Hidden Dimension of American Racism.* New York: Touchstone.

Lopez, Robert S. (1951). "The Dollar of the Middle Ages." *Journal of Economic History* 11, no. 3: 209-34. (1976). *The Commercial Revolution of the Middle Ages, 950-1350.* New York: Cambridge University Press.

Lovejoy, Paul E., and Toyin Falola, eds. (2003). *Pawnship, Slavery, and Colonialism in Africa.* Trenton, NJ: Africa World Press.

Loveman, Brian (1976). *Struggle in the Countryside: Politics and Rural Labor in Chile, 1919-1973.* Bloomington: University of Indiana Press.

Lugard, Frederick (1922). *The Dual Mandate in Tropical Africa.* London: Frank Cass.

Machiavelli, Niccolò (2005). *The Prince.* New York: Oxford University Press.

Maddicott, J. R. (2012). *The Origins of the English Parliament, 924-1327.* New York: Oxford University Press.

Mahoney, James L. (2001). *The Legacies of Liberalism: Path Dependence and Political Regimes in Central America.* Baltimore: Johns Hopkins University Press.

Majumdar, Ramesh C. (1922). *Corporate Life in Ancient India.* Poona: Oriental Book Agency.

Malaviya, H. D. (1956). *Village Panchayats in India.* New Delhi: All India Congress Committee.

Malo, David (1987). *Hawaiian Antiquities.* Honolulu: Bishop Museum Press.

_____ (2012). *A Shark Going Inland Is My Chief: The Island Civilization of Ancient Hawai'i.* Berkeley: University of California Press.

Kirch, Patrick V., and Marshall D. Sahlins (1992). *Anahulu: The Anthropology of History in the Kingdom of Hawaii.* Vol. 1, *Historical Ethnography.* Chicago: University of Chicago Press.

Kitschelt, Herbert P. (2003). "Accounting for Postcommunist Regime Diversity: What Counts as a Good Cause?" In *Capitalism and Democracy in Central and East Europe: Assessing the Legacy of Communist Rule*, edited by Grzegorz Ekiert and Stephen E. Hanson. Cambridge: Cambridge University Press.

Kitson-Clark, G. S. R. (1951). "The Electorate and the Repeal of the Corn Laws." *Transactions of the Royal Historical Society* 1:109-26.

Knauft, Bruce (1987). "Reconsidering Violence in Simple Human Societies." *Current Anthropology* 28, no. 4: 457-500.

Kremer, Michael, Nazmul Chaudhury, F. Halsey Rogers, Karthik Muralidharan, and Jeffrey Hammer (2005). "Teacher Absence in India: A Snapshot." *Journal of the European Economic Association* 3, no. 2-3: 658-67.

Kuhn, Philip A. (1990). *Soulstealers: The Chinese Sorcery Scare of 1768.* Cambridge, MA: Harvard University Press.

Kümin, Beat (2013). *The Communal Age in Western Europe, 1100-1800.* New York: Palgrave Macmillan.

Kümin, Beat, and Andreas Würgler (1997). "Petitions, *Gravamina* and the Early Modern State: Local Influence on Central Legislation in England and Germany (Hesse)." *Parliaments, Estates and Representation* 17: 39-60.

Kuran, Timur (2012). *The Long Divergence: How Islamic Law Held Back the Middle East.* Princeton, NJ: Princeton University Press.

Kurzman, Charles (2003). "Pro-U.S. Fatwas." *Middle East Policy* 10, no. 3: 155-66. https://www.mepc.org/pro-us-fatwas.

Kurzman, Dan. (1960) *Kishi and Japan: The Search for the Sun.* New York: Ivan Obolensky.

Kuykendall, Ralph S. (1965). *The Hawaiian Kingdom, 1778-1854, Foundation and Transformation.* Honolulu, University of Hawai'i Press.

Laiou, Angeliki E., and Cécile Morrisson (2007). *The Byzantine Economy.* New York: Cam ridge University Press.

Lanni, Adriaan (2016). *Law and Order in Ancient Athens.* New York: Cambridge University Press.

Lapidus, Ira M. (2014). *A History of Islamic Societies.* 3rd edition. New York: Cambridge University Press.

Larson, John Lauritz (2001). *Internal Improvement: National Public Works and the Promise of Popular Government in the Early United States.* Chapel Hill: University of North Carolina Press.

Larson, T. A. (1990). *History of Wyoming.* 2nd edition. Lincoln: University of Nebraska Press. Leão, Delfim F., and Peter J. Rhodes (2016). *The Laws of Solon.* New York: I.B. Tauris.

Lepsius, M. Rainer (1978). "From Fragmented Party Democracy to Government by Emergency Decree and National Socialist Takeover: Germany." In *The Breakdown of Democratic Regimes: Europe*, edited by Juan J. Linz and Alfred Stepan. Baltimore: Johns Hopkins University Press.

Levinson, Daryl J. (2014). "Incapacitating the State." *William and Mary Law Review* 56, no. 1: 181-226.

Harvard University Press.

_____ (1997). "Governmental Institutions as Agents of Change: Rethinking American Political Development in the Early Republic, 1787-1835." *Studies in American Political Development* 11, no. 2: 347-80.

Johnson, Marilynn S. (2008). *Violence in the West: The Johnson County Range War and Ludlow Massacre: A Brief History with Documents.* New York: Bedford/St. Martin's.

Johnson, Simon, and James Kwak (2010). *13 Bankers: The Wall Street Takeover and the Next Financial Meltdown.* New York: Pantheon.

Jones, A. H. M. (1964). *The Later Roman Empire, 284-602: A Social, Economic and Administrative Survey*. Oxford: Basil Blackwell.

Jones, Philip (1997). *The Italian City State.* Oxford: Clarendon Press.

Kamakau, Samuel M. (1992). *Ruling Chiefs of Hawaii.* Revised edition. Honolulu: Kamehameha Schools Press.

Kaplan, Robert D. (1994). *The Coming Anarchy: Shattering the Dreams of the Post Cold War.* New York: Vintage.

Karlson, Gunnar (2000). *The History of Iceland.* Minneapolis: University of Minnesota Press.

Karnes, Thomas L. (1961). *Failure of Union.* Chapel Hill: University of North Carolina Press.

Kautilya (1987). *The Arthashastra.* Translated by L. N. Rangarajan. New York: Penguin Books.

Keay, John (2000). *India: A History*. New York: HarperCollins.

Keeley, Lawrence H. (1996). *War Before Civilization: The Myth of the Peaceful Savage.* New York: Oxford University Press.

Kelly, Christopher (2005). *Ruling the Later Roman Empire.* Cambridge, MA: Belknap Press.

Kennedy, Hugh (2015). *The Prophet and the Age of the Caliphates: The Islamic Near East from the Sixth to the Eleventh Century.* 3rd edition. New York: Cambridge University Press.

Kepel, Gilles (2005). *The Roots of Radical Islam.* London: Saqi Books.

Kershaw, Ian (2000). *Hitler: 1889-1936: Hubris.* New York: W. W. Norton.

al-Khalil, Samir (1989). *Republic of Fear: The Politics of Modern Iraq.* Berkeley: University of California Press.

Khan, B. Zorina (2009). *The Democratization of Invention: Patents and Copyrights in American Economic Development, 1790-1920.* Chicago: University of Chicago Press.

Killick, Tony (1976). *Development Economics in Action.* London: Heinemann.

Kim, Sung Ho (2017). "Max Weber." *The Stanford Encyclopedia of Philosophy* (Winter 2017 edition), edited by Edward N. Zalta. https://plato.stanford.edu/archives/win2017/entries/weber/.

King, Desmond, and Robert C. Lieberman (2009). "Ironies of State Building: A Comparative Perspective on the American State." *World Politics* 61, no. 3: 547-88.

King, Gary, Ori Rosen, Martin Tanner, and Alexander Wagner (2008). "Ordinary Economic Voting Be-havior in the Extraordinary Election of Adolf Hitler." *Journal of Economic History* 68, no. 4: 951-96.

Kirch, Patrick V. (2010). *How Chiefs Became Kings: Divine Kingship and the Rise of Archaic States in Ancient Hawai'i.* Berkeley: University of California Press.

Holton, Woody (2008). *Unruly Americans and the Origins of the Constitution.* New York: Hill and Wang.

Hourani, Albert (2010). *A History of the Arab Peoples.* Cambridge, MA: Belknap Press.

Howard, Allen M. (2003). "Pawning in Coastal Northwest Sierra Leone, 1870-1910." In *Pawnship, Slavery, and Colonialism in Africa*, edited by Paul E. Lovejoy and Toyin Falola. Trenton, NJ: Africa World Press.

Huang, Philip C. C. (1998). *Civil Justice in China: Representation and Practice in the Qing.* Stanford, CA: Stanford University Press.

Huang, Yasheng (2008). *Capitalism with Chinese Characteristics.* New York: Cambridge University Press.

Hudson, John (2018). *The Formation of the English Common Law: Law and Society in England from King Alfred to the Magna Carta.* 2nd edition. New York: Routledge.

Hultzsch, Eugen (1925). *Inscriptions of Asoka.* Oxford: Clarendon Press.

Human Rights Watch (1999). "Broken People: Caste Violence Against India's Untouchables." https://www.hrw.org/report/1999/03/01/broken-people/caste-violence-against-indias-untouchables.

______ (2008). "Perpetual Minors: Human Rights Abuses Stemming from Male Guardianship and Sex Segregation in Saudi Arabia." https://www.hrw.org/report/2008/04/19/perpetual-minors/human-rights-abuses-stemming-male-guardianship-and-sex.

______ (2016). "Boxed In: Wom n and Saudi Arabia's Male Guardianship System." https://www.hrw.org/report/2016/07/16/boxed/women-and-saudi-arabias-male-guardianship-system.

______ (2018). "Eradicating Ideological Viruses: China's Campaign of Repression Against Xinjiang's Muslims." https://www.hrw.org/report/2018/09/09/eradicating-ideological-viruses/chinas-campaign-repression-against-xinjiangs.

Hung, Ho-fung (2016). *The China Boom: Why China Will Not Rule the World.* New York: Columbia University Press.

Huntington, Samuel (1968). *Political Order in Changing Societies.* New Haven: Yale University Press.

Hutton, J. H. (1961). *Caste in India.* 3rd edition. New York: Oxford University Press.

Ibn Khaldun (2015). *The Muqaddimah: An Introduction to History.* Translated by Franz Rosenthal. The Olive Press.

International Monetary Fund (2016). "IMF Executive Board Removes Declaration of Censure on Argentina." https://www.imf.org/en/News/Articles/2016/11/09/PR16497-Argentina-IMF-Executive-Board-Removes-Declaration-of-Censure.

James, Edward (1988). *The Franks.* Oxford: Basil Blackwell.

Jefferson, Thomas (1904). *The Works of Thomas Jefferson.* Vol. 5. London: G. P. Putnam's Sons.

Jha, Hit Narayan (1970). *The Licchavis of Vaisali.* Varanasi: Chowkhamba Sanskrit Series Office.

Jie, Yu (2015). *Steel Gate to Freedom: The Life of Liu Xiabo.* Translated by H. C. Hsu. Lanham, MD: Rowman and Littlefield.

Jisheng, Yang (2012). *Tombstone: The Great Chinese Famine, 1958-1962.* New York: Farrar, Straus and Giroux.

John, Richard R. (1995). *Spreading the News: The American Postal System from Franklin to Morse.* Cambridge:

Heitzman, James (1997). *Gifts of Power: Lordship in an Early Indian State.* Delhi: Oxford University Press.

Heldring, Leander, and James A. Robinson (2018). "Colonialism and Economic Development in Africa." In *The Oxford Handbook on the Politics of Development*, edited by Carol Lancaster and Nicolas van de Walle. New York: Oxford University Press.

Helfont, Samuel (2014). "Saddam and the Islamists: The Ba'thist Regime's Instrumentalization of Religion in Foreign Affairs." *Middle East Journal* 68, no. 3: 352-66.

Helle, Kurt, ed. (2008). *The Cambridge History of Scandinavia.* Vol. 1, *Prehistory to 1520.* New York: Cambridge University Press.

Herrup, Cynthia B. (1989). *The Common Peace: Participation and the Criminal Law in Seventeenth- Century England.* New York: Cambridge University Press.

Hincmar of Reims (1980). "On the Governance of the Palace." In *The History of Feudalism*, edited by David Herlihy. London: Macmillan. All quotations from 222-27.

Hindle, Steve (1999). "Hierarchy and Community in the Elizabethan Parish: The Swallowfield Articles of 1596." *The Historical Journal* 42, no. 3: 835-51.

______ (2000). *The State and Social Change in Early Modern England, 1550-1640.* New York: Palgrave Macmillan.

Hinton, Elizabeth (2016). *From the War on Poverty to the War on Crime: The Making of Mass Incarceration in America.* Cambridge, MA: Harvard University Press.

Hintze, Otto (1975). *Historical Essays of Otto Hintze.* Edited by F. Gilbert. New York: Oxford University Press.

Hirst, John B. (2009). *The Shortest History of Europe.* Melbourne: Black, Inc.

Ho, Ping-ti (1954). "The Salt Merchants of Yang-Chou: A Study of Commercial Capitalism in Eighteenth-Century China." *Harvard Journal of Asiatic Studies* 17, no. 1-2: 130-68.

Hobbes, Thomas (1996). *Leviathan: The Matter, Form, and Power of a Commonwealth, Ecclesiastical or Civil.* New York: Cambridge University Press.

Hochschild, Adam (1999). *King Leopold's Ghost: A History of Greed, Terror, and Heroism in Colonial Africa.* Boston and New York: Mariner.

Hoff, Karla (2016). "Caste System." http://documents.worldbank.org/curated/en/452461482847661084/Caste-system.

Hoff, Karla, Mayuresh Kshetramade, and Ernst Fehr (2011). "Caste and Punishment: the Legacy of Caste Culture in Norm Enforcement." *Economic Journal* 121, no. 556: F449-F475.

Hoffman, David (2002). *The Oligarchs.* New York: Public Affairs.

Holden, Robert H. (2004). *Armies Without Nations: Public Violence and State Formation in Central America, 1821-1960.* New York: Oxford University Press.

Holt, J. C. (2015). *Magna Carta.* 3rd edition. New York: Cambridge University Press.

Holton, Sandra S. (2003). *Feminism and Democracy: Women's Suffrage and Reform Politics in Britain, 1900-1918.* New York: Cambridge University Press.

Gordon, Colin (2009). *Mapping Decline: St. Louis and the Fate of the American City.* Philadelphia: University of Pennsylvania Press.

Gorringe, Hugo (2005). *Untouchable Citizens: Dalit Movements and Democratization in Tamil Nadu.* London: Sage.

_____ (2017). *Panthers in Parliament: Dalits, Caste, and Political Power in South India.* Delhi: Oxford University Press.

Gottesman, Alex (2014). *Politics and the Street in Democratic Athens.* New York: Cambridge University Press.

Gourevitch, Peter (1986). *Politics in Hard Times: Comparative Responses to International Economic Crises.* Ithaca, NY: Cornell University Press.

Graves, M. A. R. (2001). *Parliaments of Early Modern Europe: 1400-1700.* New York: Routledge. Gregory of Tours (1974). *A History of the Franks.* New York: Penguin.

Gretsky, Sergei (1995). "Civil War in Tajikistan: Causes, Development, and Prospects for Peace." In *Central Asia: Conflict, Resolution and Change*, edited by Roald Sagdeev and Susan Eisenhower. Washington, DC: Eisenhower Institute.

Gudmundson, Lowell (1986). *Costa Rica Before Coffee: Society and Economy on the Eve of the Export Boom.* Baton Rouge: Louisiana State University Press.

_____ (1997). "Lord and Peasant in the Making of Modern Central America." In *Agrarian Structures and Political Power in Latin America*, edited by A. E. Huber and F. Safford. Pittsburgh: University of Pittsburgh Press.

Gudmundson, Lowell, and Hector Lindo-Fuentes (1995). *Central America, 1821-1871: Liberalism Before Liberal Reform.* Tuscaloosa: University of Alabama Press.

Guenée, Bernard (1985). *States and Rulers in Later Medieval Europe.* Oxford: Basil Blackwell.

Habib, Irfan (1999). *The Agrarian System of Mughal India, 1556-1707.* 2nd revised edition. Delhi: Oxford University Press.

Hacker, Jacob S. (2002). *The Divided Welfare State: The Battle over Public and Private Social Benefits in the United States.* New York: Cambridge University Press.

Hall, Jonathan M. (2013). *A History of the Archaic Greek World ca. 1200-479 bce.* 2nd edition. Malden, MA, and Oxford: Wiley Blackwell.

Hamilton, Gary G. (2006). "Why No Capitalism in China?" In *Commerce and Capitalism in Chinese Societies.* New York: Routledge.

Harari, Yuval Noah (2018). "Why Technology Favors Tyranny." *The Atlantic.* https://www.theatlantic.com/magazine/archive/2018/10/yuval-noah-harari-technology-tyranny/568330/.

Havel, Václav (1985). "The Power of the Powerless." In Václav Havel et al., *The Power of the Powerless: Citizens Against the State in Central-Eastern Europe.* London: Routledge.

Hayek, Friedrich A. (2007) *The Road to Serfdom, Text and Documents, the Definitive Edition*, edited by Bruce Caldwell. Chicago: University o Chicago Press.

Business.
Friedberg, Aaron L. (2000). *In the Shadow of the Garrison State.* Princeton, NJ: Princeton University Press.
Fritzsche, Peter (1990). *Rehearsals for Faseism: Populism and Mobilization in Weimar Germany.* New York: Oxford University Press.
Fukuyama, Francis (1989). "The End of History?" *The National Interest* 16: 3-18.
_____ (2011). *The Origins of Political Order: From Prehuman Times to the French Revolution.* New York: Farrar, Straus and Giroux.
_____ (2014). *Political Order and Political Decay: From the Industrial Revolution to the Globalization of Democracy.* New York: Farrar, Straus and Giroux.
Gargarella, Roberto (2013). *Latin American Constitutionalism, 1810-2010: The Engine Room of the Constitution.* New York: Oxford University Press.
_____ (2014). *The Legal Foundations of Inequality: Constitutionalism in the Americas, 1776-1860.* New York: Cambridge University Press.
Geary, Patrick J. (1988). *Before France and Germany: The Creation and Transformation of the Merovingian World.* New York: Oxford University Press.
Geary, Patrick, ed. (2015). *Readings in Medieval History.* 5th edition. Toronto: University of Toronto Press. Excerpt from Otto of Freising, *The Deeds of Frederick Barbarossa.*
Gennaioli, Nicola, and Hans-Joachim Voth (2015). "State Capacity and Military Conflict." *Review of Economic Studies* 82: 1409-48.
Gerstle, Gary (2008). "A State Both Strong and Weak." *American Historical Review* 113, no. 3: 779-85.
_____ (2015). *Liberty and Coercion: The Pa adox of American Government from the Founding to the Present.* Princeton, NJ: Princeton University Press.
Gies, Joseph, and Frances Gies (1994). *Cathedral, Forge and Waterwheel: Technology and Invention in the Middle Ages.* New York: HarperCollins.
Ginsburg, Tom (2011). "An Economic Analysis of the Pashtunwali." University of Chicago Legal Forum 89. https://chicagounbound.uchicago.edu/cgi/viewcontent.cgi?referer=https://www.google.com/&httpsredir=1&article=2432&context=journal_articles.
Gjeçov, Shtjefën (1989. *The Code of Lekë Dukagjini.* Translated by Leonard Fox. New York: Gjonlekaj.
Gluckman, Max (1940). "The Kingdom of the Zulu of South Africa." In *African Political Systems,* edited by Meyer Fortes and Edward E. Evans-Pritchard. London: Oxford University Press.
_____ (1960). "The Rise of a Zulu Empire." *Scientific American* 202: 157-68.
Goldie, Mark (2001). "The Unacknowledged Republic: Officeholding in Early Modern England." In *The Politics of the Excluded, c. 1500-1850,* edited by Tim Harris. Basingstoke, UK: Palgrave.
Goldman, Marshall I. (2003). *The Privatization of Russia: Russian Reform Goes Awry.* New York: Routledge.
Goldthwaite, Richard A. (2009). *The Economy of Renaissance Florence.* Baltimore: Johns Hopkins University Press.

Faure, David (2006). *China and Capitalism: A History of Business Enterprise in Modern China.* Hong Kong: Hong Kong University Press.

_____ (2007). *Emperor and Ancestor: State and Lineage in South China.* Stanford, CA: Stanford University Press.

Fawcett, Peter (2016). "'When I Squeeze You with Eisphorai': Taxes and Tax Policy in Classical Athens." *Hesperia: The Journal of the American School of Classical Studies at Athens* 85, no. 1: 153-99.

Feinstein, Charles H. (2005). *An Economic History of South Africa: Conquest, Discrimination and Development.* New York: Cambridge University Press.

Feng, Li (2013). *Early China: A Social and Cultural History.* New York: Cambridge University Press.

Fergusson, Leopoldo, Ragnar Torvik, James A. Robinson, and Juan F. Vargas (2016). "The Need for Enemies." *Economic Journal* 126, no. 593: 1018-54. *The Fifth Report from the Select Committee on the Affairs of the East India Company* (1812). New York: A. M. Kelley.

Finley, Moses I. (19 4). *The World of Odysseus.* New York: Chatto & Windus.

_____ (1976). "A Peculiar Institution." *Times Literary Supplement* 3887.

Flannery, Kent V. (1999). "Process and Agency in Early State Formation." *Cambridge Archaeological Journal* 9, no. 1: 3-21.

Flannery, Kent V., and Joyce Marcus (1996). *Zapotec Civilization: How Urban Society Evolved in Mexico's Oaxaca Valley.* London: Thames and Hudson.

_____ (2014). *The Creation of Inequality: How Our Prehistoric Ancestors Set the Stage for Monarchy, Slavery, and Empire.* Cambridge, MA: Harvard University Press.

Fleming, Robin (2010). *Britain After Rome: The Fall and Rise, 400 to 1070.* London: Penguin.

Flynn, Henry F. (1986). *The Diary of Henry Francis Flynn*, edited by James Stuart and D. McK. Malcolm. Pietermaritzburg: Shuter and Shooter.

Fornander, Abraham (2005). *Fornander's Ancient History of the Hawaiian People to the Times of Kamehameha I.* Honolulu: Mutual Publishing.

Forsdyke, Sara (2005). *Exile, Ostracism and Democracy: The Politics of Expulsion in Ancient Greece.* Princeton, NJ: Princeton University Press.

_____ (2012). *Slaves Tell Tales: And Other Episodes in the Politics of Popular Culture in Ancient Greece.* Princeton, NJ: Princeton University Press.

Fratianni, Michele, and Franco Spinelli (2006). "Italian City-States and Financial Evolution." *European Review of Economic History* 10, no. 3: 257-78.

Freedman, Maurice (1966). *Lineage Organization in Southeastern China.* London: Athlone.

_____ (1971). *Chinese Lineage and Society: Fukien and Kwantung.* London: Berg.

Freedom House (2015). "The Politburo's Predicament." https://freedomhouse.org/china-2015-politiburo-predicament#.V2gYbpMrIU0.

Freeland, Chrystia (2000). *Sale of the Century: Russia's Wild Rise from Communism to Capitalism.* New York: Crown

Edgar, H. Timothy (2017). *Beyond Snowden: Privacy, Mass Surveillance, and the Struggle to Reform the NSA.* Washington, DC: Brookings Institution Press.

Edgar, Thomas (2005). *The Lawes Resolutions of Women's Rights: Or The Lawes Provision for Women.* London: Lawbook Exchange.

Edinger, Lewis J. (1953). "German Social Democracy and Hitler's 'National Revolution' of 1933: A Study in Democratic Leadership." *World Politics* 5, no. 3: 330-67.

Edmonds, Eric V., and Salil Sharma (2006). "Institutional Influences on Human Capital Accumulation: Micro Evidence from Children Vulnerable to Bondage." https://www.dartmouth.edu/~eedmonds/kamaiya.pdf.

Edwards, Jeremy, and Sheilagh Ogilvie (2012). "What Lessons for Economic Development Can We Draw from the Champagne Fairs?" *Explorations in Economic History* 49: 131-48.

Eich, Peter (2015). "The Common Denominator: Late Roman Bureaucracy from a Comparative Perspective." In *State Power in Ancient China and Rome*, edited by Walter Scheidel. New York: Oxford University Press.

Eldredge, Elizabeth A. (2014). *The Creation of the Zulu Kingdom, 1815-1828: War, Shaka, and the Consolidation of Power.* New York: Cambridge University Press.

Elton, Geoffrey R. (1952). *The Tudor Revolution in Government: Administrative Changes in the Reign of Henry VIII.* New York: Cambridge University Press.

Elvin, Mark (1973). *The Pattern of the Chinese Past.* Stanford, CA: Stanford University Press.

Ember, Carol (1978). "Myths About Hunter-Gatherers." *Ethnology* 17: 439-48.

Engerman, Stanley L., and Kenneth L. Sokoloff (2011). *Economic Development in the Americas Since 1500: Endowments and Institutions.* New York: Cambridge University Press.

Epstein, Stephen A. (2009). *An Economic and Social History of Later Medieval Europe, 1000-1500.* New York: Cambridge University Press.

Ertman, Thomas (1997). *Birth of the Leviathan: Building States and Regimes in Medieval and Early Modern Europe.* New York: Cambridge University Press.

Eskew, Glenn T. (1997). *But for Birmingham: The Local and National Movements in the Civil Rights Struggle.* Chapel Hill: University of North Carolina Press.

Esping-Andersen, Gosta (1985). *Politics Against Markets: The Social Democratic Road to Power.* Princeton, NJ: Princeton University Press

Evans, Richard J. (2005). *The Coming of the Third Reich.* New York: Penguin.

Evans-Pritchard, E. E., and Meyer Fortes, eds. (1940). *African Political Systems.* New York: Oxford University Press.

Falkus, Malcolm E., and John B. Gillingham (1987). *Historical Atlas of Britain*. London: Kingfisher.

Farhang, Sean (2010). *The Litigation State: Public Regulation and Private Lawsuits in the U.S.* Princeton, NJ: Princeton University Press.

Farmer, Edward (1995). *Zhu Yuanzhang and Early Ming Legislation The Reordering of Chinese Society Following the Era of Mongol Rule.* Leiden: Brill.

Deshpande, Ashwini (2011). *The Grammar of Caste: Economic Discrimination in Contemporary India.* Oxford: Oxford University Press.

Devlin, Matthew (2009). "Interview with Liliana Caballero." https://successfulsocieties.princeton.edu/interviews/liliana-caballero.

Devlin, Matthew, and Sebastian Chaskel (2009). "Conjuring and Consolidating a Turnaround: Governance in Bogotá, 1992-2003." https://successfulsocieties.princeton.edu/publications/conjuring-and-consolidating-turnaround-governance-bogot%C3%A1-1992-2003-disponible-en.

Dikshit, G. S. (1964). *Local Self-Government in Mediaeval Karnataka.* Dharwar: Karnatak University.

Dirks, Nicholas B. (2001). *Castes of Mind: Colonialism and the Making of Modern India.* Princeton, NJ: Princeton University Press.

Djilas, Milovan (1958). *Land Without Justice.* New York: Harcourt Brace Jovanovich.

_____ (1966). *Njegoš.* New York: Harcourt, Brace and World.

Dogra, Chander Suta (2013). *Manoj and Babli: A Hate Story.* New York: Penguin.

Doughty, Charles M. (1888). *Travels in Arabia Deserta.* Cambridge: Cambridge University Press.

Dower, John W. (1999). *Embracing Defeat: Japan in the Wake of World War II.* New York: W. W. Norton.

Drew, Katherine Fischer (1991). *The Laws of the Salian Franks.* Philadelphia: University of Pennsylvania Press.

Dreyer, Edward L. (2006). *Zheng He: China and the Oceans in the Early Ming Dynasty, 1405-1433.* New York: Pearson.

Driscoll, Jesse (2015). *Warlords and Coalition Politics in Post-Soviet States.* New York: Cambridge University Press.

Driscoll, Mark (2010). *Absolute Erotic, Absolute Grotesque: The Living, Dead, and Undead in Japan's Imperialism, 1895-1945.* Durham, NC, and London: Duke University Press.

Duby, Georges (1982). *The Three Orders. Feudal Society Imagined.* Chicago: University of Chicago Press.

Dumont, Louis (1980). *Homo Hierarchicus: The Caste System and Its Implications.* 2nd revised edition. Chicago: University of Chicago Press.

Dunkerly, James (1988). *Power in the Isthmus: A Political History of Modern Central America.* London: Verso.

Duran, Xavier (2012). "The First US Transcontinental Railroad: Expected Profits and Government Intervention." *Journal of Economic History* 73, no. 1: 177-200.

Durham, M. Edith (1909). *High Albania.* Lon on: Edward Arnold.

_____ (1928). *Some Tribal Origins, Laws and Customs of the Balkans.* London: George Allen and Unwin.

Dutt, Romesh C. (1916). *The Economic History of India Under Early British Rule, from the Rise of the British Power in 1757 to the Accession of Queen Victoria in 1837.* London: K. Paul, Trench, Trübner.

Dym, Jordana (2006). *From Sovereign Villages to National States: City, State, and Federation in Central America, 1759-1839.* Albuquerque: University of New Mexico Press.

Easter, Gerald M. (2012). *Capital, Coercion and Postcommunist States.* Ithaca, NY: Cornell University Press.

*The Economist* (2012). "Don't Lie to Me, Argentina." http://www.economist.com/node/21548242.

Press.

Colson, Elizabeth (1962). *The Plateau Tonga of Northern Rhodesia.* Manchester: University of Manchester Press.

_____ (1967). *Social Organization of the Gwembe Tonga.* Manchester: University of Manchester Press.

_____ (1974). *Tradition and Contract: The Problem of Social Order.* Piscataway, NJ: Transactions.

Commins, David (2009). *The Wahhabi Mission and Saudi Arabia.* London: I.B. Tauris.

Confucius (2003). *Analects: With Selections from Traditional Commentaries.* Indianapolis: Hackett.

Constable, Pamela, and Arturo Valenzuela (1993). *A Nation of Enemies: Chile Under Pinochet.* New York: W. W. Norton.

Corancez, Louis A. O. de (1995). *The History of the Wahhabis.* Reading, UK: Garnet.

Costambeys, Marios, Matthew Innes, and Simon MacLean (2011). *The Carolingian World.* New York: Cambridge University Press.

Crick, Julia, and Elisabeth van Houts, eds. (2011). *A Social History of England, 900-1200.* New York: Cambridge University Press.

Crone, Patricia (2003). *Pre-Industrial Societies: Anatomy of the Pre-Modern World.* London: One-world.

Cruickshank, Brodie (1853). *Eighteen Years on the Gold Coast.* Vol. 2. London: Hurst and Blackett.

Cummings, Bruce (2005). *Korea's Place in the Sun: A Modern History.* Updated edition. New York: W. W. Norton.

Cunliffe-Jones, Peter (2010). *My Nigeria: Five Decades of Independence.* New York: St. Martin's Press.

Curtin, Philip (1995). "The European Conquest." In Philip Curtin, Steven Feierman, Leonard Thomp-son, and Jan Vansina, *African History: From Earliest Times to Independence.* New York: Pearson.

Dahl, Robert A. (1970). *Polya chy.* New Haven: Yale University Press.

Dalton, George H. (1965). "History, Politics and Economic Development in Liberia," *Journal of Economic History* 25, no. 4: 569-91.

Dardess, John W. (2010). *Governing China, 150-1850.* Indianapolis: Hackett.

Davison, Lee, Tim Hitchcock, Tim Keirn, and Robert B. Shoemaker, eds. (1992). *Stilling the Grumbling Hive: Response to Social and Economic Problems in England, 1689-1750.* New York: Palgrave Macmillan.

Dawisha, Adeed (2009). *Iraq: A Political History.* Princeton, NJ: Princeton University Press.

de Gramont, Diane (2014). "Constructing the Megacity—The Dynamics of State-Building in Lagos, Nigeria, 1999-2013." Unpublished MPhil dissertation in government, University of Oxford.

Dean, Trevor (1987). *Land and Power: Ferrara Under the Este, 1350-1450.* New York: Cambridge University Press.

_____ (1999). "The Rise of the Signori." In *The New Cambridge Medieval History*, edited by David Abulafia, vol. 5, *1198-1300.* New York: Cambridge University Press.

DeLong, J. Bradford, and Andrei Shleifer (1993). "Princes and Merchants: European City Growth Before the Industrial Revolution." *Journal of Law and Economics* 36, no. 2: 671-702.

Department of Justice (2015). "Investigation of the Ferguson Police Department." https://www.justice.gov/sites/default/files/opa/press-releases/attachments/2015/03/04/ferguson_police_department_report.pdf.

University Press.
Campbell, Dugald (1933). *Blazing Trails i Bantula d.* London: Pickering & Inglis.
Cardoso, Ciro F. S. (1977). "The Formation of the Coffee Estate in Nineteenth Century Costa Rica." In *Land and Labour in Latin America*, edited by K. Duncan and I. Rutledge. Cambridge: Cambridge University Press.
Cargill, Jenny (2010). *Trick or Treat: Rethinking Black Economic Empowerment.* Johannesburg: Jacana Media.
Carney, Matthew (2018). "Leave No Dark Corner." ABC (Australian Broadcasting Corporation) News. https://www.abc.net.au/news/2018-09-18/china-social-credit-a-model-citizen-in-a-digital-dictatorship/10200278?section=world.
Carpenter, Daniel (2001). *The Forging of Bureaucratic Autonomy: Reputations, Networks, and Policy Innovation in Executive Agencies, 1862-1928.* Princeton, NJ: Princeton University Press.
Carroll, Lewis (1871). *Through the Looking-Glass, and What Alice Found There.* London: Macmillan.
Carsten, F. L. (1959). *Princes and Parliaments in Germany: From the Fifteenth to the Eighteenth Century.* Oxford: Clarendon Press.
Castle, Marjorie, and Raymond Taras (2002). *Democracy in Poland.* 2nd edition. New York: Routledge.
Central Intelligence Agency (2017). *The CIA World Factbook.* New York: Skyhorse Publishing.
Chatterjee, Partha (2004). *The Politics of the Governed: Ref lections on Popular Politics in Most of the World.* New York: Columbia University Press.
Chaves, Isaías N., Leopoldo Fergusson, and James A. Robinson (2015). "He Who Counts Wins: Determinants of Fraud in the 1922 Colombian Presidential Elections." *Economics and Politics* 27, no. 1: 124-59.
Chen, Janet, Pei-Kai Cheng, Michael Lestz, and Jonathan D. Spence (2014). *The Search for Modern China: A Documentary Collection.* New York: W. W. Norton.
Chinese Human Rights Defenders (2009). "Re-education Through Labor Abuses Continue Unabated: Overhaul Long Overdue." https://www.nchrd.org/2009/02/research-reports-article-2/.
Christopher, Barbara (2004). "Understanding Georgian Politics." DEMSTAR Research Report No. 22.
Christopoulos, Georgios, ed. (1970). *Istoria tou Ellinikou Ethnous: Archaikos Ellinismos 1100-479.* Athens: Ekdotike Athinon.
Church, Clive H., and Randolph C. Head (2013). *A Concise History of Switzerland.* New York: Cambridge University Press.
Clarence-Smith, William Gervase, and Steven C. Topik, eds. (2006). *The Global Coffee Economy in Africa, Asia, and Latin America, 1500-1989.* New York: Cambridge University Press.
Clark, Christopher (2009). *Iron Kingdom: The Rise and Downfall of Prussia, 1600-1947.* Cambridge, MA: Belknap Press.
Clower, Robert W., George Dalton, Mitchell Harwitz, and A. A. Walters (1966). *Growth Without Development: An Economic Survey of Liberia.* Evanston, IL: Northwestern University Press.
Collins, Kathleen (2006). *Clan Politics and Regime Transition in Central Asia.* New York: Cambridge University

Braudel, Fernand (1996). *The Mediterranean and the Mediterranean World in the Age of Philip II.* Vol. 1. Berkeley: University of California Press.

Breen, T. H. (2011). *American Insurgents, American Patriots: The Revolution of the People.* New York: Hill and Wang.

Brenner, Robert (1976). "Agrarian Class Structure and Economic Development in Pre-Industrial Europe." *Past and Present* no. 70 (February 1976): 30-75.

Brenner, Robert, and Christopher Isett (2002). "England's Divergence from China's Yangzi Delta:

Property Relations, Microeconomics, and Patterns of Development." *Journal of Asian Studies* 61, no. 2: 609-62.

Brewer, John (1989). *The Sinews of Power.* Cambridge, MA: Harvard University Press.

Britnell, Richard H. (1992). *The Commercialisation of English Society 1000-1500.* New York: Cambridge University Press.

Broadberry, Stephen, Hanhui Guan, and David Daokui Li (2017). "China, Europe and the Great Divergence: A Study in Historical National Accounting, 980-1850." https://www.economics.ox.ac.uk/materials/working_papers/2839/155aprilbroadberry.pdf.

Brock, Roger, and Stephen Hodkinson, eds. (2001). *Alternatives to Athens: Varieties of Political Organization and Community in Ancient Greece.* New York: Oxford University Press.

Brook, Timothy, ed. (1989). *The Asiatic Mode of Production in China.* New York: Routledge.

Bundy, Colin (1979). *The Rise and Fall of South African Peasantry.* Berkeley: University of California Press.

Burckhardt, John Lewis [Johann Ludwig] (1830). *Notes on the Bedouins and Wahábys, Collected During His Travels in the East.* London: Henry Colburn and Richard Bentley.

Bureau Topographique des Troupes Françaises du Levant (1935). Carte des Communautés Religieuses et Ethniques en Syrie et au Liban (Map of Religious Communities and Ethnic Groups). Institut Français du Proche-Orient. https://ifpo.hypotheses.org/2753.

Buringh, Eltjo, and Jan Luiten van Zanden (2009). "Charting the 'Rise of the West': Manuscripts and Printed Books in Europe, A Long-Term Perspective from the Sixth Through Eighteenth Centuries." *Journal of Economic History* 69, no. 2: 409-45.

Buruma, Ian (2003). *Inventing Japan: 1853-1964.* New York: Modern Library.

Bursztyn, Leonardo, Alessandra González, and David Yanagizawa-Drott (2018). "Misperceived Social Norms: Female Labor Force Participation in Saudi Arabia." http://home.uchicago.edu/bursztyn/Misperceived_Norms_2018_06_20.pdf.

Byrhtferth of Ramsey (2009). "Vita S. Oswaldi." In *Byrhtferth of Ramsey: The Lives of St. Oswald and St. Ecgwine,* edited by Michael Lapidge. New York: Oxford University Press.

Çagaptay, Soner (2017). *The New Sultan: Erdogan and the Crisis of Modern Turkey.* New York: I.B. Tauris.

Camic, Charles, Philip S. Gorski, and David M. Trubek, eds. (2005). *Max Weber's Economy and Society: A Critical Companion.* Stanford, CA: Stanford University Press.

Cammett, Melani (2014). *Compassionate Communalism: Welfare and Sectarianism in Lebanon.* Ithaca, NY: Cornell

Blanton, Richard E., Stephen A. Kowalewski, Gary M. Feinman, and Laura M. Finsten (1993). *Ancient Mesoamerica: A Comparison of Change in Three Regions.* New York: Cambridge University Press.

Blaydes, Lisa, and Eric Chaney (2013). "The Feudal Revolution and Europe's Rise: Political Divergence of the Christian West and the Muslim World Before 1500 ce." *American Political Science Review* 107, no. 1: 16-34.

Blickel, Peter, ed. (1989). *Resistance, Representation and Community.* Oxford: Clarendon Press.

Blickel, Peter (1992). "Das Gesetz der Eidgenossen: Überlegungen zur Entstehung der Schweiz, 1200-1400." *Historische Zeitschrift* 255, no. 13: 561-86.

_____ (1998). *From the Communal Reformation to the Revolution of the Common Man.* Leiden: Brill. Bloch, Marc (1964). *Feudal Society.* 2 vols. Chicago: University of Chicago Press.

Blockmans, Wim, André Holenstein, and Jon Mathieu, eds. (2009). *Empowering Interactions: Political Cultures and the Emergence of the State in Europe 1300-1900.* Burlington, VT: Ashgate.

Blunt, E. A. H. (1931). *Caste System of Northern India.* Oxford: Oxford University Press.

Bodde, Derk, and Clarence Morris (1967). *Law in Imperial China.* Cambridge, MA: Harvard University Press.

Boehm, Christopher (1982). *Montenegrin Social Organization and Values: Political Ethnography of a Refuge Area Tribal Adaptation.* New York: AMS Press.

_____ (1986). *Blood Revenge: The Enactment and Management of Conflict in Montenegro and Other Tribal Societies.* Philadelphia: University of Pennsylvania Press.

Bohannan, Paul (1958). "Extra-Processual Events in Tiv Political Insti utions." *American Anthropologist* 60: 1-12.

Bohannan, Paul, and Laura Bohannan (1953). *The Tiv of Central Nigeria.* London: International African Institute.

_____ (1968). *Tiv Economy.* Evanston, IL: Northwestern University Press.

Bolívar, Simón (2003). *El Libertador: The Writings of Simón Bolívar.* Edited by David Bushnell. NewYork: Oxford University Press.

Bosker, Maarten, Eltjo Buringh, and Jan Luiten van Zanden (2013). "From Baghdad to London: Unraveling Urban Development in Europe, the Middle East, and North Africa, 800-1800." *Review of Economics and Statistics* 95, no. 4: 1418-37.

Bowsky, William M. (1981). *A Medieval Italian Commune: Siena Under the Nine, 1287-1355.* Berkeley: University of California Press.

Bozhong, Li, and Jan Luiten van Zanden (2012). "Before the Great Divergence? Comparing the Yangzi Delta and the Netherlands at the Beginning of the Nineteenth Century." *Journal of Economic History* 72, no. 4: 956-89.

Bracher, Karl Dietrich (1970). *German Dictatorship: The Origins, Structure, and Effects of National Socialism.* New York: Praeger.

Braddick, Michael J. (2000). *State Formation in Early Modern England, c.1550-1700.* New York: Cambridge University Press.

Brandt, Loren, Debin Ma, and Thomas G. Rawski (2014). "From Divergence to Convergence: Reevaluating the History Behind China's Economic Boom." *Journal of Economic Literature* 52, no. 1: 45-123.

BBC (2017). "US Inner-City Children Suffer 'War Zone' Trauma." http://www.bbc.co-us-canada-42229205/us-inner-city-children-suffer-war-zone-trauma./news/av/world

BBC (2018a). "Argentina's Parliament Sacks 'Gnocchi' Phantom Workers." http://www.bbc.com/news/blogs-news-from-elsewhere-42551997.

BBC (2018b). "Argentine President Bans Family Members in Government." http://www.bbc.com/news/world-latin-america-42868439.

Beattie, Hilary J. (2009). *Land and Lineage in China: A Study of T'ung-Ch'eng County, Anhwei, in the Ming and Ch'ing Dynasties.* New York: Cambridge Universi y Press.

Bede (1991). *Ecclesiastical History of the English People.* N w York: Penguin.

Beinart, William (2001). *Twentieth-Century South Africa.* Oxford: Oxford University Press.

Benjamin of Tudela (1907). *The Itinerary of Benjamin of Tudela.* Edited by Marcus N. Adler. New York: Philipp Feldheim.

Bensel, Richard F. (1991). *Yankee Leviathan The Origins of Central State Authority in America, 1859- 1877.* New York: Cambridge University Press.

Berman, Sheri (1997). "Civil Society and the Collapse of the Weimar Republic." *World Politics* 49, no. 3.

_____ (2001). "Modernization in Historical Perspective: The Case of Imperial Germany." *World Politics* 53, no. 3.

_____ (2006). *The Primacy of Politics: Social Democracy in the Making of Europe's 20th Century.* New York: Cambridge University Press.

Besley, Timothy, and Torsten Persson (2011). *The Pillars of Prosperity.* Princeton, NJ: Princeton University Press.

Béteille, André (2012). *Caste, Class and Power: Changing Patterns of Stratification in a Tanjore Village.*3rd edition. New York: Oxford University Press.

Beveridge, William H. (1944). *Full Employment in a Free Society: A Report.* London: Routledge.

Bisson, Thomas N. (1964). *Assemblies and Representation in Languedoc in the Thirteenth Century.* Princeton, NJ: Princeton University Press.

Bisson, Thomas N., ed. (1973). *Medieval Representative Institutions: Their Origins and Nature.* Hinsdale: The Dryden Press.

Bisson, Thomas N. (2009). *The Crisis of the Twelfth Century: Power, Lordship and the Origins of European Government.* Princeton, NJ: Princeton University Press.

Black, Bernard, Reinier Kraakman, and Anna Tarassova (2000). "Russian Privatization and Corporate Governance: What Went Wrong?" *Stanford Law Review* 52, 1731-1808.

Blanning, Tim (2016). *Frederick the Great: King of Prussia.* New York: Random House.

Blanton, Richard E., and Lane Fargher (2008). *Collective Action in the Formation of Pre-Modern States.* New York: Springer.

Blanton, Richard E., Gary M. Feinman, Stephen A. Kowalewski, and Linda M. Nicholas (1999). *Ancient Oaxaca.* New York: Cambridge University Press.

Arendt, Hannah (1976). *Eichmann in Jerusalem: A Report on the Banality of Evil.* New York: Viking Press.

Aristotle (1996). *The Politics and the Constitution of Athens.* New York: Cambridge University Press.

Asch, Ronald G. (1988). "Estates and Princes After 1648: The Consequences of the Thirty Years War." *German History* 6, no. 2: 113-32.

Attenborough, F. L., ed. (1922). *The Laws of the Earliest English Kings.* Cambridge: Cambridge University Press.

Autor, David (2014). "Skills, Education, and the Rise of Earnings Inequality Among the Other 99 Percent." *Science* 344: 843-51.

Autor, David H., David Dorn, and Gordon H. Hanson (2013). "The China Syndrome: Local Labor Market Effects of Import Competition in the United States." *American Economic Review* 103: 2121-68.

Autor, David H., David Dorn, Lawrence F. Katz, Christina Patterson, and John Van Reenen (2017). "The Fall of the Labor Share in the Rise of Superstar Firms." NBER Working Paper No. 23396. https://www.nber.org/papers/w23396.

Auyero, Javier (2001). *Poor People's Politics.* Durham, NC: Duke University Press.

_____ (2012). *Patients of the State: The Politics of Waiting in Argentina.* Durham, NC: Duke University Press.

Baland, Jean-Marie, and James A. Robinson (2008). "Land and Power." *American Economic Review* 98: 1737-1765.

Baldwin, Peter (1990). *The Politics of Social Solidarity: Class Basis of the European Welfare State 1875- 1975.* New York: Cambridge University Press.

_____ (2005). "Beyond Weak and Strong: Rethinking the State in Comparative Policy History." *Journal of Policy History* 17, no. 1: 12-33.

Balogh, Brian (2009). *A Government out of Sight: The Mystery of National Authority in Nineteenth- Century America.* New York: Cambridge University Press.

_____ (2015). *The Associational State: American Governance in the Twentieth Century.* Philadelphia: University of Pennsylvania Press.

Baram, Amatzia (2014). *Saddam Hussein and Islam, 1968-2003.* Baltimore: Johns Hopkins University Press.

Barlow, Frank (1999). *The Feudal Kingdom of England, 1042-1216.* 5th edition. London and New York: Routledge.

Barnwell, P. S., and Marco Mostert, eds. (2003). *Political Assemblies in the Earlier Middle Ages.* Turnhout, Belgium: Brepols.

Bautista, Maria Angélica, Juan Sebastián Galan, Juan Diego Restrepo, and James A. Robinson (2019) "Acting like a State: The Peasant Self-Defense Forces of the Middle Magdalena in Colombia." Unpublished.

Bates, Robert H. (1981). *Markets and States in Tropical Africa.* Berkeley: University of California Press.

Bayly, Susan (2001). *Caste, Society and Politics in India from the Eighteenth Century to the Modern Age.* Revised edition. New York: Cambridge University Press.

BBC (2002). "Saudi Police 'Stopped' Fire Rescue." http://news.bbc.co.uk/2/hi/middle_east/1874471.stm.

BBC (2013). "Liberia Students All Fail University Admission Exam." http://www.bbc.com/news/world-africa-23843578.

_____ (2016). "The Political Agenda Effect and State Centralization." NBER Working Paper No. 22250. https://www.nber.org/papers/w22250.

Acemoglu, Daron, James A. Robinson, and Thierry Verdier (2017). "Asymmetric Growth and Institutions in an Interdependent World." *Journal of Political Economy* 125: 1245-1303.

Acemoglu, Daron, and Murat Üçer (2015). "The Ups and Downs of Turkish Growth: Political Dynamics, the European Union and the Institutional Slide." NBER Working Paper No. 21608. https://www.nber.org/papers/w21608.

Afigbo, A. E. (1967). "The Warrant Chief System in Eastern Nigeria: Direct or Indirect Rule?" *Journal of the Historical Society of Nigeria* 3, no. 4: 683-700.

_____ (1972). *Warrant Chiefs Indirect Rule in Southeastern Nigeria, 1891-1929.* London: Longman.

Akiga Sai (1939). *Akiga's Story: The Tiv Tribe as Seen by One of Its Members.* Translated by Rupert East. Oxford: Oxford University Press.

Allen, Robert C., Jean-Pascal Bassino, Debin Ma, Christine Moll-Murata, and Jan Luiten van Zanden (2011). "Wages, Prices, and Living Standards in China, 1738-1925: In Comparison with Europe, Japan, and India." *Economic History Review* 64: 8-38.

Al-Muqaddasi (1994). *The Best Divisions for Knowledge of the Regions.* Translation of *Ahsan al-Taqasim fi ma'rifat al-Aqalim*, by B. A. Collins. Reading: Garnet.

Alston, Lee J., and Joseph P. Ferrie (1993). "Paternalism in Agricultural Labor Contracts in the U.S. South: Implications for the Growth of the Welfare State." *American Economic Review* 83, no. 4: 852-76.

_____ (1999). *Southern Paternalism and the American Welfare State: Economics, Politics, and Institutions in the South, 1865-1965.* New York: Cambridge University Press.

Altekar, A. S. (1927). *A History of Village Communities in Western India.* Bombay: Oxford University Press.

Amar, Akhil Reed (2000). *The Bill of Rights: Creation and Reconstruction.* New Haven: Yale University Press.

Ambedkar, B. R. (2014). *Annihilation of Caste: The Annotated Critical Edition.* London: Verso.

Anderson, Siwan (2011). "Caste as an Impediment to Trade." *American Economic Journal: Applied Economics* 3, no. 1: 239-63.

Anderson, Siwan, Patrick Francois, and Ashok Kotwal (2015). "Clientelism in Indian Villages." *American Economic Review* 105, no. 6: 1780-1816.

Angell, Alan (1991). "Chile Since 1958." In *The Cambridge History of Latin America*, edited by Leslie Bethell, vol. 8, *Latin America Since 1930: Spanish South America*, 311-82. New York: Cambridge University Press.

Angold, Michael (1997). *The Byzantine Empire 1025-1204: A Political History.* 2nd edition. New York: Longman.

Ansolabehere, Stephen, and James M. Snyder Jr. (2008). *The End of Inequality: One Person, One Vote and the Transformation of American Politics.* New York: W. W. Norton.

Appiah, Anthony (2007) "A Slow Emancipation." New York Times Magazine. https://www.nytimes.com/2007/03/18/magazine/18WWLNlede.t.html.

2364-2409.

Acemoglu, Daron, Simon Johnson, and James A. Robinson (2001). "The Colonial Origins of Comparative Development: An Empirical Investigation." *American Economic Review* 91: 1369-1401.

_____ (2002). "Reversal of Fortune: Geography and Institutions in the Making of the Modern World Income Distribution." *Quarterly Journal of Economics* 118: 1231-1294.

_____ (2005a). "The Rise of Europe: Atlantic Trade, Institutional Change and Economic Growth." *American Economic Review* 95: 546-79.

_____ (2005b). "Institutions as Fundamental Determinants of Long-Run Growth." In *Handbook of Economic Growth*, edited by Philippe Aghion and Steven Durlauf, vol. 1A, 385-472. Amsterdam: North-Holland.

Acemoglu, Daron, Simon Johnson, James A. Robinson, and Pierre Yared (2008). "Income and Democracy." *American Economic Review* 98, no. 3: 808-42.

_____ (2009). "Reevaluating the Modernization Hypothesis." *Journal of Monetary Economics* 56: 1043-58.

Acemoglu, Daron, Jacob Moscona, and James A. Robinson (2016). "State Capacity and American Technology: Evidence from the 19th Century." *American Economic Review* 106, no. 5: 61-67.

Acemoglu, Daron, Tristan Reed, and James A. Robinson (2014). "Chiefs: Elite Control of Civil Society and Development in Sierra Leone." *Journal of Political Economy* 122, n . 2: 319-68.

Acemoglu, Daron, and Pascual Restrepo (2017). "Robots and Jobs: Evidence from U.S. Labor Markets." NBER Working Paper No. 23285. https://www.nber.org/papers/w23285.

_____ (2018). "The Race Between Machine and Man: Implications of Technology for Growth, Factor Shares and Employment." *American Economic Review* 108, no. 6: 1488-1542.

Acemoglu, Daron, and James A. Robinson (2000). "Why Did the West Extend the Franchise? Growth, Inequality and Democracy in Historical Perspective." *Quarterly Journal of Economics* 115: 1167-99.

_____ (2006). *Economic Origins of Dictatorship and Democracy.* New York: Cambridge University Press.

_____ (2010). "Why Is Africa Poor?" *Economic History of Developing Regions* 25, no. 1: 21-50.

_____ (2012). *Why Nations Fail.* New York: Crown.

_____ (2016). "Paths to Inclusive Political Institutions." In *Economic History of Warfare and State Formation*, edited by Jari Eloranta, Eric Golson, Andrei Markevich, and Nikolaus Wolf. Berlin: Springer.

_____ (2017). "The Emergence of Weak, Despotic and Inclusive States." NBER Working Paper No. 23657. http://www.nber.org/papers/w23657.

_____ (2019). "The Narrow Corridor: The Academic Debate." https://voices.uchicago.edu/jamesrobinson and https://economics.mit.edu/faculty/acemoglu.

Acemoglu, Daron, James A. Robinson, and Rafael Santos-Villagran (2013). "The Monopoly of Violence: Theory and Evidence from Colombia." *Journal of the European Economics Association* 11, no. 1: 5-44.

Acemoglu, Daron, James A. Robinson, and Ragnar Torvik (2013). "Why Vote to Dismantle Checks and Balances?" *Review of Economic Studies* 80, no. 3: 845-75.

# 引用書目

Aaronson, Daniel, Daniel Hartley, and Bhash Mazumder (2017). "The Effects of the 1930s HOLC 'Redlining' Maps." Federal Reserve Bank of Chicago Working Paper No. 2017-12. https://wwwchicagofed.org/publications/working-papers/2017/wp2017-12.

Abel, Theodore (1938). *Why Hitler Came into Power: An Answer Based on the Original Life Stories of 600 of His Followers.* New York: Prentice-Hall.

Acemoglu, Daron (2005). "Politics and Economics in Weak and Strong States." *Journal of Monetary Economics* 52: 1199-1226.

Acemoglu, Daron, and David Autor (2011). "Skills, Tasks and Technologies: Implications for Employment and Earnings." In *Handb ok of Labor Economics*, vol. 4: 1043-1171. Amsterdam: Elsevier-North.

Acemoglu, Daron, David Autor, David Dorn, Gordon H. Hanson, and Brendan Price (2015). "Import Competition in the Great U.S. Employment Sag of the 2000s." *Journal of Labor Economics* 34: S141-98.

Acemoglu, Daron, María Angélica Bautista, Pablo Querubín, and James A. Robinson (2008). "Economic and Political Inequality in Development: The Case of Cundinamarca, Colombia." In *Institutions and Economic Performance*, edited by Elhanan Helpman. Cambridge, MA: Harvard University Press.

Acemoglu, Daron, Isaías N. Chaves, Philip Osafo-Kwaako, and James A. Robinson (2015). "Indirect Rule and State Weakness in Africa: Sierra Leone in Comparative Perspective." In *African Successes: Sustainable Growth*, edited by Sebastian Edwards, Simon Johnson, and David Weil. Chicago: University of Chicago Press.

Acemoglu, Daron, Leopoldo Fergusson, James A. Robinson, Dario Romero, and Juan F. Vargas (2016). "The Perils of High-Powered Incentives: Evidence from Colombia's False Positives." NBER Working Paper No. 22617. http://www.nber.org/papers/w22617.

Acemoglu, Daron, Francisco A. Gallego, and James A. Robinson (2014). "Institutions, Human Capital and Development." *Annual Review of Economics* 6: 875-912.

Acemoglu, Daron, Camilo García-Jimeno, and James A. Robinson (2012). "Finding El Dorado: The Long-Run Consequences of Slavery in Colombia." *Journal of Comparative Economics* 40, no. 4: 534-64.

______ (2015). "State Capacity and Development: A Network Approach." *American Economic Review* 105, no. 8:

Beyond

04

世界的啟迪

# 自由的窄廊：國家與社會如何決定自由的命運

The Narrow Corridor: States, Societies, and the Fate of Liberty


| | |
|---|---|
| 作者 | 戴倫・艾塞默魯（Daron Acemoglu）、詹姆斯・羅賓森（James A. Robinson） |
| 譯者 | 劉道捷 |
| 執行長 | 陳蕙慧 |
| 總編輯 | 張惠菁 |
| 責任編輯 | 洪仕翰 |
| 校對 | 李鳳珠 |
| 行銷總監 | 陳雅雯 |
| 行銷企劃 | 尹子麟、姚立儷 |
| 封面設計 | 許晉維 |
| 內頁排版 | 宸遠彩藝 |

| | |
|---|---|
| 社長 | 郭重興 |
| 發行人兼出版總監 | 曾大福 |
| 出版 | 衛城出版／遠足文化事業股份有限公司 |
| 發行 | 遠足文化事業股份有限公司 |
| 地址 | 23141 新北市新店區民權路 108-2 號九樓 |
| 電話 | 02-22181417 |
| 傳真 | 02-22180727 |
| 客服專線 | 0800-221029 |
| 法律顧問 | 華洋法律事務所 蘇文生律師 |
| 印刷 | 呈靖彩藝有限公司 |
| 初版 | 2020 年 1 月 |
| 初版二刷 | 2020 年 2 月 |
| 定價 | 680 元 |





ACRO POLIS 衛城出版

Email acropolismde@gmail.com
Facebook www.facebook.com/acrolispublish



國家圖書館出版品預行編目(CIP)資料

自由的窄廊：國家與社會如何決定自由的命運 / 戴倫.艾塞默魯(Daron Acemoglu), 詹姆斯.羅賓森(James A. Robinson)著；劉道捷譯. -- 初版. -- 新北市：衛城出版：遠足文化發行, 2020.01
面；公分. --（Beyond；4）
譯自：The narrow corridor : states, societies, and the fate of liberty

ISBN 978-986-96817-3-5（平裝）

1. 自由　2. 國家　3. 民主政治

571.94　　108020342

● 親愛的讀者你好，非常感謝你購買衛城出版品。
我們非常需要你的意見，請於回函中告訴我們你對此書的意見，
我們會針對你的意見加強改進。

若不方便郵寄回函，歡迎傳真回函給我們。傳真電話 —— 02-2218-0727

或上網搜尋「衛城出版 FACEBOOK」
http://www.facebook.com/acropolispublish

## ● 讀者資料

你的性別是 □ 男性 □ 女性 □ 其他

你的職業是 ______________________ 你的最高學歷是 ______________________

年齡 □ 20 歲以下 □ 21-30 歲 □ 31-40 歲 □ 41-50 歲 □ 51-60 歲 □ 61 歲以上

若你願意留下 e-mail，我們將優先寄送 ______________________ 衛城出版相關活動訊息與優惠活動

## ● 購書資料

● 請問你是從哪裡得知本書出版訊息？（可複選）
□ 實體書店 □ 網路書店 □ 報紙 □ 電視 □ 網路 □ 廣播 □ 雜誌 □ 朋友介紹
□ 參加講座活動 □ 其他 __________

● 是在哪裡購買的呢？（單選）
□ 實體連鎖書店 □ 網路書店 □ 獨立書店 □ 傳統書店 □ 團購 □ 其他 __________

● 讓你燃起購買慾的主要原因是？（可複選）
□ 對此類主題感興趣 □ 參加講座後，覺得好像不賴
□ 覺得書籍設計好美，看起來好有質感！ □ 價格優惠吸引我
□ 議題好熱，好像很多人都在看，我也想知道裡面在寫什麼 □ 其實我沒有買書啦！這是送（借）的
□ 其他 __________

● 如果你覺得這本書還不錯，那它的優點是？（可複選）
□ 內容主題具參考價值 □ 文筆流暢 □ 書籍整體設計優美 □ 價格實在 □ 其他 __________

● 如果你覺得這本書讓你好失望，請務必告訴我們它的缺點（可複選）
□ 內容與想像中不符 □ 文筆不流暢 □ 印刷品質差 □ 版面設計影響閱讀 □ 價格偏高 □ 其他 __________

● 大都經由哪些管道得到書籍出版訊息？（可複選）
□ 實體書店 □ 網路書店 □ 報紙 □ 電視 □ 網路 □ 廣播 □ 親友介紹 □ 圖書館 □ 其他 ______

● 習慣購書的地方是？（可複選）
□ 實體連鎖書店 □ 網路書店 □ 獨立書店 □ 傳統書店 □ 學校團購 □ 其他 __________

● 如果你發現書中錯字或是內文有任何需要改進之處，請不吝給我們指教，我們將於再版時更正錯誤

請沿虛線剪下

| | | | |
|---|---|---|---|
| 廣 | 告 | 回 | 信 |
| 臺灣北區郵政管理局登記證 | | | |
| 第 1 4 4 3 7 號 | | | |

請直接投郵•郵資由本公司支付

23141
新北市新店區民權路108-2號9樓

**衛城出版** 收

● 請沿虛線對折裝訂後寄回，謝謝！

ACROPOLIS 衛城出版

*Beyond*

04

世界的啟迪